经济学
一本全

微阳 / 编著

中国华侨出版社
北京

图书在版编目（CIP）数据

经济学一本全 / 微阳编著 . —北京：中国华侨出版社，2018.5
ISBN 978-7-5113-7625-1

Ⅰ.①经… Ⅱ.①微… Ⅲ.①经济学—通俗读物 Ⅳ.① F0-49

中国版本图书馆 CIP 数据核字（2018）第 049150 号

经济学一本全

编　　著：微　阳
出 版 人：刘凤珍
责任编辑：笑　年
封面设计：施凌云
版式设计：王明贵
文字编辑：宋　媛
美术编辑：杨玉萍
经　　销：新华书店
开　　本：889mm×1194mm　1/32　印张：19.5　字数：500千字
印　　刷：北京市松源印刷有限公司
版　　次：2018年11月第1版　2018年11月第1次印刷
书　　号：ISBN 978-7-5113-7625-1
定　　价：39.80 元

中国华侨出版社　北京市朝阳区静安里 26 号通成达大厦 3 层　邮编：100028
法律顾问：陈鹰律师事务所
发 行 部：（010）58815874　　传真：（010）58815857
网　　址：www.oveaschin.com
E-mail：oveaschin@sina.com

如果发现印装质量问题，影响阅读，请与印刷厂联系调换。

前言

经济学是研究人类社会在各个发展阶段上的各种经济活动和各种相应的经济关系及其运行、发展的规律的学科。经济学的产生和发展具有十分悠久的历史,在资本主义以前的各个历史时期,就有不少思想家对当时一些经济现象和经济问题发表见解,形成某种经济思想,如古希腊色诺芬的《经济论》、柏拉图的社会分工论和亚里士多德关于商品交换与货币的学说。随着资本主义生产方式的产生和发展,在西欧各国逐渐形成了资产阶级经济学,并经历了重商主义、古典经济学、历史学派、边际效用学派、新古典经济学、制度学派等不同发展阶段。

时至今日,随着商品经济的发展和社会分工的深化,人类经济活动的内容越来越复杂、丰富,各种经济活动之间、经济活动与其他社会活动之间相互依存、相互渗透的联系,也越来越紧密。与之相应,经济学的研究范围也越来越广,不断分化出带有应用性的独立的部门经济学、专业经济学等分支学科,并逐步形成了一个庞大的、门类分支繁多的经济学科体系。

也许有人会说,学习经济学对一般人用处并不大,普通读者只需知道如何赚到钱维持生计就足够了。其实不然,作为普通读者,应该更深刻地了解那些存在于我们身边的、关乎我们幸福和成功的生活现象背后的本质和真相,以便让我们在面临某些问题时能够更加睿智,少投入一些沉没成本,减少一些不必要的、没有任何意义和回报的浪费。更重要的是，我们只有构建起和经济学家一样的思维方式，才能游刃有余地应对庞杂生活中的一切问题，成为更精明的消费者、投资者、企业管理者，才能更理智地进行各项人生选择，获得最终的成功。

面对古今中外浩如烟海的经济学著作、艰深抽象的经济学理论，以及门类繁多的经济学支派，作为非经济学专业的普通读者，如何才能在短时间内对经济学有一个全盘的了解呢？为了让读者更好地学习经济学，更加直观、透彻地理解经济学在我们日常生活中的作用，我们编纂了这本《经济学一本全》。本书不同于传统的经济学书籍，而是在陈述抽象的理论、概念和公式的基础上，搭配了多幅具体详实的插图，以这种让读者更易于接受的方式领略本书所述内容，使阅读具有趣味性，更容易被大众读者所理解。书中用通俗易懂的语言对经济学的本质、经济学独特的思考方式以及经济学的基本概念和规律进行了系统而深入浅出的讲解，并通过大量的生活案例，从政治生活、日常生活、教育、职场、恋爱、婚姻、家庭、消费、投资、管理等方面，全面剖析了经济学在社会生活各个领域的广泛应用以及经济学规律对生活的巨大作用，帮助广大读者通过一本书读通经济学，学会像经济学家一样思考，用经济学的视角和思维观察、剖析种种生活现象，指导自己的行为，解决生活中的各种难题，更快地走向成功，尽享幸福人生。

目录

第一篇
经济学的本质

第一章 什么是经济学 /2
经济学是使人幸福的学问 /2
当经济学成为一种生活方式 /3
经济学是一种选择 /6
经济学的无穷魅力 /9

第二章 经济学的思考方式 /13
你身边的外部性 /13
需求大都是好事吗 /15
什么是恩格尔系数 /18
麦当劳挨着肯德基的玄机 /20
"天价"的背后 /22
什么叫"看不见的手" /24
另一只手 /26
"谷贱伤农"是哪般 /29

需求定理有例外吗 /31
外形与收入有关吗 /34
名牌背后的秘密 /35
赌博会赚到钱吗 /37

第三章　经济理性能力的培养 /39

成功人士的经济学特点 /39
适度的非理性有时是一种理性 /41
光有理性也不行 /44
能屈能伸，理性地看待创富路上的挫折 /45

第二篇
经济学的基本概念及规律

第一章　选择中的成本与收益 /48

人生之路是一条选择之旅 /48
非多考个证不可吗 /49
乔丹有必要自己修草坪吗 /52
"霍布斯的选择" /56
最好的选择来自理性的比较 /57
收益就是你的标尺 /59

第二章　机会成本 /61

何为机会成本 /61
吃苹果的学问 /62
"体面"经济学 /64

关注考研的机会成本 /66

第三章　逆向选择 /68
　　什么是逆向选择 /68
　　信息不对称下的逆向选择 /70
　　为什么企业偏爱"名牌生" /72
　　爱情中的逆向选择 /74
　　招聘里的逆向选择 /76
　　庸人得志与怀才不遇 /78
　　如何避免逆向选择 /80

第四章　边际效用 /83
　　边际主义的诞生 /83
　　我们生活在边际报酬递减的世界里 /85
　　边际量有利于做出最优决策 /87
　　理解边际效用递减应注意几点 /89
　　边际效用递减面面观 /90
　　幸福与边际效用的关系 /93

第五章　人力资本 /96
　　发现人力资本 /96
　　从孩童报班看人力资本投资 /98
　　家庭主妇的专业化投资 /101
　　人力资本的回报 /103
　　全面盘点你的资本 /104
　　充分发挥你的优势 /105

第六章　幸福指数 /109

幸福指数的来历 /109
幸福指数不仅仅是幸福感 /110
幸福指数与 GDP /111
理性看待幸福指数 /114
越有钱越幸福吗 /117
关于生活幸福度的经济学分析 /118
幸福需要多少钱 /121

第七章　竞争与垄断 /124

市场上的弱肉强食之道——完全竞争市场 /124
微软为什么要一分为二——垄断 /128
市场上就凭几个人说了算——寡头垄断 /130
企业扩张的快捷方式——兼并 /134
保暖内衣的冷与热——垄断竞争 /136
联合起来就能奏效？——价格联盟 /139
不把所有鸡蛋放到同一个篮子里——范围经济 /141

第八章　需求与消费行为 /144

商品价格与需求量的关系——需求定理 /144
享受有差别的生活——消费与消费品 /146
渔翁为什么只要小鱼——消费需求 /148
猪肉涨价了就多吃牛羊肉——替代效应 /150
物价涨跌中的消费决策——收入效应 /153
汽车与汽油的销量有什么关系——互补品 /155
由俭入奢易，由奢入俭难——棘轮效应 /157
量入为出是最基本的标准——信贷消费 /160

警惕一窝蜂的"赶时髦"——消费从众 /163

第九章 消费与偏好 /166

萝卜白菜,各有所爱——消费偏好 /166

服务态度好的商店生意兴隆——消费效用 /169

怎样搭配才能花钱最少——消费者均衡 /171

什么主宰着你的消费行为——消费预期 /173

有钱人就该高消费吗?——炫耀性消费 /175

"冲动是魔鬼"——冲动型消费 /179

以火眼金睛辨识"李鬼"——消费欺诈 /183

第十章 国民经济与国民收入 /186

老僧为什么带头吃喝玩乐——总供给与总需求 /186

衡量经济活动的有效尺度——GDP /189

国家经济的体温计——PPI /193

看上去挺美,却马上要破碎——泡沫经济 /196

为什么越节俭反而越萧条——节俭悖论 /198

宏观经济学的理论支撑——凯恩斯主义 /201

生活在城市与农村的两个世界里——城乡差距 /204

真正属于自己的价值——GNP /206

收入差别为什么这么大——个人收入 /208

不靠出卖劳动力也能挣钱——生产要素收入 /210

第三篇
社会生活中的经济学应用

第一章 政治生活中的经济学 /214
集体行动的悲剧 /214
5毛钱怎么花 /216
寻租现象 /218
下水道堵塞找谁去 /221
从1元钱看马太效应 /224
财政转移支付你收益多少 /227
"二八法则"与收入分配 /230
公共选择与羊群效应 /232

第二章 日常生活中的经济学 /236
"贤妻良母"要三思 /236
春运时,为什么一票难求 /237
不吃剩饭的哲学 /239
民航打折的秘密 /242
竞争有什么好处 /244
富人为何买贵不买贱 /246
我们为塞车付出了什么 /248
什么是覆水难收 /250
司机为何老摁喇叭 /252
公交车能解决出行难吗 /254
"马路杀手"与社会保险 /257

休闲的成本收益 /259

适度娱乐提升生活质量 /263

健康就是财富 /265

亚健康与工作 /268

未雨绸缪,规避健康风险 /270

第三章　教育中的经济学 /274

人力资本的价值取决于教育 /274

为什么哈佛的毕业生那么牛 /279

大学生就业为什么这么难 /282

望子成龙莫心切 /286

是读研还是参加工作 /289

规划人生,减少沉没成本 /292

目标为人生提供动力 /295

培养核心竞争力 /299

执着与勤奋来自对成功的渴望 /302

第四章　职场中的经济学 /304

饭碗从哪里来 /304

哪些因素影响劳动价值 /306

是否被人抢了饭碗 /309

理性看待就业难 /311

从"天之骄子"到"街头浪子" /315

今天工作不努力,明天努力找工作 /317

跳槽是否理性 /320

职场中的处世哲学 /324

职场里成功的秘诀 /327

职场共赢 6 法则 /330

第五章　人际关系中的经济学 /335

　　人际关系就是资源 /335
　　人际关系的选择学问 /337
　　朋友间也需要投资 /341
　　网络人际的成本 /343
　　不要做一次性人情 /344
　　交往中的心理博弈 /346
　　人际关系是一种资源 /347
　　该交什么样的朋友 /350
　　人际关系具有场效应 /353
　　寻找生命中的伯乐 /356
　　分享快乐和分担风险 /358

第六章　恋爱中的经济学 /362

　　爱情名词的经济学解释 /362
　　选对男友的策略 /363
　　凄美爱情是吉芬商品吗 /367
　　爱情、婚姻也是一种经济行为 /369
　　恋爱中付出的不仅仅是感情 /371
　　恋爱的时间价值 /375

第七章　婚姻中的经济学 /379

　　婚姻的风险 /379
　　人为什么要结婚 /380
　　单身女子的经济学分析 /382

和谁结婚最"划算" /385

结婚可以大大降低生活成本 /387

结婚是男女的资源重组 /389

从"七年之痒"看婚姻 /392

夫妻过招：婚姻中的博弈 /395

离婚、再婚的代价几何 /398

经营婚姻收获幸福 /402

第八章　家庭中的经济学 /405

谁当家庭财政部长好 /405

家庭财政作用大 /407

怎样把钱用在刀刃上 /410

理财要摸准经济周期 /413

提前准备孩子的学费 /417

人民币升值与理财 /419

家庭条件与儿女价值的关系 /422

"慈母多败儿"的经济学分析 /424

父母与儿女的互动 /427

把孩子培养成才 /430

规划退休生活 /433

老年人的负担问题 /436

第九章　消费中的经济学 /438

折扣狂潮里的秘密 /438

消费要懂得理财 /441

做个理智的消费者 /443

选择性消费 /446

把握好最佳购买阶段 /449

买一套房子的谋划 /451

买车之前需要三思 /452

培养买卖东西的能力 /454

价格是谁给抬起来的 /458

货比三家比什么 /461

天下没有免费的午餐 /463

越贵越买的冤大头 /465

买家没有卖家精 /468

消费维权 /471

是租房还是买房 /474

售房陷阱与买房理性 /477

楼房的使用价值 /479

房产经纪人赚钱的猫腻 /482

房屋装修中的信息不对称 /485

第十章 投资中的经济学 /488

股市里的"更大笨蛋"理论 /488

彩票、赌博与投资 /490

什么是投资理性 /494

投资需要数学头脑 /496

投资买卖中的数学思维 /497

巴菲特投资定律 /499

风险投资人如何选择创业者 /501

储蓄定律 /503

如何储蓄 /505

在股市要顺应"马太效应" /508
如何做好投资准备 /509
最安全的投资策略 /511
巴菲特投资 10 戒 /512
投资的回报 /513
让钱生钱 /516
经营财富就等于经营家庭幸福 /518
为什么大多数散户没有赚 /521
怎样做一个精明的投资家 /526
买彩票与赌博有何类似 /529
基金与债券投资 /532
收藏也是经营财富 /536

第十一章 管理中的经济学 /539

激励更能有效地管理 /539
谨防破窗的诱导作用 /541
有所选择，挑出轻重 /543
如何让企业成本最小化 /545
分槽喂马的用人方略 /548
老板与经理的良性互动 /550
企业与员工的共赢之道 /552
这样考核最公正 /555
管理中的利益关系 /558

第十二章 贫富背后的经济学 /560

坚信，财富接踵而来 /560
情绪是创富的力量 /562

期望富裕,才能创富 /564

专注,创富的资本 /567

自制,创富的腰带 /569

心态决定创富 /570

懂得需求定律,创富的加速器 /572

斗鸡博弈的应用 /574

旅途中的困境选择 /578

男怕入错行,女怕嫁错郎 /581

大学生爱情——一场情感的博弈 /583

猎人博弈的帕累托优势 /584

邻里之间的争执 /586

何必两败俱伤 /589

苏泊尔与金龙鱼的正和博弈 /591

从合作到共赢 /593

超市里的面包为何难找 /596

会员卡,蜜糖还是毒药 /600

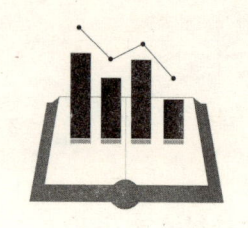

第一篇
经济学的本质

第一章
什么是经济学

经济学是使人幸福的学问

萧伯纳，英国著名的戏剧家、文学家和社会主义宣传家，1925年诺贝尔文学奖获得者，曾经说过这样一句话："经济学是一门使人幸福的艺术。"经济学的研究对象是人，那么研究人类的幸福也应该是经济学的必由之路和归宿点。从经济学如何教人致富，如何合理利用人类稀缺的资源等问题来看，它的确如此。

这种幸福感在经济学大家身上可见一斑。美国著名非主流经济学家加尔布雷斯幸福地生活了97年，新自由主义大师弗里德曼幸福地度过了94年的时光。"从这两位大师的身上，我们可以感受到经济学的魅力，可以感受到真正的经济学精神对于我们社会的建设性作用。"经济学家卢周来这样评价两位大师。

美国马克思主义经济学家保罗·斯威齐也是94岁高寿，中国经济学家薛暮桥生活了101年，这似乎可以得出一个结论：经济学思想巨匠普遍长寿。回想起开头萧伯纳说的那句话，我们可以认识到献身经济学研究的人是幸福的，这种幸福的来源在于经济学家用经济学这个工具认清了这个纷繁复杂的世界。

经济学，其最基本的功能就在于给人们提供了一种认识世界的平台、分析世界的方式和改造世界的方法。在我们今天所处的这样一个扑朔迷离而又快节奏的社会里，用经济学的眼光和方法去思考问题、分析问题，会让一切事物真实地呈现在自己面前，这就是真正意义上的"看破红尘",由此看来,经济学家普遍长寿也就不足为奇了。

研究经济学一定要有哲学家的头脑,经济学的任务应该是透过表面现象来研究和揭示经济规律、经济现象、经济关系。正是由于经济学家们对世界"心如明镜",才使得他们心情愉悦,得享高寿。

诺贝尔经济学奖获得者、英国著名经济学家约翰·梅纳德·凯恩斯认为,经济学"不是一种教条,而是一种方法,一种心灵的器官,一种思维的技巧,帮助拥有它的人得出正确结论"。一个优秀的教练员未必比运动员实战水平更高,但他却能够给运动员以理论、经验和方法,使他的技能得到提高。一个优秀的经济学家未必是一个理财能手、成功的企业家或政府官员,但他却能给一个理财能手、成功的企业家或政府官员非常重要的指导。

经济学不仅能揭示一个国家经济运行发展的规律趋势,而且还能解决人们生活中存在的种种问题。所以,"使人幸福的经济学"不是高高在上的阳春白雪,也绝不是停留在经济学家的鸿篇巨著、经济评论家的艰深高论和难辨真假的媒体评论上,它是使平常人触手可及的学问,而使社会大众幸福则正是经济学的宗旨所在。

当经济学成为一种生活方式

做研究是一种生活方式,做经济学研究是经济学家的生活方式。

经济学认为,不同的人有不同的禀赋,所以,不同的人有不同的比较优势,分工合作就能够提高社会的总产出。孔子曰"三人行,必有我师焉",如果每个人都这样去想,不同的人就可以相互学习与合作。分工合作是经济学最为朴素的智慧,但即使是读经济学的人也并不一定真正领会到其中的含义。

在通常情况下,每一个人创造的价值都可以由市场来评判,于是每个人根据自己产品的市场价格来决定生产什么,社会分工自然就形成了。但这套机制放在学术研究里就不行,道理非常简单——而且又是个经济学的朴素原理——知识是没有竞争性的市场的,因此也难以定价。正是基于这些朴素的道理,经济学家坚持与学生一起通过专题讨论会的方式来学习新的论文,讨论那些与当代中国经济与社会相关的问题。也正因为如此,经济学家会利用一切机会请国内外的学者与之交流研讨。

经济学的另一个原理是,对于公共产品的提供,每个人都有搭便车的倾向,这使得公共产品将陷于供给不足的局面。经济学家应该最明白这个道理。学术研究的合作实际上就是一个创造(对合作各方而言的)公共产品的过程。因此,在学术研究的合作中,经济学家必须克服自己的惰性,先做一个愿意奉献的好人。

经济学还有一个简单的原理是供给应该适应需求,否则,会给生产者带来亏损,在更为宏观的层面,则是资源的误配置和经济衰退。这就涉及"研究什么"的问题。经济学作为一门社会科学,它必须在内容上适应需求,特别是来自于当代社会的需求。经济学应该去研究有利于人类福利的重大问题,这就要求经济学家超越个人的喜乐、得去关注整个社会的前途和命运。一个好的经济学家如果没有强烈的人文关怀和社会责任感,就难以做出出色的研究,因为他关注的问题可能对大多数人都不重要。作为中国的经济学家,应了解自己生长的这片土地,了解中国,应了解中国作为一个发展中的大国所面临的各种各样的问题和挑战,第一要务是为中国的政治、社会和经济的全面发展提供经济学的智慧。

知识的生产是否符合需要还与知识生产的方式有关。在目前的中国,经济学的普及程度不会好于40年前的美国。因此,经济学家还需要借助于各种现代的手段来普及经济学的知识,包括教材、媒体和"内参"。经济学的又一条原理是,不同的生产要素如果是互补的,那么,多种生产要素的互补就可以提高单一生产

> 经济学能够解决生活中的各种疑惑，不仅能告诉人们"是什么"，还能告诉人们"为什么"以及"怎么办"。

> 哇，原来这都是经济学的研究范畴啊。

从广义上来说，经济学是对人类各种经济活动和各种经济关系进行理论的、应用的、历史的以及有关方法的研究。但从狭义上来说，经济学是关于资源配置的学问，是一个社会如何利用稀缺的资源以生产有价值的物品和劳务，并将它们在不同的人中进行分配。

原来经济学是一门高深的成功学和幸福学。

猫老师讲坛

第一篇 经济学的本质

要素的边际生产率。从这一意义上来说，无论是论文，还是教材，抑或是博客，都是生产和传播经济学的"生产要素"。这些"生产要素"并不是天然互补的，如果用得不好，如果它们被用来生产与知识无关的东西，那么，它们相互间的互补性就无从谈起。利用各种方式的"互补性"来生产和传播经济学的知识，这是一门艺术，更是一种生活方式。

经济学是一种选择

不要以为经济学是那些高居庙堂的经济学家们才玩的游戏。经济学其实存在于每个人的日常行为中，每个人在生活中都在有意无意地运用经济学道理进行选择和取舍，企图以最小的成本获得最大的收益。

经济学卸下了人们头上浪漫的生活光环，让人们走出虚幻的精神圣殿，走进柴米油盐，走进利益纷争。红尘浮世，人间冷暖，成败得失，背后都有一股利益暗流的涌动。这个利益不仅是物质利益，也有精神利益、感情利益，更有许多日常选择面临抉择的智慧。

一位刚从某高校工商管理专业毕业的女大学生，想到自己找到工作的经历仍然感到很得意。她的简历对自己的能力及不足来了个"明码标价"，乍一看，就像一个"价目表"。她说："这一招助我一路拼杀，找到了现在非常满意的工作！"

基本价值：1800元——作为一个国家直属重点大学的本科毕业生，在16年的求学生涯中耗费了父母大量的金钱和感情，需要足够的物质支持来回报家人和提供个人生活基本费用，并用于支付工作技能的进一步的发展。

技能价值：-500元——明白自己作为一个管理学专业的学生缺乏"一技之长"，所能干的工作似乎任何专业的人都可以胜任，但我的优势只有在进入某单位经过一段时间的磨炼后才能有所发挥。为了感激贵单位给予这个"进门"的机会，认为应该减去500

元的月薪。

性格价值：100元——开朗活泼幽默的性格，能最大限度地使一个团体士气高昂，在愉快的氛围中保持工作的高效。

经验价值：-500元，深知自己的经验欠缺，没有独立地完成过一次完整的学术研究，也没有组织过大型的社会活动，但是请相信，作为一个具有扎实的专业知识和较高的综合素质的社会新人，能很快完成从学生到管理工作者的过渡。

……

和其他毕业生的简历相比，她的简历更像一份报价单。她对自己的各项素质进行了具体而客观的评价，分别给出了或正或负的价值数额。最后，她给自己评定的市场价值是2500元。

这位同学就是以经济学的眼光看待自己，衡量自己。也许她并不懂得经济学，但她的行为却符合经济学原理。如果把求职看为一种市场行为，这位同学就是卖方，企业则是买方。这位同学对自己的特点一一介绍并明码标价，她的优劣让企业一看便知。这和商家推销产品是一个道理，这种产品是干什么用的，有什么特点，价值多少，让人清清楚楚。有些同学对自己的评价，尽是"本人刻苦努力，成绩优良，尊敬老师，团结同学，积极参加各种社会活动，只要贵单位能给我一次机会，我一定努力工作"之类，至于他到底是怎样一个人，擅长什么，能干什么工作，该拿多少钱，则让人云里雾里，难以知晓。

我们从小就接受这样的教育：长大后要奉献社会，实现自己的人生价值。我们实现自己的人生价值了吗？怎样才算实现了自己的人生价值？自己的价值有多大？好多人未必清楚。在经济学家的眼里，人生的价值是有价码的，这个价码可用金钱为媒介的价格来标示。10多年前，巩俐在一则广告里笑了一下，价值100万元人民币；今天，巨星姚明的身价据说超过了5亿美元；而世界首富比尔·盖茨不仅掌握着世界上近千亿美元的财富，而且推动了一个时代的发展，不知道有多少人从他身上获得了启发而变成大富翁。我们凡夫俗子，日出而作，日落而息，用微薄的薪水养活着自己和家人。有人贪赃枉法、杀人放火、盗窃抢劫，造成社会财富的巨大损失。经济学让不同的人的人生价值清晰地呈现在人们面前。

用经济学的方法，为我们如何客观地看待自己、看待他人提供了一种思维方式和方法。经济学是研究人的行为的一门科学，而经济学对人的自身选择的判断与评价更理性、更客观、更具体，是什么就是什么，有多少就是多少，一点也不含糊，不像其他社会科学，比如伦理学，对一个人的评判就很模糊。我们常常说，某某是好人，就是对这个人的道德评判，但这个人好到什么程度，则无法给出清晰的答案。道德还常常以动机来评判人，明明做了坏事，却以"出于好心"为由为其辩护。

现实世界是复杂多变的，一个人也常常会迷失自我，找不着北。经济学可以让人正确认识自己、认识世界，帮助人进行理性选择和决策，少走弯路，少受损失。

经济学是一门选择的学问，选择是为了正确的决策，决策的目的是为了更合理地进行资源配置，合理配置资源的目的是为了实现利益的最大化，即以最小的成本获得最大的收益。这个利益不仅包括物质利益，也包括精神利益、感情利益等。而正确的选择来自于对自己和周围世界的正确估价。

经济学主要研究社会如何管理自己的稀缺资源。在大多数社会里，资源不是由一个中央计划者来配置，而是通过千百万人的共同行动来配置的。因此，经济学研究人们如何做出决策：他们工作多少，购买多少，储蓄多少，以及如何把储蓄用于投资。经济学还研究人们如何相互交易。例如，经济学研究一种物品众多的买者与卖者如何共同决定该物品的价格和销售量。最后，经济学分析影响整个经济的力量和趋势，包括平均收入的增长，人口中找不到工作的人口比例，以及价格上升的速度等。

2001年诺贝尔经济学奖获得者、美国经济学家斯蒂格利茨在其《经济学》一书中指出:"经济学研究我们社会中的个人、企业、政府和其他组织如何进行选择,以及这些选择如何决定社会资源的使用方式。"每一个社会和个人必须做出选择。欲望有轻重缓急之分,同一资源又可以满足不同的欲望,选择就是用有限的资源去满足什么欲望的决策。

从经济学的角度来说,每一个人都是一份资源(现代已有人力资源的概念),"人贵有自知之明",就是能正确估价自己这份资源。不能正确估价自己的人,不是把自己看得过高,就是太低,因而不能把自己和社会资源(环境、职业、工作、配偶等)进行合理的配置。现实中有不少男人怀才不遇,不少女人红颜薄命,大都是不能正确估价自己造成的,最终,男人耽误了事业,女人耽误了终身。

经济学的无穷魅力

经济学是一门理性而中性的学问。它既有模型、又有理论,但不像文学,争鸣过程中的不确定性总让人觉得一头雾水。

经济学的魅力在于可以解释大多数的社会现象。如:

(1)房价为什么这么贵?

(2)房价到底会不会降?

(3)为什么大米又贵了,鸡蛋又涨价了,为什么通货膨胀又来了?

(4)大学为什么要扩招,"毕业生为什么一毕业就失业"?

(5)汽车为什么一直在降价?

(6)人民币为什么一直在升值?

(7)股市会出现长期的牛市和春天吗?

(8)春运的车票为什么那么紧张?

(9)收入差距为什么这么大?

(10)老百姓看病会越来越容易吗?会越来越便宜吗?

这些问题都能从经济学那里得到解答。经济学有一些最基本的术语,如成本、收益、利益、资源,等等。我们可以用机会成本来解释人生的选择,用沉没成本来形容不能挽回的过去;用投入和产出来衡量我们的收益,用资源禀赋来对自己进行客观评价;很多曾经美好的东西,随着岁月流逝而不再,那是因为边际效应递减。

很多问题的根源在于利益,利益的基础在于资源。我对你有权力,在于我具备你想要得到的资源。所以我们想要提升自己的魅力,首先要创造别人所需要的东西。经济学领域中的前辈们已

利益的基础在于资源,"洛阳纸贵"形象地说明了这一问题。

经讨论得很多,感情就是如此——想要一个人对你好,不在于你对他有多好,而是你有能够吸引、抓住他的地方,有别人所不具备的优点和魅力。

资源这种东西,我们一定要恰到好处地利用它。如果你放着资源不用,那必然是一种浪费;如果你滥用资源,也许有一天会耗竭;如果你无私地奉献自己的资源,那么就会沦为"公共资源",无人珍惜。

我们时刻要记住:世界上没有免费的午餐,这是一个基本的游戏规则。我们都是社会人,在这个社会中与身边的人结成了各种各样的社会关系或契约关系,包括同事、上下级、朋友、夫妻,我们在这个社会求生存、求发展,必然要付出相应的代价,这个代价既包括自己的艰辛努力,也包括自己的感情和灵魂。那么父

母对子女的爱呢？从心理层次上（撇除感情因素）探讨，父母对子女的爱是出于自己发自内心的需求，是他们与生俱来的心理需要。当子女长大成人以后，他们又会有自己的子女。同样，慈善家对穷人的捐赠，表面上是无偿的捐献，但实际上他们通过捐赠得到了心理上的满足，所以这个"免费"不仅仅包括物质，还应该包括精神。

另外，卡尼尔的"幸福经济学"把经济学和心理学结合起来，试图破译财富与幸福的密码。人们对于"幸福"和"不幸"的感知能力是不同的，如果把幸福量化，幸福为正值，不幸作为负值，在绝对值相等的情况下，所带给人的感受却不是相反的等值关系。

记得《红楼梦》里扮演惜春的演员说过一个故事：她的女儿曾经对《红楼梦》一无所知也毫无兴趣，近来却开始频频和妈妈探讨《红楼梦》里的情节和人物个性了，那是为什么呢？孩子眼中艰深晦涩的"古董"《红楼梦》怎么会突然引发她的兴趣了呢？那是电视红楼选秀的功效，那是古典名著通俗化、大众化的功效。恰如美丽高贵的公主下嫁到民间，和老百姓打成一片。

再举几个大家都知道的图书行业的例子，易中天《品三国》为什么那么红？《于丹〈论语〉心得》为什么长期走俏？完全草根的当年明月的《明朝的那些事儿》为什么受到大众喜爱？因为他们不仅够档次、够文雅，更是够通俗、够风趣、够平民化。

通俗和平民化不是浅薄的表现，恰恰相反，高深到极致的东西反而更加朴实，印度最具成就的灵性大师克里希那穆提曾说过：真理往往是最朴实无华的。表面的艰深晦涩也许是扮演学问高人的人为自己套上的一件虚假外衣。

因此，学习经济学便于提高自己对幸福的感受能力—幸福是这一端，不幸是那一端，经济学知识可以帮你用自己的感受刷亮灰色的区域。

经济学的出世，是以世俗的科研精神——尽管有些不彻底不充分——反对神学，是以观察和分析现实社会的经济基础反对所谓的"信仰"和"文化"。经济学的魅力正在于它首先是一门科学，而且应该越来越科学。

不可否认，经济学要展现这一魅力异常艰难曲折，因为它要触到人们最直接的利益。这就使一些人想把它弄成"文化"以远离实际，也使一些人在经济学中玩弄非科学、非理性以期搅乱人们的思维。但也必然会有人在科学的艰难道路上奋斗前进，以科学真理造福人类。

现实中，人们终究感受到了这一魅力，这就是：社会主义市场经济。作为一门完整的科学，还有待继续努力来建立，但其真正价值，不仅已被有科学精神的学者所认识，更已被广大人民深切体验。这里面所表现出的实事求是、尊重科学、追求共同富裕的精神才真正贯通了传统文化中的优秀成分和自五四运动以来的新文化，也融合了西学中的优秀文化，包括吸纳了经济自由主义中的合理成分。这种精神才是经济学的魅力源泉。

第二章
经济学的思考方式

你身边的外部性

一个人的行为对旁观者福利的影响称为外部性。如果对旁观者的影响是有利的,就称为"正外部性"(也称外部经济);如果对旁观者的影响是不利的,就称为"负外部性"(也称外部不经济)。

教育经常被认为是具有正外部性的典型例子。虽然教育的收益人是被教育的个人,他付费并享受受教育的权利,但社会作为一个整体也因为其有教养的公民而受益,如社会生产率和政治参与率的提高。外部性的概念使政府有充足的理由生产、资助或补贴教育。

污染是负外部性的典型例子。假如个人或公司将当地的空气或水作为排放废气废物的场所,他将给下游或下风向的公司或个人施加成本,包括疾病的发生、生产率下降乃至丧生。如果政府不进行干预,商品的购买者没有负担全部的成本,将导致过度生产的低效率。

汽车废气有负外部性,因为它产生了其他人不得不吸入的烟雾。政府努力通过规定汽车的排放废气标准来解决这个问题,政府还对汽油征税,以减少人们开车的次数。

狂吠的狗引起负外部性,因为邻居受到噪音干扰,狗的主人并不承担噪音的全部成本,因此很少谨慎地防止自己的狗狂吠。地方政府通过规定"干扰平静"为非法行为来解决这个问题。

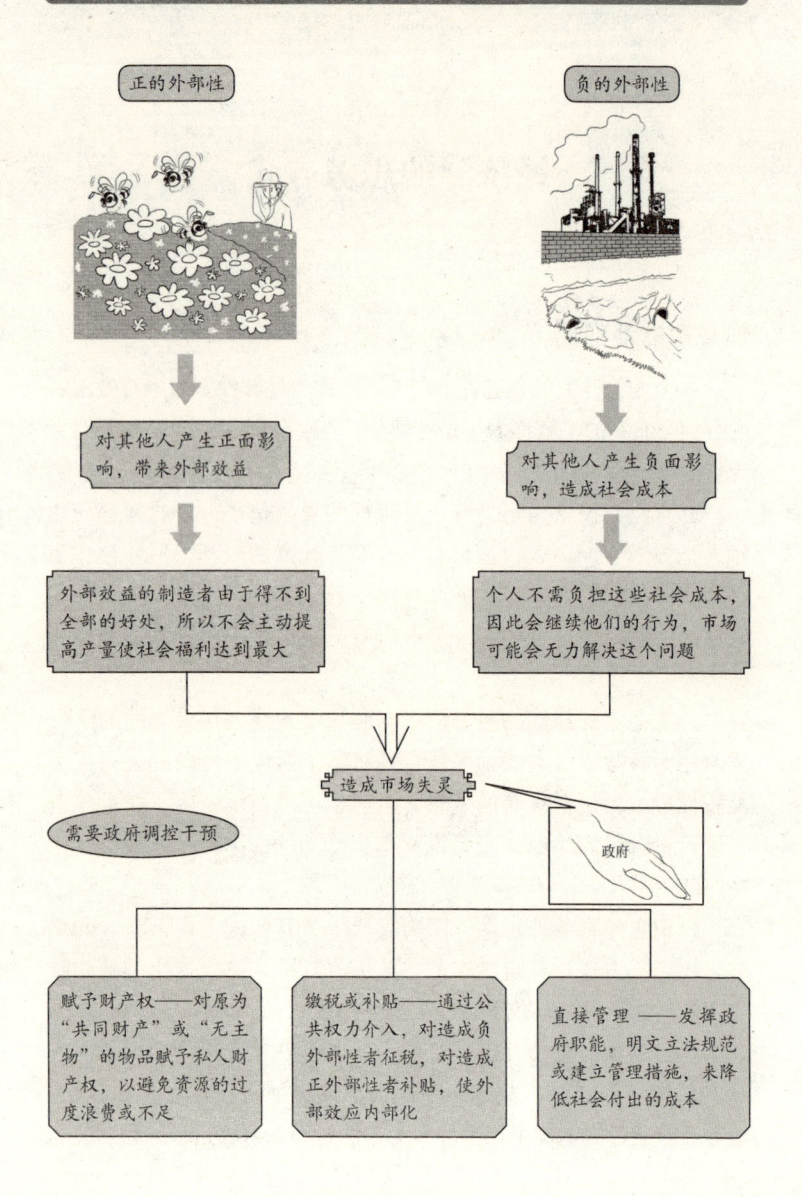

外部性效应

正的外部性

↓

对其他人产生正面影响，带来外部效益

↓

外部效益的制造者由于得不到全部的好处，所以不会主动提高产量使社会福利达到最大

负的外部性

↓

对其他人产生负面影响，造成社会成本

↓

个人不需负担这些社会成本，因此会继续他们的行为，市场可能会无力解决这个问题

↓

造成市场失灵 ← 政府

需要政府调控干预

- **赋予财产权**——对原为"共同财产"或"无主物"的物品赋予私人财产权，以避免资源的过度浪费或不足

- **缴税或补贴**——通过公共权力介入，对造成负外部性者征税，对造成正外部性者补贴，使外部效应内部化

- **直接管理**——发挥政府职能，明文立法规范或建立管理措施，来降低社会付出的成本

外部性通常是政府采取干预行为的正当理由：即鼓励正外部性的生产，禁止或遏止负外部性的生产。当外部性存在时，将会影响买卖双方的决策。如果一个商品或一项服务的成本没有完全包含在价格中时，它将被过度生产；同样的，商品的价格不能完全反映它给社会带来的全部收益时，它的生产将不足。经济学家认为，这两种情况将扭曲资源的有效配置，从而产生低效率。

著名的科斯定理认为，当外部性存在时，如果牵涉的双方能以零成本进行谈判，则资源的扭曲配置就不会发生。在某些情况下，如大片地区被污染，组织谈判的交易成本非常高，政府的干预就是合适的。政府干预的成本很高，却未必会比自由的市场经济更好地解决问题。经济学家哈丁曾提出警告，如果个人不把他们的行为对他人的损害考虑在内，将会带来潜在的灾难。人们越来越意识到这种行为在国内乃至国际上的影响：酸雨、臭氧层破坏、砍伐森林、河流盐度增高和其他环境效应将产生长期的影响，而人们才刚刚开始意识到这种影响并试图解决它。如何解决外部性的问题还没有完美的答案。考虑如何解决外部性问题时要兼顾效率与公平，既分析政府干预的收益——成本，又要考虑谁收益谁受损的价值判断问题。

需求大都是好事吗

的确，只要市场上有一种需求，而这种需求又能够给商家带来利润，就一定会有这种供给，即使这种需求未必文明，这种供给未必合法。比如由对毒品的需求导致的对毒品的供给就是较极端的例子。即便社会采用各种严厉的惩罚措施，但因为满足对毒品需求的供给可以导致暴利，毒品供给者就是冒着上绞刑架的危险也要生产并贩卖毒品。惩罚至多只是抬高了毒品的生产与销售成本，但生产者与贩卖者转而又将这种风险成本以提高价格的方式转嫁给毒品消费者。这就是需求的力量！

某种程度上，这种欲望就是人类的贪婪。人的欲望是产生各种需求的源泉，而欲望又具有无限性的特点，即人们的欲望永远没有完全得到满足的时候。一个欲望满足了，又会产生新的欲望。"人心不足蛇吞象"这句中国俗语就揭示了这个道理。中国传统道德观把人的欲望看成罪恶之源，主张"存天理，灭人欲"。其实，正是人类欲望的无限性推动了社会不断进步。但是人的欲望要用各种物质产品或劳务来满足，物质产品或劳务要用各种资源来生产。但谁都知道，自然赋予人们的资源是有限的，一个社会无论有多少资源，总是一个有限的量，相对人们的欲望，资源量总是不足的，物质产品或劳务也总是不足的。人类欲望的无限性造成了资源的稀缺性。

经济物品的稀缺性并不意味着它是稀少的，而是指它不可以免费得到。因此，通常所说的稀缺性是相对稀缺，即相对于人们的无限欲望，某些资源与物品总是有限的，也即这些资源与物品是稀缺的。要得到这样一种物品，必须自己生产或用其他物品来加以交换。

稀缺性是人类面临的永恒问题，它与人类社会共存亡。当穷国政府为把有限的财政收入是用于基础设施建设还是用于教育方面而争论不休时，富国政府也为把收入是用于国防还是用于社会福利发愁；当穷人为一日三餐担心时，富人正在考虑是打桥牌还是打高尔夫球。

稀缺性的概念在整个经济学理论中起着至关重要的作用，一些经济学家认为稀缺性是经济学存在的前提条件，所以往往用稀缺性来定义经济学。由于稀缺性的存在，决定了人们在使用经济物品中不断做出选择，如决定利用有限的资源去生产什么，如何生产，为谁生产，以及在稀缺的消费品中如何进行取舍及如何用来满足人们的各种需求，而这些问题被认为是经济学所研究的主题。只有当物品稀缺时，才能被认为是社会财富的一部分。

从人类可利用能源的角度看，似乎还没有什么限制。但从另外的角度看，人类为此付出的代价却已经够大的了。

商品需求与需求曲线

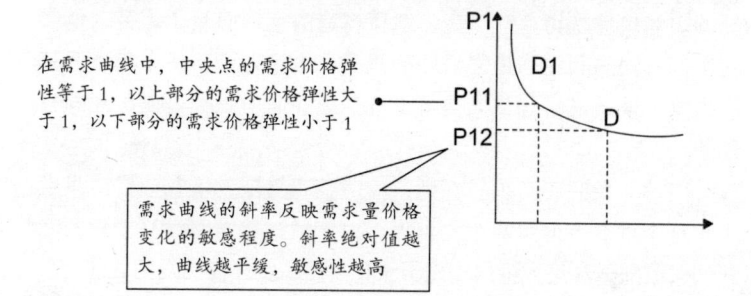

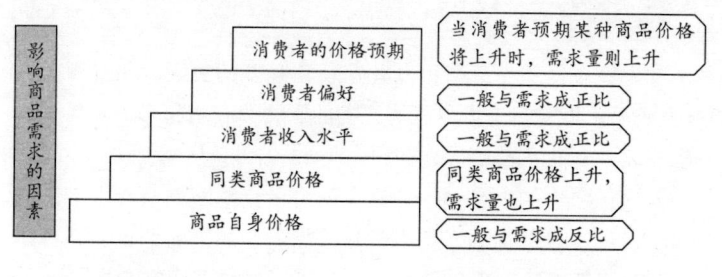

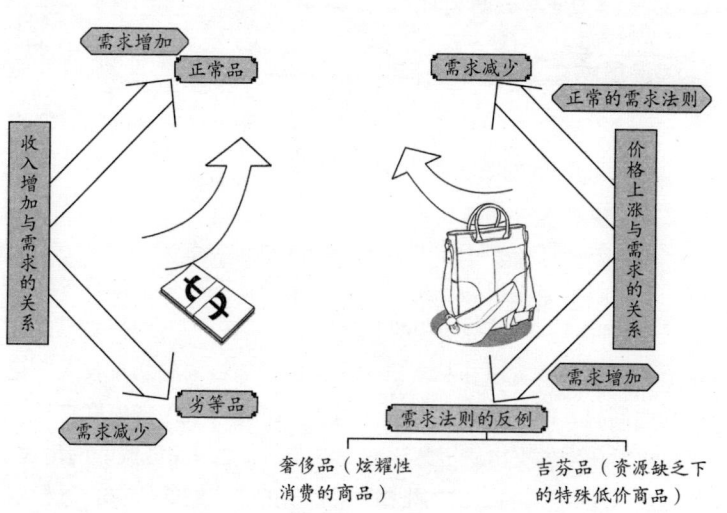

在需求曲线中,中央点的需求价格弹性等于1,以上部分的需求价格弹性大于1,以下部分的需求价格弹性小于1

需求曲线的斜率反映需求量价格变化的敏感程度。斜率绝对值越大,曲线越平缓,敏感性越高

影响商品需求的因素:

- 消费者的价格预期 —— 当消费者预期某种商品价格将上升时,需求量则上升
- 消费者偏好 —— 一般与需求成正比
- 消费者收入水平 —— 一般与需求成正比
- 同类商品价格 —— 同类商品价格上升,需求量也上升
- 商品自身价格 —— 一般与需求成反比

收入增加与需求的关系:
- 正常品:需求增加
- 劣等品:需求减少

价格上涨与需求的关系:
- 正常的需求法则:需求减少
- 需求法则的反例:需求增加
  - 奢侈品(炫耀性消费的商品)
  - 吉芬品(资源缺乏下的特殊低价商品)

第一篇 经济学的本质

鲸鱼油的使用以及后来的匮乏，没有难倒人类，却使鲸鱼几近遭遇灭顶之灾；煤的使用以及匮乏，没有难倒人类，却把一个好端端的地球挖得百孔千疮，地质构造的变形引发了无穷的地质灾害；石油的利用与最终可能的匮乏，也许还难不倒人类，但其后果除了地质灾害外，人类将更贪婪地扑向下一种可能出现的替代品……

同时，我们还必须注意到，所谓没有极限的增长，目前只发生于这个世界上的少数中心国家。而支撑这些国家没有极限的增长的假象的，却是大量的外围国家日益面临实质性枯竭的资源。

森林是另外一个例子。1990年到2000年，世界森林的面积平均每年减少940万公顷。

有人算了这样一笔账：占世界人口1/20的美国，耗费着世界1/3的资源。即使将全世界可能开发的资源都利用起来，并且重新分配资源，全世界的人也不能按照美国人的方式生活。

看来，需求的力量是一种伟大的力量，不断创造着供给；但也是一种毁灭性的力量，使人类在表面进步的同时，正面临着因资源的最终匮乏导致的大崩溃。

什么是恩格尔系数

恩格尔系数用来表示居民家庭食物的支出在总支出中所占的比例。它是以19世纪德国统计学家恩斯特·恩格尔的名字命名的。其计算公式是：

恩格尔系数＝食物支出的总额／总支出的金额

恩格尔系数是根据恩格尔定律得出的。恩格尔定律是恩格尔根据统计资料，对消费结构的变化提出的一种观点。其内容如下：一个家庭的食物支出在总支出中的比例是与该家庭的总收入变化成反比例的。即一个家庭的收入越少，家庭收入中或家庭支出中用来购买食物的支出所占的比例就越大；而随着家庭收入的增加，家庭收入中或家庭支出中用来购买食物的支出将会下降。恩格尔定律已被许多事实所证实。

"吃了吗?"这是中国人见面后再熟悉不过的口头用语。那用意几乎相当于国际流行的"你好吗"。渐渐地,"吃了吗"这个口头语我们听得越来越少了,因为吃对于中国人越来越不像过去那样重要了。换句话说,"吃"在中国人生活中所占的比重越来越小了。此现象在经济学上就叫作"恩格尔系数"降低。

根据中国商业联合会发布的2002年《中国零售业白皮书》显示,到2001年底,城镇居民消费的恩格尔系数由1997年的46.4%下降至37.9%。这是居民消费结构改善的主要标志。它说明,我国人民以吃饱为标志的温饱型生活,正在向以享受和发展为标志的小康型生活转变。

就吃而言,城镇居民吃好、吃精、注重营养、追求方便的倾向更加明显。除了吃之外,居民生活质量的提高还表现在居住条件、交通通讯条件的改善,以及耐用消费品、用于陶冶情操增进身心健康的文化艺术、健身保健、医疗卫生、子女非义务教育和自身再教育的支出大幅度提高。

恩格尔系数对于经济研究有重要价值。(1)用来判定家庭的富裕程度。联合国粮农组织提出了一个划分贫困与富裕的标准,即恩格尔系数在59%以上为绝对贫困,50%~59%为勉强度日,40%~50%为小康水平,30%~40%为富裕,30%以下为最富裕。(2)分析不同消费者的消费情况。高收入阶层花在奢侈品和劳务上的金额,相对或绝对地要比低收入阶层多。(3)判定一个国家的经济发展水平和人民生活的富裕程度。在经济增长的条件下,

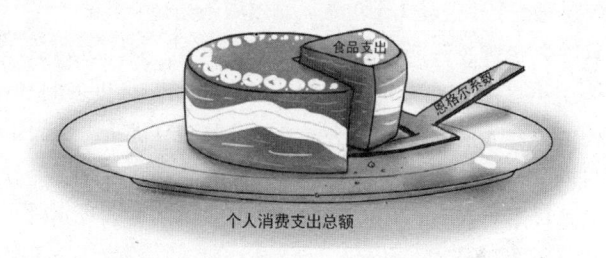

个人消费支出总额

衣着和住宅等其他基本生活必需品的支出，在不断增长的家庭收入中所占的比重是递减的。高收入家庭花在奢侈品和劳务上的费用，则随着收入的增长而不断地增加。在较富裕的国家，消费者支出的相当大一部分，是用在那些对物质福利并非必需的物品和劳务上，也就是说，消费者有一定的可自由支配收入，存在着随意消费的倾向。

麦当劳挨着肯德基的玄机

经常光顾麦当劳或肯德基的快乐一族们不难发现这样一种现象：麦当劳与肯德基这两家店一般在同一条街上选址，或在相隔不到100米的对面或同街相邻的门面。不仅麦当劳与肯德基的布局如此，大多类型相似的商场、超市的布局也同样存在这样的现象，如在北京的北三环两侧不到15千米的道路两侧，已经驻扎了国美、苏宁、大中三大连锁家电的8家门店。从一般角度考虑，集结在一起就存在着竞争，而许多商家偏偏喜欢聚合经营，在一个商圈中争夺市场。这样选址会不会造成资源的巨大浪费？会不会造成各超市或商家利润的下降呢？

假定市场上有甲、乙两个超市，他们向消费者提供的是相同的商品和服务，两者具有优势互补关系；假定甲、乙两个超市的行为目标都是为了在理性的基础上谋求各自的利益最大化；假定甲、乙两个超市的经营成本是一致的并且没有发生"共谋"；假如甲乙都选择分散经营，他们各自经营所获得的利润各为3个单位，如果甲选择与其他超市聚合经营，乙选择分散经营，他们各自经营所获得的利润分别为5个单位和1个单位。总效用还是6个单位。

这是因为聚合经营能够聚集"人气"，形成"马太效应"，从而能够吸引更多的消费者前来购买，进而企业获得更多的利益。分散经营使企业无法获得与其他企业的资源共享优势，从而市场风险明显增大，所以导致其获利能力下降。同理，若甲选择分散经营，乙选择聚合经营，他们各自经营所获得的利润分别为1个单位和5个单位，而甲乙两家超市都选择聚合经营时，由于两家企业具有优势互补，所以，两者的利润都会增加为8个单位。

聚合选址不可避免地存在着竞争，竞争的结果是企业要生存和发展就必须提升自己的竞争力，连锁企业有个性，才有竞争力。在超市经营上要有特色，方显个性，这就要求明确市场定位、深入研究消费者的需求，从产品、服务、促销等多方面进行改善，树立起区别于其他门店类型和品牌的形象。如果聚合的每一个连锁超市都能够做到这一点，就可以发挥互补优势，形成"磁铁"效果，这样不仅能够维持现有的消费群，而且能够吸引新的消费者。

另外，商业的聚集会产生"规模效应"，一方面，体现所谓的"一站式"消费，丰富的商品种类满足了消费者降低购物成本的需求，而且同业大量聚集实现了区域最小差异化，为聚集地消费者实现比较购物建立了良好基础；另一方面，经营商为适应激烈的市场竞争环境，谋求相对竞争优势，会不断进行自身调整，在通过竞争提升自己的同时让普通消费者受益。正因为如此，聚合选址使商家能够充分发挥自己的优势，吸引更多的消费者。

麦当劳挨着肯德基是因为聚合经营能够聚合人气，吸引更多消费者。

而且商家在选址时一般较注意同类型竞争者的选址，往往愿意与它们聚合经营。其实，商家在选址时可以考虑差异化聚合选址，如食品超市，聚合对象可选择生鲜超市、日用品超市；综合超市可以选择家具超市、家电超市、医药超市、建材超市等，这种聚合更能发挥聚合效应。现在随着国内居民小区的发展，商场、诊所、银行、邮局、餐厅等配套服务设施的健全备受居民关注。所以连锁超市也可以选择诊所、银行、邮局、餐厅等作为聚合对象，这样在连锁门店的经营上就不存在什么强的竞争，同时又为小区居民提供了便利。

"天价"的背后

近些年的中秋节，市场上最活跃的商品恐怕是形态各异的月饼了。有些月饼甚至标出"天价"，有的月饼还镶上了钻石，如此高价的月饼依然深受消费者欢迎，众人趋之若鹜，其实有很多这样类似的事情：一个尾数7位都是"8"的手机号的价格高达22万元天价，一个尾数4位是"8"的车牌号价格为30万元……

这些天价商品的价值在哪儿呢？据调查，买家几乎全部是生意人，他们购买天价商品不仅仅是因为便于记忆和对吉祥数字的崇拜，更重要的是用来"撑门面"，当然也可当作礼物送人。

正因为天价商品有市场价值，所以也成了收藏爱好者的收藏对象。

有一个收藏爱好者从事吉祥号码收藏已两三年，一共收藏了20多个吉祥号。其中多数号码都是花钱买来的，像尾数为7个"8"的号码，2年前的收购价就超过10万元。此外，尾数为5个"8"和"6"的号码，手头还有好几个。

"吉祥号码"又称为"个性号码"，其数字往往由于谐音或迎合人们的传统观念而受到人们的青睐。就像图腾崇拜一样，不同的部落和民族，往往有各自不同的崇拜对象。不同地方的人由于有不同的观念和生活习惯，即使是对同一个号码，也会产生不同的吉祥观念。比如说，我国许多地方都有人认为"8"字能给自己带来好运，主要是因为8与"发"谐音，常让人联想到"发财"。何人不希望发财呢？于是"8"就受到人们的喜爱。还有"168"作"一路发"解释，"888"是"发发发"的意思，"666"意为"六六大顺"，等等。

正是出于对"吉祥号码"的崇拜，我国普遍存在着"吉祥号码"拍卖的现象。吉祥日子、吉祥时辰早已成为人们迎新嫁娶、开张庆典、签约剪彩等经济活动的首选日子。许多地方也曾经在这些所谓的吉祥日子里出现了交通异常拥挤、喜庆气氛浓厚等现象。相反，一些数字则被人们所厌弃。比如带有4的手机号码，往往可以免费赠送，有些楼盘甚至不设13、14层，迎合了一些业主的喜好。

这些天价月饼、天价号码的价格远远高出了它们本身的价值，这正常吗？

从经济学的角度来说，是吉祥号码数字的需求和供给共同决定了它的高价位，这种供给和需求都是"物以稀为贵"的市场规律的正常表现。

资源的稀缺性，有些是天生的，如金子、钻石；有些是衍生的，如中国的土地，一百年前就是如此大，因为人口越来越多，使今天的土地越来越稀缺。有些稀缺可以创造，上海的地铁磁卡，每天大量供应使用，只值票面价格，永远有求必应，无增值可能。但地铁旅游公司发行的纪念卡，比如《水浒》人物系列，限量发行1.5万套，凭空创造出一个稀缺资源，求大于供，于是80元面值的纪念卡一套9枚，现在的市面溢价280元。但是出版一部《水浒》充其量平价出售，可能折价出售，不可能溢价出售。因为书可以一版再版无限量供应，无稀缺可言。磁卡创造稀缺以增加文化品种，高明、有益。

经济学上有个著名的理论：有用的水，不值钱；无用的钻，天上价。水，源源不断的无限性，随地可掬，所以不值钱；钻石，稀罕物，所以值钱。当然也有例外，"上甘岭"上一滴水，比生命还珍贵；水在阿拉伯沙漠里，比油珍贵。

聪明人有意消灭多余，牟取暴利。如果世间只剩两张清朝大龙邮票，各值10万，善贾者必然撕毁一张，另一张不是两枚之和的20万，而可能是30万、40万，因为它的唯一性。唯一比稀缺更稀缺，无竞争比价。

虽然"吉祥号码"的拍卖也许给社会带来一定的负面影响，但是，从经济学的角度来看，它的出现是完全符合经济规律的。

什么叫"看不见的手"

你是否注意到这样一个细节：当你所在的小区的菜摊上西红柿从2.20元/斤上涨到2.50元/斤时，你会发现全市的所有菜市场的西红柿都是2.50元/斤，这就是市场机制的奇妙作用：仿佛一声令下一样，什么都改变了。

西红柿的价格为什么能神速地统一起来？人们为什么能以合理的方式完成繁杂的社会分工？经济学的中心任务之一就是解释复杂的经济规律是如何运行的。为什么某些人做这些事，某些人做那些事？信息是如何在人群中交流的？决策又是如何做出的？这些问题涉及经济的协调机制。不同的经济社会有不同的协调机制，从而形成了不同的经济体制。

其中一种协调机制是计划经济体制。即由一个集中的中央体系发布行政命令，指挥经济的运行与协调。生产什么，如何生产，为谁生产的决策都由中央计划机构做出，每个居民和企业只能执行上级的命令。这种协调机制通过垂直的等级体系由上而下渗透，各经济主体按上级的指令进行经济活动。计划经济体制具有很大的弊端，一是抑制经济主体的积极性，二是很难对成千上万种产品的供给与需求做出正确的计划。资源配置的效率低下，政府官员权力过大，容易滋生腐败与寻租行为。

另一种协调机制是市场经济体制。它是在产权确定的条件下，由价格调节单个经济主体的决策。它像一个非常精巧的机构,通过价格和市场体系,无意识地协调着生产者及消费者的活动。它还是一部传达信息的机器,把千百万个经济主体的偏好和行为汇集在一起,很好地解决了生产什么、如何生产、为谁生产这些基本的经济问题。生产什么?在市场经济体制下,资源会自动流向获利最高的产业和产品,人们的逐利动机像雷达一样的敏锐。如何生产?取决于生产者之间的竞争,为了在竞争中获利,生产者必然会选择效率最高的生产方式,把成本降到最低点。为谁生产?取决于生产要素的供给与需求,要素市场决定于工资、地租、利率和利润的多少。谁应该享有生产的成果,谁应该获得较多的收入,取决于谁是否掌握了较多的生产要素以及这些要素的稀缺程度。市场价格调节着商品的供求,而利润与亏损是胡萝卜加大棒,驱使企业有效率地生产出消费者满意的商品。

"看不见的手"这个经济术语是现代经济学的开山祖师亚当·斯密提出的,它形容在价格机制起作用的情况下,追逐私利的人如何实现人与人之间的合作,从而使社会财富更加充裕。借助于这只"看不见的手"配置资源,效率高、成本低。政府只需保证市场机制正常运转,就可以获得产品充裕、生产者与消费者皆大欢喜的效果。

按照凯恩斯的理论:几乎每一样东西都存在相应的市场,市场是买者和卖者相互作用并共同决定商品和劳务的价格和交易数量的机制。市场通过它自身的内在逻辑体系,使得资源向最优化配置的方向流动。它通过价格和市场体系对个人和企业的各种经济活动进行协调。

市场的运行具有它本身的特性,经济学之父亚当·斯密将市场的运行规律归结为"看不见的手"。他认为,当个体自私地追求个人利益的同时,他就像被一只看不见的手引导着去实现公众的最佳福利。而且在所有可以出现的结果中,这个结果是最好的。亚当·斯密在其经典著作《国富论》中写道:"每一个人都力图利用好他的资本,使其产出能实现最大的价值。一般来说,他并不企图增进公共福利,也不知道他实际上增进的公共福利是多少,他所追求的仅仅是他个人的利益和所得。但在他这样做的时候,有一只看不见的手,在引导着他去实现另一种目标,这种目标并非是他本意所要追求的东西。通过追逐个人利益,他经常增进社会利益,其效果比他真的想促进社会利益所能够得到的那一种更好。"

另一只手

同样是西红柿的价格,当市场价格高出人们的可接受范围之外时,政府就会出面干预:西红柿价格不得高于某个价格。2004

市场经济与计划经济

市场经济(又称为自由市场经济)是一种经济体系,在这种体系下产品和服务的生产及销售完全由自由市场的自由价格机制所引导,而不是像计划经济一般由国家所引导。具体来说,市场经济与计划经济的区别是:

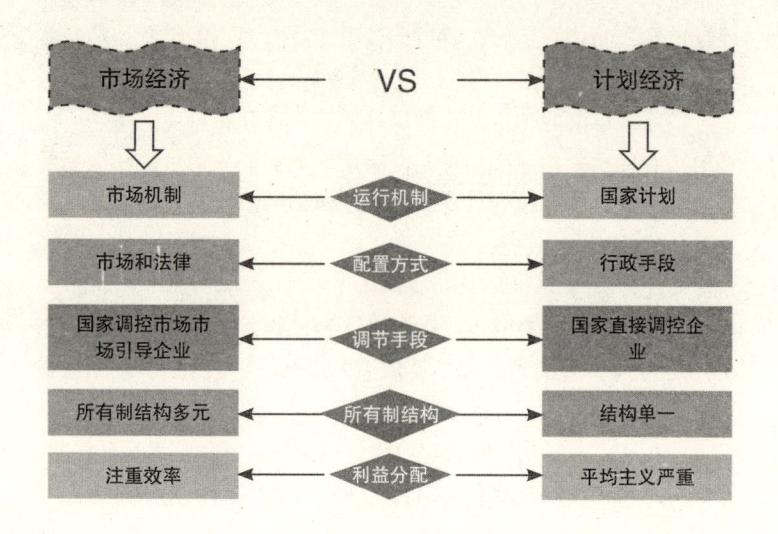

市场经济	VS	计划经济
市场机制	运行机制	国家计划
市场和法律	配置方式	行政手段
国家调控市场市场引导企业	调节手段	国家直接调控企业
所有制结构多元	所有制结构	结构单一
注重效率	利益分配	平均主义严重

年中国"非典"时期政府对粮油价格的限制就是一个很好的例子。说起政府干预，不得不说起凯恩斯编造的一个寓言。

一个国家处于一片混乱之中，整个社会的经济处于完全瘫痪的境地，工厂倒闭，工人失业，人们无家可归，饿殍遍野。这个时候，政府采用了一个经济学家的建议，雇用200个人挖了一个很大很大的鱼塘。

这200人开始购买200把铁锹，于是，生产钢铁的企业、生产铁锹的企业、生产锹把的企业相继开工了，接下来工人开始上班、吃饭、穿衣……于是，交通部门、食品企业、服装企业也相继开工了，大坑终于挖好了；然后，政府又雇用200个人把这个大坑再填埋上，这样又需要200把铁锹……萧条的市场就这样一点点复苏了，启动起来了。经济恢复之后，政府通过税收，偿还了挖坑时发行的债券，一切又恢复如常了，人们在灿烂的阳光下过着幸福的生活……

这就是凯恩斯编造的一个经济学寓言，它说明了一个深刻的道理：国家的经济陷入危机的时候，国家要担当起自己的责任，应该采用宏观调控的办法干预经济生活，使经济走上正常的轨道。

那么国家是通过什么办法调控整个社会的经济呢？

财政政策是政府干预经济的手段之一，它不是现代社会中才有的，只要有国家、有政府，就有许多必需的支出，就有财政政策。传统财政政策的任务就是为政府的各种支出筹资，实现收支平衡是财政政策的最高目标。但在20世纪30年代凯恩斯主义出现之后，财政政策发生了质的变化。为政府支出筹资仍然是财政政策的任务之一，但调节经济实现稳定成为财政政策的主要任务。

综观战后国家干预经济的历史，尽管有许多失误，但国家对经济的调节仍然是利大于弊。与战前相比，战后的经济更为繁荣和稳定，这部分要归功于国家宏观经济政策（包括货币政策）。

政府通过运用财政手段来影响和调节国民经济运行的宏观经济政策，包括财政收入政策和财政支出政策两大类。财政收入政策主要是税收政策；财政支出政策主要包括政府投资、政府购买和政府转移支付等政策。政府通过财政政策调节国民经济运行的目的，主要是为了提高社会总需求水平，以克服经济衰退或通货膨胀，实现经济的稳定增长。

具体采取哪种财政政策需视国民经济的运行状况而定：当总需求小于总供给时，政府可以通过积极的财政政策来刺激总需求水平，如降低税率、增加政府购买和转移支付，甚至直接扩大政府的直接投资以弥补私人投资的不足等；当总需求大于总供给时，经济中存在通货膨胀的压力，政府可以通过增加税收、减少财政支出等紧缩手段来遏制过热的经济发展势头。

同政府的另一重要工具——货币政策相比，财政政策是更为直接有力的经济干预手段，历来备受人们的重视。凯恩斯主义经济学特别强调赤字财政政策在刺激总需求、实现充分就业中的重要作用。

财政政策主要有鼓励消费、扩大投资、增加出口三架马车；货币政策就多了，比如汇率的变动、利息率的变动、货币发行量的变动、发行国债，等等，都会对一国的经济走势起到宏观调控的作用。

也就是在凯恩斯主义盛行的时代，各国分析和预测经济问题的视角发生了彻底的转变。过去人们重视微观经济问题，也就是个人、家庭、企业对社会经济的影响，而现在人们更看重宏观经

济的问题了。比如在股市上，人们虽然注重各种股票的业绩分析、学会了看企业发布的公告和各种消息，但是更重要的是人们学会了观察国民经济的大势，学会了观察利息率、汇率和货币发行量等对股市的影响。人们知道，当国民经济的宏观走势下行的时候，股票的业绩再好也不可能有大的利好消息，因为股市是脱离不了宏观形势的大势的，孙悟空有再大的本事也跳不出如来佛的手掌心，就是这个道理。

一个经济学家这样比喻：比如在电影院里看电影，当一两个人站起来的时候，这相当于微观经济，在座的观众自己说了算；当全场的人都站起来的时候，就是宏观经济了，这个时候任何人都无法左右全场的局面，他只能想办法去适应这个局面。这个时候只有国家伸出它的那只大手才能发挥作用。

"谷贱伤农"是哪般

中国有句古语叫"谷贱伤农"，意思是丰收了，由于粮价的下跌，农民的收入减少而遭受损害。其原因就在于粮食是生活必需品，需求的价格弹性小。也就是说，人们不因为粮食便宜而多吃粮食，由于丰收了而造成粮价下跌，并不会使需求量同比例的增加，从而总收益减少，农民蒙受损失。

这里所说的需求价格弹性是表示商品需求量对商品价格变动反应程度的指标。弹性系数（需求的价格弹性系数）等于需求量变动百分比除以价格变动的百分比。具体计算百分比时，分子取新老需求量的平均数，分母取新老价格的平均数，不计负号。

市场经济中出现把诸如牛奶等农产品毁掉的现象，究其原因也在于农产品的需求缺乏弹性，降价不会使需求量大幅度增加，因而会减少总收益，所以企业把这些农产品毁掉反而会减少损失。

为什么企业的老板们不把牛奶分给那些还喝不上牛奶的人们呢？其实，他们把牛奶倒掉是有一定的经济学道理的。如果他们把牛奶无偿分给了居民，那么，有些人因为获得了牛奶，在以后一段时间内甚至在以后牛奶供给相对平衡时,也许也不再买牛奶了,无形中降低了牛奶的需求。另外,如果他们今年无偿地得到了牛奶,那么明年他们又怎么想呢?那些有"守株待兔"思想的人肯定会等着企业的牛奶过剩,等着再次喝上"免费的牛奶"。

事实上,关于过剩的解释,经济学上有"绝对过剩"和"相对过剩"这两个概念。绝对过剩是指社会生产出来的东西在让所有需要它的人的需求都得到最大的满足之后还有所剩余。相对过剩是指该种商品的过剩是相对于一定的时间和空间而言的,是相对于人们的购买能力的过剩。也就是说,社会的供给超过了具有购买能力的人的需求。而与此同时,还存在许多买不起该种商品的人。我们说,绝对过剩是以社会生产力的极度发展为基础的,是一种很难达到的境界,而相对过剩则是时常出现的事情。无论是国外的许多发达国家,还是在我国的一些地区,都存在相对过剩的现象。并且相对过剩的发生在一个行业内还具有一定的周期性。牛奶的过剩,就属于相对过剩。正如前边所说,相对过剩的商品,从厂商的长远经济利益来说,是不适合免费发送给那些没有购买力的人群的。毕竟,经济规律是"无情"的。

我们说,物品之所以成为商品,不一定在于它本身具有多大价值,而更主要是看它是否存在一定的需求和供给。没有供给的商品是没有意义的,如"桃花源"。同样,没有需求的东西是没有价格的,因为根本没有人花钱去买它。所以,商品的价格是由需求和供给两方面共同决定的。水的需求大,但是供给也很大,这样,需求价格弹性和供给价格弹性共同作用,水的价格低廉。

回到开头的"谷贱伤农",本来粮食丰收了,农民的收入应该会更高些,应该高兴才对。可是,由于全体农业的丰收,造成了粮食产量的增加,供给急剧上升,超过了需求量。这样一来,粮食的价格就会下降,农民的收入反而减少了。这是由于农业生产周期性造成的。由于农产品的储存、加工、保鲜等特殊问题,农产品一般都不能存放太长时间。这样一来,在市场交易时,就给

谷贱伤农

农民种粮的利润受到粮食供求关系的影响，而粮食需求缺乏弹性，当粮食获得丰收的时候：

粮食产量增多 → 粮食价格下降

如果

粮食价格下降的百分比 ＞ 粮食产量增加的百分比

↓

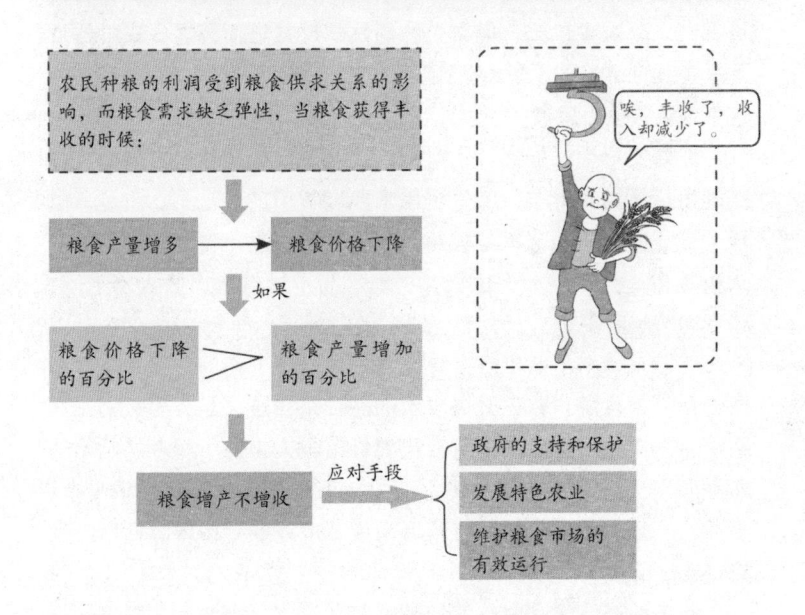

粮食增产不增收 —应对手段→
- 政府的支持和保护
- 发展特色农业
- 维护粮食市场的有效运行

（唉，丰收了，收入却减少了。）

农民带来了天然的讨价还价的劣势。商家会想："反正你一定要急着卖出去，否则就会坏掉。那么你对交易的要求比我要迫切。"于是利用这种心理，拼命地压低价格。而在供给量相对过剩的情况下，农民达成交易的要求就会更迫切，则价格就会被压得更低。

需求定理有例外吗

《读者》杂志曾经刊登一篇经济学家卢周来的文章《点评乡下姑姑的来信》，开头是这样写的：前年我家养了三头猪，那时猪很值钱，一斤毛猪四块多钱，年底姑父把猪卖掉，换了两千多块钱。但去年猪不值钱了，一斤毛猪就两块多钱。我们又没别的挣钱的法子，又要应付度日，只好多养了两头，一共五头猪，到了年底卖出去，勉强维持了前年的收入。

这里出现了一个一般经济学供求定理无法解释的现象。按一般供求定理，市场上某种商品价格高时，供应商会增加供给；价格低时，会减少供给。但文中的姑姑却反其道而行之，猪价格低下来了，反倒增加了供给，由原来的养三头猪，增加到养五头猪。这个现象很值得思考。

那篇文章中还提到一个案例：在非洲撒哈拉地区，当地人唯一的生活资源是养羊，唯一可用来换成货币的也是羊。于是，出现了这样的现象：哪年是灾年，羊的死亡率高，当地人放养的羊头数越多；哪年羊最不值钱，当地人为了维持货币收入不下降，放养的羊也最多。

一般是价格下跌供求下降，但是也出现上面的特例。卢周来认为是有条件的：首先是可供给的品种是初级产品，要么猪，要么羊；其次是供给者没有可替代的货币收入来源。作者的姑姑与非洲牧羊人都一样，只能将全部的货币收入寄托在猪或羊身上；最后，一定的货币收入对供给者来说不可或缺，作者的姑姑必须有可支配的收入供开支。

著名的经济学家M.P.托达罗在其《第三世界的经济发展》一书中，就曾用模型论证过这样一个道理：这个世界上80%以上的购买力，掌握在20%以下的少数人手里；而世界上80%的人口，其购买能力对于市场需求来说其实无足轻重！在这样的情况下，追求利润最大化的厂商，自然会将市场开拓的重中之重放在少数富人身上。所以，那些广告自然也主要是对着富人打出的，而与大多数穷人无关。

一般需求定律称：某种商品的需求量与其价格呈反方向变动。也就是说，这种商品价格越高，其需求量就越低；而价格越低，需求量就越高。对于穷人，一分钱都难，所以，商品价格每涨一点，穷人在购买时都会多掂量掂量，只能少买一些，故这个需求定律的确对穷人管用。前面我们说过"恩格尔系数"，不管经济学定义如何规范，说白了，就是一个人用于维持生存的钱——主要是吃饭的钱——占其总收入的比例。比如一个月挣100元钱，如果花了90元用于吃饭了，其"恩格尔系数"就是0.9。显然，如果一个社会阶层恩格尔系数高，那么这个阶层就越贫困，意味着这个阶层收入中用于维持生存的钱占了绝大部分；反之则相反。而经济学规律又说明，当某种（些）商品在消费支出中所占的比重越大，其价格变化时，需求量变化越大；反之亦相反。这就完全可以推导出这样的结论：因为穷人的恩格尔系数远高于富人，用于维持生存的生活必需品支出在所有消费支出中占的比重越大，所以，一旦这些消费品价格上涨，穷人只能勒紧腰带过日子；除非这些消费品价格下降，穷人才有可能增大需求量。但富人完全

需求的条件和需求曲线

需求包括两个条件，即消费者愿意购买和有支付能力。

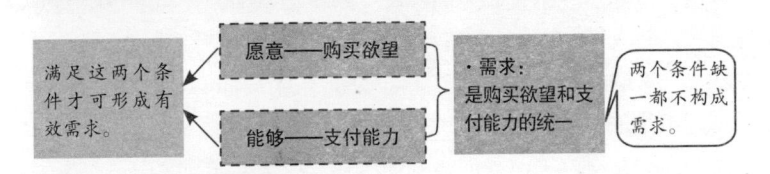

满足这两个条件才可形成有效需求。
- 愿意——购买欲望
- 能够——支付能力

· 需求：是购买欲望和支付能力的统一

两个条件缺一都不构成需求。

需求曲线

· **需求定理**
其他条件不变，需求量与价格呈反方向变动。

商品价格与需求量的关系

$P\uparrow, Q\downarrow$；
$P\downarrow, Q\uparrow$。

比如，应对能源危机，减少汽油消耗量的办法是：
提高汽油的价格

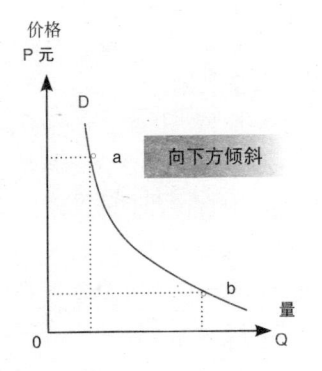

向下方倾斜

（价格P元 — Q量 需求曲线图，D点到a到b下降曲线）

不同，因为在他们每日挥金如土的过程中，用于柴米油盐的钱所占总收入的比重少得几乎可以忽略不计，所以这些生活必需品价格上涨他们根本不计较，更不会影响到他们的需求数量。这一穷一富，正应了时下流行的那句话：穷人看着钱买东西，富人看着东西花钱！

穷人买跌不买涨，富人不问跌还是涨，这种现象已经非常普遍，证明一般需求定律在某些领域内对于富人不管用。

外形与收入有关吗

你听说过靓女先嫁吗？如果你有过找工作的经历，相信你一定不陌生，你的同学里面、竞争对手里面，通常是长相英俊、漂亮的更容易受到青睐。

美国联邦政府的一项研究报告指出，人生际遇和外形密切相关，俊男靓女比普通人更有机会获得高收入。美国一项最新调查表明，长相漂亮不仅收入高，升迁的机会也大，长相不佳的人待遇比一般人低9%，长相漂亮的人待遇比一般人高5%。此外，身材也会影响收入，胖女人比一般人的收入平均低17%，身材高者，每高1寸，收入平均增加2%~6%。

无独有偶。美国经济学家曼昆在《经济学原理》一书中提到了"漂亮的收益"，他根据其他经济学家的研究得出长相导致收入差别的结论。

无论是理论和现实都说明了收入和外形有关。我们该如何看待这个现象？

漂亮能产生更多的收益。在市场经济中，商品的价格都取决于供求关系，漂亮的需求来自企业，这种需求的大小决定了漂亮的收入有多少，而需求大小又取决于漂亮给企业带来的效益。简言之，漂亮能得到多少收入取决于它给雇主企业带来的效益。应该说，漂亮的确能给企业带来高效益。有些高效益的行业，如演艺界、电视主持、模特。脸型和身材在这些行业中是至关重要的。

在其他行业中，漂亮对成功也相当重要，例如，服务员漂亮的饭店来的客人更多，漂亮的老师更受学生欢迎，病人对漂亮医护人员的服务更安心，漂亮的记者更容易亲近受访者，开记者招待会，漂亮记者得到提问的机会可能更多。在社会上，漂亮是一张成功的通行证。爱美之心人皆有之，人们也就更愿意为漂亮付费，这种付费就成为企业的效益。企业对漂亮的需求大于漂亮人数的提供，供小于求，俊男靓女收入高就正常了。

长相好是先天优势的一个方面。而且，漂亮还会影响人的成功机会。漂亮的人让人喜爱，成功机会就更多。这就是调查报告中所说的，提升的机会多。

但是，长相普通的人也没有必要抱怨父母没有给自己一个好脸蛋和好身材，因而自暴自弃。因为决定一个人成功与否的绝不仅仅是长相。那些成功人士，如政治家、科学家并不见得多么英俊、多么漂亮。

最重要的是，漂亮往往是主观感受，每个人的审美标准并不完全相同。

什么是真正的漂亮，仅仅是长相好就能称为漂亮吗？一般来说，漂亮是内在美和外在美的综合。一个外貌美的人如果缺少气质、内在修养，举止粗俗，也很难成为得到高收入的人。相反，一个外貌普通的人若很有修养、很有内涵，人见人爱，人缘很好，取得高收入也不是奇怪的事。

另外，一个长相普通，甚至有点丑的人，可以通过提高内在美来提高自己的整体形象指数。更为重要的是，外在的美是暂时性的，是青春饭，内在的美才是永久的、散发永恒魅力的。

名牌背后的秘密

很多人都有这样一种想法：要搬新家了，通常会换一套新的家具家电。拿电视机来说，到了商场一看，同样尺寸的不同厂家的液晶彩电，价格相差很大，但很多人买的并不是价格便宜的，而是价格高的名牌产品。这个现象让人很困惑,据行家说,国内家电特别是电视机产品质量相差不大,用的都是进口显像管。

那为什么人们选择价格高的名牌产品呢?因为名牌产品给人信赖感。如果其他产品的质量不如名牌的,这种选择无可厚非,但在产品质量相同的情况下,这种选择显然是不公平的。

人们对电视产品的质量的认识,并不是通过实践得来的。电视不像日常低质易耗品那样经常更换,购买一台电视通常要用上几年甚至十几年,因此人们无法积累感性经验。居民的购买行为大多受报纸上公布的评比和调查结果影响,如哪种电视销量最大,哪种电视评比第一,哪种电视寿命最长等。

这种现象在不同的场合、不同的领域都可以见到。清华大学的一般毕业生和其他一般高校的拔尖学生比,其专业水平不一定高,但在人才市场上,用人单位大多选择前者。这种并非由产品质量而是由其他因素引起的排斥现象,称为经济领域的歧视。

在人才市场上,由于各校的评分标准不同,用人单位很难根据各校提供的学习成绩单对学生进行评估和比较,只能根据社会对学校的认识和统计结果来选择学生。大量统计资料表明,清华大学毕业生平均生产率比其他一般高校毕业生高,因此用人单位必然选择清华的毕业生。

当歧视扭曲了某些团体的工作努力和人力资本投资激励的时候,它就特别地有害于经济。歧视的损害效果首先表现在商品和劳务的供给

选择名牌产品,是因为它能给人带来信赖感。

者，他们花费同样的成本，生产出同样质量的产品，却无法按同样的价格卖出去，甚至根本卖不出去。

那么歧视对购买者是否有利呢？得出的结论应该是否定的，因为购买者购买同样质量的产品却要花费更多的钱，最为可悲的是绝大多数购买者没有认识到这一点，反而乐此不疲。

商品的歧视迫使被歧视的企业花费大量的精力和费用去做广告，宣传自己的产品，使企业的成本大为增加。

因此，虽然企业的品牌建立起来了，但它们的成本都追加到了消费者身上，因此那些名牌彩电能卖得更贵。一旦成为名牌，自然就有了名牌的价格，也就有了高昂的利润。

这就是名牌背后的秘密。

赌博会赚到钱吗

赌博能赚到钱吗？看似非常简单的逻辑，许多人却常常栽在其中。典型的例子就是赌徒在输钱后，总是想翻本。输掉的钱就是沉没成本，它已经永远不可能再收回来，新的"选择"决策是：我是不是还要继续再赌下一盘，我再赌下一盘的收益风险是多少呢？

毫无疑问，纯粹的赌博是不存在理性上的投资收益的。这个问题数学家、经济学家做了无数次的数学模型实验，赌博只不过是数学里的离散游戏而已，只是概率论和经济博弈论的运用而已，每一次玩的输赢概率都是一样的，在概率论数学里称为"伯努利事件"。

所以，为这种傻事去做投资是只有傻子才会去做的事。所以我们的"选择"应该是即使我第一局赌输了，第二局我也不会再继续玩了，妄图翻本，就像一个傻子天真地妄想自己是世界首富一样地荒谬。

聪明人从来不会把投资回报放在一个小概率事件上，妄图创造所谓的"奇迹"，所以我们常说的一句话就是"世界上没有比去赌博更愚蠢的事情了"。所以当你听到人们把某地的股市或其他市场称为"赌场"时，那就意味着这个市场已经没有任何投资价值了。

当然赌博也不是完全没有投资收益的可能，某些赌博还是可能有永久稳定的回报的，但必须满足4个条件：

其一，庄家凭经验设计的赔率有漏洞。

其二，这是一个一局多项投注的游戏，就是一次开盘，有很多种投注项目玩法。

其三，你能够非常精密地利用不同的赌项间的赔率差做一个投资组合数学模型，并且只有你一人知道。为什么只能你一人知道呢？等你读完全书后自然会明白，但这里可以告诉你的是，所有你看到的、学到的投资组合模型都已经没有任何意义了，因为别人也知道了啊！

其四，你必须耐心地按同样数额的投注组合进行无数次投注。当你投注次数趋向于无穷大时，理论上可能出现赢利。

但事实上，有两个条件是很难满足的，一个就是庄家设计的赔率有漏洞，另一个就是你能否发现其中的漏洞并设计出你自己的投资组合模型。对于后者，很遗憾，如果你不是数学建模方面的奇才是很难做到这一点的，要知道华尔街的那些投资银行、基金公司都雇用了大量的数学、金融博士，这些人每天都在做着作为公司一级商业秘密的各种投资组合数学模型，来保证他们在股市、汇市、期货期权等各种金融投资市场中必然赢利的可能性。而这种工作绝非那种拿着计算器东按按、西按按，然后得出个连自己都不知道怎么得出的答案的简单工作。对于把成功总是寄希望于小概率事件的赌徒，只能再用一句"傻子，你走好"来满足其幸灾乐祸的虚荣心！

可以毫不夸张地说，目前比较流行的什么六合彩、牌九、大小、麻将、24点、赌球、赌马等都不存在长期投资必然赢利的任何可能性，否则那些华尔街金融投资家早就进入了。因为这些赌博都不符合我们上面所说的4个条件，所以妄图靠这种赌博来博取一夜暴富，或者挣点零花钱什么的，实在很荒谬，纯属无稽之谈。

第三章
经济理性能力的培养

成功人士的经济学特点

经济学家通过研究发现了以下一些成功者的共同特点：

1. 积极思考，理性行动

毫无例外，成功人士总是向着积极方向思考，他们思考成功，而不是失败。无论情况多么困难，他们总是保持积极向上，保持理性，因此他们始终能克服障碍和问题。他们的态度决定了他们的命运。

帕特·莱利在20世纪80年代带领洛杉矶湖人队4次夺得NBA总冠军。他说他永远不会忘记他父亲教给他的道理："你遇到的事情不是最重要的，重要的是你如何对待它。"成功人士不会让消极的人或者环境打垮自己。

对于他们要追寻的目标，他们会果断地做出决定，然后制订具体的计划达到他们的目标。拳王阿里13岁的时候体重只有115磅，但是当时他就立志成为世界重量级拳击冠军。

理性行动是实现目标的保证，我们发现领导者和成功人士都是崇尚实干的，他们总是在行动。当今世界零售业巨头沃尔玛公司的创始人山姆·沃尔顿到美国加州圣迭戈拜访索尔·普赖斯时，看到了后者创办的头一家会员制仓储折扣商场。在当晚回到阿肯色之后，沃尔顿就命令建筑师连夜设计出了新的仓储超市山姆会员店。做决定要当机立断,行动也要雷厉风行。

成功者把取得成功的过程看作一场马拉松,而不是百米速跑。他们不会灰心丧气,他们永不言败。

甲壳虫乐队在成功之前遭到过英国所有唱片公司的拒绝。爱因斯坦的数学成绩曾经不及格。迈克尔·乔丹曾经被高中篮球队淘汰。约翰·伍顿在加利福尼亚大学洛杉矶分校篮球队执教13年之后才取得第一个全国冠军。托马斯·爱迪生曾经说过:"人生中的很多失败是因为人们没有意识到,他们在放弃的时候离成功只有一步之遥。"

2. 成功人士从不吝啬对自己的人力投资

成功人士总是不停地学习,阅读书籍,勤于学习技能和寻找良师益友。

有一个有趣的现象,通过研究成功人士在幼年时候做的两件特殊事件,就可以预测他们以后是否能取得成功。他们从三年级到高中都做过许多工作和承担过各种责任,他们在年轻的时候都是如饥似渴的读者。传奇篮球教练约翰·伍顿曾带领加利福尼亚大学洛杉矶分校篮球队夺取过10次全美大学篮球联赛的冠军,他曾经说过:"只有知道事物的价值所在之后你才会去学习。"

3. 注重成本

这是成功人士的另一个特点,成功人士会节约金钱和集中利用时间,他们很明白效益与成本的重要。成功人士不会让其他人或事干扰自己的目标。正如亨利·福特曾经说过的,一个人对自己的目标应该日思夜想。

为此,许多成功的人发现了不同的或者更好的方法来做事情,而这些方法在进行当中通常会受到批评。西方联合公司的总裁曾经面临着一个让西联脱胎换骨的机会——购买亚历山大·格雷厄姆·贝尔的新发明"电话"的部分权益,但这位先生用这样的话回绝了:"我们用这个有趣的玩具能干什么?"山姆·沃尔顿则鼓励其他人"逆流而上,不拘常理,另辟蹊径。如果每个人都按照同一个方法做事,你反其道而行之就很有可能发现生财之道"。

成功人士因为注重成本,所以讲求效率。他们像教练、励志指导人员以及启迪者,可对其他人产生激励作用。戴尔·卡耐基曾就这个问题撰写了一本经典著作《如何赢得朋友和影响他人》(How to Win Friends and Influence People)。

值得一提的是,这些成功人士都是诚实、可靠和负责的人。他们为周围的人树立了榜样,并且不会对原则妥协。

任何人都可以经过努力成为某一领域内的翘楚。就像那些理性人才一样,如果你学习和实践这些了不起的人物身上的理性优点,你也能取得更强的理性能力。

适度的非理性有时是一种理性

从经济人的行为来说,我们的每个行为都是一种积累。这种积累是多方面的:知识的积累,人际关系的积累,信用资源的积累……为了分析人们过去的积累和非理性在何种意义上是一种资源,我们来分析一下信用资源意味着什么。

我们从朋友那里借钱(这个时代最难借的就是钱),说好归还日期,我们如期归还,至少在这个朋友那里建立了信守承诺的信用。当你答应某个人帮他一个忙,你如期为他将事情办成了。在他看来,你是守信用的……

信用是一种资源,意指信用可以当作资源来使用。如果我们需要一笔钱来从事某种投资服务,我们会去找银行。银行里有钱,但银行不会随便把钱借给你。银行需要抵押,抵押是银行抵御借贷风险的有效方法。如果我们的投资亏本了,贷款还不上,若没有抵押,银行将受损失;而如果有抵押,银行会将抵押变成它的财产。

如果你没有抵押,银行不会借钱给你。然而,由于你有良好的信用资源即信誉,你的朋友、同事或者亲戚会借钱给你,尽管人们常说，千万别借钱给他人——既损失金钱，又失去了朋友。因为，他们知道你急需钱，你会还钱给他们。他们相信你，因为他们从你过去的行为中归纳出"你是一个守信用的人"，尽管你过去守信用不代表你将来也必定守信用。你平时积累的信誉等同于一笔可以抵押的资产，即信誉是你的资源。

信誉可以成为一种可资利用的资源，你的非理性行为同样可以成为一种可以利用的资源。

人们进行博弈思维的基础是人具有的理性。然而，在某些情况下，理性思维不能使自己的利益最大，甚至阻碍利益的获得，而非理性思维反而能够获得极大的利益。

一个典型的例子是"最后通牒"博弈：两人分一份总量固定的钱，比如 10 元。规则是：一人提出方案，另外一人表决；如果表决的人同意，那么就按提出的方案来分，如果不同意，两人将一无所得。比如 A 提方案，B 表决。A 提的方案是 7∶3，即 A 得 7 元，B 得 3 元。如果 B 接受这个方案，则 A 得 7 元，B 得 3 元，如果 B 不同意，则两人将什么都得不到。

A 提方案时，他要猜测 B 的反应。A 会这样想：根据"理性人"的假定，A 无论提出什么方案，B 都会接受，除了将所有 10 元留给自己而一点不留给 B 这样极端的情况。因为 B 接受了还有所得，而不接受将一无所获——当然此时 A 也将一无所获。此时理性的 A 的方案可以是：留给 B 一点点比如 1 分钱，而将 9.99 元归为己有，即方案是：9.99∶0.01。B 接受了还会有 0.01 元，而不接受将什么也没有。

如果你是 B，对方考虑到你是理性人，他可能只在桌上留下 1 分钱，他考虑到你会接受这个分配。此时你只有接受这 1 分钱的分配。

但如果你是非理性的，分配就有所不同。

当对方给出这个分配时，如果你是"非理性的"，你会认为这是"不公平的"，而将不接受这个分配方案。对方知道你的这个

"非理性"特点,他担心你会拒绝,为了不让你拒绝,他不会提出只给你1分钱的方案。此时,你的所得取决于你的"胃口",或者取决于你的非理性的程度。

在实际中,人们如何进行人际来往取决于每个人的非理性的程度。在这个博弈中,比的就是"狠"劲。在生活中,流氓之间往往"斗狠":其实就是看谁更非理性,够狠的人往往做老大。

在实际进行这个游戏时,人们均有一定程度的非理性,并且这也是人们的共识。这也是为什么实际的游戏结果并不会出现9.99∶0.01的分配结果。

由此可见,非理性有时会成为人们在博弈中的一个"资源"。这个资源如同人们拥有的其他资源一样,可以利用它来获取好处。俗语"会哭的孩子有奶吃"就是这个道理。在最后通牒博弈中,你的"非理性"资源与否决权一道构成你进行博弈的基础。

无论我们作为什么样的角色,适度地建立自己的"非理性资源"是有利的。但这不是一朝一夕的事情。人们在积累这样的资源的过程中要付出代价。在你与其他人的博弈中,你的非理性使得你的利益受损,当然别人也受损。这样一来,其他人会"记得"你的秉性,或者他们会"归纳"出你的秉性,其他人与你再次打交道时,便不敢"小视"你,会正视你的非理性特点。

适度的非理性能够带来好处,这一点最能体现在谈判过程之中。谈判是多方之间进行的一场博弈,其中经常发生的是两方之间进行的谈判。谈判是一个合作性的博弈,双方(我们这里分析的只是两方进行的谈判过程)合作比不合作能够获得更大的好处,但如何分配这个合作带来的好处?这是一个讨价还价的过程,在这个博弈过程中,如果双方均是不可缺少的,即任何一方均不能够抛弃另外一方而另寻其他合作伙伴时,这个谈判结果取决于双方的"非理性"的程度,当然,这个非理性的程度要成为双方的"公共知识"。

光有理性也不行

对于人而言，钱并不总是最重要的，人的利益并不总是表现为钱，人的利益是多元化的，心理的满足、精神上的快乐也是人的利益所在，人的行为也不总是那么合乎逻辑的，也不总是那么具有明确目的性的，这就是人，一种时而会变得白痴可笑，时而又智慧无比的动物！

人类从全身毛茸茸的猿猴进化到高度智慧的现代人，经历数百万年的时光，在这如此漫长的进化过程中，人类依靠什么来战胜群兽和恶劣的自然环境呢？那就是强烈求生的本能。

正因为人具有与生俱来的求生本能，人和所有动物一样总是要保护自己，寻求着对自己有利的事物而规避对自己不利的事物，这是所有物种的本能。但人有发达的大脑，依靠这一强大的智力武器，人保护自己的能力得到了突破性的质的飞跃，最终战胜了群兽和恶劣自然环境而顽强地生存至今，并主宰了这个世界。

所以人的"理性"首先便是"人的自利性"，乍看之下，总感觉不怎么舒服，但这是由人类数百万年进化下来的"物竞天择"的基因决定的。但人的自利又不是单纯的食物、衣物等物质上的自利，随着人类生产力的发展、物质财富的积累，精神思想上的自利变得更为显著。

你可能会去为遭受印度洋海啸袭击的灾区捐款，你可能会去帮助一个失学儿童，你甚至可能倾家荡产去从事环保事业，那你是不是就不自利了呢？

其实，你之所以甘愿放弃一些甚至全部的物质财富而去从事其他毫无物质收益的事情，是因为你在从事这些"利他、善事"活动中使自己内心得到了满足，得到了快乐，得到了愉悦，心理的满足、快乐、愉悦进一步促使你甘愿去做更多"利他、善事"的事情。这可以称之为事物的辩证统一原理。

除了"自利性"这个让人难以接受的事实以外，"理性"还有一个特性就是"追求最大化的利益"。许多事物是可以达到共赢状态的。

"理性"简单地说就是所有正常的人都是如此想的,即"自利"和"追求最大利益"。人在自利的同时,不必太担心人的自利会肆无忌惮。因为决定人真正的行为除了"理性"以外,还有一个称为"心智"的东西。

"心智",也许你可以理解成道德,正是在它的制衡下,人们有了"选择"的思维方式,来约束人们非常个人化的主观意识,使用这种"选择"的思考方法来帮助人们更好地、最大化地来满足自己的主观"价值"的目标。

当然还有其他很多无意识状态,比如梦等,绝大多数情况是理性与非理性的制衡,所以人才能生存延续。求生是人和所有动物的本能,所以那只是些非理性的极端特例而已,我们不必为此愁眉苦脸,你完全可以让心智、让感性自由飞翔,让心底阳光起来。

能屈能伸,理性地看待创富路上的挫折

创富路上不如意事十之八九,大多数的人对于自己的境况都是不满意的。更糟糕的是,不见得每一个人的难题或困境,都能在短时间之内解决,于是,就必须调整自己的心态,学会如何去适应无常的变化。不管你创富挫折程度如何,感受上如何地沮丧、消极、痛苦,请记住一点:要能屈能伸,以屈为伸。认清创富路的艰难、得之不喜、失之不忧,如此的心理素质定能跨过人生旅途中的坎坷波折。

一滴水,单纯而透明,把一滴水用火焰炙烤,它会化为流云;把一滴水冻结成冰,它将更加坚不可摧;把一滴水弃之脚下,它会渗入土壤滋润大地。一滴水,虽然渺小,却有无穷大的力量,这便是一滴水的生存法则:能上下、能屈伸、能聚散,韧性十足。

人,也需要学习一滴水的生存智慧。创富路上的挫折有很多

种，例如，遭人拒绝、生意失败等。遭人拒绝时，不必太刚太硬，那样容易挫伤锐气，不如避其锋芒，如楔巧入；生意失败时，不要灰心丧气，那样会丧失自信心。

能屈能伸的人是一个强调和谐与平衡的人，即使心里很不赞同一个人，也绝不会表现在脸上，不让对方或大家知道，因为他希望保持人与人之间和平的感觉，这就是能屈能伸的和谐原则。能屈能伸的人遇到不愿意去做的事情时，会充分表达自己的意见，说出自己不想参与的理由，但如果别人一再相劝，他就会为了顾全大局而妥协，放弃自己原有的坚持，一切遵循民意。

能屈能伸不仅有利于人际交往，更是成大事的必备条件，大丈夫能屈能伸方能成就大业。

人生是复杂的，"屈"与"伸"也是多方面的。在工作中受到领导批评，不妨先"屈"一"屈"，冷静下来找出差距和不足，及时改正，然后再图"伸"，切不可一味地意气用事，与领导顶撞或匆匆辞职，以免铸成大错。与朋友同事发生矛盾，也不妨先采取"屈"势退让，待矛盾化解后自会和好如初。

这个世界是相对完美的，绝对的完美根本不存在，人生中的确有不如意的时候，受点委屈是很正常的事。此时，与其在那儿怨天尤人，不如学会化委屈为动力，因为还有比委屈更为重要的事，比如，你在人生道路上的创富。但愿每个人都能够善待人生中的屈与伸，学会并熟练运用这个技巧，顺利到达创富成功的彼岸。

第二篇
经济学的基本概念及规律

第一章
选择中的成本与收益

人生之路是一条选择之旅

人的一生,只有一件事不能由自己选择——自己的出身。其他的一切,皆是由自己选择而来。

人生不过是一连串选择的过程,从你早上起来要穿哪一套衣服出门开始,你在选择;中午要去哪里吃饭,你又在选择;女孩子有众多的追求者,在考虑结婚的时候,到底是哪一位男士比较适合自己,要选择;男生找工作时要从多家大企业中选择。以上的选择有大有小,但每日、每月所有的选择累积起来,影响了你人生的结果。

一个选择对了,又一个选择对了,不断地做出正确的选择,到最后便产生了成功的结果。一个选择错了,又一个选择错了,不断地做出错误的选择,到最后便产生了失败的结果。若想有一个成功的人生,我们必须降低错误选择的几率,减少做错误选择的风险。这就必须预先明确你人生中想要的结果是什么,明确你人生想要的结果是什么——这本身又是一个选择。

首先,选择决定生活状态。今天的生活是由3年前我们的选择决定的,而今天我们的选择将决定我们3年后的生活。我们要选择接触最新的信息,了解最新的趋势,从而更好地创造自己的未来。要知道,我们的人生只有3天,昨天、今天、明天。你的今天是你的昨天决定的,你的明天将由你的今天来决定。

我们每个人的生活圈子都是个小世界，在我们生活的小圈子里，你总会发现，有些人不管大事小事，总是比较容易获得成功。他们挣更多的钱，过高品质的生活，有健康的身体和良好的人际关系，而更多的人忙忙碌碌，却只能维持生计。他们的差别究竟在哪里呢？

不是智力上的差别，人在智力上是有差别，但是差别很小，智力超常和智力低下的都占极少数，不到3%。不是学历上的差别，学历只是对书本知识的一种认知，与成功没有完全相等关系。情况往往是，书本知识学得越好的人，越喜欢给别人打工。学校的老师和教授们，不能教给你当老板的方法，不能教你做百万富翁。如果他们能教你做百万富翁，那么他们自己早就是百万富翁、千万富翁了。就像一个打工的人，永远也没有资格去教一个百万富翁如何去挣钱，因为他没有这种经历和经验。

其次，选择内容决定结果。有选择就有改变。每个人都有自己的缺点和优点、短处和长处，只有经过不断的学习和改变，才能使自己变成一个出色的、专业的人员。改变从自身开始，不要试图改变别人，在改变的过程中，我们第一个要战胜的就是我们自己。改掉坏习惯，养成好习惯，这是一个人生至关重要的问题。

在你的人生中，因为没有做出正确的选择，你曾经错失过多少获得成功的机会？如果你可以洞悉未来，你愿意付出什么代价？如果你能够预见未来，你又能否把握机会？有什么股票你应该卖却没有卖？有什么商品你应该买却没有买？有什么机会你应该把握而又错失？你一生中又能遇到多少机会呢？这个时代可能是你最后的机会，你要格外留神。

非多考个证不可吗

当前最流行的是尽可能多地拥有几个证，毕业证、四六级证就不说了，还有什么口语证、听力证、驾驶证……多种从业证书，很多人想把它们作为拥有好工作的条件之一。现在我们从经济学成本与收益的角度分析一下多考证件的选择问题。

曾经流行 IT 热，从事 IT 业就代表着高薪一族，所以大家都一窝蜂地去学计算机，但很多人最后发现自己学得很苦、很累，最要命的是自己刚刚学会某一种基础编程语言，突然发现这种语言已经被淘汰了，新的又出来了。你还没把前面用来学习的包括机会成本在内的总成本收回来，你又需要不断地去追加学习培训的成本，如此恶性循环，最终导致的就是你的学习培训总成本被无限地增大，由于总成本的增大，你必然希望要通过获得更高的回报来弥补这一投入的成本。众所周知，成本越高，市场竞争力就越弱，这样导致你在人才市场上的竞争力就会进一步减弱，这样你就会越痛苦，这就是非理性"选择"职业的必然结果。

人若对自我没有足够清醒而坚定的认识，也就是我们所说的对自己的"比较优势"的认识，便不能自主，而要经常受到外界的影响。听到别人的一句赞美，便得意洋洋；别人的一句嘲笑，便勃然大怒，自己的喜怒哀乐，都建立在别人的评价里，完全丧失了自我。这样的人最容易随波逐流、盲目跟风，别人说好的，自己也跟着说好；别人说热门的，自己也就跟着踏进去；别人说流行的，自己也就稀里糊涂地去跟风……

人们之所以会去考这么多证书，原因就是一个，"多张证书，多点机会"，但事实真的是这样吗？

我们已经知道了做任何"选择"都是有机会成本的，你去学习并参加了一项证书考试，必然要放弃相当一部分在你自己最擅长的、最喜欢的领域所投入的时间、精力、金钱等资源。

我们也很容易发现，任何一种学习都是开始的时候收效很大，但学到较高的程度后都会觉得要再获得进步就比较困难了，需要花费比原来更多的时间、精力等资源才能进步一点点。任何一门证书的学习也是一样，尽管它主要消耗的是时间资源，但这种时间资源的投入越来越高，而收效却是越来越少，如果你不是真的日常工作需要如此大量使用这项技能的话，你的这些投入基本上

何为"机会成本"

机会成本是指为了得到某种东西所要放弃的另一样东西。简单来说,可以理解为把一定资源投入某一用途后所放弃的在其他用途中所能获得的最高利益。机会成本最典型的例子就是计算上大学的成本。

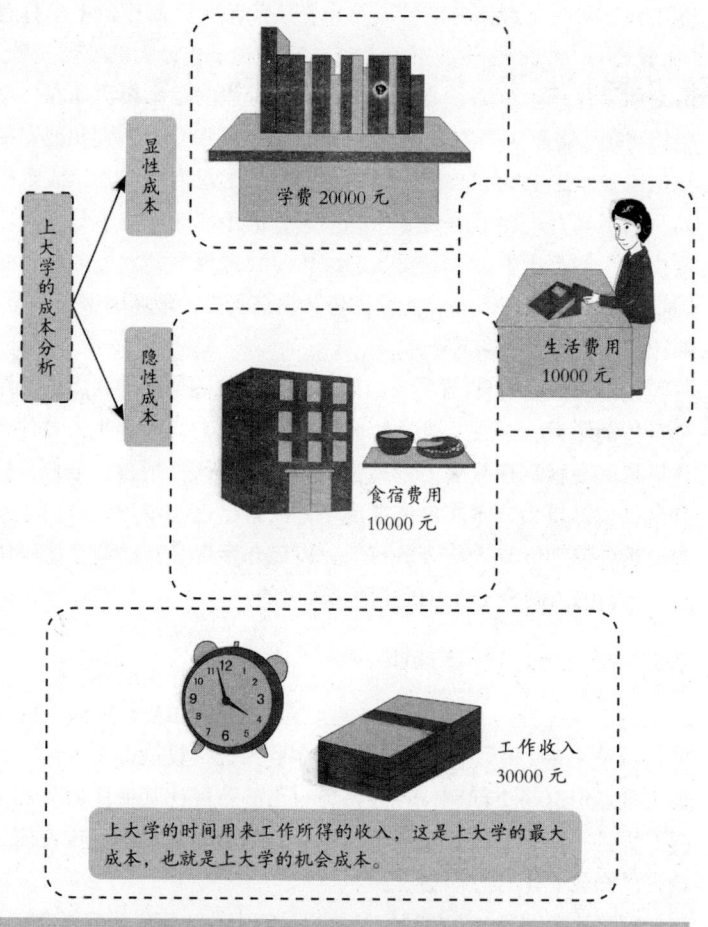

上大学的成本分析

显性成本:
- 学费 20000 元
- 生活费用 10000 元
- 食宿费用 10000 元

隐性成本:
- 工作收入 30000 元

上大学的时间用来工作所得的收入,这是上大学的最大成本,也就是上大学的机会成本。

由此可知,上大学的成本,并不是我们通常说的学费多少钱,而是上述所有成本的总和。

是没有意义的,除非这是你的兴趣爱好,那另当别论。

你要想在某一学科获得进步,就必须更多地投入时间以及与之配套的金钱、精力等资源,这样势必进一步挤占本来具有"比较优势"的另外一门学科的学习资源。如此恶性循环,最终导致的结果是,你早先投入某项学习里的成本所形成的比较优势,在逐步缺乏学习资源支持的情况下也在逐步流失,而你原本不具有"比较优势"的"一项证书的考核"却吸收了你极大的学习资源。因为如果你是学英语专业的,与金融学专业的学生相比你在"金融精算师"方面不具有任何"比较优势",所以你要达到和他们一样的专业水平的话,必须要付出更为高昂的投入总成本,成本越高,越不具有市场竞争力。与此同时,由于你在你原本具有"比较优势"的英语方面学习投入的减少,导致你与其他英语专业的同学相比,你的英语的"比较优势"也在丧失,最坏的结果就是,两边的比较优势都在下降。

我们保持我们自己的"比较优势",不能随便地受到周围的浮夸宣传的影响,一会儿去考什么会计资格证书,一会儿去考什么计算机二级,这样只会无谓地浪费自己的时间、精力、金钱,抬高自己包括机会成本在内的总成本,使自己进一步丧失市场竞争力。教育培训的投入要有的放矢,以进一步提高自己的"比较优势"为目的,而不是盲目的,随波逐流的。

乔丹有必要自己修草坪吗

迈克尔·乔丹是一个优秀的运动员,是 NBA 中最伟大的篮球运动员之一,他能跳得比其他大多数人高,投篮也比其他大多数人准。但有一个问题,乔丹修剪自己的草坪比其他任何人都快吗?更进一步说,仅仅由于他能迅速地修剪草坪,就意味着他应该自己修剪草坪吗?

回答这个问题,需要我们利用机会成本和比较优势的概念。

我们假设乔丹能用 4 个小时修剪完草坪。在同样的 4 个小时中，他能拍一部运动鞋的电视商业广告，并赚到200万美元。与他相比，住在乔丹隔壁的小伙子杰尼弗用5个小时修剪完乔丹家的草坪。在这同样的5个小时中，他可以在麦当劳店工作赚取40美元。

在这个例子中，乔丹修剪草坪的机会成本是200万美元，而杰尼弗的机会成本是40美元。乔丹在修剪草坪上有绝对优势，因为他可以用更少的时间干完这些活；但杰尼弗在修剪草坪上有比较优势，因为他的机会成本低。

比较之下，乔丹不应该修剪草坪，而应去拍广告，他应该雇用杰尼弗去修剪草坪。只要他支付给杰尼弗的钱大于40美元而低于200万美元，双方的状况都会更好。

当比较一个人或一个企业与另一个人或另一个企业的生产率时，经济学家通常是看"绝对优势"。当生产者生产一种物品所需要的投入量较少，就可以说明该生产者在生产这种物品中有绝对优势。但是，还有另一种比较方法，我们可以不比较所需要的投入，而是比较机会成本，即为了得到某种东西而放弃的其他东西。由此，经济学家提出了"比较优势"的概念，即生产一种物品机会成本较少的生产者具有比较优势。

比较优势是1817年由英国古典经济学派集大成者大卫·李嘉图（David Ricardo）在其《政治经济学及赋税原理》一书中提出的。

如果一个国家生产某种产品的成本与生产其他商品的成本相比，比另一个国家相对低，那么，该国就在这种商品的生产上与另一个国家相比具有比较优势。

比较优势说明了即使一国在两种商品的生产上较之另一国均处于劣势（即无绝对的优势），仍有可能存在互利贸易。一个国家可以专门生产、出口它的绝对劣势相对小一些的商品（这是其有比较优势的商品），同时进口其绝对劣势相对大的商品（这是其有比较劣势的商品），即按照"两利相权取其重，两弊相衡取其轻"的原则，进行国际分工和国际贸易。

什么是比较优势

乔丹用2个小时可以修剪完草坪。

玛丽用4个小时可以修剪完草坪。

同样的2个小时乔丹可以拍一个运动鞋广告，挣1万美元。

同样4个小时玛丽在快餐店打工可以挣40美元。

乔丹修剪草坪的机会成本是1万美元，而玛丽的机会成本是40美元。从绝对优势上来说，乔丹比玛丽更适合修剪草坪，因为他可以用更少的时间干完这些活。但是从比较优势上来说，玛丽更应该修剪草坪，因为她修剪草坪的机会成本要比乔丹低得多。因此，乔丹去拍商业广告，玛丽修剪草坪是符合经济学中劳动分工原则的。

比较优势学说要求各国选择自己具有比较优势的产品,进行国际贸易,以便提高劳动生产率,节约劳动消耗,取得最大经济效益。它奠定了自由国际贸易的理论基础,使得国际分工在更大范围内展开,促进了世界经济的繁荣。而整个世界正是沿着李嘉图在近200年前指出的路实现着经济全球化。

比较优势原理说明,每种物品应该由生产这种物品机会成本较少的人生产。美国人生产一辆汽车的机会成本是2吨食物,但日本只是1吨食物,所以,日本人在生产汽车上有比较优势。日本人应该生产多于自己使用需要的汽车,并把一些汽车出口到美国。同样,由于日本人1吨食物上的机会成本是一辆汽车,而美国人只是0.5辆汽车,所以,美国人在生产食物上有比较优势。美国人应该生产多于自己消费需要的食物,并把一些食物出口到日本。通过专业化和贸易,两国人民都可以有更多食物和更多汽车。

同一个人不可能在生产两种物品中都有比较优势。因为一种物品的机会成本是另一种物品机会成本的倒数,如果一个人一种物品机会成本较高,那么,他另一种物品的机会成本必然较低。比较优势就反映了机会成本。任何一个企业都要有其权衡和取舍。

从经济学角度讲,一个国家、一个地域、一个系统,要想寻求有效的生存和发展空间,必须发挥比较优势。企业也是如此,企业必须在优势最强的方向上创造最大的价值,以获取最大的利润。在某一方向上做成一流的企业才可能成功,世界上著名的通用、微软、沃尔玛都是很专业的企业。

了解这个基本的经济学原理,对我们做出正确的决策是非常有益的。这个道理在经营商业、选择学习科目,甚至在恋爱中同样适用。如何把自己变得更加专业化,这将是你必须考虑的问题。

其实,你只要始终坚持你自己的比较优势去执着地努力,你会发现你的总成本会慢慢地下降,你的"比较优势"会慢慢地变大。因为你去从事能发挥你比较优势的领域,你会对这个领域非常熟悉,工作起来得心应手,工作技能也会不断提高,从而使效率更高，你的比较优势自然就会越来越大。

"霍布斯的选择"

也许理想的人生，就是"有机会选择"。

什么是选择？可以看作一个判断和舍弃的过程，在多种可能性中找到最理想的一个，标准是效用（机会收益减掉机会成本）最大。

在做选择的时候你最好知道自己想要什么。收益最大的结果也许并不是最有利的选择——如果它的风险也太大的话，比如在肯定得到1万元和只有1/10的可能得到10万元之间做出选择，你会怎么做？

经济学中有一个名词——"霍布斯的选择"，据说这个名词来自中世纪英国一位叫霍布斯的马场老板。无论谁来买马，他都答应，但是每次他只卖最靠近门口的那匹马，不允许挑三拣四。其实，"霍布斯的选择"就是"没有选择"。

在商业竞争不发达的社会，"霍布斯的选择"很常见，随着竞争的发展，这种不可选择的现象较之过去大大减少了。可是另外的烦恼又出现了：太多的选择叫人眼花缭乱。当然，这总比没有选择要好多了，可是要从诸多选择中找到最优选择也并非易事。

如果选择只是限于买衣服、吃东西之类的小问题倒也无关紧要，可是小至人生道路的选择、企业经营战略的设定，大至国家大政方针的制定，都要有一个选择最佳策略的问题。

选择不容易，所以才有在两堆稻草之间饿死的毛驴。每个人都希望有选择，而且希望做出正确选择——即使不是最好的，至少也是比较好的，那么有没有一些方法帮助我们呢？

明智的选择，需要清楚正确地计算成本和收益，评估风险，更重要的，是明白自己到底想要什么。

选择的形成共有5个步骤，每个步骤都极其简单：

（1）列出所有可以采取的行动，包括不采用的行动也要列出来,而决策就是从各种可能的行动方案中选出一个来。

(2)尽可能列出每个行动的可预见后果。

(3)尽量评估每种结果可能发生的概率,这一点常被忽略,因此要仔细加以讨论。

(4)试着表达你对每种结果的渴望或恐惧程度。

(5)最后把列出来的所有因素全部放在一起考量,做出合理的决策。

如果根本没办法列出选择方案或可能的结果,那么你一定得先解决这两个问题,毕竟决策的本质就是从众多选择中挑出一个最好的,其目的就是要达到最佳结果;如果你连选择方案都说不出来,更别想做出任何决策了。人生就是一个不断选择的过程,而做选择,首先你要明确目标(知道你要做什么);然后是计算成本和收益(值得不值得做);最后才是策略选择。

最好的选择来自理性的比较

在这个世界上,每个人都在追求自己的幸福。但如果问什么是幸福,不同的人有不同的看法。

有人可能会说,幸福就是跟自己相爱的人在一起;有的人会说,幸福就是能周游世界;还有的人会说,幸福是天天睡懒觉;一个乞丐会说,幸福就是能吃到山珍海味;一个赌徒会说,幸福是整天都打麻将;一个游戏迷会说,幸福是能自由自在地玩电子游戏……

但这些回答正确吗?

如果我们有机会到幼儿园去问小朋友:"什么东西最好吃?"很多小朋友会回答:"巧克力最好吃。"如果我们拿来很多巧克力,让小朋友们吃个够,再接着问:"什么东西最好吃?"这时候小朋友们肯定不会说是巧克力,回答可能是水、瓜子或者其他东西。可见"什么最好吃"这个问题并没有一个简单的答案,因为对每个人来说,最好吃的东西是不断变化的。

我们再问相类似的问题：什么最好听……什么最好看……什么最好玩？这些问题都没有一个固定的答案。鲁迅在他的小说《社戏》中，描写过他和小伙伴们一起看社戏的故事。在舞台上，演员们不停地翻跟头，刚开始时小朋友们都觉得很精彩，但是看的时间一长，大家就觉得没有意思了。

可见，因为边际收益递减规律的存在，对于每个人来说，不管做什么事情，时间一长都难以为继。再好吃的东西，吃多了也会腻味；再好玩的游戏，玩久了也会厌烦；哪怕是休息，保持某种姿势时间太长也会觉得不舒服。所以一个人要使自己的生活得到最大满足，就要在不同的活动中进行变换。他不但要睡觉、吃饭，还要看电视、听音乐、旅游，等等。总之，一个人活在世界上，为了满足自己的欲望，实现自己的幸福，就要对自己的时间进行分配，要在不同的活动中进行选择。所以最好的选择来自理性的比较。

如果你运用"排除法"，还是无法做最后的决定，比如选到最后，选来选去，排除A也不是，排除B也不是，令人难以选择。这时候，你可以运用"比较法"。

方法很简单，你只要拿出一张纸，把两个要选择的选项分别写在两边，然后各自在这两个选择的底下，列出它们的优缺点。等你列好之后，你该选择哪一项，通常便可以一目了然了。

正所谓不怕不识货，就怕货比货，将你的备选答案进行客观的比较

找准比较优势，
才能做出最好的
理性选择。

之后，正确的选择就如拨云见日般地出现在你的眼前。

国内某著名大学的一个女生跳楼自杀，据称其在自杀之前，也曾用比较法为自己的"活着"还是"死去"作了一番选择。她生前在网上写帖子说："我在'死去'的下面写了许多好处，而在'活着'的下面却一片空白。"于是，她选择了纵身跃出窗台。

众多天之骄子的自杀，引起了许多人对当今教育的一片唏嘘与反思。这些天之骄子在人生生死抉择的十字路口，用生与死各自的好处进行了比较再做决断，可谓有一定的理性，此为"得"。但其"失"之处在于比较的不客观：死真的能一了百了吗？活着真的没有欢乐与希望吗？事实上，死去原知万事空，活着则一切皆有可能。

造成上面这位女生的悲剧的根源，不在于其运用了"比较法"，而在于其运用"比较法"时未能做出客观公正的评判与比较，结果也就谬以千里。因此，人们在运用"比较法"做选择时，一定要尽量做到客观公正地评价与比较备选答案，不要预设立场，钻入错误选择的死胡同。

收益就是你的标尺

人们在做决定之前，心里一定有一个标尺——也就是所谓的成本和收益，这个标尺用来丈量、比较和判断哪一个选择更符合自己的实际。然而，这种标尺有很多种，因此才造成了选择时的困惑。

比方说你约朋友去外面吃饭，你选择去川菜馆，因为你考虑到朋友是四川人——这时，你心里的标尺是"利他"；反过来，若你选择的标尺是"利己"——假设你是广州人——则你一定会毫不犹豫地选择粤菜馆。同时，你还会面临高档与低档、坐公交车去还是打的去等一系列的选择。面对这些选择，你若不拿出一个统一的标尺，则很难做出一个决定。

到了川菜馆，朋友点了几份素菜，而你点的是高热量的蘑菇炖小鸡。朋友正在减肥，不想吃高热量的食物，素菜是他最佳的选择。你却因为整天熬夜,身体疲惫,想补充一些营养,因此对荤菜情有独钟。在点菜的问题上,朋友心中的标尺是低热量,你心中的标尺是高营养。

人们在做一个选择时,先要有成本和收益的概念。一旦这个标尺建立,就可以很明确地去判断我们选择的答案是好或不好、对或不对,而标尺判断的实际过程,是将你心中的想法一一拿出来比对被选择的答案。譬如你会考虑自己胆固醇太高、太油腻可能对健康不利,天气太热,湘菜大多又辣又烫,会不会吃得满身大汗?附近有哪几家湘菜馆?距离会不会太远?今天是周末假期,路上到处都是车子,到了餐馆有没有位子……你会对应所有的需要逐一去比较、判断。

每个人的判断标尺不一样,很难说谁的选择一定是对的、十全十美的。个人品味及需求不同,人与人之间很难有一个共同的标尺。希腊哲学家普洛塔高勒斯说"人是万物的尺度",此话不愧为一句真理之言。

事实上,不管每个人心中的标尺有几把,每个人的价值标准差异有多大,每个人在做判断型模式的思考时,方法和理论其实都大同小异,只是有些人反复在更换自己的"标尺"罢了。不管我们有多少把"标尺",无论我们有多少选择,最后只能有一个决定。

因此,了解了自己在做判断时的"标尺",统一了自己的"标尺",有助于我们更迅捷地下决定,不会在犹豫中浪费时间,伤透脑筋。

每个人心中都有一把标尺,当我们在比较事物、权衡利害得失时,这把标尺是判定一切的标准。

虽然我们心中的这把标尺是根据自身的需求打造出来的,但是这把标尺有很多不合逻辑之处,甚至和现实背道而驰。所谓的现实逻辑就是现实世界中的各项事实及定律,像是酗酒和抽烟对身体不好,却有无数烟民与酒鬼乐此不疲;违法犯纪必定会受到法律的制裁,却不乏前仆后继的以身试法者等。

第二章
机会成本

何为机会成本

在这世界上,你选择了一种东西就意味着你需要放弃其他的一些东西。

现实生活中我们每天都要面对很多的选择,因此,为了做出合理的决策,我们必然要考虑到可供选择方案的成本和收益。但是,在许多情况下,某种行动的成本并不像乍看时那么明显。比如,当你在面临是工作还是继续读书的选择时,如果你选择了继续读书,你要付出的成本将不仅仅是用于学费、住房和伙食的钱的总和,还有如果你当时选择了工作,每个月的工资就是现在你选择读书所要担负的机会成本。可见,机会成本就是为了得到某种东西所必须放弃的东西,或者说是指由于选择一种方案而放弃另一方案的收益,又被称为择机代价或替换成本。

比尔·盖茨在创业与学业之间也曾做出了一个大胆的选择。比尔·盖茨于1973年进入哈佛大学法律系,19岁就退了学,与同伴创办电脑公司。这样他就没有能够拿到哈佛大学的毕业证书。1999年3月27日,比尔·盖茨应邀回母校参加募捐会,当记者问他是否愿意继续学习拿到哈佛大学的毕业证时,他向那位记者笑了一下,没有回答。

看来比尔·盖茨是不愿意拿哈佛大学的毕业证了。我们可以想象,如果当年他把大学读完,也许世界首富就不会是他了。盖茨是电脑奇才,他在36岁时就成为世界上最年轻的亿万富翁。1999年《福布斯》评选世界富豪,盖茨居世界亿万富翁首位,净资产850亿美元,被《时代》周刊评为在数字技术领域影响重大的50人之一。如果用机会成本分析,他拿到哈佛大学毕业证的机会成本就是世界首富的地位。

机会成本是经济学中的一个重要术语,那就是为了得到某种东西所必须放弃的东西。也就是在一个特定用途中使用某种资源,而没有把它用于其他可供选择的最好用途上所放弃的利益。机会成本是因选择行为而产生的成本,所以也被称为选择成本。

机会成本的概念对分析资源的有效使用具有重要作用。资源的稀缺性是一个不可否认的事实,任何一种资源都可以有多种用途,把资源用于某种用途就会在同时放弃其他选择。要使稀缺的资源得到最有效的运用,就要把它用于生产最能满足社会需要并能使产量达到最大化的商品的生产。

机会成本可以分析很多领域,生产的选择、消费的选择,生活中到处存在着机会成本。如每个人的时间安排也都存在机会成本,把时间安排于某一项活动,就放弃了把时间用于另一项有价值活动的机会。而善于利用机会成本分析利弊做出效用最大化的选择是理性人的首选。

吃苹果的学问

记得小时候,同学之间经常问这样一个问题:两箱苹果,一箱又大又鲜,另一箱由于放得久了,有一些已经变质了,问先吃哪箱,即先吃好的还是先吃坏的?这道题的目的在于测试回答者是乐观的人还是悲观的人。

最典型的吃法有两种:第一种是先从烂的吃起,把烂的部分削掉。这种吃法的结局往往就是要吃很长一段时间的烂苹果,因为等你把面前的烂苹果吃完的时候,原本好端端的苹果又放烂了。第二种是先从最好的吃起,吃完再吃次好的。这种吃法往往不可能把全部的苹果都吃掉，因为吃到最后的烂苹果实在是烂得没法吃了，就都给扔了，形成了一定的浪费。但好处是毕竟吃到了好苹果，享受到了好苹果的好滋味。按照当时的测试点：选择前一种吃法的人是悲观的人，后一种则是乐观的人。

通常喜欢第一种吃法的人，觉得第二种吃法容易造成浪费。喜欢第二种吃法的人，觉得享受好苹果的味道更要紧，扔掉几个烂苹果不算什么。

两种吃法，各有各的道理。在实际生活中，究竟先吃哪个苹果，对个人其实没有太大的影响。但先吃哪个苹果的选择，在其行为背后，却别有一番深意。对于经济学上的理性人来说更愿意采取第二种吃法。吃苹果不同于吃饭，不是为了果腹，而为了品尝其味道，吸收其营养。从这个意义上讲，先吃好的比较理性。用经济学的语言来说，这种吃法的机会成本相对较少一些。

经济学认为，人的任何选择都有机会成本。机会成本的概念凸显了这样一个事实：任何选择都要"耗费"若干其他事物——其他必须被放弃的替代选择。在实际生活中，对被放弃的机会，不同的人会有不同的预期和评价，这取决于他们的主观判断（主观的机会成本）。具体到先吃哪个苹果的问题上，两种吃法，代表的实际上是两种观念，两种对机会成本的主观判断。第一种吃法的主观判断是浪费的机会成本大于好苹果味道变差的机会成本，第二种吃法的主观判断是味道变差的机会成本大于浪费的机会成本。

在我们的日常生活中，经常都要面对"先吃哪个苹果"的选择。我们每天都要自觉不自觉地对各种机会成本进行比较。

个人对机会成本的感觉会有偏差，这给人的启示是：要善待自己，也要善待他人；既要尊重自己的感觉和选择，也要尊重他人的感觉和选择；每当遇到纯属个人的选择时，在决策上，应尽可能地由自己做出，而不要由他人或集体做出，因为只有自己才了解自己的主观机会，而别人和集体决策者却缺少充分的信息。

"体面"经济学

所谓"体面",其实就是别人对你的评价。"体面"的实质是本我人格的外在化表现。

从经济学角度看,"体面"属于精神产品的范畴,人们爱"体面"的实质是一个人对精神产品消费效用的偏好。社会对一个人的评价本质属于一个人的无形资产和精神财富。这种评价对个人而言,更多体现为一种心理满足。"体面"不讲究实惠,讲究形象,"体面"直接体现的是一种精神收益,而不是物质收益。某人很有钱,有钱本身会带给他"体面",但这里"体面"是指由其物质财富而衍生的精神收益,并不是指物质财富本身。

人们为什么喜欢"体面"?首先,因为人是效用最大化的追求者。这里的效用最大化是指一个人一生总效用的最大化。而一个人的总效用水平来自物质产品和精神产品两个方面,是消费物质产品效用与消费精神产品效用之和。"体面"本身是精神产品,所以,有了"体面",也就直接增加了一个人的精神收益,从而也就直接增加了一个人的生活总效用水平。

其次,"体面"也会产生间接经济价值。"体面"是一个人的"品牌"和形象。和一般人相比,人们更乐于和有"体面"的人打交道和进行各种交易。在这种情况下,有"体面"的人就比一般人有着更多的谋利机会,并且交易成功的可能性也较大。所以,从长远看,"体面"本身也具有潜在的经济价值,能够为一个人带来物质收益。

一般而言,人们喜欢"体面"的程度有差异,这主要取决于其效用偏好。有些人注重物质性收益,有些人注重精神性收益;有些人偏好生理需求的满足,而有些人偏好内心感受的体验;有些人更多考虑个人实际感觉,而有些人更多考虑社会评价。生活在世界中的人,每个人的效用偏好都是不同的。毕达哥拉斯说过:生活就像奥林匹克运动会,聚到这里来的人们通常抱有3种目的:

体面与人际沟通

直接增加人的精神收益

体面给人的效用

产生间接的经济价值

社会对一个人的评价本质属于一个人的无形资产和精神财富,更多体现为一种心理满足,所以面子体现的是一种精神收益,而不是物质收益

体面 → 媒介

体面实际上是人际交往中的一种人情媒介,它的实质是一个人对精神产品消费效用的偏好

体面的效用看不见、摸不着,没有明码标价却又价值无量

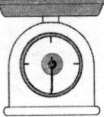

在人际交往中,给他人留住体面,有利于建立良好的人际关系

建立良好人际关系的方法
- 及时排除人际关系中的障碍
- 树立服务于人的意识
- 遵守团体与社会规则
- 寻求有共同价值观的伙伴
- 尊重他人,欣赏自己
- 保持诚恳真挚的态度
- 怀有谦卑温柔的心态
- 适度的自我表达
- 深度的自我认识和接纳

有些人摩拳擦掌以折桂,有些人做买卖以赢利,但还有一些人只是单纯做参观者,冷眼静观这一切。这里反映出的就是效用偏好的不同。

"体面"对个体而言毕竟是一种约束,所以也就客观上提高了个体利益向公共利益转化的可能性和渠道。同时,如果社会上每一个人都重视"体面",社会经济运行会降低许多交易成本。一个人讲"体面",会带动一部分人讲"体面",从而产生精神的扩散效应和乘数效应,这将进一步直接和间接促进社会经济效率的提高。

当然,"体面"毕竟是"体面",不是"里子"。"体面"反映的是表面现象,而"里子"才是真实的本质。人前是一套游戏规则,人后又是另一套游戏规则,这种双重规则会加重社会成员的决策成本和监督成本,不利于社会经济效率的提高。另外,"体面"本身也蕴藏着人的一种机会主义本能。当"体面"与"里子"不统一时,机会主义便会应运而生。而机会主义又会引发诚信缺失等许多问题,并将直接导致社会秩序建设成本的增大。

关注考研的机会成本

按经济学观点,做任何事情都需要一定的成本,考研也不例外。先算一下经济方面的机会成本。众所周知,如今的考研一定程度上来说就是考"钱"。据报道,一个应届大学毕业生的考研费一般在 2000～4000 元之间,在职考研者的花费也不会少于这个数字。所有考研者的经济成本都大于其直接的经济支出,而且考研的次数越多,其经济成本就越大。

还有心理压力成本。几乎每个考研过来的人都认为那段时间(复习时间)人简直成了读书机器,来自社会、家庭以及自身的压力都很大。特别是家庭状况不是很好的考生,意味着不能为家里创收还要花费家里的钱。

考研的机会成本是比较高的,如果对自己能够承受的代价没有充分的心理准备,或者无法学以致用,考研反而会成为一种负担。

这并非危言耸听。不久前,两名工商管理硕士到泉州某IT企业应聘,这家公司的老总认为,他们理论有余,而务实不够:"我们需要的是踏实做事的人,而不是花费无谓的高薪给公司找麻烦。"

再算算其他方面的机会成本。时间方面,考研者的时间成本都大于其直接用于考研的时间。考的次数越多,时间成本也越大。相反的例子莫过于比尔·盖茨了。他停学创业,而不是继续求学。如果真选择后者,说不定他也错过了时机,成就不了今日的微软。从某种意义上说,那些考研者是不是错过了很多机遇呢?

假设一下,如果说大学毕业时你有幸成为找到工作的那50%,那么你获得的将是3年的工作资历和经验。而若不幸成为没有找到工作的那50%,那也会是你一生受用的挫折教育,一笔宝贵的人生财富。

如果说当你大学毕业时,因为害怕"找不到工作"而选择考研,那么3年之后,你仍然要面对"工作不好找"这个现状。3年的研究生生涯,是为想做研究做学问的人提供的一个良好的深造机会,如果仅仅将其视为逃避压力的避风港,那么,读研也就失去了其应有的意义。

近年来,研究生的扩招,让研究生的教育质量下滑,一些企业不承认其"含金量",只因其"缩水量"过大。研究生期间,如果贪图安逸享受,不去学些有用的知识,不去为自己将来的人生规划做打算做设计,不去想毕业后自己仍然要面对的就业问题,那么,社会在你静止的时候又加速向前发展,不会等着你。

算清了这些方面的成本之后,理性的考生们还应该明确一个目标。飞机航行,要有明确的目的地,大海行船,要清楚地知道自己前进的方向。做事情都要有自己的目的,考研也是一样。

第三章
逆向选择

什么是逆向选择

逆向选择是指在信息不对称的前提下，交易中的卖方往往故意隐瞒某种真实信息，使得买方最后的选择，并非最有利于买方自己，这时候买方的这种选择就叫作逆向选择。

美国经济学家阿克洛夫1970年提出了著名的旧车市场模型，开创了"逆向选择"理论的先河。

在旧自行车市场上，买者和卖者之间对自行车质量信息的掌握是不对称的，卖者知道所售自行车的真实质量。一般情况下，潜在的买者要想确切地了解旧自行车市场上车的质量好坏是困难的，他最多只能通过外观、介绍及简单的现场试验等，来获取有关自行车质量的信息。

然而，从这些信息中很难准确判断出自行车的质量。因为自行车的真实质量只有通过长时间的使用才能看出，但这在旧车市场上又是不可能的。

所以，旧自行车市场上的买者在购买自行车之前，并不知道哪辆车是高质量的，哪辆是低质量的，他只知道旧自行车市场上自行车的平均质量。

在这种情况下，典型的买者只愿意根据平均质量支付价格。但这样一来，质量高于平均水平的卖者就会将他们的自行车撤出旧自行车市场，市场上只留下出售质量低的自行车的卖者。

结果是,旧车市场上自行车的平均质量降低,买者愿意支付的价格进一步下降,更多的较高质量的自行车退出市场。由此,高质量自行车被低质量自行车排挤到市场之外,市场上留下的只有低质量自行车。也就是说,高质量的自行车在竞争中失败,市场选择了低质量的自行车。

这违背了市场竞争中优胜劣汰的选择法则。平常人们说选择,都是选择好的,而这里选择的却是差的,所以把这种现象叫作逆向选择。

从上述分析过程还可以看出,产品的质量与价格有关,较高的价格诱导出较高的质量,较低的价格导致较低的质量。逆向选择使得市场上出现价格"决定"质量的现象。

买者无法掌握产品质量的真实信息,这就为卖者通过降低产品质量来降低成本,因而出现低价格导致低质量的现象。

逆向选择对经济是有害的:高质量的卖者和需要高质量产品的买者无法进行交易,双方效用都受到损害;低质量的企业获得生存、发展的机会和权利,迫使高质量的企业降低质量,与之"同流合污";买者以预期价格获得的却是较低质量的产品。

如同"道德风险"一样,"逆向选择"这一术语也起源于保险行业,因为保险市场上的逆向选择现象相当普遍。以医疗保险为例:不同投保人的风险水平不同,有些人可能有与生俱来的高风险,比如他们容易得病,或者有家族病史;而另一些人可能有与生俱来的低风险,比如他们生活有规律,饮食结构合理,或者家族寿命都比较长。

这些有关风险的信息是投保人的私人信息,保险公司无法完全掌握,因此保险公司对所有投保人制定统一的保险费用(这属于总体保险合同)。由于保险公司事先无法辨别潜在投保人的风险水平,这个统一的保险费用,只能按照总人口的平均发病率或平均死亡率来制定。所以,它必然低于高风险投保人应承担的费用,同时高于低风险投保人应承担的费用。

这样，低风险投保人会不愿负担过高的保险费用，退出保险市场，这时，保险市场上只剩下高风险的投保人。简单地说，这时，高风险投保人驱逐低风险投保人的逆向选择现象便发生了。其结果是保险公司的赔偿概率，将超过根据统计得到的总体损失发生的概率，保险公司出现亏损甚至破产的情况必然发生。我们称保险市场上的逆向选择为道德风险。

资本市场上也存在着逆向选择。比如对于银行来说，其贷款的预期收益既取决于贷款利率，也取决于借款人还款的平均概率，因此银行不仅关心利率，而且关心贷款风险，这个风险是借款人有可能不归还借款。

一方面，通过提高利率，银行可能增加自己的收益；另一方面，当银行不能观测特定借款人的贷款风险时，提高利率将使低风险的借款人退出市场，从而使得银行的贷款风险上升。

结果，利率的提高可能降低而不是增加银行的预期收益。显然，正是由于贷款风险信息在作为委托人的银行和作为代理人的借款者之间分布并不对称，导致了逆向选择现象。

信息不对称下的逆向选择

信息不对称是造成逆向选择的重要因素。在商品市场上，买者和卖者了解的信息是不一样的。卖者比买者更清楚产品实际的质量、性能和相应的成本。这种情况在经济学中称为买者和卖者的"信息不对称"。信息不对称是一个相对的概念，因为双方中必然有一方对信息掌握得多一点。因为经济学中所说的理性人都是追求自身利益最大化的，信息相对充分一方的所作所为将会为你带来一种风险，叫作逆向选择。

《三国演义》里的"空城计"故事可谓是把信息不对称发挥到极致的经典例子。

在诸葛亮与司马懿西城大战期间，司马懿和诸葛亮都成功地利用信息不对称，通过逆向选择给对方制造了很大的麻烦。最后，司马懿杀了孟达，诸葛亮吓跑了司马懿。一胜一负，两人打了个平手。

诸葛亮和降魏原蜀将孟达商议好，孟达在新城举事反魏，准备一起攻取洛阳，诸葛亮率蜀军主力攻取长安。当诸葛亮听说司马懿官复原职，在宛、洛起兵，于是派人提醒孟达，一定要谨慎小心司马懿，不能轻视。孟达觉得不必害怕司马懿，宛城离洛阳大约800里，到新城有1200里。司马懿要是知道自己想反魏举事，一定会向魏主禀报的。这样一来，时间至少需要一个多月，那时，我孟达已把城墙加固好了，司马懿就是来了也没有什么用了。"人言孔明心多，今观此事可知矣"，他认为诸葛亮真是多虑了。

司马懿知道孟达准备反魏，便想到如果先上奏魏王，待魏王回复来回要一个月，那时早已无济于事了。于是他来了个逆向选择，日夜兼程，通宵达旦，不到10日便赶到新城擒获了孟达。

在这个回合中，司马懿胜就胜在利用信息的不对称而"出其不意，攻其不备"。孟达没有料到司马懿的心机，诸葛亮要高出孟达许多，熟悉司马懿的思维方式。司马懿利用逆向选择赢了孟达，诸葛亮却"以彼之道，还施彼身"。在西城，空城计的成功同样归功于孔明的逆向选择。

在空城计这一回合中，司马懿对诸葛亮的了解也就是孟达的水平。在他眼里，诸葛亮就是一个不见兔子不撒鹰的主。

而这次诸葛亮偏不这样，他来了个逆向选择。司马懿认为我不弄险，我偏给你弄个大的险看看。只见西城4个城门大开，不见一兵一卒，孔明披鹤氅，戴纶巾，在城上敌楼前，凭栏而坐，焚香操琴，结果呢，司马懿退兵了。

在真实的生活中，信息相对不充分的一方也会做出不利于自己的选择。比如说，经济学大师阿克洛夫最早研究了二手车市场，他发现一辆即使是今天买了明天就卖的车，价钱也会比原值低得多。买次品车的人对车的熟悉程度肯定不如车主，信息是严重不对称的。他们的理性选择就是认定所有的旧车都是次品车，只愿意出最低的价格。这样好的车也不会在这里销售了，最后，买者和卖者的利益都受到了损失。信息不对称的双方都出于自身利益的考虑，彼此做出了不利于对方的选择，结果导致了双败的局面。经济学的理论已经证明了合作是最优的，众人拾柴火焰高，信息的不完全使我们失去了很多本来属于我们的东西。

为什么企业偏爱"名牌生"

一些企业招聘会上专设"入场资格审核区"，非名牌大学毕业生连入门的资格都没有。

审核官们审核的程序非常简单：首先看学校，如果不是名校出身，马上就被拒绝。

对此，一位资格审核官明白地告诉记者，此次招聘会只是面向名校学生："我们此前在报纸上的广告已声明，只接待全国排名前20名的高校学生……像北大等名牌大学的学生肯定能进场。"

该企业的做法，引起了许多学生的不满，他们对该企业这种只认"牌子"的做法非常气愤，认为是歧视。

"连面试的机会也不给我，怎么知道我的水平？"一位同学说，自己的成绩很好，而且有丰富的社会实践经验，"但门还没进就给拦下来，这公平吗？"

这确实不公平，但是企业有他自己的道理，而且在一定意义上这些道理并非完全牵强附会。

企业这样做也是有苦衷的，因为他们一直被找不到合适的人选困扰着。他们也表示，限制名校确实是无奈之举。这还要从信息不对称说起。因为应聘者往往比企业更清楚地知道自己的能力。设想市场上有两种应聘者——高能者和低能者，二者都积极地向雇主传递自己能力很强的信息，尤其是低能者要想方设法把自己伪装成一个高能者。这时候，教育程度和受过什么样的教育就成为一种可信的传递信息的工具。那些上过名牌大学的人一般要比普通学校的学生更聪明更勤奋，也更专注、更有自制力。当然，高学历也不一定就意味着高能力，名牌大学有时候也会出现一些能力及水平较差的学生，但是在没有更好的选择的情况下，企业只能相信学历所传递的信号。

信息传递的模型是哈佛大学教授迈克尔·斯宾塞提出的，他因此与阿克洛夫同获 2001 年度的诺贝尔经济学奖。

当斯宾塞在哈佛大学读博士的时候，他观察到一个很有意思的现象：很多 MBA 的学生在进哈佛之前很普通，但经过几年哈佛的教育再出去，就能比教授多挣几倍甚至几十倍的钱。这使人禁不住要问，哈佛的教育难道真有这么厉害吗？斯宾塞研究的结果是：教育不仅仅具有生产性，更重要的是教育具有信号传递的作用。

这就是名牌的作用。名牌大学或明星企业也可能出现次品，但这样的概率相对来说要低得多。而且，一个名牌的建立，是其多年有效信息费用累计的结果，没有人愿意轻易地毁掉自己的信誉，所以，即使出现了问题，解决的成本也相应的要低。

所以，在市场经济中，在企业眼中，品牌是最有效的信息传递手段。

所以，他们认可名牌。从某种意义上说，这对于非名牌学校的学生有失公允，最合理的办法就是双方开诚布公，加强交流。特别是非名牌大学生面对这种"歧视"时，要应使自己的信息公开，使企业注视到你。这就是另外一个话题了。

名牌具有信息传递的作用。

爱情中的逆向选择

爱情里的逆向选择表现为好女子总是嫁了比较差的男子，有句俗话"好汉无好妻，赖汉娶个花枝女"，说的就是这个意思。在大学校园里，我们也经常慨叹，一对对恋人是那么的不协调。这种结果就是逆向选择造成的。但我们每个人在选择自己的另一半时可不是这样，我们总是希望找到理想中的好对象，也总是喜欢把自己的优势表现得完美，以引起好女子或好男子的青睐。通常我们看到的征婚广告，都是这么介绍自己的："年轻美貌、身体健康、才华丰富、爱好广泛，对爱情执着，对缘分珍惜。"

爱情本身也是一场互动，男女双方各取所爱的一场互动。在当代的信息社会里，如何才能实现一场对等的恋爱呢？首先需要双方的诚信，需要双方都拥有足够的共同信息，互通有无，彼此了解，因为在信息大爆炸的时代，假信息实在太多了，只有获得的信息是真实而可靠的，双方的最终决策，才是最好的"抉择"。

但事实是很多情况下，一方知道的信息内容，另一方不一定知道，而另一方的底线，一方也不知道。

甚至，一方有时候故意隐瞒某种对自己不利的信息，由于信息不对称，另一方无法排除干扰，做出逆向选择，另一方的利益受到损害。

电影《情归阿拉巴马》里的女主人公叫梅兰妮，在纽约，没有什么人知道她的来历，只知道她漂亮、聪明、做事干练、惹人爱怜。

其实，梅兰妮出生在美国南部的阿拉巴马，从小就向往繁华的都市生活，所以她来到纽约寻找自己的未来。单身女郎的她，事业上顺风顺水，上帝更是偏袒她，让全纽约"万人迷"的单身贵族安德鲁疯狂地爱上了她。两个人已经到了谈婚论嫁的地步，但是随着幸福的一步步靠近，梅兰妮心里的不安和焦急却一天天加剧。

爱情中的逆向选择

逆向选择指的是由交易双方信息不对称和市场价格下降产生的劣质品驱逐优质品，进而出现市场交易产品平均质量下降的现象

为什么漂亮的女孩没人追

想追求漂亮女孩子的人相互之间都不通信息，也不了解漂亮女孩的尴尬处境和真实想法

每个人都相信追求漂亮女孩的代价将是很高的，因而大家都不采取行动

信息不对称

所有人全都退缩不前，漂亮女孩无人问津

最后，漂亮女孩会被某个考虑问题简单、不害怕失败的普通男孩追走，令其他男士感到分外意外和遗憾

爱情中的另一种逆向选择

爱情里有时也需要一些故意为之的"逆向选择"，就如同在流行穿长裙的时候穿超短裙一样。这样的逆向选择可以凸显自己的标新立异，最大限度吸引公众眼球，以达成自己的目的

原来，梅兰妮并不是真正的单身女郎，在家乡的时候，她已经和一个名叫杰克的小伙子结婚有一段时间了，如今她又接受了安德鲁的求爱，但家乡的杰克却始终拒绝和她在离婚协议上签字，不得已，梅兰妮亲自回到阿拉巴马，劝自己的丈夫离开自己……

俗话说：从西京到东京，买家不如卖家精。但在爱情婚姻上，当你是不那么优秀的一方的时候，你一定会刻意隐瞒一些对自己不利的信息，而只把那些最出彩的精华部分提供给对方。因为爱情的市场经济也是契约经济，契约经济讲究合同关系，所谓合同就是结婚证，以领取结婚证的时间为界限，在这之前，所有的爱情都会存在"逆向选择"的问题，也就是在契约达成之前，双方总是想绞尽脑汁吸引对方。

不过，信息不对称导致的"逆向选择"有好也有坏，有利也有弊，它既保护你也伤害你。因为在寻觅爱情的时候，是你自己主动出击，你是卖方市场，这样的话你就会避开自己的某些真实信息。而一旦你寻觅到爱情，两个人真正进入恋爱期的时候，双方的位置就进化成互为选择方，就他爱上的并不是100%真实的你这一点来推论，他也不可能是100%真实的他。

但爱情有时候需要"逆向选择"，不是因为信息不对称，而是故意"反其道而行之"，这和穿衣服是一个道理，虽然今年流行长裙，有的人却选择一条超短裙。这时候的"逆向选择"可以避开潮流，可以凸显自己的标新立异，最大限度吸引公众眼球。当然，爱情还是需要更多的诚实，哪怕是从经济学的角度分析，诚实也比不诚实的收益显著。

招聘里的逆向选择

逆向选择在招聘场合也是经常发生的现象，所以才会有那么多的人找不到合适的工作，而单位又慨叹招不到合适的人才。我们看到招聘会里人头攒动，人声鼎沸；我们又看到企业求贤若渴，迫不及待。两相对比的反差，正是招聘里逆向选择的规律在起作用。很多企业总是发愁，一个个求职者的简历五花八门，漂亮非常，好不容易筛选出一份简历来，面试过关了，一工作，却没有实际能力，给企业造成浪费和损失。尤其是高层次人才，讲起话来滔滔不绝，使听者觉得他见多识广，经验也好像非常丰富，可是一工作起来，总是漏洞百出。

A集团公司的业务蒸蒸日上，但是最近老总却陷入烦恼之中。公司准备投资一项新的业务，已经通过论证准备上马了，但是几位高层在事业部总经理的人选上产生了很大的分歧。一派认为应该选择公司内部的得力干将小王，而另一派主张选用从外部招聘的熟悉该业务的小李，大家各执己见，谁也不能说服对方，最后还是需要老总来拍板。那么，究竟哪一种选择更好呢？

就经验而言，外聘的小李显然经验要丰富得多，小李到此工作属于空降，而本公司的小王更具有本土优势，对业务也十分熟悉，但人事这一块，应该还是外聘较好吧，因为老总觉得自己公司活力不足，应该填充些新鲜血液。最终老总拍板，决定用外聘的小李。小李开始正式走马上任，小李的优势很明显，美国著名高校的MBA学历，完全的西式经营理念。而小王不过中专学历，从底层一步步熬上来的。老总对小李寄予厚望，小李也很努力，开始认真地对公司的人力资源进行诊断，并煞有介事地挑出了一堆毛病。老总一看，心里担忧了，这些毛病要整改掉，自己公司将会垮掉！时间一久，小李只知道挑毛病，却没有对公司进行任何实际操作，弄得公司人人自危，怨声载道。老总一看，这样不行，于是迫不得已又把小李辞退了，而此时的小王却因为没有得到老板的重视，已经跳槽去别的单位了。A集团花费了大量的时间、精力和金钱，最终不但没有给公司带来效益，反而使公司发生了危机。

A集团所碰到的问题就是典型的逆向选择。正是因为彼此的信息是不对称的，老板不知道小李的实际操作能力，却只看到了小李的海外镀金背景，结果弄得自己很被动。其实老板应该给小王和小李每人一段试用期，试用期内的工资就算是了解信息的成本。

如果这个成本也不愿花,那就应该选择小王,因为小王毕竟是本公司的员工,老板可能更加熟悉,对小王的信息掌握得更加充分。小王虽然可能达不到老板的预期目标,但至少也不会带来什么损失。但外聘的人,老总知道的信息就比较少了,需要花费成本来了解,所以为了避免逆向选择,信息是必要的判断依据。

庸人得志与怀才不遇

在社会上,庸人得志与怀才不遇的现象也是人生里的逆向选择的表现,有的人努力一生,却一无所获;有的人几乎不用任何努力,便有机遇垂青。在学习上努力可以让你的成绩倍增,但在社会上,努力与结果并不总是正比例关系,你努力了,不一定会有结果。

中国怀才不遇的鼻祖可以说是屈原了。屈原是我国古代战国末期的大诗人,《史记》有传,屈原初辅佐怀王,做过左徒、三闾大夫,学识渊博,主张彰明法度,举贤授能,联齐抗秦。后被谗去职,顷襄王时被放逐于沅湘流域。都城郢被秦兵攻破后,他既无力挽救楚国的危亡,又深感政治理想无法实现,遂投汨罗江自尽。

"怀才不遇"是有真才而没有施展才华的平台、机会和空间,是千里马找不到伯乐。

王先生,原先是一个跨国公司的营销副总监,有丰富的营销和管理经验,能力非常强,业绩也很突出。某企业花了半年时间把王先生挖了过来,并任命他为营销总监。这位王总监花了3个月的时间把工作搞得有声有色,颇有成绩。然而,就在大家普遍看好这位年轻的营销总监时,他却毅然决然地辞职而去。

主要原因有4点:

(1)企业不信任,不放权,有总监之名,无总监之实,基本上相当于一般的区域经理,总监的工作无法正常有效地开展实施。

(2)在讨论企业重大决策时,视王总监的建议为抵触和不服从的表现。

（3）在王总监推行公司已经认可的改革而危及部分人的利益时，公司领导不支持，甚至将计划放在一边不闻不问。

（4）在王总监出现小的工作失误时，公司领导对其全盘否定。

在这种情况下，王总监毅然离去，就是基于"怀才而不遇伯乐"的原因，有力无处使，有力无法使。出于良心和职业道德，王先生3个月来努力把工作开展得"颇有成绩"；但出于长远的考虑，怀才不遇的王先生还是走为上策。

今天，我们身处这个人才全球自由流动的时代，面对"怀才不遇"的古老话题，情况也今非昔比了。许多单位在选人、用人方面的观念、制度上都发生了翻天覆地的变化，人才流动的渠道前所未有的宽畅、自由、公正、透明。可以说在这种新的环境下，怀才不遇的现象有了很大改善。另外，人们面对"怀才不遇"时，不应该抱怨"明珠埋没"，而是要做出新的思考。比尔·盖茨说："生命是不公平的，但你要去适应它。"是的，"怀才"者也要适应环境，否则只能"不遇"了。如果某一环境确实让自己感到"怀才不遇"，就尽快地离开那里，外面的天地无限广阔。所谓"才"，当然也包括了适应环境、克服困难、脱颖而出的能力。

金无足赤，人无完人。每个人都有自己的核心优势和竞争力，也有自己固有的缺点和劣势。才非天生，绝大多数的才能为后天所学，由于天赋等各方面的条件，人各有其才，只不过是"大才"还是"小才"而已。在大多数情况下，"才"无非是人们谋求生存的一个技能。一般的人，只要不自我夸大所怀之才，又能满足自己的生存状态，就不会常常有"怀才不遇"的感叹。怀才之人与社会需求的关系其实就是"供"与"求"的关系。聪明的人，面对多变的市场需求，不在感叹中浪费时间，而是多学几种技能，使自己更加充实，这些人才是真正的"怀才"之人。

与怀才不遇相反的情况是"庸人得志"，一般而言，在"怀才不遇"的君子眼里，一朝得志的都是无德之人。比如无德之人善于拍马溜须，善于吹喇叭抬轿子。但是，为什么偏偏这些人就容

只要你本领过硬,并用心等待时机,就不怕自己会"怀才不遇"。

易得志?很简单,没有人不喜欢被赞美。高处不胜寒,位置高高在上的人也希望得到关心,所以,清高的"才子"当然比不过比较有人情味的"无德之人"了。

所以无德之人得志也好,怀才不遇也好,虽然这属于人生里逆向选择的表现,但处理这类问题的关键还是要看自己的心态。人的成功是一辈子的事情,有的人少年事业有成,却晚景凄凉;有的人年轻碌碌无为,但却大器晚成。与其面对人生里的逆向选择枉自嗟叹,倒不如学学姜太公,踏踏实实地钓鱼。真金不怕火炼,只要你本领过硬,并用心等待时机,总有一天会成功的。

如何避免逆向选择

造成逆向选择的原因只有一个,就是信息隐匿,所以要摆脱逆向选择只有一个途径,就是最大限度地去挖掘信息,尽量多掌握有利于自己的信息,做到知己知彼。

在社会上,谁掌握了信息,谁就掌握了优势资源,如果信息闭塞,那么就会陷入逆向选择的困境。例如,你用很少的钱买了一箱银元,你觉得自己占了便宜,那么此箱银元是真是假的判断就至关重要。一旦是赝品,哪怕它被铸造得再逼真,你也彻底赔掉了,除非你还可以把银元再卖给别人。在信息不对称的情况下,也就是大家对银元都不知道真假,都没有判断银元真假的技术的情况下,这箱银元便会在市场上流通。如果你碰见一个专业高手或者碰见一个检察机关的工作人员,那么你就可能赔了夫人又折兵。再比如,选择一个项目进行投资时,要求花最少的钱带来最大的利润,但市场上充斥着大量这样的项目,每一个寻求投资的人都会把自己的项目吹嘘得天花乱坠,从项目的技术、团队、市场前景分析到赢利,仿佛只要稍微投点资金,大量的利润便会滚滚而来,你可能会觉得自己捡了个大便宜。等你忙不迭地投资时,你会发觉项目并不像你们原来谈判的那样,它存在着大量的问题,可能还没有与当地的政府协调好,开工不久,就被通知停工。这是投资里的逆向选择。这是由于信息隐匿造成的,因为对项目信息没有全面而深刻地把握和了解。

在生活中,所有成就大事业的人,无不是对信息有特别敏感的人,他们往往信奉信息决定一切,掌握了信息也就掌握了世界,所以在他们的事业发展过程中,经常是一片坦途,很少发生逆向选择的触礁事故。著名的世界金融大亨罗斯柴尔德就是这样一个人物,他对信息有着极强的敏感性,而且这一传统也传给了他的家族,正是如此,他的家族事业才长盛不衰。

信息是罗斯柴尔德家族的成功法宝。老罗斯柴尔德在父母去世之后便放弃了学业,一直没有找到合适的工作。后来,他偶然听说伙伴们喜欢到当地垃圾场去寻找古钱币。说者无心,听者有意,他灵机一动,便决定收集已经不再流通的硬币、勋章和绶带,经过清洁后出售。可以毫不夸张地说,19世纪最伟大的金融世家是靠拾垃圾发家的。这个腼腆的少年受到法兰克福当地古董商的关注,他们纷纷与他合作,并把他推荐给同伴。罗斯柴尔德的经商之路从此一帆风顺,后来,他开了自己的古董店。

有其父必有其子,他的儿子同样具有灵敏的商业嗅觉。在拿破仑战争时期,老罗斯柴尔德的儿子内森获知英国打算给予威灵顿将军所在的部队庞大的财政支持,而此时正好赶上一家公司要出售大量金条，内森当机立断，全部买进。英国政府得知后，马上找到内森，希望购入这批黄金，这是战争时期唯一不会贬值的硬通货。内森还负责将黄金送到联军，并得到极为丰厚的酬劳。

不过，众多的投机之举也为罗斯柴尔德家族树敌不少。一次，他的竞争对手截获了罗斯柴尔德家族成员之间的重要信件，他们以为会从信中发现什么秘密，找到的却是一些神秘的符号和晦涩难懂的句子。罗斯柴尔德家族对商业秘密的保护可见一斑。

罗斯柴尔德的5个儿子分布在西欧各国，他们视信息和情报为家族生存的命脉，所以很早就建立了横跨全欧洲的专用情报网，并不惜花大价钱购置当时最快最新的设备，从有关商务信息到社会热门话题无一不晓，而且情报的准确性和传递速度都超过英国政府的驿站。正是因为有了这一高效率的情报通讯网，才使内森比英国政府抢先一步获得滑铁卢的战况。

可见信息在任何时候都起着关键作用，如果你能掌握及时和全面的信息，就能防止逆向选择的发生。即使在逆向选择表现得最为突出的保险领域，信息的优势一样可以避免逆向选择。如果你事先了解了投保人的情况，知道他之所以投保是因为出事的概率比较大，你就可以要求他增加投保费或加上其他的附加条款以减少自己的损失。

第四章
边际效用

边际主义的诞生

卡尔·门格尔（Carl Menger，1840～1921年）是近代著名的资产阶级经济学家，奥地利学派的创始人。门格尔出生于奥匈帝国的加利西尼一个缙绅之家，父亲是律师。他1859年进入维也纳大学学习，次年转学到布拉格大学学习法学和国家学，1867年获克拉科夫大学博士学位。毕业后，先从事法律事务，接着进入奥地利国务总理办公室的新闻机关。这时他写些市场报告，并开始对价格理论有所涉及。1868年门格尔取得维也纳大学讲师资格，他开始阅读大量经济学文献。1871年底，他完成并发表了其成名作《国民经济学原理》。1876～1878年，任奥地利皇太子的私人教师，陪同皇太子鲁道夫周游欧洲。1879年返回维也纳大学任政治经济学教授。门格尔的长期目标是出版一本关于经济学的系统性著作和一部关于社会科学一般特征与方法的专著。1883年门格尔发表《经济学和社会学方法论研究》，挑起了同施穆勒的方法论论战。1884年发表《德国历史主义的错误》，他还写过《资本理论》（1881年）、《货币》（1892年）两篇论文。1900年成为奥匈帝国议会上议院终身议员。1903年他辞去教授职务，全身心地研究和写作，他的经济学理论讲座由奥地利学派另两名干将维塞尔和庞巴维克继承，1921年逝世，享年81岁。

门格尔是奥地利学派的创始人，在经济学上的主要贡献在于对边际效用价值理论的阐述，同时也在于他在研究经济问题时所使用的经济学方法。《国民经济学原理》中的"边际效用价值论"补充了19世纪上半期萨伊提出来的"效用价值论"的缺点，以"稀少"摆脱了"效用价值论"无法解释的困难。

门格尔认为价值取决于人对财货效用的主观评价。那么价值量，即主观效用量是如何决定的呢？为了回答这个问题，门格尔在主观效用的分析上，加进了一个边际概念。他在考察价值尺度或价值量的测定问题时，引申出了关于边际效用量决定财货价值的规律，并最早对此做了明确的阐述。为了加深对边际概念的理解，先给大家讲一个生活中的故事。

一个人中午肚子饿了，去吃大饼，吃第一个的时候觉得大饼太好吃了，于是又买了一个，吃第二个的时候，感觉没第一个好吃了，但也还行，于是再买了一个，吃完第三个，觉得自己饱了。碰巧的是一同事来了，硬是拉他又吃了一个大饼，吃这个的时候他就会觉得有些腻了，如果再要他吃一个，他可能以后看到大饼就会想吐。

每一个大饼带给你的满意度是递减的，从好吃到想吐。这就是边际效用递减。"边际"是经济学上的关键术语，常常是指新增

大饼从好吃到想吐，这就是边际效用递减。

的意思。边际效用就是消费者多消费一单位商品而得到的新增加的效用。

19世纪70年代初出现的边际概念,是自西方经济学自亚当·斯密以来的一个极为重要的变化。经济学家把它作为一种理论分析工具,可以应用于任何经济中的任何可以衡量的事物上。正因为这一分析工具在一定程度上背离了传统的分析方法,故有人称之为"边际革命"。

在门格尔看来,人们在财货数量有限的情况下,不能使全部欲望都得到满足,他们只能根据欲望的重要性进行分配,首先满足最重要的和较重要的欲望,而在一系列能被满足的欲望中,总有一个是最后被满足的最不重要的、意义最小的、处在满足和不满足边缘上的欲望,即它是随时会随财货量的减少而首先被放弃掉而得不到满足的欲望。这时各种欲望的满足程度达到一致。这种欲望可称为边际欲望,而满足这种边际欲望的能力就是边际效用。

《国民经济学原理》是门格尔最重要的著作,它奠定了奥地利学派边际价值论的基础。

我们生活在边际报酬递减的世界里

在北京、上海这样的大城市里,虽然政府采用各种办法对即将报废的小公共汽车和黑车进行治理,但我们还是经常可以看到这些汽车的身影。为什么会出现这种现象呢?其实,这种现象反映了边际成本和边际收益的问题。一辆汽车在快要报废的时候继续使用,其边际成本是非常小的,也就是汽油费用和驾驶员的工资,而这种情况的边际收益却和买一辆新车的边际收益几乎相等。

边际收益是指增加一单位产品的销售所带来的总收益的改变量。换言之,在任何给定的销售量中,它是最后一单位产品的售出所取得的收益(可以是正值也可以是负值)。

在微观经济学中,边际报酬递减规律是一个重要工具。根据这一法则，当其他投入保持不变时，如果不断增加相同数量的一种投入，这样所导致的产出先上升，在超过某一点后将会下降，也就是说，从每一单位新增投入得到的收益会减少。换句话说，当工人已经用大量资本存量生产物品与劳务时，给他们增加的一单位资本所提高的生产率是微小的。

边际报酬递减的原因是：在任何产品的生产过程中，可变生产要素投入量和固定生产要素投入量之间都存在着一个最佳的组合比例。开始时，由于可变要素的投入量为零，而不变要素的投入量总是存在的，因此，生产要素的组合比例远远没有达到最佳状态。随着可变要素投入量的逐渐增加，生产要素的组合越来越接近最佳组合比例。在这一过程中，可变要素的边际产量必然呈递增的趋势。一旦生产要素的组合达到最佳组合比例时，可变要素的边际产量达到最大值。在这之后，随着可变要素投入量继续增加，生产要素的组合将越来越偏离最佳组合比例，可变要素的边际产量便呈递减的趋势了。

边际报酬递减是一个普遍的规律，它在生产领域和消费领域都起作用。如在一块土地上增加化肥的投入，一开始粮食递增。到最后随着化肥投入的不断增加，所增加的粮食呈递减的趋势。如果收益不递减我们就会放弃其他土地，专耕这一块地，在一块地上仅靠增加化肥的投入就会满足所有人的口粮，这显然是荒谬的。生产如此，消费也是一样。肚子饿了吃一口馒头得到了最大的满足，以后越吃越觉得满足感在减退。

设想边际报酬不是递减而是递增，将会是什么现象？吸毒就接近收益递增，毒吸得越多越上瘾。与其他消费相比，吸毒的人觉得毒品给他的享受超过了其他各种享受。所以吸毒的人会卖掉家产，抛妻弃子，宁可食不充饥，衣不遮体，毒却不可不吸。如果全世界的人都在吸毒，所有的人都会从事与毒品相关的活动，而其他活动不会有人干。所以说，幸亏我们生活在收益递减的世界里。

在我国，人们更习惯用平均值的概念，对于边际分析的重大意义认识还不够。著名经济学家茅于轼说："我国大多数企业领导和会计师还不懂得边际成本的意义，更谈不上对边际成本曲线有什么研究。如果能改变这一局面，全国每年多创造几十亿利润是毫不费劲的事。"因此，改变原来的思维方式，努力培养边际思维十分必要。

边际量有利于做出最优决策

边际产品指由于增加最后一单位某种投入品（其他投入品的数量保持不变）所带来的总产量的增加。

生活中的许多决策涉及对现有行动计划进行微小的调整。经济学家把这些调整称为边际变动。在许多情况下，人们可以通过考虑边际量做出最优决策。

例如，假设一位朋友请教你，他是否需要再回学校读书。为了做出这种决策，他需要知道上一年学所带来的额外收益和所花费的额外成本。通过比较这种边际收益与边际成本，他可以评价多上一年学是否值得。

再如，假设你是一名航空公司的老板，你会如何考虑一个航空公司决定对等退票的乘客收取多高的价格。假设一架200个座位的飞机横越国内飞行一次，航空公司的成本是10万美元。在这种情况下，每个座位平均成本是10万美元/200，即500美元。有人会得出结论：航空公司的票价绝不应该低于500美元。但航空公司可以通过考虑边际量而增加利润。假设一架飞机即将起飞有10个空位，在登机口等退票的乘客愿意支付300美元买一张票，航空公司应该卖给他票吗？当然应该。如果飞机有空位，多增加一位乘客的成本是微乎其微的。虽然一位乘客飞行的平均成本是500美元，但边际成本仅是这位额外的乘客将消费的一包花生米和一罐汽水的成本而已。只要等退票的乘客所支付的钱大于边际成本，卖给他机票就是有利可图的。

可见，无论是个人，还是企业，通过考虑边际量将会做出更好的决策。只要做这么一件事的边际收益大于边际成本，那么理性而聪明的我们就应该去做，反之就不能去做。理论上最佳的最大化利润公式是边际收益等于边际成本，可能你会觉得奇怪，为什么边际收益等于边际成本是最大化利润呢？不是边际收益大于边际成本才有赚头吗？

其实也很好理解，因为边际收益大于边际成本，所以你就会像那个航空公司一样去做，增加自己的收益。但是根据边际收益递减定律，如果我们一直连续去做这件事情的话，就会出现边际收益下降到和边际成本一样的情况，甚至是边际成本反而超过了边际收益这种肯定亏本的境地。比如，航空公司最多只有10个剩余空座位，它可以在起飞前以300美元的折扣价格卖给等候登机

> 听说民航公司推出新规定啦？当飞机有空位时可以给学生打半价。咱们也有机会坐卖廉价票的飞机了。

> 有这等好事情？

> 民航公司做这个决策的时候，考虑的不是实际成本，而是边际成本。不管学生是否搭乘飞机，他们的飞机维修费、机场建设费、地勤人员的费用都要付出。如果降低票价让学生乘坐，只要多付出一部分就餐费和因增加重量的燃料费，而这部分的付出远远小于降价后的票价，所以这样的利民好事儿也会发生。

猫老师讲坛

的乘客，但等到10个空座位都坐满了呢？

我们可以想象一下，如果再增加一个乘客的话，边际成本就远超过边际收益了。因为没有座位了，为了飞行安全，不可能让新增加的乘客没有座位而站着，那是非常危险的，任何一个国家的航空主管部门都不会允许的，所以只能新开一架飞机去送这个乘客。这个边际成本，远远超过了那个乘客支付的300美元机票的边际收益了。

现在可以明白了，对于航空公司来说，最好的做法就是正好10个空位被10个等候的乘客坐满。事实上这个飞机座位正好坐满并不是严格的边际收益等于边际成本，而且真实社会中也很少出现正好是相等的情况。所以在实际应用时，我们并不需要真正精确地去计算那些边际成本和边际收益，只需要一个大概的计算值即可。

理解边际效用递减应注意几点

在炎热的夏季，喝一杯冰饮会使你感到神清气爽。喝第二杯，感觉也不错。但如果喝第三杯、第四杯甚至更多杯，感觉会怎样？如果说第二杯冰饮带给你的满足感跟第一杯一样的话，第三、第四、第五甚至第十杯冰饮，给你的满足感还能跟第一杯一样吗？

很显然，当我们在消费某种物品的时候，随着消费量的增加，等量的消费品带来的满足感会越来越小——这种情况几乎存在于所有的消费品上，我们称之为边际效用递减规律。边际，就是指"边上的、最后的"部分。效用，就是给人满足的效果和作用。递减，就是越来越小。

在理解边际效用递减规律的时候，要注意几点：

第一，边际效用和总效用的区别。边际效用是指最后一单位的消费品带来的效用。它的递减并不意味着总效用的减少，只是说后一单位的消费品带来的效用比前一单位的效用要小。在边际效用减少的过程中，总效用依然可能增加，只不过增加的幅度在降低。在边际效用减少到零的时候，总效用停止增长，达到最大。而在边际效用变成负值的时候，继续消费会使总效用减少。

第二，边际效用递减是在一定时间内进行消费产生的现象。它的前提是人的偏好没有改变，连续消费某种物品。比如你在吃一顿饭的过程中，边际效用是递减的。但过了半天，你饿了，又去吃饭，你不能把这顿饭的过程跟上一顿饭相比。再如，你本来不会喝酒，觉得酒不好喝，但你后来学会了喝酒，越喝越好喝，这似乎不符合边际效用递减规律。其实不然，这是你的偏好改变了。

第三，在极少数情况下，有的消费是量越大越满足，但始终存在一个限度，超过这个限度以后必然出现边际效用递减。比如许多人认为，喝一口红葡萄酒，品不出美味，红葡萄酒是越喝越有味。再如嗑瓜子，本来你不想嗑，但嗑起来就不想停。这种情况，可以说前一阶段是边际效用递增，但到最后也会出现边际效用递减。因为无论是喝酒还是嗑瓜子，总有满足和厌烦的时候。

边际效用递减面面观

边际效用递减规律不光存在于消费领域，也存在于生产领域。例如，在同一块庄稼地里，施一点肥要比不施肥能产出更多的粮食。如果继续施肥，或许还能使产量有所增加，但增加的产量不会像先前那么多。如果施肥过量，不仅不会增产，还会导致总产量下降。在庄稼地里增加劳动力也是如此。刚开始增加一些人能增加产量，但如果增加的人越来越多，到最后连这块地都挤满了人，增加的产出就会变成负数。

生产领域的边际效用递减规律又叫边际收益（产出）递减规律。19世纪英国著名的经济学家马尔萨斯说："如果没有收益递减，在一个花盆里就可以种出养活全世界人口的粮食。"因为只需要不停地往里面添加肥料和劳动力就行了。事实上这是不可能的。

在其他行业的生产中也存在边际收益递减规律。例如，有一

边际效用递减原则

当人感到饥饿的时候,食物可以对他产生效用

在最饿的时候吃的第一只鸡腿,满足程度最高

吃第二只鸡腿时,已经有了满足感,因此满足程度要比吃第一只时低

吃第三只鸡腿时,已经快吃饱了,满足程度不断下降

到第四只鸡腿时,已经开始觉得太饱,满足程度就成了负值

在理解边际效用递减规律的时候,还要注意以下两点

边际效用递减是在一定时间内进行消费产生的现象,它的前提是人的偏好没有改变,会连续消费某种物品

边际效用递减并不意味着总效用的减少。在边际效用减少的过程中,总效用依然可能增加,只不过增加的幅度在降低;在边际效用减少到零的时候,总效用停止增长,达到最大;而在边际效用变成负值的时候,继续消费会使总效用减少

第二篇 经济学的基本概念及规律

个蛋糕店,它的蛋糕是烤制的,但只有一个烤炉。在只有一个人工作的时候,他既要烤蛋糕,又要接电话、招待顾客、清理桌子等,他每小时可以生产10个蛋糕。如果增加第二个人,他可以专心地烤蛋糕,每个小时能增加生产15个蛋糕。但如果再增加第三个人,烤炉前面就会出现拥挤,每个小时很难再增产15个蛋糕。如果再继续增加工人,每增加一个工人,增产的蛋糕会越来越少,直到增加到某一个人的时候,不可能再增加产出,这时候边际收益下降为零。

上面说的生产活动有空间或设备的限制。我们再来看,如果没有这种限制,是否存在边际收益递减规律。

比如一个独立会计师,他的工作是为私人纳税人准备报税单,这种工作可以说不受空间和设备的限制。但我们可以想象,如果他连续工作8小时甚至更多的时间,他的工作效率会越来越低。在靠后的时间里,他每小时能完成的报税单一定会比前面的时间要少。到某个时候,他必须休息,停止工作,边际产出下降为零。可见由于人的头脑和体力的限制,边际收益递减是不可避免的。

要注意,边际收益递减的前提是其他条件不变,增加某种生产要素投入。在这个前提下,生产过程中迟早会出现边际收益递减,即投入的生产要素越多,边际产出越少。在上面的例子中,如果蛋糕店扩大了营业面积、增加烤炉的数量,或者会计师聘请了助手,或是改用了先进的电脑系统,就不能用边际收益递减规律来描述。

更广泛地看,边际收益递减规律存在于人类生活的各个方面。有人说,初恋是最难忘的。其实这是因为从趋势上看,"二恋"、"三恋"带来的效用是递减的。再比如大街上流行染金头发,最先开始染发的人非常引人注目,但如果染的人越来越多,就不觉得新鲜了,如果满大街的人都染金头发,就会让人看着难受。

俗话说,"虱多不痒,债多不愁"。意思是说,身上出现第一只虱子会痒得难受,但如果有101只虱子,就不会比100只虱子痒多少；人在第一次欠债时会惶惶不安，但债台高筑时再添一笔也就无所谓了。同样的道理，作为一个老师，对学生的批评要适可而止，因为批评一次会令这个学生羞愧，要是没完没了地批评，学生就可能"破罐子破摔"。再如，人们常说"如入鲍鱼之肆，久而不闻其臭"等，都是同样的道理。

有人或许会问：边际收益递减规律到底有没有例外？我们前面说过，毒品可能是一个例外。之所以说"可能"，是因为我们的社会不允许生产和消费毒品。如果那样，很可能出现所有人都将忙于种毒品、收毒品、运输毒品、加工毒品、分配毒品的情况，不会有人从事其他任何活动，这将会带来社会结构的崩溃。所以大部分国家的法律都禁止生产和消费毒品。

从进化论的角度来看，这个世界上或许曾经存在过某种动物，在消费某种物品的时候具有边际效用递增的特点。但因为消费无法节制，这样的最终结果是消费品耗尽，或者消费过量，导致这种动物走向灭亡。所以我们看到的生物和自然界都具有边际收益递减的特点。

幸福与边际效用的关系

我们都有过这样的感受，很多人衣食无忧，却怨言很多，他们总是"端起碗来吃肉，放下筷子就骂娘"。很多学者和官员十分困惑：难道是人们的道德水平在不断地下降吗？其实，经济学的边际效用理论可以很好地解释这一现象。

英国科学家说他们破解了人类最大的一个谜团，那就是幸福的秘密到底是什么？他们认为真正的幸福可以用一个公式来表示：幸福（F）=P+5E+3H，P代表个性，包括世界观、适应能力和应变能力；E代表生存状况，包括健康状况、财政状况和交友的情况；H代表更高一级的需要，包括自尊心、期望、雄心和幽默感等。有的学者把这一公式进一步简化为：幸福（F）= E/D，E代表效用，D代表欲望。也就是说，幸福与效用成正比，与欲望成反比。

边际效用与幸福感

农民收获了5袋谷物,要靠它们过上一年,他细心安排了5袋谷物的计划

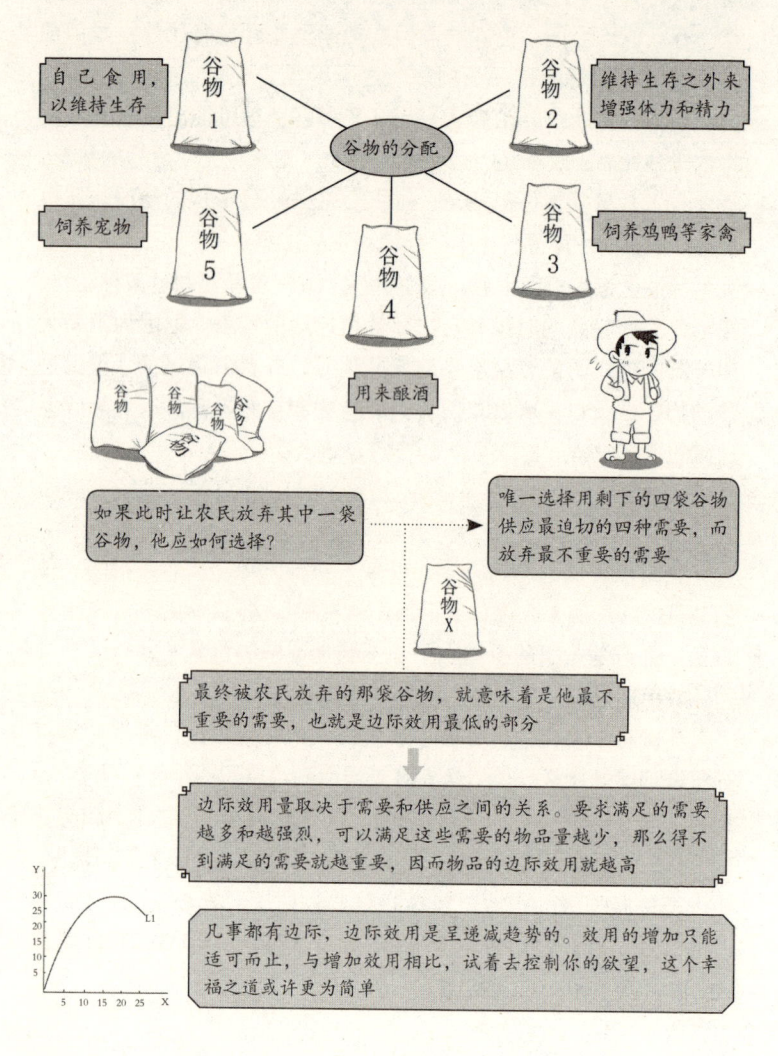

- 谷物1:自己食用,以维持生存
- 谷物2:维持生存之外来增强体力和精力
- 谷物3:饲养鸡鸭等家禽
- 谷物4:用来酿酒
- 谷物5:饲养宠物

如果此时让农民放弃其中一袋谷物,他应如何选择?

→ 唯一选择用剩下的四袋谷物供应最迫切的四种需要,而放弃最不重要的需要

谷物X

最终被农民放弃的那袋谷物,就意味着是他最不重要的需要,也就是边际效用最低的部分

边际效用量取决于需要和供应之间的关系。要求满足的需要越多和越强烈,可以满足这些需要的物品量越少,那么得不到满足的需要就越重要,因而物品的边际效用就越高

凡事都有边际,边际效用是呈递减趋势的。效用的增加只能适可而止,与增加效用相比,试着去控制你的欲望,这个幸福之道或许更为简单

效用特别是边际效用是递减的，正是这种递减使人们感觉到"天天吃着山珍海味，也吃不出当年饺子的香味"。

所谓边际效用，是指该物品在具体合理使用时可能产生的最小效用。在实际生活中，人们正是按照这一规律活动的。奥地利著名的经济学家庞巴维克在其 1888 年出版的《资本实证论》中，以一个极能说明问题的例子对边际效用做了精彩论述：

一个农民独自在原始森林中劳动和生活。他收获了 5 袋谷物，这些谷物要使用一年。他是一个善于精打细算的人，因而精心安排了 5 袋谷物的计划。

一袋谷物为维持生存所用。第二袋是在维持生存之外来增强体力和精力的。此外，他希望有些肉可吃，所以留第三袋谷物来饲养鸡、鸭等家禽。他爱喝酒，于是他将第四袋谷物用于酿酒。对于第五袋谷物，他觉得最好用它来养几只他喜欢的鹦鹉，这样可以解闷儿。显然，这 5 袋谷物的不同用途，其重要性是不同的。假如以数字来表示的话，将维持生存的那袋谷物的重要性可以确定为 1，其余的依次确定为 2、3、4、5。现在提出的问题是：如果一袋谷物遭受了损失，比如被小偷偷走了，那么他将失去多少效用？

面对这种情况，这位农民面前只有一条唯一合理的道路，即用剩下的 4 袋谷物供应最迫切的 4 种需要，而放弃最不重要的需要，或者说是放弃边际效用。边际效用由谁来决定呢？庞巴维克发现，边际效用量取决于需要和供应之间的关系。要求满足的需要越多和越强烈，可以满足这些需要的物品量越少，那么得不到满足的需要就越重要，因而物品的边际效用就越高。反之，边际效用和价值就越低。

回到"端起碗来吃肉，放下筷子骂娘"的现象，由于经济的发展，人们碗里的肉越来越多，人的吃肉需求越来越容易满足，肉的边际效用和价值就越来越低，因此，"放下筷子骂娘"这种现象从边际效用理论角度来看就十分正常。

第五章
人力资本

发现人力资本

人力资本理论的创始人是 1979 年诺贝尔经济学奖获得者、美国经济学家西奥多·舒尔茨。舒尔茨通过对美国农业经济问题的长期研究,发现从 20 世纪初到 20 世纪 50 年代,美国的农业产量迅速增加,农业生产率大幅度提高,其主要原因并不是土地、人口数量或资本投入的大量增加,而是由于科学技术水平的不断进步和人的生产能力的迅速提高。如果按照以前传统的经济理论所认为的那样——经济增长取决于物质资本和劳动力的增加——是很难解释清楚这种增长的实质所在的。

为此,舒尔茨于 1960 年在其《人力资本的投资》一书中,首次以"人力资本投资"的概念来解释这种体现在劳动者身上的资金投入效应,并提出了它对经济增长的贡献要远比物质资本和劳动力数量的增加重要这一新观点。这个新观点突破了只有厂房、机器、存货等有形物质才是资本的传统观念,转向强调人力资本的增进和技术水平的提高在经济发展中的特殊作用,认为提高人力资本水平是刺激经济增长、缩小收入差距的根本所在。美国经济学家加里·贝克尔在 1964 年出版的《人力资本》一书中,强调了正规教育和职业培训在人力资本形成中的重要作用。

人力资本是体现在劳动者身上的知识、能力和健康,它是以劳动者数量和质量表示的资本,是相对于传统意义上的物质资本

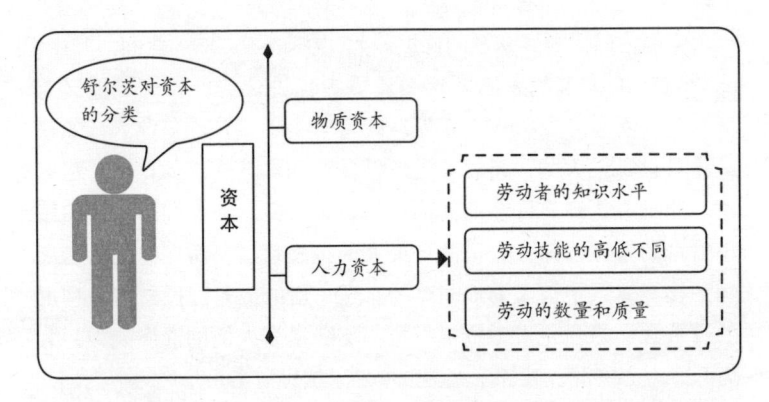

```
┌─────────────────────────────────────────────────────────┐
│   ┌─────────┐                                           │
│   │舒尔茨对资本│      ┌──────┐                          │
│   │ 的分类  │      │物质资本│                          │
│   └────┬────┘      └──────┘                            │
│        │      ┌──┐         ┌─────────────────┐         │
│        │      │资│         │ 劳动者的知识水平 │         │
│    人   │      │  │──┐      ├─────────────────┤         │
│        │      │本│  │      │ 劳动技能的高低不同│        │
│               │  │  │      ├─────────────────┤         │
│               └──┘ 人力资本  │ 劳动的数量和质量 │         │
│                             └─────────────────┘         │
└─────────────────────────────────────────────────────────┘
```

概念而言的。完整的资本概念应包括物质资本和人力资本两个部分。人力资本投资与实物资本投资之间有相似之处，例如两者都要计折旧等。但是两者之间也有区别，特别是人力资本不能作为担保品，因为它不能出售；且个人也不能像实物资本的所有者那样将其风险分散化或多样化。

人力资本是通过对人力的投资而形成的。这些投资主要包括：用于提高劳动力质量的教育和培训的支出；用于增加未来劳动力数量和提高现有劳动力身体素质的卫生保健费用的支出；用于调剂国内劳动力余缺和发挥劳动者专长的国内流动费用的支出；用于国际间人力流动的移民入境费用的支出等。

人力资本是推动经济增长的最重要的动力源泉。最终决定一个国家经济和社会发展速度的，不是自然资源的丰瘠或物质资本存量的多寡，而是这个国家所拥有人力资本的数量和质量，尤其是经过专门训练的专业化人才的规模和水平。

人力资本投资的核心是教育投资。教育投资带来的收益，要远比对非人力资本投资更有益于经济的持续增长。

发展中国家经济落后的根本原因，主要不在于物质资本的匮乏，而在于人力资本的稀缺。

按照新的发展理论，影响经济增长的要素包括人力资本、物质资本和自然资本。而世界银行采用新的国民财富测量方法发现，人力资源占国民财富总量的比重最大，在 40%～80% 之间。其中，高收入或上中等收入国家这一比重占优先位置，如北美地区为 76%，西欧地区为 74%，东亚地区为 77%，即使在低收入国家这一比重也是最大的，超过了生产性资产和自然资产的比重。尽管这一测量方法还有许多值得商榷的地方，但它使人们重新认识国民财富的来源，即人力资源是最大的国民财富，而在传统的国民经济核算体系中被人为地忽略了。这一新的测量国民财富及构成的政策含义是强化人力资本投资，不断提高人们的素质能力，大力开发人力资源，就等于大幅度增加了国民财富。

从孩童报班看人力资本投资

人力资本是指体现在劳动力自身中的生产知识、技能、创新概念和管理方法等资本存量的总和，也可以解释为就业者的素质和能力。人力资本与人力资源是截然不同的两个概念。人力资源是被开发、待开发的对象，在一个社会组织中，凡具有劳动能力的人都可称为人力资源；而人力资本是能够直接创造效益的知识、技能、经验等资本存量。我们可以说，人力资本是从人力资源中开发出来投入经济活动中并创造效益的那一部分。如同物质资本一样，人力资本的形成也是投资的结果。人力资本投资的形式各式各样，教育是其中比较普遍的一种。从家长热衷于为孩子报各种培训班，教育对于人力资本投资的重要性可见一斑。

每临寒暑两假，紧张的期末考试还没有完全结束，少年文化宫等各种培训机构早已打出了各式各样的艺术培训班广告，开始紧锣密鼓地招生了。家长们为孩子报班、选班开始了奔波。

于是，每个培训机构前都排起了长长的队伍。在小天鹅培训学校门口，一位家长带着个可爱的孩子挤到了报名处，着急地说："老师，能不能帮帮忙，给这孩子换一个班级？她后天 8 点到这里学书法，接下来 10 点钟正好学美术，时间一点不浪费。"

"我昨天不是和你说过了嘛，10 点钟的美术班早已经报满了。"

不可替代性从何而来

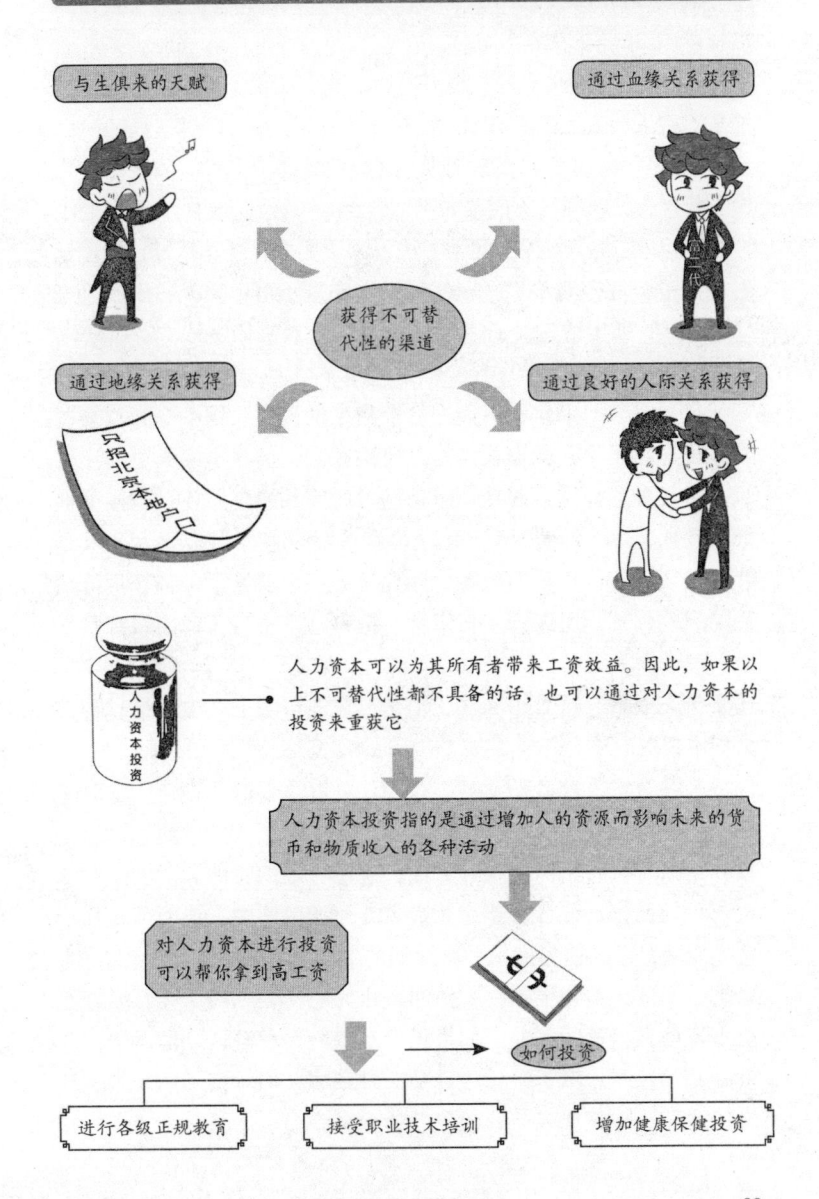

与生俱来的天赋

通过血缘关系获得

获得不可替代性的渠道

通过地缘关系获得

只招北京本地户口

通过良好的人际关系获得

人力资本投资

人力资本可以为其所有者带来工资效益。因此，如果以上不可替代性都不具备的话，也可以通过对人力资本的投资来重获它

人力资本投资指的是通过增加人的资源而影响未来的货币和物质收入的各种活动

对人力资本进行投资可以帮你拿到高工资

如何投资

- 进行各级正规教育
- 接受职业技术培训
- 增加健康保健投资

老师连连摇头。

"那就麻烦麻烦您,再给想想办法,要不我们自己搬个凳子来也行。"家长等于在哀求。

"自己搬凳子来上课?那可不行,我们这里不允许。你还是让她来上明天早上的美术班吧,还有几个空位。"

"可是明天早上她要学钢琴,老师是顶顶有名的,费了不少力气才找到的,时间是不能改的啊!"

"你让这么小的孩子既学书法,又学美术,还学钢琴,她能承受得了吗?贪多嚼不烂,花钱付学费还是小事,如果孩子产生了'厌食症',那事情就大了。"老师很忧虑地对家长说。

……

每到市区艺术培训班面向社会招生的日子,招生老师总会碰到这样送孩子学艺的家长。培训班的热潮,反映了家长更加注重对孩子教育的投资。现在,越来越多的家长发现,让孩子接受良好的艺术教育,培养他们头脑中的"艺术细胞",不但有利于其个性的发展和艺术潜质的挖掘,而且对其一生前途来讲都具不可估量的影响作用。所以,家长们甘愿把自己辛辛苦苦赚的钱都拿出来,请老师、买书、买笔、买颜料、买乐器、买工具,付了学费,还要付交通费。这是一种文化消费,在经济学上来讲就是一种人力资本投资。

不可否认,教育投资对小孩成长具有重要的促进作用。对于具有艺术潜能的孩子,父母的确应该让其接受较多的艺术熏陶。教育是指按照一定的方式和方法,遵循一定的目的和要求,对受教育者的德育、智育、体育等诸多方面加以影响,帮助被教育者全面发展自己的能力的一种有计划的活动。对孩子进行教育投资,要把握个度,不能生填硬塞。如果作为一种爱好的培养,那就不能不考虑到孩子的兴趣。如果仅仅是追赶一种潮流,别人学什么就跟着学什么,对家长也许是一种荣耀,但对孩子们来讲,那肯定就只是负担了。

家庭主妇的专业化投资

家庭内部的分工，也可以用经济学理论来解释。两百多年前，经济学鼻祖亚当·斯密鼓吹分工和交换不遗余力，他在其1776年出版的《国富论》里说：一个国家应该进口那些别人能以更低成本制造的东西。

阿雅的老公，烧得一手好菜。当初谈恋爱时，每次到阿雅家，他都要大显身手，令全家大饱口福。后来阿雅才知道，原来他特意花了大半年时间钻研菜谱，暗地里在家练习纯熟，很费了一番工夫。至于自己的手艺，阿雅则一脸惭愧。第一次在男友家中做菜，一盘炝炒的菜，费了阿雅不少工夫，结果菜端上桌，男友的父母都浅尝辄止，连阿雅自己也觉得难以下咽。为此，她在公婆家害羞了好长时间。

婚后一段时间，多半是阿雅老公下厨，他还经常教阿雅怎么烧菜才好吃。这样一来，事情慢慢起了变化。到后来，完全是阿雅下厨，老公连锅铲边儿都难得碰一回了。每次请客吃饭，朋友们赞扬阿雅的手艺时，阿雅老公都要洋洋得意地自吹自擂一番，说这手艺是他教的。这使阿雅觉得自己上了大当，免不了要细究个中的缘由。

这就是亚当·斯密提到的鼓吹分工和交换不遗余力。对于阿雅来说，既然老公他厨艺远胜于自己，就该他下厨才是，何必花费工夫教我去做菜？但在《国富论》问世40年后，又一位著名经济学家大卫·李嘉图出了本书叫《政治经济学和赋税原理》。这本书声称斯密说得不对！分工和交换要看比较优势，而不是斯密老头说的绝对优势。阿雅老公烧菜比阿雅好没错，可他的时间用在挣钱和事业上，而阿雅的工作则是一份闲差，在家的时间多，在这上面有比较优势，所以就该阿雅烧菜。这就叫作"比较优势原理"。

大卫·李嘉图认为，比较优势还只是分工的起因，分工之后，它还会因专业化投资而加强，甚至绝对优势也会因专业化而改变。在一般人眼里，投资好像就是大把金钱的投入。但在受过经济学教育的人看来，像阿雅那样用于提高厨艺的时间和精力，就是不折不扣的专业化投资。由于阿雅厨艺大长，阿雅自己老公早叹不如，不敢在阿雅面前夸耀自己炒菜的手艺，更不敢跟她比试了。亚当·斯密也提出过与此类似的原理：技艺随着从事专业工作的时间而增进。

与阿雅的专业化投资对应的是，她的老公精心经营事业，也算是专业化投资。但是受"关系特定的投资"原理的影响，阿雅与她老公的专业化投资出路却异常分歧。花时间提高炒菜技艺，自然减少了提高挣钱技能的时间。更何况，阿雅成天琢磨的只是怎样做菜才符合老公和儿子的口味。比如，儿子吃面喜欢放醋，老公闻到面里有醋味儿就反胃；老公吃炒鸡蛋喜欢嫩嫩的，做法最好是等油烧得滚烫，熄掉火，然后再放鸡蛋。如此这般的知识，得一点一滴积累，耗心耗时，颇为不易。

可问题在于，阿雅耗心耗时积累的这些知识（学名叫"人力资本"），照顾的仅仅是老公和孩子的特殊口味，一旦离开他们，便没什么太大的用场。也就是说，阿雅的专业化投资所形成的人力资本，只在自己和老公的这个特定婚姻关系中有用，离开了老公，离开了这个家，就会大大贬值。而阿雅老公呢，由于有了阿雅操持家务，相对地腾出了更多时间培养挣钱技能，扩展他的事业基础和关系网。这些东西的价值，离开了阿雅和这个家，不会降低分毫。最要命的是，这投资的价值跟有没有老婆没多大关系。

这让阿雅感到非常不平：怎么自己和老公之间，经过交换和专业化，结果却变成我必须依赖他才能从我的投资中获益，而他却不必同等程度地依赖于我？从什么时候开始，两人的地位变得如此不对称了？经济学认为，这种平等而自愿的交换，互利互惠的专业分化，却蕴藏着令人很不舒服的前景：对方随时可以用出走作为威胁，对你予取予求。你对他的单方面依赖，使他有能力敲诈走你投资的全部利润。这就是家庭主妇阿雅所面临的悲惨现实。那么，阿雅怎样才能保障自己的专业化投资呢？建立牢固的爱情纽带，就是最好的方法。

人力资本的回报

黄明和钱程受雇于同一家服装公司，他们获得同样的薪酬水平。但是，在工作了一段时间以后，黄明青云直上，又是升职又是加薪，而钱程却仍在原地踏步，毫无进展。钱程不得其解，就到老板那儿问个究竟。

"钱程，"老板开口说话了，"你现在到服装市场上去一下，看看今天早上什么货畅销？"

没一会儿，钱程便从市场上回来向老板汇报："现在西服卖得俏。"

"批发价是多少？"老板又问。

钱程没问，说不出来了，于是赶紧又跑到市场上，然后回来告诉老板："120元一套。"

"有多少家经销商要货？"老板继续问他。

"您没有让我打听呀！"钱程觉得有点委屈。

"这样吧，"老板接着说，"现在请你坐在这把椅子上，别出声，看看别人怎么做的。"于是老板把黄明叫来，吩咐他说："黄明，你现在到市场上去一下，看看今天西服的销售情况。"

黄明也很快就从市场上回来了，他一口气向老板汇报说："今天西服销售量比较大，每套批发价120元，有50家要货，每家要货160套。我还带来几位经销商，请你和他们商定订货合同。"

此时老板转向了钱程，说："现在你知道为什么黄明的薪水比你高了吧？"钱程无语。

这里黄明和钱程都是人力资源，而黄明显然比钱程可以为老板带来更多的市场回报。所以我们说，人力资本的回报是人力资本的投资信号。简单地说，老板只有雇佣到更多的像黄明一样的人才，才能给他带来更大的效益。

人力资本是指通过教育、培训等方式和手段，在人身上积淀的、具有稀缺性的、能够投入生产中并能产生价值增值的知识、技能、经验和健康等质量因素之和。人力资本是一个多维度的概念。现代经济学已经将人力资本和技术知识作为经济增长的主要解释变量，而技术知识的创新与运用，又是在人力资本的作用下完成的。人力资本同其他资本一样，已成为获取经济收益和非经济收益所凭借的一种手段。

随着竞争的加强，人力资本所表现出来的作用也越来越明显。舒尔茨曾说，人的知识、能力、健康等人力资本的提高对经济增长的贡献远比物质、劳动力数量的增加重要得多。

全面盘点你的资本

李明，中专毕业，一个人北上京城谋求发展。当他踏上这块土地时，他意识到自己是如此的天真，激烈的竞争近乎残酷，一个稍微好一点的职位往往有几十人甚至上百人去争取，而自己一个中专生在人群中显得毫无优势。十天下来，李明一无所获，身上的钱即将花光，心里甚是着急。

某天，他拖着疲惫的身子，两手空空地回到了他租住的小屋。房东是个精神矍铄的老人，看到唉声叹气的李明，便把他叫住了。

"小伙子，年纪轻轻的，有什么心事这么不高兴呢？"老人微笑着问道。

李明郁闷的心事也正需要向人诉说，于是便把这些天来找工作的遭遇告诉了老人，并感慨地说："要是我资本雄厚一点，也不至于这样了！"

"什么资本，你指的什么资本？"老人似乎有点不解。

"当然是指找工作的资本啦，比如文凭、技术等级证，还有钱啦，有了这些资本，我就不愁找工作了。"李明肯定地说着。

"没有资本？那我现在给你100万，让你变成我这样的老头，你干不干？"老人问。

"那怎么行，我还有好多理想未曾实践，还有好多人生乐趣未曾感受呢！不行！"李明道。

"那现在给你100万，让你患上一种绝症，怎么样？"老人继续问道。

"更不行,都要死了我要那钱去干吗?"

"好,如果现在还是给你100万,让你成为一个植物人,不用再思考和烦恼了,你答不答应?"

"不行。"李明坚定地摇了摇头。

……

老人不停地发问,李明的回答都是"不行"。

老头突然停下了问话,说道:"年轻人,你数过刚才有几百万是属于你的资本了没有?"

李明猛然醒悟。

李明再次出去找工作时候,信心百倍,很快在一家小公司谋到了一份差事。由于他积极肯干,再加上脑子灵活,很快升任为部门经理。

丘吉尔有句名言:"空的袋子站不直。"资本并不是狭义地指金钱之类,它有着更广泛的范围和内涵。

一个人所特有的性格、经历、才干、专长或专业是使他比别人更具有优势的资本,这些资本没有统一的评价标准,而是相对于特定的工作所占据的优势。

也就是说,你需要在对工作职位的需求有所了解后,才能判断你的优势在面对这样一个职位时到底是不是资本。

只有清楚自己有哪些资本,才能不断地发掘自己的内在潜力,从而使自己的职业生涯更加辉煌。

充分发挥你的优势

也许你有足够的才华,因为你对自己的人力资本投入很多。但是即使你才华横溢、学富五车,你得必须有一个发挥自己才华的舞台,把人力资本转化为现实的价值。

首先要先找一个正确的方向。方向错了,距离目标会越来越远,还要走回头路,付出较大的代价。因此,定位的决策,绝不能犯"方向性错误"。

一般情况下,定位的方向由专业确定。但现实的情况是,很多人毕业后并不能完全按照自己所学的专业来选择工作,有的甚至与原专业风马牛不相及,"学非所用""用非所学""专业不对口"的情况比比皆是。在这种情况下,就需要认真考虑,选择适合自己的职业岗位。

其次,要明确自身优势和劣势。这就需要进行自我分析。通过对自己的分析,旨在深入了解自身,根据过去的经验选择,推断未来可能的工作方向与机会,从而彻底解决"我能干什么"的问题。只有从自身实际出发,有的放矢,才能马到成功。对自己的认识分析一定要全面、客观、深刻,绝不回避缺点和短处。如性格的弱点、经验与经历中的欠缺,要认真对待,善于发现,并努力克服和提高。

再次,要对定位的方向做出分析,具体包括:

社会分析。社会在进步、在变革,要善于把握社会发展脉搏,这就需要做社会大环境的分析:包括当前社会、政治、经济发展趋势;社会热点职业门类分布及需求状况;专业需求形势;自己所选择职业在目前与未来社会中的地位情况;社会发展对自身发展的影响;自己所选择的单位在未来行业发展中的变化情况,在本行业中的地位、市场占有及发展趋势等。对这些社会发展大趋势问题的认识,有助于自我把握职业的社会需求,使自己的职业选择紧跟时代脚步。

组织分析。这应是个人着重分析的部分,组织将是你实现个人抱负的舞台。你应对自己将要栖身于其中的组织的各个方面做详细了解,在知己知彼的基础上,只有两者之间拥有较多的共同点,才是个人融入组织的最佳选择。

人际关系分析。人是社会环境中的人,不可避免地要与各种人打交道,因而分析人际关系状况显得尤为必要。人际关系分析应着眼于以下几个方面:个人职业发展过程中将与哪些人交往;其中哪些人将对自身发展起重要作用;工作中会遇到什么样的上下级、同

人力资本与个人价值

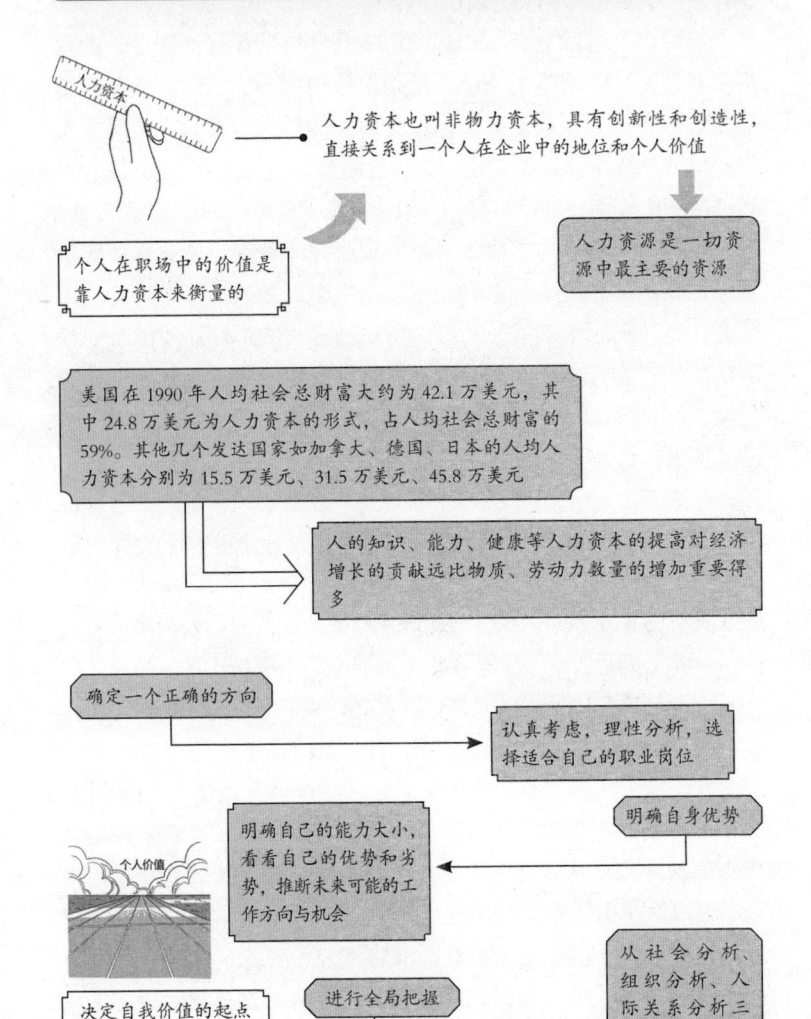

人力资本

人力资本也叫非物力资本，具有创新性和创造性，直接关系到一个人在企业中的地位和个人价值

个人在职场中的价值是靠人力资本来衡量的

人力资源是一切资源中最主要的资源

美国在1990年人均社会总财富大约为42.1万美元，其中24.8万美元为人力资本的形式，占人均社会总财富的59%。其他几个发达国家如加拿大、德国、日本的人均人力资本分别为15.5万美元、31.5万美元、45.8万美元

人的知识、能力、健康等人力资本的提高对经济增长的贡献远比物质、劳动力数量的增加重要得多

确定一个正确的方向 → 认真考虑，理性分析，选择适合自己的职业岗位

明确自身优势 → 明确自己的能力大小，看看自己的优势和劣势，推断未来可能的工作方向与机会

个人价值

决定自我价值的起点

进行全局把握 → 从社会分析、组织分析、人际关系分析三个方面全局分析，系统把握，提前做好发展规划

事及竞争者,对自己会有什么影响,如何相处、对待,等等。

最后,做出明确的方向选择。

通过以上自我分析认识,要明确自己该选择什么职业,即解决"我选择干什么"的问题,这是定位的核心。定位的方向直接决定着一个人未来的发展,定位方向的选择应结合自身实际按照定位的四项基本原则来确定,即择己所爱、择己所长、择己所需、择己所利的原则,选择对自己合适、有发展前景的职业。

从事一项喜爱的工作本身就能带给你一种满足感,你的职业生涯也将因此变得丰富多彩。相反,一个人如果不知道自己想干什么,则什么也干不好。从事一项自己喜欢的工作,才能有一种满足感,才会有所成就,否则不但自己走尽弯路,对社会也是一种浪费和损失。这就要求我们有清醒的头脑,避免从众心理,不一味追求知名企业、高薪和大城市。

尺有所短,寸有所长。有些人善于做业务,有些人更适合搞管理。在设计自己的职业生涯时,要注意选择最有利于发挥自己优势的职业,即择己所长。

社会需求在不断演化,旧的需求不断消失,同时新的需求不断产生。昨天的抢手货今天会变得无人问津,生活处于不断的变化之中,职业的选择应顺应就业形势。在进行职业定位时,还要分析社会需求,否则,就会陷入不断更换工作的漩涡中,苦不堪言。

社会需求的不断变化要求我们要不断地对人力资本进行投资。如果不能及时更新自己的专业知识,就会被淘汰。要不断开拓进取,不断开发新技能。现代的社会需要的是那些既具有专业化知识、又具有通用技能的复合型人才。一名专业工作者若能借助于专业知识及通用技能综合武装自己,则更能适应未来的挑战和竞争。

在把握定位的方向时,应有一个良好的心态,要明确自己只是普通的沙粒,而不是价值连城的珍珠。要盘点自己现有的职业含金量,找准可持续发展的职业通道,适时考虑职业发展的变通性。要卓尔不群,就要有鹤立鸡群的资本。

第六章
幸福指数

幸福指数的来历

如果说GDP（国内生产总值）、GNP（国民生产总值）是衡量国富、民富的标准，那么我们应该还需要一个衡量人的幸福快乐的标准。在国际社会，这个刚刚出现不久的标准叫GNH，即Gross National Happiness（国民幸福总值）。

现代意义上的幸福指数研究是从20世纪50年代中期开始的。二战结束后，西方发达国家的经济发展迅猛，物质生活很丰富，但同时人们并没有感觉到有多幸福，于是人们把关注的焦点逐渐转移到精神追求和心理感受上，体现民众主观生活质量的幸福指数就此登上舞台。但迄今为止，所见到的幸福指数报告大都是由一些非政府组织、学术机构、研究团体或个人发布的。GNH最早是由不丹王国的国王提出的，他认为政策应该关注幸福，并应以实现幸福为目标。他提出，人生基本的问题是如何在物质生活和精神生活之间保持平衡。在这种执政理念的指导下，不丹创造性地提出了由政府善治、经济增长、文化发展和环境保护四级组成的"国民幸福总值"（GNH）指标。在不同的时期，不丹政府推出了不同的国民幸福目标，例如他们的2002～2007年第九个五年计划将国民幸福目标具体表述为经济增长与发展、保护与改善文化遗产、环境保护与可持续利用、政府善治。他们提出了不同于国民生产总值的新的衡量社会进步与发展的指标，即国民幸福总值，国民幸福总值也是满意感等主观指标。

20世纪70年代不丹提出GNH时并不引人注目，然而不丹20多年的经济实践已经引起全世界的瞩目，世界上不少著名的经济学家开始把目光投向这个南亚小国，开始认真研究"不丹模式"。美国的世界价值研究机构开始了"幸福指数"研究，英国则创设了"国民发展指数"（MDP），考虑了社会、环境成本和自然资本。日本也开始采用另一种形式的国民幸福总值（GNC），更强调了文化方面的因素。获2002年诺贝尔经济学奖的美国心理学教授卡尔曼和经济学家正联手致力于"国民幸福总值"的研究。

世界银行主管南亚地区的副总裁、日本的西水美惠子对不丹的这一创举给予了高度评价。她说："世界上存在着唯一以物质和精神的富有作为国家经济发展政策之源，并取得成功的国家，这就是不丹王国，该国所讴歌的'国民幸福总值'远远比国民生产总值重要得多。"

2005年全国"两会"期间，中国科学院院士程国栋向会议提交了一份题为《落实"以人为本"，核算"国民幸福指数"》的提案。程院士认为，只要人们理解幸福与消费之间没有直接联系的观点，就能改变人们对真正是什么增加或提高了幸福程度的认识，从而创造一个可持续发展的社会。并建议从国家层面上构造由政治自由、经济机会、社会机会、安全保障、文化价值观、环境保护6类构成要素组成我国的国民幸福核算指标体系。

程国栋院士说："希望在不远的将来，'国民幸福指数'（GNH）与GDP一样重要，监控国家经济社会运行态势，了解人民的生活满意度，同时成为科学的政绩考核标准的组成部分。"

幸福指数不仅仅是幸福感

幸福，《现代汉语词典》给出的解释是"（生活、境遇）称心如意"。

幸福指数是衡量人们对自身生存和发展状况的感受和体验，

即人们的幸福感的一种指数。不同的人对幸福感的理解和诠释不同，比如普通职员小王说："幸福就是工资再高一点，晚上少加班，能和老婆孩子散散步，这样我就很满意。"中学生李飞的感觉是："我数学考了满分，非常快乐！"而职业经理人胡雨认为："最幸福的事情就是我要把公司做成一个世界品牌，从而实现我的人生价值。"幸福感是一种积极向上的体验，幸福感可以理解为满意感、快乐感和价值感的有机统一。

事实上，幸福指数的含义远不止幸福感，它还包含民众所拥有的外部生存环境和自身发展条件。就像根据一位教授的统计，"非典"曾让人们的幸福指数下跌，"神六"成功发射则提高了幸福指数。又如农村人就比城里人更容易感觉到幸福。再如，生活在空气污染指数低的城市，就相对幸福。

可以通过心理测量来把握自己的幸福程度。有专家提出了由10个次级指标构成的我国民众幸福指数指标体系：知足充裕体验指数、心理健康体验指数、成长发展体验指数、社会信心体验指数、目标价值体验指数、自我接受体验指数、人际适应体验指数、身体健康体验指数、心态平衡体验指数、家庭氛围体验指数。

幸福指数与 GDP

过去，评价国家社会发展的时候，大家更多的是关注 GDP 等硬数据，而对幸福指数等软指标则很少关注。在一些人的意念中，好像钱越多越幸福。实际又如何呢？

其实，GDP 指标与幸福指数之间绝不是互相对立排斥的。发展经济很大程度上有助于增加幸福感，但人们的幸福感是相对的，幸福指数与 GDP 并不一定同步增长。

近年来，西方经济学家开始关注国内生产总值和国民幸福之间的必然联系。总部设在伦敦的智库新经济基金会（New-Economics-Foundation）甚至更为激进，该机构表示，可以用幸福感指数取代国内生产总值。

钱都去哪儿了？幸福感呢？

2014年 / 1999年（收入支出表）
财富是增加了，支出也多了，感觉不到财富的增加。

通货膨胀 / 收入水平
通货膨胀，收入水平赶不上消费水平。

利率表："把钱存到了明年本金和利息加起来还不如现在本金买的东西多！"
储蓄也不"安全"了，以前储蓄会增加财富，现在却面临贬值风险。

买房前 / 供房后
供房子……一年买房子，一生做房奴，被房贷套住。

NEF采用一套崭新的计算方法，考虑各地人民对生活的满意度、预计寿命、投放在环保的资源以及所取得的成效。该基金会指出："采用这套方法，并非单纯以金钱或经济成就去计算，而是返回最本质的方面，看看环境对人类的快乐程度带来什么影响。"

这种计算 HPI 快乐指数的方法，简单来说是把一个国家和地区的人民对生活的满意度，乘以预计寿命，再除以生态及环保成效的指数（指养活人民所需的土地数量及能源消耗量）。

根据这种计算方法，太平洋岛国瓦努阿图人是全球最幸福的。

第 2 至第 10 依次序是哥伦比亚、哥斯达黎加、多米尼加、巴拿马、古巴、洪都拉斯、危地马拉、萨尔瓦多、圣文森特和格林纳丁斯。

越南第 12 位；菲律宾第 17 位；印度尼西亚第 23 位；中国第 31 位；泰国第 32 位；马来西亚第 44 位；印度第 62 位；日本第 95 位；韩国第 102 位；巴基斯坦第 112 位；澳大利亚第 139 位。

意大利第 66 位，在欧洲国家中排名最靠前；德国第 81 位；英国第 108 位；加拿大第 111 位；法国第 129 位；美国第 150 位，俄罗斯第 172 位。

非洲国家平均成绩最不理想，包揽了最后 10 名中的 7 位，津巴布韦更成为倒数第一。

全世界最幸福的国家是瓦努阿图—南太平洋上一个由 80 多个岛屿组成的小国，这不禁让人大跌眼镜。而 8 国集团的成员则全部被排在了前 50 名以外，英国人民和美国人民的幸福程度更是被排在了第 108 位和第 150 位。

据说这个排名在标准上完全不同于以前的其他幸福指数标准，更多地考虑了"获得幸福的投入产出比"—在指标计算中，更多地考虑了生态环境的因素。组织者说："结果显示出对资源的高度消耗水平并不能与'幸福'直接画等号。"

很多媒体和学者认为这个报告过于忽视了个人的收入水平对"幸福感"的作用，让人产生了收入越高、经济越发达国民越"水深火热"的印象。但仅仅因为这些，就彻底否定这个排名的价值，甚至因此怀疑"新经济基金"、英国"地球之友"这样的公众组织要"蒙"谁，也是很不公平的。比如，幸福星球指数肯定了对地球资源低消耗的经济增长模式，肯定了绿色经济的价值取向，肯定了那些在全球化进程中"有效利用资源"的国家或地区,因为他们花费最少的资源却让人们过上最幸福的生活。这些与以"节能"战略和循环经济为主要内容的科学发展观如此不谋而合!

此外,该指数还有个特别重大的意义,它实际具有某种人文关怀的意味。在全世界的主流价值观一致把可以很奢侈地将衬衫穿脏就扔当成最幸福的生活时,为什么就不能证明一个低能耗生存的太平洋小国比之更加幸福?瓦努阿图人民的生活听起来就很不错,相信发展中国家的很多人在知道了这个排名之后,内心一定产生了某种微妙的平衡。更何况,瓦努阿图的人民过着的确实是很幸福的生活。根据从那里旅游回来的人介绍——在瓦努阿图的海域,只要戴上潜水镜,就可以直接下海抓鱼。游累了,可以回到船上钓鱼。在这里钓鱼是最容易的事,一竿下去,总会有收获,而且收获的常常是金枪鱼这类"贵族鱼"。在这里,被国人视为"极品"的梅花参到处都是,一般都有1米多长,直径在10~15厘米——难道这样的生活不幸福吗?

理性看待幸福指数

幸福感是由人们所具备的客观条件,以及人们的需求价值等因素共同作用而产生的个体,对自身存在与发展状况的一种积极的心理体验,是满意感、快乐感和价值感的有机统一。幸福指数测量的是人们的幸福感,它是反映民众主观生活质量的核心指标。幸福感主要包含3方面的内容:其一,它是人们对生活总体以及主要生活领域的满意感;其二,它是人们所体验到的快乐感;其三,它是人们由于潜能实现而获得的价值感。

有人认为幸福指数可以代替GDP,事实上,这种看法有失偏颇。GDP是体现国民经济增长状况和人民群众客观生活质量的重要指标。没有物质财富的积累和民众可支配收入的提高,就谈不上民众的幸福感。通过对国内某省城市居民的抽样调查研究发现,居民人均收入与幸福感之间呈现一种正比例关系,即城市居民幸福感随着人均收入的增长而提高。大力发展经济,不断积累社会财富,是实现现代化的基础和社会各项事业发展的前提,也是提高人民群众生活质量的必要条件。因此,我们应在重视经济发展的同时,将幸福指数作为 GDP 指标的必要补充,使之成为考察社会和谐发展程度的重要依据。正确认识幸福指数与 GDP 指标之间的关系,对于促进经济社会全面发展具有重要意义。

因此,把幸福指数作为社会评价指标时,应对其评价功能进行正确定位。幸福指数体现的是民众一般的心理体验,它必然受到长期的和短期的、宏观的和微观的、主体自身的和外部环境的等多方面因素的影响。这决定了它主要用于对特定的社会发展与社会良性运行状况进行衡量与评价,一般不宜用于评价政府组织的绩效,更不宜用于考察个人的政绩。在追踪幸福指数的变化时,主要是看发展是否偏离了终极目标,而不是看一个国家或地区的幸福指数增长了多少个百分点,也不是看它在与其他国家或地区的比较中位次发生了什么样的变化。当然,可以采用幸福指数对城乡居民的主观生活质量、不同地区或不同社会群体之间的主观生活质量进行比较。这种比较的目的在于对以往的发展思路与政策选择进行评估,为现行政策的调整和未来政策的制定提供必要的依据,而不是作为政绩考核的标准。

考察幸福指数,并不是追求幸福指数无限增长,而是力求通过幸福指数来考察人民群众主观生活质量的状况和变化趋势,进而调整政策取向,促进社会发展和社会良性运转。随着社会经济的发展,人们的物质和精神生活水平会不断提高,人们的需求水平也会由低层次向高层次提升,这可能导致"幸福陷阱"的出现。"幸福陷阱"的存在提醒我们,在确定幸福指数时,一定要注意其相对稳定的特点。在主要指标保持稳定的同时,适时地对部分指标加以调整,增加或排除一些要素;对于保留下来的要素,也要对其在总体幸福感中的权重进行必要的调整。

所以,我们不要冲动地认为幸福指数具有某种科学性而忽略了理性思考，忽略了 GDP 的科学及可取之处。在日常生活中也要理性看待、讨论这个问题，不要陷入"幸福的陷阱"，否则就真的影响了你的幸福指数。

世界上有很多正统的学术机构和严肃的学者在致力于幸福指数的研究。比如美国著名心理学家赛利格曼、普林斯顿大学的心理学教授卡内曼和经济学教授克鲁格，就对此有过很有影响力的研究，他们将其命名为"幸福经济学"。克鲁格教授在很多年前还说："我希望很多年以后，这个指标能与国内生产总值一样重要。"国内已经有一些城市，如深圳在几年前开始对此率先进行尝试。深圳的做法是，将"幸福指数"细化成"个人幸福量表"，由统计部门统计相关数据，由市社会科学研究机构定期发布计算结果。

GDP 曾被誉为 20 世纪最伟大的发明之一，与经济增长率、通货膨胀以及失业率一起，成为衡量一国经济景气、经济健康与否的最重要依据。由于长期将环境代价排除在国民收入的账户之外，社会经济发展的真实成本和收益事实上已被严重扭曲。比如，在一些片面强调 GDP 的地区，高经济增长其实是以环境的恶化和高能源消耗为代价的。一个内陆农业大省的统计数据显示，GDP 增长 9%，但环境污染损失却占到 GDP 的 15%，新增的 GDP 基本被环境欠账吃掉，经济增长的实际意义完全消失。从世界范围来看，环境组织的年度报告中更是赫然写着："近二三十年，全球生态环境问题日益突出，特别是全球气候变暖、臭氧层耗竭、酸雨、水资源状况恶化、土壤资源退化、全球森林危机、生物多样性减少、毒害物质污染与越境转移等八大问题，已到了威胁人类生存的地步……"

GDP 不能对资源损耗与环境退化加以计量，不能全面反映一个国家和一个地区当前和未来的净福利变化，不直接体现公民关于幸福的终极诉求，从这个意义上说，幸福指数还是很有值得 GDP 参考的地方。

越有钱越幸福吗

一个人、一个家庭的收入水平，肯定是直接影响着幸福指数的高低。但是，金钱不是唯一的原因。过去民间有一些统计也反映出，农村人的幸福感比城里的人更强。上面也说过，衡量人们的幸福指数有若干个指标，还要受到人的价值观、受教育程度、习惯环境等诸多因素的影响，这样考量下来，往往会出现越穷越开心的现象。

据调查显示，四川的农民"幸福感"超过城里人。那些被访者认为当前自己生活幸福的占44.6%，基本幸福的占48.8%，不幸福的仅占6.6%，总体幸福感达到93.4%。其中：城市居民总体幸福感为93.1%，农村居民为94.2%。

这次调查中，民众满意理由中，详细调查了生活收入水平、个人健康状况、家庭生活和谐与否、社会人际关系、业余精神文化生活等5大指标。

另有一项调查，2004年4月，由新华社主办的新闻杂志《瞭望东方周刊》与芝加哥教授、中欧国际工商学院行为科学研究中心主任奚恺元教授合作，对包括北京、上海、杭州、武汉、西安、成都在内的6大城市进行了一次幸福指数测试。结果，杭州第一，其后分别是成都、北京、西安、上海和武汉。

是否城市经济越发达，居民生活就越感到幸福呢？奚教授的调查显示：在10大城市总体幸福度的排行榜中，市民月收入最高的上海（月平均收入2847元）、北京（月平均收入2484元）和广州（月平均收入2556元），在城市总幸福度排行榜上分别位列第三、第七和第十；而杭州（月平均收入2300元）和成都（月平均收入1515元）却排在最前。

奚恺元说，许多人以为钱多会使他幸福，但事实上并非如此。实践表明，人们最终追求的是生活的幸福，而不是有更多的金钱。我们的最终目标不是最大化财富，而是最大化幸福感。

关于生活幸福度的经济学分析

生活幸福度原本是一个心理学术语，它的本意是指人们对生活满足的程度。经济学家在讨论经济发展水平和人们生活水平的关系时，将生活幸福度引入以说明人们从经济发展中得到的利益。不可否认，经济发展水平是衡量一个国家或一个地区人们生活幸福度的最重要指标，二者之间呈现某种正相关关系。但是，不能说经济发展水平高的国家或地区的人们就一定比经济发展水平低的人们幸福。

有西方学者研究后指出，当经济发展水平超过临界点（如人均 GDP 超过 8000 美元）的时候，幸福感与经济发展水平的相关性就不存在了。如富有的瑞典人比保加利亚人幸福，但是更富有的美国人则与瑞典人在幸福感上没有什么实质性的区别。此外，也存在一些经济发展水平与幸福感不相符合的情况，如巴西、阿根廷和中国人的幸福感或生活满意度比其收入预期的要高一些，一些东欧国家的幸福感则比其实际的经济收入水平预期的要低一些，与收入反差最大的是东亚某些国家，其国民经济收入水平很高，但其幸福感却很低。这表明收入与幸福度并不一定成正比。根据赛利格曼的观点，财富只有在缺少时才对幸福有较大影响，可当财富增加到一定水平后，财富与幸福的相关就小多了。这和经济学中的边际效用理论一样，当你在很饥饿时吃的第一个馒头边际效用最大，此时你的幸福度最大，而当你吃第二、第三个馒头时边际效用则递减，此时你的幸福度就降低了，然后依次降低直至你吃饱时边际效用为零。

事实上，在不同国家或者一个国家的不同地区，人们对生活满足程度的理解是不同的。正如博鳌亚洲论坛秘书长龙永图在 2004 年武汉东湖论坛上指出的，人们对生活的满足其实不能只用一个指标（GDP 指标）来衡量，那是不全面的、不科学的。如在非洲一些国家，那里的经济发展水平是很低的，但是人们经常在解决温饱后就在大树下开展娱乐活动,显得对自己生活很满足;而一些发达国家在人均 GDP 达到数万美元后仍觉得生活困苦或者压抑。从中可以看出,要衡量人们生活的满足程度,以生活幸福度来衡量比单纯的经济发展水平指标要科学和合理。

生活幸福度是人们对自己生活状况的心理评价,是经济发展水平、社会习俗、伦理道德、文化传统、价值观念、意识形态的综合体现,具有浓厚的社会色彩,和新制度经济学界定的非正式制度范畴具有很多相同的属性。新制度经济学认为,非正式制度是指人们在长期的社会生活中逐步形成的习惯习俗、伦理道德、文化传统、价值观念、意识形态等对人们行为产生非正式约束的规则。制度创新能力和方向是知识及其结构的函数,即人们知识存量的多少决定了制度创新的能力,知识存量的结构决定了制度创新的方向。也就是说,人们拥有知识的存量越多,就越能对现行制度进行深刻的理解,这样在经济和社会发展后要求制度创新的能力和欲望就越强烈,而不同的知识结构又决定了人们制度创新的努力方向的差异。如在西欧国家,科学创新的精神受到推崇,所以激励技术创新的制度得以发展和完善,但在中国偏向于学而优则仕,这样就导致中国科举制度得以巩固。

人们对幸福度的感知作为一种更深层次上的非正式制度,也存在同样的规律:人们在生活幸福度的方面所拥有的知识存量和知识结构决定了人们对幸福生活追求的价值标准和方向,即知识存量和生活幸福度呈反相关关系,而知识结构则决定了生活幸福度发展方向。如在科学和生产力不发达时期,人们的知识存量有限,对于生活满足的要求则处于一个较低的层次上,解决温饱是最大目标,此时人们的幸福追求比较容易得到满足,从而生活满意度也较高;随着科学和生产力的发展,人们不再满足于温饱的解决,对自身的自由和发展的要求则占据了主导地位,所以人们的幸福追求得以升级而不容易得到满足,从而生活幸福度下降。而知识结构的不同也就决定了不同国家或者一个国家不同地区的生活爱好和满足状况，如在美国人们都热衷于信贷消费，认为这样可以最大化地提前满足自己的需要，即生活幸福度高；而中国人认为负债消费是一种生活压力，习惯在积蓄后消费，认为这样消费的生活幸福度高。这种对生活幸福度不同的认知根源就在于美国人和中国人知识结构的不同。

新制度经济学认为，非正式制度既是正式制度形成的基础，人类的许多正式制度都是在非正式制度基础上确立起来的，也是正式制度有效发挥作用的必要条件。事实上，在一个社会中，正式制度数量是很少的，而非正式制度则遍布在人们的周围，无时不在影响着人们的价值观念和行为。正如诺斯所说，"即使在最发达的经济中，正式规则也只是决定选择的总约束中的一小部分（尽管是非常重要的部分），人们行为选择的大部分行为空间是由非正式制度来约束的"。由此可见，非正式制度在一个国家或者社会中具有十分重要的作用。

我国正在进行的改革是一场非帕累托最优的制度变迁，这就必然会触动一些人的经济利益。在不同的地区或者社会不同阶层中，由于人们对改革及生活幸福度所拥有的知识存量和知识结构的不同，就导致人们对改革所触动利益的不同反应：一些人觉得生活幸福度在下降，成为改革的反对者，从而增加了社会正式制度变迁的成本；另一些人觉得生活幸福度在上升，会成为改革的支持者，从而降低了社会正式制度变迁的成本。所以，在我国改革开放过程中，正确处理和掌握不同地区或不同阶层人们心中有关改革及生活幸福度的知识存量及结构，可以为经济、社会制度变迁提供方向和动力。正确对待人们因不同知识存量和结构而产生的对生活幸福度的不同理解，采取不同的疏导政策来适应、引导人们对生活满足的程度和方向，让人们感知制度变迁带来的生活幸福度的提高，这样就会形成有利于我国经济制度变迁的非正式制度环境，降低正式制度变迁的成本，从而促进经济、社会实现协调、可持续的发展。

幸福需要多少钱

澳大利亚成立了一个名叫"幸福协会"的组织,不分男女老少,只要每小时交纳200澳元(约140美元)就能让你学会体验伟大的幸福。如果是团体消费,每人只需交纳30澳元。该协会的创始人蒂莫西·夏普说:"你真的可以提高你的幸福水平,这是我们要教给你的。我们可以让一个幸福'存款'为零的人,在其幸福银行账号里有结余。"

据专家说,只有大约15%的幸福与收入、财产或其他财经因素有关,而近90%的幸福来自诸如生活态度、自我控制以及人际关系。夏普说:"如果你在这些方面不是太好的话,你可以学会更好地处理这些问题。"

幸福协会是美国经济学家保罗·赞恩·皮尔泽所称的"幸福革命"的组成部分。在他的同名书中,皮尔泽说,在汽车工业和信息技术工业化后,将会出现一个预防性产业,帮助人们发现和平、健康和幸福。

我们中的大部分人在经济方面都比我们的父辈或祖父辈好得多,可是幸福水平并没有相应地按比例提高。有研究说,当住房和食物这些基本需要得到满足后,额外的财富很少能增加你的幸福感。正如夏普说的:"财富的增加绝对不会保证你的幸福也随之增加,一年挣3万元的人和一年有30万元收入的人相比,在幸福感上的差别非常小,不过许多人对此并不了解。"为什么财富差距不会令幸福感有太大的不同呢?经济学家认为,是经济尺度发生了变化。

几十年前,《巴尔的摩哲人》的编辑亨利·路易斯·曼肯曾说过,财富就是你比你妻子的妹夫多挣100美元。行为经济学家说,我们越来越富但并没有更幸福的部分原因是,我们老是拿自己与那些物质条件更好的人比。

夏普说:"如果你想幸福,你可以用的最简单的方法,那就是

幸福与财富的关系

有钱真的能幸福吗

大多数人都认为,财富的多少决定幸福度的大小,人有钱了,就能幸福

实际上,幸福不完全与财富有关。当人们不能合理地创造财富和利用幸福资源时,幸福感就会严重被削弱,幸福指数也会急剧下降

当经济发展水平超过临界点(如人均GDP超过8000美元)的时候,幸福感与经济发展水平的相关性就不存在了

富有的瑞典人比保加利亚人幸福,但是更富有的美国人则与瑞典人在幸福感上没有什么实质性的区别

人们的幸福度与财富有一定的联系,但绝不是说越有钱就越幸福

财富与幸福感的关系

在一贫如洗时,最初的财富积累给人带来的幸福感急剧上升

当财富积累到一定程度后,幸福感的增加进入一个缓坡

等财富增长到超过个人需要的数量时,幸福感增长就基本成为水平线,很难再有更多增长

与那些不如你的、比你更穷、房子更小、车子更破的人相比,你的幸福感就会增加。可问题是,许多人总是做相反的事,他们老在与比他们强的人比,这样会产生出很大的挫折感,会出现焦虑,觉得自己不幸福。"

科内尔大学的教授罗伯特·弗兰克说,当被问到你是愿意自己挣 11 万美元其他人挣 20 万美元,还是愿意你自己挣 10 万美元而别人只挣 8.5 万美元呢?大部分的美国人选择后者,他们宁愿自己少挣别人不要超过他,也不愿意自己多挣别人也多挣。弗兰克曾写过一篇论文《多花少存:为什么生活在富裕的社会里却让我们感到更贫穷》,他在这篇论文里写道:就说住房吧,一个人到底需要多大的住房?那要取决于他周围的人拥有多大的住房,如果邻居的住房小,他也不需要太大的住房;如果别人有一所大住房,他就需要一个更大的住房,无论他是否真的需要。

幸福协会的目标就是要帮助人们学会克服那些让自己感到不幸福的因素。夏普说,最好的标准应该是凯利·帕克,他是澳大利亚最富的人,但最近几年,他移植了一个肾,而且心脏也做过手术。夏普说:"在财富上,我倒认为我比他强,你难道希望自己拥有 40 亿美元而一个肾被切除吗?"

第七章
竞争与垄断

市场上的弱肉强食之道——完全竞争市场

　　竞争最极端的市场称为完全竞争市场,又称为纯粹竞争市场。完全竞争市场是指竞争充分而不受任何阻碍和干扰的一种市场结构。在这种市场类型中,市场完全由"看不见的手"进行调节,政府对市场不作任何干预,只起维护社会安定的作用,承担的只是"守夜人"的角色。

　　完全竞争市场必须具备一定的条件,这些条件主要有以下几个方面:

　　(1)市场上有众多的生产者和消费者,任何一个生产者或消费者都不能影响市场价格。由于存在着大量的生产者和消费者,与整个市场的生产量和购买量相比较,任何一个生产者的生产量和任何一个消费者的购买量所占的比重都很小,因而,他们都无能力影响市场的产量和价格。所以,任何生产者和消费者的单独市场行为都不会引起市场产量和价格的变化。这也就是说,所有人都只能是市场既定价格的接受者,而不是市场价格的决定者。

　　(2)企业生产的产品具有同质性,不存在差别。市场上有许多企业,每个企业在生产某种产品时不仅是同质的产品,而且在产品的质量、性能、外形、包装等方面也是无差别的。对于消费者来说,无论购买哪一个企业的产品都是同质无差别产品,以至于众多消费者无法根据产品的差别而形成偏好。也就是说,各种商品互相之间具有完全的替代性。

（3）生产者进出市场，不受社会力量的限制。任何一个生产者，进入市场或退出市场完全由生产者自己自由决定，不受任何社会法令和其他社会力量的限制。因此，当某个行业市场上有净利润时，就会吸引许多新的生产者进入这个行业市场，从而引起利润的下降，以致于利润逐渐消失。而当行业市场出现亏损时，许多生产者又会退出这个市场，从而又会引起行业市场利润的出现和增长。这样，在一个较长的时期内，生产者只能获得正常的利润，而不能获得垄断利润。

（4）市场交易活动自由、公开，没有人为的限制。市场上的买卖活动完全自由、公开，无论哪一个商品销售者都能够自由公开地将商品出售给任何一个购买者，而无论哪一个商品购买者也都能够自由公开地向市场上任何一个商品销售者购买商品，同时市场价格也随着整个市场的供给与需求的变化而变动。任何市场主体都不能通过权力、关税、补贴、配给或其他任何人为的手段来控制市场供需和市场价格。

（5）市场信息畅通准确，市场参与者充分了解各种情况。消费者、企业和资源拥有者，都对有关的经济和技术方面的信息有充分和完整的了解。例如，生产者不仅完全了解生产要素价格、自己产品的成本、交易及收入情况，也完全了解其他生产者产品的有关情况；消费者完全了解各种产品的市场价格及其交易的所有情况；劳动者完全了解劳动力资源的作用、价格及其在各种可能的用途中给他们带来的收益。

完全竞争市场充分体现了市场上的弱肉强食之道。

因此，市场上完全按照大家都了解的市场价格进行交易活动，不存在相互欺诈。

以上几个方面是完全竞争市场必须具备的前提条件，实际上这5个方面也是完全竞争市场所具有的明显特征。

我们知道，完全竞争市场在现实生活中其实很难成立。因而，完全竞争市场的效率也必须在具备了严格前提条件的情况下才会出现。而在现实经济实践中，难以全面具备完全竞争市场的所有前提条件。完全竞争市场只是西方经济学家在研究市场经济理论过程中的一种理论假设，是他们进行经济分析的一种手段和方法。最重要的是，完全竞争市场中有关完全信息的假设是不现实的。一般情况下，无论是生产者还是消费者都只能具有不完整的信息。生产者对其在现实市场中的地位、将来发展的动向及影响市场的各种因素的信息等知识，都不可能完整地掌握。消费者不可能全面掌握特定市场上全部产品的价格、品质等方面的情况。同时，市场信息也不可能畅通无阻而且非常准确。

一般来说，在现实经济生活中，只有农业生产等极少数行业比较接近完全竞争市场。因为在农业生产中农户的数量多而且每个农户的生产规模一般都不大，同时，每个农户生产的农产品产量及其在整个农产品总产量中所占的比例都极小，因而，每个农户的生产和销售行为都无法影响农产品的市场价格，只能接受农产品的市场价格。如果有的农户要提高其农产品的出售价格，农产品的市场价格不会因此而提高，其结果只能是自己的产品卖不出去。如果农户要降低自己农产品的出售价格，农产品的市场价格也不会因此而下降，虽然该农户的农产品能以比市场价格更低的价格较快地销售出去，但是，不可避免地要遭受很大的经济损失。这样，农户降低其农产品价格的行为就显得毫无实际意义了。

如果多逛逛农贸市场，你很快就会发现，作为生活必备食品，几乎家家户户都要提个袋子或篮子去买鸡蛋，而且，卖鸡蛋的摊位也实在是很多。如果我们"理想"一下，就可以认为鸡蛋市场

完全竞争市场中厂商的需求曲线和收益曲线

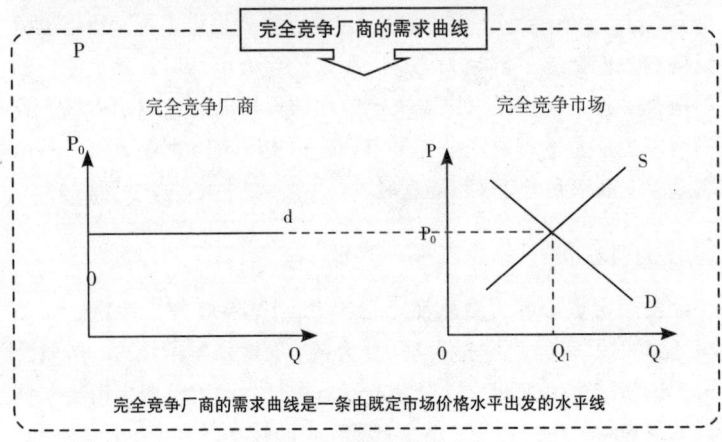

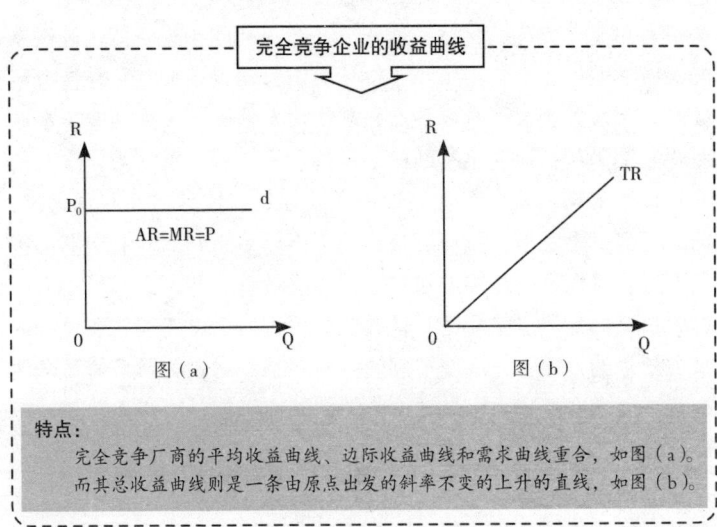

完全竞争厂商的需求曲线

完全竞争厂商

完全竞争市场

完全竞争厂商的需求曲线是一条由既定市场价格水平出发的水平线

完全竞争企业的收益曲线

图（a） $AR=MR=P$

图（b） TR

特点：
完全竞争厂商的平均收益曲线、边际收益曲线和需求曲线重合，如图（a）。而其总收益曲线则是一条由原点出发的斜率不变的上升的直线，如图（b）。

上有无数的买者和卖者。每个摊点的鸡蛋都大同小异，只要不是碎的、坏的，一般没有人去较真，硬要比较不同摊位的鸡蛋有什么区别，那就真成了"鸡蛋里挑骨头"了。所以，可以看作所有的鸡蛋完全同质。至于完全竞争市场的其他两个特征，我们可以看到买方和卖方都能自由选择进入还是退出（也就是鸡蛋买卖完全自由），至于鸡蛋市场的信息，并没有多少值得掌握，所以也可以看作人们全部了解相关信息。在这个鸡蛋市场里，各个摊位的价格都一样，而且是由供需决定的均衡价格。通过鸡蛋市场，我们可以更形象地理解完全竞争市场——实际上，大多数农产品市场基本上都和完全竞争市场近似。

微软为什么要一分为二——垄断

美国司法部起诉微软捆绑销售IE浏览器软件，涉嫌违反美国《反托拉斯法》，要求将它一分为二。有经济学家认为，微软公司无论从结构上（即市场份额）还是从行为上（即捆绑销售）都具备了垄断企业的性质，使更新更先进的技术没有了生长的空间，消费者付出了更高的价格，造成了社会福利的损失。持这种观点的经济学家往往都以美国当年拆分贝尔公司以及近些年香港特区政府允许多家企业经营电信业务都使得电信资费下降和电信事业蓬勃发展为例，说明反垄断的必要性。另一种意见认为，微软是通过正当的市场竞争手段获取的垄断地位，这种垄断有理无错，因为任何一个竞争中的厂商最终无不追求垄断利润，搞捆绑销售只不过是企业营销战略的选择，只要不是政府行为或寻租行为形成的垄断都是可以接受的，将微软分拆无疑会对美国的新经济带来负面影响，因为它改变了创业者的预期，对创业财富的安全性产生了疑虑。经济自由学派的大师们如弗里德曼、张五常都是持第二种观点的。

哈佛大学教授高里·曼昆对分拆微软计划提出了质疑，并且在文章中讲了一个寓言故事：某人发明了第一双鞋，并为此申请了专利，成立了公司。鞋很畅销，他成了富翁。但这时他变得贪婪了，把袜子和鞋捆绑销售，还声称这种捆绑销售对消费者有利。于是政府出面说话了，认为他试图把其垄断地位从一个市场扩展到另一个市场。现在关键的问题出现了：政府应该怎么处置他呢？政府可以把他的公司拆成两个公司：一个卖黑鞋，一个卖白鞋，让它们相互竞争，这样消费者会得到好处。但是政府却要把它分拆成这样两个公司：一个生产左鞋，一个生产右鞋。这种分拆使事情变得更糟，因为生产像左鞋和右鞋这样互为补充的产品的垄断公司，双方都会要求得到更多的垄断利润，生产右鞋的公司根本不用考虑左鞋的需求就提高价格，生产左鞋的公司也会紧跟而上，这样消费者买一双鞋就要花比原来还要高的价钱。在故事里，政府的正确做法是取消鞋的发明专利，让别人也来开鞋厂，从而消除垄断。

其实经济学家们对垄断有不同看法。我们认为对垄断不能一概反对，要看这个垄断是怎么形成的，限制它对技术创新有没有好处。像微软这样的企业是靠技术创新形成的，分拆了它对鼓励创新没有好处，应像专利一样在一定时间内允许它拥有垄断地位。

垄断意思是"唯一的卖主"，它指的是经济中一种特殊的情况，即一家厂商控制了某种产品的市场。比如说，一个城市中只有一家自来水公司，而且它又能够阻止其他竞争对手进入它的势力范围，这就叫作完全垄断。

既然整个行业独此一家，别无分号，显然这个垄断企业便可以成为价格的决定者，而不再为价格所左右。可以肯定的是，完全垄断市场上的商品价格将大大高于完全竞争市场上的商品价格，垄断企业因此可以获得超过正常利润的垄断利润，由于其他企业无法加入该行业进行竞争，所以这种垄断利润将长期存在。

但是，垄断企业是不可能任意地抬高价格的，因为，任何商品都会有一些替代品，如果电费使人负担不起的话，恐怕人们还会用蜡烛来照明。所以，较高的价格必然抑制一部分人的消费，从而使需求量降低，不一定能给企业带来最大的利润。

垄断企业成为价格的决定者，也并不意味着垄断企业产品的价格单一。有时候，垄断企业要面对需求状况变动不同的数个消费群体，必须分情况制定出有区别的价格来。对需求价格弹性较大的可采用低价策略，对需求价格弹性较小的可采用高价策略，以便获得较理想的收益。

理论上纯粹的完全垄断市场必须同时满足以下三个条件：（1）市场上只有一家企业；（2）该企业的产品不存在相近的替代品；（3）进入该市场存在着障碍。现实中真正满足这三个条件的市场几乎是没有的，因为人的欲望是无止境的，他们总能找到各种替代品。

然而，要打破垄断绝非轻而易举。通常，完全垄断市场有三座护卫"碉堡"，其一是垄断企业具有规模经济优势，也就是在生产技术水平不变的情况下，垄断企业能打败其他企业，靠的是生产规模大，产量高，从而总平均成本较低的优势。其二是垄断企业控制某种资源。像美国可口可乐公司就是长期控制了制造该饮料的配料而独霸世界的，南非的德比公司也是因为控制了世界约85%的钻石供应而形成垄断的。其三是垄断企业具有法律庇护。例如，许多国家政府对铁路、邮政、供电、供水等公用事业都实行完全垄断，对某些产品的商标、专利权等也会在一定时期内给予法律保护，从而使之形成完全垄断。

通常认为，完全垄断对经济是不利的。因为它会使资源无法自由流通，引起资源浪费，而且消费者也由于商品定价过高而得不到实惠。"孤家寡人"的存在也不利于创造性的发挥，有可能阻碍技术进步。可是话又说回来，这些垄断企业具有雄厚的资金和人力，正是开发高科技新产品必不可少的条件。另外，由政府垄断的某些公用事业，因并不以追求垄断利润为目的，对全社会还是有好处的。

市场上就凭几个人说了算——寡头垄断

所谓寡头垄断，是垄断的一种，它是指在一个市场上有少数几家企业供给产品，它们各占较大份额，彼此通过协定或默契制定价格。这些企业被称为寡头，所以这种垄断也就叫寡头垄断。

寡头市场是指少数几家厂商控制整个市场的产品的生产和销售的这样一种市场组织。在这种市场上，几家厂商的产量在该行业的总供给中占了很大的比例，每家厂商的产量都占有相当大的份额，从而每家厂商对整个行业的价格和产量都有举足轻重的影响。他们之间又存在不同形式的竞争。

寡头垄断市场在经济中占有十分重要的地位，这一方面是由于进入这些行业所需的资金十分巨大，另一方面是已有的寡头也要运用各种方法阻止其他厂商的进入。

雷克公司是一个昙花一现的航空公司，但它的知名度却不低。1977年，一个冒失的英国人弗雷迪·雷克闯进航空运输市场，开办了一家名为雷克的航空公司。他经营的是从伦敦飞往纽约的航班，票价是135美元，远远低于当时的最低票价382美元。毫无疑问，雷克公司一成立便生意不断，1978年雷克荣获大英帝国爵士头衔。到1981年"弗雷迪爵士"的年营业额达到5亿美元，简直让他的对手们（包括一些世界知名的老牌公司）气急败坏。但是好景不长，雷克公司于1982年破产，从此消失。

为什么会这样？原因很简单，包括泛美、环球、英航和其他公司在内的竞争对手们采取联合行动，一致大幅降低票价，甚至低于雷克。一旦雷克消失，他们的票价马上回升到原来的高水平。更严重的是这些公司还达成协议，运用各自的影响力阻止各大金融机构向雷克公司贷款，使其难以筹措用以抗争的资金，进一步加速雷克公司的破产。

在现实当中，寡头垄断常见于重工业部门，比如汽车、钢铁、造船、石化，以及我们正在谈论的飞机制造等部门。这些行业的突出特点就是"两大一高"——大规模投入、大规模生产、高科技支撑。这些苛刻的条件使得一般的厂商根本难以进入，再有钱的老板在这些行业门口一站，马上就会发现自己做的只不过是"小本生意"。而且，那些已经历长期发展（动辄几十、上百年）、具

垄断市场

> 全市只有我这一家水厂，水的价格我说了算！

自来水厂

> 我们来商量一下宽带接入的费用。

电信、联通、移动

垄断是经济中一种特殊的情况，即一家企业控制了某一行业的市场。

寡头垄断是垄断的一种，它是指在一个市场上有少数几家企业供给产品，它们各占较大份额，彼此通过协定或默契制定价格。

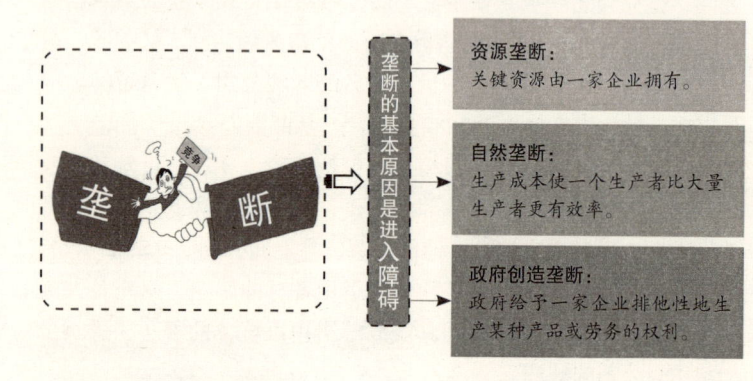

垄断的基本原因是进入障碍

资源垄断： 关键资源由一家企业拥有。

自然垄断： 生产成本使一个生产者比大量生产者更有效率。

政府创造垄断： 政府给予一家企业排他性地生产某种产品或劳务的权利。

垄断的利与弊

垄断市场下生产者也是价格的唯一决定者，因此可以获得超过正常利润的垄断利润。并且由于其他企业无法加入该行业进行竞争，这种垄断利润将长期存在。

拉高整个社会成本，导致有效投资不足，滋生腐败毒瘤，破坏了企业进步与生存的竞争机制，不利于企业长期持续发展，也会给社会稳定带来一定危害。

备垄断地位的"巨无霸"企业，为了保持对技术的垄断和丰厚的利益，也势必要采取种种高压手段打击竞争对手，绝不允许任何后来者与自己分享这一市场。这是现实，也是一种市场竞争的必然。

形成寡头市场的主要原因有：某些产品的生产必须在相当大的生产规模上进行才能达到最好的经济效益；行业中几家企业对生产所需的基本生产资源的供给的控制；政府的扶植和支持；等等。由此可见，寡头市场的成因和垄断市场是很相似的，只是在程度上有所差别而已。寡头市场是比较接近垄断市场的一种市场组织。

寡头行业可按不同方式分类。根据产品特征，可分为纯粹寡头行业和差别寡头行业两类。还可按厂商的行动方式分为有合作行为的（即合作的）和独立行动的（即不合作的）不同类型。

寡头厂商的价格和产量的决定是非常复杂的问题。主要原因在于：在寡头市场上，每个寡头的产量都在全行业的总产量中占较大份额，因此，每个厂商的产量和价格的变动都会对其他竞争对手以至整个行业的产量和价格产生举足轻重的影响。从而每个寡头厂商在采取某项行动之前，必须首先推测或掌握自己这一行动对其他厂商的影响以及其他厂商可能做出的反应，考虑到这些因素之后，才能采取最有利的行动。所以每个寡头厂商的利润都要受到行业中所有厂商的决策的相互作用的影响。一般而言，不知道竞争对手的反应方式，就无法建立寡头厂商的模型。或者说，有多少关于竞争对手的反应方式的假定，就有多少寡头厂商的模型，就可以得到多少不同的结果。因此在西方经济学中，没有一种寡头市场模型能对寡头市场的价格、产量的决定作出一般的理论总结。

欧佩克就是一种寡头垄断形式。在欧佩克诸成员国中，沙特阿拉伯是最大的或最有影响的一位。它的产量一般占欧佩克总产量的1/3，储油量也占欧佩克总储量的40%。通常都是由沙特阿拉伯先制定价格或与其他成员协商后制定价格，其他成员则遵照执行，即使石油销路不好时，他们宁可减少产量也不愿降价，以免引起彼此的纷争，造成两败俱伤。这种寡头垄断我们可以称之为价格领袖式寡头垄断。

"冰冻三尺，非一日之寒"，寡头市场有着长期发展所形成的优势，也有着明显的劣势。总的来说，就经济效率而言，由于长期以来寡头市场的市场价格高于边际成本，企业利润有着稳定、可靠的保障，加之缺乏竞争者的加入，因此寡头企业在生产经营上要缺乏积极性，这会导致其效率降低。但是从另一方面看，由于寡头企业规模较大，往往便于大量使用先进技术，所以又有效率较高的一面。有鉴于此，许多国家都在试图"扬长避短"，在发挥其高效率一面的同时，制定相应政策法规抑制其低效的一面（比如保护与寡头企业密切关联的其他中小企业的权利，打击垄断等），从而促进寡头市场的竞争。

企业扩张的快捷方式——兼并

企业兼并在当今已经屡见不鲜。当优势企业兼并了劣势企业，后者的资源便可以向前者集中，这样一来就会提高资源的利用率，优化产业结构，进而显著提高企业规模、经济效益和市场竞争力。

对于一个国家而言，企业兼并有利于其调整产业结构，在宏观上提高资源的利用效率。对兼并的研究，一直是经济学家的重点课题。不过，在此需要指出，人们提起兼并的时候，往往会把这样几个词混淆："兼并""合并"与"收购"。

它们的共同点在于：这三种行为都是企业产权的有偿转让，即都是企业的买卖，都是企业为了谋求发展而采取的外部扩张措施。但具体来说，合并是指两家以上的公司归并为一个公司。兼并是指把其他企业并入本企业里，被兼并的企业将失去法人资格或改变法人实体。收购在操作程序上与合并相比要相对简单，只要收购到目标公司一定比例的股权，进行董事会、监事会改组就可以达到目的。因此，一般情况下，可以这样认为：收购是兼并中的一种形式,即控股式兼并,而兼并又包含在广义的合并概念中,它是合并中的一种形式,即吸收合并。

企业兼并的主要形式有:

购买兼并,即兼并方通过对被兼并方所有债权债务的清理和清产核资,协商作价,支付产权转让费,取得被兼并方的产权。

接收兼并,这种兼并方式是以兼并方承担被兼并方的所有债权、债务、人员安排以及退休人员的工资等为代价,全面接收被兼并企业,取得对被兼并方资产的产权。

控股兼并,即两个或两个以上的企业在共同的生产经营过程中,某一企业以其在股份比例上的优势,吸收其他企业的股份份额形成事实上的控制关系,从而达到兼并的目的。

行政合并,即通过国家行政干预将经营不善、亏损严重的企业,划归为本系统内或行政地域管辖内最有经营优势的企业,不过这种兼并形式不具备严格法律意义上的企业兼并。

企业兼并,是企业经营管理体制改革的重大进展,对促进企业加强经营管理,提高经济效益,有效配置社会资源具有重要意义。当今世界上,任何一个发达国家在其经济发展过程中,都经历过多次企业兼并的浪潮。以美国为例,在历史上就曾发生过5次大规模企业兼并。其中发生于19世纪末20世纪初的第一次兼并浪潮便充分发挥了优化资源配置的巨大威力,不仅使得企业走上了腾飞之路,更是基本塑造了美国现代工业的结构雏形。

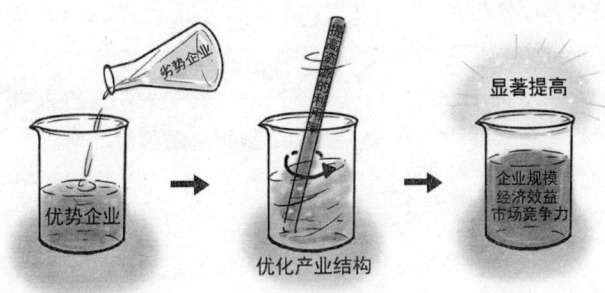

兼并是企业扩张的快捷方式。

由于兼并涉及两家以上企业的合组，其操作将是一个非常复杂的系统工程。成功的企业兼并要符合这样几个基本原则："合法""合理""可操作性强""产业导向正确"以及"产品具有竞争能力"。同时，企业兼并还要处理好"沟通"环节，包括企业之间技术的沟通，以及人与人的交流。只有这样，才能使企业兼并发挥它的优势，否则将会适得其反，在未能达到兼并目的的同时反受其害。有统计表明，全球一半以上的企业兼并行为都没有达到预期的目标——从表面上看，企业规模是增大了，但却没有创造出更大经济效益，更有甚者，因为兼并使得企业失去了市场竞争力。

产业经营是做"加法"，企业兼并是做"乘法"。很多企业家看到了"乘法"的高速成长，却忽视了其隐藏的巨大风险，现实中有太多在产业界长袖善舞的企业家最后在资本运营中折戟沉沙。

保暖内衣的冷与热——垄断竞争

垄断竞争市场是一种处在完全竞争和完全垄断之间的，既有垄断又有竞争的市场结构。引起垄断竞争的基本条件是产品差别的存在，它是指同一种产品在质量、包装、牌号、配方或销售条件等方面的差别。一种产品不仅要满足人们的实际生活需要，还要满足人们的心理需要。于是，每一种有差别的产品都可以以自己的产品特点在一部分消费者中形成垄断地位。

但是产品差别是同一种产品的差别，这样各种有差别的产品之间又存在替代性，就引起了这些产品之间的竞争。

因此，竞争分纯粹竞争和垄断竞争两种。在纯粹竞争中，大量的小卖主向同一市场供应同类产品，其中无一人能影响市场价格，而必须接受由所有卖主提供产品的总供给量和所有买主对产品的总需求量所决定的市场价格。各个卖主都趋向于按现时市场价格将其产品调整到能够给他带来最大利润的那种数量，而不至发生市场价格的变动，但所有卖主如此调整的结果，使得总供给量发生变化，因而市场价格随之上升或下降。当经营者供应不同

垄断竞争市场

垄断竞争市场有 3 个特点：许多企业、有差别的产品和自由进入

凉茶　冰红茶　冰绿茶　菊花茶

以饮料市场为例，在三伏天凉茶市场销量非常好，其市场进入的门槛非常低。这时有许多企业进行凉茶生产，并且生产的凉茶品质是有差异的，不同的品质拥有不同的消费群体。

垄断竞争与完全竞争

垄断竞争市场也存在一定的无效率，它不能像完全竞争市场那样带来完全的福利最大化。但这种无效率很模糊，也难以衡量和解决。但由于其企业生产少于完全竞争市场的有效规模，因此垄断竞争市场存在过剩的生产能力，其价格总是高于其边际成本。

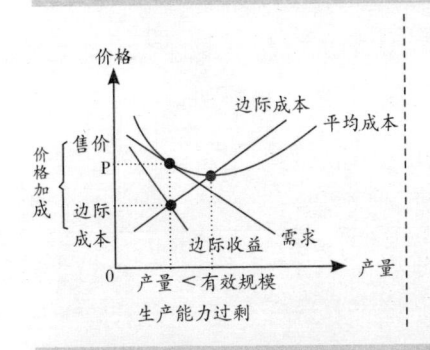

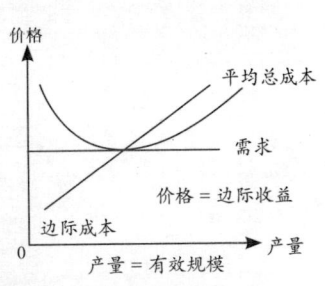

左图（价格-产量）：边际成本、平均成本、需求、边际收益；售价 P，价格加成，边际成本；产量 < 有效规模，生产能力过剩

右图（价格-产量）：平均总成本、需求、边际成本；价格 = 边际收益；产量 = 有效规模

左图表示的是垄断竞争市场的长期均衡，右图表示的是完全竞争市场的长期均衡。其中完全竞争市场的生产能达到有效规模，平均总成本可以达到最小，而垄断竞争企业均不能达到这一标准。此外，和完全竞争市场不同的是，垄断竞争下的价格高于边际成本。

类的产品，即存在产品差异时，则会发生垄断竞争。

20世纪80年代，可口可乐与百事可乐之间竞争十分激烈。可口可乐为了赢得竞争，对20万13～59岁的消费者进行调查，结果表明，55%的被调查者认为可口可乐不够甜。本来不够甜加点糖就可以了，但可口可乐公司花了两年时间耗资4000万美元，研制出了一种新的更科学、更合理的配方。1985年5月1日，董事长戈苏塔发布消息说，可口可乐将中止使用99年历史的老配方，代之而起的是"新可口可乐"；当时记者招待会上约有200家报纸、杂志和电视台的记者，大家对新的可口可乐并不看好。

24小时后，消费者的反应果然印证了记者们的猜测。很多电话打到可口可乐公司，也有很多信件寄到可口可乐公司，人们纷纷表示对这一改动的愤怒，认为它大大伤害了消费者对可口可乐的忠诚和感情。旧金山还成立了一个"全国可口可乐饮户协会"，举行了抗议新可口可乐活动，还有一些人倒卖老可口可乐以获利，更有人扬言要改喝茶水。

此时百事可乐火上浇油。百事可乐总裁斯蒂文在报上公开发表了一封致可口可乐的信，声称可口可乐这一行动表明，可口可乐公司正从市场上撤回产品，并改变配方，使其更像百事可乐公司的产品。这是百事可乐的胜利，为庆祝这一胜利，百事可乐公司放假一天。

面对这种形势，1985年7月11日，可口可乐公司董事长

可口可乐公司改良配方也不能打破老配方的垄断地位。

戈苏塔不得不宣布：恢复可口可乐本来面目，更名"古典可口可乐"，并在商标上特别注明"原配方"，与此同时，新配方的可口可乐继续生产。消息传开，可口可乐的股票一下子就飙升了。

这个案例说明，老的可口可乐已在部分消费者中形成了垄断地位，哪怕可口可乐公司总裁也不能动摇这种地位。与此同时，案例也说明在可口可乐、百事可乐、矿泉水以及茶水等饮料之间还是存在竞争的。这种市场就是垄断竞争市场。

垄断竞争市场与完全竞争市场相比，价格和平均成本要低，产量要多，说明资源的利用程度要高。而且因为存在竞争，也有利于创新。但是销售成本有所增加。

总体来说，产品差别是垄断竞争市场的本质特征。而这些差别有可能来自各个方面。因此，消费者在享受产品差别所带来的多样化的同时，不得不提防虚假差异甚至是伪劣产品所带来的侵害。这样，一个垄断竞争市场的形成必然需要一个严格的市场管理，要有一个严格的行业标准来规范市场，以防不法厂商借制造假差异来垄断市场，从而危害消费者利益。

联合起来就能奏效？——价格联盟

价格联盟是指两个或两个以上具有竞争关系的经营者，以合同、协议或其他方式，共同商定商品或服务价格，以限制市场竞争，牟取超额利润所实施的垄断联合。价格联盟的明显特征是：它是两个或两个以上的经营者自愿采取的联合行动；是处于同一经营层次或环节上的竞争者之间的联合行动；联合行动是通过合同、协议或其他方式进行的；协议的内容是固定价格或限定价格；其共同目的是通过限制竞争以获取高额利润。

价格联盟一词对于我们而言，并不陌生。早在前些年，国内9大彩电企业结盟深圳，以同行议价形式共同提高彩电零售价格，并迫使彩管供应商降价。以钢铁、彩电为发端，其后又有空调联盟、民航机票价格联盟、电脑价格联盟，近一些的还有券商们的佣金价格联盟等等，一时间甚嚣尘上。然而，这些价格联盟都无一例外地摆脱不了短命而亡的宿命。

由于行业协会制定的是行业自律价格，其实没有强制效力，行业协会也不可能对"违反"自律价格的商家进行处罚，因此这个自律价格其实只是一个空架子，没有什么实际意义。在利益面前，这种基于行业压力及商家道德的"盟誓"究竟有着多少约束力可想而知。

价格联盟被称为"卡特尔"，任何价格卡特尔一经形成必然走向它的反面。联盟一经形成，价格便富有极大的弹性，只要其中的某一个成员降低价格，必将从中获利。为追逐利益，联盟成员之间的价格争斗不可避免，这就必然导致卡特尔机制的瓦解。

即使价格联盟在短期内取得一定收效，缓解了联盟企业的燃眉之急，但其潜在和长期的危害却不可忽视。首先，制约了企业竞争，自由竞争是市场经济的基本属性，离开了竞争，市场就成为死水一潭。由于不同企业经营成本不同，却执行相同的价格，形成大家平均瓜分市场份额的局面，无形中保护了落后，鼓励不思进取，严重挫伤了企业发展的积极性；其次，损害了消费者的知情权和选择权，伤害了消费者的利益，并且不利于培养消费者成熟的消费理念。俗话说，没有成熟的消费者就不会有成熟的市场，因此，最终结果还是累及整个行业的长期发展。

国内企业各种各样的"联盟"声不绝于耳，并且屡战屡败，而后又屡败屡战，很多企业乐此不疲。企业搞联盟是想在市场的海洋中寻求一个救生圈，而总是无终而果。每次联盟均告失败的事实说明：这种被不少企业看作制胜"法宝"的价格联盟是靠不住的。

其实，企业之间的竞争还可进行一些非价格的竞争，如企业在提高产品质量、增加技术含量上下工夫，向品牌、技术竞争过渡；优势企业兼并劣势企业；劣势企业主动从行业中退出；再就是从国际市场上寻找出路。因此，中国的企业家们应该尽快地从联盟的阴影中走出来,以一种更加成熟的心态去谋求发展。

要想在激烈的市场竞争中有立足之地,与其去组织什么价格联盟,不如革新技术,提升自己的市场竞争力。

不把所有鸡蛋放到同一个篮子里——范围经济

提起范围经济,很多人以为就是规模经济,其实这是不正确的。范围经济指由厂商的经营范围而非规模带来的经济,即同时生产两种产品的费用低于分别生产每种产品时,所存在的状况就被称为范围经济。只要把两种或更多的产品合并在一起生产比分开来生产的成本要低,就会存在范围经济。

范围经济一般指企业通过扩大经营范围,增加产品种类,生产两种或两种以上的产品而引起的单位成本的降低。与规模经济不同,它通常是企业或生产单位从生产或提供某种系列产品(与大量生产同一产品不同)的单位成本中获得节省。而这种节约来自分销、研究与开发和服务中心(像财会、公关)等部门。范围经济一般成为企业采取多样化经营战略的理论依据。范围经济是研究经济组织的生产或经营范围与经济效益关系的一个基本范畴。

企业进行多产品联合生产时,产品种类的数量是有限度的,并不是越多越好,总是存在一个合理的范围,表现为企业的一体化或多元化经营总是有限度的,而且理论上存在一个最优的经营组合。企业进行多产品联合生产时,在产品的组合上是可选择的,表现为某产品的生产对一个企业来

"不把鸡蛋放在同一个篮子里"充分体现了"经济范围"这一经济学概念。

讲不存在范围经济,但对另一个企业来讲也许存在范围经济,或者是,某产品的生产对两个企业来讲都存在范围经济,但在一个企业生产的范围经济比在另一个企业生产的范围经济要大。

专业化本身也存在一个经济与不经济的问题,即专业化不一定经济。范围经济和范围不经济的问题,实际上就是一体化(即非专业化)经济和非一体化经济的问题,或者说是专业化经济与专业化不经济的问题,企业何时存在专业化经济,何时存在专业化不经济,实际上就回答了联合生产何时存在范围经济,何时存在范围不经济,这就为联合生产合理范围的确定提供了一个量化标准。

范围经济与规模经济是两个不同的概念,二者之间并无直接的关系。一个生产多种产品的企业,其生产过程可能不存在规模经济,但是可能获得范围经济;一个工厂用较大规模只生产某一种产品可能会产生规模经济,但是却不可能获得范围经济。范围经济强调生产不同种类产品(包括品种与规格)获得的经济性;规模经济强调的是产量规模带来的经济性。

那么,范围经济具有哪些优势呢?

(1)生产成本优势。主要表现为分摊固定成本、降低变动成本。分摊固定成本主要表现为分摊固定资产的折旧费用,从而降低单位产品的固定成本;降低变动成本,主要表现在降低采购成本、提高资源利用率等方面。

(2)差异化优势。差异化是指企业提供产品的多样性,包括产品的质量、功能、外观、品种、规格及提供的服务等,这种多样性能使消费者认同该产品并区别于其他企业提供的类似产品。范围经济形成的差异化优势特别明显,差异化一方面满足了顾客"多样化、个性化、差别化"需求,同时,差异化也是企业寻求范围经济的出发点和追求的目标。

(3)市场营销优势。在买方市场条件下,获得市场营销优势是企业成功的关键。市场营销的关键在于正确定位目标市场的需要和欲望，比竞争者更有效地提供目标市场所要求的满足。市场营销强调满足消费者的需要和欲望，从营销理论来说，就是从产品、价格、地点、促销、公共舆论、政治或权力等方面体现企业的竞争能力。而范围经济形成的成本优势和差异化优势，体现了企业在产品、品质和价格方面的竞争能力。同时又能在内部建立的营销平台上，利用原有的渠道销售多种产品，还能更好地利用企业已经形成的品牌优势，为新产品开拓市场，使消费者更容易接受，同时也对跟进者形成巨大的进入障碍。

（4）技术创新优势。首先，对范围经济的理解和受益，使企业管理层对新产品、新工艺的开发更加重视；其次，范围经济利益的驱动可以导致科技创新的良性循环，持续的创新活动将使企业在应用新材料、采用新工艺、培养创新团队、加强市场调研等方面获得突破，最终将形成企业强大的核心竞争优势。

（5）抵御风险的优势。范围经济在成本、差异化、市场营销和技术创新等方面获得竞争优势，实际上是增加了企业抵御风险的能力。同时，范围经济还强化了企业的"新陈代谢"和互补性。

第八章
需求与消费行为

商品价格与需求量的关系——需求定理

需求是指消费者在某一特定时期内、在某一价格水平上愿意而且能够购买的商品量。作为需求要具备两个条件：第一，有购买欲望；第二，有购买能力，这两者缺一不可。

鸦片战争以后，英国商人为打开了中国这个广阔的市场而欣喜若狂。当时英国棉纺织业中心曼彻斯特的商人对把洋布销到中国十分乐观，他们估计，中国有4亿人，假如有1亿人晚上戴睡帽，每人每年用两顶，整个曼彻斯特的棉纺厂即使加班加点也不够，何况这只是睡帽，还有衣服、裤子、被子、单子……都需要洋布。于是他们把大量洋布运到中国，结果却是一枕黄粱美梦：洋布在中国根本卖不出去。这是为什么呢？

这是因为洋布并没有满足中国人需求的两个条件。当时中国人没有戴睡帽的习惯，衣服也用自产的丝绸和土布，所以对英国机织洋布没有购买欲望。另一方面，当时中国人也很穷，农民手中现金极少，缺乏购买商品的能力，所以洋布在中国卖不出去。英国人可以用炮舰打开中国国门，把洋布运到中国，但无法强迫中国人购买他们的商品。

我们到商场去购物是为了得到效用，因此总要比较一下货币支出与能获得的效用，看值不值。如果我们的货币收入是一定的，即每单位货币给我们带来的效用都是相等的，那么我们对某物品愿意付出的价格就以该物品的边际效用为标准。如果边际效用大，我们就愿意付较高的价格；如果边际效用小，我们就只愿付较低的价格。随着我们购买某物品数量的增加，该物品的边际效用随之递减，这样我们愿意付出的价格也就降低。因此，在其他条件不变时，我们对某物品的需求量与其价格就呈反向变动，这就是需求定理。在理解需求定理时要注意以下几点：

（1）其他条件不变是指影响需求的其他因素不变，离开了这一前提，需求定理就无法成立。例如，如果收入增加，商品本身的价格与需求量就不一定呈反方向变动。

（2）需求定理指的是一般商品的规律，但这一定理也有例外。比较重要的是炫耀性商品与吉芬商品。

（3）需求定理反映了商品价格与需求量之间的反方向变动关系，这种变动关系是由收入效应和替代效应共同作用形成的。

（4）贵的优势商品和差的劣势商品各加上一个相同的固定费用，那么贵的优势商品就相对便宜，根据需求定律，相对便宜即意味需求量上升。

如果我们用横轴 OQ 表示需求量，纵轴 OP 表示价格，那么需求量与价格呈反向变化的关系可以用一条曲线 D 来表示，这条曲线是向右下方倾斜的，其斜率为负，称为需求曲线，如右图所示。

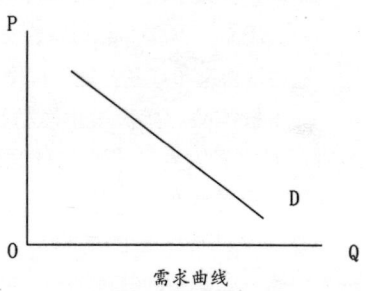

需求曲线

在众多知名的连锁超市中，人们对沃尔玛的低廉价格有着深刻的印象。如果你问沃尔玛的员工：沃尔玛靠什么来吸引顾客？他们大都回答：便宜。有人甚至会说沃尔玛是5元进的货3元卖。5元进的货3元卖，这不是亏本的买卖吗？沃尔玛靠什么赚钱？怎么会成为全世界最大的零售商呢？原来沃尔玛并不是什么商品都打折，只有部分商品打折，给顾客留下便宜的印象。于是根据需求定理，就会吸引顾客到沃尔玛来。顾客既然来了，就会稍带买些并没有打折的商品，于是带动了整个商场的销售量。为了避免顾客只冲部分商品来超市，沃尔玛采取了轮流打折的策略，让顾客也搞不清今天哪种商品打折，反正总有打折的商品，从而养成到沃尔玛消费的习惯，保证了沃尔玛的可持续发展。

享受有差别的生活——消费与消费品

消费品是指满足人们物质和文化方面消费需求的物品。市场上提供的种种有关衣食住行方面的产品或者劳务，如家电、食品、理发等都可以称为消费品。而人们通过消费品满足自身欲望的经济行为就是消费。

根据消费者的购买行为和购买习惯，消费品可以分为便利品、选购品、特殊品三类。

（1）便利品。又称日用品，是指消费者日常生活所需、需重复购买的商品，诸如粮食、饮料、肥皂、洗衣粉等。消费者在购买这类商品时，一般不愿意花很多的时间比较价格和质量，愿意接受其他任何代用品。因此，便利品的生产和销售，一般具有分销的广泛性，经销网点遍布城乡各地，以便消费者能及时就近购买。

（2）选购品。指价格比便利品要贵，消费者购买时愿意花较多时间对许多家商品进行比较之后才决定购买的商品，如服装、家电等。消费者在购买前，对这类商品了解不多，因而在决定购买前总是要对同一类型的产品从价格、款式、质量等方面进行比较。因此，选购品的销售网点一般都设在商业网点较多的商业区，并将同类产品销售点相对集中，以便顾客进行比较和选择。

（3）特殊品。指消费者对其有特殊偏好并愿意花较多时间去购买的商品，如电视机、电冰箱、化妆品等。消费者在购买前对这些商品有了一定的认识，偏爱特定的品牌和商标，不愿接受代用品。为此，企业应注意争创名牌产品，以赢得消费者的青睐，要加强广告宣传，扩大本企业产品的知名度，同时要切实做好售

奢侈品也是消费品的一种，但购买奢侈品，是典型的炫耀性消费。

后服务和维修工作。

  基础消费品与人们生活息息相关，人们每天的所吃、所穿、所用包含了各种各样的消费品。如果基础消费品一旦短缺，人们生活将会陷入巨大的混乱之中。

  在经济发展的前提下，消费品市场上供应的各类消费品极大地提高了人们的生活水平。于是，除了基础消费品外，奢侈品已经越来越受到人们的消费青睐。

  奢侈品在国际上被定义为"一种超出人们生存与发展需要范围的，具有独特、稀缺、珍奇等特点的消费品"，又称为非生活必需品。奢侈品在经济学上讲，指的是价值与品质的关系比值最高的产品。从另外一个角度上看，奢侈品又是指无形价值与有形价值的关系比值最高的产品。从经济意义上看，奢侈品实质是一种高档消费行为，本身并无褒贬之分。

  简单来说，人类追求奢侈品主要有以下四个动机：

  （1）富贵的象征。奢侈品是贵族阶层的物品，它是贵族形象的代表。如今，虽然社会民主了，但人们的"富贵观"并未改变。"劳斯莱斯"汽车就有贵族车的象征。

  （2）看上去就好。奢侈品的高级性应当是看得见的。正因为人们对其奢华"显而易见",它才能为主人带来荣耀。所以说,奢侈品理当提供出来更多的"可见价值"——让人看上去就感到好。那些购买奢侈品的人完全不是在追求实用价值,而是在追求全人类"最好"的感觉。

(3)个性化。正是因为商品的个性化,才为人们的购买创造了理由。也正因为奢侈品的个性化很不像大众品,才更显示出其尊贵的价值。

(4)距离感。作为奢侈品必须制造望洋兴叹的感觉。在市场定位上,奢侈品就是为少数"富贵人"服务的。因此,要维护目标顾客的优越感,就要使大众与他们产生距离感。奢侈品要不断地设置消费壁垒,拒大众消费者于千里之外。

对于人的消费而言,维持和延续人体基本生存的生活资料属于必需的消费品,如满足人体新陈代谢所需的食物、满足人们保暖的住房等。在不同的经济发展阶段上,生存资料标准与范围也不相同,随着消费水平的不断提高,必需消费品的种类不断增加、质量不断提高。而满足人的高级享受需要的消费品就是奢侈消费品。在经济发展的不同阶段,奢侈消费品的内涵也不尽相同,在经济发展水平低的阶段是奢侈消费品,随着经济发展就有可能转化为必需消费品。

渔翁为什么只要小鱼——消费需求

消费需求是指消费者对以商品和劳务形式存在的消费品的需求和欲望。那么,消费需求包含哪些方面的内容呢?

(1)对商品使用价值的需求。使用价值是商品的物质属性,也是消费需求的基本内容,人的消费不是抽象的,而是有具体的物质内容,无论这种消费侧重于满足人的物质需要,还是心理需要,都离不开特定的物质载体,且这种物质载体必须具有一定的使用价值。

(2)对商品审美的需求。对美好事物的向往和追求是人类的天性,它体现在人类生活的各个方面。在消费需求中,人们对消费对象审美的需要、追求，同样是一种持久性的、普遍存在的心理需要。对于消费者来说，所购买的商品既要有实用性，同时也应有审美价值。从一定意义上讲，消费者决定购买一件商品也是对其审美价值的肯定。在消费需求中，人们对消费对象审美的要求主要表现在商品的工艺设计、造型、式样、色彩、装潢、风格等方面。人们在对商品质量重视的同时，总是希望该商品还具有漂亮的外观、和谐的色调等一系列符合审美情趣的特点。

（3）对商品时代性的需求。没有一个社会的消费不带有时代的印记，人们的消费需求总是自觉或不自觉地反映着时代的特征。人们追求消费的时代性就是不断感觉到社会环境的变化，从而调整其消费观念和行为，以适应时代变化的过程。这一要求在消费活动中主要表现为：要求商品趋时、富于变化、新颖、奇特、能反映当代的最新思想，总之，要求商品富有时代气息。商品的时代性在商品销售中具有重要意义。从某种意义上说，商品的时代性意味着商品的生命。一种商品一旦被时代所淘汰，成为过时的东西，就会滞销，结束生命周期。为此，一方面，营销人员要使经营的商品适应时代的需要，满足消费者对商品时代感的需求；另一方面，生产者要能站在时代的前列，及时生产出具有时代特点的商品。

（4）对商品社会象征性的需求。所谓商品的社会象征性，是人们赋予商品一定的社会意义，使得购买、拥有某种商品的消费者得到某种心理上的满足。例如，有的人想通过某种消费活动表明他的社会地位和身份；有的人想通过他所拥有的商品提高在社会上的知名度；等等。了解消费行为中人们对商品社会象征性的需求，有助于采取适当的营销策略，突出高档与一般、精装与平装商品的差别，以满足某些消费者对商品社会象征性的心理要求。

（5）对优良服务的需求。随着商品市场的发达和人们物质文化消费水平的提高，优良的服务已经成为消费者对商品需求的一个组成部分，"花钱买服务"的思想已经被大多数消费者所接受。

实际上，消费需求可能受到多重因素的制约。有个故事是关于个人需求的。一个渔翁在河边钓鱼,看样子他的运气很好,没多久,只见银光一闪,便钓上来一条。可是十分奇怪,每逢钓到大鱼,这个渔翁就会将它们放回水里,只有小鱼才放到鱼篓中。在一旁观看他垂钓很久的人感到很迷惑,于是就问:"你为何要放掉大鱼,而只留小鱼呢?"渔翁答道:"我只有一口小锅,所以煮不下大鱼,并且小鱼的味道更鲜美。"

由此看来,并不是渔翁对大鱼没有需求,而是客观因素限制了他的需求。而对于市场上的消费者而言,经济状况决定人们的购买能力,也影响其消费需求。现实经济收入水平是决定购买能力的直接因素之一,同时也影响着顾客消费的选择及其结构。

在市场活动中,当商品经济处于不发达阶段时,消费者的消费领域比较狭窄,消费的内容很不丰富,满足程度也受到很大限制,消费者的消费需求及其满足程度都处于一种压抑状态。在市场经济条件下,生产资料和生活资料都是商品,人们的生产和生活的消费需求的满足都离不开市场交换。随着社会生产力的不断发展,企业将向市场提供数量更多、质量更优的产品,以便更好地满足消费者的消费需求。同时,随着人们物质文化生活水平的日益提高,消费需求也呈现出多样化、多层次,并有由低层次向高层次逐步发展,消费领域不断扩展,消费内容日益丰富,消费质量不断提高的趋势。

随着生活需要满足水平的逐步提高和生活态度及方式的改变,随着直接或间接的生活、消费经验的丰富,随着消费心理的不断成熟,人们在基本生活需要得到满足之后,开始从追逐潮流、显示个性,逐渐到体现品位、追求自我满足,心理追求逐步向高层次发展,生活及消费动机也在不断多样化。

猪肉涨价了就多吃牛羊肉——替代效应

2009年岁末,一场大范围降雪使得各地的鲜菜价格猛地涨了很多。细心的人会发现,青菜价格是涨了,但买的人也跟着少了。

所谓的替代效应是指商品的相对价格的变动引起的消费的变化。当你购买的一种商品的价格上升时，这种商品相对于其他商品就变得更贵了，诱使你少消费这种较贵的商品而多消费其他商品。

据卖菜的摊主说，虽然鲜菜价格涨势汹涌，但整体上还不如正常天气下卖菜赚得多。这是为什么呢？随着鲜菜价格的大涨，精打细算的消费者们开始盯上了价格一向稳定的腌制蔬菜。"菜价涨得凶，只有腌菜价格没动。一年到头都可以吃到新鲜蔬菜，偶尔换换口味也不错。"很多消费者都这样想。于是，腌制的萝卜、雪菜、苋菜、霉干菜等，都卖得不错，风头明显超过了平时颇受青睐的新鲜蔬菜。不过，随着天气转好，鲜菜价格恢复平稳，鲜菜的销量也随之上升了，腌菜又重新回复"冷门"了。

这其实就是替代效应在发挥作用。替代效应是指由于一种商品价格变动而引起的商品的相对价格发生变动，从而导致消费者在保持效用不变的条件下，对商品需求量的改变，称为价格变动的替代效应。比如，你在市场买水果，一看到橙子降价了，而橘子的价格没有变化，在降价的橙子面前，橘子好像变贵了，这样你往往会买橙子而不买橘子了。对于两种物品，如果一种物品价格的上升引起另一种物品需求的增加，则这两种物品被称为替代品。

寻呼机为何只发展了短短的十几年，就从辉煌走向衰落？从经济学角度解释，替代效应发挥了巨大的作用。人们有了更方便实用的手机，谁还会选择BP机？BP机完全被手机替代了！

替代效应在生活中非常普遍。我们日常的生活用品，大多是可以相互替代的。萝卜贵了多吃白菜，大米贵了多吃面条。一般来说，越是难以替代的物品，价格越是高昂。比如，产品的技术含量越高价格就越高，因为高技术的产品只有高技术才能完成，替代性较低，而馒头谁都会做，所以价格极低。再如艺术品价格高昂，就是因为艺术品是一种个性化极强的物品，找不到替代品。王羲之的《兰亭序》价值连城，就是因为它只有一幅。

当2008年猪肉价格暴涨后，许多市民增加了其他涨价较少的肉类食品的消费比例，其实这就是替代效应在发挥作用。在生活中我们往往具有这样的智慧：当我们发现某种经常使用的消费品涨价后，往往会选择价格更为便宜的其他商品。

其实，在我们的工作中，替代效应也在发挥作用。那些有技术、有才能的人在企业里是香饽饽，老板见了又是加薪，又是笑脸，为什么？因为这个世界上有技术、有才能的人并不是很多，找一个能替代的人更是不容易。而普通员工，企业很容易从劳务市场上找到替代的人，中国是人力资源大国，你不愿意干，想干的人多的是。对于别人的薪金比自己高，不要吃惊和不平，只要使自己具有不可替代性，自己的待遇自然会提上来。

替代效应在人们的日常生活中无处不在，我们要认识并充分利用这种效应，做一个聪明的经济人。

物价涨跌中的消费决策——收入效应

当一种商品的价格发生变化时，会对消费者产生两种影响：一是使消费者的实际收入水平发生变化；二是使商品的相对价格发生变化。这两种变化都会改变消费者对该种商品的需求量。

例如，在消费者购买商品 X 和商品 Y 两种商品的情况下，当商品 X 的价格下降时，一方面，对于消费者来说，虽然名义货币收入不变，但是现有的货币收入的购买力增强了，也就是说实际收入水平提高了。实际收入水平的提高，会使消费者改变对这两种商品的购买量，从而达到更高的效用水平，这就是收入效应。

另一方面，商品 X 价格的下降，使得商品 X 相对于价格不变的商品 Y 来说，较以前便宜了。商品相对价格的这种变化，会使消费者增加对商品 X 的购买而减少对商品 Y 的购买，这就是替代效应。

总之，一种商品价格变动所引起的该商品需求量变动的总效应可以被分解为替代效应和收入效应两个部分，即：

总效应 = 收入效应 + 替代效应

按照一般的消费理论，引起消费变化的主要因素分收入效应和替代效应。不管是发生了收入效应还是替代效应，还是两者同时都发生了，总之，由于这两种效应的作用，当一种物品的价格下降时,其购买量会增加,当价格上升时,其购买量会减少。这是人人凭生活经验就可以感受到的需求规律。

显然,依靠商品价格的下降提高消费不是消费增长的长期可持续源泉。因此,提高消费在国民经济中的比重,关键是提高消费者的收入。政府对落后地区的农村劳动力转移进行补贴,以促进农村剩余劳动力的重新配置的政策无疑是正确的,但对于提高整体消费还是远远不够的。

我国消费长期低迷的症结不是老百姓热衷储蓄"不愿花钱",而是居民收入水平跟不上经济发展速度,如工资水平作为衡量居民收入的指标,其在经济指标中的比重呈持续下降态势。

长期以来,我国治理消费低迷的措施全然集中于替代效应,也就是出台政策令消费变得"更便宜",而储蓄"更贵"(如低利率、加征利息税等)。这些措施的目的是要引导储蓄向当期消费转化。其实,相对于替代效应,收入效应应是消费增长的长期可持续源泉,不过就一个国家增加居民收入而言,并不是意味着要过多地干预企业与职员的工资合议。

在现实中,税收也会对人们产生收入效应和替代效应。如果把所得税看作是人们向政府购买公共物品所付出的价格的话,所得税的税率提高了,就相当于公共物品的购买价格提高了,由于公共物品是政府提供的一种共享资源,所以个人不会因为享受它们而产生比别人更多的满足感,而且税收是强制性缴纳的,所以又不能选择减少公共物品的购买。在这样一种背景下,税率提高会使人们产生两种感觉:第一,感觉自己的实际收入降低了,从而会更加心疼钱,而且为了补偿税收的损失,人们会工作更长的时间或做多种工作以增加收入,这就是收入效应;第二,工作是为了取得收入,而取得收入是为了提高生活水平,得到快乐和满足,但闲暇娱乐也会使人们感到快乐和满足,税率提高尤其是累进税,会让人们觉得自己挣钱越多越不值得,工作越多越不值得,于是,闲暇的快乐具有了更强烈的吸引力,人们会更多地选择闲暇来替代工作。

这么看来，所得税税率提高使这两种效应对经济各自发挥了不同方向的作用：正面的和负面的。而这两种效应并不是平均起作用的，那么什么情况下收入效应占主导，什么情况下替代效应占主导呢？

如果你挣了1元钱，而这1元钱中要纳税8角，那么你肯定不会去挣这1元钱了。所以新增加的收入税率越高，人们就越不愿意多工作，宁愿闲着。所以新增收入的税率（边际税率）越高，税收的替代效应越明显。

而如果平均税率较高，那么无论人们的收入在何种档次上，税收比例都是一样的。这时人们则会倾向于多增加收入，因为多增加的收入不用多缴税。如果所得税是比例税，挣多挣少都缴同样比例的税，那么多挣钱就没有什么阻碍，所以这时候收入效应就会发生主导作用了，人们就会多工作来增加实际收入。

由此可见，税收的替代效应会导致人们工作努力程度的降低，是一种对经济的阻碍力量，也被称为税收的抑制效应。而反过来，努力降低替代效应的作用，降低所得税的边际税率和减少税率档次，则可以作为振兴经济的一条政策出路。

汽车与汽油的销量有什么关系——互补品

对于消费者来说，要满足同一种需要，往往不只消费一种商品，而是消费两种或两种以上的商品。一种商品价格的变动，不只影响该种商品的需求量，还会对与之有关的其他商品的需求量和价格产生影响。反之，一种商品需求量变动，不仅会影响该商品自身的价格，还会影响到与之相关的其他商品的价格和需求量。这就是说，商品之间存在着一种交叉关系，根据这种交叉关系，消费者可以利用有关商品的不同组合进行合理的消费，以期达到最大效用。商品本身的性质不同决定了它们之间可以存在着替代性、互补性和无关性，据此可将商品分为替代品、互补品、独立品。

所谓替代品是指两种商品在效用上相似并可以相互代替,消费者可以通过二者的组合来满足同一种需要,并可以通过增加一种商品的消费而减少另一种商品的消费来保持商品的组合效用不变。如肥皂和洗衣粉、牛肉和猪肉等,它们之间的关系是互相替代的。

而独立品是指一种产品的销售状况不受其他产品销售变化的影响。假设存在两种产品A和B,那么,A是独立品的情形会有两种。一是A和B完全独立,不存在任何销售方面的相关关系,日光灯与空调机之间的关系就属此类;二是尽管A和B从功能上讲是独立的,但是,产品A的销售增长可能会引起产品B的销售增长,而产品B的销售变化决不会作用于产品A的销售状况。换句话说,A对B的影响关系是单向的,B则不会影响A,那么A相对B而言仍是独立品。

汽油与汽车的销量具有明显的互补性。

互补品是指两种商品在效用上是互相补充的,二者必须结合起来共同使用才能满足消费者的需求,也可以把这种需求叫作联合需求,即一种商品的消费必须与另一种商品的消费相配套。一般而言,某种商品的互补品价格上升,将会因为互补品需求量的下降而导致该商品需求量的下降。

也就是说，两种商品必须互相配合，才能共同满足消费者的同一种需要，如照相机和胶卷。胶卷的需求量与照相机的价格有着密切关系，一般而言，照相机价格上升，胶卷的需求量下降，两者呈反方向变化。所以，如果 X 和 Y 是互补品，X 的需求量就与 Y 的价格成反向变化。

与替代品是满足消费者同一需要而不用同时使用的商品不同，互补品是共同满足需要，而且必须同时使用的两种商品，缺一不可。汽车销量的增加导致汽油销量的增加，油价的上涨导致汽车销量的下降，因为两者是互补品。也就是说，一种商品价格的上升不仅使该商品的需求量减少，也使它的互补品的需求量减少；相反，一种商品价格下降、需求量增加，引起它的互补品的需求量也增加。

利用互补品的经济学原理还可以给公司带来运营上的收益。美国早期的城市电车系统就是一个很好的例子。早期的电车运营商们投入了庞大的资金来修建专门的道路网络，可让他们万万没有想到的是，虽然电车在上下班的时候客流量很大，但高峰期之外却很少会有人搭乘电车。毫无疑问，这种客流量的不均衡性大大降低了运营商们的盈利能力。为了提高非高峰期的客流量，运营商们想到了一个绝妙的主意：他们决定在市中心之外修建娱乐公园。到 1901 年，美国有超过一半的市区交通公司都修建了类似的公园。这些公园不仅增加了电车的客流量，它们还提高了发电机的使用率，从而大大提高了电车运营商们的资本效率。

由俭入奢易，由奢入俭难——棘轮效应

棘轮效应，又称制轮作用，是指人的消费习惯形成之后有不可逆性，即易于向上调整，而难于向下调整。尤其是在短期内消费是不可逆的，其习惯效应较大。这种习惯效应，使消费取决于相对收入，即相对于自己过去的高峰收入。实际上棘轮效应可以用宋代政治家和文学家司马光一句著名的话来概括：由俭入奢易，

棘轮效应

让喜欢花钱的人花更多的钱、买更贵的东西很容易

而让她们节制消费，买便宜的东西则很困难

人的消费习惯形成之后有不可逆性，消费者易于随收入的提高增加消费，但不易于收入降低而减少消费，这就是棘轮效应

短期内消费是不可逆的，其习惯效应较大。这种习惯效应使消费取决于相对收入，即相对于自己过去的高峰收入

由俭人奢易，由奢人俭难

消费决策取决于消费习惯，而消费习惯则受许多因素影响，如生理和社会需要、个人的经历、个人经历的后果等，特别是个人在收入最高期所达到的消费标准对消费习惯的形成有很重要的作用

我们对于欲望既不能禁止，也不能放纵，对于过度的乃至贪得无厌的奢求，必须加以节制。关注棘轮效应，在生活中学会理智地消费，保持良好的消费习惯，建立起合理的理财计划

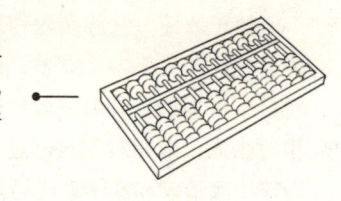

由奢入俭难。

"棘轮效应"最初来自对苏联计划经济制度的研究，美国经济学家杜森贝利后来使用了这个概念。古典经济学家凯恩斯主张消费是可逆的，即绝对收入水平变动必然立即引起消费水平的变化。针对这一观点，杜森贝利认为这实际上是不可能的，因为消费决策不可能是一种理想的计划，它还取决于消费习惯。这种消费习惯受许多因素影响，如生理和社会需要、个人的经历、个人经历的后果等。特别是个人在收入最高期所达到的消费标准对消费习惯的形成有很重要的作用。杜森贝利认为，对于消费者来说，增加消费容易，减少消费则难。因为一向过着高生活水平的人，即使实际收入降低，多半不会马上因此降低消费水准，而会继续保持相当高的消费水准。即消费"指标"一旦上去了，便很难再降下来，就像"棘轮"一样，只能前进，不能后退。

狭义的棘轮效应是指即使收入水平下降，个人消费习惯也不会随之下降。广义的棘轮效应是指经济活动中的不可逆性。猪肉禽蛋等原材料价格下降了，但是相应的制成品如牛肉拉面、肯德基、方便面以及饭店的价格不会相应地下降。这也与我们的生活经验相吻合，在居民的生活中，这种"能上不能下"的事件出现过多次，比如石油价格上涨，导致成品油价格大幅上涨，以及出租车打车价格的上涨，广州增加了一元钱的特别附加费，北京则将每千米的单价从 1.2 元和 1.6 元统一为 2 元/千米。但是在之后的国际油价下调过程中，这些价格并没有相应下调。

在房价问题上，棘轮效应的表现就更加明显。现在，房价已经形成了棘轮效应，易上难下。这是因为，尽管房价上涨的各种负面影响很大，但一旦涨上去再跌下来，就将引发严重的经济问题。就整个经济体系来说，房价可以不涨，但绝对不能暴跌，否则就有可能引发严重的经济危机。

实际上，消费者这种不可逆的消费行为，在经济衰退、萧条和复苏时期有着巨大的能效，甚至能使经济重新达到繁荣，但我们在利用这一理论时也要有所慎重。对于经济"过热"的形势，棘轮效应的负面作用则是不可小看的。消费物价指数的不断上涨，钢铁与石油的高价无不使各界关于通货膨胀的争论四起。在这种情况下，如果旅游市场进入旺季太早，价格持续走高，虽然会对旅游产业发展有一定促进作用，然而另一方面则加重了物价指数不断攀高的危险。在这种情况下，蒙受损失的只能是普通百姓。一方面，这促使了物价上涨得更快，通货膨胀的压力更大；另一方面，由于消费者的实际收入不变，物价上涨之后，其实际收入无疑减少了，而由于棘轮效应的作祟，消费者此时并不会降低自己的消费支出。那样只能导致整个经济发展的混乱。

棘轮效应是出于人的一种本性，人生而有欲，"饥而欲食，寒而欲暖"，这是人与生俱来的欲望。人有了欲望就会千方百计地寻求满足。从经济学的角度来说，一方面，资源的稀缺性决定了不能放任棘轮效应任意发挥作用，无限制地利用资源来满足人类无尽的欲望；另一方面，也应该利用棘轮效应的特点来拉动经济的增长和繁荣。

量入为出是最基本的标准——信贷消费

随着改革开放和我国经济的迅速发展，"用明天的钱，做今天的事"，这一新的消费观念随着个人消费信贷的全面推广，已渐渐被消费者认识和接受。如今市场上流行的信贷消费主要有四种：短期赊销；购买住宅，分期付款；购买昂贵的消费品，分期付款；信用卡信贷。

细细想一下，我们传统的消费观念总是讲量入为出、量力而行。负债消费的兴起，最早始于20世纪90年代，这和住宅市场化有关，和信用卡等金融工具的出现有关，而且主要发生于青年群体中。除此之外，"花明天的钱，圆今天的梦"得以大行其道，还有一个国际背景，这就是全球化语境下的消费主义影响。全球化与后现代主义消费观席卷整个世界，外来消费文化借助商品、广告等传播媒介,对社会形成越来越大的强势影响,不知不觉中,奢侈品消费、透支的理念、超前消费的冲动,催生出所谓"月光族""负翁",在高消费享受的光环下,负债消费渐成一种社会生活风尚。

信贷消费本身无所谓好坏,尤其在内需不足的今天。应该说,适度负债消费的确有利于拉动经济增长,但是,从更长远的社会发展视野看,高负债能够促进消费、刺激经济是讲究匹配的运行环境的。显然,我们目前负债消费的支撑力有限。

从西方大多数国家的经验看,在市场经济发展到一定时期,通常会产生消费萎缩导致经济不景气的问题,采用个人消费信贷的方法能有效地解决这个难题。由此来看,个人信贷消费是引导消费、扩大内需,推动经济发展的一项良好举措,值得我们在国内消费需求不足的今天大力提倡。然而,与信贷消费相伴而来的负面影响,也需要我们时时警惕。

信用卡刷卡消费这种形式已经逐渐被许多年轻人所接受并成为一种消费时尚。众所周知,信用卡的主要功用就是透支,主张超前消费,这无疑给人们的日常消费带来了许多方便与乐趣。然而,高消费和透支消费带来的是债台高筑,加之现代社会竞争力大,求职不易,失业率增加,对于那些缺乏社会阅历、工资收入低、正在求学或刚刚组建家庭的青年群体来说,无疑是雪上加霜。

随着银行业务的增多,办理信用卡已经

消费时要具有理性思维,量入为出是最基本的。

变得异常便利，很多人选择了办理信用卡业务。再加上每年必须刷卡三次，否则需要缴纳年费这样的规定，一定让很多信用卡持有者有过信用卡透支的经历。信用卡给人们带来不少方便，但是它的透支功能也让一些人花钱失去了节制。通过信用卡消费大都会在每月计划消费的基础上超支，主要消费集中在购买电脑、化妆品、服装及交往应酬等方面。甚至有些人最后不得不向朋友和家人借钱还账。其实他们在办理信用卡时并没有真正理解信贷消费所体现的消费理念，而仅仅看中了其透支消费的功能。

其实，年轻人爱追求潮流和新奇，具有较强的虚荣心，而信用卡透支消费一不小心就会成为年轻人奢侈购物的催化剂。其实，不管是哪种形式的消费，在消费者没有具备相应经济实力的时候，千万不要盲目进行提前消费。对于那些使用信用卡消费过度的人，还是及早调整消费习惯，以免等到欠了债再叫苦。同时还要对消费者进行适当的消费引导，让他们了解到拥有一张信用卡不仅拥有许多权利，还有一份责任。

据经济学家定义，个人每月还款额超过月收入 1/3 为"高负债者"。那么，靠"用明天的钱，圆今天的梦"的"负翁"的生活，并不如想象中的那么"风光无限"。在信贷消费的刺激下，中国的"负翁"们往往集中在北京、上海、天津、深圳这样典型的"移民"城市，年龄多在 25 岁至 40 岁之间，他们大都受过良好的教育，拥有一份收入不错的工作，最有望成为精英阶层的一员，却也最缺乏来自祖辈的荫泽。而北京、上海至少有七成以上的住房是通过按揭方式购买的，这个比例将来可能会达到九成左右，将与发达国家逐步看齐。

随着社会经济的发展，借钱消费不再被视为败家子行为，先借款消费再分期还款的消费行为越来越被普通大众所接受。然而，1998 年以来，个人消费贷款余额急剧扩大，到 2005 年 6 月已经超过 17000 亿元。北京的家庭债务比例高达 122%，超过了 2003 年美国家庭债务 115% 的比例。一些比较畸形的消费特征逐渐显现出来。因此，要对个人的财产状况有清醒的认识，理性消费，量入为出，才能真正享受生活。

警惕一窝蜂的"赶时髦"——消费从众

从众是人们自觉或不自觉地以某种集团规范或多数人的意见为准则，作出社会判断、改变态度的现象，也就是多数人怎么看、怎么说，就跟着怎么看、跟着怎么说，人云亦云，别人穿什么、做什么，自己也跟着穿什么、做什么。在经济学中，从众行为也被称为"羊群行为"。

羊群是一种很散乱的组织，平时在一起也是盲目地左冲右撞，但一旦有一只头羊动起来，其他的羊也会不假思索地一哄而上，全然不顾前面可能有狼或者不远处有更好的草。比如在一群羊前面横放一根木棍，第一只羊跳了过去，第二只、第三只也会跟着跳过去；这时，把那根棍子撤走，后面的羊，走到这里，仍然像

羊群效应

前面的羊一样，向上跳一下，尽管拦路的棍子已经不在了，这就是所谓的"羊群效应"。

因此，"羊群效应"就是比喻人都有一种从众心理，也形象地概括了人们的盲目消费行为。比如，购物时喜欢到人多的商店；选择品牌时，偏向那些市场占有率高的品牌；选择旅游点时，偏向热点城市和热点线路。

从众心理是大众都容易犯的病。"羊群效应"告诉我们，许多

时候，并不是谚语说的那样——"群众的眼睛是雪亮的"。在市场中的普通大众，往往容易丧失基本判断力。一见别人排队买东西，就以为是有"便宜"可占，不管三七二十一，就加入进去。一见别人都夸这东西好，仿佛千载难逢，也赶快掏腰包，生怕错过机会。这种现象我们已司空见惯了。报纸上不时揭露的不法商家雇"托儿"的卑劣手段，就是诱使人从众以使其上当的最好注脚。

消费是否应该从众，要做具体分析。从众性强的人独立性差，缺乏主见，易受暗示，容易不加分析地接受别人意见并付诸行动。就从众所造成的结果而言，从众行为也显示了一种较为理性的特征。一般而言，从众所造成的结果无非有三种。一种情况是别人吃亏。这时由于"我"与别人采取了一样的行为，所以"我"也跟着吃亏。但这种情况对"我"造成的结果是，虽然改变了"我"在社会中的绝对位置，但对"我"的相对位置影响并不大，因为别人都吃了亏。另一种情况是别人占便宜。这时对"我"而言，由于"我"采取了与别人同样的行为，所以，"我"也会跟着占便宜。这种情况对"我"造成的结果是，虽然相对位置变化不大，但绝对位置提升了。第三种情况是别人既不吃亏也不占便宜。这种情况对从众的个人而言，其结果是既不会改变社会的绝对位置，也不会改变社会的相对位置。上述三种情况总体的结论是从众的选择对个人的行为目的而言，总体上呈现一定的理性原则，并非都是非理性特征。

由于任何人都是自我利益的最佳判断者和最佳追求者。所以，某人从事某种行为，肯定符合某人的效用最大化法则。既然别人的行为都是对自己负责，所以我模仿别人的行为很大可能是对自己有利的，除非别人是傻瓜，而这种可能性又是较小的。此外，从众使个人减少了信息搜寻成本。任何人在从事某一行动前，总得付出一些信息成本，包括时间和金钱等方面。决断本身就需要时间，在情况不明的条件下，用于决断的时间就会相应较长。对于一些优柔寡断者，更是如此；但对一些果断者，相应用时就会少些，但此时有可能会造成较大失误。要进行正确决断，就得搜集信息，并且搜集的信息越多会越有利于决策。但搜集信息需要付出成本，这时，其他人的行为选择本身就构成了一条重要的信息。

值得注意的是，在对商品了解较多，并有客观判断标准的情况下，很少有从众行为；商品信息模糊时，容易产生从众行为。对每个消费者来说，是否会产生从众行为还与其个性因素有密切关系，依赖性强、缺乏自信、易受暗示、知识面窄的消费者更容易产生从众行为。在现有的信息条件下，人们通过模仿领头羊的行为以期达到自己的预期结果。虽然预期希望常常不能如愿以偿，但是在作出这个选择之前，人们有一种理性的预期希望。

因此，对待消费从众行为要辩证地看。在特定的条件下，由于没有足够的信息或者搜集不到准确的信息，从众行为是很难避免的。通过模仿他人的行为来选择策略并无大碍，有时模仿策略还可以有效地避免风险和取得进步。因为人们生活于社会之中，从社会联系的意义来看，群体构成了人类社会生活基础，每个人都是一定社会群体的成员。群体的内聚力来自对其成员的感召力和组织力。因此当群体代表进步潮流时，个人服从组织，作出从众行为，这是应该的。但是由于从众心理是一种缺乏自信和主见的盲从和向压力屈服的心理状态，而不是自觉地有明确目的的对外界事物的反映，一味盲目地从众，可以扼杀一个人的积极性和创造力。所以应尽可能克服这种心理。

第九章
消费与偏好

萝卜白菜,各有所爱——消费偏好

消费偏好是指消费者对于所购买或消费的商品和劳务的爱好胜过其他商品或劳务,又称"消费者嗜好"。它是对商品或劳务优劣性所产生的主观感觉或评价。

根据经济学的假设,人都是有偏好的。所谓萝卜白菜各有所爱,所谓穿衣戴帽各好一套,说的就是这个道理。比如消费者对特定的商品、商店或商标产生特殊的信任,重复、习惯地前往一定的商店,或反复、习惯地购买同一商标或品牌的商品。属于这种类型的消费者,常在潜意识的支配下采取行动。

偏好实际上是潜藏在人们内心的一种情感和倾向,它是非直观的,引起偏好的感性因素多于理性因素。每个人的偏好不同,这就会引起每个人行为选择的不同。

每个人的偏好不同,因此对同一种物品的评价往往不同,而这种评价直接影响该物品对自己的实际价值。卖主认为钱的价值大于雕像,买主认为雕像的价值大于钱,其实这和个人的偏好不无关系。

那么偏好究竟跟什么相关呢?有人认为和收入相关:比如我们买服装时,富人不喜欢在地摊前买,他们总是偏好去大型商场;也有人认为偏好和地理有关:如四川人偏好吃辣,江苏人偏好吃甜;也有人认为偏好跟熟悉程度有关:比如集中同质商品供自己选择，一般会选择做过广告的；还有人认为偏好与周围人的偏好有关：如你周围的人都买某件东西时，你一般也会买这件东西。

其实，影响人们消费偏好的因素是很复杂的。宏观看，国家和民族的历史传承、国家和区域的经济环境、福利和劳动保障条件等都会影响人们的消费行为。而作为个人，偏好主要受以下几方面影响：

（1）习惯。由于个人行为方式的定型化，比如经常消费某种商品或经常采取某种消费方式，就会使消费者心理产生一种定向的结果。这种动机几乎每个人都有，只是习惯的内容及稳定程度不同。

（2）方便。很多人把方便与否作为选择消费品和劳务以及消费方式的第一标准，以求在消费活动中尽可能地节约时间。

（3）求名。很多人把消费品的名气作为选择与否的前提条件。购买活动中，首先要求商品是名牌。只要是名牌，投入再多的金钱也心甘情愿。

一般来说，某种商品的需求量与消费者对该商品的偏好程度正相关：如果其他因素不变，对某种商品的偏好程度越高，消费者对该商品的需求量就越多。但现实中人们的偏好并不是连续的、稳定的，而是可变的。偏好颠倒的现象说明，人们并不拥有事先定义好的、连续稳定的偏好，偏好是在判断和选择的过程中体现出来的，并受判断和选择的背景、程序的影响。因此，偏好主要分为以下几种类型：

（1）如果消费者的偏

"消费偏好"是消费者的喜好，是对商品的主观感受或判断。

好不稳定又含糊的话,要提供给他们一个满意的解决方案,以满足其偏好是不可能的。然而,因为他们对自己的偏好不了解,因此易被影响。

(2)消费者知道自己没有稳定、清晰的偏好,他们对供给的评估很有可能是建立在其外观的吸引力上,而不是其是否真的符合他们(不牢固)的偏好。例如,喜欢喝葡萄酒,但是又清楚地知道自己没有这方面的知识,可能会非常乐意接受有关葡萄酒方面的教育和消费建议。

(3)消费者有着稳定的消费偏好,这些偏好引导着他们的选择,但是他们却并没有清楚地意识到偏好对他们消费选择的驱动性。例如,他们可能自认为选择是建立在理性、客观评判的基础上的。而实际上他们的选择主要考虑的是情感因素或审美因素。因此,这些消费者很可能会错误地接受那些实际上并不符合他们偏好的定制化供给或选择标准,而最终导致不满意。

(4)消费者既有清晰的偏好,又对自己的偏好有足够的了解,这使他们能正确判断一种定制化供给是否真的符合他们的偏好。由于他们对自身偏好的了解,他们可能很少依赖营销者的建议。

事实上,每个人的消费偏好各有不同。比如曾在各大电视台热播的电视剧《蜗居》引发了很多观众的热情。小艾听办公室同事说电视剧《蜗居》不错,很残酷,很写实。忍将不住,熬夜下载看了两天,终于把整部电视剧看完了。她认为,《蜗居》是一部绝好的国产片子,反映了现代房奴的辛酸史,是如此贴近自己的生活。看完之后,她对《蜗居》赞不绝口,四处推荐。但是小艾尚在读幼儿园的女儿雯雯对她妈妈如此钟情于这部电视剧很不以为然,剧中故事对雯雯完全没有吸引力,相比较而言,她更喜欢看动画片中聪明的"喜羊羊"。

同样的一部电视剧,不同的人对此评价却各不同?这就涉及个人的偏好问题。偏好表明一个人喜欢什么,不喜欢什么。一般来说,偏好无所谓好坏,"萝卜青菜,各有所爱",并不能说喜欢青菜的人就要优于喜欢萝卜的人。爱好运动的人可能会经常说"生命在于运动",而好静的人喜欢以"千年乌龟"的典故作为自己不好动的理由。

服务态度好的商店生意兴隆——消费效用

在经济学的发展史中,"效用"概念的出现无疑是一个突破。物品效用在于满足人的欲望和需求。一切物品能满足人类天生的肉体和精神欲望,才成为有用的东西,才有价值。在经济学中,效用是用来衡量消费者从一组商品和服务之中获得的幸福或者满足的尺度。有了这种衡量尺度,我们就可以在谈论效用的增加或者降低的时候有所参考,因此,我们也可以在解释一种经济行为是否带来好处时有了衡量标准。

在度量效用的问题上,西方经济学家先后提出了基数效用和序数效用的概念。在此基础上,形成了分析消费者行为的两种方法:基数效用论的边际效用分析法和序数效用论的无差异曲线分析法。

在19世纪和20世纪初,西方经济学中普遍使用基数效用概念。基数是指1、2、3……,是可以加总求和的。基数效用论认为,效用可以具体衡量并加总求和,具体的效用量之间的比较是有意义的。表示效用大小的计量单位被称作效用单位。例如:对某消费者而言,看一场精彩的电影的效用为10效用单位,吃一顿麦当劳的效用为8效用单位,则这两种消费的效用之和为18效用单位。

序数效用论认为,效用无法具体衡量,也不能加总求和,效用之间的比较只能通过顺序或等级表示。自20世纪30年代至今,西方经济学中多使用序数效用概念。序数是指第一、第二、第三……,序数只表示顺序或等级,是不能加总求和的。例如,消费者消费了巧克力与唱片,他从中得到的效用是无法衡量,也无法加总求和的,更不能用基数来表示,但他可以比较从消费这两种物品中所得到的效用。如果他认为消费1块巧克力所带来的效用大于消费唱片所带来的效用，那么就叫一块巧克力的效用是第一，唱片的效用是第二。

效用价值论强调物对人的满足程度，而满足程度完全是主观的感觉，主观价值是客观交换价值的基础。物品的有用性和稀少性都是价值形成不可缺少的因素，都是主观价值的起源。经济学依赖一个基本的前提假定，即人们在做选择的时候倾向于选择在他们看来具有最高价值的那些物品和服务。效用是消费者的主观感觉，取决于消费者对这种物品的喜欢程度。消费者对某种物品越喜欢，这种物品带来的效用就越大，他就越愿意购买，需求就越高。比如有人喜欢抽烟，那么香烟对于他而言效用就很高，但对于一位不愿意闻烟味的女士来说，香烟就会效用很低甚至是负效用。很显然，在做决定的时候，烟民自然会把香烟视为至宝，而女士们可能更钟情于化妆品或者衣服之类的东西。

某种商品给消费者带来的效用因人而异，效用大小完全取决于个人主观感受，没有客观标准。比如有的消费者会认为购买胶卷相机带给他们的效用比购买数码相机更大，喝矿泉水比喝啤酒带给他们的效用更大，吃米饭比吃面条更能带给人愉悦感。这些由消费者的主观感受来决定。

实际上，一种商品对消费者是否具有效用，取决于消费者是否有购买这种商品的欲望，以及这种商品是否具有满足消费者欲望的能力。从这个意义上讲，消费者购买商品就是为了从购买这种商品中得到物质或精神的满足。效用是消费者消费某物品时的感受，本身就是一个主观的、抽象的、虚无的概念，而不是一个客观的尺度。

所以，有时候效用是无法衡量的，只能根据价格来判断对物品的效用。举例说，这类商品有药品、衣服、珠宝首饰等。患者一般对药品效用不清楚，所以常觉得好药应该贵一些，并且价格不是病人考虑的主要因素，所以会有一段需求曲线是上升的。衣服有其特殊性，我们每次买的不一样，这时候经验不起作用，因此对其效用评估的一个重要标准是价格，而且很多人不仅把衣服价格作为主要考虑的因素，甚至有人把衣服的价格作为炫耀的资本。珠宝首饰也是如此，特别是对于玉器、玛瑙等需要专业鉴别知识的商品，我们判断它们的预期效用更依靠价格，所以常常有人高价买来假货。

怎样搭配才能花钱最少——消费者均衡

在消费者的收入和商品的价格既定的条件下，当消费者选择商品组合获取了最大的效用满足，并将保持这种状态不变时，称消费者处于均衡状态，简称为消费者均衡。消费者的货币收入总是有限的，他要把有限的货币收入用于各种物品的购买，以满足自己的欲望。他应该如何把货币分配于各种物品的购买才能获得最大程度的满足，使得心理平衡呢？

如果我们用 P_x 和 P_y 分别表示 X 商品和 Y 商品的价格，再用 MW_x 和 MW_y 分别表示 X 商品和 Y 商品的边际欲望，那么，消费者均衡将由以下公式反映：

$$MW_x/P_x = MW_y/P_y$$

如果消费者认为 X 商品的边际欲望与价格之比大于 Y 商品的边际欲望与价格之比，那么，消费者就会增加 X 商品的购买量，减少 Y 商品的购买量，直至两个比值相等为止。虽然消费者均衡公式只有一个，但是，消费者均衡的比值却不计其数。因为每一个消费者的欲望尺度都有可能不相同。

那么究竟什么是消费者均衡呢？举一个生活中的例子来说明。李大妈是个很会过日子的人，买东西精打细算。这天她准备做午饭，看着家里没什么菜了，就去菜市场买菜。她先买了白菜、萝卜和西红柿，花了 10 元钱；又买了豆腐和粉条，花了 5 元钱。一看钱包里只剩下 2 元钱了，本来还想买一斤肉，可钱不够了。这怎么办？不能不买肉，家里已经没有荤菜了。李大妈这时才觉得白菜、萝卜和西红柿买多了，于是找卖菜的想退掉一些。买了菜还要退货？好在卖菜的见李大妈是老主顾，就退了她5元钱的菜。李大妈于是花7元钱买了点肉，心满意足回家了。

我们来分析李大妈的消费活动。李大妈带的钱是有限的，一共只有17元钱，她必须要用这17元钱满足她对各种菜的需要。白菜、萝卜和西红柿花了她10元钱，随着购买量的增加，边际效用减少了。想买肉而钱不够了，这时肉的边际效用就增加了。由于每元钱用于购买菜和肉的边际效用并不相等，李大妈心理不平衡，所以她要去退货，以便重新将货币分配于菜和肉的购买上。后来她用退回来的5元钱，再加上剩下的2元钱买到了肉。这样，每元钱用于购买菜和肉的边际效用就相等了，实现了消费者均衡，从而心满意足。

由此，我们可以看出消费者均衡的原则是：在消费者的货币收入固定和物品的价格已知的条件下，消费者总是想让自己购买的各种物品的边际欲望与各自价格的比值都相等，换句话说，消费者总是幻想自己的每一单位货币所获得的边际效用都相等。

同时，实现消费者均衡必须具备以下假设性条件：

（1）消费者的偏好既定。这就是说，消费者对各种物品效用的评价是既定的，不会发生变动。也就是消费者在购买物品时，对各种物品购买因需要程度不同，排列的顺序是固定不变的。比如一个消费者到商店中去买盐、电池和点心，在去商店之前，对商品购买的排列顺序是盐、电池、点心，这一排列顺序到商店后也不会发生改变。这就是说先花第一元钱购买商品时，买盐在消费者心目中的边际效用最大，电池次之，点心排在最后。

（2）消费者的收入既定。由于货币收入是有限的，货币可以购买一切物品，所以货币的边际效用不存在递减问题。因为收入有限，需要用货币购买的物品很多，但不可能全部都买，只能买自己认为最重要的几种。因为每一元货币的功能都是一样的，在购买各种商品时最后多花的每一元钱都应该为自己增加同样的满足程度，否则消费者就会放弃不符合这一条件的购买量组合，而选择自己认为更合适的购买量组合。

（3）物品的价格既定。由于物品价格既定，消费者就要考虑如何把有限的收入分配于各种物品的购买与消费上，以获得最大效用。由于收入固定，物品价格相对不变，消费者用有限的收入能够购买的商品所带来的最大的满足程度也是可以计量的。因为满足程度可以比较，所以对于商品的不同购买量组合所带来的总效用可以进行主观上的分析评价。

什么主宰着你的消费行为——消费预期

消费预期是消费主体在对市场和经济状况作出判断情况下的消费倾向，也就是消费者在购买产品之前对于厂商提供的产品和服务的价值判断。而消费者的预期价值和他们在实际消费过程中的感知价值所形成的差距直接影响了消费者的满意度。并且消费者的预期价值直接决定了顾客需求的现状和趋势，影响了他们的购买决策。

一般来说，消费者在使用商品（包括有形产品和服务）以后，会根据自己的消费经验，对商品作出一个自我评价，并在此评价的基础上形成对该产品的态度，即是否感到满意。生活中还存在着这样一个定律：如果实际效果＞预期，则顾客就会感到满意。也就是说，对于我们来说，当在购买和接受服务之前，都会预先设想到我们应该会有怎样一个体会，也就是说有了一个期望值。自然而然的，在体验产品的服务时，顾客就会产生一个实际的效果感受。倘若这些效果远远低于客户的期望值，那么客户心理就会亮出不满意的红灯。如果实际效果与期望值差不多，客户会感觉到一般满意；如果实际效果超过了期望值，甚至带来惊喜，客户就会非常满意。

举一个简单的例子。斯宾诺的西装里经常携带大量的发票及各

式收据。一次洗衣服时,西装里有一张数额不菲的支票被洗了,等到发现时,支票已经残损不堪。这张支票足以让他破产。当他听说英国银行新提供了一种服务,能将破损的支票还原时,尽管斯宾诺对这种服务并不抱太大期望,他还是走进了银行。经过一番鉴定后,果然,斯宾诺得到了全部的钱。当银行的服务员让他为自己的服务打分时,斯宾诺毫不犹豫地给出了"非常满意"!

预期是一种带有暗示性的软性指令,会影响消费行为。

在这个故事里,当斯宾诺听说银行有恢复残损支票的服务时,我们可以假定他对银行服务的预期评价为30(假定顾客评价100时为满意),而当他得到全额的还款时,现实就远远超出了自己的预期,他不仅对此感到满意,甚至还很激动,则我们可以假定他的实际效果评价为120。通过这样的数值表示,我们就能很清楚地看到斯宾诺的满意程度。

在现实生活中,人们的预期具有特殊的引导作用,能隐蔽地发射一种能量,让被预期者朝着预期的方向行进或改变。也可以说,预期是一种带有暗示性的软性指令。

消费预期容易形成一种成见。在美国曾经有一则"百事挑战"的电视广告,广告里任意挑选顾客,请他们品尝可口可乐和百事可乐,然后让他们当场说明喜欢哪一种。结果当然是百事可乐超过可口可乐。同时,可口可乐的广告表明人们对可口可乐的偏爱超过百事可乐。事实上,两家公司对他们的产品采用了不同的评估方式。据说可口可乐公司采用的是让消费者根据偏好公开挑选,而百事可乐采取的挑战方式则是让参与者蒙起眼睛，在两种可乐中品尝打分。难道说百事可乐在"盲目"测试中味道较好，而可口可乐在"可见"测试中味道较优？实际上，多年来可口可乐在广告、品牌上已经占据了优势，人们对可口可乐的预期已经让人们产生了一种成见：可口可乐比百事可乐好喝。其实，这就如同我们看到老年人用电脑，就会想到他不会上QQ，看到清华学生就想到他们一定很聪明的原因。成见为我们提供了特定的预期，也可能对我们的认识与行为有不利的影响。

预期具有非凡的作用，它能让人们在嘈杂的房间里聊天，虽然有时听不清，但仍然可以正确理解对方说什么。有时收集信息上出现一些乱码，我们也照样读懂它的意思。尽管预期有时候让人显得很傻，但却是用途多多。

如果某种商品在价格上打了折扣，注定得到的东西就差吗？如果我们依赖自己非理性的直觉，实际上就是这样。如果我们看到半价商品，我们本能地断定它的质量就比全价的差——事实上我们把它看得差了，它就真的差了。怎么纠正呢？如果我们定下心来，理性地拿产品与价格做一番比较，就能克服那种无意识的冲动，不再把产品的销售价格与内在质量挂钩了。

有钱人就该高消费吗？——炫耀性消费

经济学家把消费极为昂贵的产品或服务称为炫耀性消费。其含义在于这种消费行为的目的不在于其实用价值，而在于炫耀自己的身份。此外，消费心理学研究也表明，商品的价格具有很好的排他作用，能够很好地显示出个人收入水平。利用收入优势，通过高价消费这种方式，高层次者常常能够有效地把自己与低层次者分开。

炫耀性消费作为一种象征性消费，包含两层含义：其一，是"消费的象征"。即借助消费者的消费表达和传递某种意义和信息，包括消费者的地位、身份、个性、品位、情趣和认同。消费过程不仅是满足人的基本需要,而且也是社会表现和社会交流的过程。其二,是"象征的消费"。即消费者不仅消费商品本身,而且消费这些商品所象征的某种社会文化意义,包括消费时的心情、美感、氛围、气派和情调。

炫耀性消费是一种重要的社会经济现象,这个概念最早由凡勃伦于1899年出版的《有闲阶级论——关于制度的经济研究》一书中提出来的。凡勃伦认为商品可被分为两大类:非炫耀性商品和炫耀性商品。其中,非炫耀性商品只能给消费者带来物质效用,炫耀性商品则给消费者带来满足效用。所谓满足效用,是指通过消费某种特殊的商品而受到其他人尊敬所带来的满足感。他认为:富裕的人常常消费一些炫耀性商品来显示其拥有较多的财富或者较高的社会地位。

相传法国皇帝拿破仑三世常常大摆宴席,宴请天下宾客。每次宴会,餐桌上的用具几乎全是用银制成的,唯有他自己用的那一个碗却是铝制品。为什么贵为法国皇帝,却不用高贵而亮丽的银碗,而用色泽要暗得多的铝碗呢?原来,在差不多200年前的拿破仑三世时代,冶炼和使用金银已经有很长的历史,宫廷中的银器比比皆是。可是,在那个时候,人们才刚刚懂得可以从铝矾土中炼出铝来,冶炼铝的技术还非常落后,炼铝十分困难。所以,当时铝是非常稀罕的东西,不要说平民百姓用不起,就是大臣贵族也用不上。拿破仑三世让客人们用银餐具,偏偏自己用铝碗,就是为了显示自己的高贵和尊严。

这事要拿到现在,一定十分可笑,因为在今天,铝不仅比银便宜得多,而且光泽和性能都远远比不上银。铝之所以变得便宜,是因为后来人们发明了电解铝的技术,可以大量生产铝。铝已经非常普遍,谁还会像当年的拿破仑三世那样拿它来炫耀呢。

炫耀性消费的表现形式可以说是林林总总、无所不包。炫耀性消费与商品的竞争相结合,一种是自我消费,一种是代理消费。很多人的炫耀性消费都是通过价格及品牌来表现的。如果价格下

炫耀性消费与凡勃伦效应

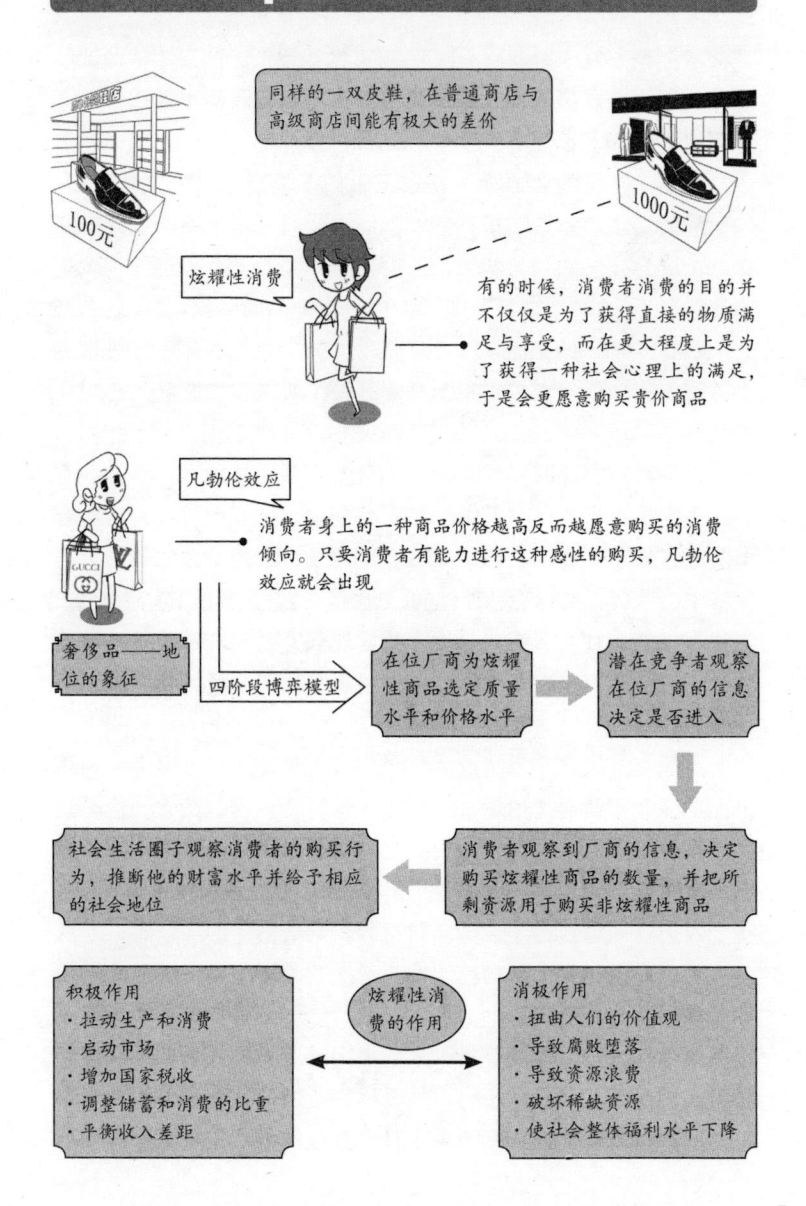

同样的一双皮鞋，在普通商店与高级商店间能有极大的差价

100元　　1000元

炫耀性消费

有的时候，消费者消费的目的并不仅仅是为了获得直接的物质满足与享受，而在更大程度上是为了获得一种社会心理上的满足，于是会更愿意购买贵价商品

凡勃伦效应

消费者身上的一种商品价格越高反而越愿意购买的消费倾向。只要消费者有能力进行这种感性的购买，凡勃伦效应就会出现

奢侈品——地位的象征

四阶段博弈模型

在位厂商为炫耀性商品选定质量水平和价格水平 → 潜在竞争者观察在位厂商的信息决定是否进入 → 消费者观察到厂商的信息，决定购买炫耀性商品的数量，并把所剩资源用于购买非炫耀性商品 → 社会生活圈子观察消费者的购买行为，推断他的财富水平并给予相应的社会地位

炫耀性消费的作用

积极作用
- 拉动生产和消费
- 启动市场
- 增加国家税收
- 调整储蓄和消费的比重
- 平衡收入差距

消极作用
- 扭曲人们的价值观
- 导致腐败堕落
- 导致资源浪费
- 破坏稀缺资源
- 使社会整体福利水平下降

跌，炫耀性消费的效用就降低了，这种物品的需求量就会减少。比如一部价值20万元的手机，现在要1万元卖给他，他也许根本瞧都不会瞧一眼。如果是一顿20万元的年夜饭，如果请他免费品尝，大概也会被拒绝。因为这些物品只剩下实际使用效用，不再有炫耀性消费效用了。

如今，年轻的"80后"富家子弟们正逐渐走向公众的视野，与他们的父辈筚路蓝缕艰苦创业不同，他们一出生便继承万贯家产，正成为社会的一代新贵。他们中间一些人大手大脚的消费更为社会所诟病，"二世祖"便是人们送给他们的"雅号"。名车豪宅、香槟美酒、名牌着装、饰物、大把烧钱，之所以会频频成为"富二代"们追求的对象，其实归根结底是其"炫富"心理在作怪。

这种炫富心理其实在普通人的日常生活中也很常见。很多时候，人们买一样东西，看中的并不完全是它的使用价值，而是希望通过这样东西显示自己的财富、地位或者其他。在成熟的市场经济中，消费者的行为是理性的，进行炫耀性消费的都是企业家、演艺界大腕、社会名流等亿万富豪，他们有钱，进行炫耀性消费也是正常的。但是在我国，炫耀性消费增长的速度远远快于经济增长。

实际上，炫耀并非缺点，它对我们这个社会起着很多大的建设性功能：正是通过炫耀，财富才获得不断积累的动力；正是通过炫耀，一个人对财富拥有的满足才能折射到另外一个人的梦想中，并转化为一群人追求财富的动力。也就是说，从主观上讲，一个人通过炫耀获得了"追求财富并得到财富"的成就感；客观上讲，一群人在这个人的炫耀性消费的刺激下获得追求财富的动力：有资格炫耀的人是成功的人，是拥有财富的人。

不正常的炫耀性消费所带来的损害是巨大的。当人们看重自己的财富地位、权贵身份时，就要尽其所能地炫耀和攀比，把人生的目的和意义定位在不断满足日益升级的炫耀需求上。在很多腐败案例中，一些高官为显示自己的地位和权势，大肆进行炫耀性消费，并为满足欲望而放弃原则和法律，进行权钱交易，贪污受贿，直至腐化堕落。

炫耀性消费不仅使大量的奢侈品生产耗资巨大，而且这些消费者又以惊人的铺张浪费将奢侈品化为废弃物。享受不了的人有条件挥霍，需要的人又没条件满足。浪费的财富只是满足了富有者的虚荣心，这无异于实际财富的低增长和社会整体福利的下降。

炫耀性消费是一种典型的非理性消费。其实，炫耀其身份的方式不一定非得通过消费奢侈品等行为体现，可以通过慈善等其他方式得以体现。因此，炫耀性消费可以降降温了。

"冲动是魔鬼"——冲动型消费

当你在商场中看到一些比较便宜，或者很讨你喜欢的一些东西，这些东西可能是你经常看到但从来没有使用过的。你猛然间觉得自己好像很需要它，于是将其买下来。但是事后却发现你根本不需要它，或者它的作用很小。其实，这就是典型的冲动型消费。

冲动型消费指在某种急切的购买心理的支配下，仅凭直观感觉与情绪就决定购买商品。在冲动消费者身上，个人消费的情感因素超出认知与意志因素的制约，容易接受商品（特别是时尚潮流商品）的外观和广告宣传的影响。而冲动型消费一般分为以下几种类型：

（1）纯冲动型。顾客事先完全无购买愿望，没有经过正常的消费决策过程，临时决定购买。购买时完全背离对商品和商标的正常选择，是一种突发性的行为，出于心理反应或情感冲动而"一时兴起"或"心血来潮"，或是"图新奇""求变化"。

（2）刺激冲动型。顾客在购物现场见到某种产品或某些广告宣传、营业推广，提示或激起顾客尚未满足的消费需求，从而引起消费欲望，从而决定购买，是购物现场刺激的结果。

北京 巴黎

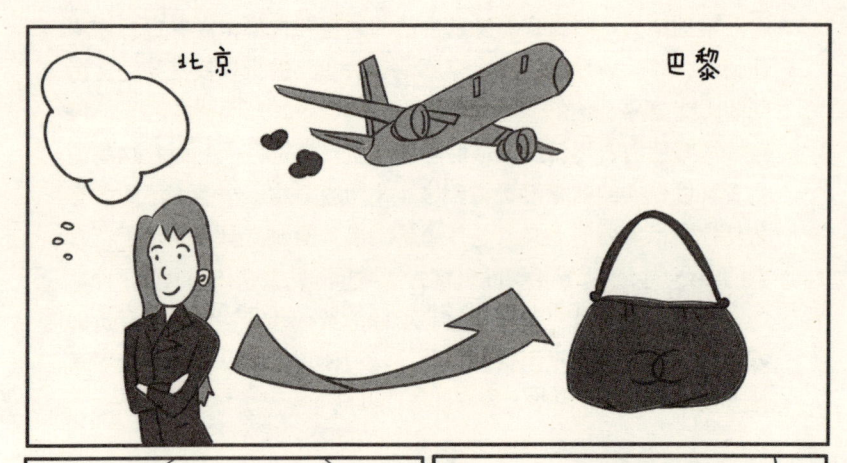

没有广告上说得好。不用了。

图中的消费行为属于冲动型消费。所谓冲动型消费是指在某种急切的购买心理的支配下，仅凭直观感觉与情绪购买商品的消费。冲动型消费者的购买行为是商品广告、宣传诉诸情绪的强烈冲击，唤起心理活动的敏捷与定向。

猫老师讲坛

　　生活中的冲动型消费是不可理喻的，尤其体现在女性身上。在消费者群体中，商家最想诱惑的就是娘子军，最不敢得罪的也是娘子军，因为她们身上携带着难以想象的商机。

（3）计划冲动型。顾客具有某种购买需求，但没有确定购买地点和时间。如得知某超市要让利销售，专门到该超市购物，但没有具体的购物清单，因而买"便宜货"是有计划的，买何种"便宜货"则是冲动的。

而女性无疑是冲动型消费的主力军。日本一个专门研究消费者形态的机构有一个统计，女性冲动性购买的比率为34.9%。换句话说，每3个女性消费者里面，就有一个是冲动性购买者。女性的非理性消费彻底颠覆了经济学家所能预测的消费模式，常常你会看到这样的现象，她们在进入超市之前做了周密的购物计划，但在购物的时候却买回不少自己喜欢却并不实用、甚至根本还用不上的商品。

有人说，女人钱是最好赚的。一个女人可以在冲动之下专程打"飞的"去扫荡名牌，也可以在一时兴起的情况下买下上万的穿不上几次的衣服。经济学家说，女人们的这种消费轨迹无法琢磨，因为没有一丝规律可循。

所以，琢磨女人的消费动态，就成了难以完成的任务，她们消费的理由林林总总，总是不乏借口。但困扰着经济学家们的是——女性为什么倾向于非理性消费呢？

女性是冲动型消费的主力军。

英国心理学家研究发现，女性在月经周期最后 10 天左右更易产生购物冲动。女性所处月经周期越靠后，她们超支的可能性越大，在花钱方面更不节制、更冲动、超支金额更多。

一位参与这项科学研究的女性这样说："我被购物冲动抓住，如果不买东西，我就感觉焦虑，如同不能呼吸一般。这听起来荒唐，但这种事每个月都在发生。"

科学家认为，女性月经周期中体内荷尔蒙的变化容易引起不良情绪，如抑郁、压力感和生气。她们感到非常有压力或沮丧，容易选择购物这一方式，让自己高兴并调节情绪。对许多女性而言，购物成为一种"情感上的习惯"。她们不是因为需要而购买商品，而是享受购物带来的兴奋感。

研究同时发现，不少女性会为冲动购物感到懊恼。以大学生塞利娜·哈尔为例，她平素习惯穿平跟鞋，但一时兴起想买高跟鞋，于是一口气买下好几款颜色不同的坡跟鞋。然而，没隔多久，她就不喜欢这些新鞋了，不愿再穿它们。

科学家说，如果女性担心自己的购物行为，她们应该避免在月经周期后期购物。她们应考虑干点别的，而不是周末去商业街。

女性容易受到情绪因素的影响，是心理更不成熟、更为脆弱的群体。女性中最常见的就是情绪化消费。据统计有 50% 以上的女性在发了工资后会增加逛街的次数，40% 以上的女性在极端情绪下（心情不好或者心情非常好的情况），增加逛街次数。可见，购物消费是女性缓解压力、平衡情绪的方法，不论花了多少钱，只要能调整好心情，80% 左右的人都认为值得。这也可以佐证上文中科学家们的研究成果。

当然冲动型消费还容易受到人为气氛的影响。当消费者光顾的门店在进行商品促销的时候，往往能够激发消费者的购物冲动。对于某些商品来说，可能消费者处于可买可不买的边缘，但由于促销折扣往往能够引起消费者的冲动购物。

事实上，具有冲动消费的不仅仅是女性，其实我们每个人都有冲动消费的倾向。因此，冲动消费涵盖各类人群，其中属新婚夫妇最易冲动购物。因为这些消费者往往更没有消费计划，消费冲动行为较多。在消费者最容易冲动购物的商品类别上，男女是有区别的，男性一般青睐高技术、新发明的产品，而女性在服装鞋帽上很难克制自己的购物欲望。

那么，避免冲动性消费有哪些好办法呢？

（1）让钱包喘口气。在挑选商品和付款之间暂停一下，这时你会回到更加理性的状态。

（2）少用信用卡。接触到信用卡时，就像饥饿的人闻到烤面包的味道，让你感到不得不挥霍，以满足自己的欲望。

（3）忽略品牌。名牌煞费苦心地让人们认可它，使人相信购买它非常值得，尽管这些商品的品质很普通。

（4）别和朋友一起购物。和朋友购物会改变自己的习惯，避免购买更贵的食物和衣服。最好和家人购物。

（5）警惕特别优惠的商品。当看到特别优惠的商品时，你会变得失去理性，认为自己非常幸运，于是买了一堆不需要的东西。

冲动型消费其实是一种感性消费，而作为理性人的我们，应该时刻谨记"冲动是魔鬼"，并能控制随兴而起的"购物冲动"，做到有计划、有目标地购物，只有这样才能尽量减少自己的购物"后悔感"，做一名真正的理性人！

以火眼金睛辨识"李鬼"——消费欺诈

市场上经常可以看到"一洗黑"的洗发新产品，这一类洗发水大都宣传是纯天然植物制成，使用后头发很快就能变黑，安全又方便。2009年1月4日中央电视台《每周质量报告》曝光了"一洗黑"背后的秘密，多个品牌的"一洗黑"洗发水实际上就是添加但未标明加入了"对苯二胺"的染发剂。而标明自己是纯天然成为它最大的噱头，如标称为"首领一洗黑草本精华洗护套装"，每盒售价168元，比市面上的普通洗发水贵上数倍。

以"天然"之名对产品进行宣传，进而实施高价格销售，是商家经常使用的手法之一。天然食品流行的最重要的原因，是因为不断有食品危害身体健康的消息出现，很多人认为天然食品更好。于是商家应顾客之所需，市场上便大量出现了所谓的"天然食品"。消费者通过理性分析可以知道，市面上不可能有这么多天然食品，绝大部分的天然食品只是假借"天然"的噱头。

　　由此看来，很多商家其实都可以说是在以"天然"之名欺诈消费者。一方面，他们可以通过用"天然"一词来吸引顾客，满足顾客追求安全食品的需求，从而在市场上扩大自己的产品占有率。另一方面，虽然"天然食品"没有相关认证，但厂家用"天然"一词来标注自己的产品也没有任何风险，不用忧虑会承担风险成本。因为没有相关法律对此进行规定，自然也就没有人会对其进行惩罚，最关键的一点是，商家不必为"天然"二字投入任何成本，却能让同样的产品拥有巨大差异的价格！仅仅利用"天然"两个字，他们就为产品增加了表面上的"价值"！这样一来，收益要远远大于其他同类产品。有这么高的利润，何乐而不为呢？

　　消费者在消费过程中一定要注意类似的消费陷阱。媒体上，有关消费陷阱的例子不胜枚举，大学生、教授、政府职员和家庭主妇屡屡上当受骗的新闻经常见诸报端。毕竟我们的消费者还是"肉眼凡胎"，面对五花八门、形形色色的诈骗伎俩，可谓防不胜防。

　　仔细研究一下那些形形色色的骗术，实际上并不复杂，也不高明，多是些"草台班子"的小儿科作品。但就是这样的弱智骗术，仍然会让高智商的大学生和专家学者们上当受骗。而消费陷阱为什么屡屡出现呢？

　　首先是那些消费者们耳熟能详的名人们。他们代言了自己根本不会使用的产品，仅仅因为给了钱，就成为企业产品的"应声虫"，屡屡曝光的名人代言的产品出现问题就反映了这一点。

其次是那些充当假冒伪劣产品欺诈平台的某些电视媒体。整日整夜的狂轰滥炸的低俗广告，有些电视台在播放电视剧时，广告时间甚至是电视剧时间的数倍。于是，几个俄罗斯人穿上白大褂，变成了哈佛教授；明明就在郊区生产，转眼便成了"德国原版"；"纳米""基因"技术，实际不过是一块普通的线路板……

面对越来越多的选择，市场上的商品质量良莠不齐，很多商品以次充好。因此在消费活动中，消费者应该用理性的经济学头脑，分析识别市场上商家的各种行为。同时要了解各种产品知识，尽可能扩大自己的知识面。

看来，当消费者也不容易，必须要有孙悟空的本领：练就火眼金睛，辨识"李逵"与"李鬼"。

第十章
国民经济与国民收入

老僧为什么带头吃喝玩乐——总供给与总需求

在二次世界大战刚刚结束的时候，日本的经济濒临崩溃。当时有一位德高望重的老僧，突然一反常态，带头吃喝玩乐起来。这和战后的悲惨气氛格格不入，而这和他大德高僧的身份就更不相符了。但是，当时的著名作家，诺贝尔文学奖的获得者川端康成和其他的一些文化名流却对这位老僧的所作所为十分推崇。因为当时日本战败，很多人对未来和生活失去了信心，老僧在做的事情，就是鼓舞人们去享受人生，希望能唤醒人们对生活的兴趣。只有人们开始热爱人生了，才能谈得上重建家园，后来日本的经济发展证实了这一点。

在经济萧条时，当总供给大于总需求的时候，也就是社会的需求已经远远小于社会的供给时，必须唤醒人们的消费欲望，才能增加生产，复苏经济。老僧带头吃喝玩乐就是为了刺激大家的消费欲望，增加生产，让社会的总需求与总供给大致平衡。

总供给与总需求是宏观经济学中的一对基本概念。总供给是经济社会的总产量（或总产出），它描述了经济社会的基本资源用于生产时可能有的产量。一般而言，总供给主要是由生产性投入（最重要的是劳动与资本）的数量和这些投入组合的效率（即社会的技术）所决定的。

总需求是经济社会对产品和劳务的需求总量。总需求由消费

供求与价格的关系

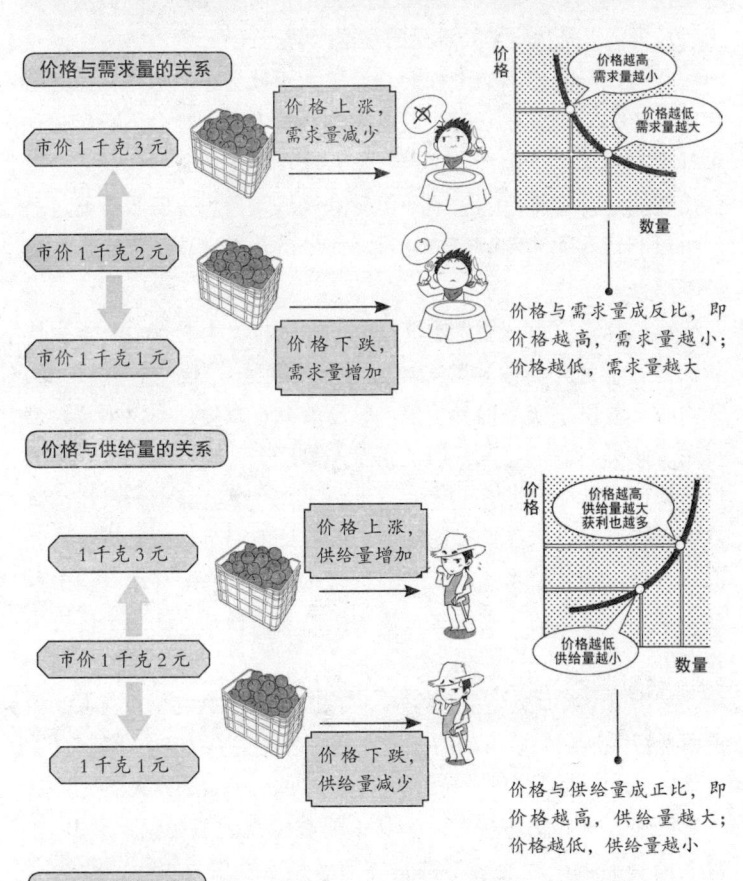

价格与需求量的关系

市价1千克3元 → 价格上涨，需求量减少

市价1千克2元

市价1千克1元 → 价格下跌，需求量增加

价格越高，需求量越小
价格越低，需求量越大

价格与需求量成反比，即价格越高，需求量越小；价格越低，需求量越大

价格与供给量的关系

1千克3元 → 价格上涨，供给量增加

市价1千克2元

1千克1元 → 价格下跌，供给量减少

价格越高，供给量越大，获利也越多
价格越低，供给量越小

价格与供给量成正比，即价格越高，供给量越大；价格越低，供给量越小

均衡价格的形成

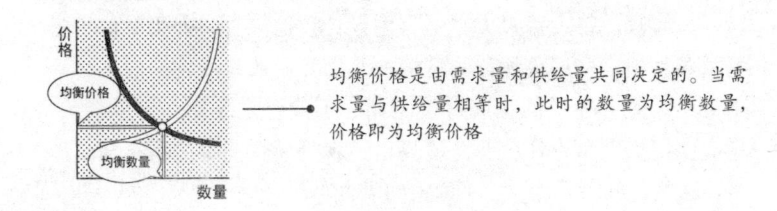

均衡价格
均衡数量

均衡价格是由需求量和供给量共同决定的。当需求量与供给量相等时，此时的数量为均衡数量，价格即为均衡价格

需求、投资需求、政府需求和国外需求构成,其中国外需求由国际经济环境决定,而政府需求主要是一个政策变量,因此消费需求和投资需求是决定总需求量的基本因素。

在现代经济中,如果社会总需求大于社会总供给,就意味着市场处于供求的紧张状态,就会出现物价上涨和社会不稳定;如果社会总需求小于社会总供给,就意味着市场处于疲软状态,就会出现企业开工不足,失业率上升和经济萧条。一般政府通过经济手段和行政手段调节经济运行,使经济在社会总供求完全均衡的基础上运行。

清代乾隆三十三年,两淮盐政的尤拔世上书奏报,指责当地盐商挥霍成性,引发奢靡之风,请求乾隆皇帝对他们加以惩处,并力荐安养民生应当倡导节俭。乾隆看此奏章后,不以为意,遂批示"此可不必,商人奢用,亦养无数游手好闲之人。皆令其敦俭,彼徒自封耳。此见甚鄙迂。"这几句话是说,富商们奢侈消费能够增加就业,供养更多闲散之人。若让他们节俭,反倒对百姓没有好处。如此看来,富商的消费有什么不对?又有什么理由要加以禁止?乾隆的一番说辞,让大臣们茅塞顿开,从此不再提禁奢之事。

从历史上看,乾隆皇帝的这一主张的确是明智之举。富人的积极消费极大地刺激了清朝的经济发展,并促生了有名的康乾盛世。也是从这个案例中,后人提出了这样的主张——鼓励富人消费。

很多人对此仍不理解,为什么要鼓励富人消费呢?历史上,富人消费的例子,最后不都是丧家败国么?像史书中,就描写丢掉夏朝的桀,残暴奢靡。他曾倾空国库,建筑自己的豪华寝宫——倾宫;曾大费人力在王宫内设计酒池肉林;曾用整块的玉石雕建宫门,并用象牙修饰蜿蜒的长廊。而败光商朝的纣王也毫不逊色,穷奢极欲的程度有过之而无不及。吃饭要吃旄象豹胎;穿衣要锦衣九重;住房要广厦高台;观景要登摘星之阁,高筑鹿台。这些,最后不都导致了国家的灭亡吗?

此类说法，难免有些偏激和片面。要知道，夏桀、商纣是富人消费的极端例子，他们不惜动用全国人民的财富来任由自己挥霍，引起民怨民愤，才导致了自己的灭亡。但历史上大多数富人的消费花的都是自己的收入，并不对其他人造成危害，为什么不鼓励呢？从宏观层面来说，社会经济有供给有需求，二者维持在整体平衡，当众人减少消费，必然会引起需求不足，从而导致供给过剩，最终危害整体社会经济运行状况。

如果总供给与总需求不平衡时，市场价格就会脱离市场价值而偏向某一个方面，这就不会反映社会需求的实际情况，经济结构就不会协调，经济运行就不会正常。在总供给与总需求的矛盾中，总需求往往是矛盾的主要方面，因此，应该把调控总需求作为重点。总需求大于总供给是由超国民收入分配造成的，即国民收入在货币价值形态上的分配超过了国民收入的实际生产额。在这种情况下，就表现为通货膨胀。控制超国民收入分配，保持社会总供给与总需求的基本平衡，是宏观经济调控的首要任务。

衡量经济活动的有效尺度——GDP

网上流传着一则有关 GDP 的笑话：

一天两位青年饭后去散步，为了某个数学模型的证明争了起来。正在难分高下的时候，突然发现前面的草地上有一堆狗屎。甲就对乙说，如果你能把它吃下去，我愿意出五千万。五千万的诱惑可真不小，吃还是不吃呢？乙掏出纸笔，进行了精确的数学计算，很快得出了经济学上的最优解：吃！于是甲损失了五千万，当然，乙的这顿饭吃得也并不轻松。

两个人继续散步，突然又发现了一堆狗屎，这时候乙开始剧烈反胃，而甲也有点心疼刚才花掉的五千万。于是乙说，你把它吃下去，我也给你五千万。于是，出现了不同的计算方法，相同的计算结果——吃！甲心满意足地收回了五千万，而乙似乎也找到了一点心理平衡。

可突然，他们同时号啕大哭：闹了半天我们什么也没得到，却白白吃了两堆狗屎！他们怎么也想不通，只好去请他们的导师——一位著名的经济学泰斗给出解释。

听了两位高徒的故事，没想到泰斗无比激动，只见泰斗颤巍巍地举起一根手指头，无比激动地说："一个亿啊！一个亿啊！我亲爱的同学，感谢你们，你们仅仅吃了两堆狗屎，就为国家的GDP贡献了一个亿的产值！"

吃狗屎能创造GDP，这是件可笑的事情。在可笑之余，我们应该先了解什么是GDP。GDP即英文gross domestic product的缩写，也就是国内生产总值。通常对GDP的定义为：一定时期内（一个季度或一年），一个国家或地区的经济中所生产出的全部最终产品和提供劳务的市场价值的总值。

自从20世纪30年代美国经济学家库兹理茨建立这个体系以来，GDP这个指标一直在使用和改进中。应该说，GDP是能基本反映一国整体经济运行状况与历史趋势的。到现在为止，还没有一个人能提出广为公众接受的另一种指标体系来替代GDP，也没有一个国家不使用GDP这个指标，或者放弃GDP统计的计划。

在经济学中，GDP常用来作为衡量该国或该地区的经济发展综合水平通用的指标，这也是目前各个国家和地区常采用的衡量

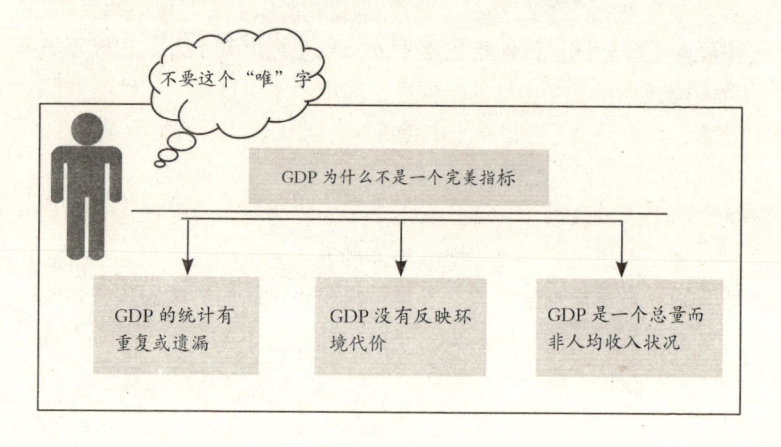

不要这个"唯"字

GDP为什么不是一个完美指标

| GDP的统计有重复或遗漏 | GDP没有反映环境代价 | GDP是一个总量而非人均收入状况 |

手段。GDP是宏观经济中最受关注的经济统计数字,因为它被认为是衡量国民经济发展状况最重要的一个指标。一般来说,国内生产总值有三种形态,即价值形态、收入形态和产品形态。从价值形态看,它是所有常住单位在一定时期内生产的全部货物和服务价值与同期投入的全部非固定资产货物和服务价值的差额,即所有常住单位的增加值之和;从收入形态看,它是所有常住单位在一定时期内直接创造的收入之和。GDP反映的是国民经济各部门增加值的总额。

1. 生产法

生产法是从生产角度计算国内生产总值的一种方法。从国民经济各部门一定时期内生产和提供的产品和劳务的总价值中,扣除生产过程中投入的中间产品的价值,从而得到各部门的增加值,各部门增加值的总和就是国内生产总值。计算公式为:总产出－中间投入＝增加值。

GDP＝各行业增加值之和

也可以表示为:GDP＝Σ各产业部门的总产出－Σ各产业部门的中间消耗

2. 收入法

收入法是从生产过程中各生产要素创造收入的角度计算GDP的一种方法。即各常住单位的增加值等于劳动者报酬、固定资产折旧、生产税净额和营业盈余四项之和。这四项在投入产出中也称最初投入价值。各常住单位增加值的总和就是GDP。计算公式为:

GDP＝Σ各产业部门劳动者报酬＋Σ各产业部门固定资产折旧＋Σ各产业部门生产税净额＋Σ各产业部门营业利润

3. 支出法

支出法是从最终使用的角度来计算GDP及其使用去向的一种方法。GDP的最终使用包括货物和服务的最终消费、资本形成总

额和净出口三部分。计算公式为:

GDP(国内生产总值)＝最终消费＋资本形成总额＋净出口

从生产角度,等于各部门(包括第一、第二和第三产业)增加值之和;从收入角度,等于固定资产折旧、劳动者报酬、生产税净额和营业盈余之和;从使用角度,等于总消费、总投资和净出口之和。

美国经济学家萨缪尔森认为,GDP 是 20 世纪最伟大的发明之一。他将 GDP 比做描述天气的卫星云图,能够提供经济状况的完整图像,能够帮助领导者判断经济是在萎缩还是在膨胀,是需要

国内生产总值——GDP

GDP 是指一个国家在一年内,所生产的全部最终产品(包括劳务)的市场价格的总和。

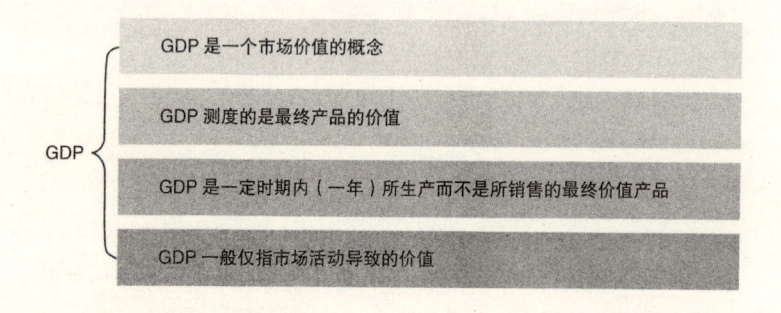

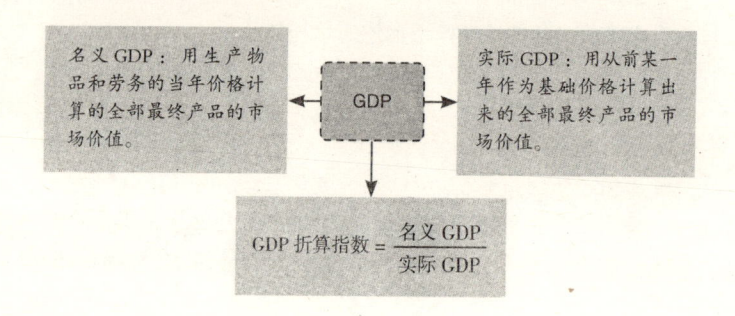

GDP:
- GDP 是一个市场价值的概念
- GDP 测度的是最终产品的价值
- GDP 是一定时期内(一年)所生产而不是所销售的最终价值产品
- GDP 一般仅指市场活动导致的价值

名义 GDP:用生产物品和劳务的当年价格计算的全部最终产品的市场价值。

实际 GDP:用从前某一年作为基础价格计算出来的全部最终产品的市场价值。

$$\text{GDP 折算指数} = \frac{\text{名义 GDP}}{\text{实际 GDP}}$$

刺激还是需要控制，是处于严重衰退还是处于通胀威胁之中。如果没有像GDP这样的总量指标，政策制定者就会陷入杂乱无章的数字海洋而不知所措。

国家经济的体温计——PPI

根据国家统计局发布的数据显示，2009年12月份PPI在各方预期之内如期转正，上涨1.7%。2009年12月份的PPI同比增幅，比11月份均明显加快。马建堂具体分析上涨因素称，CPI分项数据中，食品和居住项目是主要上涨因素。数据显示，食品上涨了5.3%，拉动了CPI上涨1.74个百分点；包括住房在内的居住项目价格上涨1.5%，拉动CPI上涨0.21个百分点。PPI方面，主要是采掘工业品以及原料、钢材、水泥、十大有色产品上涨较多，去年12月份分别同比上涨17.6%和3.6%，对PPI上涨分别贡献0.9和0.7个百分点。这两者总共贡献的百分点"已经接近总体上涨的1.7（个百分点）了"。

生产者物价指数（PPI）：生产者物价指数主要的目的在于衡量各种商品在不同的生产阶段的价格变化情形。PPI是衡量工业企业产品出厂价格变动趋势和变动程度的指数，是反映某一时期生产领域价格变动情况的重要经济指标，也是制定有关经济政策和国民经济核算的重要依据。目前，我国PPI的调查产品有4000多种（含规格品9500多种），覆盖全部39个工业行业大类，涉及调查种类186个。

由于CPI不仅包括消费品价格，还包括服务价格，CPI与PPI在统计口径上并非严格的对应关系，因此CPI与PPI的变化出现不一致的情况是可能的。CPI与PPI持续处于背离状态，这不符合价格传导规律。价格传导出现断裂的主要原因在于工业品市场处于买方市场以及政府对公共产品价格的人为控制。

PPI通常作为观察通货膨胀水平的重要指标。由于食品价格因季节变化较大，而能源价格也经常出现意外波动，为了能更清晰地反映出整体商品的价格变化情况，一般将食品和能源价格的变化剔除，从而形成"核心生产者物价指数"，进一步观察通货膨胀率变化趋势。

在美国，生产者物价指数的资料搜集由美国劳工局负责，他们以问卷的方式向各大生产厂商搜集资料，搜集的基准月是每个月包含 13 日在内该星期的 2300 种商品的报价，再加权换算成百进位形态，为方便比较，基期定为 1967 年。一般而言，当生产者物价指数增幅很大而且持续加速上升时，该国央行相应的反应应是采取加息对策阻止通货膨胀快速上涨，则该国货币升值的可能性增大；反之亦然。

真正的经济学家注重 PPI 而媒体注重 Core PPI，将食物及能源去除后的，称为"核心 PPI"（Core PPI）指数，以正确判断物价的真正走势——这是由于食物及能源价格一向受到季节及供需的影响，波动剧烈。Core PPI 短期内会产生误导作用。

PPI 上升不是好事，如果生产者转移成本，终端消费品价格上扬，通胀上涨。如果不转移，企业利润下降，经济有下行风险。

美国劳工部 2009 年 12 月 15 日公布，美国 11 月生产者物价指数月率上升 1.8%，预期为上升 0.8%；年率上升 2.4%，预期为上升 1.6%。此数据表明美国通胀压力上升，增强了美联储将提早升息的预期。

2010 年 1 月 10 日，韩国央行（Bank of Korea）公布数据显示，韩国 12 月生产者物价指数月比上升 0.5%，年比上升 1.8%，主要由于农业及渔业产品价格上涨。略高于 11 月 0.4% 的增幅，农业及渔业产品价格上升为其主因。韩国 12 月生产者价格指数年比上升 1.8%，为 8 个月以来首次实现年比上升，因韩国 12 月石油进口价格年比上升 86.4%，11 月该国生产者价格指数年比下降 0.4%。韩国 2009 年生产者物价指数年比下降 0.2%，为 7 年以来首次下降，主要由于石油价格及其他商品价格下滑。

从上面我们也可以看出，2010 年世界预期的通胀率都将上升。

泡沫经济不可能一直持续，总有破灭的时候。而它一旦破灭，在泡沫形成过程中发生的债权债务关系就难以理顺，形成信用危机，给国民经济的运行带来相当大的冲击和危害。

由于 2008 年，世界经济危机大规模爆发以后，世界各国纷纷降息，从而为社会注入了很大的流动性，导致了物价指数上涨。生产者物价指数的上升也提醒，政府决策机构和企业生产者一定要尽早预防通胀。

看上去挺美，却马上要破碎——泡沫经济

20 世纪 80 年代后期，日本的股票市场和土地市场热得发狂。从 1985 年年底到 1989 年年底的 4 年里，日本股票总市值涨了 3 倍。土地价格也是接连翻番，到 1990 年，日本土地总市值是美国土地总市值的 5 倍，而美国国土面积是日本的 25 倍！两个市场不断上演着一夜暴富的神话，眼红的人们不断涌进市场，许多企业也无心做实业，纷纷干起了炒股和炒地的行当——全社会都为之疯狂。

灾难与幸福是如此靠近。正当人们还在陶醉之时，从 1990 年开始，股票价格和土地价格像自由落体一般往下猛掉，许多人的财富转眼间就成了过眼云烟，上万家企业迅速关门倒闭。两个市场的暴跌带来数千亿美元的坏账，仅 1995 年 1 月至 11 月就有 36 家银行和非银行金融机构倒闭，当年爆发剧烈的挤兑风潮。极度的市场繁荣轰然崩塌，人们形象地称其为"泡沫经济"。20 世纪 90 年代，日本经济完全是在苦苦挣扎中度过的，不少日本人哀叹那是"失去的十年"。

西方谚语说："上帝欲使人灭亡，必先使其疯狂。"泡沫经济是指虚拟资本过度增长与相关交易持续膨胀日益脱离实物资本的增长和实业部门的成长，金融、证券、地产价格飞涨，投机性交易极为活跃的经济现象。泡沫经济寓于金融投机，造成社会经济的虚假繁荣，最后必定泡沫破灭，导致社会震荡，甚至经济崩溃。

最早的泡沫经济可追溯至 1720 年发生在英国的"南海泡沫公司事件"。当时南海公司在英国政府的授权下垄断了对西班牙的贸易权，对外鼓吹其利润的高速增长，从而引发了对南海股票的空前热潮。由于没有实体经济的支持，经过一段时间，其股价迅速

下跌，犹如泡沫那样迅速膨胀又迅速破灭。

泡沫经济寓于金融投机。正常情况下，资金的运行应当反映实体资本和实业部门的运行状况。只要金融存在，金融投机必然存在。但如果金融投机交易过度膨胀，同实体资本和实业部门的成长脱离得越来越远，便会造成社会经济的虚假繁荣，形成泡沫经济。

在现代经济条件下，各种金融工具和金融衍生工具的出现以及金融市场自由化、国际化，使得泡沫经济的发生更为频繁，波及范围更加广泛，危害程度更加严重，处理对策更加复杂。泡沫经济的根源在于虚拟经济对实体经济的偏离，即虚拟资本超过现实资本所产生的虚拟价值部分。

泡沫经济得以形成具有以下两个重要原因：

第一，宏观环境宽松，有炒作的资金来源。

泡沫经济都是发生在国家对银根放得比较松，经济发展速度比较快的阶段，社会经济表面上呈现一片繁荣，给泡沫经济提供了炒作的资金来源。一些手中握有资金的企业和个人首先想到的是把这些资金投到有保值增值潜力的资源上，这就是泡沫经济成长的社会基础。

第二，社会对泡沫经济的形成和发展缺乏约束机制。

对泡沫经济的形成和发展进行约束，关键是对促进经济泡沫成长的各种投机活动进行监督和控制，但到目前为止，社会还缺乏这种监控的手段。这种投机活动发生在投机当事人之间，是两两交易活动，没有一个中介机构能去监控它。作为投机过程中最关键的一步——货款支付活动，更没有一个监控机制。

这场调控的遗产，是给占全国0.6%总人口的海南省留下了占全国10%的积压商品房。全省"烂尾楼"高达600多栋、1600多万平方米，闲置土地18834公顷，积压资金800多亿元，仅四大国有商业银行的坏账就高达300多亿元。吉利汽车老总李书福在海南楼市泡沫中损失了3000万，从此发誓不碰房地产。

泡沫经济是对一地虚假繁荣经济的比喻，这种看上去很美丽的泡沫经济看似很繁荣,但是突然之间,一个微小的触动就足以让繁荣灰飞烟灭。

由于贪婪,人们就会心生恐惧,恐惧又导致了危机;而当人们从恐惧中恢复过来的时候,又再次陷入贪婪之中。一次次的恶性循环,也就导致了一次次的经济危机。

回归理性,或许能使我们在贪婪和恐惧之间,找到一条财富之路。

为什么越节俭反而越萧条——节俭悖论

18世纪,一个名叫孟迪维尔的英国医生写了一首题为《蜜蜂的寓言》的讽喻诗。这首诗叙述了一个蜂群的兴衰史。

一群蜜蜂为了追求豪华的生活,大肆挥霍,结果这个蜂群很快兴旺发达起来。而后来,有一位有识之士站出来说,弟兄们,咱这么挥霍,对资源是多么大的浪费,那可不应该啊!众蜜蜂认为言之有理。于是大家吃也少了,用也省了,开支立马小了许多。也正因此,大家每天干活都不必那么起劲了,因为不必挣那么多呀!没过多久,这群本来挺兴旺的蜜蜂,变得没了生气,日渐衰落。

由于这群蜜蜂改变了习惯,放弃了奢侈的生活,崇尚节俭,结果却导致了整个蜜蜂社会的衰败。这本书的副标题是"私人的罪过,公众的利益",意思是浪费是"私人的罪过",但可以刺激经济,成为"公众的利益"。这部作品在当时被法庭判为"有碍公众视听的败类作品",但是200多年后,英国经济学家凯恩斯从中受到启发,提出了"节俭悖论"。

20世纪20年代英国经济停滞和30年代全世界出现了普遍的生产过剩和严重失业。凯恩斯对此给出了让人们信服的经济学解释,凯恩斯从宏观上分析,在短期内决定经济状况的是总需求而不是总供给,对商品总需求的减少是经济衰退的主要原因。总需求决定了短期内国民收入的水平。总需求增加,国民收入增加;总需求减少,国民收入减少。从微观上分析,某个家庭勤俭持家,

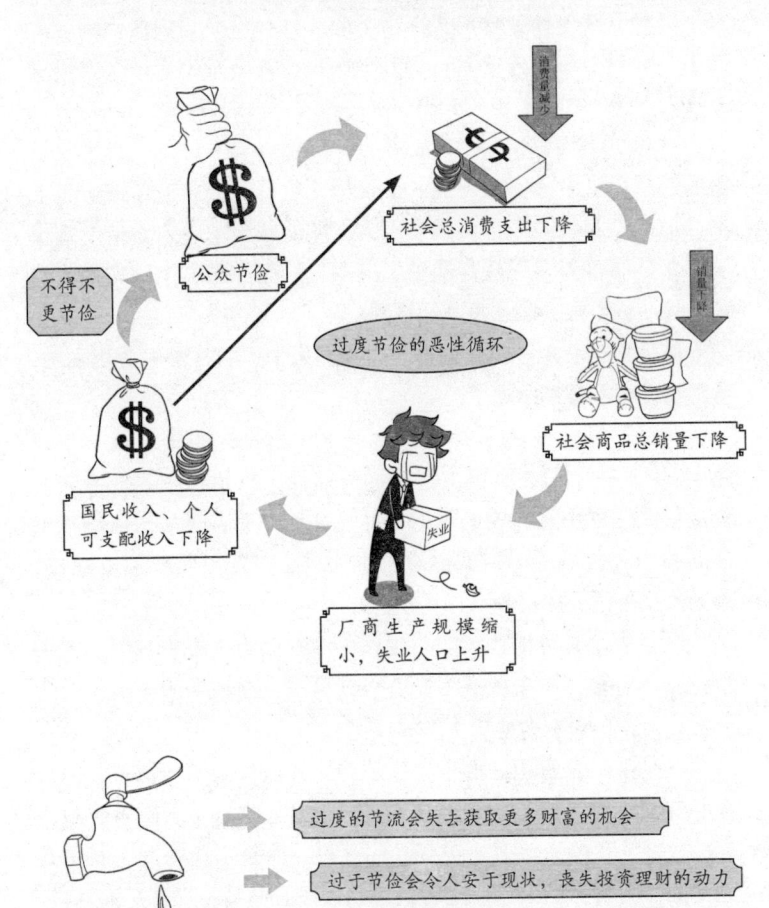

节俭的悖论

过度节俭的恶性循环

公众节俭 → 社会总消费支出下降（消费量减少）→ 社会商品总销量下降（销量下降）→ 厂商生产规模缩小，失业人口上升 → 国民收入、个人可支配收入下降 → 不得不更节俭

过度节流是不经济的

- 过度的节流会失去获取更多财富的机会
- 过于节俭会令人安于现状，丧失投资理财的动力
- 日常用品的重复性消费累加起来也是一种浪费
- 会派生出投资方面的过分保守和稳健，无法实现财富的积聚

第二篇 经济学的基本概念及规律

减少浪费，增加储蓄，往往可以致富；但从宏观上分析，节俭对于经济增长并没有什么好处。

公众节俭→社会总消费支出下降→社会商品总销量下降→厂商生产规模缩小，失业人口上升→国民收入下降、居民个人可支配收入下降→社会总消费支出下降……

引起20世纪30年代大危机的正是总需求不足，或者用凯恩斯的话来说是有效需求不足。节俭悖论告诉我们：节俭减少了支出，迫使厂家削减产量，解雇工人，从而减少了收入，最终减少了储蓄。储蓄为个人致富铺平了道路，然而如果整个国家加大储蓄，将使整个社会陷入萧条和贫困。

以上推理看似荒诞，但是若跟我们每个人的日常生活相联系，就不难发现其合理之处了。

一是"过分节流"看似积攒下不少财富，实则忽视了"开源"，从而失去了获取更多财富的可能性。靠精打细算、节衣缩食，只能达到小富即安的状态，并且这种安逸有时候是以牺牲生活品质为代价的；用控制欲望的方法最多只能是缩小收支缺口，而无法填平这一缺口。

二是节俭有可能让人安于现状，没有动力去投资理财。人们常说，心有多高，天就有多高。当满足于目前消费水平时，自然会想，何苦再去费力地赚更多的钱呢？

三是某些日常用品的重复性消费，好像每次都很节省，但加在一起却是惊人的浪费。上中学时，很多人都有一台随身听或是MP3，为了省钱大多舍不得买贵的耳机，而是用地摊儿上花十几元买的便宜货。结果是，经常断线，过段时间就不得不更换耳机。几年下来，花在廉价耳机上的钱要比买品牌耳机的钱还多，而且还得忍受很多时候仅一只耳机响或是音效不好的状况。生活中类似耳机消费的事还有很多。

已故的北京大学经济系教授陈岱孙曾说过，凯恩斯只是用幽默的方式鼓励人们多消费，并非真的让你这样做。但增加需求支出以刺激经济则是凯恩斯本人和凯恩斯主义者的一贯思想。

我国的居民消费支出占GDP比重不到40%，而美国超过了70%，世界平均水平为62%。居民消费不足，使得我国经济增长过多依靠外需。能否改变居民消费这个短板，是决定我们能不能从中国制造走向中国市场、能不能从投资主导走向消费主导、未来经济能不能可持续增长的关键。

我国经济发展的一个突出特点就是：储蓄率过高而消费率过低。因此，正确理解节俭悖论，有助于提高我们对高储蓄可能带来的不良后果的认识。居民消费需求不足，造成大量商品生产过剩，企业开工不足，失业人员增加，经济增长受到影响。在国际金融危机的背景下，为了刺激消费扩大内需，国家采取了积极的财政政策，扩大"低保"范围和提高"低保"标准等一系列措施鼓励大家消费，这些措施都是以扩大国民消费带动经济发展。

只有消费才能拉动生产，才能让整个经济活动持续和循环起来，明白了"节俭悖论"的内涵对于我国这样一个崇尚节俭的社会具有积极的意义，我们应该根据自身的收入水平适当消费，而不是一味地去节俭，这样对自身、对社会都具有积极作用。但是，"节俭悖论"并不是要求我们要选择一种奢侈的生活方式，我国是一个人口众多的国家，自然资源尤其是能源非常紧缺，非常有可能成为制约我国未来经济发展的主要因素，所以理性的选择是"有选择的奢侈"，而不是一味的、不分场合的奢侈。因此，我们不仅要让自己合理增加消费，也要大力提倡理性消费，理直气壮地反对浪费。

宏观经济学的理论支撑——凯恩斯主义

萨伊（J.B.Say）是18世纪末19世纪初的法国经济学家。萨伊定律产生于19世纪初法国拿破仑战争时期。当时物价急剧上升，货币"烫手"，公众不愿意保留货币，一有钱就赶快购买商品。

萨伊定律（Say's Law）是指他的名言：供给创造它自身的需

求。一种产品的生产给其他产品开辟了销路,供给会创造自己的需求,不论产量如何增加,产品都不会过剩,至多只是暂时的积压,市场上商品的总供给和总需求一定是相等的,不会存在生产过剩性经济危机。这就是著名的萨伊定律。

萨伊不否认个别商品可能出现供不应求或生产过剩。但供不应求将导致商品价格上升,生产过剩就导致商品价格下跌,而商品价格的变化又会影响到供给和需求,从而在新的价格水平上达到均衡。

20世纪20年代英国经济停滞和30年代全世界普遍的生产过剩和严重失业打破了萨伊定律的神话。经济学发生了第一次危机。凯恩斯在批判萨伊定律中建立了以总需求分析为中心的宏观经济学。经济学的中心由资源配置转向资源利用,由个体转向整体。这是经济学中的一次革命。后人评价说,经济学中的这场"凯恩斯革命"与天文学中的"哥白尼革命"同样重大。今天看来,这个评价并不过分。

在凯恩斯之前的西方经济学界,人们普遍接受以亚当·斯密为代表的古典学派的观点,即在自由竞争的市场经济中,政府只扮演一个简单的被动的角色——"巡夜警察"。凡是在市场经济机制作用下,依靠市场能够达到更高效率的事,都不应该让政府来做。国家机构仅仅执行一些必不可少的重要任务,如保护私人财产不被侵犯,但从不直接插手经济运行。

然而,历史的事实证明,自由竞争的市场经济导致了严重的财富不均,经济周期性巨大震荡,社会矛盾尖锐。1929~1933年间爆发的全球性经济危机就是自由经济主义弊症爆发的结果。因此,以凯恩斯为代表的一批凯恩斯主义者浮出水面。他们提出,现代市场经济的一个突出特征,就是政府不再仅仅扮演"巡夜警察"的角色,而是要充当一只"看得见的手",平衡及调节经济运行中出现的重大结构性问题。

相比于亚当·斯密的自由主义,凯恩斯主义认为,凡是政府调节能比市场提供更好服务的地方,凡是个人无法进行平等竞争的事务，都应该通过政府的干预来解决问题。凯恩斯强调政府的作用：即政府可以协调社会总供需的矛盾、制定国家经济发展战略、进行重大比例的协调和产业调整。它最基本的经济理论，是主张国家采用扩张性的经济政策，通过增加需求促进经济增长。

凯恩斯主义经济学或凯恩斯主义是根据凯恩斯的著作《就业、利息和货币通论》（凯恩斯，1936）的思想基础上的经济理论。

引起20世纪30年代大危机的正是总需求不足，用凯恩斯的话来说是有效需求不足。通货膨胀、失业、经济周期都是由总需求的变动所引起的。当总需求不足时就会出现失业与衰退。当总需求过大时就会出现通货膨胀与扩张。

当总需求不足时，凯恩斯主张国家采用扩张性财政政策（增加政府各种支出和减税）与货币政策（增加货币供给量降低利率）来刺激总需求。当总需求过大时，凯恩斯主张采用紧缩性财政政策（减少政府各种支出和增税）与货币政策（减少货币量提高利率）来抑制总需求。这样就可以实现既无通货膨胀又无失业的经济稳定。

凯恩斯主义肯定了政府干预在稳定经济中的重要作用。战后各国政府在对经济的宏观调控中尽管犯过一些错误，但总体上还是起到了稳定经济的作用。战后经济周期性波动程度比战前小，而且没有出现30年代那样的大萧条就充分证明了这一点。

从20世纪四五十年代以来，凯恩斯的理论得到后人的进一步拓展，使之不断完善和系统化，从而构成了凯恩斯宏观经济学的完整体系。这些拓展主要体现在希克斯和汉森同时创建的"IS-LM1模型"、莫迪利安尼提出的"生命周期假说"、弗里德曼提出的"永久收入说"、托宾对投资理论的发展、索罗等人对经济增长理论的发展以及克莱因等人对宏观经济计量模型的发展。

西方资本主义国家也逐步从经济自由主义转向国家干预经济的凯恩斯主义；与此同时，作为国家宏观调控的经济手段之一的税收和法律手段之一的税法，其经济调节等职能被重新认识并逐渐加以充分运用。

今天，在现代市场经济日益向国际化和全球趋同化方向发展的趋势下，世界各国在继续加强竞争立法，排除市场障碍，维持市场有效竞争，并合理有度地直接参与投资经营活动的同时，越来越注重运用包括税收在内的经济杠杆对整个国民经济进行宏观调控，以保证社会经济协调、稳定和发展，也就满足了人们对经济持续发展、社会保持稳定的需要。

生活在城市与农村的两个世界里——城乡差距

城乡居民收入差距是指城镇居民人均可支配收入与农民人均纯收入之间的比率。城乡居民收入的比率为3.3∶1，也就是说3.3个农民的收入才相当于一个城镇居民的收入。社会群体之间的收入差距超出合理的范围，不仅严重影响农业、农村经济和整个国民经济的持续健康发展，而且还有可能演变成社会问题和政治问题。假如考虑到可比性的因素，城乡收入差距大约在4~6倍。

城乡居民收入存在较大差距最根本的原因在于我国城乡二元管理体制，也就是城乡分割管理体制。由于这种二元体制，无论国民收入分配，还是资源配置、工农业产品价格等方面，都存在着差别，而最终的反映就是城乡居民的收入差别——当然，这个差别在不同时期是有大有小的。

新中国成立后，我国提出了加速实现工业化的奋斗目标。但在当时的历史条件以及西方国家的封锁下，实现工业化的途径和手段，似乎只能是从农业中取得资本的原始积累。于是，政府通过政策和制度手段，通过工农业产品价格的"剪刀差"，将资本从农业转向工业。据统计，在1950~1978年的29年中，政府通过"剪刀差"大约取得了5100亿元；在1979～1994年的16年间，政府通过工农业产品剪刀差从农民那里占有了大约15000亿元的收入，同期农业税收总额1755亿元，各项支农支出3769亿元，政府通过农村税费制度提取农业剩余约12986亿元，农民平均每年的总负担高达811亿元。

改革开放以来，我国城乡居民收入差距经历了一个先缩小后扩大、再缩小再扩大的过程。1978~1985年，由于农村实行家庭联产承包责任制，农民收入迅速增加，城乡居民收入差距从1978年的2.57倍缩小到1.86倍。但1984年城市经济体制开始改革，城乡收入差距又开始拉大，到1994年达到2.86倍。从1994年开始城乡之间收入差距出现了下降的趋势，但是从1997年起又逐步扩大。

改革开放以来，城乡二元管理体制存在的一些弊端得到了一定程度的革除，比如农民可以进城务工，符合条件的还可以成为城市居民等。但是，二元管理并没有得到根本性的改变，新的体制还没有完全建立起来，城市居民与农村居民依然存在着一条鸿沟，在国民收入分配上依然是重城市居民而轻农村居民。工农业产品的剪刀差继续扩大，使农民在农业上的收入低微；对进城务工的农民在分配上也是另行一套，农民工和城里人即使从事同一工作，并且工作质量丝毫不逊色，收入也仍然大大低于城市职工，还不能普遍享受医疗保险、社会养老保险、失业保险、住房公积金等社会福利待遇。特别是在我国经济面临通胀的压力下，农业生产资料价格大幅度上升，农民生活消费指数高于城市居民生活消费指数，而农民增收又缺乏新的支持，这样，城乡居民收入的差距自然而然扩大了。

无论高速发展的国民经济，还是巨大的改革开放成就，农民都作出了巨大的贡献和牺牲。现在到反哺农业的时候了，让农民切实享受到经济发展和改革开放的成果，缩小城乡收入差距乃至消除这种差距，根本的途径还是彻底改革城乡二元管理体制。统筹城乡发展，推进城乡一体化。

真正属于自己的价值——GNP

国民生产总值 GNP 是指一个国家的国民在一年中生产的最终产品（包括劳务）的市场价值的总和。一个国家常住机构单位从事生产活动所创造的增加值（国内生产总值）在初次分配过程中主要分配给这个国家的常住机构单位，但也有一部分以劳动者报酬和财产收入等形式分配给该国的非常住机构单位。同时，国外生产单位所创造的增加值也有一部分以劳动者报酬和财产收入等形式分配给该国的常住机构单位。从而产生了国民生产总值概念，它等于国内生产总值加上来自国外的劳动报酬和财产收入减去支付给国外的劳动者报酬和财产收入。

GNP 是本国常住居民生产的最终产品市场价值的总和，它以人口为统计标准。换言之，无论劳动力和其他生产要素处于国内还是国外，只要是本国国民生产的产品和劳务的价值都记入国民生产总值。常住居民包括居住在本国领土的本国公民、暂住外国的本国公民和常年居住在本国的外国公民。

举个例子来说，中国境内的可口可乐工厂的收入，并不包括在我们的 GNP 之中，而是属于美国的；而青岛海尔在国外开厂的收入则可以算在我们的 GNP 中。与 GNP 不同的是，GDP 只计算在中国境内产生的产值，它包括中国境内可口可乐工厂的收入，但不包括青岛海尔在国外开厂的收入。

因此，国民生产总值和国内生产总值的关系是：

国民生产总值 = 国内生产总值 + 暂住国外的本国公民的资本和

劳务创造的价值－暂住本国的外国公民的资本和劳务创造的价值

我们把暂住国外的本国公民的资本和劳务创造的价值减暂住本国的外国公民的资本和劳务创造的价值的差额称作国外净要素收入，于是有：

国民生产总值＝国内生产总值＋国外净要素收入

当国外净要素收入为正值时，国民生产总值就大于国内生产总值；反之，当国外净要素收入为负值时，国民生产总值就小于国内生产总值。

国内生产总值与国民生产总值之间的主要区别有哪些呢？GDP 强调的是创造的增加值，它是"生产"的概念，GNP 则强调的是获得的原始收入。一般讲，各国的国民生产总值与国内生产总值二者相差数额不大，但如果某国在国外有大量投资和大批劳工的话，则该国的国民生产总值往往会大于国内生产总值。

如果一个国家在国外有大量投资和大批劳工的话，那么该国的 GNP 往往会大于 GDP。比方说，日本在海外有大量的投资，那么，它的 GNP 就比 GDP 数字要大。在 2001 年度，日本的 GNP 比 GDP 高 8.5 万亿日元（大约折合 800 亿美元），相当于日本 GDP 的 2.5 个百分点。换句话说，即使是日本国内经济增长率为零，但是，有来自国外的这 800 亿美元的投资净收入，也可以保证其 GNP 增长 2.5% 左右。

再比如说菲律宾，有大量的菲律宾妇女在海外充当佣人（简称"菲佣"），她们每年汇往菲律宾的外汇收入高达 100 亿美元！这样，菲律宾的 GNP 肯定比 GDP 要高。

不同时期的国民生产总值的差异既可能是由于商品和劳务的实物数量的区别，也可能是由于价格水平的变化。为了能够对不同时期的国民生产总值进行有效的比较，我们选择某一年的价格水平作为标准，各年的国民生产总值都按照这一价格水平来计算。这个特定的年份就是所谓的基年（base year），这一年的价格水平就是所谓的不变价格（constant price）。

用不变价格计算的国民生产总值叫作实际国民生产总值（real GNP），用当年价格（current price）计算的国民生产总值叫作名义国民生产总值（nominal GNP）。

需要指出的是，在实际国民生产总值的核算中，各个国家一般每过几年就重新确定一个基年。当我们把2000年作为基年时，该年的名义国民生产总值和实际国民生产总值就会相等。假定价格水平一直处于上升过程，那么，在2000年以前，名义国民生产总值就会小于实际国民生产总值；在2000年以后，名义国民生产总值就会大于实际国民生产总值。

收入差别为什么这么大——个人收入

近年来，个人收入的多少被看作是身份的象征，于是出现了各种类型的收入排行榜。不管是哪种排行榜，也无论在排行榜中位居第几，能在榜上留名的人物，他们的个人收入都非常可观。姚明这些明星们的收入如此之高，当然也是和他们的辛苦付出以及明星效应成正比的。

个人收入作为一项经济指标，是指个人从各种途径所获得的收入的总和。个人收入反映的是个人的实际购买水平，预示了消费者未来对于商品、服务等需求的变化。个人收入指标可以用于预测个人的消费能力，是对未来消费者的购买动向及评估经济情况好坏的一个有效指标。

总体说来，个人收入提升总比下降的好，个人收入提升代表经济景气，下降当然是放缓、衰退的征兆，对货币汇率走势的影响不言而喻。如果个人收入上升过急，央行担心通货膨胀，又会考虑加息，加息当然会对货币汇率产生强势的效应。

对于大多数人来说，个人收入主要由两部分组成，一是工资总额，二是工资外收入。关于工资总额很好理解，就是单位在一定时期内直接支付给本单位职工的全部报酬总额，包括计时工资、计件工资、奖金津贴、补贴、加班工资等。而工资外收入则是指职工在工资总额以外在本单位内及单位外获得的现金或实物，主要包括保险性福利费用、财产性收入、转移性收入等。

个人收入主要反映了居民的收入情况。随着全国经济运行质量的提高，人们的个人收入水平也得到了较大幅度的增长。在个人收入的分配与再分配过程中，"个人可支配收入"比单纯的个人收入更有价值，因为它代表每个人可用于消费支出或用来储蓄的货币金额。个人可支配收入指个人收入扣除向政府缴纳的个人所得税、遗产税和赠与税、不动产税、人头税、汽车使用税以及交给政府的非商业性费用等以后的余额。

但是很多人认为国家统计局公布的居民收入增长之快，与他们自身的真实收入相比，存在很大偏差。其实制约公众工资增长和消费"感觉"的，不单是收入和消费的绝对增长幅度，还有住房、养老、医疗、教育、保险等公共产品的供给与保障。目前这些公共产品的供给却始终难以让人乐观——昂贵的医疗救治、动辄大谈市场化的教育、坚挺飞涨的房价犹如三座大山，压得在俗世中生活的人们喘不过气来。尤其在经济危机的大背景之下，人们生存的状况更是步履艰难。如此情境下，可支配收入自然感觉不到涨；消费支出，更是分分都要花在刀刃上。

我们的个人收入是在不断增长的，这一点毋庸置疑。在个人收入不断增长的同时，我国的 GDP 也在不断攀升，只是近些年来个人收入的

个人收入作为一项经济指标，个人收入不断增长的同时，我国的 GDP 也在不断攀升。

增长幅度多数年份低于 GDP 的增长,居民最终对 GDP 的分享逐年减少,因此,居民个人收入与 GDP 之间的差距越拉越大。政府部门应该把更多的精力放在提高居民收入上,让更多的人能从 GDP 的增长中分得一杯羹。

不靠出卖劳动力也能挣钱——生产要素收入

"我拿到分红了!"广东省江门市鹤山共和镇南坑奕龙村的李霞兴奋地告诉镇妇联主席林军青。李霞拿到了分红,与其他村民享受了同等待遇:"我和姐姐、家人都特别高兴。"

南坑村有 7 个自然村,李霞所在的奕龙村是其中的一个,由于靠近圩镇,有物业出租等,经济较好,村里每年都有土地分红。

李霞家是纯二女户,姐姐结婚后,按照村里的村规民约没有拿到土地分红。2007 年 5 月,李霞登记结婚,12 月家里摆酒,按当地习俗,摆酒就是正式结婚。婚后的李霞和姐姐一样,失去了在村里土地分红的资格。

李霞是个很要强的女子,在广州打工的她有一些新思想,也懂得一些法律知识。在想不通的同时,她告诉自己,一定要争取自己的合法权益,也为父母争气。2008 年 2 月,刚过完年,李霞就找到了镇妇联,反映土地权益受侵害问题。镇妇联立即展开了调查,随即了解到李家姐妹俩婚后都没将户口迁出本村,但都没有得到村中分红。

同时,镇妇联了解到,南坑村 6 个自然村的村规民约都规定纯二女户的,允许有一个女儿享受分红,而唯独奕龙村不是。镇妇联立即会同司法所、村委会干部进行调解。南坑村村委会领导得知情况后,非常重视,马上告知村民小组,这一问题一定要解决。村妇委会的梁主任也及时联系村民小组。村委会领导召开了村民小组领导、村民代表参加的会议,强调了妇女应享有的合法权益和其他村的做法,积极做村民的思想工作。

在各方努力下,村民小组最终修改了村规民约,决定凡属纯二女户的出嫁女,可以留一户享受村中的土地分红。

我们不去置评村规民约,但我们可以看到李霞以及她们的村民不劳动也可以分钱,这部分收入就是按生产要素分配。

按生产要素分配是指按照生产时所投入的生产要素的多少进行收益分配的一种方式。也就是说按照生产要素所有者向社会提供的生产要素的数量和质量,获取相应的工资报酬。生产要素是指进行生产经营必须具备的条件,包括劳动力(才干、能力、体力)、土地、资本、技术、专利、房地产等方面。

管理要素参与收益分配。经营管理者可以实行年薪制,以年

生产要素需求——派生需求

经济学家将生产要素需求称为派生需求。企业的投入需求由消费者对其最终产品的需求间接派生而来。这意味着当企业需要一种投入时,是因为那种投入使他们能生产一种消费者现在或将来想要的商品。例如玉米与玉米地。

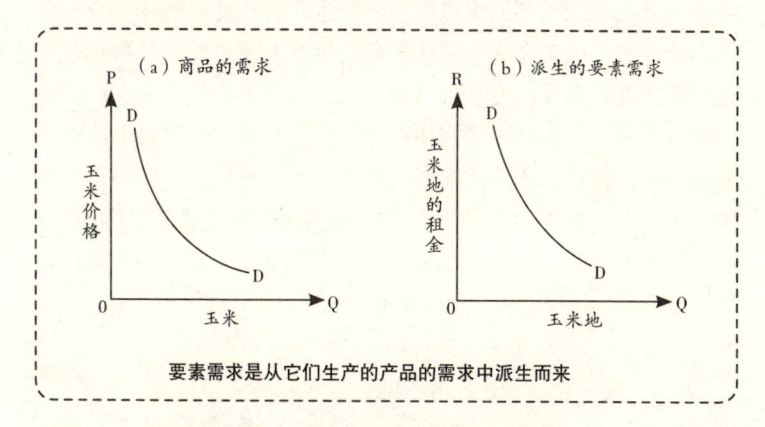

(a)商品的需求　　　　(b)派生的要素需求

要素需求是从它们生产的产品的需求中派生而来

消费者 →需求→ 玉米 →派生→ 玉米地

所以,玉米的需求曲线移动,玉米地的需求曲线也移动。如果商品的需求曲线变得没有弹性,投入的需求曲线也变得没有弹性。

度经济指标为依据，考核完成情况兑现报酬，使效益和风险相结合；对中高层管理者，除制定高薪工资外，实行股票期股、期权。在股份制企业中，运用期股、期权的分配机制使中高层管理者与企业收益相联系；实行经济承包责任制，奖金按完成经济指标上下浮动；对企业家设立战略决策奖。

资本要素参与收益分配。股票分红，也可以集资分红；以合同形式规定投资的收益分成比例；债券、基金中获取利息。

生产资料要素参与收益分配。对租赁生产资料的，以契约的形式规定分成比例；对生产资料可以作价入股，按股分红。

劳动力要素参与收益分配。根据国家工资政策，制定基本工资标准；实行岗位工资，以岗位定酬，岗位工资按各岗位的责任、工作量和技术含量等因素来确定；实行计件工资，多劳多得，少劳少得，不劳不得；按照市场劳动力价位，制定相应工资标准。

技术要素参与收益分配。在科技成果转化取得收益中提取一定比例分配给成果完成人和成果转化人；科技成果和技术专利可以作价入股，成果完成人和技术专利持有人通过股份获取利益分红；科技成果和技术专利可以作为商品在技术市场上买卖；鼓励科技人员领办、创办科技实体或承包科技项目，在收益中按比例分成；允许科技人才兼职兼薪，多劳多得。科技人才在单位中可以一人多职，也可以在业余时间从事其他科技工作，发挥潜能；制定优秀人才高薪政策，增加知识技术要素在工资中的含量；重奖科技创新、名牌产品开发优秀人才，按利润收益比例提成。

第三篇
社会生活中的经济学应用

第一章
政治生活中的经济学

集体行动的悲剧

在人类社会中历来存在着集体行动的悲剧。为什么要这么说？因为在集体和个人之间存在着一个冲突悖论，我们每个人都是自私的，当我们每个人按照自己的利益原则来行动的时候，整个集体所表现出来的就是一种无序的状态，无论你个人怎么努力，集体的无序状态也会破坏你的劳动成果，因为每个人的利益偏好是不一样的。如果存在群体行动的话，那么群体性行动在没有指导的情况下，一定是一种悲剧。

群体悲剧是群体的灾难，这种灾难是不可抗争的，而且这种灾难的形成在一定程度上是群体受一个无情规律支配所造成的。一定意义上，这种悲剧是社会的规律造成的——当然我们这里使用"规律"一词是比较危险的，因为规律意味着与人的自由相对抗。

让我们看一下哈定悲剧，这是关于群体行动悲剧的一个著名的公共资源悲剧问题。该问题是经济学中的经典问题。

公共资源悲剧最初由哈定提出。

哈定举了这样一个具体事例：有一群牧民面对向他们开放的草地，每一个牧民都想多养一头牛，因为多养一头牛增加的收益大于其购养成本，是合算的，尽管因平均草量下降，可能使整个牧区的牛的单位收益下降。每个牧民如果多增加一头牛，草地将可能被过度放牧，从而不能满足牛的食量，致使所有牧民的牛都饿死。这就是公共资源的悲剧。

对公共资源的悲剧有许多解决办法，哈定说，我们可以将之卖掉，使之成为私有财产；可以作为公共财产保留，但准许进入，这种准许可以以多种方式来进行。哈定说，这些意见均合理，也均有可反驳的地方，"但是我们必须选择，否则我们就等于认同了公共草地的毁灭，我们只能在国家公园里回忆它们"。

哈定说，像公共草地、人口过度增长、武器竞赛这样的困境"没有技术解决途径"。所谓技术解决途径，是指"仅在自然科学中的技术的变化，而很少要求或不要求人类价值或道德观念的转变"。

我们可能经常听到这样一些事情，比如，中国周边沿海、江河的渔业资源越来越少了，我们小时候可以很容易看见的大黄鱼，现在已经很少见了，市面上只能看到些小黄鱼，类似的素有"长江三鱼"之称的刀鱼、回鱼、鲥鱼，现在几乎已经绝迹，造成我国不得不发布法定休渔期，在一年中主要水域都有一到两个季度实行伏季休渔，即在该区域内不得捕鱼，同时通过人工繁殖种群幼苗大量投放各海域，使各水域渔业资源不至于枯竭；还有我国北方草原由于过度放牧而导致的日趋严重的沙漠化，使包括北京在内的北方各地频受沙尘暴的侵袭；还有我国很多煤矿资源丰富的地区，群众偷偷开挖的小煤窑此起彼伏，屡禁不止，重大安全事故频频发生……类似许多范围内的公共资源总是被过度使用，人们总是不爱惜公共设施、公共资源，很多平时对待自己私人物品的那种勤俭节约的美德在使用公共资源时却荡然无存，正所谓"不拿白不拿，不用白不用"，难道真的仅仅是我们的道德素养的问题吗？

其实并不然，我们知道正所谓公共地带，就是每个人都有进入和使用的权利，我们最常说的一句话可能就是，"我不用，别人也会用；我不拿，别人也会拿"，于是乎，就成了"不拿白不拿，不用白不用"了。这是一个十分简单的逻辑，因为一般意义上的公共资源总量总是有限的，而人们的本性则是"自利"的，所以，个人如果可以从公共资源里多获得一点好处，那么别人就会少获得一点好处，而且因为具有别人没有权利来阻止个人使用公共资源的这种"非排他性"，所以，个人会尽可能多地去使用公共资源。

对公共资源悲剧的防止有两种办法：一种是制度上的，即建立中心化的权力机构，无论这种权力机构是公共的还是私人的——私人对公共地的拥有即处置便是在使用权力；第二种便是道德约束，道德约束与非中心化的奖惩联系在一起。

在实际生活中也是可以避免这种悲剧的。当悲剧未发生时，如果建立起来一套价值观或者一个中心化的权力机构，这种权力机构就可以控制悲剧的发生，所以社群出现的地方，一般而言，都有一个管理中心，用于协调、管理群体以防止悲剧的发生。

5毛钱怎么花

记得小时候家庭条件差，最高兴的事情莫过于父母奖励给我们的零用钱了，这些钱不多，一般为5毛。一位在读博士讲了这样一件事，小学读书时，家里很穷，两元钱的学费都很难付得起。有一次母亲为奖励他考试得了第一名，给了他5毛钱零花钱，他非常高兴，但很快有些犯愁：这5毛钱该如何花呢？应该买练习本吗，能买一个，因为他的练习本已快用完了。但学校边上卖的3毛钱一个的烧饼对他的诱惑力也不小。

有一次同桌小伙伴让他咬了一小口，那味道之好以至于他当时想哪天有钱时一定吃个够。但显然，他无法同时实现两个愿望，二者只能择其一。在反复权衡了两天后，他最后的选择是：花两毛钱买了一张大的白纸，裁订成一个小练习本；剩下的3毛钱则买了一个烧饼。

长大了，他再也不会为到底是买练习本还是买烧饼发愁了，但生活、工作中我们还是常常会面对几乎同样的选择：也许你正想更新一下手提电脑，同时家中那台用了8年的彩电也应该更新了。在反复权衡后你还是选择了先买电脑,用电脑工作赚回的钱来买彩电。

人的需求是无限的,而物质总是有限的,所以,人只能受物质所束缚。现实地说就是,从个人到家庭再到国家,都面临同样的一个问题:需要花钱的地方很多,而财力却总是有限的,那么,面对有限的财力,如何能最大限度地用好它呢?

用经济学术语讲,即相对于人们的欲望,资源总是稀缺的。经济学就是要讨论如何使原本有限的资源能最大限度地使人们获得满足。研究稀缺资源的配置是现代经济学的中心任务。

那位博士小时候面对的"5毛钱如何花"就是经济学所要研究的问题,是数学解决不了的。当然,他最后的选择是既满足了学习的需要,又满足了解馋的需要,从而使这五毛钱花得最值,即是不自觉地符合了经济学的消费观。

那么,解决"有限的钱如何花得最值"这个问题到底又取决于什么呢?如果那位博士小时候妈妈在给他5毛钱时规定它只能用来买练习本,他不可能有其他选择,不可能还能用它买烧饼,这5毛钱肯定花得没有他自己决定的那样值;看来,有限的钱如何花得值还取决于某种配置。

这种"配置"在现代经济学中就称为"制度"。在经济学中"制度"的含义十分广泛,既指一切法律法规对权利的界定,甚至也指传统、习惯与习俗,它构成了稀缺资源配置的一个最大的约束条件。"制度"直接影响到资源配置的效率高低,也就是说,直接影响到有限的钱花得是不是恰到好处。

"制度"在决定资源配置效率方面如此重要,以至于有时比个人决策在决定资源配置方面还重要。如果我们买东西时不幸买到了假冒伪劣商品,我们一定认为那笔钱花得最不值,最不经济;但尽管我们个人在购买东西时很小心,还是有上当受骗的时候。而如果在"制度安排"中,对商品生产者的市场准入控制十分严格;对制作销售假冒伪劣商品者能进行事后的严厉惩罚,并且惩罚带来的损失将超过它因制作销售假冒伪劣商品带来的利润，等等，那么，我们有限的钱至少可以因为少上当而花得更值。

正因为制度安排在决定资源配置的效率方面如此重要，现代经济学除了研究稀缺资源如何配置外，还研究稀缺资源配置的制度决定因素。这使我们在面临5毛钱如何花时不再那么为难，最终的目的只有一个，就是使有限的钱花得最值，使资源配置的效率最高。

寻租现象

有权力的腐败官员们在官本位的社会里，处处可以得到他们想要的东西，公共的财富就像是他们自己的财富一样，他们总是凭借国家赋予的权力通过干预或者应该干预而不干预某些事项，没有成本地实现社会财富的转移，使自己获得好处。这种现象在经济学中被称为寻租活动。形象地说，就是这些掌握社会权力的官员们，将国家赋予的权力当成一种可以出租获利的物品，对外出租，获得租金。寻租包括两个方面：官员手中有了可以出租的权力，他要寻找到租用他权力的人才能收到租金，所以他要寻找租用的一方；另外，社会上的一些能够接近这些掌握国家垄断权力的人，也要寻找拥有对外出租权力的垄断人物，他要寻找到出租的一方。所以他们共同称这种行为为寻租。

以新闻界为例，最基本的方式是利用操控新闻报道权，来达到向报道对象"寻租"的目的。方式主要有两种：一是假借曝光之名威胁、敲诈报道对象；一是为报道对象胡编乱造，大肆吹捧，以换取经济回报。除了赤裸裸的权钱交易外，还有变相的拉赞助、拉广告、收礼品、到企业兼职、参加企业出钱的旅游活动等。

众所周知，价值规律是市场经济的基本规律，价值规律要求商品交换以价值量为基础，实行等价交换。而商品经济是直接以交换为目的的经济形式，通过交换和流通，实现资本增值，追求高额利润。

政府寻租行为

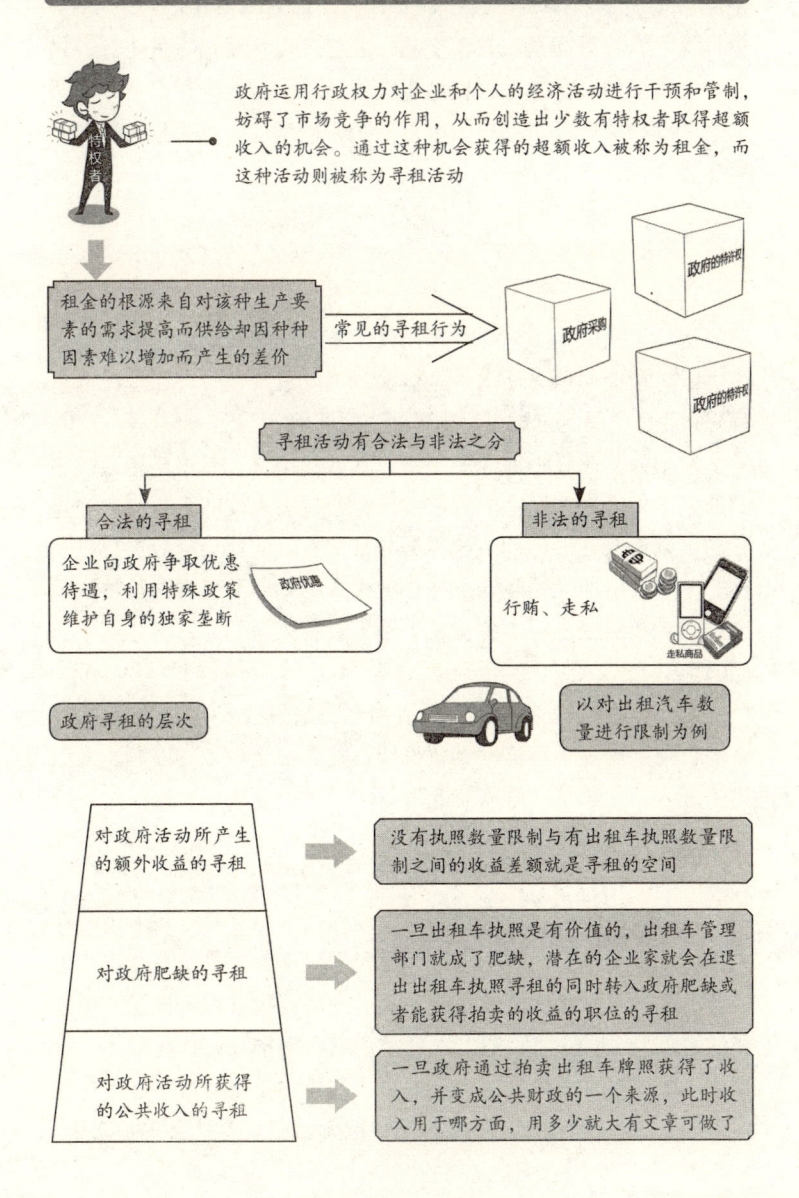

政府运用行政权力对企业和个人的经济活动进行干预和管制，妨碍了市场竞争的作用，从而创造出少数有特权者取得超额收入的机会。通过这种机会获得的超额收入被称为租金，而这种活动则被称为寻租活动

租金的根源来自对该种生产要素的需求提高而供给却因种种因素难以增加而产生的差价 → 常见的寻租行为：政府采购、政府的特许权、政府的特许权

寻租活动有合法与非法之分

- **合法的寻租**：企业向政府争取优惠待遇，利用特殊政策维护自身的独家垄断
- **非法的寻租**：行贿、走私

以对出租汽车数量进行限制为例

政府寻租的层次

层次	说明
对政府活动所产生的额外收益的寻租	没有执照数量限制与有出租车执照数量限制之间的收益差额就是寻租的空间
对政府肥缺的寻租	一旦出租车执照是有价值的，出租车管理部门就成了肥缺，潜在的企业家就会在退出出租车执照寻租的同时转入政府肥缺或者能获得拍卖的收益的职位的寻租
对政府活动所获得的公共收入的寻租	一旦政府通过拍卖出租车牌照获得了收入，并变成公共财政的一个来源，此时收入用于哪方面，用多少就大有文章可做了

寻租则是把权力商品化，或曰以权力为资本，去参与商品交换和市场竞争，谋取金钱和物质利益。即通常所说的权物交易、权钱交易、权权交易、权色交易，等等。像物质形态的土地、产业、资本那样，在这里，权力也被物化了，转化为商品货币，进入消费和财富等环节。权力寻租所带来的利益，成为权力腐败的原动力。

寻租理论最早产生于20世纪70年代的美国，它是现代经济学的一个重要分支。

1974年，美国的经济学家克鲁格首次公开发表了《寻租的政治经济学》一文，深入研究和探讨了由于政府对外贸易的管制而产生的对租金的争夺活动。这篇文章因此成了现代寻租理论的里程碑，克鲁格因此也被视为寻租理论的鼻祖。

根据公共选择学派代表人物布坎南的定义，寻租是指通过国家的保护所产生的财富的转移，旨在通过引入政府干预或者终止它的干预而获利的活动。这种努力是把有限的社会资源进行了一种非生产性的活动，降低了社会的生产活动。寻租者通过特殊的地位或者垄断权力将本应该属于别人或者公众的财富转移到了自己的手中。

为什么会有这么多的寻租活动呢？因为社会有设租的存在。许多行业都规定了特殊的经营群体，这样由于进入的限制，人们为了进入这些领域，就需要开展寻租活动，争夺经营权；由于特殊行业的管理者拥有绝对的审批权力，是人们公认的"肥缺"，所以很多官员就开展寻租活动，争夺这个权力以及权利。

寻租理论认为，寻租存在的根本原因就是政府行政干预的存在，行政干预越多，管制越多，寻租的机会就越多，社会资源的浪费就越严重，负面的效益就越大。图洛克把寻租看成是"负总和的游戏"。所谓"负总和"，就是说财富根本没有任何增加，只是从一个人的手中转到了另外一个人的手中，而财富在过手的过程中还要损失一定的交易成本。寻租活动就整个社会效益来说，它创造的是一个负值,社会的财富减少了。

解决寻租问题,首先要限制政府官员的权力。那些政府中不受权力约束的官员是寻租活动的根源,因为政府也是由人支配的,政府官员也是理性有限的经济人,要限制寻租活动,首先就要通过制度建设约束政府工作人员的行为和权力,制止权力的滥用。

其次要尽可能依靠法律和行政的手段减少行政审批项目,也就是说要减少人为"设租"的可能性。

最后还要增加政府行为的透明度,加强社会公众和舆论的监督。最大限度地降低信息不对称的程度,使公众对政府的决策、审批有合法的知情权。

在可能的情况下,当内部的阻力足够大的时候,借助外在力量的推动来减少寻租活动也不失为一种比较好的办法。比如我们借加入世界贸易组织的契机,大量削减行政审批,向国际接轨,这就是借助外力推动的最好证明。

下水道堵塞找谁去

我们在生活中十分常见的一个现象就是下水道堵塞问题。有时,堵塞可能不那么厉害,请来物业的人修理一下又可以维持一段时间。但如果下水道年久失修,质量比较差,往往修一次只能维持一个月,甚至半个月。维修一次需要维修费、电费等费用支出。而且,在这个堵塞的过程中,其中一层楼的下水道坏了,与之相应的数层楼都会受到影响。我们假定某居民住的楼房共五层,其中第一层楼的下水道堵塞,假定住在第一层楼的是A,如果他自己出钱维修,需要付出300元,而他维修好了,其他四层的住户B、C、D、E都不需要维修了,他们都搭便车了。一般来说,如果A从自己利益最大化的角度出发,他就会觉得,自己出这300元钱划不来,因为这不是他一个人的事情,是五户人家共同的事情,他出了,其他四家人就免费搭车了。在这里,住户自己先出钱维修是劣势策略,谁都不愿意吃这个亏。

如果在这五层楼的五户住户中，有三户 A、B、C 是同一个单位的职工，其他两户 D、E 住户是租住别人的房子。那么，要租住他人房子的人出钱维修是不可能的。由于这三户人家是同一个单位的人，他们会一起向单位反映，要求单位出钱对下水道进行维修。这样，另两户人家也免费搭车了。如果 A、B、C 没有向单位反映，要求单位出钱维修，D、E 会等待。在这里，前者与后者也会展开出钱与不出钱的算计。

如果 A、B、C 要求单位出钱维修，可以得 6，如果 D、E 也要出钱，只能得 1；如果 A、B、C 要求单位出钱，而 D、E 等待，则前者得 3，后者得 7；如果 A、B、C 等待，D、E 出钱，则前者得 0，后者得 –3；如果双方都等待，大家得 0。从这些结果来看，A、B、C 的最佳策略是共同要求单位出钱维修，D、E 的最佳策略是等待。像这种下水道问题，是一种介于公共物品和私人物品之间的物品，但带有更多公共物品的性质。因为，一个楼道的下水道只是几户人家的事情，是属于这几个住户的公共物品。像这类问题的解决方案最好还是由政府解决，因为要得到大家利益一致的解决方案是很难的，毕竟要五家住户谈判一致同意共同出钱维修是件不容易的事情。

生活中，像这类存在免费搭车者的事情是很多的，如大江大河的航标、海上的灯塔、公路、公园等，这些公共物品都存在显著的免费搭车状况。免费乘车者的存在会降低私人和企业的效率，挫伤人们的积极性。不管是个人还是企业，都不可能强迫其他的消费者为这类产品付费，所以，要排除免费乘车者对此类公共物品的负面影响，只能靠政府来提供这类公共物品。

政府提供公共物品是有效解决外部性和其他市场失灵问题的最好途径。经济生活中，存在许多外部性和市场失灵问题，从平凡的小事到人类共同面临的环境污染等问题都是外部性的典型例子。城市人养狗，在一个完美的世界里，养狗的人应当带上塑料袋随时清理，以其负责任的行为，为我们留下优美的环境，但事

公共物品

纯公共物品
- 非竞争性：某人对其消费不会影响别人同时消费该产品及其从中获得的效用
- 非排他性：商品的生产者或购买者不能把他人排斥在获得该商品带来的利益之外

准公共物品
- 俱乐部物品：具有排他性和非竞争性
- 义务教育、公共图书馆、博物馆、公园等公益物品
  通信、电力、自来水、管道、煤气等公共事业物品
- 共同资源：具有竞争性和非排他性

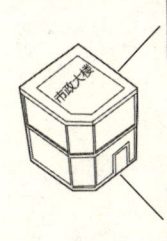

政府的角色
- 提供服务，保障公共财产使用的公平性及稳定性
- 收取成本，维护公共财产的最佳数量及服务品质

与私人物品相对应的特性
- 非排他性——任何人都可以使用
- 强制性——自动提供给所有成员，不管你是否愿意
- 无偿性——消费者不需付费或以远低于其边际效用或边际成本决定的价格获得
- 非竞争性——消费者间无权再分割这些物品

实上，完美的世界只是梦想而已，脚踩了"狗屎"失足的人不时发生；某些经济效益不错的企业为自己赚取了丰厚的利润，却让其周围的居民因饮用不清洁的水而中毒；汽车排出的有毒气体危害了许多人。

当外部性使一些私人和企业的行为成本与社会成本产生巨大缺口时，市场不可能解决这类问题，只有靠政府解决。其他的市场失灵，像处理公平与效率、不存在完全竞争的条件、信息不完全及不对称、成本递减行业的存在、失业和通货膨胀等都需要政府的介入。正是因为市场机制在许多领域缺乏效率，政府介入或干预才有了必要性和合理性的依据，政府致力于弥补市场本身的缺陷，满足社会公共需要。这些又使得政府承担了越来越多的对经济活动的规制、干预功能，政府规模越来越庞大，公共财政开支也与日俱增，而财政开支必须以税收为来源和基础。

从 1 元钱看马太效应

中央电视台《老年》栏目曾连续播放了一对张家口老人进京打工的故事。每月三四百元的收入，还要抚养一个 7 岁的呆傻孙子，这家人的伙食整天就是自己擀的面条，冬天一缸咸菜可以吃一冬。就是在这样一个大多数人还未摘掉贫穷帽子的国家里，一些发达大城市的市民们却在"食不厌精，脍不厌细"。

收入差距的迅速扩大，使富人的钱与穷人的钱效用差别也越来越大，富豪们可以挥金如土，吃几万元一顿的晚餐，穿几万元一身的服装，而贫困的孩子连多吃一顿饭都没有钱。对于一些挥金如土的富豪来说，1000 元、10000 元，根本就不算钱，而对于贫困地区的孩子来说，1 元钱可以吃几顿饭，1000 元钱可以交几年的学杂费。购买奢侈品、吃豪华盛宴等炫耀性消费就是花几万元买个感觉，没有这种消费，富人照样生活得很好。但贫困的孩子每天少 1 元钱吃喝，其体格和智力的发育就会同一般营养健全的孩子相差极其悬殊，可能在很大程度上影响其一生的生命质量。从

马太效应

马太效应,指的是强者愈强、弱者愈弱的现象,广泛应用于社会心理学、教育、金融以及科学等众多领域

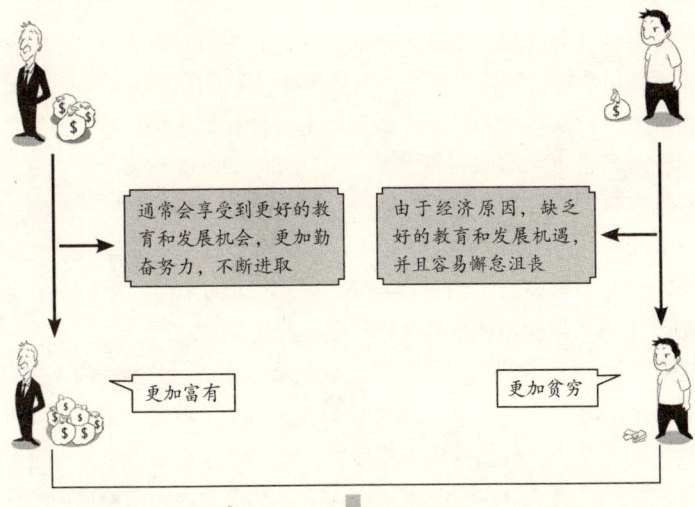

通常会享受到更好的教育和发展机会,更加勤奋努力,不断进取

由于经济原因,缺乏好的教育和发展机遇,并且容易懈怠沮丧

更加富有

更加贫穷

任何个人、群体或地区,一旦在某一方面获得成功和进步,就会产生一种积累优势,就会有更多的机会取得更大的成功和进步。强者总会更强,弱者反而更弱。如果你不想在任何所在的领域被打败的话,你就要成为这一领域的领头羊,并且不断地扩大自己

想在某一个领域保持优势,就必须在此领域迅速做大。当目标领域有强大对手时,就要另辟蹊径,找准对手的弱项和自己的优势

这点来看，如果以基数效用来表示，富人的 1 元钱大概只有 0.01，而对于偏远山区的贫困孩子来说，其 1 元钱的效用值是 10 甚至是 100，也就是说，其效用的差距有 1000 倍甚至是 1 万倍。从福利经济学的角度来看，将富人的一部分收入通过自愿捐献或再分配的方式转移给穷人的孩子，就可以大大提高整个社会的福利水平。

从一定的角度看，市场经济是无情的，有时甚至是无耻的，因为市场追逐的是自身的利益，收入、资金和财富都流向高效益的地方，落后的地方只会让自己的资源、财富、人才流向发达地区。任何个体、群体或地区，一旦在某一个方面（如金钱、名誉、地位等）获得成功和进步，就会产生一种积累优势，就会有更多的机会取得更大的成功和进步。而贫穷的人只能越来越穷。这就容易形成"马太效应"。马太效应来自于《圣经》中的一个故事。一个国王远行前，交给 3 个仆人每人 1 枚金币，吩咐他们："你们去做生意，等我回来时，再来见我。"国王回来时，第一个仆人说："主人，你交给我 1 枚金币，我已赚了 10 枚金币。"于是国王奖励了他 10 座城邑。第二个仆人报告说："主人，你给我的 1 枚金币，我已赚了 5 枚。"于是国王便奖励了他 5 座城邑。第三个仆人报告说："主人，你给我的 1 枚金币，我一直包在手巾里，一直没有拿出来。"于是国王命令将第三个仆人的那枚金币赏给第一个仆人，并且说："凡有的，还要加给他，叫他多余；没有的，连他所有的，也要夺过来。"这就是马太效应的故事。

一旦你拥有得越多，你也就发展得越快，你拥有得越少，你发展得就越慢。小小的差距经过一段时间的变化和发展，会形成天壤之别，经济的发展、技术的进步、知识的增长、能力的增强、收入的增长都是以几何级数递增的。于是，弱者更弱，强者更强，形成"马太效应"。

在收入分配方面，目前我国基尼系数已跨过 0.4 的国际"警戒线"，达到了 0.46。中国社会的贫富差距已经突破了合理的限度，总人口中 20% 的最低收入人口占收入的份额仅为 4.7%，而总人口中20%的最高收入人口占总收入的份额高达50%。在社会成员的收入构成中，两头小、中间大的纺锤形的社会收入构成是比较合理的，因为大量存在中等发达地区和中产阶级是维护社会稳定的基础和中坚力量，而金字塔形的收入构成则可能因为基座过于沉重，使这种模型不能成为一个稳定的模型，存在断裂的可能。

相当一部分掌握资源和财富的人可以最大限度地增加自己的收入分配份额，甚至于产生权钱交易、权色交易等腐败现象。而且一些腐败分子通过非法得来的收入，不敢光明正大地花，于是，大量的资金沉淀下来，造成内需不足，制约了国家经济的发展。所以，反腐败是必须的，但更重要的是需要承认个人财产权，通过股权分配、股票期权分配和其他资产分配的形式将高收入者的分配合法化，让他们的资产形成社会性的资产，对社会经济发展和解决就业问题起到更大的促进作用。只有这样，才能既充分调动企业家和其他富有阶层的创造财富的积极性，又有利于减少收入分配中的违法乱纪行为。

财政转移支付你收益多少

目前，中国地区差距的一个基本特点是，地区之间呈现一种金字塔式的地区差距模式。落后地区包括广阔的中西部地区的面很广，构成庞大的塔基，而最发达地区集中于三个直辖市和广东省构成尖锐的塔尖。这种金字塔模式缺少中间过渡的地区，而两头小、中间大的纺锤形的地区差距模式则中间过渡地区大。在地区的收入构成中，这种金字塔模式是非常危险的。当基座还不是非常巨大，分裂力量还不足以导致社会裂变时，这种模式是可以维持存在的。但是，一旦基座与塔顶的差距继续扩大，从而分裂力量扩大到系统难以维持的地步，则将导致整个社会的裂变、重构。所以，虽然在目前的地区差距下，各地区之间还维持了相对稳定的关系，但是这种金字塔式的收入构成模式已经隐藏了很大的危机。地区差距的微小变化不断积累，不及时加以纠正容易产生"蝴蝶效应"。

在目前我国社会经济的现状下,政府的转移支付是缩小地区差距的有效手段,也是政府不可推卸的责任。转移支付的目标一般可概括为横向平衡和纵向平衡:横向平衡是指同级别的地区之间的平衡,如省与省之间、县与县之间的平衡;纵向平衡是指上级与下级之间的平衡,如中央和省、省和县之间的平衡。横向平衡,即地区之间的平衡在政府转移支付目标体系中有着更为重要的地位。转移支付的终极目标是实现社会公平,而直接目标是各个地方财政能力的均等化。在中国现阶段,作为一个特大的发展中国家和一个转轨时期的国家,生产力发展水平和对效率的需求决定了还不能将公共财政能力或提供的公共物品均等化作为现实目标,即各个省或各个地市,不可能使其财政能力或提供的公共物品数量大致相等。这就不得不降格以求,把均等化目标确定在至少具备基本公共服务供给的目标层次上,以保障各级政府至少提供最低标准的公共服务。将转移支付目标按区域(贫困地区、民族地区和全国)、项目范围(国防、行政、教育、卫生、科研及社会保障)和实行转移支付的不同的时期(过渡、中期、远期)进行分解,对不同的地区、不同的项目、在不同的时期分别采用不同的标准。

财政转移支付也就是分财政税收这块"蛋糕",但是,如何分,由谁来分,却是大家都关心的问题。在日常生活中,人们分"蛋糕",一般是居于社会常识按人头分,有多少个人,分成多少等分。实际上,即使让其中一个人来做分"蛋糕"的一方,这个分"蛋糕"的人不可能完全按等分平均分配,必然有多有少。如果大家推举一个德高望重的人来分,也有可能这个人会对给自己拍马屁的人多分些;如果成立一个"分蛋糕委员会"来讨价还价,或谈判分"蛋糕",就可能使"蛋糕"缩水,这很像"分粥效应"。

实际上,分财政转移支付这块"蛋糕"比分真正的蛋糕或分"粥"要复杂得多。执行财政转移支付任务的是比较固定的人,分转移支付"蛋糕"更多的是中央与地方或部门的讨价还价,即各个地方都来争这块"蛋糕",但经济实力强的省份争得的份额也多,像财政税收返还就完全是这样。20 世纪 80 年代,我国实行财政包干制,1994 年的分税制改革就是在原有税收基数的基础上,确定税收返还和转移支付数额的多少。所以,分税制改革依然承认了过去各个地区之间十分不平衡的财政能力。至于按项目分的转移支付额,则是中央与各个部门之间的讨价还价。部门实力强的争得的份额也多,如国防、公安等;部门实力弱的争得的份额也相对少些,如教育、科技、卫生、民政、社会保障等。

这种利益分配形式强化了原有的利益格局,使富裕的地区得到的转移支付并没有减少,贫穷的地区得到的转移支付也没有增多。因为,经济落后地区,其原有的财政基数就相当低,在原来基数上确定税收返还的数额必然相对于富裕地区少得多。部门的利益又进一步强化了地区的利益格局,因为,实力强的部门也必然把更多的资金用于发达地区,毕竟资金在发达地区的利用效率更高。这就使得转移支付并没有起到真正的作用。所以,国家不得不通过西部大开发、振兴东北老工业基地、中部崛起等政策措施来扶持经济欠发达地区的发展。

我国自 1994 年分税制实施以来,转移支付数额不断提高。但受财政收入总规模制约,转移支付绝对规模仍然偏小。更主要的问题还在于支出结构不合理,真正用于横向均等化的资金不足。专项拨款依然远多于一般性转移支付,我国享受一般性转移支付的主要是中西部地区欠发达地区,而东部发达地区的转移支付主要是专项拨款。在这种情况下,专项拨款若连年大于一般性转移支付,也进一步拉大区域之间已有的差距。上解中央的"两税"依然按基数返还地方的方式,使大部分转移支付的财力失去均衡功能。另外,目前东部地区的产品大量销往西部地区,会造成落后地区的消费者负担发达地区消费税税款的现象,这也不利于消除我国东西地区之间的贫富差距。

"二八法则"与收入分配

我们这个世界，有80%的人是穷人，20%的人是富人；80%的穷人只掌握了世上20%的财富，而20%的富人却掌握了世上80%的财富。

为什么世界上80%的人是穷人，20%的人是富人呢？这是市场经济机制自发起作用的结果。市场经济以效率优先，兼顾公平，而经济中，80%的效率来自于20%的人群。例如，在组织人力资本管理活动中，一个组织的生产效率和未来发展，往往取决于少数关键性的人才。在企业效益的产生过程中，80%的收获往往只来自20%的倾力投入和付出，而另外80%的投入只产生20%的效益。80%的人用脖子以下赚钱，20%的人用脖子以上赚钱；80%的人是负面思考者，20%的人是正面思考者；80%的人在做事情，20%的人在做事业；80%的人只看眼前，20%的人能放眼未来；80%的人总是早上才想到今天干什么，20%的人则时时刻刻在计划未来。

用头脑赚钱，靠知识、智力、创造、人力资本赚钱肯定比干死活、干体力活赚钱收入高得多；善于正面思考的人，其学习和工作效率比只会负面思考的人要高出好几倍；做事情只能赚"死钱"，而做事业的人看到的是长远的结果，其效率自然高得多；不会抓住机会，就没有赚钱的机会，善于抓住机会必然"钱途"远大；放眼长远、时刻计划着未来也就会产生更高的工作效率，只看到眼前，其工作的失误率也高，工作效率自然低。

80%的收入来源于20%的客户，这就是大家非常熟悉的"帕累托定律"，也称"二八法则"，多数，它们只能造成少许的影响；少数，它们造成主要的、重大的影响。在因和果、努力和收获之间，普遍存在着不平衡关系。典型的情况是：80%的收获来自20%的努力，其他80%的力气只带来20%的结果。"二八法则"告诉人们一个道理，即在投入与产出、努力与收获、原因和结果之间，普遍存在着不平衡关系。少的投入，可以得到多的产出；小的努力，可以获得大的成绩；关键的少数，往往是决定整个组织的效率、产出、盈亏和成败的主要因素。社会经济效率的提高主要来自于只占社会成员20%的少数人。

本来，经济的发展就是做大"蛋糕"，并让大家都分得更多的"蛋糕"的过程，所以，在经济发展过程中要强调效率，才能得到更快的发展。

中国的传统文化讲究"达则兼济天下"，富人要帮助穷人，这种传统文化的影响至今仍然存在，如果一些富人"为富不仁"，有钱就过着奢侈萎靡的生活，势必影响社会的稳定。社会经济的发展能否稳定、健康，往往取决于某些微小的变化，积极的微小变化容易不断产生好的结果，如联产承包责任制。消极的微小变化不断积累就会造成社会的动荡，这被称为"蝴蝶效应"。中国历代的农民起义大多数是打着"等贵贱、均贫富"的口号，导致社会结构的变动。今日的中国，前二十几年的改革开放，主要强调的

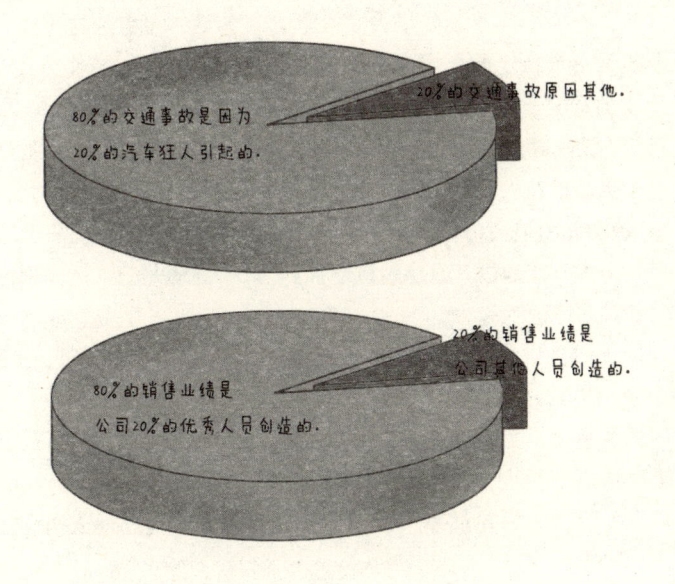

是效率，以做大国民财富这块"蛋糕"，但现在收入上贫富差距已经相当大了，到了向公平适度倾斜的时候。这就需要通过财政税收等再分配手段进一步调节公民之间的收入差距，向"弱势人群"适度倾斜。但这个"度"如何确定，是一个值得社会各方面人关心的大问题，太悬殊会影响社会稳定，太平均又会影响经济效率。

公共选择与羊群效应

什么是公共选择呢？公共选择就是公众的选择，或者说是多数人的选择。现代社会，许多地方可以采取公民或代表投票的方式进行公共选择。公共选择多数是在利益分配中，到底采取何种选择方式能够使单位或地方的利益最大化，或者大多数人的满意度最大化。公共选择是以少数服从多数，还是多数服从少数呢？一般来说，是少数服从多数。但是，从福利经济学的角度来看，有时，少数服从多数又会造成社会净福利的损失。

现在，我们假设老王是某个有100名职工的单位的负责人。目前，有一个决策，如果大家投票通过的话，可以为这100个人中的某一个特定的人带来200元的收益，而给其他99个人带来1元钱的损失。如果以投票方式进行表决，其结果肯定是99票反对，1票赞成，而使该项决策无法通过。但是，这项决策明显有利于提高单位的福利水平，因为它给一个人带来了200元的福利，减去99元的损失，仍给单位带来了101元的净福利。而决策通过投票方式不能通过，只能造成净福利为0。这就是公共选择理论中的"投票悖论"。

我们再做第二个假设，假定有三个人：张三、李四、王五，在A、B、C三个方案之间进行分阶段投票。由于这三个方案给不同的人带来的好处也各不相同，张三的喜好程度依次是A>B>C；李四的喜好程度依次是B>C>A；王五的喜好程度依次是C>A>B。现在，进行第一轮投票，让三个人在A和B之间进行选择，这轮

羊群效应与示范效应

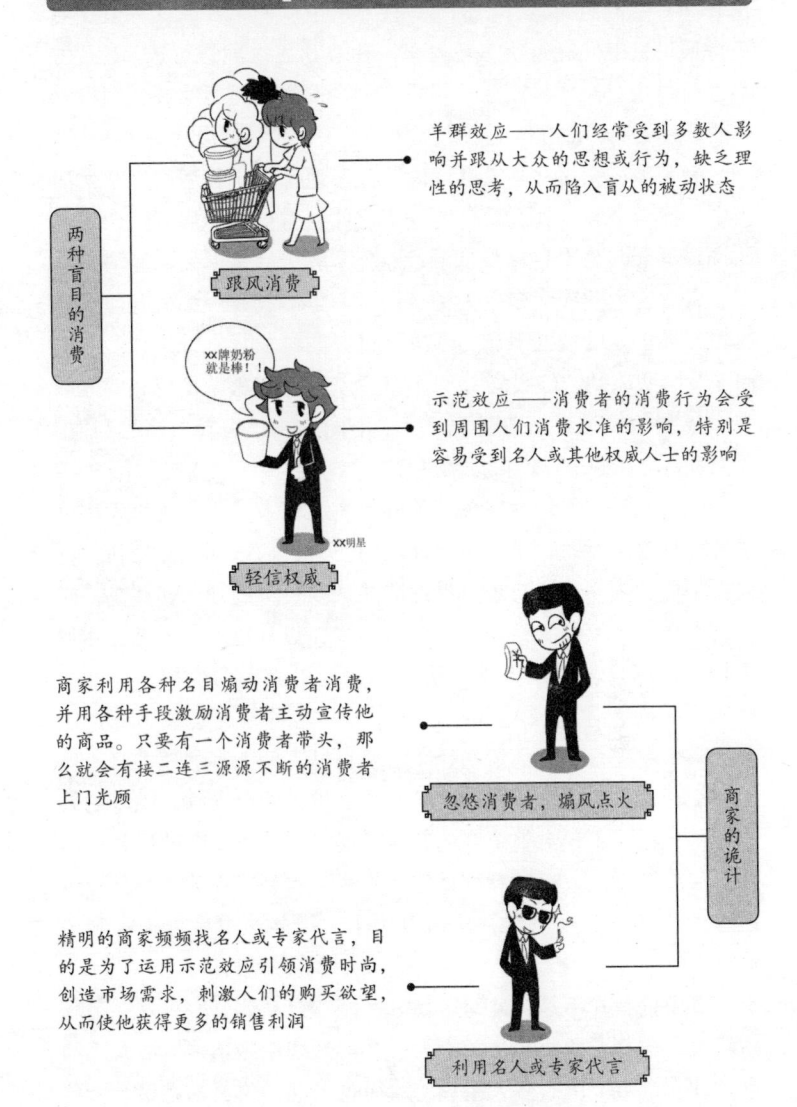

羊群效应——人们经常受到多数人影响并跟从大众的思想或行为,缺乏理性的思考,从而陷入盲从的被动状态

跟风消费

XX牌奶粉就是棒!!

示范效应——消费者的消费行为会受到周围人们消费水准的影响,特别是容易受到名人或其他权威人士的影响

XX明星

轻信权威

两种盲目的消费

商家利用各种名目煽动消费者消费,并用各种手段激励消费者主动宣传他的商品。只要有一个消费者带头,那么就会有接二连三源源不断的消费者上门光顾

忽悠消费者,煽风点火

精明的商家频频找名人或专家代言,目的是为了运用示范效应引领消费时尚,创造市场需求,刺激人们的购买欲望,从而使他获得更多的销售利润

利用名人或专家代言

商家的诡计

第三篇 社会生活中的经济学应用

投票以两票赞成和一票反对而通过 A 方案；再进行第二轮投票，在 B 和 C 之间进行选择，同样，B 方案也以两票赞成和一票反对获得通过；继续进行第三轮投票，在 C 和 A 之间进行选择，C 方案也获得通过。如果按照三轮投票的情况综合进行选择，则没有办法选择到底那种方案更好。这又产生了"投票悖论"。

事实上，像这些"投票悖论"大量地存在于我们的日常生活当中，使得公共选择在效率与公平之间时常产生矛盾，强调效率的选择就会与公平目标相抵触，而公平的选择又损失了经济的效率。有时为了照顾大多数人的情绪，不得不放弃一些很有效率的决策，在极端的情况下，一项决策可以给极少数人带来利益，但由于大多数人的"红眼病"，不得不放弃一个能够给单位和地方带来净福利的好政策。甚至于，由于不同的人代表着不同的利益，人们利益之间的争夺使得投票过程陷入僵局。

公共选择的失误往往与"羊群效应"相关。公众或代表在投票的过程中，有时，不一定是理性的，盲目的选择经常见到。一旦有一位"领头羊"有理有据地陈述某项决策的好处和利益，或者其弊端，大家都觉得这个人说得不错，很有道理。于是，不加选择地跟随这位"领头羊"的行为，做出错误的选择。等到大家回去一想，才发现其选择是错误的。这种情况是很多的，比如，某个乡进行一项政策选择，需要在姓刘的人多的地方修一项水利工程，由于这个乡内主要是姓李和姓刘两个大姓，姓李的人更多些，这项工程对整个乡的经济发展能够带来很多的好处。但是，某位姓李的人振振有辞地陈述修这项水利工程的弊端，导致姓李的人都投了反对票，从而否决了一项能给全乡带来福利的政策。

市场机制并不是一架运转良好、能够自动调节的机器，市场的解决办法并不总是最优的。而公共选择理论则从"经济人"的自利性，推出了由这些人组成的政府也可能是失灵的结论。公共选择理论只强调了"经济人"利益的最大化，而对"经济人"在政治上的政治利益及利益集团之间的冲突并未做出解释。这往往需要借助于政治经济的分析方法，对投票过程中的利益进行描述，否则"投票"中的政治民主就失去了基础，也不能很好地说明利益集团投票的动因。

第二章
日常生活中的经济学

"贤妻良母"要三思

现如今,女性大概可以分为两种类型:一是甘心贤妻良母型;二是忙事业顾不上家型。从两种类型女人的家务活上,我们可以归纳出一些心得。

某女子生长于传统的相夫教子之家,五年前初为人妻、少涉世事,立志继承母业,做一名贤妻良母,便一人独揽家中的所有家务,先生下厨、买菜、洗衣被她一一拒绝。她为独揽家务琐事乐此不疲。

边际收益递减规律提醒女性:贤妻良母难做。

丈夫很是庆幸自己能娶到这样贤惠的妻子,并由衷地感到幸福。他欣赏妻子的能干,叹服女人的耐力。岁月流逝,光阴荏苒,就这样过去了两年,丈夫似乎早已习惯了自己躺在沙发上或看电视,或看报纸,等着妻子将饭菜做好,更为可恶的是,妻子耳畔的赞美也销声匿迹了。再后来,妻

子自己的事业如日中天，开始繁忙起来，渐渐无暇顾及家务事。一旁的丈夫很是不适应，对此颇有微词。妻子陷入了劳而无功、劳而有过的尴尬境地。

一日，妻子与好友相见，好友谈及某日亲自下厨为其丈夫操办生日，此番举动令她的丈夫好生感动，并由此对她倍加怜惜。相比之下，妻子不由得哀叹上天如此不公。

冷静下来，我们分析一下原因，是妻子忽略了一条基本的经济学规律——边际收益递减。妻子难得下厨，奉献行为稀缺，边际收益很高，而妻子的奉献如江水滔滔，长年累月担负着家务之责，自然淹没了感觉。常言道，"久居兰芝之室，不闻其香"，伦理学崇尚克己、奉献、博爱，但经济学也注重成本收益的比较。在经济学家的眼里，婚姻更像一张契约书，体现着平等互利、等价有偿，界定着双方的权利义务，即使像七仙女和董永这样的"天仙配"，也得"你挑水来我浇园"。

家庭也像团队生产，激励约束不相容同样会产生偷懒及搭便车的行为习惯。"贤妻良母"型女性不仅使自己的收益成本不对称，而且会带来较大的外部性，例如造就丈夫的懒惰、儿女的低能等。由"贤妻良母"导演的家庭悲剧也屡见不鲜。边际收益递减规律提醒女性："贤妻良母"难做。在为家庭作奉献时是否应该有一个把握的度？

有一本书名叫《像经济学家那样地思考》，很是发人深思，其实，斯蒂格里茨所著的《经济学》一书中，就提出一个观点：像经济学家那样思考。言外之意，经济学家与一般人的思考不同，对同一问题、同一事件，经济学家得出的结论与一般人得出的结论往往偏差很大，甚至完全相反。像经济学家那样思考，意味着更多的理性、更多的智慧，做家务也是如此。

春运时，为什么一票难求

春运恐怕是最具中国特色的事物了。每到春节，各大火车站、零散售票点都排着绵延几百米的队伍。为什么排队？车票短缺。有人形容，在一年一度的春运高峰，国内各大城市火车站的一个共同现象是：一票难求。

在经济全球化的今天，产品的过剩早已成为各国无法解决的难题，扩大内需也成了各国经济得以发展的主题。对中国来说，从1998年开始，扩大内需也成为国内经济发展的最大国策，无论是理论界的讨论，还是党的红头文件，扩大内需哪一方面不成为人们的共识呢？但是为什么会出现火车票严重短缺？为什么会出现商品房的价格炒上了天？

很简单，就国内目前的情况来看，凡是可贸易的产品（即该产品可以进出口的，如电视机）都供应充足、竞争激烈、产品普遍过剩；而不可贸易的产品（如车票、房子）则出现短缺，价格居高不下。何也？根本的问题就在于制度短缺。

因为，在经济全球化的今天，对可贸易产品来说，要在市场中获胜，就得在全世界市场中寻找最有效率的资源，就得每时每刻都要提升自己的竞争力，就得根据市场供求关系来寻找自己产品市场的生长点，否则迟早会被市场所淘汰。

而对不可贸易产品来说，它的市场永远只能限制在国内的环境下，而国内市场环境与市场的游戏规则也就决定了这些产品的质量与价格。例如，小张从自己多次往返北京的经历中发现，一张由香港至北京的往返机票，如果从香港购买要花1800港元，甚至有时比这还低，但是从北京购买，从来就没有低于3700元人民币，原因何在？因为，在香港机票的价格完全是由市场供求关系来决定的，但在北京则不然，价格的高低由主管部门来指导，根本与市场、企业运作成本无关。

再回到火车票的购买问题上，为什么火车票购买会出现一票难求，而汽车票随到随走呢？问题就在于政府对某些产品采取了完全垄断的措施。汽车运输一放开，公路交通难点立即化解。而铁路的垄断，一是政府不可能完全预测整个市场需求的情况，即使政府预测到了也不可能在短期内得以调整,这就导致了目前国内铁路运输的严重短缺;二是铁路运输既然是政府垄断,那么国内铁路的投资及运作成本就可以让整个社会来承担,而由于收益单位化,铁路部门一旦获得了社会的资源,就会千方百计地利用这些资源让其单位收益最大化,如一有机会就提高票价,但不会也不愿提供好的服务,加上个别工作人员的内外勾结,购票难的问题更是凸现。

可以说,一票难求是制度短缺的结果,是政府对一些不可贸易产品的垄断。而要解决这种短缺,政府就得放开对不可贸易产品的管制,加快相关行业的市场化。而这种市场化不仅在于产品及服务的市场化,还在于对广大农民的人身管制的市场化,如果中国广大的农民能够以市场的方式在城市里寻找自己满意的生存空间,这种短时间内大规模人口流动的运动自然会减少。或者说,如果城市能进一步放开,消除对进城农民的一切歧视性门槛,民工的返乡潮自然能减缓。这就是制度短缺的根本问题所在!

不吃剩饭的哲学

一位老太太年逾花甲,体态超常,每每买衣服都耗去许多的搜寻成本。一辈子含辛茹苦,吃苦在前享乐在后,如何长出这些多余的脂肪?原来,老太太生性节俭,每当饭菜要剩下,都舍不得扔掉,常常是勉强多吃,多余的卡路里使她日渐臃肿,并从此埋下隐患。

这样节俭的事例在我们生活中再常见不过了,特别是上了年纪的父辈、祖辈们。他们每每看到剩饭总会说:都不知道我们小时候吃的啥,你看你们剩的。

剩饭该勉强吃下还是该扔掉,值得思考。一方面从小我们就接受"谁知盘中餐,粒粒皆辛苦"的教育,家长大多告诫孩子,将碗里的饭菜吃光。即使现在外出做客,也常听到有人相劝"多吃多吃,免得浪费"。从经济学角度分析,剩饭是吃下还是扔掉,二者都是浪费。做熟的饭菜若不便保存及交换便是沉没成本，这是一笔已经付出的开支，无论做什么选择都不可能将熟饭再变成生米。

另一方面，当我们深刻领悟了吃饭吃到撑死的定律，也就是边际收益（效用）递减规律后，我们会发现许多生活哲学，就能得出结论：吃剩饭实在不是一个明智之举。吃得太多，已经味同嚼蜡，毫无享受美食之感，自然也就边际效用递减了，根本谈不上是强身壮体。相反，如果剩饭变质，吃出毛病，赔上医药费不说，还得让身体和精神双倍受损。边际效用递减规律是一个普遍的基本规律，在经济学、生物学、物理学、心理学方面都成立。我们让大家了解这种思维方式，并非是要大家对每一件事都去精确地计算其中的收益成本，而是让大家明白其中所包含的生活哲理。（理性的人在决策时应忽略沉没成本的存在和注意边际效用递减的规律。）

对于剩饭是吃还是不吃，应该比较在已经吃饱的情况下，多吃剩饭的成本与收益。当吃下的成本小于收益时就该吃，否则就不吃。勉强吃下的成本首先是生理上的难受，俗话说胃是自己的；其次是过量的饭菜对身体的一系列破坏（据说最佳状态是八分饱）。其收益至多是下顿饭少吃半碗。由此可见，将剩饭扔掉看作是浪费，将剩饭破坏性地穿肠而过看作是节俭，显然不是理性的逻辑。

类似于扔剩饭这样熟悉的场景也常出现于其他方面。一段分手的爱情或一个糟糕的婚姻，在外人看来，是失败的，是浪费的，是付出更多者的青春损失，因而，是绝对不经济的。其实，无论多长时间的爱情或婚姻，对智者来说都是一所学校，是一个人生的升华。就像从中学到大学，从大学再到研究生，都是人生必要的历练阶段。人们从中不仅认识、判断、总结了沟通艺术，积累并提升了 EQ 的指数，而且，通过合作、利益共享与利益冲突分割，懂得了团队的力量、团队所应有的核心竞争力及不团结带来的缺憾和损失，因而，可以成为 IQ 指数高的智者。这种历练的价值更在于，它使人从爱自己的人身上看清了自己。正所谓"好友如镜"，无论是自己的优点，还是缺点；也无论是成功，还是失败，在对方给予了评价、褒贬甚至决裂之后，任何人都会去反思自己。因而，全面彻底地认识自己，会使自己变得成熟，为以后的正确判断和抉择奠定了基础。正所谓付出了学费，学会了东西，因而这种浪费是具有经济价值的。

通过这些体验，人们可以更加豁达地结识合作者、朋友，可以更加容忍那些不快的事情，可以更加准确地选择合作与合作方式，更加善用做人的艺术。而这一切正是任何事业达畅之本，是高效之根，是昌荣之果。

经济学的奥妙就在于：任何庸俗之事，任何可悲之人，任何荒谬之情，都能在经济理论的宝库中找到支撑和存在之理由。经济学思想和理论无处不在，就看我们如何去对号和衔接了。

由此可见，这种形式上的相对的浪费其实产生了巨大的经济价值。所以还是要做个理智的人，适时做出选择，不要一味死缠住剩饭不放。

换个角度看待现实的世界，比如整个东北电力过剩，生产出的电力不能储存，不是消费就是浪费，电能在咱家转成热能，不比白白地损耗掉强？游子之所以打电话不怕花钱那是因为物有所值。再有坐出租车，国家收税可以干更多的事儿，司机有收入可以吃穿用，而司机的吃穿用是不是又提高了总需求，激活了不景气的经济？游玩的时候，原本有一个三赢的自由贸易，若游客同意坐滑竿儿，可使晚辈尽了孝心获得了安心，而挑竿的几个农民半小时挣 20 元劳动报酬，要比他们种地强。20 元对于游客可有可无，对于农民却意味着种子、化肥、孩子的学费，在农产品价格低、农民卖粮难的今天，若想帮助农民，是应该节约粮食还是合理消费粮食？还有像老人穿的衣服也不能新三年旧三年，若全国人民都像他们这般节俭，岂不是有更多的企业面临消费疲软的困境……

民航打折的秘密

有的民航公司对两城市间的往返机票收取两种价格：全价与折扣价。对周六在所到达城市住一晚的乘客收折扣价，对周六不在所到达城市住的乘客收全价。这种对同一次航班（服务完全相同）收取两种不同价格的做法就是运用了歧视价格的定价方法。歧视价格是对同一种物品或劳务在同一时间里向不同消费者收取不同的价格。

歧视价格得以实行，在于消费者分为不同的群体，不同群体的消费者对同一种物品或劳务的需求弹性不同。以民航服务而言，消费者大体可分为两个群体：公务出差者和私人旅游者。前者因为公务有时间性，且由公费支出，故出差者只考虑时间的合适性，很少考虑价格变动，价格变动对这部分人坐飞机的需求量影响很小，需求缺乏弹性；而旅游者时间要求不严格，但由私人支出，要更多考虑价格因素，价格变动对这部分人坐飞机的需求量影响很大，需求富有弹性。

如果民航公司不实行打折，私人旅游者难以增加，但如果都实行打折，本来不打折需求量也不会减少的公务出差者也沾了光，对民航公司又是一种损失。

但如果民航公司简单地列出两种价格，恐怕没有一个公务出差者愿意出高价，公司以这两种价格售票时，乘客都会以旅游者自称。所以，实行价格歧视的关键是要能用一种客观标准区分这两类乘客。民航公司用的方法就是周六是否在所到达的城市住一个晚上。对公务出差者来说，周六与周日无法办理公务，为省几个钱而在所去的城市待两天，放弃了周末与家人团聚的机会，实在不合适，何况省的又不是自己的钱。对私人旅游者来说，反正是去玩，待多长时间，什么时候去关系不大，而买便宜机票省自己的钱还是重要的考虑因素。这样就可以方便地对两类乘客实行价格歧视。

对同一次航班收取两种不同价格的做法就是运用了歧视价格的定价方法。

实行歧视价格增加了民航公司的收益。这就是说，公务出差者仍以原价购买机票，乘客不会减少（需求缺乏弹性），来自这部分乘客的收益不会减少。私人旅游者以折扣价购买机票，由于需求富有弹性，乘客增加的百分比大于机票降价的百分比，来自这部分乘客的收益增加。这样，总收益增加了。而且，这种方法还使客源在时间分布上趋于稳定：公务出差者在工作日外出者多，而私人旅游者为了省钱，会选择休息日外出。这样就不会出现乘客过多或过少的现象，也有利于民航业的正常运行。

要使价格歧视得以实行，一般要具备三个条件：第一，市场存在不完善性。当市场不存在竞争，信息不畅通，或者由于种种原因被分割时，垄断者就可以利用这一点实行价格歧视。第二，各个市场对同种商品的需求弹性不同。这时垄断者可以对需求弹性小的市场实行高价格，以获得垄断利润。第三，有效地把不同市场之间或市场的各部分之间分开。地区封锁和限制贸易自由的各种障碍往往有利于垄断者实行其价格歧视，因此，反垄断限制价格歧视应该尽力消除其实现的环境条件。

价格歧视作为一种垄断价格，理所当然地应该加以限制。但是，限制价格歧视并非要取消一切价格歧视。在具有自然垄断性的公用事业中，对于一些不能贮存的劳务，采用高峰时期和非高峰时期的差别价格，将某些高峰需求调向低峰时期，可以更充分地利用其设备资源，对于社会来说，是具有积极意义的。

竞争有什么好处

烹制沙丁鱼是欧洲人非常喜欢的一道美味。但是长期以来，由于沙丁鱼在运输中经常因环境恶劣而死去，使很多贩运沙丁鱼的商人蒙受了巨大的损失，也使人们的餐桌上很难见到新鲜的沙丁鱼。

一次，一位鱼商意外发现了一个绝妙的解决方法。

在运输过程中，由于商人准备的鱼槽不足，商人只好将鲶鱼和沙丁鱼混装在一个鱼槽中。结果，到达目的地的时候，商人意外地发现，沙丁鱼竟然一条也没有死。

原来，这都是鲶鱼的功劳。由于鲶鱼是一种好动的鱼类，在水中总是不停地东游西窜，使水槽不再是一潭死水。沙丁鱼本来是一种非常懒惰的鱼，很少游动。但是鲶鱼的到来使它们非常恐惧，使它们改变了好静不好动的习性，也跟着鲶鱼快速地游动起来，一舱的水被鲶鱼搞活了。船到岸边的时候，这些沙丁鱼由于活力大增，便一个个活蹦乱跳的。

自然界就是在这种竞争和选择中发展的，也正是这种竞争和选择，使我们赖以生存的世界呈现出如此瑰丽多姿的色彩。即所谓物竞天择，适者生存。

竞争在生活中是非常普遍的现象。比如运动员长跑训练，一

竞争可以促进市场的不断繁荣。

个人在运动场上跑就不容易出成绩,几个人一起跑的时候,大家的成绩一下子都提高了,为什么呢?因为人们在运动场上有了参照物,有了竞争的对象。再比如,学校为了进行分层次教学,将学生分成快班、慢班,这是很不科学的做法。这样分班的确能使快班的学生得到额外的关照,但是却使其他班级的学生没有了参照物,没有了领头羊,导致大家的学习成绩都平平常常,没有彼此的竞争,都自甘落后,最后大家的成绩都下降了。如果不分快慢班,情况就不同了,哪一个班级里都自然地形成了上中下三个层次,学生们相互竞争,不甘落后,在这种效应的影响下,班级里所有学生的学习成绩普遍得到了提高。

所以,有时候我们为了使大家产生这种竞争的心理,在工作、学习、生活中就要适当地将一个团体拆分成几个组,然后根据各组的成绩进行表彰,这样常常会产生意想不到的效果。

而在经济领域更是如此。没有竞争,就没有琳琅满目的商品;没有竞争,就没有绚丽多彩的经济生活。

说到竞争,我们感触最深的可能就是中国电信的拆分了。过去的电信市场是一家垄断,当时国家想方设法进行通信设备的投资、改造,又开展各种服务竞赛活动……但是没有用,通信费用始终居高不下,服务质量低劣,安装一部电话甚至要花5000元,而且还要排队等候三五个月,电信部门还要收取装机费,要指定购买电话,要交纳电话费押金。这些都是国有企业一家垄断带来的种种弊端,当时的电信行业就仿佛是船舱中的沙丁鱼,根本就一动不动,怎么能够发展呢?

而现在情况不同了,中国电信被拆分成了几个公司,几个公司之间仿佛水槽中的鲶鱼和沙丁鱼一样,水被搞活了,每一个公司都不可能再待在一潭死水之中坐享其成了。网通公司、中国电信、中国铁通、中国移动都行动起来了,你推出长途优惠服务,我推出假日半费优惠;你赠送话费,我赠送话机;你邮寄话费清单,我就亲自送话费清单;你当天登记当天装机……就像驼鹿和狼，你在前面跑，我就在后面追。新鲜的招数层出不穷，消费者得到了实惠，经营者也因此获得了更多的利润，国家的电信事业更是进入了一个高速发展的快车道。

竞争的作用就是这么奇妙，竞争的市场有无数的买者和无数的卖者，而且各个卖者提供的物品大体是相同的；还由于市场是开放的，任何企业随时都可以自由地进出市场。这些条件的存在，使市场上任何一个买者或卖者的行动对市场价格的影响都是微乎其微的，每一个买者和卖者都不可能左右市场，而只能是市场价格的接受者。

要想获得更高的利润，最好的办法是实行差别竞争，也就是提高商品的科技含量、提高产品质量、改进服务手段、增加或者改进商品的性能等。这些手段从满足不同消费者的偏好入手，满足消费者的更高需求，使市场变得异常丰富。这样，不仅不会引起价格的降低，而且由于商品的不同，还可以提高商品的价格。

另外，市场经过反复的博弈，优胜劣汰的市场机制使新的充满活力的卖者不断进入市场，而那些僵化的、不思进取的企业则被挤到市场之外。为什么我们的市场会呈现出一派如此繁荣的景象呢？经济学家说，因为有新的企业、新的资本、新的人才不断涌入，使市场处于一种不断的更新之中，保持了永久的生机。

富人为何买贵不买贱

几年前发生过这样一件事：在某杂志上有一个整版的征婚广告——"优秀男士，诚觅好女孩"。广告上的"征婚者素描"写道："男，未婚，汉族，70年代出生，1米7余，硕士学位；私企总裁，年收入千万，资产过亿，现居上海……"在广告中，还有一篇略带诗意的《爱事业更爱好女孩》的短文。

这是一名富豪征婚的广告。据说该广告共在全国100多家媒体投放，费用高达数百万元。大家不禁要问，难道富人找个结婚对象那么难，要如此兴师动众？

戴一只几百元的手表和戴一只百万元的江诗丹顿手表，其显示时间的功能是相同的。但戴一只用18K金做壳、满是钻石的名牌江诗丹顿表能显示出主人与众不同的身份。经济学家把购买这种价格极其昂贵的名牌商品的消费行为称为炫耀性消费，其含义在于这种消费行为的目的不在于其实用价值，而在于炫耀消费者的身份——通常也称为"显摆"。

"显摆"背后的经济学道理是什么？其实，这反映了一种消费心理——"炫耀性消费"心理是指一种迎合消费者心理的商品价格越高消费者反而越愿意购买的消费倾向。

"炫耀性消费"这个概念，是美国19世纪末20世纪初制度经济学家凡勃伦在其1899年出版的成名作《有闲阶级论》一书中提出的。作为经济学中制度学派的创始人，凡勃伦对先富起来的资产阶级持批判和嘲讽的态度。他认为，这些人有了钱以后从显示自己的优越和荣耀的心理出发，从事浪费性消费，这就是炫耀消费。

这种消费的目的并不仅仅是为了获得直接的物质满足与享受，而在更大程度上是为了获得一种社会心理上的满足。由于某些商品具有炫耀性的效果，如购买高级轿车显示一个人地位的高贵，收集名画显示一个人高雅的爱好等，这类商品的价格定得越高，需求者反而越愿意购买，因为只有商品的高价，才能显示出购买者的富有和地位。这种消费随着社会发展有增长的趋势。

一般需求定律——即价格与需求量成反方向变动——对于富人而言不仅起不了作用，而且还导致一种"反需求定律"现象，即富人买涨不买跌：当某种商品价格很高时，富人趋之若鹜；而该商品价格低落时，富人理都不理。

在某个以生产服装而闻名的小城市，一个服装厂老板这样介绍说，当年他那个品牌的服装并不好卖，高不成低不就，穷人买不起，富人嫌档次低不愿买。后来他听从了一位海外商人的话，想出了一招，将服装价格从原来每套几百元一下子提高到5000多元，没有想到效果奇好：市场一下子打开了。西装还是那种西装，但愿意买的富人多了。原来几百元的西装穿在身上，富人觉得丢人；而现在5000多元一套的西装穿在身上，这些富人觉得很"气派"！当然，这种西装，如果说当初几百元一套某些穷人还有所期待的话，那么，现在他们则完全不会买了，因为他们真的买不起。

现在众多媒体整日鼓噪一个名词"精神消费"，这是有闲阶层或者说富人们发明的玩意儿，因为对于穷人来说，所有的收入几乎都用于维持生计了。而所谓"精神消费"，恰恰会出现所谓"边际效用上升"。比如玩名牌，无论是服装还是车，富人们每多购买一套（辆），会直觉地认为自己的身价又增加了两分，因此，增加的满足程度会上升。

穷人与富人的消费行为不同，所以实际上也存在两个市场：一个穷人的市场，一个富人的市场。在穷人的市场上，主要是低档消费品与日用品；在富人的市场上，主要是高档消费品与耐用品。因为世界的购买力主要操纵在富人手中，所以，占有世界生产份额80%的大厂商都将质优价高的商品定位于富人；穷人这边，则是小厂商负责供应。小厂商生产的商品附加值低，为了多赚一点钱，顾不了那么多，于是，假货、勾兑酒、霉米霉面一齐上。受害的多是穷人，因为富人早就不在小商店与集市上买东西。为了对付这些问题，政府会强制执行某些标准。但标准一高，成本上去了，穷人又消费不起。于是，我们就不难理解曾经有过这样的报道：中国农村已经成为假冒伪劣商品的最大集散地，当有关政府部门去打假时，竟有农民出来说："我们需要假货！我们也只买得起假货！"

我们为塞车付出了什么

随着城市化进程的加快，各种城市病随之而来，塞车也就成了世界许多大城市的心病。北京是这样，伦敦、巴黎、华盛顿也是如此。

对不少地方来说，减少塞车的办法或是收进入市区的塞车费；

或是给愿意放弃开车而改乘公共汽车的乘客获得好处，奖励他们不开车进城；或是筹集更多的资金建城市铁路及地铁。但是这些办法用在北京，不是不能对症下药，就是远水解不了近渴。

那么北京塞车问题的症结在哪里？有人认为，是由于这几年北京的私人汽车发展太快，北京城市居民汽车的拥有量太高；是由于北京的出租车太多，让太多的出租车在大街上遍地跑，把本来就不多的道路占满了；是因为北京的道路发展跟不上私人汽车的发展；是由于北京的道路设计有问题，等等。

北京大塞车的原因，如上面所言，私人汽车发展太快、公共交通不发达、出租车太多、道路设计不合理等都是其中的原因，特别是道路设计不合理，随处可见。一组西直门立交桥，刚造好一两年，车就堵得根本无法走，还有的外地司机竟然在桥上徘徊，因为找不到出口方向；京昌高速公路许多进出口处辅路段，每天车辆都挤得满满的，但里面的高速路上则空空如也，这些都是道路设计不合理所导致的严重问题。但是，从经济学观点来看，北京塞车最根本的问题还不在这里，而在于对作为公共产品的道路使用、占用、收费安排与分配上。

道路作为一种公共产品来说，它与一般的公共产品不同。一般的公共产品基本上是一个人的享用并不妨碍他人享用，比如路灯。但是道路则不同，一方面它具有公共产品的特性，一条路修好了，所有的汽车都可以使用；但另一方面一条道路为一辆车使用后其他车则不能使用，道路的使用在某个时点上都是唯一的。而正是这种道路使用的唯一性，对道路使用、占用及收费的分配也就决定了道路的堵塞程度。

比如，在北京京昌高速公路回龙观小区边有一个入口，车辆要进入高速公路首先要通过一座二车道对流的桥（二进二出，桥距入口仅1公里），如果两车道能够有秩序对流行驶，那么车流量再大（这里是一个很大的小区，车特别多），车辆也可以在10分钟内走完这段路。但实际上，每天早上出行车总是会占上三车道

（早上大家赶上班），而入行车仅剩下一车道。而正是这种抢占，往往会使入行车连一车道都无法使用。而入行车无法行驶，出行车最后也无法通行，这样经常就会出现整个桥的道路根本无法行驶的僵局。而正是这1公里路，如果时间段不合适，车辆花上1个小时才能够通过也成了常事。

其实，这正是公地悲剧的一个缩影。面对一块公地，由于大家都免费地占用，最终公地上最后一点资源都耗竭。在这里，道路作为公共产品，每一个人都希望优先占用。这就如公地悲剧一样，如果某一时点每一个人都想优先使用某一段道路，那么，其结果肯定是每一个人都无法使用这段路。这样，道路的资源、个人时间的资源都在这种占用中消耗掉了。

因此，对北京交通资源实行某种程度的限制（或是规则或是货币），才是解决目前北京塞车问题最为重要的一环。而规则的实行，一切都必须依法而行，并对违法者实行严厉惩罚，这样才能有效地保证车辆安全行驶和道路的通过率，缓解北京塞车问题。

什么是覆水难收

斯蒂格利茨在其《经济学》一书中，认为经济学家与普通人的区别之一在于，经济学家计算机会成本，而普通人不计算机会成本。其实，他认为经济学家与普通人的区别还有一个，即经济学家不计算沉没成本，而普通人计算沉没成本。

小杨周末去商场，小李作陪。值得一提的是，小李是经济学专业高材生，因此小李生平最头痛的是在商店里消磨时光。小杨对一件衣服一见钟情，所以，简单地问了问价钱，看了看衣服，连试穿都没有，小李就拉着小杨交了款拿衣服走人。回到家，小杨一试穿，问题来了：衣服的扣子竟然掉了两个。小杨认为是小李太急才造成的后果，要一起去退货。没有办法，两人硬着头皮到了商店。谁知售货员怎么也不认账，而且商场中同一型号与品牌的衣服也没有货了。最后他们找到商场经理，经协商，商场同意他们再加100元钱,给换一件某著名品牌的夹克,那种夹克的原价是400元。小杨很犹豫,有些舍不得那100元钱,想找两个扣子凑合着行了。小李则痛痛快快地说:"很划算,100元买了400元的衣服,这种好事哪里去找啊!"最后,在小李的极力怂恿下,这笔交易总算完成了。

路上,小杨问小李明明那件衣服花了430元钱,怎么能说是100元钱呢?小李说:商场不退货,所以,实际上我们先花的330元钱就等于永远不可能再回到我们的口袋了,这在经济学上叫"沉没成本",经济学家是不会把这笔成本计入成本的,所以,在经济学家眼中,后来那件衣服实际上就只是花了100元钱,因此他会认为这笔交易很值得。而如果将原来的330元钱也计入成本,可能会因此不进行这笔交易,那么,不仅穿不上这件合意的衣服,而且实际上前面330元钱也白扔了,因为凑合着穿不合意的衣服完全有可能使你的主观满足程度(即效用)变为零甚至是负数。

不计算沉没成本,其实就是说:过去的就让它过去吧,反正是覆水难收了。尤其是过去所受的苦难,我们更不要去计较,不要让它们成为我们前进的阻碍。经济学从诞生之日始,就具有一种乐观主义的传统,正因为如此,经济学家都习惯于朝前看,而不回头看。

其实,你想一想自己经历的一些事,你会发觉不计算沉没成本竟也不是经济学家的专利,中国普通百姓也有知道不应该计算"沉没成本"的,尤其是在大事上。比如中国人常讲一句成语,叫"功亏一篑",就是说因为最后一刻没有坚持住,以至于前面所有的付

沉没成本即无法挽回的损失。

出都化为泡影。我们经常会看到穷困家庭的孩子收到大学通知书时父母坚毅的目光，因为他们的信念是：好不容易已经将孩子送到了大学门槛，如果现在不让他去上大学，那么不仅毁了孩子的前途，而且过去十几年自己所吃的苦也都白吃了。所以，他们宁可砸锅卖铁，也要供孩子去上大学。

当一项已经付出的投入，无论如何也无法收回时，这种投入就变成了"沉没成本"。

我们与其为已经过去的种种失败、错误悔恨内疚，还不如忘记过去，吸取教训，重新选择新的人生道路，因为过去的所有投入、付出都如往日云烟，无法回收。这种已无法挽回的过去的投入、付出的成本，我们常常称其为"沉没成本"，就好像永远沉没在太平洋的海底深处一样，再也不可挽回。对于沉没成本的"选择"，就是不要再去考虑它的存在，因为那已经过去了。不管"沉没成本"是多少，对于未来而言都是毫无意义的，只有彻底地放弃沉没成本，我们才能生活得更好。

司机为何老摁喇叭

中国的老百姓外出都有一种感觉，即只要一走到马路上，就容易被汽车不断的马达声和喇叭声搅坏心情。在小城市，由于汽车摁喇叭的声音特别大，使得一些地方街边的电话都不好用，听电话的人只能听到喇叭声，听不清电话中人的声音。就是在北京、上海这样的大城市，汽车马达声和喇叭声也成为市民公认的一种噪音污染。在广州，规定市区不许汽车摁喇叭，成为备受广大市民拥护的举措之一。汽车鸣笛太多，有时害得居民睡觉都睡不安稳，有心脏病的人更是受不了刺耳的喇叭声。所以，汽车鸣笛太多造成的社会成本还真不少，这种社会成本也是外部负效应，和环境污染差不多。

在市场经济中，政府的一个关键作用就是处理外部性问题，外部性是各种政策的依据，当一些行为与社会成本之间的缺口很大时，个人和市场无法解决这类问题。所以，一般来说，政府应当管制带有负外部性的经济活动。噪音污染并不仅限于汽车摁喇叭，建筑工地的噪音污染也比较多，但其影响范围不算大。而汽车摁喇叭的影响是普遍性的，所以政府的管制也是一种有效的解决方式。

在我国，汽车乱摁喇叭也不完全是汽车司机的错，行人也有错。因为，在我国，对于行人怎样走十字路口或斑马线没有明确的规定。另外，就是不管是行人还是汽车司机都缺乏礼让意识，总认为礼让就是吃亏，从而使行人与汽车的礼让陷入了"囚徒困境"，见下图。

如图所示，在这种行人与汽车的交通算计中，如果互相礼让，则大家都可以得7。但如果行人抢行，行人就可以得9，汽车只能得1，如果汽车抢行，则汽车得9，行人得1。所以站在自己的利益上考虑，抢行是优势策略，礼让则是劣势策略。运用劣势策略消去法，可以知道，交通中行人与汽车算计的结果就是大家都抢行，这样，大家都只能得3。因此，交通算计就陷入了"囚徒困境"。正是因为这样，汽车司机只好鸣喇叭，由于所有司机都这样，这就容易形成一种习惯，也就是说，在不需要鸣喇叭的时候，司机也认为，鸣喇叭的成本比较小，行人抢行时司机鸣喇叭以警

	行人 礼让	行人 抢行
汽车 礼让	7 / 7	9 / 1
汽车 抢行	1 / 9	3 / 3

告行人危险。汽车要抢行时也要鸣喇叭，因为司机认为，反正你不敢撞过来。所以，在行人与汽车的交通算计中，行人吃亏得多，行人对汽车鸣喇叭很容易产生一种厌恶感，所以，在行人多的时候，往往

> **经济学课堂**
>
> **囚徒困境**
>
> 警察逮捕了两名嫌疑犯——甲和乙，将他们分别带到两个房间进行审讯。负责审讯的警察分别告诉了甲乙两名嫌疑犯摆在他们面前的选择：第一，如果一方抵抗而另一方坦白，坦白方则因主动承认并指正对方会被无罪释放。第二，如果双方都主动承认，那么他们二人将会被监禁一年。这时候，面对这样的选择，面对困难和危险，二人都有"规避心理"，进行利益最大化的选择，甲乙的选择看似对自己最有利，但却不是最好的。

行人集体抢行，汽车也无可奈何。之所以出现这种情况，还在于我国执行交通法规不够严格，对违规行为的处罚不够严厉。因此，司机就会觉得违规的成本很低，才会和行人抢行。而为了抢行，摁喇叭唬住行人对司机来说是成本最小、利益最大化的习惯行为，这样，司机爱摁喇叭也就司空见惯了。

在一些国家，交通规则十分明确，而且执行严格，一旦司机驾驶违规，并出了交通事故，就可能毁掉自己的一生，哪个司机敢麻痹大意呢？所以，即使在半夜，马路上没有一辆车，人们依旧遵守交通规则，这是现代社会汽车文化培育出来的精神。人人都有了这种精神，有了这种交通规则意识，司机就没有必要摁喇叭了。从这点看来，我国公民在培育汽车文化和交通规则意识上还有很长的路要走。

公交车能解决出行难吗

在城市特别是像北京这样的特大城市，市民出行主要是靠公交车。不可否认，在今后相当长的一段时期内，公交车依然是市民的主要出行工具之一。虽然轿车进入百姓家庭是大势所趋，但由于污染问题、道路紧张问题、汽油涨价问题等，政府还是提倡

市民出行以公交车为主。市民出行以公交车为主是世界上许多国际化大都市的普遍做法。但是，目前在我国，公交车在解决市民出行难方面依然存在种种难题。难题之一是交通设施相对落后，主要交通干道行车速度不快一直是困扰市民出行的一大问题；难题之二是交通拥挤堵塞严重，一些主要干线经常堵车；难题之三是公民的交通意识淡薄，不管是汽车司机还是行人，不遵守交通规则的情况很多，交通违规行为也比较多，行人的交通安全意识淡薄。

即使这样，公共交通在解决市民出行难问题上依然显得供给不足。目前我国公交出行的分担率不足10%。特大城市也仅有20%左右，这一数字只是欧洲40%～60%出行比例的1/3～1/2。城市公交车目前平均车速只有10千米/小时，已低于自行车12千米/小时的速度。

为了解决城市居民出行难的问题，北京市公交线路也进行了一系列的改革。据了解，各线路在"首发日"还专门于上班高峰时段采取加车手段，以尽量满足乘客的需求，同时，个别与城铁有衔接的线路还特意根据城铁的时刻表指定发车间隔，以最大限度方便乘客。

不过，部分拉活的"黑车"并未因此受到影响。因为几个人一起"拼车"，平摊下来才几块钱。既然"黑车"依旧有市场，那么，在不能对公交有所影响、在线路以及总量控制上有所考虑的前提下，能不能把部分社会车辆组织起来，为小区居民提供方便？这样既便于管理，又给予部分"黑车"以出路，还增加了政府的税收，使这个本来是扰乱市场的行为变得规范，并解决了部分小区不适合开通公交车、噪音扰民等现实问题，对解决部分社区出行难的问题，未尝不是个好办法。

世界上的大城市都提倡公交优先，一些国家的大城市有专门的公交车道，即使在公交车道内车辆很少，其他的车辆也不许挤进来。我国的一些大城市虽然也有专门的公交车道，但是其他的车辆特别是轿车一样使用公交车道。加上轿车一般没有礼让意识，所以，公交车的速度缓慢，甚至不如自行车的速度。对于大城市紧张的道路资源来说，一辆公交车的载客量相当于几十辆轿车和自行车，其道路资源的利用率相当高。所以，为了全体市民的出行效率，还是应当提倡市民上班多乘坐公交车，少用自行车和轿车。如果大家都为自己的利益着想，乘坐私家车上班，就很容易降低出行的效率。一些国家在交通高峰时间收取交通堵塞费的效果相当明显，使交通堵塞时期的车辆减少了1/3。

城市公交不一定全部由政府包揽，公共交通一样可以由私人经营。在许多国家，由众多小公司经营一些公共汽车运营线路，它们参与市场竞争，虽然收费略高些，但设备舒适、运行安全、服务周到、到站准时，既方便了市民，又为公交系统增加了竞争的压力，提高了公交的效率。所以，应当允许在公交系统引入竞争机制，允许私人参与到城市公共交通上来，也就是要走多渠道的路子才能从根本上解决城市居民的出行难问题。

衣食住行中的"行"虽然在我们的生活中排在末位，但其重要性却越来越大。特别是在大城市，人们出行问题越来越突出。

很多人并不是喜欢骑车，而是没办法。大多数成熟市场经济国家的大城市虽然高楼密集、人口密集，但他们使用小汽车的并不多，而是充分利用地上、地下的公共交通系统，他们的公共交通系统也相当发达、方便，从地铁、轻轨到公共汽车都

大城市出行问题越来越突出，公共车大大减轻了城市交通的压力。

相当方便、经济。其城市功能的布局分配也比较合理，人们从生活区到办公区的往返也很方便，这就大大减轻了城市交通的压力。我国在这方面还刚刚开始，需要一定的时间才能形成在大城市以公共交通为主，城市功能合理分布的格局。

"马路杀手"与社会保险

"马路杀手"是指没有掌握驾驶技能却驱车上路、危及他人生命安全的各色人等，是人们为那些在马路上严重违章、制造恶性交通事故、危害人民生命安全的汽车司机所起的绰号。嘲笑之中隐隐透出一丝血腥的气息，令人不寒而栗。2005年，全国因交通事故造成98738人死亡，其中，机动车驾驶人交通肇事造成91062人死亡，占交通死亡人数总数的92.2%。其原因是多方面的，其中，部分驾照发放部门把关不严甚至徇私舞弊等，是一个重要原因。

"马路杀手"中固然有无照驾驶的违章者，更多的却是手持驾驶执照的"合格者"。培训新驾驶员质量不过关的因素又有以下几个方面：(1)随着市场经济的发展，"驾校"多了起来，一多就难免良莠不齐；(2)各地负责新司机结业考试的单位把关不严格；(3)学车的人多了，知识、文化、道德、法制观念等综合素质差别太大；(4)新司机拿到"驾照"后，许多挂靠单位疏于管理和教育。

个性张扬的改装车也频频成为"马路杀手"，安全隐患很大。一是安装保险杠。二是有的车主为了更好地提高汽车的穿越功能，将私家车改装成越野车。三是越来越多车主给"爱车"改装了大功率的灯泡，近年来车灯越来越亮，装大车灯只顾自己方便，根本不管对方车辆的司机会不会被照得什么也看不到。目前，汽车改装市场飞速发展，但这个行业却缺乏法律法规或行业标准予以规范，消费心态仍然不成熟。

长期睡眠不好也是产生"马路杀手"的因素之一。睡眠是大自然恢复体力与脑力的最好方式，也是一种本能。只有充分发挥这一人类本能，睡得好，次日才能精神抖擞地迎接工作。长期睡眠不好，会产生疲劳现象，不但觉得体力没有恢复，而且大脑昏昏沉沉，注意力不集中，记忆力下降。疲劳驾车在发生车祸中所占的比例为29%。在美国，每年发生的200万起交通事故中，约有4万~5万人丧生。引起交通事故的主要原因是司机疲劳驾车，注意力不集中，白天过度困倦。

开车给他人制造的外部效应已经够多的了，排出汽车尾气、噪音制造环境污染，不仅影响了人类，而且污染了整个地球。所有这些外部效应，汽车司机都没有对受损失的人给予补偿，使其付出和收获不成比例。但这些还只是渐进的、间接的损失，不是特别明显。而"马路杀手"却是汽车司机给他人制造的最剧烈的损失，不仅给他人造成了直接的、明显的、严重的物质损失，而且制造了生命和精神的巨大损失。世界上每年都有相当数量的人死于交通事故，更多的人在交通事故中成为残疾，影响一生的幸福。即使是汽车尾气污染，其排放的有毒颗粒不仅污染着马路旁边的行人，也是造成全球变暖的主要因素，其有毒物质对大众健康造成的损失是渐进的，也等于是"马路杀手"，这些损失，汽车司机和石油公司都没有付出相应的费用。

我们的出行面临着如此大的风险，但是整个社会的保险意识却很淡薄。有钱的人被车撞伤有钱治疗，如果是一个普通的穷人被车撞伤了，就只能靠车主来出钱治疗。但是，真正会出钱治疗被撞伤乘客的车主也不多。比如，从中央电视台新闻中看到一辆满载着乘客的旅游车在安徽被撞，伤了不少人，受伤的人员虽然被很快送往医院治疗，但由谁来出那些治疗费用却成为一个难题。旅行社为了省钱，连规定该买的保险都没有买，旅行社又没有把具体情况告诉乘客，乘客也不可能买旅行意外险。开车的司机也不愿为此负责。因此，这笔治疗费用又引发了一段纠纷。一些公民保险意识十分淡薄，等到大难临头时却往往悔之晚矣。在市场经济条件下，人们的出行还是面临着不少风险，为了防范风险，国家、社会和个人都需要有保险意识。有钱的人可以购买商业保险，而没钱的人只能靠国家和社会的保险。如果国家和社会都靠不住，那么就会有更多的普通人不愿外出，不愿多消费，不愿休闲，不愿旅游。

为了出行的安全，我们最好给自己买份保险，特别是出外旅游，不该省的还是不能省，由旅行社组织的旅游更需要问他们有没有含保险。也可以在远行时自己购买小额的商业意外险，起码有个安全带。有钱的人可以购买需要连续交费，保额数额大的商业保险，这样，可以使自己的生命有个保障。

休闲的成本收益

随着经济自由度指数缩小，也就是经济受抑止的程度降低，"休闲"一词20世纪90年代开始在我国流行，休闲度假、休闲聚餐、休闲购物、休闲旅游、休闲文艺等，休闲热不断升温。休闲的真正含义是指不被直接生产劳动所吸收的时间，它包括个人受教育的时间、发展智力的时间、进行社交活动的时间等。与之相适应，给所有人腾出时间和创造手段，个人会在艺术、科学等方面得到发展。休闲实际上是人在除了恢复自己的体力之外，还有一种更高的、精神的、心理的、文化的需求，是与人的全面发展联系在一起的。休闲既是一种消费行为，又是一种自我发展和提高的行为，属于比较高层次的需求。所以，在计算个人休闲的成本和收益时，也应当放到一个更高层次上来认识。

休闲的成本主要包括休闲的直接成本和间接成本。直接成本就是直接的货币支出和休闲所付出的辛苦，比如旅游，不管是去国外还是国内旅游，都需要一笔比较大的开支，包括交通费、旅游景点的门票支出、吃住的支出、在旅游区购物的支出等，旅游还要付出旅途的辛苦，包括坐车、船、飞机过程中的身心劳累，在旅游景点游玩的劳累和辛苦。旅游的间接成本主要是指旅游的机会成本，把时间花费在旅游上，就不能把它花在娱乐或自我提高的学习上，就不能把时间花在赚钱上，从而损失其他方面的机会。旅游的间接成本还包括旅游的风险，出外旅游存在一定的风险，包括在旅行过程中的风险、在旅游景点游玩的风险，一些险峻的旅游景点风险还比较大。而旅游的收益就是旅游让个人体验到他乡或异国的生活情调，能够看到美丽的风景，从而给自己身心带来愉悦，并调适自己从事单调工作的烦恼心情，暂时减去工作压力，获得身心的解脱。在他乡或国外购物、吃、住都是一种全新的生活体验，可以让人得到满足感，因为旅游还有利于个人增长知识、见识，使个人得到自我提高，得到他人的尊重。

娱乐的成本也包括直接成本和机会成本。娱乐的直接货币支出是一项比较大的支出，去歌厅、卡拉 OK 厅、酒吧都是一种高消费行为，对于一般的工薪阶层来说，大多数人不太舍得，不过，为了与情人或朋友一起乐乐，也有许多人愿意慷慨解囊，这在很大程度上是满足了自己社会交往和认知的需求，也是一种比较高层次的需求。一些人喜欢在家里或与朋友一起自我娱乐，唱唱卡拉 OK、跳跳舞什么的，支出的费用很少，又得到了身心的愉悦，成本比较低而收益比较大。娱乐的机会成本就是从事娱乐活动就不能从事旅游、健身、读书等活动，适度的娱乐，机会成本比较小，毕竟损失的时间不多，但如果沉溺于娱乐耽误了学习和工作，机会成本就比较大了。娱乐的风险一般比较小，但如果在一些人流比较混杂的娱乐场所，风险还是比较大的。

体育和健身方面，成本也相差十分悬殊：如果是在户外居民健身场所从事体育健身活动，基本上没有什么个人成本；到一般的体育馆、棋牌室、游泳馆，价格也不算高，成本还是比较低的；如果是到高档的健身房、保龄球馆、体育馆等地进行健身活动，所支出的成本比较高，是一些有钱人出入的场所。健身的机会成本就是从事健身活动要损失一些其他方面的活动，对于一些时间价值大，工作十分繁忙的人来说，没有这么多的时间从事健身活动，也就是其健身的机会成本比较大，对于普通的工薪阶层，机

工作与休闲的取舍

时间是一种隐性成本，也是一种机会成本。休闲时间增加，工作时间减少，并不一定会影响到人的工作生产力。每个人都应学会在工作与休闲之间找到平衡点，做到劳逸结合

时间成本的不同应用

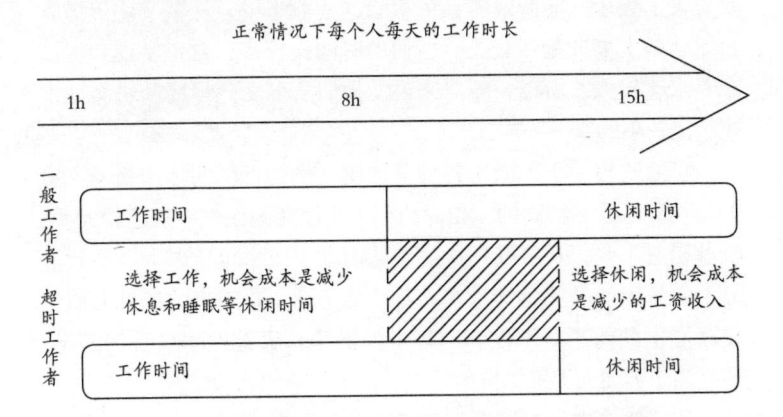

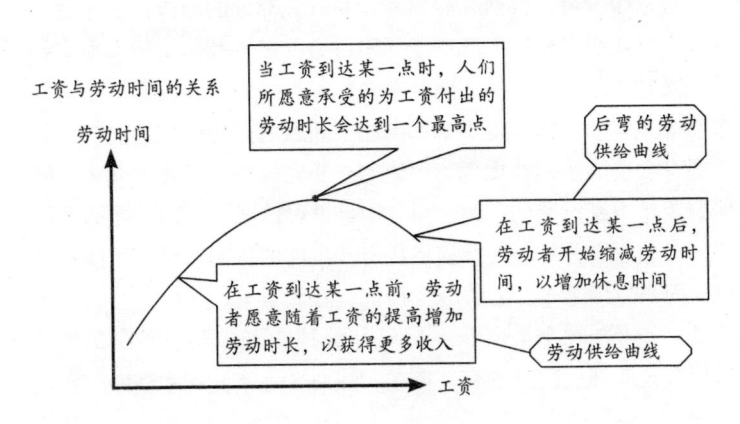

正常情况下每个人每天的工作时长

1h —— 8h —— 15h

一般工作者
- 工作时间 | 休闲时间
- 选择工作，机会成本是减少休息和睡眠等休闲时间
- 选择休闲，机会成本是减少的工资收入

超时工作者
- 工作时间 | 休闲时间

工资与劳动时间的关系

纵轴：劳动时间　横轴：工资

- 在工资到达某一点前，劳动者愿意随着工资的提高增加劳动时长，以获得更多收入
- 当工资到达某一点时，人们所愿意承受的为工资付出的劳动时长会达到一个最高点
- 在工资到达某一点后，劳动者开始缩减劳动时间，以增加休息时间
- 后弯的劳动供给曲线
- 劳动供给曲线

第三篇　社会生活中的经济学应用

会成本不大。体育健身的收益就是增强了个人的体质，提高了人力资本价值，同时调整了身体的功能，满足了自我实现和发展的需求；从事健身活动还有利于结交朋友，在这种场合结交的朋友没有什么利益冲突，所以收益比较大。

在文化传播方面，读书、读报、看电视、听广播、上网都是一种文化传播方面的休闲活动，个人在这方面支出的成本一般是很低的，一般爱读书、读报的人都会到本地的图书馆办理读者卡，也有不少人会自己购买图书、报纸、杂志。所以在文化传播方面休闲的成本主要是机会成本，就是个人把时间用在文化传播方面，就失去了娱乐、旅游或赚钱的机会，一般来说，从事文化传播方面活动的大多数是年轻人，他们的时间比较多，自我实现和提高的需求比较大，所以，相对来说，他们从事文化传播的机会成本还是比较小的。

我们比较一下上面所提到的休闲活动，不同的休闲活动，成本和收益是各不相同的。相对比一下，旅游的成本一般比较大些，收益相对小些，从事高档次的娱乐活动，成本也比较大。而收益最大的休闲活动就是健身和文化传播活动，它满足的也是人们比较高层次的需求，不仅有心理上的满足，更有提高自身的满足，还有利于提高人力资本价值。

从总体上说，根据人们的经验和有关专家的分析，工作是否令人满意在很大程度上取决于休闲时间的多少和休闲所实现的效用，同时，休闲与幸福之间存在着一种积极的相互关联。因为工作创造非效用与休闲提供效用是相互关联的，更确切地说，人们希望有合适的激励和挑战，即他们想要完成任务或履行义务，但他们不希望有过重的负担，而休闲恰恰可以减去人们工作的负担和压力。研究分析表明，提供特定满意度的休闲活动，如体育健身、娱乐、读书等，能够减少抑郁、降低压力。其他有益的社团活动，如参加社交俱乐部、乐队、戏剧俱乐部、体育俱乐部等可以让个人实现更广泛的交往需求，从而增进人们的幸福感。看电视是大多数人的休闲活动,如果适度控制的话,能够有助于满意度的培养和产生,但看电视太多也会产生不幸福感和空虚感。

适度娱乐提升生活质量

实际上,娱乐业是一个非常宽泛的行业,宽泛到难以界定。比如奥运经济既是体育经济,也是娱乐经济。当娱乐产业的新浪潮席卷全球的时候,我国的娱乐业尚处于启蒙的阶段。娱乐经济学大师沃尔夫在《娱乐经济》一书中高瞻远瞩地指出:"全世界都在收看收听美国的电影、音乐和电视,很容易使人们认为美国就是娱乐业的中心。事实上,美国的观众只代表全世界眼球的4%,而中国却是一个潜在的22%。"根据2002年《中国统计年鉴》的资料,2001年,中国第三产业产值只占GDP的38.7%,其中,娱乐业产值只占GDP的0.9%,而娱乐业的就业人数只占全部就业人数的0.2%。而美国1990年全美国消费者在娱乐性商品和服务方面总共花掉了2800亿美元,占全部消费开支的7%,这一数字是消费者1990年购买新车花销的3倍。这种状况固然与我国经济发展水平不高有关,但还有更多复杂的因素。

娱乐是使人快乐或感到有趣的活动,从本质上讲,娱乐是人的天性。古往今来,人们无时无刻不在憧憬着娱乐的天堂,去从事各种各样的娱乐活动,并不断地发现和创造着新型的娱乐活动和方式,在娱乐的幻想和实践中获得一种人生的满足和愉悦。但是,中国人讲究勤奋、节俭,认为娱乐是玩物丧志。老子说:"五色令人目盲,五音令人耳聋,五味令人口爽,驰骋畋猎令人心发狂。"也就是说,只会享乐就让人身心受损。

但事实上,越来越多的人已经认识到,娱乐活动在人类发展过程中具有不可替代的作用,人不是工作的机器,而是一个自然的人、社会的人,具有娱乐的天性,需要通过适度娱乐来放松身心,缓解工作压力,提高工作效率。人类本来就是趋好娱乐的,只是由于历史和文化背景的不同而具有不同的表现形式和表露程度。但在经济全球化和市场化的今天,整个人类都在找回自身娱乐的价值和尊严,人们有更多的可能性去表现娱乐的信念与权利,也有能力去经营娱乐的消费价值。正是在这种情况下,娱乐业成了一个极受欢迎并正在急剧变化的国际性产业。

娱乐的内容包括歌舞类、游戏类、健身类、观赏类、消遣类、综合类等多种类型。其中,歌舞类包括到歌舞厅唱歌、跳舞等娱乐;游戏类包括象棋、围棋、陆战棋、跳棋、扑克牌、麻将牌等,还包括手动游戏、仿真模拟游戏、电子游戏、电脑网络游戏等;健身类包括健身房室内健身、室内外游泳、室内和室外玩球、极限健身场馆健身等;观赏类包括观赏电影、电视、汽车电影、录像、音乐、博物馆、纪念馆、文化艺术类展览、欣赏歌舞、杂技、体育比赛、演艺表演、娱乐性广播、自家音像、游戏等,还包括阅读娱乐性报纸杂志、书籍;消遣类包括在各种酒吧、网吧、足球吧、拳击吧、氧吧、玻璃吧、陶吧、攀吧、茶艺馆、咖啡馆等娱乐场所消遣;综合类是到各种游乐园、公园、康乐宫等地游玩。

娱乐需求追求的是一种情调、一种感觉、一种文化,寻找的是一种情感的归宿,娱乐是现代社会的产物,它不仅与产业和经济有着密切的联系,更重要的是它所体现出来的文化意义和社会意义。娱乐不仅标志着人已经从繁重的体力劳动中解放出来,而且标志着人从满足现实的基本生活需要转向对精神生活的向往。娱乐的需求因人而异,是纷繁复杂、变化多端的,根据年龄、性别、职业、性格、气质、爱好、兴趣、修养、文化程度、收入水平、传统习惯、文化积淀、风俗等不同情况和特点,人们会寻找不同的娱乐形式和项目,从娱乐中获得一种身心的舒畅,提高生活的满意度和幸福感。适度的娱乐可以增加个人的智慧,使人们在消费中增长见识、开阔视野、陶冶情操、启发智能、活跃思维。娱乐还有利于促进人们的身心健康,随着社会的发展,人们对工作与娱乐的关系认识得日益透彻,"紧张中有一份洒脱,松弛中有一份紧张"已经成为越来越多人的生活信条,无数的调查统计表明、心怀坦荡、心情愉悦、情绪健康，并有一定的娱乐爱好，适度娱乐的人，不仅生活质量属于上乘，寿命比较长，而且学习和工作效率更高，更具有团队精神和合作精神，更善于与他人和谐相处，更会以积极的态度对待人生和工作。因为善于适度娱乐的人，有一种"物我两忘"的高度体验，有一种"这个世界多么美好"的高尚精神世界。这种精神世界不是金钱可以买到的，它大大提升了人们的生活质量，使我们用更少的钱达到了更高的效用。

健康就是财富

2004年7月7日，著名华裔经济学家杨小凯患癌症逝世，享年55岁；2005年1月5日，中国社科院边疆史地研究中心学者萧亮在睡梦中辞世，仅32岁，击倒这位年轻学者的是过度的劳累和生活压力，以及他内心郁积着的焦虑；2005年4月10日，56岁的著名画家陈逸飞因劳累过度，导致胃穿孔、肝病去世；2005年8月5日，浙江大学36岁的博导何勇，因弥漫性肝癌晚期不治而去世；2005年8月18日，46岁的演员高秀敏因心脏病突发辞世。

据2004年发布的"健康调查报告"显示，导致早死的原因是：疲倦、莫明的烦躁、容易生病、白天疲乏、晚上睡不着，从而导致身体功能弱化，疾病难以根治。

从上面的例子和数据可以看出，生命的加速折旧是一种典型的"过劳死"，是长期慢性疲劳后诱发的猝死，即由于工作时间过长、劳动强度加重、心理压力太大而导致精疲力竭，引起身体潜藏的疾病急速恶化，继而出现致命的症状而死亡。一般来说，"过劳死"是由"亚健康"诱发的，由于长期积重难返而引起身体疾病急速恶化，救治不及而死亡。"过劳死"的人大多数是不知道保养身体事业心十分强的人、工作狂、超长时间工作的人、上夜班多且工作时间不规则的人、长时间睡眠不足的人、自我期望太高的人、容易紧张的人、几乎没有休闲活动和嗜好的人。2004年，中国青年报社的调查显示，每天工作不足8小时的人仅占34.4%，而工作时间在8小时以上的人占65.6%,工作时间超过10小时的人占20%以上。

这些"过劳死"的人都还很年轻,大多数是知识分子,从小学到大学,再在工作岗位上锻炼,国家和社会、死亡者家庭都为其人力资本投入了相当多,生命的加速折旧,不仅是个人和家庭的损失,也是国家和社会的损失。可见,不注意健康,超负荷工作,导致健康的损失,就是损失了家庭和社会的财富。

只有体验了不健康的苦恼的人,才知道健康是人生第一财富。健康的经济含义在生活水平较低时,人们认为无病就是健康。随着社会的发展和人们生活水平的提高,我们知道没有病不等于健康,在健康和不健康之间还有亚健康,在身体健康之外还有精神健康和心理健康。现在,较为普遍接受的观点是世界卫生组织(WHO)对健康的定义:"健康是个人身体上、心理上和社会上的完好状态。"也就是说,健康包括身体健康、心理健康和社会适应能力良好,只有在这几个方面都健康的人才是真正健康的人。

个人健康作为一种经济物品是个人人力资本价值的主要构成之一,因此,个人的健康也需要投入,也就是说,健康是一种使

现代人工作过于紧张,久而久之会产生职业倦怠,这就严重影响了年轻人的身体健康。

用市场投入和个人时间而生产出来的一种经济物品。投入包括两部分：一是市场投入，二是个人投入。国家的公共卫生服务、医疗和保健费用支出、医院的设备使用、医生的劳动等，都属于市场投入；个人投入是指每一个人用于日常保健、休息和锻炼的时间，当然，也包括个人医疗的花销。

一个身体健康的人，往往比一个身体不健康的人更容易快乐；一个精神健康的人，有较好的自我调适能力和人际关系处理能力，心情愉快的时候会比精神不健康的人多。同时，身体健康和精神健康又是互相影响、互相依存的。可以说，健康带给我们的舒适感，并不是虚无缥缈的，它和食物、水一样，是我们生活中较为基本的需求之一，当然，这种需求的层次比单纯生存的需求层次要高。生存需求得到满足后，人们才会有健康需求，才会花费时间和财富，为自己的健康进行投资，从而享受健康带来的舒适和快乐。

人是一种有价值的资本，个人的人力资本是经济增长和财富创造的源泉，也是个人财富的源泉。一个健康的人才能正常地从事工作，创造财富，或者说，健康的人比不健康的人工作效率更高，劳动价值更大。教育带来了知识和技能，却不能代替健康。作为人力资本的重要组成部分，健康影响着人力资本的产出，它使一个人工作的时间增多，工作效率提高，间接地参与了社会生产和再生产，正是因为这样，健康的人比不健康或亚健康的人，其人力资本价值更大，潜在的财富更多。而不健康的人，由于生命的风险更大，其人力资本价值会降低，因为，不健康的人，其人力资本发挥的作用会受到其健康状况的制约，甚至于自己创造的一部分财富被不健康的身体耗费。所以，健康是个人的真正财富。毕竟有了健康的身体，即使暂时财富比较少，也可以通过自己的劳动创造更多的财富；而不健康的人，即使财富多，也可能因为健康差的原因，使自己的财富被医疗费或生命风险剥夺。

那么，健康的价值有没有一个量化的标准？健康保险的引入，为健康的估价提供了一个有力的依据。从世界范围来看，在健康保险比较发达的国家和地区,健康保险的投保金额等于人们享受医疗服务的限度。人们认为自己的健康价值多少,就会投保相应的保额,为自己的健康买单。

亚健康与工作

一个人没有生病不等于健康,在健康和不健康之间还有亚健康。健康是个人身体上、心理上和社会上的完好状态,或者说,如果一个人身体机能不能正常地发挥作用,疲倦、莫名的烦躁、疲乏、失眠、长期睡眠不足、身体机能不能正常地得到恢复、心理适应能力差、压力大等,都是处于"亚健康"的状态。"过劳死"是长期的亚健康没有引起注意和重视的结果,积累到一定程度就容易引发生命危险。所以,亚健康必须引起足够的重视。

亚健康主要与工作有关,首先是与个人所从事的工作性质有关,从上面的探讨我们知道,我国的知识分子是亚健康的主要群体之一。为什么知识分子最容易处于亚健康状态呢?这有多种原因:由于我国科研体制仍然受传统的计划经济体制的影响比较大,科研人员受到来自上面的压力大,一般的知识分子不太善于处理人际关系,科研环境不宽松,知识分子忧虑比较多,心理负担重;知识分子长期从事脑力劳动,用脑过度和长时间的精神紧张容易引起身体功能紊乱;知识分子一般成就感很强,容易长期处于身体的亢奋状态;许多知识分子不太注意锻炼身体,不愿意休闲、放松自己,很多人体质比较差,又不注意劳逸结合,从而导致免疫功能降低。

随着住房制度改革、高等教育收费改革、医疗体制改革和人事制度改革的逐步推进,随着竞争的加剧,个人特别是年轻人,在城市生活和工作的生存竞争压力越来越大,要想生活得舒适一些,就必须多赚钱,金钱是生存和生活的基础,没有这个基础,谈恋爱、结婚、买房、消费、交友、升迁、自我发展和提高等方方面面都无从谈起。所以,现在的城市年轻人特别是来自农村的大学毕业生，都面临着过重的学习、工作和生活压力，许多年轻人在各种压力大的情况下，不得不拼命赚钱，只要有足够高的奖金和工资，不少年轻人都愿意加班加点，甚至于一些人认为，年轻的时候可以拿生命换钱，年龄大了再拿钱换生命。正是在这种情况和思维条件下，超时工作、亢奋工作、不愿休闲和放松，才容易导致生命风险。

我国仍然处于体制转轨时期，完善的市场经济体制依然没有形成。只有完善的市场经济制度，才有利于交易市场容量的最大化，才有利于经济的深化，才能降低交易成本、管理成本、社会成本。而市场经济制度不完善，就容易造成普通民众时间的浪费和过高的精力、货币支出。因此，我国民众需要付出过多的成本才能取得维持生存和生活的经济基础。

亚健康影响了工作的效率，工作效率又与收入高低息息相关，于是，一些年轻人在生存压力下，不得不更加超时、超负荷地工作，导致身体状况的恶性循环，等到发现问题时，为时已晚，生命也走到了终点，生产资本报废，造成巨大的沉没成本和社会成本。所以，年轻人应该重视自己的生命风险，虽然社会环境因素个人无能为力，但自己的生命毕竟比金钱更重要，生

工作强度过大、时间过长，很容易导致亚健康。

命的加速折旧是很不值得的事情。虽然金钱很重要,但生命更重要。在现存条件下,保护自己生命的最好办法就是不能对生活的期望太高,特别是在我国人口众多的条件下,人们争夺有限资源的竞争将可能长期激烈,因为人口多,而生存资源又有限。降低自己的期望值,不为钱而生活,为自己而生活,才能使自己获得解放。只要生命保存,总会有赚钱的机会。更何况有钱不一定就幸福,幸福是一种感觉,有时穷也有穷的幸福。更重要的是需要将健康的内在价值和外在价值统一起来,如果只是重视健康的外在价值,往往会得不偿失。

亚健康是人体在健康和病态之间的一种状态。据世界卫生组织最新资料,真正健康的人在全世界只有15%左右,而真正有疾病的人也只有15%左右,其余70%的人均处于亚健康状态,其中,尤以青年白领阶层最为严重,所以,我们大多数人都有必要摆脱亚健康状态。由于人们对防治亚健康状态没有引起足够的重视,致使受亚健康困扰的人数日益增多。

要防止亚健康状态的产生,必须从我们的衣食住行、生理健康、心理健康等多方面进行调整。因为人是一个统一的整体,人和大自然也是统一的整体,我们应当遵守人类通过几千年总结出来的24小时起居规律,养成主副食搭配、荤素搭配、戒烟酒的饮食习惯,学会顺其自然、适度放慢生活节奏,懂得释放和发泄、沟通和倾诉、放弃和享受,把生活当作是一种快乐,特别要懂得通过娱乐、健身、旅游等休闲方式放松自己的身心,并保持一种平和淡泊的心态,坚持少吃多动的健身之道。

未雨绸缪,规避健康风险

规避健康风险需要我们在家庭理财中,把它放在一个突出的位置,不管是买房、家庭投资都需要考虑家庭成员的健康风险,留下一定的机动资金以应付家庭成员的健康风险,这样,即使万一谁得了什么病,也不会手足无措,十分被动。

对于有钱人来说，未雨绸缪，规避健康风险的最好办法是购买健康保险。目前，我国健康保险市场刚刚发展，也就十几年时间，西方发达国家的健康保险市场已经发展了几百年。

目前在我国的健康保险市场上，对被保险人的要求并不严格，有很多被保险人并没有要求进行健康检查，也没有询问是否有家族病史，只是在填写投保书的时候要求自己填写，这样，许多真实的信息保险公司并没有获得。这是我国保险市场不够成熟的表现，这种市场对于投保人和被保险人都是有利的，一旦保险市场更加成熟，投保就没这么容易，所以，目前一些有钱人，特别是在非公有制企业工作的员工购买健康保险是十分划算的。

不过，这引出了一个问题，如果一些人在知道自己有了病之后才争相去购买健康保险，那么谁愿意提供这样的保险呢？如果交易的一方了解信息，而另一方没有这样的信息，那么，市场就不会像我们希望的那样良好地运行。

当然，保险公司不会这么傻，保险公司会努力修复信息。他们会向投保人进行问卷调查，或进行其他间接的调查，比如，投保人是否吸烟、其父母有谁死于遗传性疾病、他们所从事的工作安全程度如何、他们接触危险品的概率多大、他们出事故的概率多大等。如果保险公司继续缩小这种信息差距，那么，他们乐意向更多的人提供商业保险。

对于保险公司来说，为个人签发保单是一种谨慎得多的承诺，保险公司担心，那些对保险需求最多的人是那些需要它的人，不管保险公司收取多高的保费，情况都是这样。

当然，保险公司也有一些技巧，如拒绝为那些病人或将来可能生病的人提供保险，这常常被看成是保险公司残忍和不公平的操作，是恶意行为。

保险公司还有一个十分微妙的工具，他们可以设计保单或审查机制来尽可能多地获取利润，例如，他们使用扣除条款，那些认为自己会保持健康的顾客将会签下一张有高扣除的保单，作为交换，保险公司会给予更便宜的保单，而那些自己知道他们可能有昂贵账单要付的人可能会回避扣除条款，其结果就是投保人支付了更高的保费。

保险要把数字弄正确。一些人实际上不需要医疗保险，另外一些人可能患有慢性病，需要许多钱来治疗。通过决定所有保单持有者的平均医疗费用，然后再索取比平均医疗费略高的保费，保险公司可以获得一定的利润。

比如，当美国友邦保险公司在中国的分支机构，为2万个50岁的人确定保单交费额时，这些人平均的医疗费用为2700元，那么保险公司设定的保费可能是3000元，在每个保单购买者身上赚取300元。当然，保险公司可能在一些人身上赚钱，在另外一些人身上亏损，但总体上，保险公司将赚钱。

保险公司通常为巨大的群体提供保险，而这里的人是不允许选择进入或退出的，保险公司会设计一个足够高的进入和退出成本，如果投保人已经投入了两三年的保费，他要选择

经济学课堂

健康保险

健康保险是一种抵御由于被保险人患病、伤害和失去工作能力而造成财务风险的保障方式，主要包括两种形式：给予被保险人因治疗疾病和伤害而发生医疗费用的保障；为因疾病和伤害而丧失工作能力者提供一种收入补偿。健康保险是对疾病或意外的经济补偿，也指意外伤害和健康保险或者疾病和意外伤害保险，健康保险覆盖了许多健康保健费用保险，包括医疗、意外伤害、外科手术和牙科等费用保险，健康保险也包括由于疾病或伤害导致的收入损失的保险。

社会保障体系

社会保障体系是指社会保障各个有机构成部分系统的相互联系、相辅相成的总体。我国的社会保障体系，包括社会保险、社会救助、社会福利、优抚安置和社会互助、个人储蓄积累保障。这几项社会保障是相互联系，相辅相成的。社会保障体系是社会的"安全网"，它对社会稳定、社会发展有着重要的意义。社会保险在社会保障体系中居于核心地位。

退出，就必须付出高昂的代价，损失近90%的投入，而选择进入的人同样面临一个很高的门槛。还有另外的情况，例如，美国友邦保险公司为所有微软中国公司的员工签发保单，那么这就不会有逆向选择。这种保险是与工作职位联系在一起的，所有的工人，健康和不健康的工人都包括在内，他们没有选择，友邦保险公司可以计算出这个大群体的平均医疗成本，然后索取足够高的保费，以确保盈利。

目前，我国保险市场的健康保险品种逐渐增多，如重大疾病保险、意外伤害保险、个人住院医疗保险、人身保险附加住院补贴保险等。这些保险品种对保障个人健康都提供了有益的选择。从某种意义上说，个人购买健康保险就等于给自己的健康确定了一个价值，给自己的生命确定了一个价值，提高了个人生命的意义。

作为公民要老有所养、病有所医，主要还是要靠国家的公平分配政策适当向低收入阶层倾斜，需要完善包括医疗、养老、失业等在内的社会保障体系。

第三章
教育中的经济学

人力资本的价值取决于教育

村里有两户人家,其中一户有两个儿子、一个女儿,两个儿子都考上了大学。而另一户人家有八个儿子、两个女儿,没有一个考上了大学。以前,这两户人家的生活水平相当,但现在这两户人家的生活水平发生了很大的变化。有两个儿子上大学的人家早就达到了小康水平,一个在县城工作,一个在省城工作,其后代可以在县城和省城接受良好的教育,让附近的村民都很羡慕。而那户有八个儿子的人家却只能在家耕种着几亩田地,兄弟之间还要为了建新房子的地皮而争吵不已,其后代的教育差了一大截。很显然,那户八个儿子都没有上大学的人家所创造的总收入还不如其邻居两个儿子创造的收入。所以,村民在对比这两个家庭时说:"儿子不要多,只要精。"

村民的言外之意是:"精品"儿子创造的价值自然高于"非精品"儿子。这个"精"指的就是具有较高价值的人力资本。

在这里,我们有必要解释一下什么是人力资本。马克思说:"资本是能够带来剩余价值的价值。"所以,我们说资本是一个价值概念,而作为资本的一个特殊形态的人力资本当然也就是一个价值概念了。它是为了获取剩余价值而投入商品生产的劳动力,它具有其他资本共有的特性:投资性、逐利性、价值性、有限性和增值性等。与物质资本一样,不是所有人力资源都能成为人力

教育投资收益

- 满足受教育需求
- 满足个人的求知欲望
- 实现个人价值
- 使个人更能适应社会需要

- 获得知识技能
- 提高个人的知识能力水平
- 获得更多的就业机会
- 获得更高的报酬

资本,只有从事技术革新和技术发明、生产经营管理等,创造出更大剩余价值的那部分人的劳动力,才能称为人力资本。也就是说,人力资本是通过人的有效劳动创造的价值体现出来的,失去劳动力的人或不参加劳动的人,因为不能创造价值,因而也就失去了人力资本。如果一个人一生的劳动价值能超过对他的投资成本,则他具有的人力资本就产生了收益,否则他的人力资本就亏损。

现在我们探讨人力资本投资问题,即如何通过人力资本投资增加人力资本的价值。

放羊娃的故事一度流传得非常广泛。"放羊做什么?""挣钱。""挣钱做什么?""娶媳妇。""娶媳妇做什么?""生娃。""生娃做什么?""放羊。"在这简单的轮回中,放羊娃以及他后代的人力资本的价值基本上没有什么提高,虽然他们也具有一定的价值。

现在我们设想有一个村子,在这里,大量的农民耕种着自己的土地,生产出仅够养活自己的粮食,这个村子里的每一个人都能吃饱,但没有一个人比他人过得好。这时,如果有一个同样没有任何技术的外人到这个村子找工作,那么他不可能在这个村子里找到工作。但是,如果去这个村子找工作的外人是个农学博士,他发明了一种新的技术可以提高粮食的产量,那么他就可以出售自己的农业技术换取其生活所必需的粮食,这样,整个村子就会由于这个农学博士的到来而改变很多。农民生产的粮食不仅够自己吃,还可以出售赚钱。这个博士完全可以用他的农业技术换取农民的钱,而不是粮食,并使整个村子的生活水平也随之提高,生活水平提高以后,他们可以请较好的老师来教育他们的孩子,这样,他们的后代又可以超过他们自己。

这就给出了一个让人力资本增值的方法——个人教育投资。

前面我们已经说过,人作为一种资本是最具有投资性的。人是最廉价的,也是最高等、最复杂的机器。人吃进去的是五谷杂粮,产生的是高度的文明智慧,而这之间起着主导作用的是教育。人力资本的创始人舒尔茨就曾指出,人力资本的取得并不是毫无代价的,其费用主要包括教育投资、保健投资和用于劳动力流动的支出等,其中最主要的是教育投资。

教育投资也是一项回报率最高的投资。舒尔茨曾做过这样的测算:

在美国半个多世纪的经济(GDP)增长中,物质资源投资增加4.5倍,收益提高3.5倍;人力资本投资增加3.5倍,收益却提高了17.5倍。而在人力资本投资中,学校教育又是关键一环,"知识是生产中最强大的引擎"。舒尔茨通过对1929~1957年美国教育投资与经济增长关系的定量研究测算出:各级教育投资的平均收益率为17%;教育对国民经济增长的贡献率为33%。

教育投资是回报率最高的投资,这一点同样适用于个人。个人为了获取较高的经济收入,通常情况下都是通过提高教育水平来实现的。因为一个人对社会财富分配的多少取决于自身对财富创造的多寡,知识越多,创造财富的本领就大,获得的财富也就越多。在我国也是一样,学历不同,月薪也有三六九等之分。

其实,绝大多数人已经意识到了这一点,否则教育就不会成为现代人首要的投资对象。有资料分析表明,居民存款的动机主要有两个:一个是养老防病,另一个是为子女上大学做准备。而且,后者的动机强于前者。

那么,个人教育投资是如何使人力资本增值并获益的呢?

从我国的现状看,不仅个人为满足自己的求知欲需要教育,为获得并胜任本职工作需要教育，而且为在社会中有一席之地更要拥有娴熟的知识技能。目前，我国就业市场的绝大部分的职位都要求具有相当学历，高中学历是基本的，大学学历是普遍的，研究生学历是理想的。随着21世纪知识经济、信息时代的到来，个人的知识量与工作的稳定性已经变得密不可分，人们只有掌握更多的知识，更好地运用知识，提高自己的工作能力，才能够跟得上时代的发展。

另外，不管是从历史还是现实角度，个人的收入与其所受的教育成正比这一点是不容怀疑的。在我国更是这样，因为存在城乡差别以及干部与工人工资制度和待遇的差异，从农村考入中专以上学校的学生，毕业后在就业、户口、工资、住房、医疗、独生子女保障上都优于未受教育者。除此之外，还会有一些特殊的照顾。并且，从政治地位看，受教育程度高的人也要明显高于受教育程度低的人。

不仅如此，教育还可以提高个人的眼界和见识。一个接受了中专教育的学生，他的想法通常会比一个没有受过这种教育的普通人高明一些，胆子也会更大一些，比如一般的农民只会按传统的方式种植庄稼、养鱼、养猪等，而学过农学的中专生就会想到怎样选择最优良的作物品种，怎样搭配饲料养鱼、养猪，甚至他会想到办一个养猪场。如果他是一个农学博士，他可能会考虑怎样运用最先进的农业技术，如果有足够的资金的话，他还会考虑办一个大型的蔬菜生产厂或大型的立体养殖场，从而使其产值在若干年后达到一个相当的数量级别，而不仅仅是诸如"盖个小洋楼"的一般理想。

由此可见，人力资本的价值的确取决于教育，教育与个人终生所从事的事业、个人的前途、生活状况以及个性发展有着紧密的联系，因而个人是必须要接受教育的，个人与家庭必须要把教育当作投资来对待。

既然个人教育是一项投资，那么投资者和被投资的对象——

如何提升自己的人力资本

人力资本是职场的通行证,那么如何才能使自己像比尔·盖茨一样获得较高的人力资本呢?下面介绍三种有效途径:

1. 通过自学提升人力资本

当今时代,知识更新周期越来越短,自学是获取新知识的主要途径。比如:学习传统书籍、利用媒体互联网。

2. 通过专业培训更新技能

专业培训主要针对于特殊行业的特殊技能,比如:会计、计算机、医生、设计规划等专业技术工作。

3. 通过实践提升技巧

实践是最好的老师,很多的知识和能力来自于个人实践。比如运动员、科学家、企业家等。

学生就一定要力争实现提高效率的投资目的,这是一个无可厚非的事实。可是,事实却很让人失望。很长一段时间以来,因为我国的高等教育一直是严进宽出,分配工作,致使一部分学生在经过严格的高考后有了在大学阶段"喘息"的思想,因为学好学坏无关紧要,即使学业成绩不佳而留级,对个人的经济损失也不大,所以一部分大学生的学习积极性并不高,以为进了大学就万事大吉了,出现了"为上学而上学"的盲目现象,甚至家长也没有意识到教育投资的本质和深远意义。

为什么哈佛的毕业生那么牛

人们只要谈起哈佛大学必然会肃然起敬,能够上哈佛就意味着这个人是"顶尖级"的人才。中国经济学的一代宗师陈岱孙先生就是哈佛大学毕业的博士,他的同班同学俄林、张伯伦等都是美国经济学界的杰出代表,在经济学说史上有其显著的位置,而陈先生在哈佛的学业还要超过他们。在美国,哈佛大学就是能够产生许多政界高官、商业奇才、科学巨匠,哈佛的 MBA 就比一般大学的博士后还要牛。

为什么哈佛的毕业生那么牛呢?哈佛的神秘力量来自于建校以来校友们的卓越成就,哈佛颁发的学位具有至高无上的声望。对哈佛的校友来说,服务于政府部门已经成为一种传统。他们同华盛顿外交政策的制定工作有密切的、牢固的联系。哈佛学生在毕业后进入社会要害部门,且形成一个联系紧密的群体,发挥着群体的巨大力量。哈佛大学由于其学生都是很拔尖的人才,他们走上社会后,大多有比较大的成就,所以,对于哈佛大学毕业的人来说,他们的那些同学也是他们事业中起重要作用的人际资源。

世界名牌大学的牛还体现在其大学毕业生毕业后的高收入上。据美国普林斯顿大学的调查,美国的哈佛、耶鲁等名牌大学的毕业生年均收入为 9.2 万美元,而美国一般大学毕业生的年均收入只有 2.2 万美元。美国名牌大学毕业生的收入比一般大学高出 4 倍多。

教育投资和任何投资一样,也是要追逐利润或收益的,哪里收益高,投资就趋向哪里。市场经济就是可以给人们提供更多的机会和选择,选择得好,就能够取得较高的收益,选择不好,收益就比较低。在企业投资中，越是高收益的行业和产业，就越容易获得投资。教育投资也是如此，通过以上的分析，我们知道，名牌大学的预期收益比一般大学高出许多，所以，教育投资也必然趋向于名牌大学。但名牌大学毕业生的收益率不会趋向于平均收益率。

有的人会说，为什么非得上名牌大学呢？名牌大学只是牌子响亮而已，有很多名牌大学的毕业生不是也成绩平平吗？现在，上大学主要是为了找一份好工作，只要学比较热门的专业，一样可以找到好工作。当然，热门的专业对找工作肯定有好处，但凡是比较热门的专业都热不了几年，就如20世纪80年代时，会计专业很吃香，很多人都去学会计专业，但到了20世纪90年代，会计专业的人才就相对过剩了。而且，热门的专业竞争也很激烈，报考的难度也是比较大的。况且，从准备选择专业到大学毕业，也有四五年的时间，经过了四五年，往往热门的专业就不再热门了。而且选择比较热门的专业，不一定就适合读这个专业，因为专业的选择与特长的关系更大，即有某方面天赋的人学某种专业更好。比如，有绘画天赋的人学建筑专业就更容易出成果。

但是，报考名牌大学就不一样了。一是名牌大学牌子比较响亮，有品牌价值，名牌大学的品牌也是无形资产，对其毕业生一生都有比较大的影响。当问某个人是什么大学毕业时，如果他回答说是北大毕业，大家就可能对他刮目相看。因为，判断一个人的能力并不容易，需要很长的时间，而名牌大学的品牌给他人的就是一个高层次人才的感觉。二是名牌大学里面的那种良好的文化环境有利于提高大学生的全面素质。例如，我国的清华大学，其名声主要来自于清华有一批出类拔萃的、甘愿奉献的大师。解放前，清华的校长梅贻琦先生早就指出："大学非大楼者，乃大师之谓也。"清华就是由于有陈寅恪、王国维、闻一多、吴晗等一批顶尖的大师才使清华享誉海内外，正是这些大师使清华能够"人文日新"。更重要的是，长期以来，清华一直奉行严谨、认真、务实的精神，对学生要求十分严格。这些对于学生们来说，都是比一般大学优越得多的学习条件。而且，清华优越的科研教学条件、丰富的图书馆藏书、良好的学习氛围、优质的同学资源也在潜移默化地陶冶着其学生的综合素质。

一旦能够考上像清华这样的名牌大学，只要大学生在大学里善于抓住难得的教育机会，就可以迅速提高自己的文化素养和整体素质。另外，在名牌大学上过

经济学课堂

品牌

品牌其实是产品概念对应的消费群体的情感需求，是该产品对应的消费者情感价值的具体体现。所以品牌就是满足产品对应的消费者的情感价值的东西。品牌是覆盖在产品上的一种情感认同，它是产品对应群体的情感价值的满足。这种被认同的价值是很多元素组合的结果，是需要时间的，因为这不是一个简单的利益价值认同，而是一个心理情感的价值认同。

无形资产

无形资产的"无形"不是绝对的无形，它是相对有形固定资产而言。无形资产是指一定主体所控制的、不具实物形态、对生产经营长期发挥作用且能带来经济利益的资源。无形资产主要是以知识形态存在的，是集经济、技术、法律为一体的重要资源和生产力要素，包括专利权、商标权、厂商名称、著作权、设计权以及技术秘密和经营秘密等众多内容。

学的学生们，其理想和抱负比在一般大学的学生要高许多，因为，他在名牌大学接触的都是比较出色的老师和年轻人，这些年轻人之间也会相互影响。

在我国，从各大学到中科院等研究机构，从各个大型企业到各级中高层政府机关都有像清华这样的名牌大学的毕业生，一些还是其专业领域出类拔萃的人物，对于名牌大学的毕业生来说，他们一毕业就有比别人优越很多的人际资源，或者说他们的事业起点远高出一般大学的毕业生。中国的一些名牌大学的毕业生在走向工作岗位后，比一般大学的毕业生在收入上起码要高出一倍以上，甚至有的技术性专业的名牌大学毕业生的收入要高出一般

大学毕业生好几倍。因为名牌大学的毕业生较易进入一些知名度高、效益高的企业。一些大型跨国公司就专门到北大、清华、复旦等名牌大学猎取高材生，这些大型公司的收入比一般企业高出好几倍。而毕业于一般大学的人，通常就只能进二流甚至三流的企业和其他单位。要在这个社会更具有竞争力，就需要有比别人更高的起点，而名牌大学的毕业生，其起点就是比一般大学的毕业生高。

正是因为这样，现在社会上存在一种崇拜名牌大学的浪潮。有的学生不惜一切代价，宁愿一年一年地复读，也要上北大、清华等名牌大学。

大学生就业为什么这么难

近年来，大学生就业难的现象引起了社会的广泛关注。从某种程度上说，大学毕业后有很多人没有得到就业的机会。

下面是来自保罗·萨缪尔森《经济学》（第12版）一书中的一组数据。

1983 年美国男性的失业率

年龄（岁）	16~17	18~19	20~24	25~34	35~44	45~54	55~64	65以上
失业率（%）	22.6	18.7	13.8	9.0	6.4	5.7	5.6	3.2

从表中可以看出，就是在美国这样成熟的市场经济国家，大学毕业这个年龄也正是高失业年龄。所以，新的大学毕业生不要有太高的期望，应该说，在这个年龄阶段，充分就业反而是不正常的，是违反经济规律的。

为什么会存在大学生就业难的现象呢？教育投资是人力资本的投资，一个人的人力资本，表现为知识、技能、体力（健康状况）、道德价值的总和。这个世界是个不确定的世界，任何投资都存在一定的风险，虽然教育投资比一般投资风险低很多，但也具有一定的风险。这些风险具体包括八个方面：一是不适应社会变迁导致的风险，特别是投资学习很快就过时的专业技术，这种教育投资回收时间短，往往很难收回全部投资。二是投资于社会适用面窄、投资收益率低的领域，特别是一些比较细的专业适用面太窄，必然导致投资的回收率低。三是由于政府政策的变化而导致的教育投资风险。四是由于科技发展迅速，科技人才知识更新跟不上时代的发展，从而导致教育投资风险损失。五是市场变幻莫测，教育投资期又过长，学到的专业知识得不到市场承认，如一些思想政治教育专业往往在一些地方得不到市场的承认。六是结合个性特点进行的教育投资往往收效显著，反之则不然。强迫子女学习各种技术，这种教育投资量大，投资期限长，风险也大。七是教育投资结果在其使用的环境里得不到发挥，制约了个人的能动性，比如一个学经济学专业的学生，让他去从事农业技术推广工作，就只使用了这个人的短处，没有发挥他的长处。八是"意外风险"，即因为意外事故产生的风险，包括意外的交通事故、生病和其他意外伤残事故而导致的风险。

这些风险我们可以用下页的图示来直观地表示。

由此可以看出，大学生就业难的现象是教育投资风险的体现。作为学生家长和学生本人，在进行教育投资的过程中就必须尽早了解这些风险，并对自己和社会的状况进行分析，着力规避这些风险。

要规避这些风险，首先家长和学生都需要有规避风险的意识，

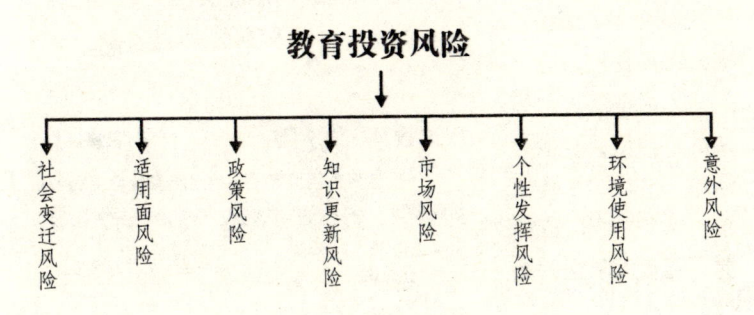

教育投资风险

- 社会变迁风险
- 适用面风险
- 政策风险
- 知识更新风险
- 市场风险
- 个性发挥风险
- 环境使用风险
- 意外风险

即把子女送去上了大学并不一定就能够取得所预期的收益，要在将来取得较高的收益，还需要不断的努力。这就如投资办厂或开店一样，不是说，把资金投入了就一定会有收益，要使开办的工厂或所开店铺有利润，还需要勤于经营、善于管理。教育投资也是如此，在报考大学专业和学校的时候需要慎重选择，根据学生自己的个性特点选择专业和根据市场需求选择专业比赶热门更好些。家长把孩子送上了大学之后，还需要采取一些正确的方法引导和督促孩子努力学习，学生也需要继续努力，好好地经营这项投资，提高投资的质量。

现在的大学基本上还是"严进宽出"，如果学生认为经过了高考的拼搏之后可以喘口气，上大学时可以好好地休息一下，放松放松，那这种投资所生产出来的产品，其质量就不会过关。现在社会竞争十分激烈，学生毕业后必然会面临激烈的人才竞争。要在这种竞争中不被对手击败，就需要毕业生的素质、知识和能力具有相对的优势，做到"人无我有，人有我优"。就是说，别人也学了这种知识，我们也学了这种知识，但我们所学的知识必须比别人更扎实，我们才有优势，即人有我优。或者别人有他的能力，我们也要有自己比较独特的能力，即人无我有。

大家都知道，稀缺的东西值钱，最为稀缺的东西则最值钱。大学生也是如此，随着大学生的增

经济学课堂

素质教育

素质教育是指依据人的发展和社会发展的实际需要，以全面提高全体学生的基本素质为根本目的，以尊重学生主体性和主动精神，注重开发人的智慧潜能，注重形成人的健全个性为根本特征的教育。实施素质教育是我国社会主义现代化建设事业的需要，它体现了基础教育的性质、宗旨与任务。

应试教育

应试教育是指偏离了人的发展和社会发展的实际需要，单纯为迎接考试、争取高分和片面追求升学率的一种教育。

多，特别是近年来扩大招生规模后，大学生不再稀少了，于是大学生也就成了普通的劳动者，不再受到社会的偏爱。但是，我国经济发展这么快，大学生并没有过剩，主要是适应市场需要的大学生不足。比如，现在社会上需要的灰领人才就远远满足不了社会的需要。所谓"灰领"人才是指既有扎实的基础知识，又有专业技术和较强的动手和操作能力、善于创造的人才，比如高级技工。所以，动手能力的培养对于大学生来说比单纯地吸收知识更重要。

现在，社会上复合型人才也比较稀缺，所谓复合型人才就是具有比较渊博的基础知识和扎实的专业知识的人才，以及跨专业的人才。比如学理工专业的学生，如果有比较好的文科知识，那么他的写作能力和分析能力就更强，就有一种比较优势，即人有我优。而一些跨专业，特别是跨文理的人才，更具有创造能力，具有人无我有的优势。有了这种优势，在人才竞争市场上就有更多的需求者，就有更多的机会，更容易找到称心的工作。现在，一些重要的发明、发现，一些创造性能力的形成都是在跨领域中产生的，因为在这个"知识爆炸"的时代，所学的专业知识并不是最重要的，更重要的是在原有知识的基础上进行创造和革新，只有创造和革新才能有新的、更广阔的市场。企业是讲究经济效益的，如果你能够给它带来收益，它就会对你热烈欢迎，如果不能，就不会接受你。

劳动力过剩的现实情况很容易导致高学历低收入，要想形成自己的竞争优势，就必须全面提升自己的素质。

随着知识更新速度的加快，掌握学习方法比掌握专业知识更重要。因为，在当今"知识爆炸"时代，所学的很多知识很容易过时，而掌握了学习方法就可以在毕业后、在工作中不断地学习，学习方法越多、越好，越有利于增强自己的竞争能力，取得比他人更多的优势。

说到底，要形成自己的竞争优势，最主要的是必须着力提高受教育者的综合素质，这种综合素质包括广博的基础知识、比较好的专业知识、文化素养、动手能力、创造能力、分析能力、解决问题的能力、交际能力、写作能力等。现在，国家和社会都提倡把素质教育放在第一位，摒弃过去那种应试教育的做法，因为应试教育不利于学生创造能力和其他能力的提高。综合素质的培养既需要较好的学校文化氛围，又需要良好的家庭环境和学生持续不断的努力，需要充分发挥学生自己的能动性、主动性和创造性，还需要增强学生抗风险的能力，包括心理上更加成熟、坚持锻炼身体、主动适应社会、了解国家政策和市场需要等。

望子成龙莫心切

如今，"望子成龙"是家长们的最大心愿。因此，在城市中就出现了一道特殊的风景：经济条件稍差些的家长，节衣缩食，苦心竭虑地为孩子积攒教育费用；条件好点的家长，则拼命地赚钱，让孩子上一流的学校甚至出国深造。真是可怜天下父母心啊！

"望子成龙"到底收获如何呢？下面是一位留学澳大利亚阿德莱得大学经济系的一位学生的真实感受：

"对不少温州孩子来说，家里花个几十万、上百万元让小孩出国留学已经不是什么难事。但可能大多数要出国的孩子对于自己出国的目的是什么，会面临哪些困难之类的问题考虑不多。从我的切身体会来说，其间的酸甜苦辣，只有真正尝过才知道。我在澳大利亚一年多了，很是辛苦。我认识的一对夫妻是山西的煤矿工人，两个人一个月也就两千元的固定收入，想送孩子出国念书简直是天方夜谭。可他们却不停地打电话，求中介和各种留学渠道帮助他们申请。这样送孩子出去到底能收获多少？也许很多家长觉得孩子出了国就万事大吉了，其实情况远非如此。我在出国前后就有着巨大的心理反差，给予孩子好的教育条件本没有错，但如果方式错了，那初衷也就错了。家长更应该保持清醒的头脑，盲目或许是害了你的孩子。"

为什么盲目会害了孩子呢？通过上面的分析，我们知道，家庭教育投资也具有一定的风险。教育投资为什么会有风险呢？主要是因为教育投资回收期较长，不可能在短期内见到效益；不同人的可塑性各不相同，即不能否定人的天分，你没有这方面的潜能，投资就是低效的，比如某个孩子本来有艺术方面的天赋，而他的家长硬要他学外语，那这种投资的效率就低了；人们对现实社会的情况和未来的发展趋势往往估计不足或分析不到位，即对未来的预期不准确；家长和学生本人对教育投资不够慎重，比较盲目，喜欢跟风，也就是投资缺乏理性。

教育投资和其他任何投资一样，需要进行成本收益分析，即以比较小的成本取得尽可能大的收益。而盲目不加分析就容易导致投资的低收益，甚至是投资的亏损。需要正确地看待和分析投资的回报周期，有的教育投资，其回报周期是比较长的，如果家长的收入不够高，或者孩子的学习跟不上，就很容易到中途出现麻烦，这正如建房子，如果这个房子需要的投资超出了本人的资金承受能力，那么，到中途就缺乏资金了，房子就建不起来。这样的投资肯定是亏损的。所以，教育投资最好要根据家长自己的经济承受能力和孩子的学习能力、心理承受能力，做到有的放矢，目标明确，看钱吃饭，量体裁衣。目标可以由小到大，一步步来，先把眼前的目标尽快达到，再根据自己的能力瞄准更大的目标。

比如，上最好的学校，进最好的班级，孩子的学习就一定能有较快的进步吗？未必如此。好的环境固然能对孩子的学习产生积极的作用，但如果这个孩子原来的基础很差，他在好学校和好班级学习反而可能让他产生自卑的心理,如果周围的同学大多数都比他出色的话,那么,久而久之,他的学习信心就容易受到打击。基础比较差的学生在好学校、好班级往往由于压力太大容易使自己的精神受到不良的刺激,大脑不能正常休息,学习效率反而降低。教育投资有一定的规律,因为,孩子的心理、智力和个性发展都有一定的规律,只有遵循这些规律,教育投资才能产生比较高的收益。只要当孩子达到了某一个阶段的水平后,才能再往下一个阶段前进,超越阶段的过高期望很容易导致投资的低收益,甚至亏损。即不能"拔苗助长"、急于求成,否则,就容易让幼小的禾苗干枯。

再比如,出国留学是一项比较大的教育投资,既然是比较大的投资,就应当有比较大的预期投资收益。稀少的东西比较值钱,以前,"海归"在中国比较稀少,所以,"海归"们的收入也很高,但随着改革开放的时间增长,"海归"不再稀缺,既然"海归"不再稀缺,那就不会很"值钱"。当然,国外的不少名牌大学确实比国内的强,如哈佛大学、牛津大学等,如果能够上这种大学肯定可以大大提升自己的价值。但如果上的是国外一些只顾收费赚钱不入流的大学,在那里基本上是花钱买文凭,国内的一般大学都比这类大学强。而且,国外的生活环境与国内相比差别很大,文化氛围不同、生活习惯不同、语言不同、气候不同,这些都需要经过一定的时间才能适应过来,很多人单就是在国外吃饭都需要相当长的一段时间才能适应。因此,当我们结合投资周期进行教育投资的成本收益核算时,就会发现,可能出国留学不一定能够获得比较大的收益。

总之,教育投资需要有明确的目的,即需要根据孩子的特长和需要,着力开发他的天赋和潜能,让他的知识、能力和综合素质都得到提高,分清轻重缓急,分清长期投资和短期投资,而不是为投资而投资。投资必须根据家长的经济承受能力、孩子的学习与心理承受能力选择恰当的方式和方法。并不是有好的投资愿望，就会有好的结果，如果方式错了，很容易好心做坏事。此外，还需要分析孩子去那个学习的地方接受教育会面临什么样的困难，孩子本人能不能克服这样的困难。先进行理性的分析，再做出投资决策也不晚，不能盲目。这正如企业新上投资项目也需要进行项目可行性论证是一样的道理。比如，最近，在哈佛大学有一位中国留学生自杀，其自杀的原因竟是无论他多么努力都争取不到班级的前几名，心理上承受不了这种感觉。这样心理素质的孩子怎么能够出国留学呢？

教育投资一般是回收期比较长的投资，这种投资需要分阶段进行，在不同的阶段，需要根据实际情况和孩子的各方面的条件不断进行调整。而且主要是根据学生本人的情况进行调整，在学生本人具备了更好的条件之后再进行更大的投资决策，并尽量让孩子自己决策。教育投资不是短期内就能够见效的，让孩子自己决策更具有目的性、针对性和可行性。家长代替孩子决策往往容易好心办坏事，投资效果不理想。因为教育是终身的事业，所以，家长不能急功近利，也许短期内投资收益不大，但只要让孩子自己持续投资，并及时调整自己的投资决策，其长远的收益很可能就比较可观了。一句话，"心急吃不了热豆腐"。

是读研还是参加工作

现在，在大学里这种情况很多，一些大学生为是考研继续深造还是参加工作而难以抉择。近年来，大学生就业越来越困难，一些大学生怕难找工作，就考研，希望研究生学历能够增强他们在市场上的竞争力。另一些学生则认为，现在是市场经济，用人单位看重的是个人的能力，而不是学历的高低，所以，与其读研不如早点在社会上去锻炼锻炼，读研也避免不了就业难这个问题，迟早都要走向社会、走向市场，与其推迟面对市场和社会，不如早面对。尽早走向社会，既可以锻炼自己的能力，又可以赚钱。

读研到底值不值呢？个人有哪方面的能力在很大程度上取决

于个人的天赋。这就需要大学生客观准确地认识自己,要比较全面准确地了解自己的优点和缺点,做到心中有数。毕竟,对于个人来说,时间是最宝贵的资源,具有稀缺性,所以,是否读研要在充分认识自己的天赋条件、个性偏好的基础上进行选择。

对于不同的人,其读研的机会成本是不一样的:适合于创业的人,读研的机会成本要大些;适合于当科学家、研究人员的人则读研的机会成本比较小,参加工作的机会成本可能更大些。这就需要对未来进行预期,并进行读研的成本和收益分析。读研需要花费比较大的成本,这些成本包括直接成本,如学杂费、购书费、上网费、生活费等。这些直接成本大概需要几万元。还包括间接成本,主要是机会成本,即读研要损失工作的机会、结婚的机会,还要损失一些时间。但读研后再参加工作,其收入更高了,即其工资收入比本科毕业要高出一个档次,找工作的机会更多,自己的专业知识也更加扎实。也就是说,有了研究生学历,参加工作后,其起点就比较高。如果读研后再工作比大学毕业后马上参加工作所获得的收益更高,并能够弥补读研的成本和收益,那么读研就值。如果读研后增加的收入没有超过读研所付出的成本,或低于这个成本,那么读研就不值。或者,如果读研后所提供的更多的机会可以弥补不读研的机会,那么读研也是值得的。在这里,我们可以通过比较读研和不读研在15年内预期的收入来比较。

如右图所示,纵轴Y代表参加工作预期将获得的收入,横轴X代表读研后将获得的预期收入。读研要损失参加工作所预期获得的收入,参加工作又要损失读研后预期获得的收入。图中OD的长度比OA的长度要长,也就是读研后预期收入要高。读研要3年,那么我们假定前面例子中的小李做的是15年的预期。这样,小李读研的机会成本就是长方形OY1BX1所表示的区域,即他读研要损失尽早参加工作而带来的预期收入OY1BX1。如果他尽早参加工作,那么他也要损失读研后的预期收入,即上图中OY2CX2所表示的区域,但在这里,还必须将读研后的预期收入扣除读研的成本,再进行对比。即读研获得的预期收入 OY2CX2 需要扣除读研所付出的成本(假定是4万元)。显然,在小李看来,他尽早参加工作,即工作15年预期可以获得32万元收入;小李预期读研后再工作12年收入为35万元,这个收入要扣除4万元的读研成本,剩31万元,这个收入比参加工作所获得的预期收入32万元低。那么,他读研后所获得的收入没有超出参加工作预期所获得的收入,甚至是低于参加工作所获得的预期收入。所以,小李不打算考研。在这种选择中,对未来的预期很重要,如果预期准确,那么自己所做出的选择就是正确的,如果预期不准确,则所做出的

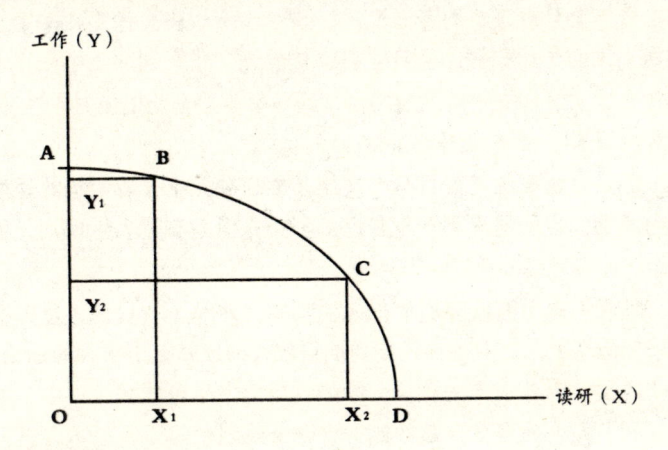

工作(Y) 轴,读研(X) 轴,点 A、B、C、D,Y_1、Y_2、X_1、X_2,原点 O。

选择可能就不正确。

在这里,需要注意的是机会成本并不是小李实际支付的成本,而是他在决策中必须考虑到的一个重要概念,即做出一种选择就要放弃另一种选择的机会。因而可以将这一概念推广到任何有关个人行为的决策过程中去。实际上,我们做出任何决定都有取舍,我们要在现在的物品与未来的物品之间取舍,要在休息与金钱之间取舍,当我们把一定数量的钱购买了一本书时,就意味着不可能再去购买别的什么东西。时间是最稀有的资源之一,生活中是

必须要有取舍的，这就是经济学。

规划人生，减少沉没成本

陈先生毕业于暨南大学会计系，在顺德一家不太大的民营进出口公司担任会计。刚刚参加工作时，他就对自己的人生和职业进行了规划。他的职业理想是希望以后在大的外企做个出色的财务总监。实现这一职业理想需要什么条件呢？第一，流利的英语；第二，全面的财务管理知识；第三，优秀的沟通能力；第四，良好的工作背景和业绩。大学毕业两年后，他已经对自己的职业发展有了明确的目标。实现这一职业理想的关键，是接下来担任会计主管、会计经理、财务总监，一步一步走过去。他先在一个小公司工作两年后担任了会计主管，接着被"猎"到一个中型企业担任会计主管，一年后又被"猎"到一家英国企业担任财务经理，月薪由原来的3500元升到了9000元。

正是有明确的发展目标与实施步骤，陈先生才以最快的速度走向成功。当然这离不开他自己的努力，但是有了人生规划让他少走了许多弯路。

陈先生由于有一个明确的人生规划，避免了盲目性，目标明确，把握了方向，对他在短期内取得较大的成绩起了很大的作用。企业需要有财务成本的核算，才能在经营中尽可能减少成本，增加利润。人生的奋斗也是如此，有一个规划就等于有一本自己人生的账本，能够做到心中有数。

在人生的奋斗过程中，自己准备追求什么样的成绩，这些成绩需要一些什么样的条件，需要付出什么样的努力，回答了这些问题，才能达到自己追求的目标。也就是说，要求自己的人生收获多少，就必须投入多少，如果投入不够，收益就会减少。就像这位陈先生，他人生的目标是做一个出色的财务总监，要达到这样的成绩需要哪些条件，他必须事先进行分析，发现不足的地方就要尽快弥补。比如，如果他的英语水平还达不到进行良好沟通的

沉没成本

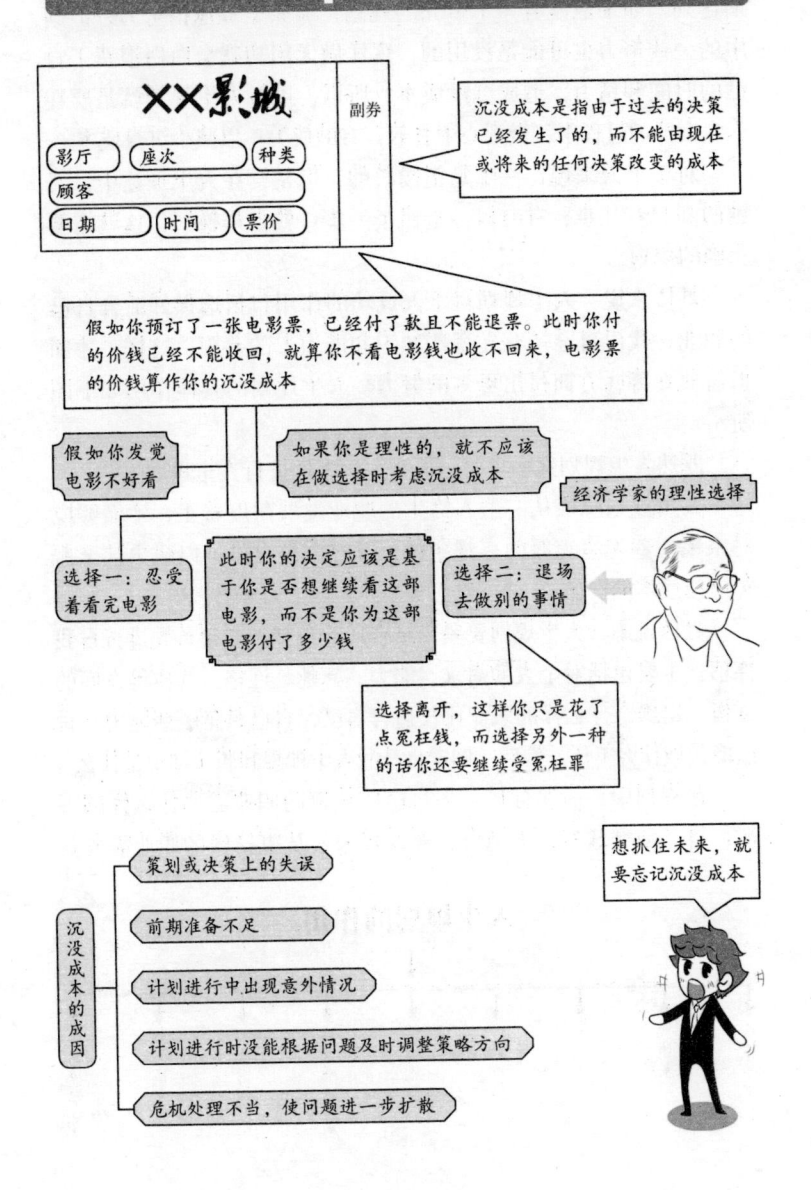

XX影城
- 影厅
- 座次
- 种类
- 顾客
- 日期
- 时间
- 票价

副券

沉没成本是指由于过去的决策已经发生了的,而不能由现在或将来的任何决策改变的成本

假如你预订了一张电影票,已经付了款且不能退票。此时你付的价钱已经不能收回,就算你不看电影钱也收不回来,电影票的价钱算作你的沉没成本

假如你发觉电影不好看

如果你是理性的,就不应该在做选择时考虑沉没成本

经济学家的理性选择

选择一:忍受着看完电影

此时你的决定应该是基于你是否想继续看这部电影,而不是你为这部电影付了多少钱

选择二:退场去做别的事情

选择离开,这样你只是花了点冤枉钱,而选择另外一种的话你还要继续受冤枉罪

沉没成本的成因
- 策划或决策上的失误
- 前期准备不足
- 计划进行中出现意外情况
- 计划进行时没能根据问题及时调整策略方向
- 危机处理不当,使问题进一步扩散

想抓住未来,就要忘记沉没成本

第三篇　社会生活中的经济学应用

程度，就需要着力提高英语水平，这样，他的理想和目标才能如期达到。如果他没有一个事先的规划，那么尽管他很努力，但其中的一些努力也可能是没用的，这样做无用功就会白白浪费了自己的时间和精力，造成沉没成本。所以，进行人生规划就是要在人生奋斗的过程中，做到心中有数，有的放矢，以减少沉没成本。

对于个人来说，一生是很漫长的，但是，在人生征途中，关键的却只有几步，有时候，走错了一步，就很难挽回，这就需要正确的规划。

具体来说，人生规划对个人成功的作用包括选择好适合自己的职业，找出自己还存在哪些知识和能力上的差距，这样，才知道需要在哪些方面付出更多的努力。人生规划的具体作用如下图所示。

既然人生规划这么重要，那么，该怎样进行人生规划呢？

人生规划应该从一个人终生的职业发展角度着手，才能够应对未来一些无法克服的客观条件，及时调整自己，以减少甚至避免沉没成本的产生。

具体说来，人生规划要紧紧结合职业选择。必须首先进行自我评估，主要包括对个人的需求、能力、兴趣、性格、气质等方面的分析，以确定什么样的职业比较适合自己，自己具备哪些能力，自己擅长做什么工作。最后，确定自己的人生理想和职业理想是什么。

在规划中，需要分析一下自己所从事的职业需要什么样的习惯，自己的哪些习惯不适合，要改过来；从事这样的职业需要具

人生规划的作用

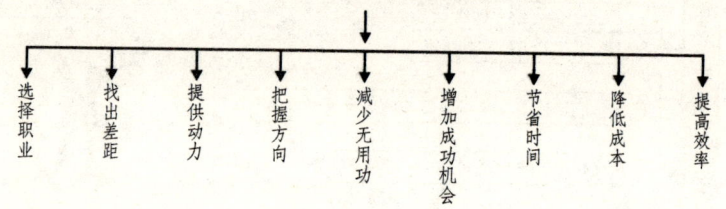

- 选择职业
- 找出差距
- 提供动力
- 把握方向
- 减少无用功
- 增加成功机会
- 节省时间
- 降低成本
- 提高效率

备什么样的知识和能力，自己现有的知识和能力有哪些不足，需要提高。良好的习惯是个人事业成功的催化剂，养成良好习惯会给他人带来身心的愉悦，从而给他人带来正效用，即好的感觉，这就有利于自己事业的发展，反之，不好的习惯就会给他人带来负效用，就会遭到别人的排斥。

实现人生的最终目标并不容易，半途而废的例子比比皆是，所以我们需要分段地确定自己人生奋斗的长期目标、中期目标与短期目标，把人生奋斗分成一个个时间段，每一段时间都有一个目标，并各有侧重，在哪个时间段需要学习什么知识、锻炼什么能力都要规划好。在规划的过程中，必须根据个人的专业、性格、气质、价值观以及社会的发展趋势等确定自己的各个时段的目标，然后再把这些目标细化。

> **经济学课堂**
>
> **沉没成本**
>
> 沉没成本指过去发生的并在任何条件下都无法收回的成本支出。从决策的角度来看，凡是发生的，又不因决策的变动而有所改变的成本支出，就是沉没成本。它通常是厂商花在机器、厂房等生产要素上的固定成本。从固定生产要素的无形损耗来看，这些固定要素会因技术进步或产品的更新换代而引起贬值，从而产生其账面价值下降而无法补偿的那部分金额。
>
> **效用**
>
> 效用是对消费者获得满足或幸福程度的衡量。一种商品对消费者是否具有效用，取决于消费者是否有消费这种商品的欲望，以及这种商品是否具有满足消费者欲望的能力。效用这一概念是消费者的一种主观心理评价。根据功利主义的看法，效用是所有公共和私人行动的最终目标。

目标为人生提供动力

哈佛大学有一个关于"目标对人生影响"的跟踪调查，调查对象是一群智力、学历等各方面都差不多的人。调查结果发现，27%的人没有目标，60%的人有较模糊的目标，10%的人有清晰的短期目标，只有3%的人有清晰的长期目标。25年的跟踪调查结果显示，3%的人25年来都不曾更改过目标，他们朝着目标不懈努力，25年后他们几乎都成为了社会各界的顶尖人士。10%的人生活在社会的中上层，短期的目标不断达成，生活状态稳步上升。60%的人几乎都生活在社会的中下层，他们能够安稳地生活与工作，但似乎都没什么特别的成就。27%的人几乎都生活在社会的最底层，25年来生活过得不如意，常常失业，靠社会救济，并常常抱怨他人、抱怨社会。

从哈佛大学25年的跟踪调查可以看出：有清晰而长期人生目标的人，他们朝着目标不懈努力，成为了社会各界的顶尖人士；主要追求短期人生目标的人士，其生活水平也处于中上层；只有比较模糊人生目标的人也只能过着平平安安的生活；没有人生目标的人就只能生活在社会底层。为什么长远而清晰的人生目标对个人的成功有这么大的作用呢？一个人在正当追求自身利益的同时，也会对社会作出贡献，即主观为自己，客观为社会。当一个人有了自己的人生理想和清晰而长远的人生目标之后，在他心目中就有一个长远的利益在激励着他为此而奋斗，即在他的一生中，学习、工作和生活都会围绕这个远大的目标，这就减少了很多无用的努力，其时间利用效率自然会比较高，对于一个人来说，时间就是金钱，节约时间就等于增加了自己的财富。这也就等于增加了自己的动力和财富又减少了成本，所以，其人生才是最成功的。而只有一个个短期的人生目标、没有长期人生目标的人，当他的一个个短期人生目标实现后，就容易沾沾自喜，满足现状，小富即安，其生活会稳步上升，但也不会非常出色。而没有任何人生目标的人，他一天到晚需要忙些什么都不知道，学习、工作和生活都不会有什么动力，其时间利用率自然就很低，在不知不觉中就浪费了自己的时间，浪费时间就等于浪费了财富，所以，只能过比较差的生活。

人生目标对人生有着巨大的导向性作用，这就像是在大海上航行，如果前面没有指路灯，航行的船只就会迷失方向，甚至走向相反的方向。人生也是如此,前面一个个的路标是一个人前进的方向,也是他前进的动力。所以,著名的成功学大师博恩·崔西说:"成功等于目标,其他都是对这句话的注解。"

美国的弗洛伦斯·查德威克曾经成功地横渡加利福尼亚州南部的卡塔利娜海峡,创下了世界纪录。从那以后,查德威克就一直暗下决心,试图要打破原有的横渡英吉利海峡的世界纪录。在经过了充分的准备之后,她和教练们选定了挑战的日子,并且她正处于极好的运动状态之中。然而,有一个因素被忽视了,那就是海上的大雾。当起雾时,海上的能见度只有几米。海天的交界处,以及远处的海岸,全被大雾吞没了。游着游着,查德威克开始变得不知所措。由于四周什么也看不到,冰冷刺骨、汹涌起伏的海浪似乎也变得愈加猛烈了。最终,她让教练们把她拉上了船,放弃了这次准备已久、信心十足的横渡计划。

随行的记者扼腕叹息,因为他们透过可视望远镜已经知道,查德威克距离终点只有200米的距离了。当记者们把这个残酷的事实告诉刚刚缓过劲来的查德威克时,她回答说:"即使教练把这个情况告诉我也是一样,因为我看不到目的地,甚至没法肯定我是不是真的还有这个目标。"

既然确定人生目标这么重要,那么怎样确定人生目标呢?

确定人生目标首先需要确定一个长远的奋斗目标,即人生理想。要实现这样的人生理想需要什么样的知识和能力,需要养成什么样的习惯,自己需要在哪些方面付出更多的努力,都要有一个规划。然后,再将这个规划按年龄分成几个阶段,每个阶段需要达到什么样的目标,付出什么样的努力,都要规划好。可以以年龄为依据,每10年作为一个阶段比较合适。

20~30岁时,要走好人生的第一步。这一阶段的主要特征,是从学校走上工作岗位,是人生事业发展的起点,要确定一个事业起点目标。如何起步,直接关系到今后的成败。这一阶段的主要任务之一,就是选择好职业,同时加强与职业相关知识的学习,特别是要加强业务知识的学习,才能得到领导的信任,树立自己良好的形象。

30~40岁时,这个时期是一个人风华正茂之时,是充分展现自己的才能、获得晋升、事业得到迅速发展之时。此时的任务,除发奋努力,展示才能,拓展事业以外,对很多人来说,还有一个调整职业、修订目标的任务。看一看自己选择的职业、所确定的人生目标是否符合现实,如有出人,尽快调整。

40~50岁时,是人生理想的实现阶段,是人生的收获季节,也是事业上获得成功的人大显身手的时期。对于到了这个年龄仍一无所得、事业无成的人,应深刻反省一下原因何在。重点在自身上找原因,对环境因素也要进行客观分析。只有正确找出了主客观原因,才能解决人生发展的障碍,把握今后的努力方向。此阶段的另一个任务是继续"充电"。

50~60岁时,是人生的转折期,无论是在事业上继续发展,还是准备退休,都面临转折问题。主要内容应包括以下几个方面:一是确定退休后的二三十年内,你准备干点什么,然后根据目标,制订行动方案;二是学习退休后的工作技能,最好是在退休前3年开始着手学习;三是了解退休后再就业的有关政策;四是寻找工作机会,确定一个收入目标。这样,才能使自己在退休后的老年生活有所寄托。

下面,我们通过列表将中长期的人生目标及其实现方式列出来,有利于进行对比。

人生阶段目标

人生阶段（岁）	阶段目标	主要任务	努力方向
20~30	起点目标:准备从事什么职业	培养所从事职业需要的知识和能力	针对知识和能力上的一些不足努力

30～40	中期目标：有一定成就。修订目标	职位提升和收入增加的具体任务	及时调整知识和能力结构，瞄准晋升
40～50	收获人生理想，下一阶段目标	充电、整顿自己，并找出主客观原因	努力实现人生理想，找出自己的差距
50～60	进一步检查人生理想。退休后准备干什么，怎样寻找工作机会	继续实现人生理想。确定退休后的收入计划、休息计划	塑造自己的人格。学习退休后需要的知识和技能

目标可以给人的行为设定明确的方向：使人充分了解每个行为的目的；使自己知道什么是最重要的，有助于合理安排时间；目标可以促使自己未雨绸缪，把握今天；可以使人清晰地评估自己每个行为的进展，正面检讨每个行为的效率；能够使人把重点从工作本身转移到工作的成果上来；使人在没有得到结果之前，就能看到自己的成绩，从而产生持续的信心、热情与行动力。

当制定好自己各阶段的目标任务之后，就要按照这个目标和任务，认真实施，持之以恒。只有持之以恒，坚持不懈，才能摘取到胜利的果实。

培养核心竞争力

随着经济全球化的快速发展，我们每个人都要面对国际竞争国内化的挑战，人才竞争越来越激烈。在日益激烈的市场竞争中，个人如何面对这样的挑战呢？唯一的途径就是提高自己的竞争力，形成一种人无我有、人有我优的优势，而且这个竞争力应当如企业一样具有一种核心竞争力，即个人所自身所拥有的核心资源是"偷不去、买不来、拆不开、带不走、溜不掉的"。现在，在国内城市中，特别是大城市中，大学生满街都是，甚至博士、硕士都可以随便抓一大把，这么多的人掌握的都是一般的基础知识，而在现在这种信息流快速、多样的社会,一般的基础知识并不见得能够给企业带来多大经济效益。而如果某人有一种独特的知识和技术运用能力,有特别的风格,并且,这种能力和风格是企业真正需要的,能够为企业带来比较高的经济效益,那么,他在人才市场上就具有一种核心竞争力。

那么,一个人怎样形成核心竞争力呢?只有知识并不能形成核心竞争力,知识要转化为自己的核心竞争力还需要在实践中灵活运用,并独具一格。

现在,市场上需要什么样的人才呢?在现代社会,知识只是现成的、死的东西,而善于运用现有的知识进行创造性的开发、发现、发明,才能给企业带来经济效益。当今社会,许多发明、发现都是产生在学科交叉的领域,理工交叉、文理交叉、行业交叉、技术和管理交叉等领域都容易产生新的发明、发现,形成高效的管理模式,形成独特的技术运用方式等。而这些,都是别人学不到、模仿不了的核心竞争力。所以,现在,拥有跨学科的基础知识和某一方面的专业知识,并能够灵活运用这些知识进行创造的人才特别受到市场的青睐。

另一种受到市场青睐的人才就是掌握了一定的基础知识,电脑、外语熟练,综合素质高,有比较好的写作能力、交际能力、推销能力、管理能力、组织能力、协调能力、技术运用能力等多方面能力的复合型人才。这种

塑造核心竞争力,才能更好地迎接市场挑战。

人才往往八面玲珑、干劲十足，做工作很容易拓展新局面，企业就需要这样的人才来迅速拓展国际、国内市场，提高企业管理效率。

现在，中国经济已经全面走向国际市场，国际上的大型跨国公司也大都在中国设有分公司。因此，市场上特别需要那些掌握国际商业规则、懂得国际法、外语熟练的高级金融工程师、精算师、理财规划师、信息咨询师、经济咨询师等高端人才，这些人才都很受市场青睐。

> **经济学课堂**
>
> 核心竞争力是一种超越竞争对手的内在能力，是企业（个人）独有的、比竞争对手强大的、具有持久力的某种优势。这是在1990年由美国著名管理学家普拉哈德和哈默尔提出的概念，他们认为，随着世界的发展变化，竞争加剧，企业的成功取决于企业的核心竞争力。现代企业的核心竞争力由三个环组成：核心是知识，第二个环是企业制度，第三个环是资源要素，包括人才、技术、资金、自然资源等。核心竞争力具有三个特征，即整体性、不可重复性和排他性。

还有一种受到市场青睐的人才是掌握了扎实的基础知识和专业知识，具有某方面专业技术运用能力，善于进行技术改造和技术开发、动手能力强的高级技师，即"灰领"人才。

从以上受到市场青睐的几种人才可以看出，个人核心竞争力的基础是知识，核心是创造和能力，其他像个人品格、习惯等是外环。知道了形成个人人力资本核心竞争力的主要因素之后，就可以在自己的学习和工作中，在日常的生活中，不断积累这些核心竞争力需要的综合素质。多学习一些跨学科的知识，着力培养自己的创造性思维能力、综合运用知识的能力、推销能力、交际能力等各方面的能力，形成自己独具一格的创造能力；或者在现有知识的基础上，学习相关的技术，着力培养自己的动手能力；或者在外语基础好的条件下，学习国际上最新的、适应市场需要和企业开拓国外市场的前沿知识；或者多学习一些跨行业、跨系统、跨专业的前沿知识，并着力将不同领域的知识综合运用，产生新的思维、新的方法。

总之，有意识地形成自己的核心竞争力，必须在"人无我有，人有我优"上下功夫。大家都学到的知识，我可不可以比别人提高一步，在此基础上产生新的东西；大家都有的技术，我可不可以再上升一步，在这种技术上更加拔尖；能不能发现自己独特的潜能，着力开发这种别人没有的潜能；有没有掌握国际上最前沿的知识和能力。有多少个人就有多少种独特的潜能，但我们绝大多数人都没有很好地开发它。所以，学习基础知识和专业知识只是一个开端，要使自己在市场上受到青睐，就需要着力开发自己独特的潜能，并使这种潜能形成一种别人缺少的才能。正是基于此，世界成功学大师奥里森·马登说："我们每一个人都可以成为天才。"

执着与勤奋来自对成功的渴望

有一位将军在前线作战连续失败了8次，将士们抱怨的情绪越来越强烈，将军自己也十分沮丧，感到无颜见江东父老。一天，他很无聊地躺在床上，呆望着乱糟糟、没来得及收拾的房间。突然，一只蜘蛛吸引了他。他看见墙壁上一只蜘蛛在往上爬，爬到快到屋顶时又摔下来，或者爬到中间又掉下来，掉下来了又往上爬，一次又一次，一共爬了19次。最终，那只蜘蛛爬上了顶点。将军见此情景，心头思绪万千："一只蜘蛛尚且不怕失败，在一次次失败后仍坚持往上爬，我一个将军难道还不如一只蜘蛛吗？我不能在失败面前倒下，跌倒了，再爬起来，我们一定能胜利！"于是，将军再次召集下属研究敌我形势，并把他看到的蜘蛛爬墙的故事讲给战士们听。在将军的带动和鼓舞下，这支军队一鼓作气，反败为胜，终于取得了战争的最后胜利。

为什么蜘蛛的行为对将军产生那么大的激励力量呢？蜘蛛之所以一次次跌下还要往上爬，完全是为了生存，爬上去是它求生的本能，也是它利益最大化的唯一选择。作为一只比较低级的动物尚且如此执着，一位将军怎么能面对失败就灰心丧气呢？作为将军的下属，听了这个故事也会有同样的感触。所以，就这么一个小小动物的形象就唤起了将军和战士们的斗志，最终反败为胜。

人人都渴望成功，都希望以最少的付出获得最大的收益，但真正成功的人并不多。为什么会这样呢？人生的成功需要有规划、正确的方式和方法外，更需要持之以恒的努力，天上不可能掉下馅饼，我们为自己的人生付出了多少努力，就有多少回报。有投入，才有产出，投入少，产出少；投入多，产出也多。人生也要善于经营，一分耕耘，一分收获。

人生成功和经营企业是一样的道理，只有那些有远大理想和长远奋斗的人生目标的人，才具有持久的动力。在人生路途中，总有许多不可预测的风险和困难，有许许多多不良的外部条件和自身的条件常常阻挡自己前进。有一个清晰而长期的人生目标，并自始至终不更改这样的目标，遇到困难和障碍时，自己就会想方设法克服困难，排除障碍。或者在某一个阶段，发现自己的知识和能力还有不足的地方，就会及时改进，增强这方面的知识和能力。这样，由于方向准确，大多数的努力都不会白费，即使暂时走了一些弯路，也会加倍努力，及时赶往前面的目标。而且，有了自己的人生目标，并执着地实现这样的目标，其时间利用效率容易逐渐提高。虽然，有时会感到很累，但继续坚持下去就会有一种"那人却在灯火阑珊处"的感觉。如果没有对成功的渴望和执着，没有一个长期而清晰的目标，就容易在小小的成绩面前沾沾自喜，止步不前，或者遇到一定的困难就退却。半途而废往往就容易前功尽弃，造成巨大的沉没成本。我们常常看到，很多人学习英语，开始时，雄心勃勃，但由于没有一种对成功的执着和渴望，到了一定程度就被困难吓倒，或者满足于现有的状况，而使英语水平难以再提高，一段时间过去了，英语水平又降低了。

由此可见，有自己清晰而长远的人生目标，并坚持不懈地为之奋斗，能有效地利用时间，使自己一生中的时间都发挥最大的效率，这其实就是增加了自己的财富，也更容易走向成功，而真正能够长期坚持这样到的人很少。所以说，执着和勤奋是个人成功的必备要素。

第四章
职场中的经济学

饭碗从哪里来

在改革开放以前,城市人的工作由国家和当地城市解决,大家都有饭吃,工资不高,工资增长也比较缓慢,但工作稳定,基本上是铁饭碗。当然,那时要安排比较好的工作,就需要多了解。大学生一毕业就是国家干部,由国家统一安排工作,自己只有填工作志愿的份,没有多大选择余地。大多数大学生都是一次安排定终身,一辈子都干这一项工作,以后要变动就得靠自己努力表现,争取提拔、升迁。

随着改革的逐步推进,人们有了更多选择自己工作的机会和权利,从20世纪90年代中期开始,国家对大学生就业实行学生自主选择职业、双向选择的政策,大学生不再由国家统一分配了。大多数人参加工作要自己找工作,而不是等着国家和政府安排。自己找工作就要看市场需不需要这个人,在找工作的过程中,一方面是自己挑选工作单位,另一方面是用人单位挑选应聘人员。在当前中国这样一个人口众多、市场竞争激烈的社会,用人单位的主动权远远大于个人的主动权。

现在,大家找工作首先想到的是报考国家公务员,国家公务员虽然收入不高,但工作稳定、福利待遇好、社会地位高,基本上类似于铁饭碗,所以,报考国家公务员竞争十分激烈,能够考上的人比较少,毕竟每年录取国家公务员的名额有限。

然后是一些大中型企业，很多大中型企业也要通过笔试和面试选拔工作人员，所以，要进入一些经济效益好的大中型企业也不容易。大中型企业工作比较稳定，学习、升迁机会比较多，进入大中型企业的竞争也比较激烈。再就是外资企业、中外合资企业和大中型民营企业，这些单位工作不是那么稳定，不提供住房，然而工资高，学习和升迁的机会也不少。但一些大型的、高工资的非国有企业对招聘工作人员的要求更高，一些国际跨国公司就专门到北大、清华、复旦等名牌大学挖高材生，甚至以高工资挖行政事业单位、国有企业的在职工作人员。而且一些非国有企业要求新录用的工作人员必须有一定的工作经验，这样，可以省下不少培养费。对于刚刚走向社会的年轻人来说，这些都是高门槛，不容易迈进。

一些年轻人可能会想到自己创业。自己创业需要相当数量的资金投入、社会经验、社会关系等，而年轻人往往缺乏社会经验和社会关系，自己创业也不容易。现在，市场竞争越来越激烈，不像改革开放初期，卖什么什么赚钱，现在的个体经济和私营经济也只能获得社会平均利润，并且，这个社会平均利润还在逐渐降低。搞个体和开公司的利润空间逐渐缩小，而风险却逐渐加大。看来，搞个体和合作开公司也不是那么容易的事情。

还可以从哪里找到自己的饭碗呢？到农村去，到基层去，到西部地区去，那里条件艰苦些，不过，将来的发展机会也可能比较多。因为，艰苦的地方可以锻炼自己的能力，发展空间广阔。而且，现在国家正在进行西部大开发，大力投资于基础设施的建设，将来的条件会逐渐好起来。

不管是行政事业单位、大中型国有企业、外资企业、中外合资企业、外商独资企业、民营企业还是其他什么单位，其工作岗位都与宏观经济经济发展息息相关，经济发展快，工作岗位多，经济发展慢，工作岗位少。个体私营经济提供的就业机会也与经济发展息息相关。工作岗位还与国家政策和改革有关，近年来，我国行政事业单位和国有企业都在进行改革，减员增效、竞争上岗等措施，使一些人下岗、待岗。另外，由于近年来我国经济结构和产业结构的调整，许多原来掌握一定技能的职工也加入了失业的行列，产生结构性失业。这些都加剧了就业的紧张状况，使得饭碗越来越难找了。现在，许多城市的城镇登记失业率都比较高。

哪些因素影响劳动价值

劳动是人区别于一般动物的本质特征，劳动创造了人，劳动创造了物质产品和精神产品，并推动人类社会的不断进步与发展。劳动是指人的体力和脑力的付出，它是人类社会存在的基础，是一切人类社会主要物质财富价值的来源。

劳动的价值就是指劳动所产生的价值，也就是个人劳动被社会承认和接受的部分。人作为一个社会性的总体，个体劳动必须转化为社会劳动，只有转化为社会劳动的，才有价值。如果个体劳动不能被社会承认，不能对社会产生影响，这就是一个绝对孤立的劳动，是与他人和社会不相干的劳动，因而也就没有价值可言。就比如，一个人挖了一个鱼塘，买来一些小鱼养殖，但由于养鱼技术不好而导致所养的小鱼全部死掉了，这个人的所有挖鱼塘、养鱼的劳动都是白费力气，没有得到社会的承认。又如，一个人写了一部小说，拿到出版社去想出版，但由于写作质量等诸多问题，所有出版社都不愿出版，因而其劳动的价值也就没有得到社会的承认。

劳动所得一般是指因劳动付出所得到的物质性回报，包括物质资料和货币等形式的回报。要取得物质性的劳动所得，必须符合两个条件中的一个：一是必须是从事物质性劳动，取得物质性劳动成果；二是与他人进行劳动交换，用自己的劳动换取自己生活所需要的、自己不能生产的其他生活物品。但是，人的劳动不仅取得物质性的劳动产品，还可能取得知识等非物质性的劳动产品，如知识、经验等。

我国的分配方式是以按劳分配为主,其他多种分配方式并存。按劳分配中的这个"劳"包括劳动的质和量,一个人的劳动价值首先取决于本人劳动的质和量,即这个人所从事的劳动是简单劳动还是复杂劳动,也就是取决于个人的人力资本价值。简单劳动不需要多少知识和技能,不用培训,只要有体力就可以干的活,干一般的农活、搬运等工作就是简单劳动;复杂劳动是需要一定的知识和技能,需要经过一定时间的教育和技能培训才能从事的工作,像会计师、工程师、技师、大学教授等工作就需要相当的知识水平和技能。一个人劳动的复杂程度取决于其人力资本价值的大小,人力资本价值

经济学课堂

简单劳动

简单劳动就是指不需要太多技能,凡是有劳动能力的人都能从事的劳动,比如一般农民、城市保姆的劳动就是简单劳动。它是与复杂劳动相对而存在的,不同的时代有不同的简单劳动,随着社会的发展和技术的进步,原来的复杂劳动会变成简单劳动。这是马克思在《资本论》中提出的一个概念。

复杂劳动

复杂劳动指需要掌握一定的知识、技术或技能才能从事的劳动。马克思说:"复杂劳动是加倍的简单劳动。"即复杂劳动中质的含量比简单劳动高,其所生产的剩余价值也比简单劳动多得多。在扩大再生产中,资本家只要让工人工作少量的时间就可以榨取比较多的剩余价值。

按劳分配

按劳分配是社会主义的分配原则,它的含义是按照劳动者向社会提供的劳动的数量和质量分配个人消费品,等量劳动领取等量报酬,多劳多得,少劳少得,不劳不得。按劳分配是作为与资本主义按资分配相对应的社会主义分配方式提出来的。

边际生产力

所谓边际生产力,从实物形态上说,就是在其他条件不变时,厂商每增加1个单位生产要素投入所增加的生产力,即边际产量(MP)。从价值形态上说,在其他条件不变时,边际生产力就是每增加1个单位要素投入所增加的产值。劳动的边际生产力就是企业最后雇佣的一个劳动力给企业增加的生产力。

大的人，可以从事更加复杂的工作，其劳动的质量高。也就是说，一个人的劳动价值首先取决于其人力资本价值的大小。而决定人力资本价值大小的主要因素就是其所接受的教育和技能培训的多少。所以，上过大学的人一般比没有上过大学的人劳动价值更大，工资更高。劳动的质和量还取决于个人工作的努力程度。努力工作，把全部身心都投入到工作中去，其劳动的质和量都比较大；反之，没有努力工作，懒懒散散，工作不负责，尽管其人力资本价值比较大，也有可能其劳动价值比较低。

  是不是一个人受过更多教育与培训就一定能够取得更高的收入呢？具体某人的劳动价值大小、工资高低还受到众多社会经济因素的制约。随着社会经济的发展，社会分工越来越细，人们只能做三百六十行中某一行的一个细小环节，这样，一个人的劳动价值不仅与其劳动的质和量有关，而且与其所工作单位的经济状况有关。如果其所工作的单位经济效益好，那么这个人所从事的工作就可能完全被社会所承认或基本被社会承认；如果其所工作的单位经济效益不好，其所从事的工作就有许多得不到社会的承认。所以，尽管有的人，其人力资本价值比较高，从事的工作也是复杂劳动，但其所获得的收入即其劳动价值好像并不高，甚至比他人力资本价值低的人所获得的收入还低。还有不能排除的重要因素就是一个人的社会关系的大小，社会关系多的人，可以通过关系到效益好、收入高的单位工作；没有什么社会关系的人只能在经济效益不那么理想的单位工作，从而其劳动价

一个人的劳动力价值受到多方面的影响，包括其人力资本价值的大小、工作的努力程度等等。

值也受到其社会关系大小的制约。

劳动价值大小还要受到宏观经济状况的制约。在经济趋热、需求旺盛时期，由于产销两旺，其所付出的劳动有更多被社会和市场承认，劳动价值自然就比较高；经济萧条、通货紧缩时期，由于市场比较疲软，其付出的劳动有一部分没有得到市场的承认，劳动价值也就比较低。

劳动价值的大小还与劳动力的供给与需求状况有关。如果在市场上，劳动力的供给过剩，企业对劳动力的需求没有那么多，企业就会对员工挑三拣四，要求严格，有意压低工资，员工的一部分价值没有得到企业和市场的承认，员工的工作积极性会在一定程度上受到影响，其劳动价值就比较低；如果在市场上劳工不足，但消费需求旺盛，劳动力就有更多的主动权，员工工资自然会提高，员工的工作积极性上升，会更加努力工作，其劳动价值也比较大。在劳动力市场上，一个人的劳动价值大小，或其所得到的收入的多少取决于其劳动的边际生产力，也就是企业多雇佣了这么一个员工能够为企业带来多大的生产能力或经济效益。

总之，一个人的劳动价值受到多方面因素的影响，包括其人力资本价值的大小、工作的努力程度、所在单位的经济效益状况、宏观经济状况、劳动力的供需状况等。

是否被人抢了饭碗

"打工"这个字眼出现在改革开放以后的中国，是人们对改革开放后农村剩余劳动力自发地向东南沿海地区流动的描述。在很长时间以来，农民外出打工被视为一种盲目行为，在城市工作的农民工被称为民工。从20世纪90年代开始，我国出现了大规模的民工潮。当千百万民工在无数工厂和工地用他们的血汗换来中国每年GDP快速增长的时候，人们终于明白，中国经济的发展离不开广大的农民工。在这样的背景下，针对农民工的一些制度有所改善，人口外流地的政府也开始改变角色，做出为农民外出打工保驾护航的姿态,积极倡导本地居民外出打工,并把为他们提供沿海城市的用工信息当作基层政府一段时间内的重要职责所在。

即使是风调雨顺的年份,农民一年辛辛苦苦种责任田的收入,也远不及外出打工的收入。因此,外出打工就成了年轻农民理性的选择。

在浩浩荡荡的民工潮涌动在神州大地后不久,城市减员增效、下岗、再就业风潮也一波波地涌动着,于是,不少城里人就埋怨农民抢了城里人的饭碗。到底农民有没有抢城里人的饭碗呢?农民工所从事的工作大多数是建筑工地的小工、一些合资企业和私营企业的临时工、修公路和公园的临时工等一些城市比较苦、比较累的活;也有一些是在城市从事保安、运输的工人;还有一些女孩在城市当保姆;另外有一些文化水平比较高、素质比较高的农民在城市从事中层管理等工作;有一些头脑灵活的年轻农民成了城市做生意的生意人。可以说,大部分农民工从事的工作都是城里人不愿干的累活、脏活,只有较少的比较高层的农民从事的管理、经商等工作对城里人构成了一定的压力,与城里人形成了一定程度的竞争。

但是,话又说回来,我国近年来城市建筑行业迅速发展,高楼大厦不断涌现,城市道路、公园等基础设施建设快速发展,所有这些都有农民工的辛勤汗水。因为建筑行业大量雇用农民工可以节省巨额的成本支出,毕竟农民工的工资水平比城市工人低很多,而且一般不需要任何福利待遇支出。所以,近年来,我国大批涌进城市的农民工为城市建设和发展作出了巨大的贡献。至于一部分高素质的农民工对城里人形成就业竞争压力,让城里人找工作更加困难,是在原有城乡分割体制的惯性思维下产生的一种心理感觉。在原有的惯性思维下,许多城里人认为,城市居民应当享有更多的保障,城市与农村本来就是两个不同的世界,城市居民在城市工作是本分,而农村人来城市工作,就是不本分。而且,来城市工作的农民还带有农村的一些不良习惯和不文明的举止,像随地吐痰、乱丢垃圾等,部分农民工还打架斗殴、偷东西等,增加了城市的犯罪率,也增加了市民的不安全感。

不可否认,农民大量涌进城市找工作,在某些领域可能抢了城里人的饭碗,特别是农民更能吃苦耐劳,工资比较低,一般包工头和私营企业业主都会用成本比较低的农民工,而不愿用成本比较高的城里人。但城市居民也有其自身的优势:一是城里人受教育水平普遍更高,文化水平、文明素质和其他各方面的素质一般比农民工高很多;二是城里人有一定的社会关系,对城市生活已经很熟悉,而从农村来的农民工要适应城市的社会环境、生活习惯、文明礼仪等都需要相当长的时间;三是城市的很多单位,政府规定要录用有城市户口的人员。城市找工作的人有这些先天的优势,要在市场上与农民工展开竞争,赢的人多,输的人少。

理性看待就业难

要探讨就业问题,首先需要回顾一下我国的改革进程。1995年以来,在国企与集体企业中进行了劳动用工制度的改革,并大力推行减员增效、下岗分流等改革措施,减少就业岗位,提高了公有制企业的经济效益。1997年以来,政府机关与事业单位也精简机构,实行竞争上岗,分流人员。自推行改革措施后,每年都有1000多万下岗人员。

过去在计划经济体制下,人人都有饭吃,看似失业的人非常少,表面上每个人都有工作,但实际上是"五个人做两个人的工作",不仅工资低,五个人还互相打架。经济发展走向高效,两个人岗位只能两个人吃饭。然而从就业的角度看,几十年积累下来的问题集中在几年内解决,就会出现劳动市场的暂时不平衡。即各种经济实体提高经济效益与众多的劳动年龄人口之间产生了暂时的矛盾,高效的经济实体并不需要这么多的劳动力,而新增经济实体的增长速度远远赶不上原有经济实体对多余劳动力排挤的速度和新的劳动力人口的增长速度。

如何缓解失业问题

人员技术培训

1. 人力培训计划

积极开展职业性技术教育和资助大学教育来提高工人的技术水平和应变能力,使失业的工人适应新兴工作岗位的需要。

2. 失业保障制度

失业保障制度可以缓解失业人口的经济压力,为其提供经济补助。

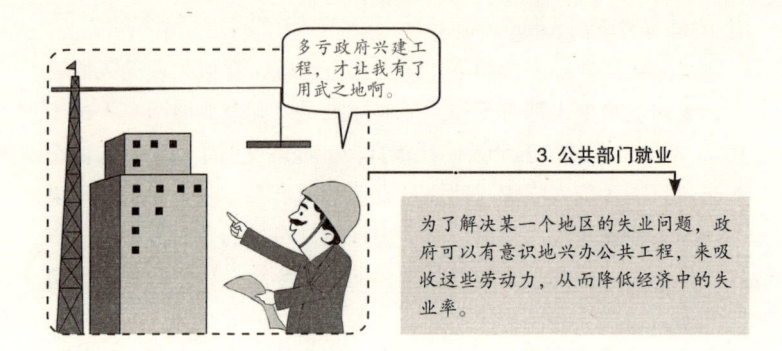

多亏政府兴建工程,才让我有了用武之地啊。

3. 公共部门就业

为了解决某一个地区的失业问题,政府可以有意识地兴办公共工程,来吸收这些劳动力,从而降低经济中的失业率。

大批城镇下岗职工和失业人员、再加上上亿的进城打工的农村剩余劳动力以及进入就业高峰期的新增适龄人口造成了叠加的就业压力，使得就业问题十分紧张。

从国家的整体经济结构来看，一般来说，一个国家99.5%的企业属于中小企业，劳动者中有65%~80%在中小企业就业（包括社区与中介）。但是，我国中小企业依然太少，虽然银行存款总额不断加速上升，但大量的居民储蓄和民间资本并没有转化为投资，许多有钱人宁愿存钱，或买国债、股票、房产等，就是不愿直接投入到经济实体中去，造成民间资本利用率低，中小企业发展缓慢。日本有1.25亿人口，中小企业有660万个，中国13亿人口，中小企业却只有800万个。一般来说，中小企业投资少，但相对的就业量多，同样的投资，在大中型企业只能解决一两个人的就业，而投资于中小企业可以解决四五个人的就业。中小企业发展不足自然限制了就业量的增长。从产业结构来看，我国目前的产业结构依然不合理，北京、上海等大城市的第三产业创造的收入占其经济总量的40%以上，大多数中小城市还不到30%，发达国家第三产业占其GDP的60%。第三产业就业容量比第二产业大得多，第三产业发展不足也限制了就业量的增加。

另外，在地方政府的政策主导上，没有把就业问题真正放到优先地位上。许多地方政府过于追求经济增长率，采取的是增长优先的发展战略。从金融、财政及政策上都向高科技、大企业倾斜。新近增加的一些企业和经济项目

经济学课堂

奥肯定理

美国著名的经济学家奥肯发现了周期波动中经济增长和失业率之间的经验关系。奥肯发现，失业率每上升1个百分点，实际GDP就下降3个百分点。尽管这种关系只是经验的总结，但它在整个20世纪60年代、70年代和80年代早期的美国经济中都大致成立，故被人们称为"奥肯定理"。奥肯定理说明了在周期性的经济波动中失业给实际GDP带来的损失，它为人们研究经济增长与失业的关系提供了一种有用的方法。

就业容纳能力往往不高。我国20世纪90年代每1个百分点的经济增长创造出来的非农就业岗位仅为80年代的1/3。形成了"高增长、高投资、低就业"的现象,这违背了奥肯定理所揭示的经济增长与就业增长正相关关系原理。

从制度上来看,现行的管理体制依然限制了就业问题的解决。目前的人事管理制度仍然有较强的计划体制色彩,使不少缺位以待的用人单位受到限制。据调查,不少中小型私营(股份)企业急需大学水平的管理技术人员,却因没有申报用人指标的途径,解决不了大学生的派遣、落户口、接档案等问题而招不到人。目前,基层和西部地区需要大学生担任公务员和教师,但如果大学生去工作,他的户口和档案将一同被派遣到工作地,再想流动就会碰到制度性障碍。在大中城市中,大学生创业的机会较多,成功的概率也较大。但没有户口就进行不了工商登记,也难获得贷款的担保支持,这又限制了一些年轻人自主创业。

一些私营企业用工制度极不合理,不但不和员工签订劳动合同,而且也没有社会保险、养老金、公积金等一系列社会福利。另外,起薪较低,升幅不大,并伴有苛刻的罚款制度,让想进入的人特别是大学生受不了。同时,用人单位还设置经验、性别等障碍,其拒绝的理由是动手能力差、需花费培训费用、稳定性不高等。用人单位在招人时追求实用和低成本,存在眼光短视和心态浮躁的情况。这些也导致就业渠道不畅通。

一些年轻人特别是大学生就业难,在一定程度上也是因为他们期望值偏高,自身定位不准,理想与现实脱节。很多年轻人认为应该有一份待遇丰厚的固定工作,认为留在大城市、大单位才能体现自己的人生价值。不愿放下架子、低姿态进入社会,在普通的工作岗位上寻找发展的机会。

所以,就业观念的转变也很重要,传统就业观是终生在一个单位"服役",是计划经济体制下的产物。随着市场经济的不断深入,社会就业形势也在不断发生新的变化。人事制度的改革,打破了"铁饭碗"和"大锅饭",竞争上岗、人才流动和再就业已成为普遍现象。科学技术日新月异,产业结构调整不断加快,知识更新、产业高级化趋势加速,传统产业逐渐被新型产业代替。就业岗位在不断地变,就业者不能不变。

从"天之骄子"到"街头浪子"

从1999年开始,高校扩招,我国高等教育进入新的发展阶段,毕业生人数每年增加60万~70万。2002年是145万,2003年212万,2004年280万,2005年达到338万。与此同时,2003年、2004年有近70万未就业大学生,这样,2005年需就业学生人数达420万。企业纷纷减员增效,政府提倡精简机构,事业单位实行下岗分流,造成人才需求下降。可以预计,大学生就业竞争将会更加激烈。在国有企业下岗职工、失业人员再就业问题尚未得到根本解决的情况下,近年来我国大学毕业生就业问题凸现,引起了社会各方面的广泛关注。

从地区看,北京、上海、东部发达地区需求较好,中、西部不少地区虽然有较大的用人需求,但工作和生活条件艰苦,往往招不到合格人才,出现"有地方没人去,有人没地方去"的现象。在西部经济不发达地区,当前就业岗位相当有限,难以吸纳本地毕业生。

高等教育正从"精英教育"向"大众教育"转变,因此很难保证使每个大学生都有一个"精英"岗位。在"精英教育"时代,高校毕业生短缺,社会精英岗位充足。高校毕业生就业是一种与之相适应的如政府机关、外企、高科技企业等精英岗位。而当高等教育进入大众化阶段后,社会精英岗位与高校毕业生数量相比显得不充足甚至短缺了。就高校毕业生整体的就业情况而言,是进入了一个"大众化就业"的时代,一部分高校毕业生通过竞争,进入社会的精英岗位。同时,必然要有一部分高校毕业生从事与大众化教育相适应的比较低一级的工作。任何东西,稀少的就值钱,一多了,就不值钱了,现在的大学生越来越多。在高等教育已经大众化的国家,有些大学毕业生干的也往往是最基层的工作。所以,在大众教育时代,中小城市、中小企业也是机会。

但是,大学生本人真要到中小企业、中小城市、农村去却是一个很难转变的过程。父母为上大学的子女已经投资了几万元的各种费用,对于大多数家庭来说,几万元的费用支出是个不小的数目,一般工薪家庭也需要省吃俭用好几年才能筹集出这么一笔钱来,而农村家庭更是父母辛辛苦苦半辈子的劳动成果。父母都希望子女能够通过上大学提高自己的经济地位,在中小企业、中小城市、农村,收入普遍比较低,学习和发展的机会也不多,几万元的上学成本何时收回来都难以预料。况且,小地方、小企业的情况更加复杂,国家规定的许多条条框框形同虚设,在一些地方,文化水平的高低对就业和将来的成就作用很小,社会关系才是最主要的因素。另外,任何一个大学生都会认为,在小地方和落后地区工作,其户口也落在小地方和落后地区,影响了后一代的成长,这才是他们最为关心的事情。好不容易上了大学,有机会留在大城市里,大多数大学生都会紧紧抓住这个机会,失去了这样的机会,说不定其一生及其后代都没有这样的机会了。也就是说,留在城市特别是大城市依然是大多数大学生利益最大化的必然选择。

所以,有一些大学生宁愿留在大城市里,即使户口没有落下,也要留下来,暂时做一些临时性的工作。他们为的就是找个落脚的地方,再想办法找工作,攒足了钱,或者再继续苦读,准备考研,有的连考几次都还要继续考。当然,在目前就业竞争如此激烈的情况下,研究生学历也不一定能够留在大城市,但研究生学历起码多了不少竞争力。有些大学生通过在城市里几年的艰苦拼搏,自己的能力和社会经验也得到了增长。

但是,话又说回来,我国经济发展的优势在中小企业,而中小企业的飞速发展急需高等教育为其提供充分的智力和人力支持。20世纪90年代以来的我国经济快速增长中,工业新增产值的76%以上是由中小企业创造的,同时,中小企业还提供了大约75%的城镇就业机会。大学生今后个人发展、赚钱的机会在什么地方。应该说，相当部分学生应该到民营的中小企业里寻找机会。因为中国未来发展的主要机会就在中小企业中。现在可以说是几十年以来中国中小企业、民营企业发展的最好时机。如果大学生尽快加入这个行业，走到中国的最前沿，不但能使自己的知识和本领得到提升，而且事业上也会有较大的发展。

今天工作不努力，明天努力找工作

一部分年轻人在现在竞争十分激烈的劳动市场上，还是比较明智的，先就业，后择业，只要有一个落脚的地方，赶紧签约，找个单位再说，至于这个单位自己喜欢不喜欢，这份工作自己适合不适合，先不管，等有了一个落脚地，再去谋求发展，谋求自己更高的职业理想。

先就业，后择业，在时机成熟的时候再寻求自己更好的发展机会，是年轻人特别是大学生利益最大化的理性选择。作为年轻人，人生的道路还很长，自己在人生中有所成就，不仅可以实现其抱负和理想，而且也为后代打下了扎实的经济基础。抓住青年时代的大好时光，在该拼搏的时候拼搏进取，就不会在将来年纪大了的时候后悔莫及。但是，也有的年轻人在这方面急功近利，对自己过高估计，对走向社会、工作岗位的种种复杂情况缺乏理性的分析和鉴别，这山看着那山高。就准备往高处走，对自己目前的工作只是应付，把主要的心思和精力都用在自己未来的个人发展上。有的年轻人到了单位不久就把主要精力用来学习外语，准备考托福、GRE；或者到外面去找同学、亲朋好友和其他社会关系，准备找到更好的归宿；或者刻苦复习外语和专业功课，准备考研；或者频繁到人才市场去碰运气；或者频繁参加公务员、国家事业单位录取考试等。他们认为，反正迟早要离开现在的单位，工作也不需要这么出色，只要能够交差就行了。

作为一个经济实体，任何单位都会寻求利润的最大化，要寻

职场为什么会"混"不下去

得过且过：混沌度日，只要日子过得下去就勉强度过，对本职工作不负责任草草了事，或是故意装傻找借口，偷懒糊弄逃避责任

缺乏危机意识：毫无危机意识，每天快活不知时日过，等到危机突然来临时，由于无法适应突如其来的变化而导致无所适从，被竞争对手击垮

不懂充电：目光短浅，缺乏发展的长远眼光，不肯学习新的知识和技术，或是随大流盲目充电，学些与自己并不相干或对工作及个人发展帮助不大的知识技术

疲于兼职：为了多赚一些钱，在忙于工作的同时还身兼数职，导致筋疲力尽，干扰本职工作，使工作效率严重下降，头昏脑涨得不偿失

没有团队意识：或独领风骚，或独来独往，缺乏必要的合作意识，与同事之间感情冷漠，凡事三缄其口，宁可让自己的想法和建议烂在肚子里也不肯说出来

谨小慎微：安于现状，处处小心谨慎，由于害怕失败而不敢尝试新的事物，接受新的挑战，白白放过近在眼前的机会，在一个岗位上止步不前

急于表现：急于表现自己，爱和领导或团队中的明星领袖人物套近乎，到处显示自己的"优势"，夸夸其谈，喜欢盲目地出风头

盲目跟从：上司让做什么就做什么，不会主动思考，盲目跟从领导的指示，人云亦云，从众行为明显，缺乏灵活性和创造性

求利润最大化，单位领导必然关注每个员工的工作效率，只有每个员工的工作效率提高了，单位的经济效益才能得到提高，这是任何经济实体的理性行为。特别是在当今市场竞争、人才竞争激烈的社会，单位都是以经济效益为中心。在当今的市场上，企业和单位居于主导的地位，而员工则居于从属地位。一旦某个员工对工作只是应付，把主要的精力用在自己的事情上，单位的同事和领导肯定会发现这个员工"身在曹营心在汉"。如果同事和领导出于好心，可能会比较委婉地表达"我们需要你，你就安心工作吧"之类的意思；如果同事和领导认为这个人三心二意，朝三暮四，对同事、单位不忠诚，品格有问题，很可能暂时不说这个人，而是继续观察，等待其行为的暴露，等待机会，抓住这个人工作上或其他方面的错误，给他一个打击。在这个过程中，这个人与单位就是一种相互的算计。我们假定这个不安心工作的人是A，其算计见下表。

不安心工作的人情况计算

	单位对A说："我们需要你，你安心工作吧。"	单位不说："我们需要你。"而是暗中观察A的行动
A说："我保证今后好好工作，请领导监督我。"	单位放心，但还可能观其行动；A安心，两情相悦	A依然应付工作，不顾他人感受。A与单位的矛盾可能暴露
A不说："我保证好好工作。"暗中却加紧自己的行动	单位对A不满，但是，A不知道；A还自认为自己聪明，其行为没有被人发现	单位和A各自不向对方表露，单位和A的矛盾逐渐显露，A一意孤行，二者展开对垒

在这种个人和单位的相互较量中，到底谁最终会输呢？如果A在进单位之前就已经有比较好的知识和能力基础，只是自己关系不够，运气不佳，不得不到这个单位工作，而且A为其未来的选

择早已做好准备,其行动经过了比较长的时间才被单位同事和领导发现,等到他们发现时,A已万事俱备,只欠东风。在这种情况下,A赢的可能性比较大。毕竟,同事和领导也不愿意随便去干涉一个在未来与之不太相干的人。

但是,在大多数这种员工与单位的矛盾中,个人赢的可能性比较低。因为,在当前的劳动市场上,企业和单位居于主导地位,个人根本没有什么力量。个人在单位的表现,不仅直接影响着单位的经济效益,而且影响着同事的工作热情,领导不处理这种对工作不负责任的下属,可能会让所有下属产生情绪,整个单位的工作效率难以提高,甚至某人在单位工作不好的表现被写入档案。这样,A就很可能被单位领导作为对工作不负责任的典型被处理,或者下岗,或者被单位开除。不管是被开除还是下岗,都需要重新找工作,而其在单位的不好表现也极大地影响能够找到工作的可能性,因为任何一个单位都不愿意录用一个对工作不负责任的员工。这种情况很可能会影响比较长的时间,甚至影响他的一生。

过去,在计划经济时代,大家干好干坏一个样,干多干少一个样,基本上是"铁饭碗、铁工资",但随着市场经济的发展和社会的进步,绝大多数单位都强调经济效益,需要每个员工都尽心尽意、尽职尽责地干好自己的本职工作,这是时代的要求,也是领导的责任。所以,一个人只有在干好自己的本职工作的条件下,才可以谋求自己更好的发展前景,只有在生存问题解决以后,才能谈发展问题。

跳槽是否理性

小崔是一名有几年工作经验的求职者,跳过几次槽。新年长假后的两个周末的招聘会,他都在其中寻找新的就业机会,应聘了几家公司,发现一个问题:招聘方非常注意其跳槽经历,有的甚至会询问他每次跳槽的原因。他后来不时翻翻报纸,从中也看到有不少关于求职的报道,说是用人单位比较忌讳频繁跳槽者,但频繁跳槽究竟是个什么概念？什么样的跳槽理由才是招聘方能接受的呢？他对此产生了一些疑惑，想有个答案。

怎样才算频繁跳槽，这和行业特点有关。比如，对于IT行业来说，行业本身的特性就是人员流动性较大，通常在一个公司工作少于一年就跳槽算是频繁了。而在有的行政事业单位，特别是纯粹的业务部门和管理部门，其工作是相对比较稳定的，而且培养和锻炼一个合格的业务人员和管理人员需要几年的时间，跳槽对单位的工作安排会产生比较大的影响，所以，几年一次也属于频繁跳槽了。但更重要的还是要看求职者给出的跳槽理由是否合理，总的来说，如果求职者给出的跳槽理由和他的职业设定相符，那么是可以被理解、接受的。例如他的学习能力特别强，而所在的公司发展空间有限，自身的职业发展受到限制等。另外，一些行业，由于客观原因导致员工跳槽的例子也很多，比如公司"关门"了，公司和其他公司合并成立新公司，所处的职位被调整了，新公司的主营业务和自身的兴趣爱好不一致等，这些理由也是合理的。如果求职业者根本给不出一个合理的跳槽理由，比如说是因为原公司所开的薪水太低，这会让应聘单位认为他是奔着薪水来的，而不是奔着工作来的，就会觉得这个人不可靠。

对于新近几年毕业的大学生来说，一年跳一次还是可以理解的，因为他们在当初找工作的时候对自身的定位并不清楚，这是很多大学毕业生都存在的问题，尤其是在"先就业，再择业"的形势下，他们要通过不断的尝试来确定自己的职业定位。对于一些已经有一段工作经历的人来说，他应该已经确定了自己的职业发展方向，而频繁跳槽只能说明他们在其他方面存在问题。最让人接受的理由是，求职者对自身的职业发展有想法，并且很明确自己的职业发展方向，而跳槽是符合职业规划的。但并不是说所有的企业、所有的职位都喜欢稳定的人，排斥跳槽次数多的人。相反，过于求稳的人会被认为缺乏活力、不敢接受挑战、创新能力不够等。

跳槽要考虑成本收益

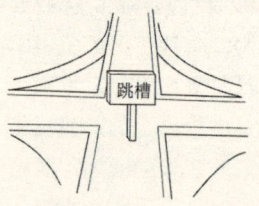

当收益确定的时候,人们往往在不同的成本之间作比较;而成本一定的时候,人们则往往将收益与成本作比较,以此来衡量付的成本值不值。所以,我们要把成本与收益联系在一起考虑问题

跳槽也要考虑成本问题,当中最主要的就是机会成本的部分,一旦跳槽,就意味着你要放弃一些潜在的机会成本

盲目冲动的跳槽不会为自己带来任何经济上的收益

跳槽的机会成本

- **薪资成本**:跳槽意味着放弃本有的薪资,以及因此而可能获得的潜在薪资、福利等待遇
- **时间成本**:时间、精力等成本,加上等待、焦虑、忧虑等心理压力。当信息不明朗时,还会为如何抉择而感到痛苦
- **升迁成本**:新的公司需要重新对你的人品和工作能力有一段时间的考验,所以往往很难一下子得到真正重用
- **人际关系成本**:当你在一个新环境里工作,除了获得货币工资的报酬,还需为获得学习锻炼的机会和人际关系付出成本

跳槽者最为关心的就是如何最大限度地化解跳槽风险、减少跳槽成本。最保险的做法是不要急于辞职。先干好本职工作，同时，瞅准机会，一旦有了跳的可能，就迅速抓住机遇。现在很多精明的人都明白，在没有和新东家谈好之前，不要露出任何蛛丝马迹。跳槽是一门学问，也是一种策略。人往高处走，这固然没有错。但是，说来轻巧的一句话，它却包含了为什么要"走"、什么是"高处"、怎么"走"、什么时候"走"，以及"走"了以后怎么办等一系列问题。

跳槽决策表

思考和准备度	为什么要"走"	什么是"高处"	怎么"走"	什么时候"走"	"走"后怎么办
三等	收入偏低	收入高	盲目"走"	迅速"走"	一"走"了之
二等	工作不顺心，没兴趣	同事和领导好	脚踏两只船	等待一段时间再"走"	瞻前顾后，两边的关系没有处理好
一等	谋求更好的发展，寻找适合于自己的职业	学习和发展机会多，职业适合其兴趣	先干好本职工作，暗中准备好"走"的条件	先等待时机，或创造时机，等机会到了，及时"走"	向原单位坦诚说明走的原因，求得理解；在新的单位安心工作

从上表中可以看出，如果跳槽的思考和准备全部达到一等的程度，各方面准备相当完备，其跳槽的成功率肯定比较高，能够为将来的发展奠定良好的基础。如果在"走"的过程中，有一个或者几个环节是二等或三等的准备程度，那就很可能在这个环节出现问题。往往一个环节的问题会波及整个"走"的成功率，并影响自己将来的发展和自己在原单位领导心目中的形象。

年轻人跳槽之前，一定要考虑清楚成本收益。

在跳槽的过程中，关键是在没有和新东家谈好之前，不要露出任何蛛丝马迹。否则，跳槽就容易遭遇"滑铁卢"。

职场中的处世的哲学

如果你是一名下属，那你在工作中难免遇到类似"华盛顿合作定律"的困境。即：一个人敷衍行事，两个人互相推诿，三个人则永远无成事之日。这就需要你将"华盛顿定律"的可怕影响降到最低，适应你的上级。

如果我们的每个上司都贤明公正，那将是我们梦寐以求的。然而，事实并非我们想象中的那么完美，现实的做法是了解每个上司的风格，并找到相应的解决办法。

蛮横型的上司，他们习惯颐指气使，要求每个人都言听计从，不考虑实际情况。

面对这种上司，逃避与反抗都毫无用处。下面的一些策略教你如何应对：

（1）不让你的情绪受到上司的影响：试着学习从完成任务本身获得满足感，而且不要太看重上司的评价。

（2）把工作仅当成是一份工作而已：很多人因为工作的不顺而产生不良的情绪，他们甚至把这种情绪带到家庭和生活中。因此，你最好在下班以后就忘掉工作。

（3）让自己更加冷静：每一次当你和上司发生争执时，最好保持冷静，用具体事实为自己说话。

（4）看穿老板的心思：每一个蛮横的上司都有弱点，聪明的下属会掌握这些弱点，并善加利用。

工作中你也许会遇到一种"变色龙"上司，当你向他提出一项好建议时，他会立即表示"百分之一千"支持你的计划，甚至把他坚决支持的方面都点出来。

于是你拼命地工作，以为从此会一帆风顺！

然而，你无法想象，当你的上司开始过问这个计划时，一切都完全改观，整个计划在顷刻间被取消。

告别了"一帆风顺"后，"愁云惨雾"在前面等你。

对付这种"变色龙"上司，最有效的方法就是"往下挖"。

举例来说，刚刚提到的这位"变脸上司"经常根据"管理高层要什么"来做事。你要做的其实很简单：征询"上上级那些人"的意见，投入一项计划，然后再向这位"变脸上司"解释"上上级"认同这项计划的原因，通常，这位上司都会点头接受。其实抬出"上上级"这招，比想象的简单。

与"变色龙"相比，非常固执的上司显得更加难以对付，因为每当有人向他提出新点子，都会被他大泼冷水。

遇到这样的上司，下属除了自叹命苦，也就只能尽力投其所好、言听计从了。这也并不保险，因为这位上司有时竟然连自己的想法都照样推翻！

除了上面这3种上司之外，还有一种上司，这类上司就算是火烧眉毛了，他也会不紧不慢地抽烟。这种上司简直可以当"核废料场"——任何东西到了他那里，都会石沉大海，有去无回。

与一个无法变化、没有弹性的上司相处，不是件简单的事。有时候，求助于公司里的其他部门是让他改变想法的最好办法。你不一定要做得像是在打小报告或越级投诉，但如果能找到一位

忠诚于雇主，还要坚持主见

得到老板认可的两大原则

（指向忠诚）上司一般都把下属当成自己人，希望下属忠诚地跟着他，拥戴他，听他指挥。忠诚、讲义气、重感情，经常用行动表示你信赖他、敬重他，便可得到上司的喜爱

（指向主见）适时坚持自己的主见，敢于提出自己的需求和不同的想法，也是一个人在职场中所必需的处世态度。有的时候，上司需要的不是绝对的服从，而是不同的声音

对企业：维系员工与企业的稳定关系，增强企业竞争力，减少不必要的人力成本浪费

对个人：有利于个人职业的稳定性，提高个人的发展空间

优秀员工

在职场中，我们既要争取上司的认可，还要把握好自己的发展方向

有主见的表现

老板和员工既是对立又是和谐统一的——公司需要忠诚和有能力的员工，业务才能进行；员工必须依赖公司的业务平台才能获得物质报酬和满足精神需求

重视自己的观点，保持自尊；敢于说出自己的看法和建议；能正视对方，清晰而缓慢地说出自己的需求和愿望；能坚持自己的做事原则……

让你上司尊敬的人，为你的想法而不是为你自己美言几句，或许能有些转机。

应付这种"固执"上司的另一个方法，就是接受他的意见，让他渐渐接受你的想法。刚开始，你可以表示支持他。告诉他，你正试着执行他的主张。

一旦他知道你支持他，他就可能改变态度。接着，你可以一步一步地发表你的看法，让他知道，你这么做是为了强化他的主张，让他的想法可以成功实现。

当然，这种做法并不是十分完美的。如果你能同时享有充分的发言权，又能让自己的想法获得应有的重视，无疑是最理想的。

但现实情况是：你和你的上司——不管他是善变型或一成不变型——并不是处于同级的地位，他的权力比你大，说话当然也比你有权威。不过，如果你能时时注意这几点，或许会有意想不到的结果。

职场里成功的秘诀

同是闯荡江湖，有的人波澜不惊，有的人却风生水起，这是因为有的人不谙水性，而有的人却精于此道。同样，在职场闯荡，有的人忙忙碌碌、举步维艰，有的人却平步青云、游刃有余。这是为什么？其实，职场如江湖，怎样在江湖中修炼内功使自己成为一个"武林高手"，对于你经营好自己的事业是至关重要的。

李开复从微软跳槽到 Google，引起了一次人事地震，导致微软起诉 Google。虽说官司最终和解，但两家世界上有名的公司为了一个员工打官司，毕竟很少见。

李开复给人的印象是儒雅、坦诚和智慧，中国的大学生们非常崇拜他。李开复曾说过微软是他最后一个东家，他在微软 5 年，跳槽走的时候，又解释说是要"追随我心"。

从经历看，李开复从小就很有个性，或者说是叛逆，幼儿园没上完，就要上小学，家长不同意，他就天天闹，最后还是让他上了学。20世纪70年代,李开复在美国读法律,毕业以后很可能成为大律师,在美国做律师都是很有钱的,社会地位也高,可是他中途放弃,说要学新鲜的,于是,学了计算机。那时计算机行业远没有现在这么火,可他还是"冒险"学了计算机。

在李开复的职业生涯里,都是在一个地方干三五年,就跳槽到别处。虽然李开复经常会"追随我心",有个性,但并不"各色"。李开复性格比较腼腆,但他非常清楚,在企业里面,得到关键人物的支持是最重要的,所以,他就用了一个特别简单的办法——同人吃饭,向人请教。在公司里面,大家吃午饭都很随便,李开复就专门去与本部门、其他部门的重要人物共进午餐,今天与这个吃,明天与那个吃,还总向人家请教。这样,几个月的时间下来,李开复就成为公司里面所有关键人物都很喜欢的人。

Google请李开复,其实主要看中他对青年大学生们的影响。因为Google是靠计算机技术立足的公司,中国学生又是世界上公认的计算机天才最多的国家,请到李开复,就可以利用他的影响和魅力招聘到最棒的人才。事实上,李开复到Google上任之后,首先做的事就是招聘大学生。

追随我心,可以,但前提是:得到雇主(老板)的认可和支持。这才是李开复成功的关键。

在竞争激烈的职场中,不进则退是一个亘古不变的道理。然而,有关部门研究发现,有70%以上的职业人随着职业经验的积累,反而会出现迷失职业方向的状况。而他们的职业困惑主要是他们对自己的优劣势仅有初步的感性认识,缺乏科学地认知自己的职业定位,更谈不上理性把握职业生涯的发展规律。

毕业于某大学英语专业的罗强,在国内某高校涉外部门工作,他希望能在教育交流领域闯出一番自己的事业。因此,在正常的工作以外,罗强在业余时间又自学了市场营销和电子商务等课程,并主动承担起部门网站的组建和国际交流活动的策划等工作,成功组织了各项活动,网站质量也受到上司的好评。几年后,因为

获得职场成功的前提

一个人的成功中有很多的偶然因素,如家庭背景、机遇、性格等,但这些偶然因素中也隐藏着自身的必然性规律

↓

假设以获得物质财富的多少这个单一因素来作为衡量职业发展成功与否的标准

↓

一个人要想在职场上获得尽可能多的效用和财富,就必须参与社会分工协作,为社会或他人生产有用的产品或提供有用的服务。这种有用的产品或有用的服务越多,他就能获得越多的回报,获得更大的职业成功

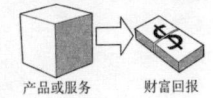

产品或服务 ⇒ 财富回报

获取回报需要具备的条件

- 高效岗位(岗位):即在这个岗位具有产生高效结果的可能
- 高效劳动(劳动):即为实现高效而进行的努力

→ 决定一个人职业发展成功的高度和速度

职场成功人士的四个特征

1. 选择了既符合社会需要又符合自身比较优势的人生定位(目标和方向)
2. 在人生的各个阶段能很好地把握住机遇,选择了专业化水平或效率较高的工作岗位
3. 在每一个工作岗位上充分发挥了自身的积极性和创造性
4. 选择有利于自身成长的制度和技术环境,并在环境中不断学习、探索和总结,不断提高自身的人力资本

第三篇 社会生活中的经济学应用

部门管理的混乱，而且自己也感觉如此干下去毫无前途可言，于是跳槽到一家国际教育发展投资公司做市场调研员，开始时每天都要跑业务。罗强只用了一年多的时间就成为公司的业绩标兵，升职做了主管。后来罗强被安排到市场部，担任市场部经理助理，在这个阶段，他开始全面接触市场工作，工作激情和绩效非常高。在助理的位子上，罗强充分发挥出自己的特长，特别在市场策划方面显示出了过人的能力。

就这样日复一日，年复一年，转眼间3年就过去了，下一阶段的发展问题摆在了罗强的面前：他感觉自己对目前从事的媒体、公关和广告管理3大部分都很感兴趣，可是不知道以后应该朝哪个方向持续发展，而且他感觉自己哪个方向都不具备足够的竞争力。一些朋友劝他知足常乐，他不甘心，也有一些朋友劝他踏实工作，不要老想"跳槽"，他有些犹豫。这次，他真的感到自己迷失了未来发展的方向。

职场中，罗强以不懈的努力和敢于面对困难的毅力，不听朋友的劝告，坚持己见。找到了自己合适的工作，可谓是他奋斗的成功结晶。但是人在职场，安于现状，不进则退。罗强过去的成功和现在面临的职业选择，值得每个人去深思。

在市场经济体制下，组织发展和变革的顺利进行离不开一个强有力的组织文化环境。作为在这个环境下成长的职场人员，应理性选择职业，做到高瞻远瞩，善于将自己的理想与组织目标保持一致，勇敢地面对现实，追求职业增值，像老鹰一样去搏击长空。这就像博弈一样，需要不间断地博弈才会成为最后的胜利者。

职场共赢6法则

虽然竞争无处不在，会给人带来压力，不过也正因为这样，人类才拥有更多的成就与辉煌。玫瑰与刺相遇，各自告别了俗艳与尖刻，成就了傲视群芳的铿锵之花；乔丹与皮蓬相遇，各自告别了独角戏与狂傲腔，成就了历史上的神话公牛；你与我在职场中相遇，就应该告别猜忌与功名，成就双赢的和谐篇章，垒起更高的人生峰塔。

那么应该如何去做呢？你不妨遵循以下职场共赢6法则。

1. 尊重差异

尊重差异，不挑剔、不嫌弃；人与人的相处，贵在包容；肯定自己的选择，接受自己和对方之间的差异。这些说起来简单，做起来不容易。

2. 互补共赢

在动物世界，即使凶残的鳄鱼也有合作伙伴。

改革开放后出现的"温州模式"其实就是合作共赢、互利共生的典范。因为你并非完美无缺，只有让你的合作者生活得更好，你才能更好地生活。

仔细想一想，我们与老板的关系，与下属的关系，与同事的关系，与顾客的关系，等等，不也是一种互通有无、共同发展的关系吗？

3. 合作共赢

职业人士不论是在商场还是在职场中，都存在着激烈而残酷的竞争。与老板、客户、同事、下属、对手，都要摆正竞争与合作的关系，以利人利己的共赢思维做大市场，做大事业，而不是以"杀敌一千，自伤八百"的赌气竞争心态，非要弄得你死我活、两败俱伤。

一个地方因竞争而催生多个名牌的例子，国内、国外都很多。

德国是弹丸之地，面积比我国的内蒙古还小，但它产生了5个世界级的名牌汽车公司。有一年，一个记者问奔驰的老总："奔驰车为什么飞速进步、风靡世界？""奔驰"老总回答说："因为宝马将我们撵得太紧了。"记者转问宝马老总同一个问题，宝马老总回答说："因为奔驰跑得太快了。"

在职场中，只有合作才能达到共赢。

美国百事可乐诞生以后，可口可乐的销售量不但没有下降，反而大幅度增长，这就是由于竞争迫使它们共同走出美国、走向世界。

4. 懂得宽容

宽容和忍让是人生的一种豁达，是一个人有涵养的重要表现。没有必要和别人斤斤计较，没有必要和别人争强斗胜，给别人让一条路，就是给自己留一条路。

什么是宽容？法国19世纪的文学大师雨果曾说过这样一句话："世界上最宽阔的是海洋，比海洋宽阔的是天空，比天空更宽阔的是人的胸怀。"宽容是一种博大，它能包容人世间的喜怒哀乐；宽容是一种境界，它能使人生跃上新的台阶。在生活中学会宽容，你便能明白很多道理。

我们必须把自己的聪明才智用在有价值的事情上面。集中自己的智力，去进行有益的思考；集中自己的体力，去进行有益的工作，不要总是企图论证自己的优秀，别人的拙劣；自己正确，别人错误，不要事事、时时、处处总是唯我独尊；不要事事、时时、处处总是固执己见。

在非原则性的问题和无关大局的事情上，善于沟通和理解，善于体谅和包涵，善于妥协和让步，既有助于保持心境的安宁与平静，也有利于人际关系的和谐和团队环境的稳定。

5. 善于妥协

柳传志曾送给他的接班人杨元庆一句话:"要学会妥协。"现代竞争思维认为,"善于"妥协并不是一味地忍让和无原则地妥协,而是意味着对对方利益的尊重,意味着将对方的利益看得和自身利益同样重要。在个人权利日趋平等的现代生活中,人与人之间的尊重是相互的。只有尊重他人,才能获得他人的尊重。因此,善于妥协就会赢得别人更多的尊重,成为生活中的智者和强者。

也是因为不懂得妥协,才导致职场和市场中的残酷竞争、两败俱伤,社会是在竞争中发展进步的,也是在妥协中和谐共赢的。我们甚至可以这样说,妥协至少与竞争一样符合生活的本质。人与人妥协,彼此的日子都有了节日的味道。

学会妥协,收获友谊,维护尊严,获得尊重。当你同别人发生矛盾并相持不下时,你就应该学会妥协。这并不表示你失去了应有的尊严,相反,你在化解矛盾的同时又在别人心中埋下了宽容与大度的种子,别人不仅会欣然接受,而且还会在心中对你产生敬佩与尊重之情。让别人过得好,自己也能过得快乐。

学会妥协,世界会因你而美丽!

6. 思维共赢

美国心理学家托马斯·哈里斯在《我好,你也好》一书中,按照人格的发展,将团队中各自然人之间的关系分为4种类型:我不好,你好;我不好,你也不好;我好,你不好;我好,你也好。可见,第四种关系类型:我好,你也好,是成熟的成人人格和共赢思维。

但是,现实生活中,我们普遍存在的是赢/输思维或单赢思维。谋求赢/输思维的人只顾及自己的利益,只想自己赢别人输,把成功建立在别人的失败上,比较、竞争、地位及权力主导他们的一切;而单赢思维的人则只想得到他们所要的,虽然他们不一定要对方输,但他们只是一心求胜,不顾他人利益,在独立或互相依赖的情况下,他们的自觉性及对别人的敏感度很低,只想独立,这种人以自我为中心,以我为先,从不关心对方是赢是输。

把握以上原则,在职场,无论是谁在和你玩这场"游戏",最终赢的必定是你。

第五章
人际关系中的经济学

人际关系就是资源

人际关系是你人生中的重要资源。所以在工作和生活中培养自己的人际关系意识是一种投资也是一种必要。好习惯都是日积月累、慢慢培养起来的,因此,我们在日常工作生活中,就要培养自己的交际意识,以备不时之需。

一个刚踏上工作岗位的年轻人讲过他自己的一件事。第一天上班前,父亲把他拉到身边,问他:"你知道在社会上立足的关键是什么吗?""是学历吗?""不对。"父亲说。"是知识吗?""不对。"父亲说。"是能力吗?""不对。"父亲还是这句话。"那是——"年轻人大惑不解地望着父亲。

父亲说:"是人际关系!"

很多时候,会交际确实比会做事更重要,一个人缘好、有声誉的人,人际关系是他的资源,很多事可以轻而易举地做成。

美国学者卡耐基说:"一个人的成功,只有15%是由于他的专业技术,而85%则要靠人际关系

人际关系就是资源,成功85%来源于人际关系和为人处世的能力。

和他的做人处世能力。"可见,一个人的社交能力是多么重要。在这个讲究人际关系的时代里,却有许多人不懂得怎样更好地与人相处。

人际关系网对一个人事业的成败及工作的好坏具有极大的影响,所以说成功在很大程度上取决于你拥有多大的权力和影响力,与合适的人建立稳固关系至关重要。

成功建立关系网的关键是选择合适的人建立稳固的关系。良好的人际关系能开拓你的视野,让你随时了解周围所发生的事情,并提高你倾听和交流的能力。

当你对职业关系有所意识,并开始选择你认为对自己有帮助的人时,你必须放下那些关系网中的额外包袱。其中或许包括那些认识已久却对你的职业生涯毫无益处的人。当然,你们仍然是朋友,只是你不用浪费宝贵的时间去维系这种老关系。

保持联系是建立成功关系网络的另一重要条件。当《纽约时报》记者问美国前总统克林顿是如何保持自己的政治关系网时,他回答说:"每天晚上睡觉前,我会在一张卡片上列出我当天联系过的每一个人,注明重要细节、时间、会晤地点以及与此相关的一些信息,然后输入到秘书为我建立的关系网数据库中。这些年来朋友们帮了我不少忙。"

要与关系网络中的每个人保持密切的联系,最好的方式就是创造性地运用你的日程表,记下那些对你的关系至关重要的日子,比如生日或周年庆祝等。在这些特别的日子里准时和他们通话,哪怕只是给他们寄张贺卡,他们也会高兴万分,因为他们知道你心中想着他们。

观察他们在组织中的变化也不容忽视。当你的关系网成员升迁或调到其他的组织去时,你应该衷心地祝贺他们。同时,也把你个人的情况透露给对方。去度假之前,打电话问问他们有什么需要。

当他们处于人生的低谷时,打电话给他们。不论你关系网中谁遇到了麻烦,你都要立即打电话安慰他,并主动提供帮助,这是你支持对方的最好方式。

充分地善用你的商务旅行。如果你旅行的地点正好离你的某位关系成员挺近,你可以与他共进午餐或晚餐。

只要是你关系成员的邀请,不论是升职派对,还是他儿女的婚礼,你都要去露露面。

至少每三个月调整一下你的关系网。要多问问自己:"为什么要保留这个关系?"如果你不能定期交新朋友,你的关系网络就会老化,其效果会大大减弱。

时刻关注对网络成员有用的信息。应定期将你收到的信息与他们分享,这很关键。

优秀的关系网络是双向的。如果你仅仅是个接受者,无论什么网络都会疏远你。搭建人际关系网时,要做得好像你的职业生涯和个人生活都离不开它似的,因为事实上的确如此。

人际关系的选择学问

人际关系中要选择一些更优秀的朋友,人际关系也可以进行选择取舍。当然,从古至今,人们都是选择与自己合得来的人成为好朋友,跟与自己性格不和的人仅仅保持形式上的交往,也就是说,人类一直都在对人际关系进行选择取舍。

但是,如果面对面的交流占据人与人之间交流的几乎全部内容,在和居住在周围的人们以及与工作相关的人们进行交流时,是不能够马虎草率的。如果与人们面对面的交流对自己来说是唯一的现实世界,就不得不重视与眼前的人们之间的交往。

居住在自家周围的人们是具有偶然性的,在选择自己的住房的时候是不可能同时选择邻居的人品的。居住在同一个社区的人们,偶尔会聚集到一起开会等,这时的人们不是性情相投的人群,也不是因为具有共同的爱好而聚集起来的人群。所以,即使是邻居,也不都是志同道合的。

即使是近邻,有些人的价值观可能有180°的差异,有些人的兴趣爱好可能完全不同,有些人的思维方式可能会有天壤之别。但是,即使是性情不和的人,因为都住在同一个社区,也是不能够完全忽视对方的,也需要保证相互之间不产生矛盾摩擦。

在工作与生活的过程中,搜集与组织关系网其实是有可能的,但试图维持所有关系似乎是不可能的,而想要在现有的人际网络内加进新的人或组织就更加困难。因此,在组建人际关系网的时候,必须学会筛选。换言之,你必须随时准备重新评估早已变得难以掌握的人际网络;对现有的人际关系网重新整理;放弃已不再对你感兴趣的组织和人。

筛选虽然不容易,但仍是可以做得到的。选择本来就是一件很困难的事,结果往往更令人痛苦。然而有句话说得很对:有失才有得。

清理人际关系网的道理也和清除衣柜类似。容许留下的衣服,当然是最美丽、最吸引人、也是剪裁最得体的几套。"舍"永远不是件容易的事,虽然有遗憾,但从此拥有的不仅都是最好的,更重要的是也有更多空间可以留给更好的。

如果我们对自己的人际网络做同样的"清除"工作,在去粗取精之后,留下来的朋友不就都是我们最乐于往来的吗?我们应该把时间与精力放在让自己最乐于相处的人身上。在平时需要奔波忙碌于工作、社交与生活之间的我们,筛选人际关系网络是安排生活先后次序的第一步。

无论失败或成功,都不只取决于个人的努力或能力,必然会受到社会上种种因素的影响。俗话说:谋事在人,成事在天。所以,不要太在意结果的成功与否,就算和上司介绍来的人一同工作,也无需担心不必要的失败。

就建立人际关系而言,工作以失败结束反而更能增加彼此的亲密程度。比起胜利,战败较能产生长远的交往关系。关键在于失败后,应该如何展开后续行动。由于自己先开口邀人共事,抱回避责任的态度千万不可。一旦自己逃避责任,别人也必定离你远去。

认识人际关系

人际关系的发展阶段

定向阶段 → **情感探索阶段** → **情感交流阶段** → **稳定交往阶段**

- **定向阶段**：此时是初步确定要交往并建立关系的对象，此时人们对人际关系具有高度的选择性

- **情感探索阶段**：此时交往双方主要是探索彼此在哪些方面可以建立真实的情感联系，还具有一定的私密性

- **情感交流阶段**：此时交往双方的人际关系开始出现由正式交往转向非正式交往的实质性变化，形成了相当程度的信任感、安全感和依赖感

- **稳定交往阶段**：这是人际关系发展的最高水平。双方能够互相分享自己的一切，成为生死之交

人们与自己的亲朋好友的关系大多都处于这一阶段上

人际关系的要素

- **主动性**：人们在交流沟通的过程中，双方都是积极活动的主体，只是有所处地位主次之分

- 空间距离的远近是影响交往的重要因素。人员在空间位置上越接近，越容易形成彼此间的亲密关系

- **条件性**：在人际交往中，交往双方所使用的符号必须是相同或相通的

- **互益性**：人际交往必须是在两个以上的个体之间进行的相互作用的活动

最后，记住关键人物。一个人一生无论如何积极地扩展人际关系，也不可能和认识的所有人进行长期深入交往。为了和一部分人保持密切的交往，务必在所结识的人们中进行筛选。否则，只会不断增加毫无意义的名片库藏量而已。即使好不容易认识了优秀的朋友，如果不加筛选，也一定会被埋没在名片堆里。

比如，只要参加宴会或研讨会等活动，收到的名片数量就可能相当可观。然而，在这么多名片中，可以成为人际关系关键人物的也许只有一个人而已。出席任何性质的聚会时，你都应该抱着只要能碰见一位关键人物便是收获的念头。

即使是电影或小说，也没有人会认为自己看过的每部作品都生动有趣。能够让人手不释卷地看上几遍的作品，必定只占其中很小的部分，这也就是所谓的"经典"吧！然而，经典也是在看过大量的平庸之作之后从中筛选产生的。人与人之间的邂逅亦相同，让人一见如故，产生交往一生念头的对象，是不可能轻易发现的。只要能结识一位这样的人物，就应该认为是当日的最大收获。如果一味想着在那场宴会上，不知可以获取多少张名片，认识多少人，是很愚蠢的想法。当然，你也有可能一位这样的人物也没碰上。应该说，这种情形在现实中占多数。遇上这种情形，没有必要勉强增加认识的人。如果自认是无聊的聚会，尽早撤离现场也是很重要的。

只要能够结识一位关键性的人物，你的人际关系即可得到飞跃性的扩展。因为如果对方拥有100人的人际关系，你通过此人就有可能马上获得那100人的人际关系。而如果你想凭借个人力量去接近同样的100人，无疑得花费大量的时间和精力。

不要结识宴会或研讨会所有出席者。在这种情形下，不仅对方不容易记住你，你也不可能牢记对方。与其浪费时间去记不可能记住的所有的人，不如记住一个关键性人物。

朋友间也需要投资

大千世界，茫茫人海，既然相逢，缘分不浅。虽相处时间不长，但这中间的关系值得珍惜，值得持续下去。当与对方分开后，仍然保持一种相互联系、历久弥坚的关系，那对你将来所要达到的目的与理想会是很有好处的，这其中的有利方面，也许是你所从未想到的。

"常用的钥匙最有光泽。"因此我们平时一定要注意和周围的人培养、联络感情。只有平时经常联络，朋友之情才不至于疏远，朋友才会心甘情愿地帮助你。如果你与朋友分开之后从来没有联络过，彼此将会变得陌生，你去托他办事时，一些关乎个人利益的事情，他就很难主动帮你。

无论从实用主义，或从情感价值角度去看，朋友之间的友谊都值得我们保持和维系。

可见，朋友有时在很危急的关头能帮上大忙，能起到排忧解难的作用。但是，朋友关系的维系来自于自己的努力。在与朋友分开之后并没有经常性的联系，那关系之好无从谈起。所以，只要你有这份心、这份情，能够真诚地维持分开之后的朋友关系，那你的人际面会更加广泛，路子也会比别人多出几条。

感情来自交流。平时多加强联系，是加深朋友感情的一种方法。

尽管当今社会流行一句话："认钱不认人"，但是"人情生意"从未间断过。因为人是有情之灵物，人人都难逃脱一个"情"字。

朋友之间在平时人际交往中也需"感情投资"。

所谓"感情投资"，就是在平时交往之外多了一层相知和沟通，能够在人情世故上多一分关心，多一分相助。即使遇到不顺当的情况，也能够相互体谅——"生意不成人情在"。

例如，你在生意场上遇到了彼此之间比较投缘的人，有了成功的合作，感情也自然融洽起来，这就是我们常说的"有缘"的人。有缘自然有情，双方为了加深友谊，会为对方付出。但是只有懂得保护和持续这种朋友关系的人,才能继续爱护它、增进它,使双方的友谊天长地久。

当然,就算双方有"缘",彼此能够一拍即合,要保持长期的相互信任、相互关照的关系也不那么容易,仍然需要不断进行"感情投资"。

在商场上,这种问题表现得尤其突出。如果"缘"就由合作转为对立,人情会变成了敌意。

在日常生活中,朋友之间之所以会走到这一步,往往是双方忽略了"感情投资"的结果。一些人常犯这种毛病:一旦与对方建立了良好关系,就不再觉得自己有责任去维护它了,往往会忽视双方关系中的一些细节问题。例如该通报的信息不通报,该解释的情况不解释,总认为"反正我们关系好,解释不解释无所谓",结果日积月累,堆积成难以化解的矛盾。

朋友之间也需要维护,才能增进感情。

更有甚者,在与对方成为朋友之后,总是一味地向朋友索取回报,而不继续进行感情投资。这主要表现为对别人要求越来越高,总以为别人对自己好是应该的;但是别人对自己稍有不周或照顾不到,就有怨言。这种做法必然会损害双方的关系。

生活告诉我们,友谊之花需要爱心的滋润,否则它会枯萎。朋友之间的"感情投资"应该是经常性的,并非可有可无的。人们从生意场到日常交往,都应该处处留心,善待每一个关系伙伴,要从小处、细处着眼,事事落在实处。

网络人际的成本

随着计算机网络逐渐成为人际交往的媒介,人们的交流方式也发生了很多变化,新的相遇机会大幅增加。

在网站上,如果就你某一感兴趣的主题呼吁大家进行讨论,具有类似兴趣爱好的一些人就会给予回应。如果就某些社会潮流发表自己的一些感想,产生共鸣的人们就会做出相应的回复。而因为网络能够把信息传达给距离自己很遥远的人们,所以很快就会有很多志同道合的人或者产生共鸣的人出现。

这样,很快就能组建起研究会、同好会或者好朋友团体。而且,这些团体成员在团体即将成立之前是互不相识的,时间、金钱各方面的成本都是较低的。

如果不利用个人电脑网络,要想结识类似的有共同兴趣爱好的朋友,就只有通过参加报纸、杂志的交流版面介绍的研究会或交流会了。但是,如果不是因为特别的兴趣爱好或者很强的必要性,不是那种爱好交际且性格积极的人,是很难发挥出这种行动力的。

即使去了这种场合,也不能够直接确定对方的兴趣爱好和知识水平,无法直接进行讨论。这时就应该先与对方聊天,慢慢地试探着了解对方,营造出一个友好的气氛,这是需要相当的社交能力的。从初次见面到逐渐相互了解的过程是需要花费时间和精力的。

而且,在出发的时候是不知道那里有没有与自己志同道合的人的。有时候虽然特意参加了类似活动,结果却是没有交到一个朋友就回家了。

在网络上,你很容易就能够了解到某一群体正在交流的内容,所以你可以根据正在讨论的内容和参加者之间的气氛来决定自己是否加入。而且,即使人们是正在讨论中,如果他们不欢迎你,你也可以及时退出。这与面对面的交流不同,具有很大的自由性。

报纸、杂志的读者投稿栏也是如此,即使是相距甚远的不认识的人们之间,也能够就某一主题进行讨论。当议论变得白热化时，经常是等对方的投稿发表后再投稿，这一投稿发表后，又要等待下一个人的投稿发表后再投稿，这种时间推移很是麻烦。

快速的联系方式就是通信或者打电话，但这样互相之间就知道了对方的居住地址。因为不知道对方是不是个值得信赖的人，所以大家自然不愿意采用这种联系方式。

在这一点上，网络上的交往是很轻松自由的，互相都不触及对方的底细，只需围绕双方都关心的事情进行交流。

网络交往是一种成本较低的交际方式，而且收益回报快，是一种值得推广的方式。

不要做一次性人情

人际关系如同股票，要持续投入热情才能获得稳定的收获。

廉阳便有一个这样的朋友："我有一个高中三年的同学，而且是十分要好的朋友。我们进入了同一所大学，刚开学，她就主动地当了班干部。有人说：地位高了，人就会变。自从她上任后，见到我，有时干脆装作没看见，日子久了，我们就疏远了。但她有时也会突然向我寻求帮助。出于朋友一场，我总是尽我所能。可事后，她老毛病又犯了，我有种被利用的感觉，却无奈于心太软。就这样她大事小事都找我，其他朋友劝我放弃这份友情，这种人不值得交往。当我下决心与她分开时，她伤心地流下了眼泪——她除了我之外竟没有一个朋友。"

周恩来在人际交往中就很有人情味。长征途中，当时任民运部部长兼政委的杨立三，坚持亲自给重病的周恩来抬担架，他和同志们在饥寒交迫中，抬着周恩来走出沼泽泥潭的草地后就累病了。19 年后，杨立三去世，身为政务院总理的周恩来，坚持要亲自给他抬棺送葬。

1937 年 6 月，周恩来在崂山遇险，护卫他的 10 多名警卫战士光荣牺牲。事后，周恩来和另外 3 个虎口脱险的同志合影留念，周恩来在照片背后写上"崂山遇险，仅余四人"。这张照片一直珍藏在他贴身的衬衣口袋里,直至病逝才被人发现。

"滴水之恩,当涌泉相报"。这就是周恩来的人格魅力。难怪在举行遗体告别仪式时,围绕安卧在鲜花丛中的周恩来遗体的群众的泪水把地毯洒湿了1米多宽的一圈。难怪会出现十里长街送总理,长夜无言,天地同悲的动人一幕。

毋庸置疑,在某些"实用型"人物的眼中,所谓的"人情"便是你送我一包烟,我给你几块钱,就像借债还钱,概不赊欠。这种一次性的交际行为看似洒脱,实则包含了太多的困惑与无奈。诚然,受助者也许在短时间内不愿再次开口求助,而实施援助行为的一方其实也没有必要固守"事不过三"的古训,当人家确实有困难而无能为力的时候,尽管你已经帮助过他,尽管他不好向你开口,但作为知情者,你不应无动于衷,而不妨再次主动伸出援助之手。事实上这种"后继"的交际行为能够赢得更大的"人情效应"。

俗话说:"在家靠父母,出门靠朋友",多一个朋友多一条路。要想人爱己,己须先爱人。我们应当时刻存有乐善好施、成人之美的心思,才能为自己多储存些人情的债权。这就如同一个人为防不测,须养成"储蓄"的习惯,这就会让子孙后代得到好处,正所谓"前世修来的福分"。

究竟怎样去结得人情,并无一定之规。

对于一个身陷困境的穷人,一枚铜板的帮助可能会使他握着这枚铜板忍耐一下极度的饥饿和困苦,或许还能干番事业,闯出自己富有的天下。

对于一个执迷不悟的浪子,一次促膝交谈的帮助可能会使他建立做人的尊严和自信,或许在悬崖勒马之后奔驰于希望的原野,成为一名勇士。

就是在平常的日子里,对一个正直的举动送去一缕信任的眼神,这一眼神无形中可能就是正义强大的动力。对一种新颖的见解报以一阵赞同的掌声,这掌声无意中可能就是对创新思想的巨大支持。

就是对一个陌生人很随意的一次帮助,可能也会使那个陌生人突然悟到难得的真情可贵。

其实,人在旅途,既需要别人的帮助,又需要帮助别人。从这个意义上说,帮人就是积善。

交往中的心理博弈

每个人的心理都是很难揣测的,因为人的大脑一天至少有 5 万个想法。尤其是在关系复杂的社会网中,每个人做事都有自己为人处世的方法,都有自己的心理表征。面对每一件事,都要经过一番心理斗争,而社会的种种现象正是发生矛盾的双方心理博弈的结果。那么,在人际交往的心理博弈中我们该如何选择呢?我们先看下面一个有趣的博弈游戏:

假设每一个学生都拥有属于自己的一家企业,现在他必须自己做出选择。选择一:生产高质量的商品来帮助维持现在较高的价格;选择二:生产伪劣商品,通过别人的所失换取自己的所得。每个学生将根据自己的意愿进行选择,选择一的学生总数,将把自己的收入分给每个学生。

事实上,这是一个事先设计好的博弈,目的是确保每个选择二的学生总比选择一的学生多得 50 美分,这个设定当然是有现实意义的,因为生产伪劣商品成本比生产高质量商品的成本低。不过,选择二的人越多,他们的总收益也就会越少,这个假设也是有道理的,因为伪劣商品过多,会造成市场的混乱,他们的企业也就会跟着受到影响,信誉跟着降低。

现在,假设全班 27 名学生都打算选择一,那么他们各自得到的将是 1.08 美元。假设有一个人打算偷偷地改变决定—选择二,那么,选择一的学生就少了一名变为 26 名,将各得 1.04 美元,比原来的少了 4 美分,但那个改变自己主意的学生就会得到 1.54 美元,而比原来要多出 46 美分。

诚然，不管最初选择一的学生人数有多少，结果都是一样的，很显然，选择二是一个优势策略。每个改选二的学生都将会多得46美分，而同时会使除自己以外的同学分别少得4美分，结果全班的收入会少58美分。等到全班学生一致选择二时，尽可能使自己的收益达到最大时，他们将各得50美分。反过来讲，如果他们联合起来，也就是协同进行行动，不惜将个人的收益减至最小化，那么，他们将各得1.08美元。

但博弈的结果却十分糟糕，在演练这个博弈的过程中，由起初不允许集体讨论，到后来允许讨论，以便达成"合议"，但在这个过程中愿意合作而选择一的学生从3人到14人不等。在最后一次带有协议的博弈里，选择一的学生人数为4人，全体学生的总收益是15.82美元，比全班学生成功合作可以得到的收益少了13.34美元。一个学生嘟囔道："我这辈子再也不会相信任何人了。"

而事实上，在这个博弈游戏里，无论如何选择，都不会有最优的情况出现，类似于囚徒困境，即使达成合议，由于人的心理太过复杂，结果也不是预期的样子，所以，在这样复杂的心理博弈中，我们不能苛求要获得一个最好的结果，因为人心各异，最好结果根本就不存在。那在人际交往中遇到类似于上述游戏的博弈情况时该如何选择呢？那就是保证一点——不要太贪婪，只要有利益就可以，不要妄求有太多的利益或要获得比别人更多的利益。

人际关系是一种资源

比尔·盖茨刚刚创立微软的时候，只是一个名不见经传的小人物，但在他20岁的那年，他签订了一份巨额订单，对方就是当时世界第一强的电脑公司——IBM。为什么比尔·盖茨能够得到这份一般人想都不敢想的订单呢？原因之一是比尔·盖茨善于利用丰富的人际关系网。他的这个关系网包括四个层次。第一层是他的母亲，他的母亲是IBM的董事之一；第二层是他的两位重要的合伙人——保罗·艾伦和史蒂芬,这两位合伙人不仅把他们的聪明才智贡献给了微软,而且把他们的关系网也带进了微软;第三个层次是国外的关系网,比尔·盖茨在日本有位好友彦西,他为微软开拓日本市场立下了汗马功劳;第四个层次是盖茨雇佣了一批优秀的、可委以重任的、能与其分担忧愁的、善于沟通的下属来一起工作。正是这些关系从一开始就成就了微软的大业。

比尔·盖茨为什么能够成为世界首富?不可否认,他有一种独特的天赋,即企业家才能,正是这种稀有的才能让他赚取了巨额的财富。但不可忽视是,他善于运用和经营关系是他成就事业的起点,正是这种关系,他事业的起点就比一般人高出数十倍。从这个例子可以看出,在现代信息社会,关系是一个人成就事业的必备资源。因为,有关系就可以让别人更快地认识我们,了解我们的才华和能力,让他人认识自己的长处,并尽快让自己的知识和能力得到发挥,可以节省时间、提高我们的学习和工作效率,降低我们做事业的成本等。如果说,在企业经营中,需要投入各种经济资源,即生产要素,才能生产出产品来的话,那么,在人生奋斗中,关系资源也是一种投入。虽然不能用一个生产函数来表示人际关系投入对人生获得的财富的贡献比率,但人们都明显感觉到良好的人际关系这种投入的收益很大。

据美国斯坦福研究中心曾经发表的一份调查报告显示,职业社会中一个人赚的钱,12.5%来自知识,87.5%来自关系。过去,企业招募人才时,专业知识、学习能力都是首要条件。但在今天的知识经济时代,技术、知识迅速更新,如果一个人具有较强的人际资源或是懂得培养人际网络的支持体系,那么这将极大地强化他的个人竞争力。美国洛克菲勒公司的创始人洛克菲勒曾说:"我们公司的发展,95%是靠我们优秀的员工,只有5%是靠石油。因为石油放在那里是不会跑的,而我们寻找石油、开采石油、炼制石油、销售石油都需要员工的帮忙。可以说,正是我们的员工和他们的人际关系,创造了洛克菲勒的神话,让我们公司有了今

人际关系是一种资源

人际资源

没有人际关系资源落地生根的人际关系是空泛的、毫无任何意义的人际关系,而人际关系资源的开花结果则依赖于良好的人际关系基础

人际关系资源是一种潜在的无形资产,是一种潜在的财富。人际关系网络越广,赚钱的机会就越多,成功的几率也就越大

人际关系的分类（按重要程度划分，高→低）

- **核心层人际关系资源** ⇒ 对职业和事业生涯能起到核心、关键、重要、决定作用的人际关系资源,这些资源根据个人目前所处的职业位置、事业阶段以及未来的发展方向不同而不同

- **紧密层人际关系资源** ⇒ 是在核心层人际关系资源的基础上适当扩展出来的人际关系

- **松散备用层人际关系资源** ⇒ 根据自己的职业与事业生涯规划,在将来可能对自己有重大或一定影响的人际关系资源

稳固人际关系的几种方法

- 只要是关系成员的邀请,无论什么场合,都尽量接受邀请并准时出席
- 时刻关注对网络成员有用的信息,定期将你收到的信息与他们分享
- 至少每三个月调整一下你的关系网
- 利用日程表记下那些对你的关系至关重要的日子,并给予合适的问候
- 当关系中的人遇到难题或遭逢低谷时,主动提供帮助和慰问,以表支持
- 充分善用商务旅行,如果你旅行的地点正好离你的某位关系成员很近,就可以与他共同进餐联络感情

天的成就。"

人是以群居为重要社会形态生存着的,这就使得我们的生活中就会有许多关系网,而与我们有着千丝万缕联系的每个人又会在不同的行业、领域占有一席之地,发挥着不同的作用。很可能在将来的某一天,他们就会在需要的时刻给予我们帮助。所以,从表面上看,人际关系不是直接的财富,不能直接换来房子、票子、车子,但是,如果没有它,我们就只能固守着自己那点可怜的原始资本,甚至于连那点原始资本都守不住。

一个人际关系竞争力强的人,他拥有的人际关系资源就会比别人更多。在平时,这些人际关系资源可以让他比别人更快速地获取有用的信息,进而转换成获得财富、取得成功的机会;在危急或关键时刻,也往往可以发挥转危为安的作用。拥有良好的关系资源,就可以有更多办事的路子,从而提高办事效率,节约宝贵的时间,这其实就是增加了财富。所以,人际关系资源是一种潜在的财富,一旦我们用上了,就能使其转化成为真正的财富。

所以,面对当今激烈的竞争,我们每一个人都需要在人际关系方面调整好自己的坐标,不能因为人际关系的薄弱而让自己的聪明才智、高超技能白白浪费。人际关系资源可以大大提升自己的人力资本价值,发挥点石成金的作用。无论任何东西,只有在它属于自己的时候,它才能更充分、有效地发挥其应有的作用,人际关系也是如此。鉴于此,最好的办法还是要建立自己的人际关系网。因此,我们一定要把人际关系资源当成自己的财富,认真地去经营它,而不要把它当成摆设,任其落满灰尘。

该交什么样的朋友

10 我们交朋友就像谈恋爱或读书一样,也是一种投入。既然是一种投入,就需要有一定的回报。在故事中,小云在事业上能够取得成功,在很大程度上靠了老李的帮助,正是他的朋友老李带给了小云全新的经验和知识,迅速提升了他的技能水平,并给他提供往高处发展的信息和机会,给了他开拓新天地的可能,使其人力资本价值上升,从而可以获得更高的收入和身心的愉悦。所以,老李就是小云事业上的朋友,如果没有这个事业上的朋友,也许小云需要摸索很长的时间,甚至于他极有可能达不到现在这样的成绩。可见,一个人多交一些能给其事业带来帮助和好处的朋友,既有利于获得更多的自身利益,也实现了朋友的价值。

在我们的事业中,需要的是地位、能力或学识等方面比我们强的朋友,因为,只有这样的朋友才能帮助我们更快地走向事业成功的道路,给我们带来更大的利益。但在我们的生命中,也需要真诚的朋友,也许某人的真诚的朋友的能力、地位、学识不如他,或者与他差不多,在事业上不能帮助他,但是,在我们面临危险的时候,在我们落魄的时候,只有真诚的朋友才能雪中送炭,救我们于危难之中。交这种朋友投入比较少,在关键时期可以大大减少我们的沉没成本。

对我们事业和生活上有帮助的朋友有很多。比如,我们从小学、中学、大学,一直到上研究生,那些同学在参加工作后会分布到各行各业,这些同学,很多都可以成为我们的朋友,因为,在学校里同学之间的感情是十分纯洁的。或许,在某个关键的时候,我们以前的老同学会对我们的事业和生活产生极大的帮助和促进作用。所以,无论我们与过去的同学分离多久,我们都应当珍惜那一段难得的缘分。在我们确定了自己的职业后,我们应当依据自己的职业交一些对我们事业上有帮助的朋友,因为这些朋友可以给他提供不少对他的事业有益的信息。有了这些基础,就可以在这个行业内有更多升迁的机会。总之,我们交朋友要以事业和生活为基准,一切有利于我们事业和生活成功的朋友,我们都应当结交。

不同的朋友,有不同的优点和长处,我们和不同的朋友相处,就可以学到他们的优点和长处,补充自己知识和能力的不足,节省自己的学习时间。朋友又可以把他的朋友介绍给我们,从而扩展我们的交际圈。朋友之间可以互助互利,让我们有更多获取利益的机会。朋友的帮助可以降低我们的风险,降低我们办事的成本,节省我们办事的时间,提高我们的学习和工作效率,给我们提供更多工作或升迁的机会,可以抚慰我们受伤的心灵等。人都是趋利的,我们交朋友也是为了最大化地实现自己的利益,所有这些能够在我们学习、工作和生活的方方面面帮助我们的朋友都应当结交。

下面,我们可以通过图示的方法更直观地看出到底该交什么样的朋友。

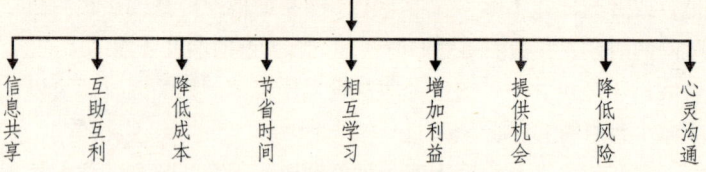

该交什么样的朋友

| 信息共享 | 互助互利 | 降低成本 | 节省时间 | 相互学习 | 增加利益 | 提供机会 | 降低风险 | 心灵沟通 |

在人际交往中,切忌以自己的一套预先设定的标准来判断一个人的好坏,并以此决定是否与他交朋友。但往往主观的判断会产生错误,特别是容易受到"光环效应"的误导,即在朋友美好的光环笼罩下,只看到他的优点,没有看到他的缺点。光环效应有一定的负面影响,在这种心理作用下,很容易被人利用。所以,我们要学会客观地评价别人,理性地评价朋友。也就是说,我们在交朋友时要尽量避免不完全信息对我们主观的判断产生误导。因为,在不完全信息的条件下,我们自己处于一种不利的境地,我们的利益就很容易受损。但这并不是要我们戴着有色眼镜看人,对朋友挑剔或怕被别人欺骗而不愿交朋友。而是要我们在交朋友时更加理性一点,不能意气用事,既要看到朋友的优点,也要看到其缺点,尽量回避其缺点对自己造成的损失,发扬其优点。这样,就可以尽量降低自己交朋友所产生的风险。

人际关系具有场效应

小凯在朋友的推荐下进了一家电脑公司,成为该公司一名销售人员,但他不懂电脑。小凯想,自己什么都不懂怎么办呢?于是,他主动找到了公司的王牌销售人员老林,说:"我愿意在一年之内,帮助你做我可以做的任何事情,条件是你教我销售技巧。"老林看到小凯真诚的样子,就答应了。在后来的日子里,小凯不仅努力学习销售技巧,而且还帮助老林做一些私人的事情,老林也逢人就夸小凯为人好。后来,老林离开了这家公司,他把所有的销售渠道都让给了小凯。老林的客户也发现小凯十分诚实守信,于是又把自己的朋友、客户介绍给小凯,让他们彼此合作。不久后,小凯成了这家电脑公司的地区主管。小凯说:"如果没有这么多朋友的帮助,我不可能进入这家电脑公司,不可能懂得电脑,不可能有那么多的客户资源,也就不可能有那么广阔的渠道。总之,没有一个比较大的关系网,我就不会有发展,或者有发展也不会这样迅速。"

在上面的故事里,小凯既不懂电脑,又不懂销售,但他很精明,他很会借他人的力量成就自己的事业,他通过与公司的王牌销售人员老林搞好关系,就把这两个最大的难题解决了。不仅如此,老林还把他所有的资源都送给小凯,这样,小凯就以极小的成本付出,以最快的速度成就了他的事业。减少成本和节约时间都等于无形中增加了小凯的财富,真正实现了以最小成本获得最大收益的目的,可见,关系网的作用是巨大的。

在现在这样通讯技术相当发达的社会,关系网是提升自己人力资本价值的重要途径。有人说,成功 = 10%的知识 + 20%的能力 + 70%的关系。可见,在现代社会中关系的重要性。这是因为,在我们生活的世界上,与人打各种各样的交道是不可避免的,而且在生活中,这种人与人之间的关系往往是我们事业中最有价值的要素之一。

关系网之所以在个人的事业上有巨大的作用，主要是因为关系网具有场效应。某人认识了一个朋友，而朋友又认识他的朋友，通过他的朋友可以认识朋友的朋友，还可以认识朋友的朋友的朋友……这样，这个人的人际关系资源就越来越广，他的事业起点也就越来越高，他可以通过他的朋友、朋友的朋友走向全国，走向世界，其事业也可以扩展到全国乃至全世界，如下图所示。

从图中可以看出，随着朋友关系的扩展，不断向外产生扩散效应或发散效应。在这个不同的朋友圈子里，大家都互相照应，从而达到互帮互助，即双赢的局面，形成了一个利益共同体，朋友之间能够实现信息共享，并相互帮助。在这个利益共同体中，朋友之间可以实现优势互补，各人的长处都得到了充分发挥，并达到了利益的最大化。中国有几句俗话，"二人同心，其利断金""多个朋友多条路，多个冤家多堵墙""众人拾柴火焰高"，这也就是指朋友的关系可以达到互助互利的效果。在这里，朋友的互利互助关系也是受到经济学上所说的"一只看不见的手"的引导。也就是说，人们在利己的同时也利他了，而在利他的同时又利己了。所以，我们在建立自己的人际关系网的过程中，一定要牢牢把握一个度，即要将利己与利他有机地统一起来。由于存在朋友关系的场效应，相互的利益都达到了最大化，朋友之间的互助互利自然就产生了交朋友的规模经济效应，使自己在朋友这个圈子中实现规模报酬递增，因为朋友之间可以实现信息共享，这就减少我们的信息费、交易成本、社会成本等，降低了成本也就等于增加了我们的财富。

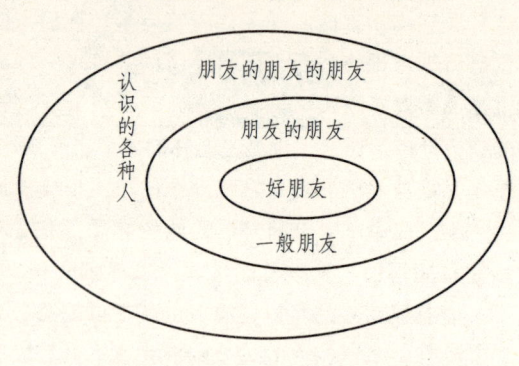

你身边的人际资源

1. 朋友资源
正是有了朋友的互相帮助,才有了许多场合的和谐,许多人士的成功。

2. 职场资源
效用最明显的应属职场资源。职场资源即是指创业者在创业之前,为他人工作时所建立的各种资源,主要包括项目资源和人际资源。

3. 亲人资源
亲人资源是与生俱来就形成的,也是每一个创业者发展的基石。它是人际资源中最稳定也是最牢固的资源。

4. 网络资源
网络可谓是近年来提升人气最时尚快捷的工具,通过互联网,真正让世人体会到了"地球村"的魅力。

关系网不仅可以网罗天下英才,还可以包容天下绝技,俗话说:"林子大了,什么鸟都有。"所以,一个人完全可以通过具有不同才能和绝技的朋友使自己的实力和影响得到无限的扩大和延伸,从而在其周围形成一种"百鸟争鸣"的局面。

所以,在交朋友的过程中,我们没有必要只交那些很有能力的人,我们完全可以像经营企业那样,建立起一个稳定的团队,在这个团队里，我们完全可以唯才是用，唯关系是举，然后善用这些人才和关系发展自己，提升自己。让自己在需要信息时，可以从朋友那里迅速得到；需要跨行业、跨领域的专业知识时，可以从朋友那里学到这些专业知识；需要销售渠道时，可以从朋友那里得到众多的销售渠道；想快些升迁时，有很多朋友愿意帮忙；想要有良好的群众基础时，众多的朋友会为自己说好话；遇到麻烦和风险时，要好的朋友会挺身而出；心情不舒畅时，朋友会在旁边安慰自己，鼓励自己；想谈恋爱时，有很多朋友会热心地为自己介绍；小两口吵架时，也有朋友会从中劝解、安慰；孩子需要上什么好学校，也有朋友热心帮助。也就是说，只要关系网足够大，就有很多的朋友在我们学习、工作、生活等方方面面铺好了宽阔的大路，推着我们前进，让我们的生活越过越舒畅，越过越美好。

所以，为了生活和事业的成功，为了幸福的人生，我们应广交良师益友。

寻找生命中的伯乐

王风是一个律师事务所的实习律师，在工作中因为帮助许多当事人解决了不少问题，得到了大家的一致赞扬。但是，王风更喜欢进公司做法务工作。可是，进大型公司比较困难，需要多年的经验，刚毕业两年的王风怎么可能有这么长时间的工作经验呢？但王风想到了运用自己的人际关系。经过仔细考虑，王风锁定了一个人，就是他的表姐夫徐威，徐威的父亲是南京一家律师事务所的主任，在南京很有名气，而且担任过许多大公司的法律顾问。经过沟通，徐威在一次家庭聚会上把王风介绍给了父亲，并且介绍王风是一个非常有前途的人。见了一面后，王风给徐威的父亲留下了很好的印象，于是就把王风介绍给自己做法律顾问的一家大型公司，并说："王风是个值得培养的法务人员。"果然曾经拒绝过王风的一家公司聘请了他，并且让他在法务经理身边担任重要职务。

在这个例子中,王风的伯乐就是徐威的父亲,王风之所以在事业上一路顺畅,就是因为他善于寻找生命中的伯乐。年轻人进入社会,很多人都对他不了解,或者说不认识他,而人与人之间多少都存在一些戒心,即使他能力很强,也可能不敢用他,或者是因为,像他这样的人还是有很多的。所以,作为单位的领导在用人方面就有许多选择余地,选中他的概率可能就很小了。这时,要有个生命中的伯乐帮助他,他就可以达到自己的目标。这就好像是有人在人生路途中给他铺好了平坦的大路,并给了他一辆汽车一样,这样,他就能很容易迅速到达目的地,而不需要走羊肠小道或爬山越岭。也就是说,伯乐可以大大降低一个人事业成功的成本,提高其办事的效率,节省时间,这其实就等于多为自己创造了财富,达到了一种边际成本递减,而边际收益显著递增的效果,它与生产中发生作用的边际收益递减规律恰恰相反。所以,所谓伯乐就是在适当的时候能够及时帮助我们,让我们以比较少的成本付出达到自己目的的人。寻找伯乐,成本很小,而收益却很大,这种事情谁都想做。

那么,如何寻找我们生命中的伯乐呢?首先,要学会建立自己的关系运用表。在我们编织的关系网中,总会有三类人:第一类是比自己强的,第二类是和自己差不多的,第三类是比自己稍差点的。也就是说,在我们的关系网中有不同的朋友,有不同的能力和水平。而伯乐就是掌握了一定的能力和资源,有着他自己广阔的关系网且其能力强于自己的人,或者说是在事业的发展过程中走在自己前面的先知先觉者。所以,在我们的关系网运用表中,应当将掌握了一定资源且能力比自己强的人放在第一位,说不准哪天他们就会对自己大有帮助。但是,有时我们不一定能交到那些真正掌握了能力和资源的好朋友。有时,我们不一定要直接认识我们生命中的伯乐,完全可以通过能力和自己相当的朋友,甚至是能力比自己差的朋友的关系认识。如上面例子中的王风,他的表姐及表姐夫都不一定能力超过自己，但是，他的表姐夫的父亲则是掌握了一定能力和资源的伯乐，他的表姐夫只是起了一个桥梁的作用。王凤就善于利用自己的关系网资源，所以要让自己的关系网真正发挥作用，还要善于充分运用关系和调动关系。

在人的事业的成长过程中，伯乐往往起着关键的作用，一个人一旦有伯乐的帮助，就可以平步青云、步步高升，大大降低其事业成功的成本。但很多人往往苦于自己没有伯乐的提携，甚至于觉得自己注定了没有伯乐缘，其实，在现实生活中，人们只要多加留心，就很容易发现自己身边的伯乐。

有研究表明：某人和世界上的任何一个人之间只隔着6个人。不管他和对方身处何种地位，他和这个伯乐之间只隔着6个人，而构成这个奇妙6人链条中的第二个人，一定是他所认识的人，也许是他的父母，也许是他的大学同学，更可能是办公室里每天抹桌子、做清洁的阿姨。所谓机遇和伯乐，就是在适当的时候出现的适当的人、事、物的组合，我们无法控制这种完美的巧合何时出现，唯一能做的，就是通过控制自己的人际关系，来给自己创造更多的可能。所以，任何人只要认真、留心，肯定能够找到自己生命中的伯乐。

分享快乐和分担风险

有一位乡长和一位做生意的朋友十分投机，那位做生意的朋友有胆量，也很有生意头脑，但运气不佳，和自己的亲戚合作开店时被骗了，他很想东山再起，但苦于没有资金。乡长特别同情他的遭遇，于是，以自己的房产和声誉作抵押，为这位朋友在银行贷款，给他做生意。朋友不负乡长的厚望，终于把生意越做越大。但他始终不忘那位在困难时期帮助了自己的乡长，他送给乡长10万元钱作为回报，但乡长坚决不收。于是，这位酒店老板以他独到的眼光给乡长买了一些股票，没几年，乡长的这些股票就升值到近20万元钱。

这位乡长为什么会和一位落魄的生意人交上朋友呢？他觉得这个人有能力、有魄力、讲信誉，和这样的人交朋友不会希望。所以，他才会尽力帮助这样的朋友。而他的朋友也懂得朋友之间既需要共患难，更需要投之以桃，报之以李，这才是真正的朋友。所以，他无论如何都要报答这位乡长。

　　当一个人在心灵上受到创伤时，如果有人来抚平他的伤口，他就可以很快振作起来；当一个人经济窘迫时，如果有人伸出援助之手，他就可以走出困境；当一个人在事业失意时，如果有人来激励、唤起他的意志，他就能够重新燃起斗志。只有在一个人有风险的时候，才会觉得朋友是自己命运中的希望之星。

　　过去，结交朋友往往有"金兰结义"之称，即要对天发誓："有福同享，有难同当。"如《三国演义》中的刘关张三结义就是如此。金兰结义、对天发誓是古代朋友之间的利益共享和风险分担机制。通过对天发誓，让发誓的朋友都记住，谁要得了好处，大家一起分享，谁有困难，应当拔刀相助。现代人虽然不再对天发誓，但朋友之间也有一种相互的默契，谁的发展好，就要帮助其他的朋友，只有这样，他的朋友才会信任他。当然，朋友遇到了风险，其他的朋友也会帮助他，拉他一把。在交朋友的过程中，只有那些愿意与其朋友分享利益、分担风险的人，才能得到信任。一旦谁过于自私、独占利益，朋友有风险时就尽可能避开，他必然会失去朋友的信任，最后，没有什么朋友了。

　　那么，当自己处于风险之中时，有朋友鼎力相助，他必然对朋友感恩戴德，以后这个朋友有需要帮忙的地方，他必然挺身而出。这就像国际贸易中，国与国相互之间的贸易不仅使双方的利益增加了，也让自己国家一部分商品生产的风险被其他国家分担了，也就是说，各个国家在分享利益的同时也分担了风险。

　　古往今来，信任和忠诚都是比较稀缺的东西，既然是稀缺的，就很珍贵，人们必然把信任度和忠诚度高的朋友当成是一种财富，十分珍惜这样的朋友。所以，也只有那些信任度高和忠诚度高的

人际关系的几大原则

人际关系的原则

平等原则

人都有友爱和受人尊敬的需要，这种需要就是平等的需要。平等是建立人际关系的前提

相容原则

负荆请罪

相容是指与人相处时的容纳、包涵、宽容及忍让。要做到心理相容，就要心胸开阔，宽以待人，遇事多为别人着想，不斤斤计较

互利原则

互助互利是建立良好的人际关系必需的一部分，表现为人通过对物质、能量、精神、感情的交换而使各自的需要得到满足

信用原则

信用即指一个人诚实、不欺骗、遵守诺言，从而取得他人的信任。人的交往离不开信用，要保持信用，就要做到说话算数，以诚相待，用真诚换得别人的信赖

信用是一种能为人们带来物质财富的精神资源，只要在人际交往过程时刻保持自己的信用，就会有源源不断的收获来到你身旁

在市场经济中，我们每个人都必须充分发挥这种无形资产的社会功能，及早建立起自己的信用，搭建稳固的人际关系，用长远的眼光与发展的角度来审度和权衡自己的发展，做出最理性最经济的抉择

人更容易得到朋友的信任和忠诚。朋友之间善于分享利益、分担风险，其最终的结果是使大家的利益都实现了最大化，同时又降低了风险，这比保险公司的风险分担机制的效果还要好。

经济学是以经济人假设为前提的，但如果把这个前提进一步推到"拔一毛而利天下不为也"，那就势必把自己完全孤立了，最终什么也得不到。

有一则寓言，一只狐狸请仙鹤吃饭，狐狸把汤盛在盘子里，仙鹤的喙太长吃不到，而狐狸把汤全给吃光了。仙鹤也回请狐狸，把美味的食物装在长颈窄口的瓶子里，狐狸也吃不到，只好空着肚子回去了。这说明，一心只考虑自己的利益，最终对双方都没有好处。损人利己只会双双受害。在现代社会中，不管是国家、企业还是个人，都应当以合作实现双赢，互惠互利。好朋友之间更应当如此，不同的人有不同的优势，当某人一人得到利益时，让对方分享，那么当他受难时，朋友就会伸出援助之手。这与经济人的假设并不矛盾，因为，我们在利他的同时也利己，所以，利己必须和利他结合、统一起来，这样才能真正实现自己的利益最大化。

第六章
恋爱中的经济学

爱情名词的经济学解释

爱情是浪漫温柔的,在众多文人墨客眼里,它是给予,而不是索取。从这种意义上说,爱情是无价的,是纯洁而神圣的。但是爱情也可以从经济学的视角去解读,也许你会说那是亵渎了爱情,但不可否认的是,这让我们能体味到另一种意境下的"世俗"爱情。武汉大学经济与管理学院教授肖光恩博士独辟蹊径,给爱情的名词另一种注解。

初恋:幼稚型产业,指在人生过程中,尚未拥有实现规模经济所需的经验或技术的恋爱。该产业通常需要教师或家长的保护,施以教育与责罚等关税壁垒。其结果通常是无疾而终,并被认为是宏观调控的成功案例。

初吻:根据边际收益递减规律,作为博弈中第一个采取行动的人,拥有他人不可比拟的优势。价值悖论通常于此时发挥作用,一箪食,一瓢饮,皆为莫大收益。这一悖论由以下事实解释:价格不反映亲吻的总效用,而反映它的边际效用。

失恋:在不完全竞争、不对称信息下的市场经济必然不稳定。在金庸小说《笑傲江湖》中令狐冲原来颇得岳灵珊芳心,在华山派可谓如鱼得水,但自林平之到华山之后,他的卖方市场受到双重冲击。根据最大收益原则,买主岳不群和岳灵珊最终选择了林平之,即为其中一著名案例。

多角恋：多角恋是在资源不足的前提下发生的。该商品是稀缺资源，该经济形式属于开放经济，其结果必将产生大量的失恋者。被争夺的对象通常遭受赢者的诅咒，即最高标价者为该商品支付超过它所值的价钱，于是为之抑郁愤懑，并将因收益小于预期利润而影响后期恋爱的质量。败者将依成本最小原则行事，选择价格相对较低的商品。

失恋者：分摩擦性失恋和周期性失恋两种。前者因技术经验不足引起暂时性失恋，在改善以后有重新上岗的机会，令狐冲即是汲取了经验教训，遂被魔教公主任盈盈购买。也有部分经验丰富者为寻求更理想配偶进行工作转换，例如古龙小说中的人物楚留香、陆小凤等人。周期性失恋则由总需求水平低下造成。

婚姻：长期行为，该行为的特点是一次买断，套期保值。

丈夫：归宿，一项或多项税收最终的经济负担者。

离婚：夫妻双方或一方认为婚姻和家庭的存在，对于他或她而言是一种长期的成本高于收益的行为，在此前提下可能提出不再合作的意向。其诱因可能是丈夫、妻子各方面质量下降而引起的价格衰退。

选对男友的策略

小李决定要把自己"推销"出去了，发动亲戚朋友介绍对象。现在问题来了：时间有限，待相亲的人数众多。怎样在众多待选对象中尽快地找到合适的男友呢？

首先，确定待选对象的人数；其次，确立目标，即挑选一名优秀者作为结婚对象。小李当然希望这个人是足够好的，甚至是最好的。但要从众多人里面选出最好的一个并非易事，她该怎么做才能争取到这个结果呢？

首先要把每个人都接触一遍，了解每个人的情况，将各项素质分别打分，找出那个最优秀的人。但现实中这似乎不太可能。因为第一，每个人你只能约会一次，而且只能当场决定选择还是放弃，一旦你选择了其中一个，你就没有机会再约会别人了。在生活中，大多数情况下机会是不等人的，等你左挑右选，把一切都规划好了，人家可能早就成了别人的如意郎君。

也许你会说这些人不就相当于篮子里的苹果吗？要从一篮子苹果当中挑出一个最好的，逐个比较是最佳法则，因为每一个都可能是最好的，也可能是最差的。但是请不要忘了，约会和选苹果是不一样的，挑选苹果可以把两个拿起来比一比，苹果在同一个篮子里，而且在你的掌控之下，即是说这些苹果在同一时间同一地点集合，等你检阅。但是，正如上面已经说明的，在这个过程当中，一次只能同时跟一个候选人约会，每次约会后就必须立刻决定这个人有没有可能是最好的一个，虽然有很多人你还没约会过。一旦某位幸运的男士中选，你就不再约会。还有一个规则必须遵守，约会之后你一旦决定淘汰这个人，他就永远出局了。你不能和每个候选者约会后，再把他们贴上排名的标签，收藏起来，最后才从里面挑最好的一个。

显然，这是一个艰难的选择过程，如果你太早结束约会过程，

选择男朋友要
选择潜力股。

过早地做出选择，就等于放弃了在那群还没约会的对象中，找到一个比现在更好的伴侣的机会，仓促的婚姻将使你终生悔恨，这种事在现实生活中并不少见。另一个极端是如果你挑来选去迟迟拿不定主意，最好的那个又可能已经从指间溜走，要补救也来不及了，这种事在现实生活中也是经常发生的。

那么到底有没有一个避免上述两种极端问题产生的办法呢？经济学教你一个策略，就是能够给你最大成功机会的策略。也许到现在还在疑惑，但是可以明确的是：小李知道自己要的是什么，那就是最大的成功机会。这样的话，问题就简单多了，因为小李知道自己要的是什么，一切具体化，只要靠自己就可以独立做出决定。

说起来轻松操作起来并不轻松，而且不能保证小李一定能如愿，但是绝对可以增加达到目的的机会，这和买彩票不一样，无论你花费多少心思在上面，结果都取决于运气。而在相亲过程中，只要小李策略正确，就能取得不错的成果。

我们来分析一下，小李不应该选择第一个遇到的人，因为他在众多候选对象（假定100个）当中名列第一的机会只有1%，这个几率可以说是非常的渺茫。同样地，第二个人，第三个人，甚至后面的人，情况都一样，每个人都只有1%的机会可以成为100个人当中的第一名。这时，小李如果真心想要找到最好的，就不应该随机选择。

但是，这里要抛弃一个不成熟的观点，假如小李约会的第一个碰巧是最好的那个呢？小李把他淘汰掉了，岂不是遗恨终生吗？但是这里我们谈的是策略，而不是命运或缘分，与其把自己的未来交给概率，还不如自己掌握更好些。

刚刚说过，小李不应该选择第一个出现的对象，因为第一次约会就碰到最佳伴侣的机会微乎其微，只有1%。即使这个人真的很优秀，小李也要忍痛割爱，因为她当时无法知道在这100人里，他到底排在什么位置。

一个最有效的方法是：将前面遇到的一组人作为试验品，之后如果遇到比这组人更好的对象，就可以考虑嫁给他了。小李要做的就是从前一组人当中获取一些经验，作为评估他人的基础。那么要抽取多少样本做出实验品才算合适呢？

这是一个两难选择，如果小李抽取的"样本"太少，得出的结论可能并不准确；可是如果小李取样太多，结论倒是准确了，可是又很有可能错失最佳选择（他正好在取样里，被牺牲掉了）。那么，有没有个最佳样本数存在？如果有，那么该是多少？

苏格拉底的3个弟子曾向老师求教：怎样才能找到理想的伴侣？苏格拉底把他们带到一块麦田，要求他们沿着田埂直线前进，不许后退，而且仅给一次机会选摘一枝最大的麦穗。

第一个弟子走几步看见一枝又大又漂亮的麦穗，高兴地摘了下来。但是他继续前进时，发现前面有许多比他摘的那枝大，只得遗憾地走完了全程。第二个弟子吸取了教训，每当他要摘时，总是提醒自己，后面还有更好的。当他快到终点时才发现，机会全错过了，只好将就着摘了一个。第三个弟子吸取了前两位的教训，当他走到1/3时，即分出大、中、小3类，再走1/3时验证是否正确，等到最后1/3时，他选择了属于大类中的一枝美丽的麦穗。虽说，这不一定是最大最美的那一枝，但他满意地走完了全程——因为他知道，自己已经尽可能争取到最好的结果了。

注意那个结果最好的弟子的策略：1/3。为什么这是一个比较理想的比例呢？

事实证明，选择最佳对象的最好搜寻策略，就是在冷静地比较若干样本后，选择下一个高于他们全体的那一个。失去最佳选择的风险约有1/3，但是你已经竭尽所能了，而且你还有大约1/3的机会在100个当中挑中最想要的那一个。其实当你在100个人当中挑选时，1/3的机会已经算是不错的了。

同时，小李还可以附加其他手段加深对候选对象的了解。在生活中，即使没谈过恋爱，小李对异性也有了解，例如小李的父兄、亲属、朋友、同学等，在很大程度上，小李已经知道什么样的男人可以交往，什么样的男人不能交往。也就是说，小李心中早已有了一个标准，这些也可以增加成功机会。

凄美爱情是吉芬商品吗

在学习历史的时候，发现了这样一个有点让人觉得悲凉的现象，那就是唯美的爱情总是以悲剧结尾。

比如莎士比亚四大悲剧之一的《罗密欧与朱丽叶》，罗密欧和朱丽叶最终还是只能在上帝那里才能百年好合；梁山伯与祝英台，至情至爱，可是却偏偏非要都变成了蝴蝶才能成双成对，有情人终成眷属……为什么那些传颂千秋的唯美爱情却都是悲剧呢？

英国统计学家罗伯特·吉芬最早发现，1845年爱尔兰发生灾荒，土豆价格上升，但是土豆需求量反而增加了。这一现象在当时被称为"吉芬难题"。英国经济学家马歇尔在其著名的《经济学原理》一书中详细讨论了这个问题，并在分析中提及罗伯特·吉芬的看法，从而使得"吉芬商品"这一名词流传下来。

吉芬商品指的是价格上升引起需求量增加的物品。根据需求法则，消费者对商品或劳务的购买数量一般随着价格的上升（下降），市场需求量将减少（增加）。吉芬商品所表现出来的特性显然有悖于一般商品的正常情形。

这种情况多发生在像土豆这类的低档商品上。当土豆价格上升时，消费者变穷了。收入效应使消费者想少买肉并多买土豆。同时，由于土豆相对于肉变得更为昂贵，替代效应使消费者想购买更多的肉和更少的土豆。但是，在这种特殊的情况下，收入效应如此之大，以至于超过了替代效应。结果消费者对土豆的反应是少买肉，多买土豆。

运用以上的分析就可以解释"吉芬难题"了。在19世纪中叶的爱尔兰，购买土豆的消费支出在大多数的贫困家庭的收入中占据一个比较大的比例，于是土豆价格的上升导致贫困家庭实际收入水平大幅度下降。在这种情况下，变得更穷的人们不得不大量地增加对劣等商品土豆的购买，这样形成的收入效应是很大的，它超过了替代效应，造成了土豆的需求量随价格上升而增加的特殊情况。

要满足吉芬商品实在不是一件容易的事情，如上所述，首先它必须是一个不可替代的东西，也就是说它是没有任何替代品，就如同以土豆为主粮的贫困家庭，所以它的替代效应就会非常的弱。一般情况下，没有土豆可以吃米饭，但是在没有米饭及其他主粮代替的情况下，土豆的替代效应就比较弱。其次就是，它必须占据了某个家庭极大的收入，因而收入效应就会非常强。收入效应分为两种，一种是正常的商品价格下降了，相对而言手里的钱就可以买到更多的这个商品了，所以实际收入就相对增加了，反过来这个正常的商品价格上升了，相对而言人们可以购买这个商品的实际收入就减少了。在现在这样一个物质产品极为丰富的社会里，这样的产品几乎是找不到的。比如不吃土豆，可以吃米饭、馒头；不去网吧，可以去KTV。

那这个神秘的吉芬商品到底跟我们人类伟大的爱情有啥关系呢？

前面已经讲到了，要满足吉芬商品的两个条件就是，一个替代效应极弱，一个收入效应极强。什么叫替代效应呢？替代效应就是，麦当劳价格上涨了，那就少吃麦当劳多吃肯德基，这个很容易理解，几乎每个人都会这么做；然而对于吉芬商品而言，麦当劳价格上涨了，可是却没有像肯德基这样的东西来代替麦当劳！

需要说明的是，一般情况下，商品的替代效应和收入效应一样，都是价格高卖的少，价格低卖的多。

这个世界上还有什么东西可以同时满足极低的替代效应和极高的收入效应呢？那就是凄美的爱情。

在梁山伯的心目中，祝英台是绝对无可替代的，任何金银财宝都无法替代他对祝英台的一片真情，所以在梁山伯的心中，祝英台的替代效应是非常弱的；再看梁山伯，竟然愿意离开名望富豪的家族和祝英台私奔，可见祝英台占据了他无穷大的收入，显然收入效应极高。

梁山伯和祝英台的两个家族越是阻止他们，梁山伯要和祝英台在一起的难度就越大，对于梁山伯来说，祝英台价格就越高了，但梁山伯不但没有减弱他对祝英台的爱意，反而激起了他更加强大的爱情力量，显然是需求反而增加了。当他们两个家族对他们施加的阻力越来越大，大到无法逾越的时候，梁山伯只能将他的全部收入也就是他的生命来换取他所需要的最唯美的爱情，祝英台也是一样的情况，所以他们的结局也就只能是悲剧了，付出了生命的代价。

有没有办法使悲剧不再重演呢？有，那就是：一、尽量不要再去追求所谓的"凄美的爱情"，此类的东西往往是要付出非常昂贵的代价的，甚至生命；二、那些为人父母者们，不应干扰子女的婚姻，要知道你们的强力阻挠只会增加这对恋人互相间更高的价格，但凄美的爱情是吉芬商品，它是不会随着价格的抬高而降低对于这场凄美爱情的追求的，所以你的阻挠只会使他们付出更高的成本，甚至生命。

爱情、婚姻也是一种经济行为

一般认为，爱情是一种只讲奉献、不讲索取的非功利现象，但在经济学的视野里，爱情不管是由于何种理性动机，都是一种对经济行为。苛刻的说，表面上是我们爱对方，实际上是爱自己，因为所爱之人其实是自我的对象化。只要我们对爱情现象稍作一些观察，就会发现这样一些事实：第一，人们能从爱情中找到个人快乐、幸福、满足感。第二，爱情中的快乐，是人们用约会时间、甜言蜜语等主要投入，辅以花前月下、楼堂馆所等要素投入而生产出来的；第三，生产爱情的收益，取决于当事人在这方面的天赋和人力资本投资，如语言天赋、性爱技巧以及得自文艺作品的爱情观念。从上我们可以清晰地发现，爱情是一种投入与产出的关系。

"鲜花插在牛屎上"是爱情中的一种特殊现象,这可以从人的消费偏好与信息不对称理论中得到解释。不同的人或同一个人在不同的环境、不同时间里的偏好是不尽相同的,胖瘦高矮,各有所好。

从男女生理需求说,男人和女人是对方的合作者。婚姻是由两个单个的经济自由体结合的。人们在寻找对象之前,总是有意识或无意识地形成一种择偶标准,身体条件、社会条件和物质条件如何。身体条件主要包括年龄、身高、容貌、健康等,社会条件主要包括学历、地位、家庭背景等,物质条件主要包括收入、财产、职业等。在这些变量中,身体条件是随年龄增长而衰变的,是爱情婚姻中的减函数。社会条件和物质条件的增减是可以凭经验进行预期的。学历、地位、家庭背景的高低好坏以及收入、财产、职业等,预示着将来家庭收入及精神生活质量的好坏,即婚姻效用的大小。一般来说,男子对女方的选择较为重容貌,因为男人自信有能力养活对方,容貌能够给自己带来心的满足,还具有正的外部性(别人看着顺眼)。女人则更看重男方的社会条件和

爱情、婚姻中存在逆向选择,这是一种典型的经济行为。

物质条件，女人因其先天的生理构造，在社会生产生活中处于弱势，比较重视婚后的物质支撑。

在以上诸要素中，综合得分最高者，就成了抢手的商品，如"钻石王老五"，但我们必须看到，每一个要素都是可变量。理性的个人总是在自身客观条件的约束下选择合适的对象以实现婚姻效用的最大化。

从经济学的角度看，婚姻是一种交易。从找对象到结婚的过程就是一个寻找目标市场、考察双方需求、认同商品交换条件直到签订交换契约的过程。恋爱是男女双方各方面条件均衡和博弈的过程，结婚则是对爱情的一种确认，结婚证就是一个标准合同。现代人最主要的求偶方式是在婚姻市场上自由寻找，通过舞会、聊天等社交活动来寻找目标。近年来又出现了"玫瑰之约"一类进行婚姻速配的电视栏目，把婚姻市场的概念诠释得一清二楚，这对反对婚姻市场论的人们是一个沉重的打击。网络是一个新的婚姻市场，网恋的兴起源于低廉的搜寻成本。在网上搜寻一个异性只需要几秒钟，送一束电子鲜花根本不花钱，同时还避免了面谈的紧张和尴尬。有人做过调查，容易陷入网恋的大都是性格内向、工作繁忙、外表不出众的网民，他们在现实中恋爱比一般人需要付出很多。由于网络给人留下的想象空间太大，难以掌握对方完全、准确的信息，因此网恋者"见光死"的几率也非常大，交易成功率非常低。

恋爱中付出的不仅仅是感情

小锋和女友约好了晚上见面，下了班赶紧打车前往。见面是在那家人来人往的饭店里，他们花了一个半小时和180元钱。然后，他们逛商场，女友的收获是一件无袖短连衣裙、一双凉鞋、一瓶防晒霜和一个挂件。但她只要小锋送给她防晒霜，价值260元。

"血拼"完了要找个地方休息。放着悠扬爵士乐的酒吧两人都喜欢，来一扎啤酒，放松一下心情，腰包也一起松了一点。音乐迷人酒醉人，一不小心过了时间。第二天还得上班，又连忙打车回家。周末，请女友到他们说过好几次的一家西餐厅吃蜗牛和鹅肝，晚餐费是492元，当然好吃。但看看银行存款，形势比较"严峻"了，小锋马上意识到谈恋爱必须要像做生意一样搞成本核算，不然，一个月的工资还不够一星期见面用呢。

小锋刚刚开始谈恋爱就感觉到恋爱的成本太高，毕竟，他也是工薪阶层，有爱情还要有面包，有愉快当然也有烦恼，不过小锋付出的只是直接的显性成本。

恋爱的成本不仅包括这些构成直接货币支出的显性成本，还包括隐性成本，像恋爱过程中所产生的一些机会成本就是隐性成本。机会成本就是如果做这样的抉择而要放弃的另外一些东西，我们是否愿意为一份浪漫而甘愿放弃最爱的足球、网络游戏、赚钱、看电影、逛公园等方面的机会，这些都是恋爱的机会成本。恋爱过程中对对方的感情的付出，以及关心、体贴和心灵的煎熬等就是隐性成本，这些成本是必然会发生的，而且投入的感情越丰富，对对方的关心、体贴越多，所产生的隐性成本就越大。在谈恋爱的过程中，不管是显性成本还是隐性成本大都是一种沉没成本。

有一个女孩名叫萧儿，在一个周末的舞会上和一位名叫小林的硕士生相遇，萧儿高挑的个子、漂亮的脸蛋、修长的身材、优美的舞姿很快就把小林给迷住了，经过几次交往，他们就确定了恋爱关系。但是不久，小林就发现萧儿在和他交往时又和别的男人频繁地通过短信谈情说爱。于是，小林和萧儿分手了，后来，小林知道，萧儿与他谈恋爱只是为了他家庭良好的条件，希望能够在找工作上帮她的忙。再后来，小林偶然看到萧儿和另一位英俊的男孩手牵着手在漫步。原来，他只是一个萧儿利用的工具而已，这大大刺伤了他的心。

小林所付出的成本就是隐性成本，包括所受到的感情伤害，付出了过多的时间和精力，被对方利用，以及和与别的女孩谈恋爱的许多机会。像恋爱过程中所产生的一些机会成本也是隐性成

恋爱中的成本

如果将恋爱看作一场经济活动的话,那么它就相当于一种交换行为,当中自然就存在收益与成本的问题

恋爱的收益
- 找到自信、快乐和幸福感
- 得到心理上的满足和寄托
- 收获爱情生产出的种种效益

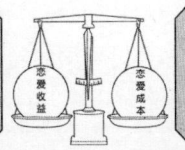

恋爱的成本
- 吃饭、购物等直接成本
- 为得到这份感情而舍弃的其他机会成本

当人们认为恋爱时所付出的成本大于恋爱的收益时,就会降低恋爱的欲望

当人们认为恋爱时所得到的收益大于所付出的成本时,恋爱的欲望就会增强

处于不同阶段的恋人们,恋爱支出也会呈现明显的落差

一般来说,刚开始恋爱时,恋爱双方约会的次数并不算多,因此这一时期的恋爱开销也就相对较小

热恋期恋爱双方会更重视修饰自己,加之约会次数越来越频繁,所以此时恋爱的消费成本是整个恋爱过程中最高的

当度过热恋期开始谈婚论嫁时,双方开始为组建家庭计划开支,自然就会削减日常不必要的花费,因此此时的恋爱成本就开始逐渐下降

恋爱成本一旦付出就很难再收回,如果恋爱失败,那么这些成本就将变为沉没成本。失恋的人应尽快忘记这些沉没成本,不要拘泥于已经过去的事情,及早走出失恋的阴霾,开始全新的生活

本。对于家庭条件好的小林来说，金钱的付出可能是比较次要的，而被对方利用、感情伤害、损失和其他女孩谈恋爱的机会等隐性成本更大。

一个人的感情被对方欺骗，所受的心理上的打击是很大的，人的感情是十分脆弱的，特别是在家庭中受到亲人特别多爱护的年轻人，真诚待人容易赢得他人的好感，但如果自己的感情被别人利用，要缓过劲来需要很长的时间，甚至于有人会因此不愿意再接触异性。女孩子谈恋爱时付出的隐性成本可能更大些，因为女孩子的青春和美貌只能持续一定的时间，如果对方不真诚待她，她的感情被对方利用，而且谈恋爱的时间太长，持续五六年甚至七八年，最后还是恋爱失败，不仅造成感情的严重伤害，也容易造成青春的损失和大量时间的浪费，还容易错失许多与别的男孩谈恋爱的机会，所产生的隐性成本是很大的。不管是男孩还是女孩，年轻的时候找恋爱对象较容易，年龄越大，找恋爱对象越难，过多的时间被一个恋爱对象浪费，却得不到回报，所产生的损失是无法用金钱衡量的。

男女交往中沉没成本的存在有其积极的一

经济学课堂

显性成本

显性成本又称外在成本，是指厂商会计账目上的实际货币支出，它是厂商在生产要素市场上购买或租用所需要的生产要素的实际支出。例如，某厂商雇佣了一定数量的工人，从银行取得了一定数量的贷款，并租用了一定数量的土地，为此，这个厂商就要向工人支付工资，向银行支付利息，向土地出租者支付地租。这些支出便构成了该厂商产生的显性成本。

隐性成本

隐性成本是一种隐藏于企业总成本之中、游离于财务审计监督之外的成本。是由于企业或员工的行为而有意或者无意造成的具有一定隐蔽性的将来成本和转移成本，是成本的将来时态和转嫁的成本形态的总和，如管理层决策失误带来的巨额成本增加、信息和指令失真、效率低下等。相对于显性成本来说，这些成本隐蔽性大，难以避免、不易量化。

面,也有消极的一面。正是因为沉没成本的存在,导致了一部分人不敢随便恋爱、结婚。由于和有钱的男人谈恋爱时,男人更大方些,沉没成本基本上由男人付出,所以,有的年轻漂亮的女孩会以谈恋爱为名,骗取男人的钱财。比如,有一位女孩不仅长相好,还特别能言善辩,看到哪位男孩比较有钱就和他交往,然后让对方为自己买这买那,过了一段时间,就随便找个借口和这个男孩分手。甚至同时和两三个男人谈恋爱,才21岁,她谈过的男朋友居然有十几个,通过谈朋友,她为自己赚取了不少物质上的东西。而她的假面具被揭穿是一次偶然的机会,她的两个男朋友在一起聊天时发现两个人的女朋友居然是同一个人。

恋爱过程中过多的沉没成本的要慎重,有时,由于受"情人眼里出西施"等光环效应的影响,处于爱情中的男女容易头脑发热,失去判断能力,自己被他人利用了也不知道,不仅产生了巨大的沉没成本,还会产生社会成本。所以,恋爱中的男女需要理性地看待恋爱中的沉没成本,既不能太小气,又不能太大方。

恋爱的时间价值

随着市场经济的发展,随着个人之间竞争的激烈,人们越来越认识到时间就是金钱的道理。因为,时间是最为稀缺的资源之一,人们学习、工作、休息都需要时间。由于时间稀缺,所以时间就是金钱,节约时间可以创造财富,节约时间也就等于创造了财富。对于一些从事复杂工作的人来说,时间更值钱。英国沃维克大学的杨·沃克教授由此推导出一个时间的价值公式,并计算出英国男人每工作一小时的平均收入是7.2美元。一般来说,如果工作的技术含量比较低,那么其时间的价值就比较低,如果技术含量比较高,那么,其时间的价值也就比较高。就是在中国,也有很多白领阶层愿意用金钱来购买时间,比如请保姆。

不仅个人的时间有价值,就是钱也有时间价值。比如,我把钱借给另一个人,那么我就要损失我用钱的机会成本,这个机会成本就是一种价值。所以,银行贷款给企业要向企业收取利息,这个利息就是钱的时间价值,也被称为贴水。再比如,某人的票据还没有到期,但他急着要钱用,那么他到银行去贴现时也要付给银行贴水。

对于恋爱中的男女来说,时间的价值更是表现得特别明显。比如,某人要约女朋友见面,在哪个地方、什么时间,必须记得很清楚。如果他迟到了,他的女朋友也会认为她在这个人心目中的位置还不够高,心里就不免有些不愉快,若是他能够早5分钟,仅仅就是5分钟,她也会认为这个人对她很在意,心里就会舒畅很多。但是,在现在这个时间就是金钱的社会,他的时间也是有价值的,他与女朋友的约会就存在一定的机会成本。因为,如果他不与女朋友约会,他可能会与生意上的朋友一起聚会,或者要很好的同学聚会,或者他在这个时间内加班加点可以赚到不少的加班费,而这些聚会和加班就是得到财富的机会,也就是其金钱的损失。这也就是他约女朋友的机会成本,或者说很可能是他约女朋友的沉没成本。如果一个男人很在意他的女朋友的话,那么损失一些钱根本不在乎,有时,事业有成的年轻男人,为了与女朋友约会,宁愿丢掉一笔很大的生意,只不过为了早到几分钟而已,这时,这几分钟简直就是无价之宝。

谈过恋爱的人都有一种感觉,与女朋友约会的时间好像过得特别快,一个上午就像是几分钟,一晃而过;而等公共汽车的时候,就是十几分钟也好像有一个小时。这是因为,与女朋友在一起的时候心情特别好,有一种十分美妙的感觉;而在等公共汽车的时候,那种等待完全是一种心灵的煎熬。有的人甚至在几十年之后还对当年与女朋友约会时的种种情形,如女朋友的某种举动、女朋友穿的衣服、女朋友说过的话都记得清清楚楚。这说明恋爱中的男女,其时间的利用效率相当高,其时间的价值很大。为什么人们在恋爱时的时间利用效率那么高呢?这是因为恋爱中的男女,其全身细胞被高度激活,如果在平时,人们身体上的细胞只有30%在工作的话，那么在恋爱时，男女身上的细胞有90%以上处于工作状态。在这时，如果一般英国人每小时的时间价值是7.2美元的话，则处于热恋中的男女的时间价值可能是720美元，甚至更多。比如，某个男人为了与女朋友约会，损失了一桩50万美元的生意，那么，他与其女朋友约会的机会成本就是50万美元，或者说他与其女朋友约会的时间价值就是：V = 50万美元。因为，他与女朋友约会的良好感觉大于50万美元的损失。这真可谓是"春宵一刻值千金"。

谈过恋爱的人都知道，在恋爱的过程中，刚开始时，自己对对方的想念和依恋程度还不算大，其时间的价值也就不算高。随着交往的深入，逐渐地，这种想念和依恋程度越来越大，甚至是到了难舍难分的程度，"相见时难别亦难"，这时，其恋爱的时间价值最高。但随着时间的继续推进，双方的想念和依恋程度都会降低，于是，恋爱的时间价值也就逐渐降低。所以，恋爱的时间不是越长越好，而是有一个度，有的情侣可能一年是最好的时间。一般来说，半年到一年半内最好，超过了两年，成功的概率反而更小。这也和一方对另一方的想念和依恋程度有关，即在一方对另一方最为想念和依恋时，也就是他们的热恋时期，最好定终身。如果过了这个时期还不走向婚姻的话，那么他们结婚的可能性反而会大大降低。这种状况可以一条曲线来形象地说明，见右图。

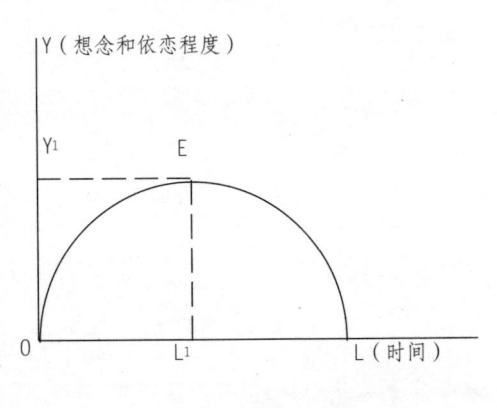

如图所示，纵轴 Y 表示一方对另一方的想念和依恋程度，或恋爱的时间价值；横轴表示谈恋爱进行的总时间。如果两人谈恋

爱的最佳时间是一年（L1），即其想念和依恋程度在一年时达到最大（Y1）。也就是说，一年后二人恋爱的时间价值就会逐渐降低。所以，结婚的最佳点是 E 点。这正说明了"花开堪折直须折，莫待无花空折枝"的道理。因为，如果恋爱时间拖得太长，双方对对方的信息会了解太多，自身的一些缺点也可能暴露无余，原来美好的形象逐步降低。另外，也可能双方都会把自己的恋人与他（她）所接触的别的异性进行比较，可能发现，别人有更多的优点。甚至有别的异性对某人的恋人发动进攻。总之，不可预测的可能性就会增加，恋爱成功的风险也会增加。

所以，聪明的男女深深地知道恋爱的时间价值，在爱情温度达到 90℃时赶紧催促对方准备结婚，确定他们的终身大事。超过了 100℃，爱情之水就可能蒸发了，一旦变成了蒸汽，就会飘走。准确地把握恋爱时间，既可避免沉没成本的产生，又可增加恋爱的成功率，还可以看出对方是否真心。如果不精于此道，恋爱的成功率就会比较低，最后吃亏的是自己。

第七章
婚姻中的经济学

婚姻的风险

经济学家们通常用效用递减论来解释婚姻的衰变。边际效用递减规律是经济学的一条基本原理,说的是人们在消费同一种商品时,其效用随着单位数量的增加而递减。比如一个饥饿的人吃包子,第一个很好吃,效用最高,感觉最好,越到最后越没有感觉,如果继续吃下去,就会恶心呕吐,产生负效用。如果我们把这条规律套用到爱情上,就会得到相同的结论,爱情的满意度随着时间的推移而降低,初尝恋爱的滋味一辈子不会忘记,年久月深,慢慢成了习惯,没了感觉,就像"左手摸右手"。既然在一起味同嚼蜡,各自另觅甘果,离婚也就顺理成章了。

婚姻变故的另一个原因,经济学往往用信息不对称来解释。几乎所有的西方经济学教科书在谈到信息不对称时都会提到二手车市场这个经典模型。在二手车市场上,车主总是比买者更了解车况。在对车况不太了解的情况下,吃亏的总是买主。男女恋爱过程中,双方既是车主,又是买主,他们总是隐瞒那些对自己不利的信息,公开或放大对自己有利的信息,如掩饰自己的缺点,张扬自己的优点。对方看到的往往是完美的你,正所谓"情人眼里出西施",连情人头上长的虱子都是双眼皮的。有一些信息是难于捕捉到的,比如性格偏好、对父母的孝顺、发展潜力等信息。可一旦婚姻交易成功,进入了制度框架的约束内,双方的缺点就会慢慢暴露出来，如果这些缺点不算大事倒也罢了，人们总是宁愿修修补补，继续维持下去。倘若严重影响到婚姻生活质量的话，那么，重新选择另攀高枝就在所难免了。

这里又涉及到一个新的问题，就是离婚的成本问题，这些成本包括因离婚给各自带来的经济损失和名誉损失。离婚的成本主要包括4个方面：一是婚姻合约前的沉没成本，主要是双方在实现婚约中的交易成本，婚姻持续时间越长，沉没成本越大。二是道德成本，即因离婚导致的品头论足，亲人和同事对你的舆论等。三是离婚对家庭、对自己心灵伤害的成本以及对下一次婚姻的负面影响。四是解除婚约的交易成本，如诉讼的费用、耽误的时间和精力等。如果离婚成本太大，人们就会继续维持下去，特别是在把离婚与道德问题联系起来的环境中，很多人会选择不离婚而维持"白开水"式的婚姻。倒过来看，如果离婚的成本为零，就不会有人结婚。

总之，婚姻是一种交易，而任何交易都是存在风险的。婚姻的制度约束及婚姻的性质决定了婚姻只允许有唯一的赌注，一着不慎，满盘皆输。所以，婚姻双方应慎重考虑并作出理性而充满真诚情意的行为。

人为什么要结婚

1992年的诺贝尔经济学奖获得者贝克尔说："由于男人和女人为寻找配偶而竞争，所以可以假定婚姻中存在着一种市场。"其实，在现实生活中婚姻市场的存在已无需假定；各类婚介所或婚介公司的涌现，足以说明婚姻市场的实实在在。他还说，一个人"当结婚的预期效用超过继续单身的预期效用或再找一个更为合适的配偶的预期效用时，他就会决定结婚……结婚的收益来自于在投资于非市场活动的时间和获取市场物品的力量方面，男人与女人之间的互补"。

人为什么要结婚？是因为看重了婚姻的收益。

但是恋爱婚姻是需要支付成本的，包括时间、金钱、财物等。你要约对方见面，得牺牲一些时间，还要请对方吃饭喝茶。为了给对方留下一个好印象，你还要刻意修饰一番，比如买件体面的衣服等，这些都是直接的成本。你为了追求对方，必然要放弃做别的事情，放弃对另一个目标的追逐，这是机会成本。从寻找目标到谈恋爱到结婚，都是成本的耗费过程。为了降低交易成本，出现了婚姻介绍所，出现了电视速配。在成本和收益的比较中，人们不会做亏本的买卖，时间多，金钱多，爱情光顾的机会也更多。由此看来，结婚的更主要的原因是收益大于成本。

选择结婚和选择单身都是人们在成本与收益之间权衡的一种理性的选择，结婚的目的在于希望从婚姻中获取最大效用。结婚给人带来的收益是十分明显的，大体上可以归纳为5个方面：一是获得性的满足和情感的寄托。婚姻使性伴侣长期化、稳定化，使性生活安全化。特别是在艾滋病威胁人类的今天，稳定健康的性伴侣对双方都有好处。二是能够获取规模经济效益。具有不同专业化优势的、在能力与收入方面存在差别的男女，通过婚姻的形式可以使双方的收益达到最大，是一个互补双赢的方案。最明显的例子是，两个人在一起的生活成本降低了，比如住房和家具，一个人生活用一套，两个人生活也是用一套。再比如男主外女主内，或者女主外男主内，要比一个人既主内又主外效率更高。三是互相提供信用，协调人力资本投资的收益，比如一个人支持另一方做生意，最后实现总效用的增加。四是起到防灾保险的作用，比如一方生病了，有人照顾，并且在因生病的失业状态下有人支付医药费用。婚姻作为耐用消费品，具有逐渐积累增值的特点，在规模效应的推动下，婚姻的某些独特效用会逐步显现出来，比如情感的寄托、家庭的福利、知识和智慧的交融、小孩带来的乐趣，等等。有了那么多的好处，大多数人当然选择结婚了。

夫妻婚姻生活能不能保持稳定，主要是在"交换"价值上能不能保持平等。从经济学角度来看，婚姻生活就是"交换"，即双方的付出和得到的"交换"。如果有一方付出和得到极为不平衡，心理就很容易失衡，久而久之，婚姻就会出现裂痕。拿离婚来说，我们常常看到，总有一方认为自己付出了多少多少，结果什么也没得到，对方则是"狼心狗肺"，一点儿都没有良心。女方说，我起早贪黑，为了孩子，操持家务，你多拿几个"子儿"，就夜不归宿，拈花惹草。男方也许认为，我票子拿得比你多，偶尔花心一下，也没什么可大惊小怪的，可以跟你扯平。实际上，这本身就是经济学的一个命题。女方收入少，但由于花在家庭的劳动多，而这部分劳动本身就是机会成本（至少不应低于保姆费），所以说是有经济价值的，可以折算成金钱。而男方之所以有些"牛气"，恰恰是忽略了女方这部分经济价值，因此"偶尔花心一下"不仅不觉有愧，还有那么点儿理直气壮。

选择结婚和选择单身都是人们在成本与收益之间权衡的一种理性的选择。

实际上，结婚是一个双赢方案，因为出于自愿，并且双方受益。结婚的收益，更集中地体现在"规模效应"上——"两个人单独生活需要两套厨具，两个人结婚后只需要一套厨具"，这就是规模效应。至于谁结婚受益更大，从经济学角度上看，应该是经济不独立的一方受益更大。

单身女子的经济学分析

感情的问题，同样也是利益权衡的问题，只不过这里的利益包含了感情而已。爱情和婚姻就像其他人类行为一样，寻求的是实实在在的收益，必然经由理性的选择，并符合经济学效用最大化的理性分析。在经济学家看来，单身同样是一种经济理性的选择。

泛泛的一次性的男女间感情交往就像是购买日用消费品，而婚姻好比是购买耐用消费品。婚姻是需要很大投入的产品，包括丧失某些个人的自由、时间投入、资金投入，在茫茫人海中搜寻中意的男子必需的搜寻费用，找到之后的交往费用，另外婚后每天培养感情还需要投入一些流动资本。

这里对单身女子的界定是27岁以上未婚或离异的女子。18岁还没谈恋爱的女子，她怎么可能就成了单身，她的经济怎么能代表单身女子经济？

单身女子走入婚姻的机会成本更大，所以宁愿选择单身。一般来说，这个群体的收入高于普通群体，正是因为经济上的独立性这个前提条件，使她们无须依赖男性，而对婚姻挑三拣四。旧时代的女子单身极少，因为女子一无所有，完全没有经济地位，嫁给男人，失去的是自由，但可以得到饭碗。在现代社会，一个优秀的职业女子面临许多选择，她有很好的工作机遇。对于商家来说，让女人变美永远是最佳的卖点，对于单身女子来说，就更是这样。

单身女子在交友上的费用会高于同龄的已婚女子。情感交流是人的一种天然心理需要，因为不存在婚姻这样的耐用消费品，单身女子就需要用交友这样的日用消费品来替代。所以，我们看到，已婚女子出门很少，一般都在家中相夫教子，而单身女子则经常会出现在各种热闹时尚的场合。当然，对于一些对婚姻还心存期望的单身女子而言，交友还包含着搜寻的动机，搜寻她的耐用消费品。她购买日用消费品，真正的目的却在于寻找到自己的耐用消费品。

此外，她们为失衡的心灵找回心理平衡的投资更多。单身女子的感情和事业更容易出现失衡状态，这时她们需要看心理医生、找朋友倾诉、买玩具狗熊或者养宠物，她们还需要酒和药品，比如镇静药、安眠药。她们用阅读来排遣的时间会比已婚女性多，用于CD、DVD的投资也会更大。当心理失衡到一定程度，婚姻也许会成为单身女子的新的选择。一个单身女子到了整夜独自看碟

为什么"剩女"越来越多

"剩女"有两种类型

- 迫不得已被"剩下"：由于自身相貌、性格、背景等原因，迟迟没有恋爱结婚的机会，因而被"剩下"
- 不愿结婚，自愿被"剩下"（较为多见）：这类女性大多能力强、收入高，并且有一定的社会地位，各方面条件不输男性，甚至拥有超于多数男性的资本和地位

婚姻是需要很大投入的产品，而一次性的男女感情交往就像是购买日用消费品，投入相对要少很多

↓

对于这类女性来说，让她们走入婚姻的机会成本会更大

单身女子独自生活，也要付出一定的成本

交际成本	换取心理平衡的成本	养老投资
每个人都有情感交流的需要，单身女子因为存在婚姻的耐用消费品，就需要用交友这样的日用消费品来替代，因此就会常常出现于各种交际场合，这就需要付出一定的时间和金钱	单身女子的感情和事业更容易出现心理失衡的状态，这时她们就需要看心理医生、找朋友倾诉或寻找其他的物质和精神寄托，来维持精神上的轻松愉快	婚姻是人类社会最早的社会保障措施。单身女子没有可指望的婚姻，对未来的担忧会更多，所以会想办法为自己保障，如购买住房、社会保险等等

的地步,她很可能会现实地开始考虑建立一个家庭了。

最后,单身女子为未来与老年的保障投资得更多。婚姻其实是人类社会最早的社会保障措施。单身女子没有可指望的婚姻,她对未来的担忧会更多,她会想办法为自己保障。一般说来,男性会中意带来更大活动空间的车,但是女性一定更中意于买房,以获得安全保障。如果到了一定年龄,比如35岁以上,她会开始为养老做安排,会更愿意购买社会保险。所以,她们其实是保险的重要市场消费群体。

和谁结婚最"划算"

结婚是年轻人走向新生活的开始,要组织一个新的家庭,有更多的生活压力,要生儿育女,为日常的生活而奔波、劳累。成立一个新的家庭,年轻的夫妇就得靠自己筹划日常生活,靠自己抵挡外面的风风雨雨,靠自己赚取收入,将来还需要为自己孩子的事情操劳、分心。所以,结婚是一个人的终身大事,往往关系到一生的幸福,正确的选择十分重要。俗话说:"女怕嫁错郎。"其实,男也怕"娶错妻",起点错了,结果必然大相径庭。况且,结婚可不是买商品,款式和大小不对可以换,有些商品可以保修一段时间,可以退货。婚姻可不容易换,也不能保修,更不容易退货。

不同的时代、不同的人群找结婚对象也各不相同。过去,找结婚对象讲究的是门当户对,为什么需要门当户对呢?因为,结婚就像是开个股份公司,女孩嫁给男孩,就是选择一个东家,这个东家的发展前途怎么样,新开办的"公司"能不能越做越大,关系到她一生的幸福。男方也是如此,娶一个妻子也就等于吸纳了一个最大的股东,吸纳一个占据一半股份的股东进来,能不能提高整个家庭的规模和效益,能不能增值,也关系到其一生的幸福。门当户对就是实力相当的公司之间的产权重组,这种重组不仅可以相互利用对方的优势资源,达到一加一大于二的效果,而且不会引起太多的纠纷。门不当、户不对,就使门第高的一方会担心门第低的一方过多地分享其财产,甚至还会产生更多的担心,而门第低的一方又担心门第高的一方会欺负自己。

其实,现代社会,结婚与开股份公司是一样的道理,男方娶妻子,也是一项长期投资,既然是投资,就会追求收益的最大化,追求婚姻边际效益的最大化。对于男人来说,选择婚姻是一生中最大的风险投资。如果选择一位其家庭可以和自己相互补充的妻子,自己的不足可以得到女方的补充,从而增强家庭的整体经济实力;如果选择一位家庭优势和利益相互抵触的妻子,那么,其家庭的经济实力将可能逐渐下降,得不偿失。对于女人来说,选对象如同选"绩优股",选择一位知识、能力、财富等方面都有升值潜力的丈夫,自己的一生的幸福就有了保障。

现代社会的婚姻,应该门当户对,因为只有背景相当、资历相当才能比较匹配,最佳的方式当然是强强联手或优势互补。而且,结婚不只是两个人的事,和一个人结婚意味着和一家人结婚,结婚后要叫一个什么样的人做妈,和她为什么要选择你这样一个人做女婿,结婚之后有什么样的朋友、关系网等都很重要,非感情的因素也很多,如果男女双方的关系网能够通过结婚进行整合,产生更大的关系网,那是最好不过的事情了。所以,家庭背景相当也非常重要。容貌、表面的交流以及其他一些外在的东西容易看到,但两人在一起生活,就会暴露出许多从小形成的习惯,那些骨子里的东西是很难改变的,如果一方瞧不起另一方,就难免走上貌合神离的道路。婚姻和恋爱不一样,它不能光靠感情的冲动,而是冷静思考的产物。

选择婚姻涉及到财富、地位、健康、教育、相貌、年龄、性格、社会关系等因素,一般来说,门当户对也就是这些方面的对称。但互补的可能更好些,例如:有才的男人与有修养的女人;学历和能力高的男人与财富多、地位高的女人;年龄大的男人与年龄小的女人;外向的男人与内向的女人,或外向的女人与内向的男人;社会关系多的女人与能力强的男人;受教育程度高的男人与受教育程度低的女人等。优势互补可以产生婚姻。

那么，是不是女人嫁个有钱的男人就一定好，男人娶个漂亮的女人就一定好呢？有钱男人的婚姻风险更大，因为有钱男人选择的机会多，变化更大些；漂亮的女人也是如此，即其婚姻风险比较大。相对来说，女孩嫁给有钱男人的风险更大，原因很简单，女人嫁的男人越有钱，越意味着其投资的收益很高，必然要相应承担更高的投资风险。男人娶个漂亮的妻子，其无形资产的收益也比较大，容易产生光环效应，其价值自然大，但是，男人也必然承担相当大的风险。

选择婚姻涉及到财富、地位、健康、教育、相貌、年龄因素，门当户对也就是这些方面的对称。

结婚可以大大降低生活成本

结婚可以大大降低生活成本，两个人的衣服可以一起洗，两个人的饭可以一起做，两个人的时间可以相互搭配，充分利用，两个人的劳动可以相互补充。和睦的夫妻能够优势互补，充分发挥两个人的长处。比如洗夫妻两个人的衣服，不管是用手洗还是用洗衣机，都只多增加一点劳动、水、电等，比原来两个人单独洗衣肯定要省许多，就连洗衣机也可以少用一个；做饭也是如此，增加一个人的饭菜只是稍微加点数量而已，天然气、时间、油盐等成本并没有增加多少，比分开做饭也要省不少，两个人一起可以少买一个冰箱，而且，两个人可以多做几个菜，一起吃饭味道也增加了不少；两个人可以少用一张床，少用一套橱具，少用一台电视机等。男女做家务各有所长，分工合作，男人有力气，多干些清洁、打扫、搬运等体力活,女人更细心,多干些整理、洗衣、做饭等细致的劳动,能够达到利用各自优势资源、降低成本、提高效益的目的;走亲访友,两个人一起,可以起到一块钱当两块钱花的效果;夫妻二人一起购物,可以发挥各自的优势,一起商量、挑选,更容易买到价廉物美的商品。这种成本的节省,一天两天可能省不了多少,日积月累,经过十几年、几十年,省下的成本就相当可观了。

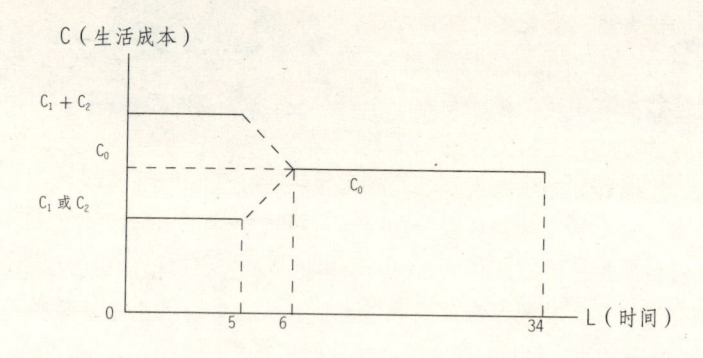

```
C(生活成本)
│
│ $C_1 + C_2$ ┐
│             │
│ $C_0$       ├─────•
│             │     │ $C_0$
│ $C_1$或$C_2$├─────┤
│             │     │
└─────────────┴─────┴──────────── L(时间)
0             5     6            34
```

如上图所示,横轴 L 表示时间,纵轴 C 表示男女的生活成本。为了简化一些,我们假定男孩 25 岁开始独立生活,女孩 20 岁开始独立生活,他们在谈恋爱和结婚之前已经独立生活了 5 年,两个人每天生活的直接货币成本都是 30 元,包括吃饭、洗衣、走亲访友、购物等,平均每天 30 元。一个月就是 900 元,一年是 10800 元;二人每天的时间支出是用一个小时做家务,按每小时 10 元的标准,其时间成本各自都是 10 元,一个月的家务劳动成本换算成货币就是 300 元,一年就是 3600 元。一年的总成本是 14400 元(C_1 或 C_2),5 年就是 72000 元。二人谈恋爱的时间是一年,由于谈恋爱时期的成本包括了部分对方的支出,不好计算,这里不予讨论。图中,$C_1 + C_2 = 28800$ 元。

如果男方 31 岁、女方 26 岁的时候,男女结婚组建了新的家庭。由于二人一起分担家务,饭一起吃,衣服一起洗,其他的活动也各自分工又合作，从而使其日常生活的直接货币成本降低了。假定其夫妻日常直接货币支出是40元，这样算是比较合理的，因为两个人一起时的日常开支只比单独一个人时稍微多些，那么，夫妻一个月的生活成本是1200元。由于时间可以相互利用，基本可以按原来一个人用于家务劳动的时间计算，即夫妻每天的家务劳动时间也是一个小时，则平均每人半个小时，也按每小时10元的标准，一个月是300元。生活总成本是1500元，其一年的生活总成本就是18000元（C0），平均每人9000元，比独身时的生活总成本14400元降低了5400元。从图中，我们可以看出，C0比C1和C2都只稍微高些，即夫妻二人的生活总成本比单独每个人的成本稍微高些。如果我们算到他们退休时为止，男人60岁，女人55岁，一共是34年，34年时间结婚比独身的生活成本共降低了183600元，整整18万多元。这里是静态分析，按不变价格计算的，如果加上工资收入和生活费逐渐上升、物价上涨的等因素的影响，这个降低的幅度肯定还要大许多。

良好的婚姻是以相互帮助、相互影响为基础的，并相互促进对方的进步与发展。男女双方都可以赞美对方的优点，纠正对方的缺点，共同促进对方的提高与发展。对方脾气急躁，由于幸福的婚姻生活和家庭港湾的抚慰，使得其脾气更好；对方工作动力不足，由于家庭的温暖使其干劲十足；对方生活习惯不好，通过妻子或丈夫的悉心纠正，生活习惯更好等。总之，由于有良好的婚姻和家庭港湾，夫妻双方都减少了学习、工作方面的失误，降低了沉没成本，同时相互资源的整合与相互帮助，使得双方的机会增加了，降低了机会成本。这些当然无法通过货币来计算，但夫妻双方可以切身感觉得到。

结婚是男女的资源重组

人们为什么要结婚？单从经济学的角度考虑，人们很容易会想到一个词"规模经济"。更重要的因素是具有不同专业化优势的、在能力与收入方面差别很大的互补的男性和女性,可以通过婚姻的形式,使自身及双方的收益达到最大化,这是婚姻存在的真正理由。除了分工可以节约总的劳动时间以外,互补性在婚姻中也占了重要的位置。我们在生活中经常看到,生意上成功的男人与漂亮妩媚的女人结婚;受过高等教育的男人与温柔而有教养的女人结婚;事业型女人则与家庭型男人结婚。实际上,互补性使结婚呈现一个双赢的局面,无论对男性还是女性都是如此。

男女结婚是开个股份公司,通过结合实现了资源的重组。那么,男女的结合实现了什么样的资源重组呢?首先是实现了物质资源的重组。包括男女两个人原来拥有的东西放到一块去了,比如原来两个人都有床铺、冰箱、洗衣机、柜子、书籍等,有多的,可以送给双方的父母、亲朋好友,或者便宜卖掉。两个人的存款可以一起规划使用,可以省下不少开支。少数男女双方都有房产,结婚了,有一套房产就够了,多余的那套可以出租、卖掉,使其固定资产得到了更有效的使用。有的女人原来家庭条件好,结婚带去一些嫁妆,也给男人增加了不少固定资产。如果男方经济条件好,有宽敞的房子,齐备的家当,女方一去就可以马上享受这些物质资源带来的好处。如果夫妻二人都是书呆子,书籍不少,又是学不同专业的人,其书籍放在一起,为两个人增加了藏书。如果男女双方属于不同的部门,一个在国有单位工作,一个在外资企业工作,在国有单位的一方有住房等福利待遇,在外资企业的工资高,这种家庭的物质资源重组就实现了最佳效益。

结婚也实现了二人的人力资源重组。不管夫妻双方人力资源相差是大是小,其人力资源合在一起,就可以实现资源的重组。教育程度高的男人与教育程度低的女人结婚,男人原来的家务劳动,妻子会承担更多些,因为丈夫的时间价值更高,妻子多做些家务,可以让男人实现更多的价值,丈夫还可以帮助妻子提高教育水平;外向的女人与内向的男人结合,女人可以为丈夫打开人际关系的局面;能力强的男人与财富和地位高的女人结合,男人可以更充分地发挥其能力，为双方增加更多的财富，其地位也更容易得到提高；年龄大的男人与年龄小的女人结婚，男人的成熟稳重与女人的活泼可爱可以相得益彰；能力强而不爱打扮的男人与气质好的女人结合，女人可以改变男人的形象，使男人得到更好的发展机会；创业的男人与贤惠的女人结合，男人可以全身心地投入到创业中去，女人悉心照料丈夫和孩子，使家庭既富裕又温馨。

男女的结合，还可实现二人的信息资源重组。比如，男女属于不同的单位，一个在国有单位工作，一个在私营部门工作，二人所吸收的信息就可以实现互补：一方可以从另一方了解私营部门的状况，有利于更好地开展工作；另一方可以从对方了解国家的方针政策及其他相关情况。男女双方在不同的单位工作，往往双方的信息可以互补，相互借鉴。学不同专业的男女结合后，也可以实现信息资源的共享和相互利用，由于两个人都对其专业领域的信息掌握更全面，相互借用，可以扩大其信息资源，起到一加一大于二的效果。

男女结婚后，还可以实现人际资源的重组。男女结婚在某种程度上就是男女双方所有社会关系的结合，使双方的人际资源基本上扩大了一倍，如果整合得好，可能不止是一倍。那么，这个家庭需要亲戚和朋友帮忙的时候，男女双方的社会关系都可以及时调动，如果男女双方家庭原来的人际资源都十分丰富，这种人际资源的重组就是强强联合，可以最大程度地实现规模经济。

如果，我们从经济学的角度将婚姻看作是一种持续增值的经营活动，那么"门当户对""百年好合"也就是要求双方都可以给对方的增值提供优势资源。相反，贫贱夫妻的结合，意味着双方都无法对对方的增值提供优势资源，其结果往往是持续的贬值，甚至于未来日常的生活细节打打闹闹，最终使双方失去耐心，成为悲哀的、不幸的、失败的婚姻。

结婚的收益正是来自于男女之间优势资源的整合。美国的婚姻问题研究者通过近25年的调查发现，当问到美国人评价他们的生活质量时，最珍视的是什么时，"婚姻"总是答案的首选，先于朋友、工作和金钱。而英国的研究人员给出了一道财富婚姻的方程式：拥有爱情或美满的婚姻所带来的年收入或幸福程度相当于男性收入的167%，而离婚或者丧偶对于女性的打击相当于失去工作的4.25倍。甚至有人说："现在是夫妻共同创业赢得财富的时代。"的确，夫妻优势资源的重新整合，不仅可以产生规模经济效应，更容易产生一种优势资源效应，使其整体资源在市场上更加稀缺，而一旦家庭控制了资源的稀缺性，其财富必然迅速增值。

从"七年之痒"看婚姻

有人说婚姻是爱情的坟墓，两个人在谈恋爱时，花前月下，恩爱有加，卿卿我我，浪漫有余，其身心何其愉快。但一结了婚，往日的爱情温度逐渐降低，一方追求另一方的热情没有了，而日常生活的琐事常常搅得夫妻二人心烦意乱，为工作、为生活而奔波，使夫妻二人都没有那么多时间放在两个人的感情上。夫妻生活已经过了7年，或许，孩子也快到上学的年龄，有的开始上小学了，这时，夫妻二人进入了中年时期，工作的压力、生活的压力是一生中最大的事情。上有老，下有小，男人也到了开始事业收获的时期，如果仍然一无所成，即使妻子不说，自己的心理压力也会增大。当爱情在婚姻的长河里从起始的热烈、激情肆意到慢慢的平淡、水波不兴，当夫妻由于生活的重压、琐碎的杂事、孩子的出生等原因，从恩爱有加慢慢到冷漠、缺乏激情，我们拿什么来维持我们的婚姻呢？这时，一部分人可能感觉到婚姻就像是一个枷锁，是围城，有的就想从婚姻的围城中冲出去。所以，"七年之痒"是婚姻最容易出现风险的时期。

那么，婚姻的风险是如何产生的呢？应该说，人们结婚在很大程度上是冲着对方的优点来的。有人冲着对方的能力结婚，有人冲着对方的爱意结婚，有人冲着对方的善良结婚，有人冲着对方的才华结婚。通过几年的婚姻生活，对方的稀缺资源在很大程度上满足这个人的欲望，对方的稀缺资源已经不再稀缺了，因此，这些资源在其心目中的吸引力也可能逐渐降低。在这种情况下，如果不采取其他的措施来弥补相互之间的距离，婚姻的风险自然增大。

最主要的因素就是夫妻双方的平衡可能被打破。如果丈夫结婚后，妻子全身心地做一个贤妻良母，把所有的时间用在家庭上，自己的经济和社会地位完全依赖丈夫，而丈夫由于全身心投入工作，工作十分出色，社会经济地位迅速提高，接触的异性也越来越多。这时，夫妻双方原来的平衡被打破，如果这个男人经不起诱惑的话，婚姻的风险自然产生。也有妻子首先打破平衡的，如果年轻漂亮的妻子以前是冲着男人的地位、学历、户口来的，她找这么一位老实巴交的丈夫只是为了在城市里谋得一席之地，活泼外向的妻子随着交际圈的扩大，逐渐发现身边的男人窝囊无能，其婚姻自然产生风险。这两种情况都是一方的边际效用在上升，另一方的边际效用在下降，夫妻之间的平衡被打破，而产生婚姻风险。

真实的世界里，我们常见到这样的情况：爱情还有，温馨全无，离婚仍远。他或她，在对方的眼里已经变了，有两种情况，一是对方真的变了，二是自己变了，从而看对方的位置也变了，双方的吸引力正在递减。

在一个家庭中，家庭权力也是一种资源，而夫妻吵架的原因就是资源的分配不公。家庭资源的分配绝对不能以为平分秋色就是公正，就会是和睦的保证。妻管严的家庭不会吵架，这时妻子拥有绝对的家庭权力资源。绝对夫权制的家庭，妻子的反抗就是"忍气吞声"，也不会有吵架。多数的家庭表面上是共同掌权，实际上是"分庭抗礼"。有资源分配的地方，就有不平衡，家庭的不平衡似乎只有通过吵架来调节。"家丑不可外扬"，这一下就堵塞了外部力量调节的可能性，更何况"清官难断家务事"，于是产生

恋爱的边际效应递减

恋爱有时就如同喝水一样

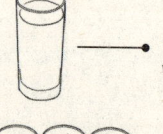

口渴时喝下第一杯水的满足度最高,也会对水留下最深刻的印象

喝下第三杯水时,此时口渴已经大大得到了缓解,因此满足度也就不如之前那样高了

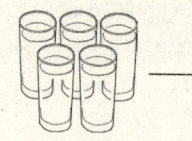

当喝下第五杯水时,此时你很可能已经喝饱了,此时喝水非但不能增加满意度,反而有可能使满意度降低

在恋爱的过程中,第一次碰到的人就是给你第一杯水的人,这种印象是难以磨灭的。而当第二次、第三次恋爱发生时,你已经喝过足够多的水,爱情的边际效用早已递减到很低的水平

恋爱的满意度是随着恋爱次数增加逐渐递减的

纵轴:恋爱的满意度
横轴:恋爱次数

从边际效用递减法则来讲,每增加一次爱情消费所引起总效用增加的部分将会逐渐递减

保鲜剂

很多人在结婚后渐渐失去激情,易出现"七年之痒",所以要想爱情维持长久,就要想办法给爱情找点保鲜剂

婚姻风险。

现实中很多情况下，夫妻保持着婚姻的外在形式只是为了孩子。对于幸福的婚姻，孩子增加着双方的幸福程度；对于不幸的婚姻，孩子只是保存着婚姻形式本身。孩子增加了双方共享的不可分割资源，有利于增进夫妻感情，也增加了夫妻离婚的成本。

要降低婚姻的风险，必须正确看待七年之痒。在自己的稀缺资源减少后，能不能增加别的稀缺资源。比如，对方对女人的气质也有比较大的偏好，可以着力提高自己的气质，或者通过其他方面能力的增长来增加自己的吸引力。夫妻双方原有的平衡被打破后，如何维持一种新的平衡，需要自己认真分析，找到自己吸引力下降的原因，多渠道增加自己在婚姻中的砝码。比如，寻找对方的心理需要，让自己对对方的关心最适合其心理需求，或者把孩子培养成才，让对方更爱孩子，以孩子的成长平衡夫妻之间的关系等。

不管年龄多大，性生活在维持婚姻关系中始终占有重要地位。根据美国的一项调查，夫妻之间的性生活从每月一次增加到每周一次，其幸福值的递增，相当于在银行存入了5万美元。长期的有性婚姻关系每年提供的幸福感大概值10万美元，而无性的婚姻和离婚者在感情上的损失每年是6.6万美元。女性更看重性生活所带来的幸福感。所以，维持适度的性生活，并提高性生活的质量，自始至终是降低婚姻风险的主要途径。

有人说，"七年之痒"是婚姻裂变的窗口，又是两个人的大磨房，唇齿相依需要磨合，也许这磨合就是相互谦让，但是，这种谦让，不是妥协，而是爱的深度，真实的生活中有一种爱，是给予而不是麻木地接受，是一种对平凡生活的需求和适应。

夫妻过招：婚姻中的博弈

夫妻之间尽管由于各种不同的原因走到了一起，夫妻之间在生活、习惯等方面的磨合有好有坏。有的夫妻恩恩爱爱，和和睦睦；有的夫妻时而磕磕碰碰，时而恩爱有加；有的夫妻床头吵架床尾和；有的夫妻常常吵吵闹闹，但谁也离不开谁。不管夫妻之间恩爱的程度如何，夫妻毕竟不是一个人，是两个人，由于男女之间的差别、成长环境、性格、偏好等多种因素的复杂影响，夫妻之间在和的条件下，也有很多自己的小懒散。

最简单常见的就是夫妻做得久了，觉得老夫老妻了，也就是这个样子，平平淡淡，说"我爱你"好像没有这个必要，毕竟那是年轻人的事情。年轻时期，一到情人节，丈夫总忘不了给年轻、漂亮的妻子买束玫瑰花，浪漫浪漫。老夫老妻，就没有送花的必要。难道老夫老妻就不需要浪漫吗？并不是这样，老夫妻也需要不时来点浪漫。有了浪漫，夫妻二人都会心情愉快，两情相悦。如果一方对另一方做出的传情表示或友好表示，没有任何反应，就会刺伤对方的感情；当一方对另一方进行婉转的表达时，也许对方理解错了其意思，就会对其另一面的话语根本不在意。当妻子在丈夫在场夸别的男人多么帅时，其潜台词可能是丈夫不能老盯着漂亮女人看，或者丈夫需要改善一下自己的形象；当妻子说某个男人很善解人意，嫁给他的某某女人真幸福时，其言外之意是丈夫对她的体贴不够；当男人在妻子旁边说某个女人的衣服很漂亮时，其潜台词是妻子需要打扮得更好些。

夫妻之间的较劲主要的是对家庭控制权的较劲。丈夫占绝对控制权的家庭，妻子只是服从和让步，只要这个控制权始终维持，家庭就比较稳定；妻子绝对控制的家庭，丈夫也只能忍让。更多的是夫妻双方谁也控制不了谁，二人的实力相差不大，或时高时低，特别是两个人都有工作、有收入的"双薪"家庭。在这种家庭，对家庭控制权的争取就可能在夫妻之间展开。现在，我们假定这对夫妻是实力对称的，见右图。

如图所示，我们假定这对夫妻为争夺家庭的经济控制权而较劲，由于两个人都有工作，有收入，其控制权就是争夺保管存款的权力，如果一方交出其存款权，得－10，另一方也交出银行存

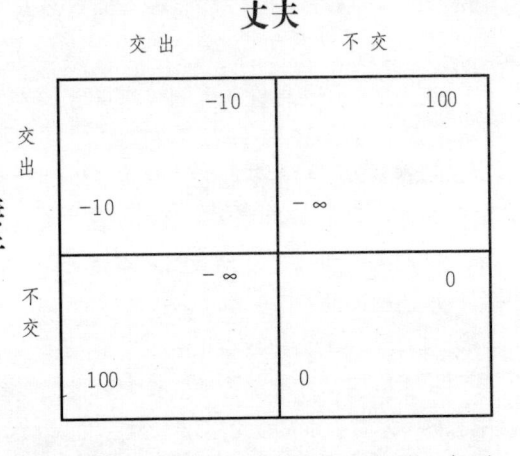

款权，也得-10；如果一方不交出，另一方交出，不交的一方得100，交出的一方得-∞；如果双方都不交出存款权，双方都得0。在这里，夫妻双方

	丈夫	
	交出	不交
妻子 交出	-10	100 / -∞
妻子 不交	-∞ / 100	0 / 0

展开的是控制家庭财产权的算计，所以，一方交出，而另一方不交出，因为，交出的一方，其财权被对方剥夺了，只能在用钱的时候向对方要点钱用，一方交出存款权，另一方就不用交出，交出的一方就是最大的损失，得-∞。如果两个人一起交出存款权，大家共同保管，大家都有一定的损失，所以，各得-10。夫妻二人的收入各管各的，各用各的，二人都得0，谁也没有得到好处。

有的夫妻都会交出财政大权，时而你管，时而我管，或者不分彼此，相互之间多支出、少支出从不计较，这种比较恩爱的、双方都宽宏大量的夫妻，就没有为争夺家庭中的财权较劲。有的夫妻实行AA制，各管各的，各自的亲朋好友各自打发，互不干涉，孩子的上学费用、两个人一起的请客送礼费用、家庭购买大件商品，两个人都平均分摊。调查数据显示，在"谁拥有家庭实权"一项上，中国的家庭中31.3%的家庭实权掌握在丈夫手中，52.6%的家庭是"差不多"，只有16.1%全部由妻子做主。

夫妻之间的较劲还可能在孩子身上展开。比如，丈夫为孩子买了个玩具，孩子乐坏了，妻子觉得丈夫是在笼络孩子，怕孩子偏向丈夫，妻子就可能抽个机会，带着孩子去麦当劳吃一顿，然后，跟孩子说："是妈妈好还是爸爸好呀？"如果孩子乐开怀地回答说:"妈妈好。"妻子还可能下回带着孩子再去吃麦当劳或肯德基。

夫妻之间还可能在孩子的教育问题上较劲。比如,男人认为:"打是亲,骂是爱,不打不骂是祸害。"要对孩子严加管教,孩子学习成绩不好,打孩子屁股,骂孩子说:"这么懒惰成性,长大后看你怎么去娶老婆。"妻子看到孩子被丈夫打骂心疼,赶紧护着孩子,拉着孩子到一边说:"我的乖乖儿听话,成绩差点不要紧,以后你准能超过别人,可别学你爸那样懒惰。"有的丈夫要求子女学好数理化,长大后一定会有出息,而妻子又要求子女学好电脑、外语,学电脑、外语赚钱多,长大后找工作容易。在这样的环境中,孩子左右为难又疲惫不堪。

日常生活中夫妻之间的较劲更多:买东西,妻子想买价廉物美的,丈夫想买名牌商品;去旅游,妻子要去桂林,丈夫要去看一望无际的草原;过年过节请客,她想先请她的姐妹们,他要先请他的哥们儿。在夫妻俩意见不统一的时候,可能一方先让步,下一回对方又可能让步,如果两个人都不让步,就会吵架。夫妻生活是一门艺术,恩爱和睦的夫妻需要双方的谦让,相敬如宾,相互体贴。

离婚、再婚的代价几何

为什么婚姻是一个长久性的契约?为什么男女双方不能通过协商决定,在一起共同生活一段时间,在各自发现了更好的伴侣后又可以分手,从而使双方的满足程度更高,使婚姻资源实现更有效的配置呢?

从某种意义上来说,传统的婚姻是这样一种合约,即丈夫或妻子可以起诉对方没有履行合约所规定的责任和义务,例如,妻子可以向有关部门反映丈夫没有履行赡养义务,没有履行抚养的责任。但是,任何的合约都不可能把所有双方需要履行的责任和义务用白纸黑字写出来。实际上,传统的婚姻大多数存在相互妥协、忍让的地方，而且社会和道德的制约因素往往限制人们进行更多的选择和更换。况且，在传统的婚姻中，男女的分工是一种天然的分工，男主外，女主内。配偶是其专用资本或固定资产，这种专职性，没有更多的取代余地，男人不可能让别的女人为自己洗衣做饭，照顾孩子。

但是，随着市场经济的发展，社会分工的细化，家务劳动完全可以从市场购买，可以到外面吃饭，可以把衣服拿到干洗店，还可以请保姆做家务。更主要的是随着社会越来越开放，人们的思想也更加开放。过去，中国人谈"性"色变，但现在，性在人们的生活中占据着重要的地位，婚姻也与性生活的满足程度息息相关，因为性是人最基本的生理需求。一些人为了追求性的满足感，找到自己的幸福，选择了离婚。再加上人们独立、自由心理的需求增强等因素，现代社会的离婚率逐渐上升。

2001年，"后现代社会"的日本离婚率才0.23%。而传统上一向注重家庭的中国社会，离婚率却逐渐上升，1980年，中国的离婚率为4.75%，到了1997年上升到13%。其中，上海在过去的20年中，离婚率增加了20倍。

但是，离婚和再婚的代价到底有多大呢？要知道，配偶和市场上的商品有很大的不同，商品是物，没有任何感情，商品的所有权可以经过多次转换，只要商品的质量没有损坏，就还继续保持其原有的价值。而配偶是一个能动并有丰富感情的东西，所以，其所有权的转换涉及许多复杂的社会因素，包括社会关系和伦理道德因素，由于存在这样一些社会因素的约束，要转换爱人的所有权，其交易成本必然很高。结婚要付出50%的收入，离婚也要按这个标准来分割共同财产。我们假设一个人月收入3000元，工作10年的总收入是36万，如果离婚，对方就要分割18万元的财产。美国已故歌星迈克尔·杰克逊，生前每年要付给前妻300万美元，有一次差点就破了产。这是直接的经济损失，还有间接的机会成本和隐性成本，例如，夫妻通过打官司离婚，不仅要付出

离婚的成本分析

决定结婚是因为当时认为结婚的收益大于成本。随着婚姻生活的推移，主观或客观条件的变化，成本和收益也难免发生变化

离婚是换取自由的行为，要换取自由，就必须付出一定的代价，这个代价就是离婚的成本

离婚的成本

物业分割的成本
离婚后双方不可能再共同拥有房产，必须有一方需要重新置业，这无疑就会给双方带来投资成本的增加和支出的压力

长线投资收益沉没的成本
每个家庭都会有自己的长线投资或者计划。离婚会带来计划的破灭和投资收益无法收回

再次结婚的成本
离婚后如果再结婚的话，为了筹备第二次婚礼所花费的成本，就可以视为离婚的成本

其他收益消失的成本
人们结婚的目的是为了获得最大化的收益，婚姻解体使这种目的无法实现

其他生活资料分割带来的成本
如一个家庭只需要一口吃饭的锅，离婚后分灶吃饭另一方就需要再购置一口，那么这口新增加的锅的成本就是离婚的成本

经济核算单位划小带来的成本
在消费领域也存在着规模效益，批量消费会带来生活开支的节约，离婚之后这部分开支也会增加

社会经济信用下降带来的成本
社会对任何一个家庭事实上都有一个经济信用认可，离婚后这种认可自然消失，特别是收入低的一方损失更大。如果要投资的话，个人筹措资金的能力将显著下降

诉讼费，还要承担精神的煎熬。而社会和伦理道德方面的谴责也会使夫妻双方都受到相当程度的精神损失，如果一方离婚后的所得没有得到满足，另一方还可能调动其社会关系因素对其前配偶施加压力，甚至于经常干扰前配偶的工作和生活。一旦这种社会伦理道德因素的影响扩大，还可能影响其工作效率、职务升迁及未来财富。

夫妻双方都是通过在巨大的竞争性市场进行一番比较后才选择了自己的配偶，一个人一旦结婚了，对方就是其专用的资本或固定资产。结婚后要想再换配偶，其交易成本很高，而且，此时与原有配偶相处的生活经验对未来的生活毫无价值，甚至会成为一定的阻碍。使人最担心的是，新选择的配偶，不管其优点是多么好，但她（他）不是原来配偶所留下的孩子的亲生父母。既然这样，男女离婚必然祸及孩子，不仅影响孩子的经济状况，更主要的是影响孩子心理等各方面的健康成长。

再婚的代价又有多大呢？如果一个男人与原来的妻子离婚，又和另一个女人结婚，在没有孩子的时候，可能代价低些，但他还要分割一部分财产给原配偶。同时还要承担社会舆论和道德的谴责，产生一些隐性成本。不过，对于一些有钱的男人（女人）来说，付出这样的成本，他（她）认为值得。年幼的小孩提高了离婚者寻找另一位配偶的成本，并明显减少离婚男人和妇女再婚的净资源，由于这一原因，这些小孩提高了再婚失败的可能性。一些人选择与原来的配偶离婚，再与另一个女人（男人）结婚，也是遵循成本收益原则行事，如果其收益大于成本，就会再婚。

现在，人们依然从法律、道德和社会的层面来看待离婚和再婚问题，其实，这种问题主要还是经济问题，缩小贫富差距比单纯地限制离婚更能解决问题。在提高婚姻质量方面，与其从法律上加大限制，不如从缩小贫富差距上多下工夫。

经营婚姻收获幸福

人们结婚的目的是希望从婚姻中获得最大化的收入。如果婚姻"收入"超过单身"收入",那么人们会选择结婚,否则就会宁愿选择独身。结婚有收益,比如两个人可以互相照顾,或者获得社会的"正常"评价和认可,由于规模效应而节约生活开支等。但是,这种规模经济效应只是一种静态的效应,而动态的规模经济效应需要将二人资源重新整合与再利用,并且,通过这种再利用,产生更大的规模经济,就如股份公司发行股票,而股民看好股票的预期收益,共同推动着公司的规模扩大。

英国有一首民歌唱道:"褐发的姑娘有房还有地,金发的艾林达却一无所有。"

民歌所表达的意思很明确,为了钱而结婚不会有好下场,而娶一个美貌贤惠的妻子则不会有不好的结果。

斯密认为:一个人或一个社会追求的最终目的是幸福,财富是幸福的基础,但财富本身不等于幸福,对个人来说,幸福是一种感觉,它来自"心灵的平静",而不是财富本身。只有当一个人有同情心、讲道德时,才会产生幸福感。对于男女的婚姻来说,夫妻之间只有在心灵平静的状态下,相互接纳对方,并把对方的利益看得与自己的利益一样重要,甚至更重要,处处为对方考虑,才能收获幸福的婚姻。男女的爱情不只是一种迁就和忍让,更多的是包容、相互促进、利他,多为对方着想,不仅从生活、感情上为对方着想,也要从经济上为对方着想。

现在,我们假定小明和小芳是一对年轻夫妻,小明的月收入是 3000 元,小芳的月收入是 2000 元。在他们没有结婚之前,两人只能花自己的钱,小明花他的 3000 元,小芳则用她的 2000 元。结婚后,两个人的钱可以放在一起,拿出一部分共同使用。这样,他们的预算线就从原来的水平提高到一个新的水平。

下图中,ab 线是小芳结婚前的消费预算线或收入线,cd 是小明原来的收入线，结婚后，妻子小芳将其月收入中的一半（1000元）拿出来交给小明用于家庭的开支，从而两人结婚后共同的预算线是 AB 线，它与新的、更高的消费无差异曲线 AL 相切于 r 点。丈夫由于得到了妻子的资助，其收入线和无差异曲线都提高了（AB>cd），夫妻二人再共同把资金用于投资，夫妻二人的收入线或预算线将不断向右移动，其消费无差异曲线也将向右移动。也就是说，夫妻共同经营自己的小家庭，不断将收入和消费水平向更高的方向移动，从而二人的幸福和生活满意度不断提高。

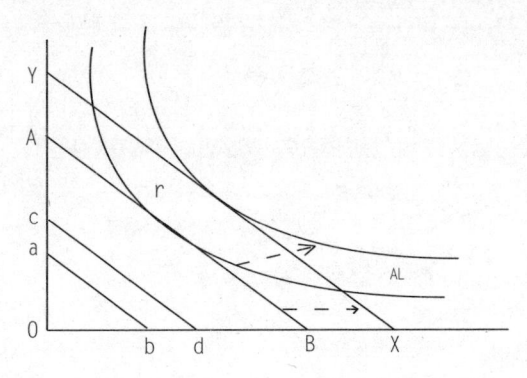

这里只是从收入和消费上来探讨夫妻双方共同经营家庭的规模增值效应和资源整合效应。上面我们已经谈到，夫妻的资源整合包括人力资源、信息资源、关系资源、情感资源等，如果再加上这些资源的重新整合与夫妻同心的协同效应，收入和幸福的增值效应是十分明显的。而这些资源整合所产生的收入增值和幸福增值效应不太好分析。有时，可能一个信息资源的整合或关系资源的整合就可能在某个关键时刻产生迅速的增值效应，这里，偶然性的因素比较多，不予分析。

单从婚姻本身来说，婚姻对幸福有明显的促进作用。根据瑞士经济学家布伦诺·弗雷在其《幸福与经济学》一书中的研究显示，婚姻能显著提高人们的幸福水平，那些已婚者的主观幸福水平比未婚者、离婚者、分居者和鳏寡者的幸福水平都要高。婚姻和幸福之间的这种积极关系主要是由婚姻本身的一些积极作用所促成。婚姻能够提升幸福感的主要理由有两个。其一是婚姻能够提供额外的自尊来源，可以躲避工作和其他人际关系方面的压力，是一个有效的避风港，从而使个人在自己的社会定位上多了一个立足的基础。其二是已婚者更有机会受到那种长久亲密关系的支持，由于亲戚增多，又有儿女等，他们享受亲人的天伦之乐就足以使其身心更加愉快，从而感到孤独的时候会少很多。根据这位经济学家调查的瑞士情况显示，已婚者的生活满意指数达到8.36，分居者为6.33，鳏寡者为8.05，离婚者的生活满意指数为7.90，独身者为8.01。可见，即使没有夫妻双方资源整合所产生规模经济效应、收入增值效应、资源稀缺效应，单就婚姻本身来说也有利于人们幸福感的增加。所以，经营好自己的婚姻是一件回报率很高的事情。

第八章
家庭中的经济学

谁当家庭财政部长好

俗话说:"不当家不知柴米贵。"一家人吃喝撒拉都需要开支,家庭日常生活的一些零零碎碎的家庭财务支出看起来不起眼,但日积月累,其数目并不小,怎样开支更科学、经济,怎样把日常生活的钱用得合理,都不是一件简单的事情。

随着收入的持续提高,当家理财的内涵也在不断扩大。以前,成为一名好当家人的标准就是看他或她对支出的掌控能力。而现在,温饱已经不再是家庭的头等大事,对当家人的要求更高了,能不能让家庭的资产保值增值,成为了衡量一名当家人是否合格的重要标准。

家庭财政大权谁来执掌?是男人做主,还是女人做主?这是个老问题,也是新问题。很多年轻的朋友在谈恋爱的时候都很忌讳谈钱,觉得一谈钱就流于俗气。

> **经济学课堂**
>
> **家庭财务**
>
> 家庭财务就是有关家庭收支的计算,包括工资收入、其他收入、日常开支和大项开支,家庭财务需要进行合理控制,使其健康发展。例如,如果房子的每月还款金额超过了30%,很容易出现问题。为了应付不测和失业等威胁,需要你有一定的储蓄,孩子的教育经费需要提前准备,还要准备养老金,还需要购买一定的大病医疗保险。人生有不同的财务目标,根据不同的财务目标选择合理的金融工具,让自己的财务非常健康,那么,无论出现什么问题,都能够很好地应对。

但在接受了众人的祝福,组建了小家庭,展开了另一段人生旅程之后,夫妻俩会发现,新的挑战也旋即展开。如何处理夫妻之间关于"钱"的关系是一项非常普遍的矛盾来源和争执重点。

家里的钱归谁管?重开源还是重节流?要不要买新房?生不生小孩?生完孩子以后如何积攒教育资金?如果有住房贷款、汽车贷款,这些问题该如何解决?两个人来自不同的家庭,有着完全不同的家庭背景、成长环境和消费习惯,往往容易在经济问题上产生一些分歧。

自古以来,"贫贱夫妻百事哀",财务上的不健全或对用钱的看法不一,就像一颗不定时的炸弹,随时有可能彻底破坏双方的关系,而苦尽甘来,一朝荣华富贵后劳燕分飞的故事也时有所闻。所以,婚姻关系中必须处理好家庭经济问题,早一点在对待"钱"的态度上达成共识,总比稀里糊涂地为了钱而争执甚至分手来得好。确定好谁来当家,成熟理性地面对双方的财务状况,夫妻俩同心协力一起去应对人生当中的变量,才能实现更为和谐幸福的家庭生活。

不过,随着物质生活水平的提高,"当家理财"的含义已经悄悄发生了变化。在早些年物质较为贫乏的年代,如何节流是每个"当家人"最需要费心的事。开门七件事,柴米油盐酱醋茶,样样都需要开销,而每个月的工资收入就几十元、几百元,有些生活用品还需要凭票购买,一家人如何省吃俭用度过每个月,是当家人最头疼的问题。每一餐用几斤面粉,使用几两瘦肉票,是20世纪70年代当家人的主要功课。而从90年代中期起,随着市民收入的快速增长,每家每户日常的生活开支已经基本不用发愁,每个月能节余上千元、数千元甚至上万元的家庭也越来越多。如今,丈夫要去买个数码产品,妻子要去做个美容,基本已经不需要"报批再审核通过""房子、汽车和保险"成了"家庭新三大件"。

当家,这个数千年前已经有的名词,已经悄然从简单的记流水账把握家庭开支,慢慢演变为内涵更加丰富的"如何理财,如何投资，如何让家庭资产保值增值"。时至今日，当家的含义有了变化，对善于当家的"好手"要求，也逐渐有了变化。从传统上来看，女性当家的比例较高，因为国人都认为女性心思细腻，而且仿佛天生有一种"量入为出"的本领，通常善于安排家用。男主外、女主内的家庭管理模式长期成为一种主流。但是，女性优柔寡断的天性，却让她们在家庭大的投资决断中有时显得力不从心，容易错失一些投资机会。

随着国内市场的逐渐放开，债券、股票、基金、外汇理财、黄金、收藏等投资品种、理财手段出现了前所未有的丰富多样性，这对于"当家人"的投资理财能力有了更高的要求。于是乎，大量男性也纷纷开始接过"当家"这根接力棒，越来越多的男性开始掌管家庭理财大权。他们可能对宏观经济更加容易把握，对经济、金融知识更善于研究和容易接受，在投资理财上他们往往站得更高、看得更远。当然，也有"男女搭配、干活不累"的夫妻理财搭档者，还有不少年轻家庭开始实行比较西式的"AA制"的家庭理财模式，他们更为看重个人的独立性。AA制比较公平、合理，但是也有一些弊端，两个人分得太清楚了，不愿为对方付出太多。

无论采用何种模式，无论是男人还是女人当家，还是一起当家作主，在规划好家庭的消费、管理好家庭的负债之后（这两项毕竟还是家庭理财的基础），大家都希望在现代当家生活的重头戏——投资理财方面能有更多收获。

家庭财政作用大

良好的家庭财政，对婚姻家庭具有画龙点睛的功效，可以让夫妻生活更加美满，让家庭成员的关系更加融洽。国家有国家财政，地方有地方财政，而家庭也少不了家庭财政。各个家庭具体情况不一，不同的家庭自有不同的理财办法。家庭财政也必须升华到理性层面，才有利于落实家庭责任制，才有利于调节夫妻感情,保持家庭和睦,使事业更好地发展。

那么,到底家庭财政对家庭生活和经济有哪些作用呢?家庭财政也就是家庭的公共收入和公共支出问题,家庭公共收入就是家庭有收入来源的成员上交的所有收入,家庭公共支出就是为所有家庭成员支出的费用。在家庭中,孩子是纯消费者,也是家庭的未来财富,孩子的消费支出和教育支出也是公共支出;家庭中,照看老人及老人看病的支出也是公共支出;家庭中,购买耐用消费品的支出即固定资产支出也是家庭的公共支出,还包括房子、汽车等需要分期付款的支出。这些家庭的固定资产支出何时支出更合理,采取什么样的付款方式更加科学,都是家庭理财中值得研究、深思的问题,也需要家庭成员协作和分工的科学化。

开门七件事,柴米油盐酱醋茶,样样都需要开销,日常生活的开销如何规划,如何合理搭配,如何节流,都是家庭财政最基础的问题。为维持日常的基本开销占家庭消费支出的比例反映了一个国家或地区的经济发展水平,可以通过恩格尔系数和恩格尔定律来说明。家务劳动是家庭日常生活中的主要支出,是家庭成员自己承担家务劳动,还是购买家务劳动,需要对家庭收入情况和家庭成员的时间价值合理规划、筹备。夫妻俩收入都很高,或其中一方收入高,时间价值比较高,那么用自己的劳动从事家务劳动就没有配置好家庭的经济资源,不如请保姆从事家务劳动划算;如果家庭成员有一个或两个人的时间价值比较低,那么时间价值比较低的人从事家务劳动就是很好的家庭资源配置。所以,家庭财政还包括如何经济有效地配置家庭资源问题。

财政不仅需要善于理财,还包括如何生财和聚财的问题。"问渠哪得清如许,为有源头活水来",家庭财政中,聚财和生财是提高家庭成员生活水平和满意度的主要手段,源头活了,财源茂盛,广开财路,家庭成员的可支配收入增加了,其生活水平和满意度也就能够不断提高。所以,家庭财政也需要积累资金,将这些家庭积累资金进行投资,包括投资购买债券、股票、基金、外汇理财、黄金、收藏等多种投资品种，家庭投资如何分散风险，如何合理搭配投资品种，实现最佳的投资收益，把投资风险降到最低，这些都是家庭财政需要准确把握的问题。

所以，家庭财政不仅是家庭财务管理的问题，更多的是如何有效地配置家庭资源，包括如何配置家庭物质资源、资金资源、人力资源、信息资源、关系资源，实现家庭资源的整合效应和规模效应，以不断做大家庭财政这块"蛋糕"。同时，按照长期、中期、短期合理搭配的原则，合理规划家庭重大开支和日常生活开支，既开源又节流，把家庭收入用在刀刃上，发挥家庭资金的最大效益。这样，才能发展家庭经济，增加家庭财政收入，提高家庭成员的生活水平和满意度。家庭是个温馨的港湾，更是一个利益共同体，大家同舟共济，分工协作，制定科学、合理的家庭财政制度，充分发挥每个家庭成员的资源优势，实现家庭的共同富裕。那么，家庭财政就不仅起到了画龙点睛的效果，还起到了融合家庭关系、增进家庭成员感情的效果。

遗憾的是，在现实生活中，家庭财政往往没有引起人们的重视，要么"家长"当家，"成员"全额上交，想怎么支出就怎么支出，年终清算，通报一个数字就是了；要么无人当家，钱放在一个抽屉里，想用即用，用完为止，家庭没有一个良好的财政经济规划，吃光用光，没钱用时，为了家庭经济问题争吵不已，家庭成员互相较劲，不仅家庭资源不能得到有效配置，家庭的不同资源还相互抵触。可见，家庭财政对于社会的细胞——家庭起到了至关重要的稳定和提高作用。

家庭财政必须建立在良好的个人修养基础上。家虽是讲理的地方，但更是一个互相关爱的场所。提倡家庭之爱，既是个人修养，也是家庭财政是否成功的关键。家庭成员除了必须热爱家，必须有奉献精神，除了互相关怀外，还需要知道如何更好地操作。举个例子，过大年给孩子压岁钱，聪明的妈妈若把给孩子的100元压岁钱交给婆婆去给，婆婆会乐得逢人便说"我家媳妇懂事、孝道"，婆婆再加 100 元压岁钱给小孙子，小孙子会连声恭贺"奶奶健康长寿"。压岁钱经这么一转，沟通了三代人的情感。家庭财政何尝不需要这样互相理解、关爱呢？

怎样把钱用在刀刃上

在前面一章，我们探讨了婚姻实现了家庭资源的重组和整合，夫妻双方的资源包括物质资源、资金资源、人力资源、信息资源、人脉资源等，而家庭理财也涉及到家庭资源的重组和整合问题。那么，家庭资源如何重组和整合才能产生更高的经济效益呢？这就需要分析家庭成员的优势资源和劣势资源，家庭成员中，每个人都有其优势资源和劣势资源。比如，丈夫受教育水平比较高，但不太会交际，人脉资源缺乏；妻子文化水平比较低，但妻子性格外向，喜欢说话，善于交际。那么妻子的优势资源就是人际资源，劣势资源是知识资源；丈夫的优势资源是人力资源，劣势资源是人脉资源。夫妻的资源重组和整合就是将二人的优势资源重组，尽可能避免使用其相对的劣势资源。而把钱用在刀刃上也就是把家庭的主要资金用于发挥夫妻的优势资源，使其产生更大的效益。

我们假定，夫妻俩的资源经过整合，可以共同以其优势资源对家庭经济产生促进作用，如果夫妻俩现在有剩余的资金 10000 元，他们可以把这些资金投入家庭经济的增值过程。如果这 10000 元资金用于丈夫的知识培训（或技能培训），掌握了新的知识（或技能）后，丈夫可以每月增加 300 元的收入；如果把这些资金用于妻子的交际，拓展人际资源，有 60% 的希望马上赚取 80000 元的收入。那么，到底将这笔钱怎样投入才能产生更高的经济效益呢？如果把这笔钱用于丈夫的培训，每月增加 300 元收入，一年增加 3600 元收入，20 年增加 72000 元收入；而用于妻子的人际资源支出，存在一定的风险，剔除这些风险，按 50% 的概率计算，可以很快赚取 40000 元的收入。一般来说，远期货币的价值不如即期货币的价值，在这里，如果算上一生的总收益，投资于丈夫产生的总收益肯定要大很多，但由于货币的即期价值远远大于远期价值，所以，还是妻子用于投资人际资源更划算。因为，这笔投资很快就能产生收益，等它产生了收益，再去给丈夫投资也不迟。这样，可以将一元钱当两元钱花，这也就等于增加了每一元钱的边际价值，从而真正把钱用在刀刃上了。

现在，很多城市双薪家庭还是不太愿意请保姆，其实，按照面前家政市场的行情，保姆的工资偏低，一般的专职保姆小时工资才3元钱。城市职工的小时工资远远高于保姆的小时工资，对于人力资本价值比较大的职工来说，购买保姆的家务劳动可以为自己省下许多时间，自己可以在这些省下的时间里多干些工作，或继续学习，提高自己的人力资本价值。比如，丈夫的月收入是3000元，妻子的月收入才1000元，这种家庭生活水平一般，不太愿意请保姆。假定这个丈夫是个编辑，他请个保姆后，丈夫可以在业余时间进行一些创作，如果他业余时间可以每月增加1000至1500元的收入，那么，他请保姆是十分划算的。因为，即使他所增加的收入减去保姆的工资和吃住费用没有多少剩余，但妻子可以利用多余的时间干很多事情，包括继续学习知识和技能，提高自己的人力资本价值，为将来增加收入奠定基础，而且夫妻俩的生活舒适度和满意度提高了。所以，对于一些年轻的夫妻来说，购买保姆的廉价家务劳动是很划算的，毕竟年轻人的时间价值比较大。也就是说，对于目前绝大多数城市双薪家庭来说，花钱请保姆的边际价值是比较大的。

那么，在日常家庭消费支出中又如何提高每一元钱的边际价值呢？我们花钱消费就是要满足自己的欲望和消费需求，把钱用在刀刃上也就是使我们在所花的钱既定的情况下尽可能满足更高的欲望和需求。在家庭消费中我们需要达到总满意度的最大化，也就是总效用的最大化，也就是在日常食物支出、耐用消费品支出、住房支出等项消费支出中进行合理的搭配。

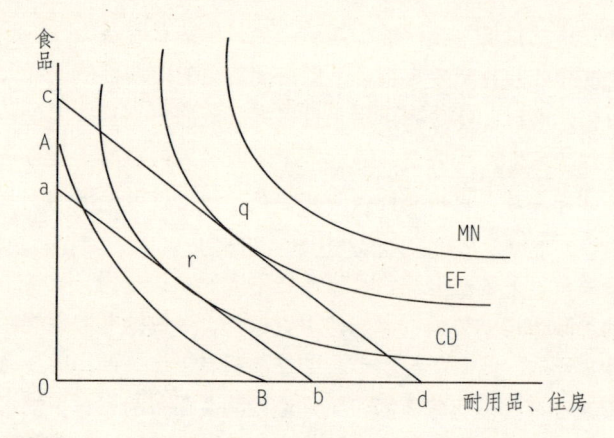

```
食
品
  c
  A
  a                    q
                  r                    MN
                                  EF
                                CD
  O          B   b      d   耐用品、住房
```

如图所示，纵轴表示用来购买食物的支出，横轴表示用来购买耐用品和住房的支出，ab、cd 表示不同水平的预算线，也就是不同阶段可以用于总消费的支出额，AB、CD、EF、MN 表示不同水平的消费无差异曲线，也就是消费物品得到的满足程度或满意度。在消费总支出额为 ab 的条件下，满意度达到无差异曲线 CD 的水平就是最好的，这时消费预算线与无差异曲线相切于 r 点，这个点就是不同消费品的搭配比例点，如果花了 ab 水平的消费支出，但只得到无差异曲线 AB 的满足程度，这种消费品的搭配就是不合理的，降低了应有的满足水平。同样的道理，消费总支出为 cd 时，消费的满足程度应该达到无差异曲线 EF 的满足水平，消费品的均衡点是 q 点。

这个意思到底怎么理解呢？比如，当夫妻刚刚结婚的时候，由于夫妻原来的积蓄都不算多，又准备生孩子，那么，家庭食物的支出是主要支出，就不能把原来的积蓄花得太多，把耐用消费品都买齐。因为这些耐用消费品不仅花费了过多的积蓄，占用了过多的资源，而且每天的使用成本也不少。夫妻完全可以省点，买一两件必需的耐用消费品就可以了，这样就有更多的机动资金可以应付生养孩子的支出。如果夫妻的收入水平提高了，收入也稳定了，但夫妻俩还很节省，连冰箱、洗衣机、微波炉等一般家庭用品都不舍得买，还要花费过多的时间洗衣服、买菜、做饭，那也不划算。因为，年轻人的时间也是金钱，价值比较大，买些必需的耐用消费品可以节省许多时间，夫妻完全可以利用这些节省下来的时间，把自己的工作做得更好，或者继续学习。也就是说，在计算所花钱的边际价值或边际效用时，必须考虑自己的收入水平和时间价值。

理财要摸准经济周期

什么是经济周期呢？经济周期就是宏观经济从萧条到复苏再到高涨的循环发展，由于知识和技术存在一定的更新周期，引起企业固定资产的大规模更新往往周期性地发生，每经过一段时间，宏观经济需要通过普遍更新技术和固定资产实现新的、更高水平的发展。所以，宏观经济呈现从低潮到高潮的循环发展，这是宏观经济发展的规律。由于知识和技术的发展存在短期、中期和长期趋势，经济周期也存在短周期、中周期和长周期三种。那么，怎么样来判断宏观经济处于哪个发展阶段，经济是处于萧条阶段还是高涨阶段呢？一般有宏观经济指标，如GDP增长率、通货膨胀率等。

但是，我们完全可以从一些生活化的指标来判断经济周期。英国《经济学家》杂志曾经列出了6项判断经济周期的生活化指标，见下表。

序号	生活化指标	经济高潮时期	经济低潮时期
1	新车销售量	大大增加	减少或趋减
2	司机需求量	大大增加	稳定或减少
3	房产需求量	房地产热	趋冷
4	旅游需求量	大大增加	稳定或趋冷
5	女性美容数量	大大增加	减少
6	宠物数量	大大增加	稳定或减少

无论是经济的扩张阶段还是收缩阶段,都会对经济产生不同的影响。

资金周转灵便
生产扩大
商品畅销
需求旺盛　订货饱满

当经济处于扩张阶段的时候,企业会处于宽松有利的外部环境中。

同样的道理,当经济处于收缩阶段的时候,企业则会处在比较恶劣的外部环境中。

需求疲软、订货不足、商品滞销、生产下降、资金周转不畅。

经济永远在繁荣和衰退之间循环,正像人们对于生活总是从乐观的高峰跌到失望的深渊。

经济周期既有破坏作用,同时又有"自动调节"作用。在经济衰退中,竞争力差的企业会陷入困境,寻求新的出路;但也有的企业会顶住恶劣的气候,在逆境中站稳脚跟,并求得新的生存和发展。

猫老师讲坛

那么，家庭理财如何摸准经济周期呢？一般来说，在经济处于高潮时期，存在轻微的通货膨胀，钱比较烫手，人们更愿意花钱；而在经济处于低潮时期，存在不同程度的通货紧缩，人们更愿意存钱，而不愿花钱。任何东西，需求的人多，其价格就必然高，需求的人少，其价格就必然低。只要抓住这个规律，就可以花更少的钱买到更好的物品。

例如，需要买房子的家庭，在经济高潮时期赶热闹买房子，必然花更多的钱，而在经济高潮时期把钱存起来，等到经济低潮时期买房子，买同样的房子可以花更少的钱。对于一般家庭来说，买房子的支出是很大的一项支出，合理花钱可以省下不少支出，增加每一元钱的边际价值。就是一般的耐用消费品，也在宏观经济处于低潮时期购买更划算，因为在经济低潮时期，居民的购买力上升缓慢，需求不足，供给过剩，购买耐用消费品可以花更少的钱。在经济处于低潮时期，买东西最划算的就是购买商业保险，因为，在经济处于低潮时期，人们普遍不愿意花钱，购买商业保险更加慎重，保险业务员推销保险更加艰难，一般在这个时候，保险公司容易推出条件更优惠的保险品种，保险业务员的服务也会更加周到，所以，有钱的人最好在这个时候购买一次性付款的商业保险，这比在经济高潮时期购买商业保险要省下不少钱。孩子要上外语、钢琴、电脑等培训班，也在经济处于低潮时期最划算，因为这时购买力不足，需求比较少，可以花更少的钱。

在经济高潮时期，找工作更容易，赚钱的机会更多，对于年轻人来说，这时请保姆是比较划算的。因为，在经济高潮时期，年轻人可以请保姆承担家务劳动，虽然保姆的工资比较高，但自己赚钱的机会更多，自己的时间价值远远大于保姆的时间价值，在经济高潮时期不赚点钱，到经济处于低潮时期就没有那么多赚钱的机会。而在经济处于低潮时期，一般人的时间都比较充裕，时间价值更低，这时自己从事家务劳动更划算。

在经济处于低潮时期，一般服务行业的收费都比较低，这时购买一些服务还是比较划算的，比如家庭房屋的装修，这时房屋装修行业冷淡，自己的房屋需要装修最好在这个时候请人，所花的钱肯定要少很多。而在经济高潮时期，房屋装修很热，花钱必然多些。在经济处于低潮时期，由于服务行业普遍不景气，竞争激烈，服务质量一般要高，而服务价格可能比较低，出外旅游的人也更少，旅游景点没有那么拥挤，所以，这个时候出外旅游更划算。而在经济处于高潮时期，由于服务的需求增多，价格趋高，服务质量反而下降，而且旅游景点人满为患，所以，这时旅游不太划算。但是，对于服务行业来说，也有一些例外的情况，比如在外面吃饭，就是在经济高潮时期更划算。因为，在经济高潮时期，出外吃饭的人增多，饭馆的顾客多，周转快，厨师的工资高，厨师干活更卖力，可以吃到美味、可口、新鲜的饭菜。而在经济处于低潮时期，厨师工资低，饭菜的味道更差，甚至有不少储藏过久的肉和蔬菜，虽然便

经济学课堂

经济周期

经济周期是指总体经济活动的扩张和收缩交替反复出现的过程，也称经济波动。每一个经济周期都可以分为上升和下降两个阶段。上升阶段也称为繁荣，最高点称为顶峰，此后经济就进入下降阶段，即衰退。衰退严重则经济进入萧条，衰退的最低点称为谷底。经济从一个顶峰到另一个顶峰，或者从一个谷底到另一个谷底，就是一次完整的经济周期。现代经济学关于经济周期的定义，建立在经济增长率变化的基础上，指的是增长率上升和下降的交替过程。

裙边理论

据美国大型零售集团"陶布曼中心"2004年年初发布的一项调查：63%的美国人认为当年将流行长度在膝盖以上的短裙，这被认为是美国经济形势好转的一个信号；30%的美国人认为当年流行的裙子将刚刚超过膝盖。其理论依据是沃顿商学院经济学家乔治·泰勒在20世纪20年代研究发现的"裙边理论"：在经济增长的时候，女人会穿着短裙，因为她们要炫耀里面的长筒丝袜；当经济不景气的时候，女人买不起长筒丝袜，只好把裙子放长，来掩饰没有穿长筒丝袜的窘迫。

宜，但不太划算。所以，一般在经济处于低潮时期，人们更愿意自己做饭。

提前准备孩子的学费

有人算过一笔账，从小学到初中，国家规定是义务教育，学生除生活费用外，仍需部分支出。从初中到高中、中专、技校，则支出更大。一名大学生除学费外，费用最少要3万元，多的要10万元。19年培养一个大学生，家庭至少需支付教育费10.5万元，多的需要30万元。如果孩子现在还小，等到孩子上高中、大学时，其教育费用肯定还要往上涨。如此大的教育经费数目，对一般家庭来说一下子很难支付得起。

对于一个家庭来说，购房的支出是一项数额巨大、分期付款时间很长的支出，而孩子的教育投资也是一项数额大、投资时间长的家庭支出。如果家庭在这两项投资支出上没有及早准备，到了需要巨额资金的时候，再来准备，就很容易影响家庭的消费水平和投资计划，甚至影响孩子的教育水平。那么，如何尽早准备孩子的教育投资支出呢？

一般来说，教育保险和教育储蓄是积累教育资金的两种方式。"教育储蓄"是国家特设的储蓄项目，享有免征利息税、享受优惠利率等优惠政策，即使存款人采取的是零存整取的储蓄方式，其存款利率仍按定期存款利率计息，目前最高存款限额为2万元，存款期限分为1年、3年和6年。以2万元6年期的教育储蓄为例，其到期利息收益有1000多元，比相同额度和存期的国债收益要高。但也有很多父母认为，教育储蓄虽然政策优惠，但吸引力并不大，而且国家设定的门槛过高，除了很多人对零存整取与定期之间的利息差不感兴趣外，许多学龄前或刚入学的低年级学生不能参加储蓄也是一个缺陷。

"教育保险"是由人寿保险公司推出的险种之一。这类保险的特色是，孩子从一出生开始到其15岁都有资格投保这类险种，然后在孩子上高中（有些保险公司规定从初中）开始，获得保险公司的分阶段的现金给付。教育保险的优势主要有这样几个方面：一是计划性强，家长可以根据自己的预期来安排现在的保险，用倒推法来选择险种和保额；二是保险可以算做一种半强制性的储蓄；第三，投保人（例如父母）在保险期内发生重大不幸，可以免交以后各期保费，但被投保人到期仍可得到保险公司足额的保险利益。或者被投保人保险期内死亡，保险公司将按保单现金价值补偿给投保人。但由于教育保险具备了保障功能，投保人要支付一定的保费。目前，"教育保险"有分红型和非分红型两种，一般而言，同保额下的分红型的教育保险比非分红型保险，保费要高一些。但是保险公司也提醒大家，分红有可能高于银行利息，也有可能低于银行利息。

若善用投资的复利效果及早规划也是一种比较理想的积累教育资金的方式。虽然实际教育资金随时间膨胀，但另一方面，时间愈久，投资的复利效果也愈大，可帮助家庭累积财富，所以，家庭为孩子教育的储备资金应及早开始。有能力承受一定风险的投资者也可以考虑基金等投资工具。基金定期定额方式积累教育基金是一个好办法，有强制储蓄的作用，又可分散资金入市的特点，减少投资风险。家庭教育准备资金的投资最好避免高风险，重在保值、稳健增值。当然，每个人在投资时，都应该选择适合自己的投资组合。

自 2004 年 11 月 8 日，光大银行抢到了银监会批准的人民币理财第一单以来，国内大多数银行都开展了理财业务。人民币理财产品比现行的储蓄存款利率的收益略高些，其收入主要投资于收益比较稳定的国债、金融债、中央银行票据等，具有收益高、风险低的特点。根据中国社会调查事务所在京、津、沪、穗四地的专项调查显示，74%的被调查者对个人理财服务感兴趣，41%的被调查者需要个人理财服务，约70%的居民希望自己的金融消费有个好的理财顾问，即金融理财师。委托专职的金融理财师为自己的家庭理财，可以最大限度地规避投资风险。教育投资理财就需要尽量降低风险，主要是为了保值，同时适度增值，为未来孩子的教育积累稳定的资金。所以，选择恰当的理财产品，或者同时购买多个理财产品，比如一部分钱用于购买教育保险，一部分交给银行的专职理财师即进行教育储蓄，还有余钱则可以购买风险最低的基金产品，让专职的证券金融理财师为你理财。这样，就使自己的资金积累和金融投资达到保值和适度增值的目的。

人民币升值与理财

2005年7月21日人民币汇率调整应该属21世纪的金融大事之一，因为这次调整标志着中国货币改革和融入国际金融体系的开始，也从根本上改变了国际投资者的资产选择格局。人民币汇率调整的内容之一就是放弃"盯住"美元的政策，改为与一揽子货币挂钩，也就是说，国家要减少美元资产，增加其他外汇资产。改革后，人民币小幅度升值，由此人们产生了人民币升值的更高预期。

从长远来看，人民币到底有多大的升值潜力呢？我们先来提一个问题：如果一个人有1000美元，他在中、美、日分别能够生活多久呢？在日本的东京，1000美元只能买到80~100碗面条，也就是说，在日本东京1000美元还不够一个月吃饭，更不用说住宿了，就是在日本的一般

经济学课堂

J曲线效应

本国货币贬值后，最初发生的情况往往正好相反，经常项目收支状况反而会比原先恶化，进口增加而出口减少，这一变化被称为"J曲线效应"。其原因在于最初的一段时期内进口和出口的贸易量并不会发生明显的变化，但由于汇率的改变，以外国货币计价的出口收入相对减少，以本国货币计价的进口支出相对增加，从而造成经常项目收支逆差增加或是顺差减少。经过一段时间后，经常项目收支状况得到根本性的改善。这一变化过程可能会维持数月甚至一两年，因此，汇率变化对贸易状况的影响是具有"时滞"效应的。

中等城市，这些钱只够一个人勉强生活一个月。在美国只能生活半个月。而1000美元换成人民币目前是6124元，可以在深圳生活4个月，而在内地的中等城市可以生活一年多。从这里可以看出，人民币币值还是被大大低估了。人民币按照购买力的测算方法，美元与人民币的比例应该处于1∶4到1∶5之间比较合理，这个区间也是人民币升值过程中的最终合理价位。由于美国"双赤字"和"反恐"等因素，以及国际原材料价格和黄金价格的走强，美元的对主要的非美系（欧元、日元、澳元等）货币在过去几年持续贬值，这也造成了人民币对非美系货币的整体升值压力；我国国际收支平衡表下面的经常性项目和资本项目都实现了长期的盈余，这给我国人民币升值造成了另外一个压力。

那么，我们现在来分析一下新的汇率制度和人民币升值对于老百姓的理财有什么样的影响。从消费者来看，由于人民币的升值，使得我国进口产品价格相对降低，对于喜欢直接购买进口商品的朋友们来说这是一个好消息，但是影响不会太大，原因有三点：第一，现在消费品市场当中，进口商品主要集中在奢侈品，比如说高档轿车、手表、珠宝等，普通的消费品我国都能够生产；第二，厂商和零售店会有自己的价格政策，奢侈品的客户群已经固定化，所以价格的波动不会太大。第三，人民银行新的这种有管理的浮动外汇制度是一个稳健的缓慢的逐步上升的政策，人民币调高的空间非常有限。

从外汇投资的角度来看，对于有外汇投资经验和外汇投资兴趣的人来说，人民币的升值可以刺激非美系货币，尤其是亚洲的货币。人民币升值消息一出来，在短短数小时之内，世界各国的主要非美系货币对美元都有不同程度的升值。从外汇投资的相关性原则来说，人民币和非美系货币的关联性会越来越强，尤其是亚洲地区的货币。未来人民币的浮动会加强与这些非美系货币的浮动的关系。例如，日元如果对美元升值，人民币也会受到相应的升值影响。所以，对于有外汇存款的家庭来说，将美元资产换

人民币的升值与贬值

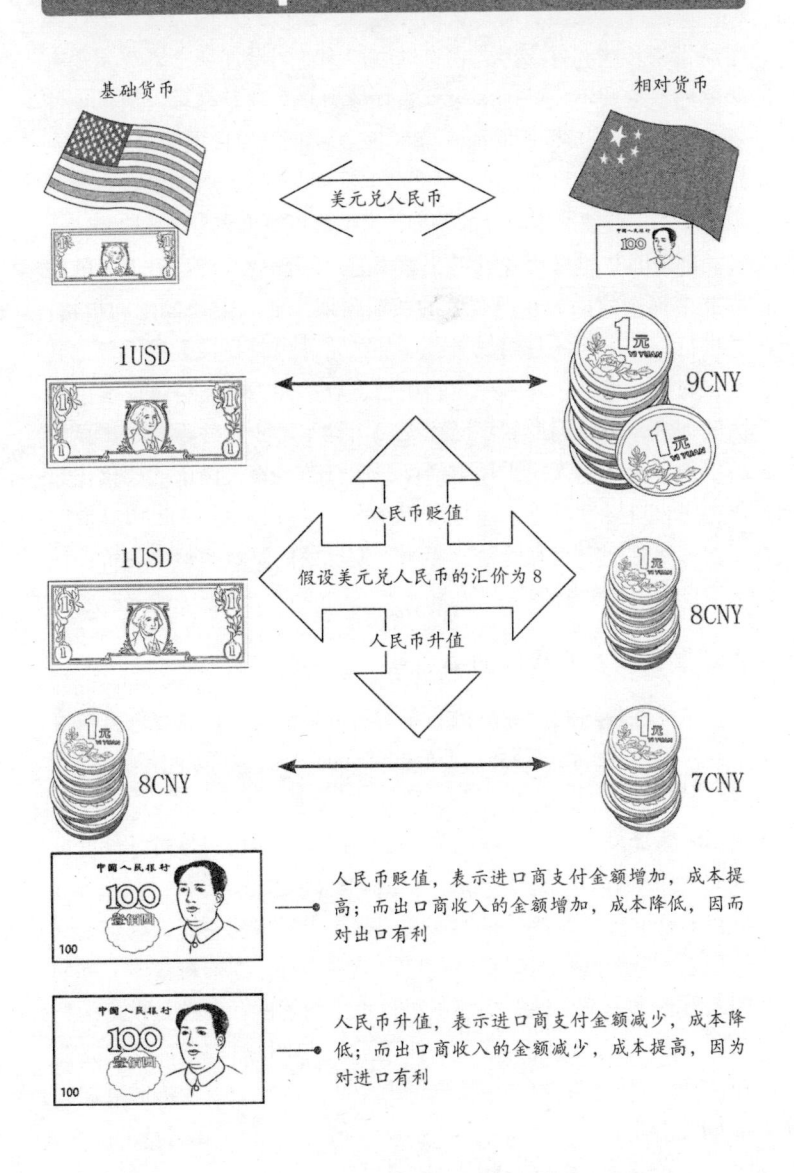

基础货币 美元兑人民币 相对货币

1USD ↔ 9CNY

人民币贬值

假设美元兑人民币的汇价为8

人民币升值

1USD ↔ 8CNY

8CNY ↔ 7CNY

- 人民币贬值,表示进口商支付金额增加,成本提高;而出口商收入的金额增加,成本降低,因而对出口有利

- 人民币升值,表示进口商支付金额减少,成本降低;而出口商收入的金额减少,成本提高,因为对进口有利

成非美系货币尤其是亚洲的货币，可以规避风险。

从国外及我国台湾地区的经验看，本币的升值会给当地证券市场带来长线利好，因此在家庭资产中适当增加证券资产是很有必要的，这并不是鼓励大家都去炒股票。工薪家庭可以通过一些更稳健的理财工具来增加家庭的证券资产，如投资股票型基金、跟踪主流指数的 ETF（交易所交易基金）产品等。通过这种方式既可分享本币升值股市向好的成果，又能规避很多非系统风险。

部分有少量外币存款的工薪家庭，一听说人民币升值，就担心外币资产的损失，把升值的长期预期当成马上要发生的事情，并进行一些不当的理财处置，如匆忙将外币兑换成人民币等。其实，匆忙兑换外币并不一定很明智，以美元为例，经过连续十多次的加息，美元同期利率已比人民币高了不少，外币理财产品的回报也普遍高于人民币理财产品，而且美元换人民币还要承担差价损失，所以盲目兑换往往得不偿失。也就是说，人民币升值对工薪家庭的理财也有着重要影响，需要我们及时调整家庭资产的结构，调整理财思路。

家庭条件与儿女价值的关系

家庭条件与儿女的价值有多大的关系呢？为什么有的富裕家庭，其孩子有些难以成才，而有些贫穷的家庭，其孩子却能够出类拔萃呢？

家庭经济条件好，可以为孩子的健康、体格、身高等创造良好的条件和基础，一般来说，城市的孩子就普遍比农村的孩子高，富裕家庭的孩子普遍比贫困家庭的孩子身体素质要好。城市家庭的孩子，由于其所处的生活环境十分多样化，看的东西多，接触的人群也多，城市还有很多供小孩玩耍的场所，有设备良好的托儿所、幼儿园，这些良好的条件让小孩从小接触到多样化的东西和色彩，对孩子的智力、反应能力、社会适应能力的形成奠定了坚实的基础。

富裕的家庭，其孩子成长的物质条件比较好，虽然体格发育好，但从小就享受惯了，也容易形成好享受、不太愿意努力学习的性格和习惯，还可能将来不那么愿意吃苦，或者吃苦受累时难以适应，这些因素可能部分影响将来孩子人力资本价值的提高。贫困的家庭，其孩子成长的物质条件比较差，其体格发育和健康方面很可能比富裕家庭的孩子差很多，这种家庭成长的孩子可能有两个主要倾向，一部分孩子由于家庭的可用资源少，孩子多，孩子容易从小养成为争夺有限资源而打架的习惯，如果父母教育不得法，少部分可能成为将来的社会问题。另一部分孩子由于看到父母生存艰难，艰苦劳动，从小养成爱劳动、肯吃苦、愿努力的良好习惯和品格，并容易产生将来努力改善生存条件，拼搏进取的精神，这些对其人力资本价值的提高将产生积极的影响。

对于孩子的未来价值来说，教育投资是孩子成长中最多的投资，所以，教育投资的多少与好坏对孩子的未来价值起着关键的作用。数字表明，从高中阶段起，教育费用比重就超过了饮食的费用，占据了开支榜的第一位。富裕家庭的孩子，其教育投资的资金没有什么问题，主要是投资的效率问题。如果父母认为，只要舍得花钱，就没有什么办不成的事情，什么都用钱来解决问题，那么其投资效率可能要低些。

对于贫困家庭的孩子来说，经济条件是其受教育的最大障碍。由于受到经济条件的限制，孩子上不了好学校，上不了补习班，这在一定程度上会影响其教育水平的提高，而高等教育的高额费用更是让低收入家庭头疼的问题，高等教育的收费已经成为一些家庭的负担。那些下岗、提前退休或经济条件较差的父母对子女能否接受好的教育忧心忡忡，一些家长因为难以为孩子提供较好的经济保障，而只能让子女读技校、中专。从有关方面的调查分析中发现，在对生养孩子的各类成本进行估算和分析的过程中，由于教育成本的迅速增长，使不少家长负载沉重、焦虑顿生。一些困难的家庭，孩子不得不放弃读大学的机会。

当今社会，由于就业情况越来越紧张，竞争十分激烈，为了子女的未来，不管收入高低，大多数家庭依然对含辛茹苦的父母角色跃跃欲试、乐此不疲。他们心甘情愿地为孩子购买名牌服装、办盛大满月酒、过豪华生日，甚至不惜重金支付子女的出国费用。当然，省吃俭用、倾其所有甚至借钱举债来满足孩子需求的也不在少数。

到底怎样才能成为完美的父母呢？我们可以举一个例子，有一个孩子A，其父母受过良好的教育，有一份十分体面的工作，孩子生活非常幸福，在学校的成绩也很好，并有数学和绘画方面的天分；另一个孩子B，出生在一个贫困的家庭，父亲进过监狱，孩子12岁就开始自食其力。人们一般认为，孩子A肯定将来很有出息，孩子B不会有多大出息。但事实情况却不一定如此。

那么，在孩子成长过程中，父母到底发挥着什么样的作用呢？孩子的父母是一个什么样的人对孩子学习成绩和未来成长的影响十分重要，而父母为孩子做了什么并不重要。可见，为孩子的教育不惜血本，父母省吃俭用，不一定能取得预期的效果，为孩子创造良好的教育条件不一定就能成功，监督孩子学习不一定会起到好的作用。重要的影响还在于孩子的天分和父母的为人。父母的言行举止和为人处世在潜移默化地影响着孩子的心理和行为，言传不如身教。父母勤奋努力地学习、工作，为人谦虚、待人诚恳等行为，就是对孩子的良好教育，也只有在这样的家庭中，孩子更容易健康成长，孩子在未来的人力资本价值也必然高，而这与家庭是否富裕没有多大关系，或关系不大明显。

"慈母多败儿"的经济学分析

经济学是建立在人的欲望满足和自私假设基础之上的，人们大都是为了自己的利益最大化而选择自己的行为，这个利益最大化也就是尽可能多地满足自己的欲望。从可能性来看，人的欲望是无穷的，满足了一个欲望又会产生新的、更高的欲望，比如，某人已住了70平方米的房子，但他具备了一定的经济实力后，他又会卖掉这套房子，再买一套100平方米的房子。人类的进步和发展就是不断满足新的欲望的过程。所以，从这点来看，人的欲望是无止境的。但是，现有的物品和资源是有限的，人的欲望的满足要受到资源和物品稀缺性的限制。从个人来说，其欲望的满足要受到其有限货币数量的制约。

人在既定货币数量即既定的预算线条件下为满足其欲望就是一种需求，根据马斯洛的说法，人的需求有不同的层次，依次是：生理的需求（包括吃、穿、睡眠、性等生存本能需求），安全的需求，社交的需求，自尊的需求，自我实现即发展的需求。从前到后逐渐提高其需求水平，人只有在满足了基本的生理需求的基础上，才能产生社交、自我发展等更高层次的需求。

中国有句俗话："慈母多败儿。"这种说法只是就现象谈现象，为什么"慈母多败儿""慈父多恶子"呢？这其实与欲望和需求的满足息息相关，由于做父母的认为儿女是自己身上掉下的肉，儿女跌倒了自己的心比儿女还疼；再苦再穷也不要苦了孩子，尽自己的最大努力满足儿女在各方面的欲望和需求。

如下图所示，ab代表父母所做的预算线，也就是现有的货币

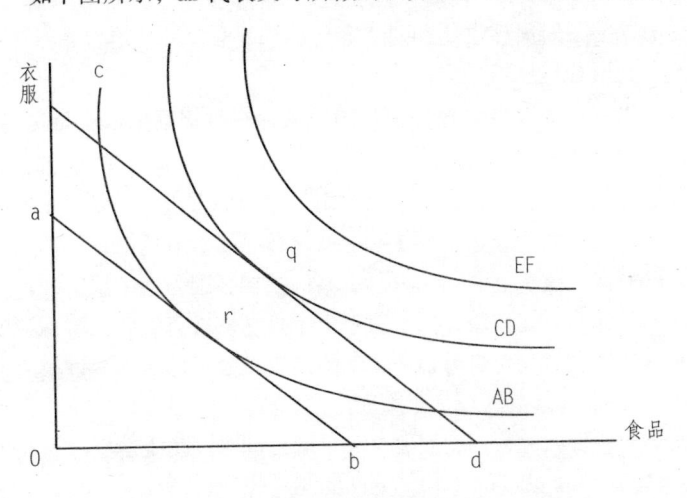

收入能够用于消费的数量，我们假定是一个月 500 元钱；横轴代表用这些钱能够购买的食品的数量，纵轴表示用这些钱能够购买的衣服的数量；消费无差异曲线 AB 代表在 500 元钱的条件下所达到的孩子欲望的满足水平，也就是其购买东西所享受到的水平。但是，在这里需要注意的是：预算线是父母的预算线，而消费者是孩子，也就是说，在这里，支出的责任人是父母，而满足欲望这种权力的人是孩子，权责不是同一个人，也就是权力和责任不对称。

我们假定孩子是个自私的人，他在有条件的情况下，会最大限度地满足自己的欲望。那么，一旦孩子知道自己的父母有这种能力满足自己更大的欲望，他会遵循利益最大化的选择，说自己的同学穿得比他好，在学校没有面子，或者想多吃几回麦当劳。由于他知道父母疼爱自己，他会想尽办法求自己的父母满足他更高的欲望。由于存在权责不对称，他并不知道父母辛辛苦苦赚钱的艰辛，而是自私地满足自己的更高欲望。而他的父母十分疼爱自己的孩子，虽然赚钱的辛苦自己知道，但当孩子提出更高的消费要求时，父母还是可能会满足孩子的要求。这样，父母又把孩子的预算线提高，即增加孩子每个月的零花钱到 700 元的水平，这时，孩子的预算线是 cd 线，孩子的满足程度即其消费无差异曲线上升到 CD 的水平。

当一个人没有经过任何付出就可以得到更高的满足程度时，其欲望的提高会很迅速，小孩只要说说自己需要多花钱的原因，父母即使不是那么情愿也会很快满足孩子的要求，只要孩子形成了这样的习惯和心理，要想改变就比较难了。有的时候，即使让父母借钱，孩子也要满足自己更高的欲望，因为他的权力和责任是不对称的。我们假定这个孩子出于自身利益最大化的考虑，不断寻找借口向其父母要钱花，他的消费无差异曲线还要继续往上升，向 EF 甚至更高的水平移动。

上面我们谈到，人的需求除了基本的生理需求外，还包括更高层次的社交需求、自尊需求和自我实现需求，孩子在满足了低层次的需求后，就会有更多更高层次的需求，在这些方面，如果父母一味地满足孩子的欲望，孩子就会只知道享受，不知道其享受的权力必须与相应责任对称。要是孩子从小就不知道或不愿意做到他需要得到什么，就要付出点什么，那么，孩子在将来的学习、工作、交友等方面都会十分自私。因为社会的资源有限、经济物品有限，人们通过自己的劳动获得其更多的生活物品，所以，劳动创造了人类本身，也创造了人类社会。如果一个孩子从小就养成只知道享受，不知道要多享受，就必须先多付出，多劳动，要通过自己的劳动增加其享受才是幸福，那么这种孩子长大后，很容易养成只会花钱，不会赚钱的品格，很多败家子就是这样养成的。

有一个故事，有一个男人是养蜜蜂的，妻子给他生了个儿子后没几年就去世了，儿子跟着父亲过日子，这男人由于养蜜蜂很有经验，把自己的家业越做越大，生活十分富裕，儿子被他视为心肝宝贝，疼爱有加，但这个男人只是让孩子吃喝玩乐。后来，这个男人死去，儿子继承了他丰厚的蜜蜂园遗产，蜜蜂越来越少，不久就全跑光了，他只好花费父亲留下的金钱，后来钱也用光了，他又变卖父亲留下的房子和其他家当，最后，他竟然成了一个乞丐。

父母与儿女的互动

前面我们谈到，那些受过良好的教育、事业比较成功、身心十分健康、为人诚恳、受人称赞的父母，其孩子的学习成绩和未来发展都会向着良好的方向发展。那么，要做孩子的完美父母也就需要在这些方面努力。做父母的自己就得努力学习、工作，为自己的家庭在社会上的经济地位不断提高而奋斗，经常看书，或尽自己最大的努力取得事业和家庭的成功，或为人处世受人称赞，这些努力本身就是对孩子的最好教育。

做父母的没有必要用金钱来激励孩子好好学习，也没有必要

不许孩子看电视，强迫孩子多看书，或者为了孩子能上个好学校找关系、花钱、搬到好的社区居住，或者用打骂的方法督促

	孩子	
	雄鹰	小狗
父母 雄鹰	10 / 10	0 / 15
父母 小狗	15 / 0	0 / 0

孩子上进、学习。父母完全可以把自己与孩子放在同等的地位，和孩子互动。

现在，我们假定父母年初与孩子约定：父母今年要比上一年多赚5000元钱，并拿出一部分钱来为孩子买学习用品，孩子今年的学习成绩要全部达到90分以上，没有达到目标的人是小狗，达到了目标的人是雄鹰，当然谁都不愿当小狗，而愿意成为雄鹰，而且，孩子和父母可以相互监督。这样，父母与孩子就展开了一场争做雄鹰的竞赛，见下图。

如图所示：如果父母达到了目标，年收入比上一年多5000元钱，孩子也达到了目标，每门功课都90分以上，则孩子和父母各得10；如果父母达到了目标，但孩子没有达到目标，则孩子得0，父母得15；如果父母没有达到目标，孩子达到了目标，则父母得0，孩子得15；父母和孩子都没有达到目标，二者均得0。在这里，最好的纳什均衡是双方都达到目标，双方都得10。由于双方是在进行争当雄鹰、不做小狗的竞赛，所以，一方达到目标，另一方没有达到目标，达到目标这方属于胜利者。父母与孩子在进行这样的游戏竞赛的过程中，就在潜移默化地教导孩子要勇于竞争，善于竞争，培养孩子的竞争意识和合作意识，培养孩子的进取精神，让孩子把学习当成是自己的事情，同时父母也在用自己的实际行动引导孩子的行为。这种身教比父母的金钱激励和语言

教育要强得多。

受过良好教育的父母都知道，书籍是人的精神食粮，为了跟上时代的发展，与时俱进，增强父母自己在社会上的竞争力，父母可以多买一些有益的书籍，也应当多买一些适合孩子阅读的小人书、科普书籍、连环画册、其他课外阅读资料等书籍。同时父母自己需要在家里多花些时间看书，为孩子作个好榜样，当然也可在适当的时候引导孩子看书。应对孩子多鼓励，而不是多说教。看到孩子在看书，父母可创造一些有利的条件。现在我们假定，父母自己在家里经常看书，在父母的带动下，孩子也喜欢看书。

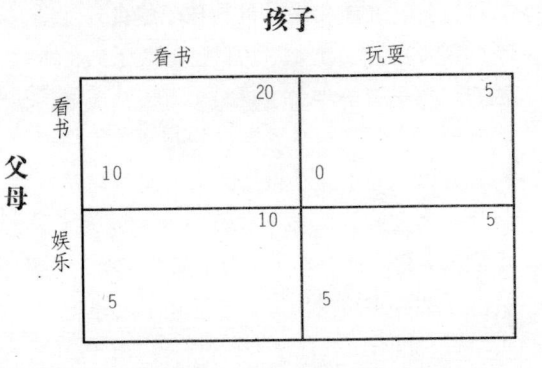

		孩子	
		看书	玩耍
父母	看书	20 10	5 0
	娱乐	10 5	5 5

如右图所示：父母在家里经常看书，如果带动孩子也经常看书，那么父母得10，孩子得20；如果父母看书，孩子却玩耍，则父母得0，孩子得5；如果父母娱乐，孩子看书，则父母得5，孩子得10；如果父母娱乐，孩子玩耍，大家都得5。从这里，可以看出，最好的纳什均衡是父母看书，带动孩子也看书，而父母娱乐，孩子玩耍，双方都得5，虽然也是个纳什均衡，但这个均衡水平很低。一些孩子更愿意看书的，只要父母不去干涉，并为孩子看书创造一些有利条件，孩子也能健康成长。而父母自己看书就是对孩子最好的教育。身教胜于言传，做父母的不仅在看书方面要以身作则，在家务劳动、文明礼貌、待人诚恳、吃苦耐劳等方面也需要用自己的良好榜样来引导孩子的健康成长。

孩子的心理和大人的心理有很大的差别，作为父母不能用大人的眼光和心理来判断孩子的言行，而应当站在孩子的角度思考，只有这样,才能实现父母与孩子的良好互动,否则,只会引起孩子的逆反心理。比如,当自己的孩子向他(她)的小伙伴们吹牛说自己家里有多少台电视机、有多么宽敞的房子、有多么漂亮的家具时,有的父母见到自己的孩子吹牛撒谎,就认为是孩子的不对,撒谎就等于是小偷。其实,父母只是看到了表象,孩子吹牛只是一种想象,或无知,或游戏,或为了吸引小伙伴的注意力,不值得大惊小怪。作为父母,需要了解一些儿童心理发展的规律,从孩子的心理感受出发,引导孩子健康成长,而不是动不动就教训、责骂孩子。教育方法不当,只会适得其反。

现在,有的孩子总是以自我为中心,甚至于爱捣乱、骂人而被小伙伴们孤立起来。这其实是由于父母对孩子的成长环境太过于保护,由于父母对孩子关怀备至,饭来张口,衣来伸手,使孩子对父母产生了强烈的依赖性,甚至于有的孩子长期把自己关在家里看书或看电视,对周围的事物漠然置之。如果自己的孩子这样的话,父母应当让孩子多跟其他孩子交往,遇到孩子们争吵、哭闹的事让孩子们自己去处理,这其实等于在锻炼孩子的生存能力。

把孩子培养成才

生养一个孩子需要花费从几万元到几十万元不等,不管对于贫困还是富裕的家庭来说,都是一项数额比较大的投资。既然是一项数额巨大的投资,那么就应该将孩子培养成才。

提高对养孩子的投资回报率,其源泉又有哪些呢?对孩子的投资也是一种人力资本的投资,一个人的人力资本价值高低,取决于蕴含在自身内的智慧、知识、技能、体力(健康状况)等价值的总和。人力资本本身比赚取更多的钱更重要,其内容也丰富得多,它不但能提高孩子的赚钱能力、智慧、理性、对文化艺术的鉴赏力,还可以使孩子更能享受未来生活的成果,人力资本之所以如此重要,就是因为高水平的人力资本可以显著地提高其未来的劳动生产率。

对于父母来说，要提高孩子未来的人力资本价值，必须在孩子的体力、健康、智慧、知识、技能等方面全面提高孩子的价值，为孩子未来的发展打下坚实的基础。孩子的智慧、知识、技能方面的培养包括孩子的阅读能力、反应能力、形象思维能力、逻辑思维能力、分析能力、语言能力、交际能力、写作能力、心理调适能力、动手能力、意志力、自我控制能力、责任感和使命感等。要培养孩子这些方面的能力，需要创造良好的成长环境，在家庭创造一个欢快、活泼、恬静的环境，让孩子在愉快的玩乐中，在与父母的互动中，学习、成长，锻炼其各种思维能力。为孩子准备小书桌、小书柜、大量的书籍、玩具柜、科技百宝箱、地球仪、科学实验器具等，以锻炼孩子的阅读能力、写作能力、思维能力、动手能力等。

做父母的要善于发现自己孩子的潜能和智能类型，从孩子的智能类型中找到其潜能开发的突破点。孩子所具备的智能类型各不相同，当家长吹毛求疵、要求孩子完美时，也许孩子正发挥着其某一方面的潜能，只是家长不知道而已。有的孩子心灵手巧，通过复杂的动手操作，可以完成一些拼图、做模型等事情，并体验到其成功的乐趣，但这种孩子只会做，却说不出道理来。这是孩子的一种潜能，属于动手类型的孩子，父母可以鼓励孩子充分发挥这种潜能。如果从小就能开发孩子的这种潜能，将来很容易

经济学课堂

多元智能

多元智能理论是美国哈佛大学霍华德·加德纳教授提出的。1983年，加德纳在其专著《智力结构：多元智能理论》中突破传统智力理论的束缚，首次提出人类有着完整的智能"光谱"。加德纳明确提出人类存在多种不同的思维方式，并将人类的智能划分为言语—语言智能、逻辑—数理智能、自知—自省智能、交往—交流智能、视觉—空间智能、音乐—节奏智能、身体—动觉智能、自然智能等类型。他所关注的问题是："你的智能类型是什么？"进一步说，每个孩子都是潜在的天才儿童，只是经常表现为不同形式。

成为工程师和设计师。有的孩子从小就十分健谈,光说不做,是典型的语言型智能孩子,这也是孩子最值得开发的潜能,应尽早开发。有的孩子具有很高的观察判断能力,往往能够根据别人的行为推测其心理及其原因,并能作出正确的理解和判断,这种孩子是社会经济工作及管理工作的潜在天才,在这些方面具有巨大的发展潜力。父母不能按自己的思路和意图,要求孩子学这学那,什么都要会。应当根据自己孩子的特点,根据孩子的智能类型,着力开发其优势潜能。孩子的优势潜能具有最大的开发潜力,也是孩子未来人力资本的优势之所在,孩子只有尽早开发其优势,才能使这种潜力和优势成为其未来的稀缺性资源,而孩子一旦掌握了这种稀缺性资源,其未来的人力资本价值就会很高,从而成为未来的财富之源。

找到了孩子的潜能之后,还需要从小培养孩子的良好习惯,有关研究表明,孩子的习惯形成的最好时期是 2～6 岁左右。培养良好的习惯包括培养良好的生活习惯,即在孩子的饮食、起居、卫生等方面定时、定量、卫生、清洁,形成孩子的生物钟,让孩子从小习惯于有规律的生活,这不仅有利于孩子的生长发育,而且对孩子适应社会有很大的帮助。等孩子比较大些,能够劳动后,应当从收拾碗筷、整理床铺、倒垃圾等方面锻炼孩子热爱劳动的习惯,在城市,可以让孩子参加学校组织的到农村进行锻炼的"夏令营"等活动。父母需要以自己的榜样教育孩子养成处处讲礼貌的习惯。等孩子上小学以后,又需要养成孩子按时完成作业、阅读等学习习惯。要培养孩子的良好习惯必须注意保护孩子的好奇心,从孩子爱提问题引导孩子善于思考的良好习惯,如果孩子提出的问题,做父母的需要尽自己的能力回答,自己回答不出,可以查阅资料,或向别人请教,千万不能说孩子提出的问题没有什么道理,或者说孩子是胡思乱想。如果让孩子从小养成善于思考、善于提问的习惯,就容易形成孩子杰出的创造能力。孩子没有判断能力,家长需要正确引导孩子,让孩子看到坏习惯的害处。按照美国科学家的研究,良好习惯的养成只需要 21 天,最关键是前 3 天。"习惯像一根缆绳,每天缠上一股新索,要不了多久,它就牢不可破"。习惯成就性格,性格决定命运,良好的习惯是孩子的人力资本基础,随着孩子的成长,这种资本会不断增值。

规划退休生活

人一到了 50 多岁就需要对自己未来的退休生活进行一番规划,是早退休好还是晚退休好,退休后工作和生活如何安排,如何从忙碌的工作狂成为一个适应退休生活的人,如何面对退休后各种的不适应,如何调整自己的工作和生活节奏,都是退休后必须面对的问题,都需要尽早规划和安排,到了退休后才不至于十分被动。

首先,需要确定什么时候退休好,是早退休好还是晚退休好。从身体健康来看,早退休有好处也有坏处。对于一些从事危险工作和有害工种的职工来说,早退休可以减少自己生命受到危害的几率,毕竟接触太长时间有害物质或老年从事危险工作面临的生命风险更大些。一些人习惯了繁忙的工作节奏,突然从工作岗位上退下来很不适应,甚至于没有工作的生活比有工作的生活老得快,他们宁愿晚些退休。另外一些人,本来工作就产生了一定程度的负效用,工作是一种负担,退休是人生的解脱,过着悠闲的退休生活是一件十分舒适的事情,所以,他们宁愿早些退休。

但是,是早退休还是晚退休又关系到退休后的退休工资或养老金的多少。退休后,每月能拿多少养老金,提前退休养老金是否会少,怎样才能让自己的养老金多些呢?这些问题都是马上要退休的人十分关心的问题,因为它直接关系到每个人退休后的生活质量问题。要弄清楚这些问题,需要看懂最新的各地政府颁布的《基本养老保险规定》等政府颁布的新政策,及早规划,让自己的晚年更有保障。例如,根据《北京市基本养老保险规定》,个人账户养老金月标准=全部个人账户存储额/退休年龄所对应的计发月数。由于计发月数是被除数，所以，"计发月数"越少，养老金就越多。而退休年龄与"计发月数"成反比，即退休越晚，"计发月数"越少，所以，晚退休的人比早退休的人所领取的养老金更高。下表是退休年龄与"计发月数"的相关数据。

退休年龄（岁）	43	44	45	46	47	48	49	50
计发月数（月）	223	220	216	212	208	204	199	195
退休年龄（岁）	51	52	53	54	55	56	57	58
计发月数（月）	190	185	180	175	170	164	158	152
退休年龄（岁）	59	60	61	62	63	64	65	66
计发月数（月）	145	139	132	125	117	109	101	93

政策还规定，缴纳保险金满了多少年，就发给基础养老金基数的百分之多少，也就是说，缴费满20年的职工可以拿到20%，满30年的职工可以拿到30%。如果某人缴费满了38年零4个月，就可以拿到基础养老金基数的38.33%。新政策还特别规定，今后企业应当按照不低于40%的社会平均工资的缴费基数给职工缴纳保险费，并逐年增加5%，至2010年调整到60%。为了确保新老政策的合理衔接和平稳过渡，从2006年至2010年是5年的过渡期，在过渡期内，按新办法计算的养老金低于老办法的不足部分，可以按老办法补足其差额部分，如果按新办法计算的养老金高于按老办法计算的数额，按新办法执行。从2011年开始，全部按照新办法执行。

所以，从新的养老金领取办法来看，提前退休肯定在经济上是不划算的。退休时间越晚，越可以领取更多的养老金数额；退休越早，领取的养老金数额越少。缴纳养老保险金的经费年数也是领取养老金多少的重要因素，缴纳保险金年数越多，领取的养老金也越多。所以，对于一些中年人来说，现在就需要对自己未来的养老金进行规划：是提前退休还是推迟退休，退休后能不能找到适合自己的工作；是主要靠养老金养老还是靠自己干别的工作赚钱，积累资金养老；退休后自己有没有能力凭自己的经验和能力赚取更多的收入等之类的问题都需要多加考虑。

对于行政事业单位的干部、职工来说，退休年龄和工作年限也与退休工资的高低息息相关，行政事业单位的工资是按工龄来计算的。一般工龄长的人，即使职务和职称不高，由于工资的积累增长效应，一般工资水平也是比较高的。所以，很多行政事业单位的干部、职工都愿意退休后返聘，返聘后由于工作年限比较长，工资水平更高，退休后的工资水平也更高，即其退休金更高。而提前退休，虽然可以自己继续工作赚钱，但退休金不可能因为自己在外面工作而增长，只是暂时赚些钱而已。可见，行政事业单位的干部、职工也需要合理规划自己的退休生活。

对于一些及早规划了退休生活的人来说，可能养老金、退休金的高低对其退休后的生活不会有太大的影响。我们在前面的章节中已经探讨了这个问题，由于人都有一个生命周期，年轻时期，特别是工作后的青壮年时期，赚取的收入高于其花掉的收入，有一定的储蓄，如果善于按照现代理财新观念的要求尽早进行财富经营，到了年老的时候，就可以积累丰厚的家当，晚年的生活就不用忧愁了。

除了需要解决自己退休后的经济问题外，退休后的日常生活也是即将退休的人需要仔细考虑的问题。很多人为革命和祖国的现代化建设拼搏了大半辈子，在几十年的工作中，很难有闲情逸致真正地休闲、享受生活。人活着不只是为了工作和生儿育女，还需要享受生活，体验生活的真谛。如果退休的经济没有什么问题，或年轻时期积累了丰厚的家当，到了老年时期，就需要规划如何去休闲和体验生活了。有足够的资金可以到国内外旅游观光；或通过健身、娱乐、琴棋书画、读书休闲等活动放松自己的身心；或帮助儿女养育孩子，通过带孙子、孙女、外孙带来生活的乐趣。

老年人的负担问题

尊老爱幼是中华民族的传统美德，由于我国家庭观念比较强，老年人对家庭的感情很深，老年人更需要家庭的温暖，老年人对后辈更具有奉献精神，所以，一些老年人在年老的时候不仅没有因为儿女的成家立业而减轻负担，相当一部分老年人还对晚辈承担着许多不应当承担的负担，从而加重了自己的负担水平，降低了自己的生活质量。

在中西部的一些农村地区，年轻的夫妻都一起到沿海地区打工赚钱，家里留下的基本上是老人、小孩、妇女，老人们既要照顾小孩，又要耕种一家人的责任田，不仅没有什么时间休息，反而更加劳累。因为农村赚钱的机会很少，年轻人不到外面打工赚钱，家里就会很穷，而像盖房子、娶媳妇等都需要钱，这样，老人就不得不成为"留守一族"，年老时期依然承担着沉重的家庭负担。

在城市，现在的年轻一代大多数是独生子女，孩子是父母的掌上明珠，孩子上大学，做父母的要操心、供养。等孩子大学毕业了，父母又要操心孩子的工作问题。孩子参加工作后，父母还得操心孩子的婚姻大事，为孩子找一个好的终身归宿。做父母的负担最重的就是孩子的住房问题，现在城市的孩子娶媳妇，开口就是要多么宽敞的房子，父母得为孩子结婚准备房子，要购买宽敞的住房，只有首期付款多，才能减少分期付款，减轻还贷的压力，所以，很多父母都为孩子买房支付了巨额的首期付款。根据上海的一项调查表明，在目前的上海家庭，其中，在有儿子的家庭中，占85%比例的家庭要为儿子买房准备资金，有女儿的家庭中，只有占15%的家庭要为女儿准备资金买房。

由于老年人身体功能下降，容易生病，所以，老年人的医疗费用也是老年人的一个主要负担。对于一些行政事业单位的干部、职工来说，可以享受公费医疗的好处，但如果是一项大手术，医疗费用几十万，要让单位报销也需要自己负担不少的费用。一些享受大病统筹医疗保障的职工也需要自己负担相当数额的医疗费用。

负担最重的就是那些没有享受任何医疗保障的城市低收入阶层和广大农民朋友。截至 2004 年 9 月底,全国参加基本养老保险人数达到 16062 万人,医疗保险参保人数达到 11941 万人。参加了基本养老保险的职工和农村农民的 1.6 亿人也只占我国劳动年龄人口总数的 20% 左右,还有 80% 的人口没有享受任何养老和医疗保障。根据有关方面的调查表明,目前,有近 70% 的农村老年人在感到身体不舒服时,会立即找医生,但也有 30% 以上的农村老年人在感到身体不舒服时,选择"扛不过去"时再找医生。

老年人的另一个负担就是精神负担。随着经济的发展和社会的变化,现在的年轻人追求高品质生活的越来越多,可能会有时忙于工作而忽视了老人的心理需求。

老有所养,是一个涉及面更广的话题,城市农村都存在,而农村是"重灾区",即使在经济相对好些的农村,这一问题也十分严重。我们都有老的一天,父母的今天就是我们的明天。善待老人,就是善待我们自己。

老年人要保持精神舒畅,不要有太重的精神负担。

第九章
消费中的经济学

折扣狂潮里的秘密

如今,商品打折已经成了一种"商业风气",正在整个商业系统中迅速地蔓延开来,许多商店也把打折当作是招揽顾客的重要手段之一。无论大街小巷,你总会看到商店的门口贴着"大甩卖""跳楼价""大放血"等字样。而且,商店里还贴着"恕不讲价"的牌子。老板还在不停地摇头叹气,一副"失血过多"的样子。而商场里,"买一送一""买二送一"等广告也随处可见。许多商场都把1周年、5周年、10周年店庆当作是"答谢新老客户的关爱"的最佳时刻。"全场商品一律5折""满200送100"的口号也喊得特响。而且,本来只有一天的"店庆",被他们一开就是几个星期,一两个月。就像一些小店,每天都喊着"最后一天大甩卖"一样,也不知道哪天才是最后一天。

总之,整个儿的打折气氛,让人觉得自己是在一个充满了"便宜"的世界里,似乎只要你稍稍打开你的口袋,就能够把无穷的"便宜"带回家。但是,面对如此疯狂的打折潮流,我们都应该清醒地对待,不要因为贪小便宜而吃了大亏。

谁都知道,商家做生意都是为了赚钱。而如果他们真的"大放血",而且是整天整月地放血,那么有哪个商家的体魄会如此"健壮"呢?虽然,我们必须承认,确实有一些商店,由于建筑拆迁、生意转行、急需资金、商品换季、清理库存等许多原因而被迫降价甩卖商品。而且，许多商品打折后，价格确实比原来要低了。但利用"薄利多销"的手段进行促销的商家占很大一部分。尤其是那些"回报新老客户"之类的"店庆"，这样的目的更是明显，他们是假借打折之名招揽顾客，赚取高额利润的。

让我们来看看商家打折的秘密。

我们知道，一定数量的产品，不管是生产1万件还是只生产100件，有些投资是必需的，比如厂房和机器设备。而且，这些投资在短期内是不能改变的。我们把这种短期内在数量上不能改变的投资成本称为"不变成本"。而另一些投入如劳动力，如果你想生产1万件，就要多用几个工人，如果只想生产100件，那就少用几个工人，这是可以随时改变数量的投资，称为"可变成本"。不变成本和可变成本之和就是生产商品所需要的总成本。

如果把一段时间内生产出来的产品看作一个整体，那么，把生产这些产品所耗费的成本（包括不变成本和可变成本）平均地分摊到每一件产品上，我们就可以大致知道每一件产品中包含了多少的可变成本和不变成本。于是得到了"平均可变成本"和"平均不变成本"的概念，两者之和又可以称为"平均总成本"。而如果我们把厂家卖商品的价格看作是他从每一件商品中获得的收益，那么，我们就可以通过比较价格和以上几个方面的平均成本的大小关系，来判断厂商愿意生产商品的最高数量和愿意出卖商品的最低价格。

实际上，商店不可能把所有的商品都如此打折销售。商场里只有部分商品如此打了折，不仅是部分打折，而且是轮流打折——今天是日用品打折，明天是调料打折，这周是烟酒打折，下周是食品打折。其他的商品呢？其他商品的价格与别的超市的价格则没有区别。沃尔玛超市真实的营销状况就是如此。

先说消费者。那些知道打折商品又意欲购之的消费者显然愿意前去购物。但去超市是要花车费和时间的。既然去了，既然花了车费和时间，理性的选择哪能只购买打折商品呢？一般总是要

优惠券的诡计

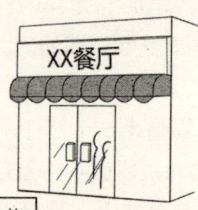

商家开店,目的就是要追求总利润的最大化

商家进行价格歧视的手段

利用优惠券进行差异化定价,人为地实现消费群体差异化,既可以吸引那些对优惠券内容敏感的消费者,同时又不会失去对优惠券不感兴趣的另一部分消费者

不使用优惠券的消费者不用受到限制,有更多的选择,保证商家原本的利润

优惠券通常会对消费的商品种类、消费时间等有一定的限制,商家正是依靠这些限制获取利润,避免赔本

商家会不断调整优惠方案,目的是在这二者之间寻求一个平衡点。当达到平衡点时,商家的总利润将会达到最大

消费者与商家都是理性的经济人,双方都在追求自身利益最大化的过程中,进行着"自利"的博弈。看似能为消费者带来实惠的优惠措施,实际上最终受惠的往往还是商家

购买一些别的商品。那些不知道打折商品的人又当怎样呢？虽然不知道具体打折的是些什么商品，但既然有打折商品，而别的商品又不比别处的超市贵，为何不奔着打折的商店去呢？

再说厂家吧。商店的打折虽然使得商品的平均单价降低了，但由于打折吸引了消费者，提高了销售量，总利润一定不减反增。为了吸引那部分即使知道打折也不购买打折商品的消费者，最大限度地增加销售量，商店不可能让所有人事先都知道具体打折的商品，它是要让一部分人知道，又要让一部分人不知道。

其实，正像前边所说的，由于各种特殊原因，商场被迫降价出售商品，价格往往比实际造价还低，那么，消费者就会获得比较实在的优惠。但是，即使是在一般紧急的情况下，这种情况也是很少见的。因为，在平时，商品出卖的价格都比实际成本要高许多，而在比较紧急的时候只要把价格下调，调到可变成本以上一点点，从消费预期来说就已经十分满足了，商品就很容易卖出去，而且会比原来销售量更大，这才是最常见的打折现象。许多商场就是用这种手段吸引消费者，以获得"薄利多销"的效果。看起来他是在"放血"，但是，虽然在单件商品上的利润少了，但是卖出去的商品数量增多了，所以只要打折程度合理，完全可以在打折的情况下，获得比原来还多的销售收入。

因此，对于各个商场疯狂的打折热潮，我们应该清醒地对待。

消费要懂得理财

人们在生活中购买一般东西时，常常不作细致的考虑，但是有时候需要购买一些昂贵的商品，像买房子、买车等，这时候就需要慎重考虑了，甚至这种考虑会是一个期待已久的漫长的过程，善于安排这种支出，既能明显地节约费用，又能使生活舒适。

欲购一件昂贵物品，总要与家庭所有成员商量一下，根据自己家庭的现有积蓄、每月收入和日常衣食住行的开销，算一算该不该买。不必要的东西不要买，因为时过境迁，就会知道是一种浪费。可以召开家庭财务工作联席会议，当然，如果你是单身的话，这次大会只有你自己参加。每一个人畅所欲言，谈自己对这次有可能进行的支出的计算方法和结果，集思广益，从中找到最好的方法。

要考虑自己的资金实力、自己的信贷能力和自己抵御风险的能力，家庭成员的生活水准和紧急事件的应对，这些问题毕竟需要一定数额的资金能力作为保障，你要计算这个数额，并在保证这个数额的基础上考虑自己的购买力，在心中还要有一套一旦碰到紧急情况的应对预案。购买有投资性购买和消费性购买，如果是消费性购买，则更应该谨慎，因为这种购买是不能创造新的价值的。

还要考虑一下退路，有很多购买是在一定诱惑下很容易就买进了。但是，在买进一种金额较大的商品前，有必要考虑一下将它卖出的容易程度。将车卖掉，意味着要损失一大笔钱，房产虽然有保值的效果，但一般在短时间内不能产生利益，而且要卖掉房产也是一桩很麻烦的事情。这些经过考虑得出的数据，也可以当作你进行综合考虑时的有价值的参考。

购买的时机也是一个很重要的问题，商品价格的涨跌一般也有一定的季节性规律，对商品价格的未来走势，谁也不可能预期得绝对准确，但是根据以往的经验，可以进行判断，大概预测其未来涨跌情况的概率和幅度，从而对购买的时间做出决策。

卖家也会提供多种购买方式，自己可以根据自己的经济实力做出最适合自己的选择。如果是分期付款，最直接的问题是银行按揭到底贷多少年，获得的利益和支出的利息比最理想，这个问题的计算稍微复杂一些，要考虑怎么使支付的利息总数最低，而又不太多地影响你的生活计划。分期付款的压力既是前进的动力，又会使自己的生活增加压力，要看看自己是否能承受得住这个压力。

买东西还有一个考虑性能价格比是否合算以及讨价还价的问题。考虑的问题主要包括：商品对自己的用处、使用年限或商品的量、商品的性能和服务、品牌、价格，等等。这牵涉到很多数据，以及在这些数据基础上来选择最优方案的问题。从对商品的性能价格之间的比较，到做出购买决策的过程，实际上是人在头脑中进行的一个很复杂的计算过程。所以说买东西里边的数学学问并不像我们所感觉到的那样简单，一个人是否善于买东西，和他对数学知识的使用能力有关，这种能力是一个人理财能力的一部分。

逛商场挑选商品，有时候是一个非常费时间和难以做出决定的问题。现实生活中一个常见的现象是：有些人，特别是很多女性在购买东西时会耗费很多时间，究其原因，固然有买东西对她们来说是一种生活享受，还有在计算和决策方面的思维方式的原因。在对商品的选择上和价格的衡量上，她们不能快速地做出决策，也就是一个决策效率的问题。

当然更使人头痛的是大宗物品的购买，这时候是需要一点数学上的技巧的。如果没有一个清晰的经济头脑，复杂的数据就把人搞糊涂了，这时候可以用列表的方法来解决问题。

当然昂贵物品的购买决策，对生活中的收支平衡或个人的经济状况有重大的影响，更是一个大的问题。要求人们考虑得细致周到，数学方面的天赋更能派上用场。

做个理智的消费者

不同的人有不同的个性，同样是人，有的人喜欢思考，有的人不喜欢思考；同样是思考，有的人的思考符合理性，有的人的思考不符合理性；同样的是具有理性思考能力，有的人善于在生活中运用它，有的人经常不在生活中运用它。所以对环境的变化，不同的人做出不同的反应。试想一下，一个企业家和一个普通人相比，在处理和经济有关的问题时，会有自己的思维方面的不同特点的，而每个人的个人生活和事业发展，也是人的思维方式加上其他因素长期综合作用的结果。

由于每个人的算法不同，人们做事的方式就各有千秋。比如，国家进行宏观调控，曾采取了降息的策略，手中有余钱的人想："你降息，我炒股，谁也别想做谁主。"有的人想："你降你的息，我做我的生意。"在个人投资方面，据有些人的研究，不同性格的人其投资风格也不同。敢冒风险的人投资股票，相当稳重的人投资国债，脚踏实地的人投资房地产，信心坚定的人选择定期储蓄，井然有序的人投资收藏，百折不挠的人搞期货，富于幻想的人则喜欢去打造一个盈利的企业。也正是这些思维方式的不同，决定着不同的人在经济领域会有不同的表现。

一个人如果能取长补短，改变自己的思维模式，养成善于计算的习惯，则对自己的理财实力的提高会大有裨益。

从消费的角度来看，消费有两个心理层面：一个是自己的购物习惯和欲望，一个是自己的理智。许多人是无意识的消费者，他们不使用自己的计算能力，或者是在他们的计算方式中忽略了一些重要的东西，出于习惯他们每天买相同的东西，或是凭一时兴起购物，他们的计算主要是集中在商品本身和自己的偏好，而不是从自己的经济状况考虑做全面的打算，因此，对于这些人来说，在经济上陷入困境是很正常的。

有些人是理智的消费者，他们将自己的经济行为限制在计算

消费要有理性，不要盲目或者跟风。

的框架内，他们有经济方面的计划，或者是有明确的预算，然后他们能严格执行自己的计划或预算。他们的小算盘在账目上打得更精一些，他们根据自己的经济实力和对未来生活的考虑来决定自己的购买行为。在购买东西时的思路是这样的：我真的需要这件东西吗？这项花销会不会影响我下一步的经济计划？购买带来的利益相对于付出的代价是否合适？我为了购买这件东西，应该采取什么策略？

一个人如果能做一个理智的消费者，他就会倾向于用理智的眼光来看待其他的经济问题，他的思维方式就是目光长远的、积极进取的。这种计算的习惯和技巧，将使他迈向成功的脚步更加稳健有力。

不论多么精妙的设计，靠这种设计本身都不能实现理财，目标中的财富数字需要具体的行为去实现。在计划一个行动的时候，要为自己的考虑增加一个前提，比如是买一件东西或在进行一次娱乐消费，在进行取舍时，首先要考虑自己的预算的要求，如果不是特殊的情况，超过了这个预算的行为，都应该是在禁止之列的。

一个人是否善于理财其实和他在生活中形成的生活方式有很大关系，这种生活方式里，有他的思考问题的方式和他的行为习惯。所谓的理财技巧，不过是来源于人的思考模式和行为习惯。人并非在所有的时候都是理性的人，比方说，一个吸毒成瘾的人是不会因为计划不再吸毒而不去吸毒的；一个上网玩游戏成瘾的人，也不会因为认为过多的上网有害健康，计划暂时不再上网而不去上网。所以说，预算是预算，人的有些消费习惯是难以改变的。所以很多教人理财的方法，虽然看起来很巧妙，但是却常常收效甚微。

改变人的思考模式和行为习惯，是一种自内而外的自身修养过程，是提高人的理财能力的根本之道。思考方式的形成是一种长期的积累的过程；行为习惯也是这样，所以为了执行自己的预算，一个有着不良消费习惯的人，在个人习惯方面要费力气谋求改变。在思考方式方面,数学训练为人们提供了一个严谨和全面地看待问题的模式,这种模式用到生活中的消费决策上,会使人的决策更趋于理性化。

选择性消费

我们该如何改进随意消费的习惯呢?一个解决的办法就是以对金钱的积极的态度取代消极态度。

圣地亚哥国家理财教育中心提出了"选择性消费"的观念——你不应该对自己说:"我该不该买这东西?"而应该问:"这东西所值的价钱,是不是在我这个月花钱的预算金额内?是否正是我所要花的钱?"

换句话说,你要问问自己,到底有多么想要花这笔钱来买这东西,而不仅仅是告诉自己能不能花这笔钱。

"我应不应该花这笔钱"——就是圣地亚哥国家理财教育中心所谓的"消极的输入",因为它是消极的信息,容易被忽略,这也是人类的心理。然而消极的输入会迫使我们合理化我们的购买行为,如"这东西颜色很漂亮""这东西正在打折"和"我真的很想要这东西"等说法,就是一些很普遍的例子。许多人都有买过打折商品的经历,喜滋滋地买回了"物美价廉"的商品,心中有一份莫名的得意和逢人就想夸耀的冲动,殊不知自己正是上了"打折"的当。

曾经流行过这样一句顺口溜:七八九折不算折,四五六折毛毛雨,一二三折不稀奇。

"打折就是随意定价的结果,商家一开始就想好了用打折的办法'钓鱼'、蒙人。"一般人习惯上总喜欢廉价便宜的商品,他们看到打折商品,往往不加考虑就掏钱包购买,这正好落入商家的圈套。有钱人从不盲目购买打折的商品,他们告诉人们在打折面前,最好不要乱动,冷静一下,看看这个东西你是否真的需要。不需要,打再低的折也不为其所动。

消费的决定因素

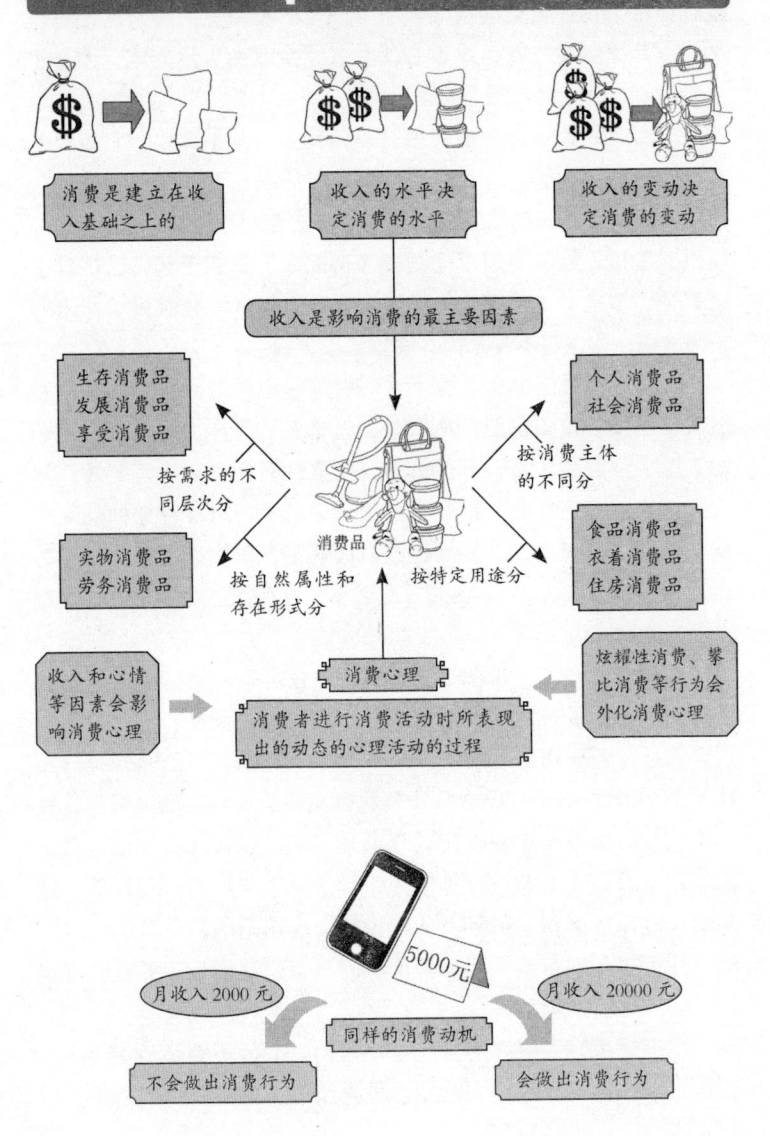

- 消费是建立在收入基础之上的
- 收入的水平决定消费的水平
- 收入的变动决定消费的变动

收入是影响消费的最主要因素

消费品分类：
- 按需求的不同层次分：生存消费品、发展消费品、享受消费品
- 按消费主体的不同分：个人消费品、社会消费品
- 按自然属性和存在形式分：实物消费品、劳务消费品
- 按特定用途分：食品消费品、衣着消费品、住房消费品

消费心理：消费者进行消费活动时所表现出的动态的心理活动的过程

- 收入和心情等因素会影响消费心理
- 炫耀性消费、攀比消费等行为会外化消费心理

5000元

月收入2000元 —— 同样的消费动机 —— 月收入20000元
不会做出消费行为　　　　　　　　　　会做出消费行为

第三篇　社会生活中的经济学应用

通过选择性的消费，你想要花钱的本能还是能够得到满足的。这就像一个正在减肥的人必须减少热量的吸收，但每天却还可以吃一点儿冰激凌一样，你不必试着去完全改变生活方式，而且也不必强迫自己克服心理上的排斥感。

不要误以为选择性消费很简单，其实它并不简单，它需要不断地练习。

阿敏是个超级购物狂，每次同学想去逛超市又找不到人陪时，找她准没错。她一到超市立刻就兴奋起来，总能想起自己缺这个缺那个，于是买个没完，每次至少也是上百元。有时候买回来的东西放在一边也想不起来用，浪费了不少钱。

后来，她自己也有点急了，一次逛超市的时候，看到一个妈妈领着小孩一起买东西。小男孩手里拿着计算器，妈妈每放到购物篮里一件商品，就告诉他价格，他累计后把总额告诉妈妈。阿敏觉得这是个好办法，也开始照做，于是手机里计算器的功能就被充分利用了起来。一开始她给自己规定，每次购物的总额不得超过80元，后来这个金额被一再缩小，现在她已经能很好地控制自己的购物行为了。

为了节省开支，带上计算器逛街，让屏幕上飞涨的数字抵挡诱惑是个不错的方法。顾客在一般商店里购买商品，买一件就要支付现金，看着钱出去难免心疼。超市自选商品之后再统一结账，往手推车里放东西，"豪拿"中购物欲望便会大为膨涨。带个计算器逛超市，买一个东西就用计算器加一下，这样就会知道自己不断支出的总数了，超过预算就强迫罢手。这样可以自我核算，避免结账时出现多付。另外，认定目标，到熟悉的超市购物，可以很快找到想买的东西，减少受诱惑的机会，这也是一种省时省钱的方法。

在逛超市时，应该给自己规定时间，一般不要超过10分钟，这样可以控制自己的购买欲望，进入超市，就可以拿出清单，对号入座。

同时，逛超市的时候尽量空手进入，如要买的东西稍多，而购物篮可以盛下，就绝不要去推购物车。购物篮和购物车本是方便顾客的，但它们同时又极其艺术地为商家做着诱购和促销工作，可以说，它们是使我们无形中突破购物计划的"元凶"。

切记千万不要被赠品所诱惑。很多商家常在商品上绑一些赠品来激起人们的购买欲。这是商家促销的一种方式，有些商品甚至因绑了赠品后价格有一定的上升。千万不要被一些花哨但没有价值的赠品糊弄了。

另外要避免数字误导。商家喜欢把商品定为类似9.9元的价格，这样常常会给人便宜的错觉，看到这样的商品，要习惯性地四舍五入。比如把9.9元看成10元，虽然只有一毛钱的差价，但在价格上就不会被误导了。

我们去超市购物时会列出清单，为什么去其他地方买东西时不如此做呢？其实你的消费是可以掌握的，不要被习惯、冲动或者广告所左右，如果你养成了消费时去比较不同商品的价格、服务和品质的习惯，你的选择性消费也不会那么盲目，并且也能够聪明地消费并存下省下来的钱。

因此，最主要的是：养成选择性消费的习惯，做理性的经济人。

把握好最佳购买阶段

卖的人精，买的人也不是傻瓜。贵东西必然有它贵的道理，但对贵东西的"好"则要具体分析，传统认为所谓的好，多表现在材料、制造、设计、工艺等方面。在现代社会，"好"的方面要广泛得多——两件材料、制作、工艺等完全相同的西服，名牌的比非名牌的就可能贵上好几倍，贵就贵在牌子上。有的时候两件质量、款式一样的商品，豪华店、精品店卖的就比在普通商场里贵得多。因为前者地处繁华区，装修考究，服务周到，多支出钱都要让消费者掏腰包，所以它价格贵也不是没有道理。多元化是现代社会消费的一个重要特征，所谓"好"与"坏"的标准常常不能用固定的尺度来衡量。东西越贵越"好"是没错的，只看这"好"是否能为你所接受，如果超出你的承受范围，就会给你带来沉重的负担。

在正常情况下，商品绝不会既是最好的又是最便宜的，这是我们大家都明白的道理。而要想真正做到令自己满意，首先要对所谓的"好"有一个切实的标准。比如装修居室：商店里的木地板价格便宜的每平方米30元，但贵的也有100～200元的；论质地更是令人眼花缭乱。这时就不要管价格，而是根据自己房屋装修的档次、规格、颜色等，选择较为满意的木地板。这里的"满意"与装修的好坏程度及个人的审美标准有关，而不是单纯指东西好坏。然后在满意的基础上再选取价廉的。如果在这些木地板中，觉得中等档次的与自己的装修水平相适应就叫"满意"，那么可以在这一类里进行选择。当然，你会发现同样符合条件的木地板，每平方米45元的比60元的合算。

买东西还要选择购买时机。

什么是最佳购买阶段？花最少的钱，买的东西又不落伍，那就是最佳购买阶段。社会商品特别是耐用消费品总要经历开发、研制、小批量生产、大量投产、萎缩等阶段；然后是又一轮的开发、研制……在最初的开发、研制阶段，产品的性能还不稳定，但十分新潮；产品的成本高、售价贵，市场销量逐步上升但升幅不大。这个阶段的商品不宜购买，应等到其进入批量生产阶段，此时商品的性能、质量逐渐趋于稳定，生产批量大，价格有所下降。假如不是特别急需使用，最好再等一等，因为其价格还未降到最低谷。接下来是"维持量阶段"，市场已接近饱和，形成买方市场，价格大幅下降，这时才是最佳购买阶段。这个阶段不但价格合算，而且产品质量进一步完善，厂家竞争也趋于白热化，消费者正好坐收"渔翁之利"。这说起来好懂，但真的做到"恰到好处"也并非易事。

小李特别喜爱手机,刚参加工作就花上3000元买了一个最新款的名牌手机,谁知还没过一年,市场上这款手机的价格已降到不足1000元,小李悔恨不迭。可见,找准最佳购买阶段是把钱花到实处的重要一环。

买一套房子的谋划

生活需要房子,有些人是为了住而买房,有些人则是看准了大部分人的需要而炒房。需要住房的人和炒房的人,加上谋求高额利润的房产商,这三者把房价闹得越来越高。现在房价相对于一般中国人的收入水平来说,真是个大数字,购买不能不慎重。

一般人得付出自己大半辈子心血才能买得起房子。一旦决定要购买房子,首先要考虑的应该是买房究竟意味着得到了什么,除了和生活偏好以及对住房质量和环境的要求相关的因素之外,我们最关注的大概是使用面积。聪明的开发商为了使房价显得便宜一点总是使用"建筑面积"这个词,他们利用这个词大作文章,加上他们的计算方法和一套说辞,有时候真把人们搞糊涂了。不过我们只要实地测量一下,用小学里学的计算面积的方法,就足以把他们的骗术戳穿,而得到一个真正对自己有用的数字。这样自己就心中有数了,然后我们就可以大致计算每平方米使用面积的真实价格。还有,一些购房带来的物业管理费等经常性的支出数据,也是自己应该有个明白的认识的。这些弄清楚了,再综合其他因素进行权衡,就能选择最适合自己的房子。

从投资的角度来看,买房子是否合算,很多看起来像专家的人,都在从不同的角度给出自己的计算方法,这些人有些可能是房托儿,有些人是业余研究人士,有些则真的是专家,买房人大可以找一点这方面的资料看一看。购房决策主要应取决于对未来房价涨幅的预期,价格的涨跌和社会心理环境密切相关,而在这方面人是不能做出精确的估计的,所以关于房子价格升高幅度的问题,你不能指望会有一个绝对正确的判断,即使做出预测,也是一个概率判断，这就意味着投资不管风险是大是小，总是有风险的。

费了很多脑子，看准了喜欢的房子，就进入了价格谈判阶段，这个阶段相当于踢足球的临门一脚阶段，你可能很累了，也得打起精神来。首先综合各种数据计算业主房子出手的价钱底线，作为谈判的心理基础，然后尽量将有说服力的数据运用到谈判之中。谈判在数学上看是一场博弈，只是不好用数学模型表达出来。你的目的是最低的房价，对方的目的是尽量不降价，所以你对谈判的设计也是非常重要的。具体谈价格时，你可不能让对方知道你对这套房子是必欲得之而后快，也要防止一不小心将对自己不利的信息露给对方，这时候你要抱着谁也别想占我便宜的态度，无视售楼小姐的巧舌如簧，发扬不见兔子不撒鹰的精神，尽量坚持自己的价格底线，将谈判变成一个以最低价位拿到住房钥匙的难忘过程。具体来说，要拿出与所谈房子相关的各种数据，通过合理的计算方法，计算出你认为双方都可以接受的价格，让开发商知道你在买房方面是比较精通的，不会轻易受骗上当。

买车之前需要三思

不同的人有不同的买车目标，有的人买车是将车作为挣钱的工具，有的人买车是为了工作和生活的方便，有的人把车当成社会地位的标志，但是每个人都想用最低的价格买到最适合自己的车型。市场上的车的品牌和型号五花八门，使不少想买车的人不知道该如何选择。

我们一般对买车的决策所使用的计算方式其实是很简单的，只要在正确的数据基础上，用简单的方法，就可以做出是否买车和买什么车的抉择。因此为了买车，要在取得各种数据上多下些工夫，这些数据有一些是感性的和舒适度方面的东西，有一些则可以得出具体的数字或可通过数字表现出来。为了得到这些数据，必须倾听他人的意见、看有关资料、去车市看并体验车、具体的咨询，等等。

是否买车的判断需要的数据包括以下 4 个方面。

（1）个人方面：经济实力，自己的需要，自己家人的偏好等。

（2）车的质量和服务方面：动力性能、安全性能、车的配置、外观、内饰、舒适程度、品牌、服务等。

（3）购置方面：感兴趣的各种不同车型和经销商的价格、付款方式、在拿到车前的其他必需付费、卖方的服务和可信度等。

（4）购买之后的有关数据：买了之后还要付养车费，包括保养、维修、保险、养路费、汽油等费用，还必须有合适的地方停车，这又得有停车费。这些方面可以咨询一下他人，看看他们的养车费是多少，然后再根据自己的使用情况计算一下自己养车费用的大致数据。

为了很明确地比较这些数据，你可以将你所选择的不同车型的数据，列成表格的形式。需要做出判断的问题主要包括：要买车吗？愿意花大约多少钱买车？自己喜欢的车型是什么？具体定下什么车型？通过什么渠道购买？付款方式是什么？

在做买车判断时可以和不买车作一下比较，将自己多花的费用和给自己带来的方便相比较，看看自己愿意做什么选择。不要忽略一些小的数据或问题，有些事情好像是个小事情，但也应该成为决定是否买车的重要依据，如没有合适的停车位，你的汽车安全就很难保障，

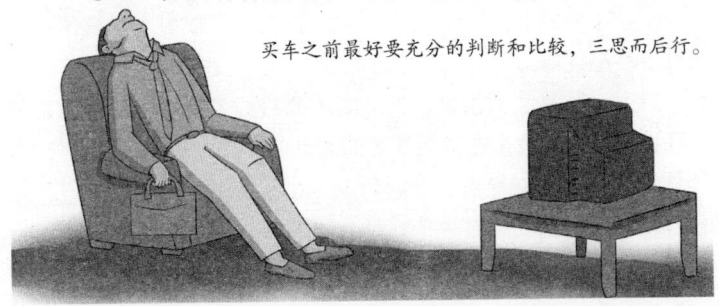

买车之前最好要充分的判断和比较，三思而后行。

保不准被刮被擦或者被偷，那么还是缓一缓再买车吧。当然有些不是特别重要的数据也不要太计较，比方说车的有些配置，东西多并不意味着就一定好，如果是用不着的东西价值也不大。配置多了，要修理的东西也多了，可能增加养车费用。

通过在上面的一系列数据基础上的比较，你可以得出大致的判断，其中最复杂的需要数学计算的问题，大概就是购车费用和付款方式方面了，这也是很简单的数学问题，这也说明生活中的数学常常并不复杂，只是需要考虑的数据非常多而已，自己只要不怕麻烦就很容易解决的。

买车的感觉很好，但是过上几年，你或许就厌烦了，想换一辆新车，也有一些车主一段时间后会因为其他原因而将车卖掉，所以在买车时考虑一下车的保值因素还是很有必要的。在汽车消费十分成熟的欧美国家，保值率早已成为选购汽车的重要指标之一。所谓保值率，指的是某种车型在使用一段时期后的易手价格与原始购买价格的比率。车的保值率取决于汽车的性能、价格、可靠性、配件价格及维修便捷程度等多项因素，就我国目前市场来看，夏利、桑塔纳、捷达等老品牌保值效果还是挺好的。对于在几款新车中拿不定主意买哪款的消费者来说，可以去了解一下旧车市场的行情，研究一下自己喜欢的车型中哪一种保值率最高，也许这儿的信息有助于你买一款最中意的新车。

培养买卖东西的能力

买卖东西也是一种能力，如何在买卖中赢取更大的效用，这里有一些小技巧。

（1）编制科学的预算。预算的主要目的是为了合理开支，进行理性消费。预算是在你花钱之前制订的，把资金重新做了分配，并且对你的消费进行强有力的约束。在预算中，每个月固定的或者是不断增加的存款是一个非常重要的项目，是你达到预算目的的一个重要保证。因此，除了意外的超出预算的开支外，一定按预定数量进行存款。

这是一个竞争激烈的时代,企业缩减支出、工资薪酬停滞是常见的现象。因此对工薪人士来说,如果"开源"的工作有困难,那么在预算中就要考虑有计划的消费,从"节流"做起,对所允许的家庭花销进行精心设计。利用这一新准则来划分消费次序:把钱用在重要的地方,在不重要的方面缩减开支。其实聪明消费很简单,选对时节购物、货比三家不吃亏、克制购物欲望,以及避免滥刷信用卡、举债度日等,都是可以掌握的原则。在方法上可针对每月、每季、每年可能的花费编列预算,据此再分配各项支出在收入中所占的比例,避免将手边现金漫无目的地消费。

对预算的执行能力,表现为对自己的行为的控制,通过对消费的理性控制,可以避免乱花钱。最好养成记账的习惯,定期检查自己的收支情况,并适时调整。如果你发现固定的开支(租金/抵押、公用事业、保险、运输)消耗你的资金太多,你需要制定新的预算,为此要调整你的生活方式:搬到租价便宜一点的房子居住,买便宜的汽车,打电话时尽量缩短谈话时间,甚至不得不戒掉烟酒。如果你的固定开支已被控制住了,再来看看你的个人消费支出。你的娱乐消费和日常购买有点儿奢侈吗?试着缩减你的奢侈娱乐花费和各式购物消费,这能为你节省不少现金,使你有能力把一定比例的收入存入银行。

(2)眼睛盯住一串数字。眼睛不盯着一个数字,在具体的事情面前就不能做到"心中有数"。你一定不会将自己的发财大计看成是一个数字游戏,但在经济学家看来,这就是一个数字游戏。

眼睛盯着数字才会有动力,使你的心产生动力的往往不是具体的目标,而是和数字有关的东西。你不相信这个看法吗?那么你看一下比如电子游戏,这类游戏常常会有积分的标准来衡量游戏者的成绩。而对于游戏者来说,积分的增加会对自己有吸引力,从而对游戏上瘾。葛朗台式的人物不会成为大多数人的心中偶像,但是要知道这老头儿为什么会有很多钱?他并不是为了需要钱用才去捞取那么多的钱,而是钱这种符号的增值是他热衷玩的迷人的游戏。

有了具体的数字目标能使你产生必要的思考过程,它将激发你找到一个方法来完成它:投资需要事前的认真考虑,不是事后产生的想法。做个美梦是容易的,但是,空的腰包不能将梦变成现实。从现在就开始关注你为什么存钱。存钱不是最终目的,你现在花掉的钱与你以后要花的钱有着本质的区别,后者常被称作是储蓄。这些画在纸上的目标将会增加你存钱的动力。

存钱是为了实现你的目标。你是想拥有一个家?换一所大点儿的房子?买一辆车?为了你的宝宝?还是打算读书深造?或去投资?你固然可以把目标统统写下来,然后贴在冰箱上、厨房门上、餐桌上等任何你会经常看到的地方,提醒你时常想起你的目标,但你若不把它们变成具体的数字,则难以使你的增加收入的数字计算变成现实。

(3)买东西巧设计。如果你认为买东西很简单,那请看一下这个问题:

某商品每件15000元,如果分期付款,分6个月付清,但要加每月3%的利息。若用分期付款的办法买一件这种商品,平均每月应付多少元(不满1元的舍去不计)?

这个问题如果不用数学方法,而只用生活中所使用的一般方法是很难解决的。如果列方程,这个问题就比较好办了。

解:设平均每月付 x 元,则自开始到付清所需付的本息合计为:

$15000+(15000-x)\times 0.03+(15000-2x)\times 0.03+(15000-3x)\times 0.03+(15000-4x)\times 0.03+(15000-5x)\times 0.03$

$=15000(1+0.03\times 5)-(1+2+3+4+5)\times 0.03x$

$=17250-0.45x$

∴ $6x=17250-0.45x$, $x=2674$(元)。

即平均每月应付2674元。

当然,生活中一般会选一个更好算的付款方式,不过这也可以看到数学的威力了，在生活中这样的问题还有很多，有时这类问题很复杂，如果自己不会解决，也没有别人帮助解决，那会是一个挺难受的事情，会阻碍自己的理财能力发展的。

一方面在具体卖东西时要进行准确的计算，在数据上不能老出差错，否则卖东西就有可能变成一次捐赠活动。另一方面该不该卖也是一个数学问题。特别是对于讨价还价的买卖，一定要抓住机会，快速地计算这个价位合适不合适，对市场经济来说时间就是金钱，该出手时就出手，否则后悔晚矣。

这样说来，在卖东西时，其实是需要精妙的数学知识的，卖东西时计算精确和快速，才能抓住机会果断成交。另外卖东西一般心中要有个底线，并根据情况调整这个底线。这个底线一般是根据市场行情，以及自己卖的东西的价值信息推算出来的。因此一种理智的计算商品价格的能力也是必要的。用数学的眼光来看的话，市场的行情有个预测的概率问题，出手价格是个求极大值的问题，具体规划卖东西的时机是个运筹学问题，还有其他数学问题。

城市上班族每个月有固定的收入，一般不怎么卖具体的东西。农村人有卖东西的习惯，将自己的劳动成果变成现金，这在农村实在是再常见不过的了。卖东西的学问也大着呢，选择合适的时机，去合适的集市，寻求合适的买主，以合适的价格卖出去，卖的时候对价位的掌握，这中间学问很多，会卖东西的人会多卖一些钱，他们这种善于盘算、会卖东西的能力，会通过他们的经济实力表现出来。比方说农村里卖农产品，就经常有个如何卖才能更合算的问题，要卖出一批稻谷，就要考虑是卖稻谷合算，还是卖大米合算，算一笔账：

如果是卖 100 斤稻谷，按市价可得 61 元。如果卖大米，100 斤稻谷到碾米厂去碾，可得 68 斤大米，大米每斤 0.9 元，68 斤大米就有 61.2 元，除去碾米费 2 元，还可得 59.2 元。再加上糠 32 斤，每斤 0.15 元，就可得到 4.80 元，这样把 100 斤稻谷碾成大米来卖最后可得64元。因此还是卖大米合算。瞧，这脑筋多转一个弯，就多出了3块钱的进项，账不会算的话，这3元钱就可能不那么容易找回来了。

从上面例子就可以看出卖东西中的经济问题了，同样的东西通过不同的方式可以卖出不同的价格来。这主要在于事先对市场行情的精准掌握，以及对各个环节精确的经济分析和计算。

价格是谁给抬起来的

相互交换可以使双方或大家都得到更大的满意度，正是这种相互的满足实现了经济的繁荣。那么，经济又是依靠何种力量实现均衡的呢？为什么我们每天能够买到足够的食物？从路边待售的哈密瓜、西瓜、花生、瓜子，到商场的衣服、家用电器、厨具，再到我们喜欢的可口可乐、耐克，是何种力量使它们实现均衡的呢？实现我们生活中这种种的均衡，既不是靠哪位长官的命令，也不是靠诗人的狂想，更不是靠艺术家的灵感，而是靠"一只看不见的手"，它使人们在相互满足的过程中实现交换，实现各自利益的最大化。

这只"看不见的手"就是价格，价格就是指引经济活动最卓有成效的工具，家庭和企业在决定购买什么和卖出什么时都十分关注价格。如果在一个单位时间内，生产者的产量小于市场所需要的产量，则生产者所获得的价格就比较高，从而获得更多的收益，这时，生产者就会增加商品的产量，增加产量的结果是使其出售的商品量等于市场的需要量。反之，如果生产者生产出的产量大于市场需要的产量，则生产者所获得的价格就会低于其期望的价格，从而缩减生产量，最终又使其生产的商品量符合市场需要的量。当需求价格等于供给价格时，它处于均衡状态之中。价格就像一个钟摆，来回摆动，调整着商品的供给和需求，使其实现均衡。

但是，真实的经济学往往有更多的可能性。在火车站内和其旁边的一些商场和售货大厅，人们看到一瓶矿泉水比其他地方的价格要高出好几倍，一碗面也是如此，其他大多数商品都是如此。如果在一般商场的矿泉水是 0.8 元一瓶，而在火车站则往往是 2 元或 2.5 元，这里的商品具有相当可观的利润，既不是因为它的质量更好，也不是因为它的员工有更高的效率，而在于它特殊的位置。因为，在北京西站，来来往往的人很多，很多人容易图方便高价就近购买所需要的食品。

消费者更需要完全竞争，因为有竞争，消费者就可以以较低的价格买到适合自己的商品。但是，商家却更喜欢垄断，趋利的本性必然促使商家去掌握稀缺性，它比没有掌握稀缺性时的利润大得多。我们设想在一个比较偏远的村子，那里的人员流动和信息流动比较少，但那里的人们不能不吃油。一位掌握着食用油的商家特别具有实力，他不仅与村里和乡里的权势人物关系特别好，而且还和他们共同分享其经营食用油的利润，这样，别人不许在这个偏远的地方卖食用油，只有他一家卖，那么他的食用油的价格就可以定在较高的水平。当然，一部分吃不起的穷人只能少买，但还是有很多的村民会从他那里买油。

这个设想好像离我们的生活比较远，但事实上，在我们的实际生活中，这种设想无处不在。

北京、上海都有不少房地产开发商，他们形成垄断竞争的市场格局。这些商家好像也会相互竞争，但他们竞争的不是如何降低价格，而是如何抬高价格，如何吸引消费者的眼球，如何使用更加精明的经营策略。北京和上海的房价为什么这么高？成本比较高似乎是个理由，但不完全。开发商掌握了稀缺性力量是其中很重要的原因，而这种稀缺力量的最后掌握者的垄断力量更大，他们不用费什么代价就可以获得相当的利润。当然，消费者的从众心理也是一个因素，去北京、上海发展的有钱人不少，为了在大城市里占有一席之地，高昂的房价并不能制约他们的购买行为。一些消费者往往容易跟风购买，人为抬高价格。

我们走进大型商场，往往能看到许多价格高的商品，从服装、厨具、食品到日常用品都是如此。一般人对这么高的价格只能看一看，不愿购买。但也有不少大方的顾客，愿意花高价钱购买这些商品，特别是一些手头阔绰、花钱大方的人，和一些带着情人或朋友特意来购物的人，他们好像对商品的价格缺少敏感性。有的人还会问商场服务员这类商品最贵的是哪种，他就挑最贵的买。但毕竟这样的顾客不多，为什么商场还是要把价格定得这么高呢？因为对于商场的一些熟客来说，商场会发给他们优惠券或会员卡，他们可以享受打折的优惠。一些大型商场还出售购物卡给一些大型单位，这些单位的员工使用购物卡购物时也好像对价格的敏感度比较低。所以，商场的利润不会因为商品价格高而降低，反而利润可观。

> **经济学课堂**
>
> **完全竞争**
>
> 　　完全竞争指有众多的买者和卖者、产品是同质的或无差别的、要素可以自由流动、信息可以充分获得的一种市场状况。完全竞争条件下的短期均衡条件是价格等于边际成本，长期均衡时，价格不仅等于边际成本还等于平均成本，这时的利润为零。
>
> **完全垄断**
>
> 　　完全垄断是指只有一个厂商，其产品没有替代品，并存在很高的进入壁垒的一种市场状况。完全垄断厂商的均衡条件是边际收益等于边际成本，不管在短期内还是在长期内都有垄断利润。垄断的成因是因为存在规模经济、政府特许、对稀缺资源的控制等。
>
> **垄断竞争**
>
> 　　垄断竞争是指有数量较多的厂商、存在产品差别、厂商进出行业比较容易、信息完备等情况的一种市场状况。其短期均衡的条件也是边际收益等于边际成本。垄断竞争厂商在短期内有一定的利润。

　　一般情况下，商家为其商品定价时都会考虑分开价格档次的定价策略，对于价格不够敏感的消费者，使用较高的价格，对于价格比较敏感的顾客，采用低价策略。

货比三家比什么

顾客刘太太这样谈论自己的购物经历:"我总是在'××'购物,因为这里的商品价格最低。但我想要确认一下是否这个商店真的价格最低。有一次,我把在'××'采购的商品列了个清单,然后,又到另一家超市购买了同样的商品。我发现,另一家超市的商品竟然比'××'的商品要贵1/3。眼见为实,'××'的商品低价真是无与伦比的。"

那么"××"的低价真的是无与伦比吗?当然,两家超市不可能都同样便宜,可能这家超市的某种商品比另一家超市的同种商品要便宜一些,但是,凡事都要具体情况具体分析。很可能,这位刘太太遇到的只是偶然的情况,也可能"××"在商品定价策略上瞄准的是更多的消费者,在"××"低价商品比较多,这样可以吸引更多低收入人群、一些比较会精打细算的家庭主妇的目光,同时又以另一部分高价商品吸引另一部分人的目光。这样,它的市场机会就更多了。

一般人总是认为,有些地方的东西卖得比较贵,有些地方的东西卖得便宜。其实,有些商店在类似的地方提供相同的商品和服务,但却收取不同的价格。比如,在某个超市,同样是黄瓜,一种是堆成一堆,由自己挑选的,另一种是用盒子包装了的。这两种黄瓜品质相差不大,但包装了的黄瓜通常要比没有包装的黄瓜贵一倍以上,甚至几倍。对于一些粗心大意、不愿花时间挑选的顾客来说,他们一般认为,包装的食品比没有包装的食品质量更过关,于是,贵些也愿意买。其实,商家会有意把一些看上去比较好的食品包装一下,有的商店把有些快到期的食品和一些价格比较高的食品放在最显眼的位置,由于品种比较多,一些粗心大意的顾客并没有发现在角落里比较便宜又实惠的商品,而是挑最显眼的商品购买。这样,这些顾客就多付了钱。

我们经常看到,一些大型超市和商场每隔一段时间就会进行大减价,这其实是一些商家的定价策略。有些顾客到商场要比较很久才会购买,有些顾客则相反。所以,对于商家来说,最好是以高价套住忠诚的、不愿挑选的顾客,再以低价吸引喜欢买便宜货的顾客,而中间价位对两种顾客都没有吸引力。这还不是问题的全部,因为商品价格比较稳定的话,往往会让一些粗心大意的顾客也知道哪里有价廉物美的商品。所以,商家总是不断地一会高价,一会又低价,有意搞乱价格。这样,就使一些比较懒散的顾客不会花很多时间来挑选物美价廉的商品。所以,只有多花时间,比较商品的价格,比较其质量,多跑几个地方,多进行挑选,认真观察,才能真正买到价廉物美的商品。

另一位顾客王太太喜欢与一些朋友聊生活上的琐事,她听到一位女伴说,买家用电器是买耐用消费品,更需要货真价实和售后服务到位,而海尔在这两个方面都做得不错,所以,她宁愿多出点钱也要买海尔的家用电器。于是她也到国美电器商场去购买了海尔的洗衣机和冰箱。后来,她买的这两件家用电器由于她使用不当出了一点小毛病,她根据商家的承诺打电话要求商家来维修,商家立刻派人来维修,也没有收取任何费用。打这以后,她逢人就说:"买家用电器还是买海尔的好,不能图便宜几百块钱,其实,只有质量好,售后服务好,也等于是省了钱。"

王太太购物很会精打细算,因为她知道,消费者对市场上的商品所掌握的信息肯定不如商家,但她通过与女伴们聊天也等于获取了比较完全的市场信息。并且她认为,商品的质量应当是首先要考虑的因素,因为质量好就可以多使用几年,也可以省掉不少维修费用。我们假定,这位王太太购买的两件家用电器价格总共为6000元,可以使用10年,10年中所用的维修费总共为1000元。那么,折合每年使用了700元的家用电器。假定她如果购买另一个商家的家用电器的总价格为5000元,使用时间为8年,8年中所用的维修费为3000元。那么,她每年使用了1000元的家用电器,比海尔的家用电器使用费每年高出300元。所以,她购买海尔的家用电器每年可以省 300 元。

我们在生活中确实面临着很多这样的选择,某人要是图目前少出一点钱,那么他所购买的商品可能质量、售后服务等方面就要差一些,暂时是省了钱,但是,由于这种低价格的商品所产生的满意度往往低于价格比较高的商品,一些比较实际的消费者还是愿意选择后一种商品。大型商场,其经营成本比较高,商品的档次也比较高,其商品的质量更具有可靠性。自由市场商品的价格比较低,而能不能买到货真价实的商品还需要消费者能够识货,辨别真假。

购物时,大多数人都希望购买到价廉物美的商品,但商家总是比我们消费者更加会计算,他们常常以不同的定价策略使我们无法判断怎样花钱更好。所以,作为消费者,必须多花点时间进行比较,必要时可以请朋友帮忙鉴别、判断,尽量获得更多的信息。只有这样,才能买到物美价廉的商品。我们购物时大都会货比三家,比价格、比质量、比售后服务、比款式、比花色品种,任何的比较都需要认真观察和鉴别。

天下没有免费的午餐

一次,黄先生骑自行车逛街,看到街边有许多人在购买补酒和其他保健品,他停下来看看,只见前面写着几个大字:"免费检查身体。"黄先生于是也排好队等着检查身体,通过仪器的检查,竟然发现他的肝、胃、肾等都有点毛病。为他检查身体的穿着白大褂的"大夫"对他说:"我们这里有不少调理身体功能的保健产品,就如强心健胃酒、补肾益脾酒等都是很好的补品,只要你喝上 10 瓶,保证身体会得到很大改善,喝上 20 瓶,你就会变得相当强壮。"听了大夫添油加醋的一番话后,黄先生果真买了两瓶。后来,他喝了这两瓶酒并没有什么反应。想想,可能自己上当了。

我们上面谈到,现代社会是高度分工协作的社会,所以,大多数人都要用自己的劳动赚来的钱换取自己所需要的生活物品,即我们购物就是一种等价交换的过程,是用自己等量劳动赚取的钱去换取等量劳动的物品的过程。换句话说,我们付出了多少,我们就能得到多少,不可能我们没有任何的付出就得到自己所需要的东西。

为什么说天下没有免费的午餐呢?任何商家或小贩都是以牟利为经营目的的,马克思说:"资本的本性就是追逐利润,有10%的利润,它就会蠢蠢欲动,有100%的利润,它就会不择手段,有300%的利润,它就会践踏一切人间法律。"商家赔本赚吆喝怎么可能呢?免费更是不可能的,免费只是一个圈套而已,精明的商家大都是计算的老手,设好一个免费的圈套让顾客往里面钻。粗心大意的消费者很容易被眼前的免费欺骗,不知不觉中陷入了对方的圈套。或者只看到眼前的商品真是货真价实、价廉物美,不知道人家玩的就是那种魔术师的把戏。商家进这么一批货,起码需要进货的成本和运输的费用等,他只有在卖价高出成本一定数额时才会出手。

有时,我们常常看到有些自由市场的蔬菜又新鲜,又便宜,可是买回家在冰箱才放一天就坏了,还影响了冰箱里的其他食品的新鲜度。有时,我们买一些外表还可以的苹果,以为真的是价廉物美,可是,回家用刀剖开才发现竟然是由里往外腐烂的。当然,在由于特殊

经济学课堂

吉芬商品

吉芬商品指的是价格上升引起需求量增加的物品。英国统计学家罗伯特·吉芬最早发现,1845年爱尔兰发生灾荒,土豆价格上升,但是土豆需求量反而增加了。根据需求法则,消费者对商品或劳务的购买数量一般随着价格的上升,市场需求将减少。吉芬商品所表现出来的特性显然有悖于一般商品的正常情形。当土豆价格上升时,消费者变穷了,收入效应使消费者想少买肉并多买土豆。同时,由于土豆相对于肉变得更为昂贵,替代效应使消费者想购买更多的肉和更少的土豆。此时,人们手中的钱很少,连维持正常生活都不够,收入效应大于替代效应,于是人们不得不消费更多的土豆。而正常的时候,情况相反,替代效应一般大于收入效应。

的原因使某种生活必需品的产量突然下降时，这些商品容易成为"吉芬商品"，其价格反而趋高。

以尽可能少的钱买到称心如意的商品是大多数人的愿望，一些在日常生活中十分会精打细算的人往往容易走向极端，贪便宜。而一些骗子和不法之徒就很会利用人们的这种心理，以免费检查、赠送东西为诱饵，让顾客钻进他们设好的圈套，上当受骗。一些不法之徒更是摸透了人们的这种心理，他们善于算计何时犯罪、何时欺骗最划算最没有风险。一是有的人只看到一些表象，看到骗子们展示的商品确实很有用，价格又便宜，暂时失去了鉴别和比较，失去了心理防线；二是在适当时他们会使用威胁手段，让人们在使用了其免费商品后出于心理上的不安，不知不觉就陷入其圈套，或被迫就范。如一些自由市场的便宜猪肉往往是灌水猪肉，一些外表漂亮又便宜的水果往往在表层涂了蜡等。

我们在购物时，需要认识到：天下没有免费的午餐，一分钱一分货，便宜没好货，好货不便宜。买便宜货也需要比较、鉴别，多花点时间，多走些地方，不舍得花时间又贪图便宜就容易吃亏。

越贵越买的冤大头

有一个小男孩偶尔捡到一块很漂亮的石头，形状也很奇特，惹人喜爱。这个男孩突然想到去市场上碰碰运气，他把石头放在地上，偶尔有人问他这石头卖多少钱。他说："2元。"整整一天，没有人买。回家后他把情况向他的爷爷讲了。他爷爷说："你明天再换个地方卖，开价20元，但最好不要卖出去。"于是，第二天这个男孩又去市场上卖石头，开价20元，果然，不到半天，观看的人就有几十个。回家后爷爷说："你明天再换个地方卖，开价200元，但你最好不要卖出去。"第三天，这男孩又按爷爷的吩咐做。这天观看的人更多了，但他还是没有卖出去。回家后爷爷又吩咐道："明天你再去市场上卖这块石头，开价1000元，不要急着卖出去，要等到有很多很多人围观时，如果有人愿意出1000元以上,你就卖,而且价钱越高越好。"第四天,男孩又去卖石头。他开价就是 1000 元,没到半天,围观的人里三层,外三层,挤得水泄不通,很多买主都想买他的石头,买者互相抬价,最后他那块石头以 1600 元的价格卖出去了。

在上面这个例子中,为什么小男孩的石头 2 元钱时无人问津,价格涨到 1000 元反而卖得火呢?这与人们的消费心理有关。在一般人的心里,物以稀为贵,那么人们就此推理,贵重的物品一定稀少,是真正有价值的物品。比如有的人买项链、戒指等,由于不知道什么样的货才是真金的,于是,就要买价格比较高甚至是最高的项链、戒指,认为价格高肯定是真货。当然,也有一种人是一种摆阔的心理,即有钱人的炫耀性消费,越是贵的商品他越要买,因为贵的商品代表了身份和地位,比如拍卖名人的字画等艺术品的购买行为也是一种炫耀性消费,因为,通过在拍卖市场买到高价的名人艺术品既可以提高自己的知名度,又可以显示自己的富有。

物以稀为贵,有钱人就是要通过高档的服装、名贵的首饰、价值连城的玫瑰花、豪华盛宴等来标识自己的社会地位和品位档次,他们只有使用与众不同的、稀少的东西,才能引起别人的注意和羡慕,如果与普通人一样穿着打扮,使用同样的物品,吃同样的东西就不能显示自己的身份和优越感。一些商家正是抓住有钱人的这种身份意识,抓住有钱人的个性化需求,在"稀""特""贵"上作文章,采取高价位,提供贵族般的服务,让

越贵越买体现了人的炫耀性消费心理。

有钱人充分体验到满足感。并且一些精明的商家有意把服务和商品品质的差距扩大，比如火车上的"硬座"车厢和飞机的经济舱有意不提供适当的服务，才能让人们到卧铺车厢和头等舱去。其他的像服装、医疗、法律等服务都是如此。价格上升多少才能让那些有钱人掏腰包呢？一般来说，随着收入的上升，对高品质商品会有更大的需求，起码这个弹性系数要大于1，甚至是10，或者更高。收入弹性高的奢侈品和服务的需求随着收入的上升而快速增加，观光、美容、差异化服务全都归于此。

越贵的东西就一定品质好吗？未必如此。像上面那块石头，其实根本不值什么钱，最后竟然卖到1600块钱，买主就是买个感觉而已。还有那些所谓的高档服装，虽然其外观确实高档，但几万元、十几万元一套的西装和两三千元钱的西装，其品质其实并没有价格相差的那么大；豪华盛宴和几万元一个的水果也基本上是给商家白白掏钱。有的人买东西就是要牌子，非得买名牌商品，以

经济学课堂

炫耀性消费

人的消费动机决定了人的消费行为。人的消费不仅仅是为了满足物质欲望，还要满足精神欲望。随着社会发展和人们富裕程度的提高，精神欲望也越来越重要。精神欲望是多种多样的，其中之一就是通过消费来显示、炫耀自己的社会身份。这种消费被称为炫耀性消费，用于这种消费的物品被称为炫耀性物品。

弹性系数

弹性是经济学广泛采用的一个术语，表示一个经济变量的相对变化对另一个经济变量的相对变化的敏感程度。商品Y价格每变化1%时，商品X销量变动的百分比就是商品X对于商品Y的交叉弹性。弹性系数＝因变量的相对变动/自变量的相对变动。

收入弹性

一般来说，有些商品和服务随着人们收入的增加，其需求量也会增加，收入弹性是指收入增加一个百分点而引起某商品或服务需求量相应增加的百分点数，或其需求量变动的幅度除以收入变动的幅度。通常情况下，生活必需品收入弹性小，奢侈品的收入弹性大。

为名牌商品一定质量好，显示了身份和地位。一些不法之徒就抓住消费者的这种心理，生产假冒的名牌商品，假"五粮液"、假"茅台"、假"耐克"等，不一而足。趋利是人们行为的主要动机之一，利益越多，人们的追求就越强烈，有钱人喜欢花钱，就容易给一些经营者提供敲诈、欺诈的动机。生活中最常见的就是以"天然"之名进行的价格欺诈，由于有许多食品危害身体健康的消息出现，很多人认为天然食品更好，不会死人。一些商家就供应大量的天然食品，其价格远远超出商家为此所付出的成本，商家正是借天然食品流行之风"宰"顾客，有的天然食品比一般食品价格高出十几倍。

所以，收入比较高的人在消费上也需要理性，不能简单地推断贵的东西就一定好，一定值，买贵东西也需要货比三家。盲目消费只会给商家、骗子提供赚钱或欺骗的机会。

买家没有卖家精

"买家没有卖家精"，这里的"精"，是指精明、狡诈、滑头、算计。君不见市场上贴着的告示：跳楼价、大甩卖、三折优惠、买一赠二。但当消费者猛掏腰包，禁不住购买这些商家"赔着血本"的物品的时候，说不准又上当了。有一位刘先生最近就深刻地体会到了这句话的含义。一天，刘先生看到某电器商场在做促销活动，一款 800 万像素的名牌数码相机只卖 2380 元，而市面上相同像素的名牌数码相机价格至少在 2600 元以上。这款相机外形非常小巧，不仅价格极具诱惑力，还随机赠送相机包、锂电池、充电器等配件。售货员向他介绍，别的商店这款相机要卖 3000 多元，这家商场今天特价，而且只卖 3 台。这位仁兄不禁怦然心动，于是非常爽快地买下这款相机。当他正为自己果断出手而沾沾自喜的时候，却发现这款相机不能变焦，功能和傻瓜机一样。

在生活中，我们经常见到商场一会贵卖，一会又贱卖，经常要一些买一赠一、买一赠二、大甩卖、购物返券等销售伎俩，人们被这种现象弄得稀里糊涂。现在，人们的生活水平提高了，消费需求也不断上升。于是在社会上不时出现一波又一波的消费热潮，一种比较新潮的商品出来了，如时装、液晶彩电、光波炉等。最有钱的人、最喜欢赶时髦的人最先购买，但随着时间的过去，新潮的商品也不再新潮，商家就打折销售，开始是打七折、八折，最后甚至可以打三折、两折销售。那些手头不那么阔绰的顾客往往会等到热潮过后才肯购买减价的商品。一些商家针对这种情况往往会推出最优惠顾客待遇，就是一种不降价的承诺，特别是针对一些熟客，商家往往执行最惠顾客待遇，保证顾客可以买到物有所值的商品，如果顾客发现这种商品降价，商家保证退还降价的差额，务必不让最早购买这种商品的顾客吃亏。正是由于有这样一种承诺，一些喜欢赶时髦的消费者就会说一不二地首先购买这种时髦的商品，商家有这些熟客来引导消费也觉得很值得。

聪明的消费者都知道，信息不对称是自己购物上当受骗的主要原因，所以，只要能够掌握尽可能完全的商品信息，就可以减少被"宰"的机会。商家也越来越精明，如果有的顾客需要掌握比较完全的市场信息，一些商家还是很乐意提供的。现在假定有一个顾客要购买手提电脑，手提电脑的价格从9000元到12000元不等，假定在顾客没有得到比较完全的信息之前，商家可以每台电脑赚1000元，而如果顾客得到了信息就只能赚600元，商家要少赚400元，而顾客可以省下400元。在这场商家与顾客的相互算计中，对局的人是商家和顾客，顾客的策略有两个：了解信息和不了解信息；商家的策略也有两个：让对方了解信息和不让对方了解信息。

如果商家不让顾客了解信息，那么商家可以以每台电脑赚1000元，比不让顾客了解信息多赚了400元，而顾客却要损失400元；如果让顾客了解信息，那么商家每台电脑赚600元，而顾客得益400元。但是如果不让顾客了解信息，很可能顾客就不会在这个商场购买。商家怕失去这样一个客户，在现在这样竞争激烈的市场上，还是宁愿少赚点，让顾客了解有关手提电脑的比较详细的信

市场中的信息不对称

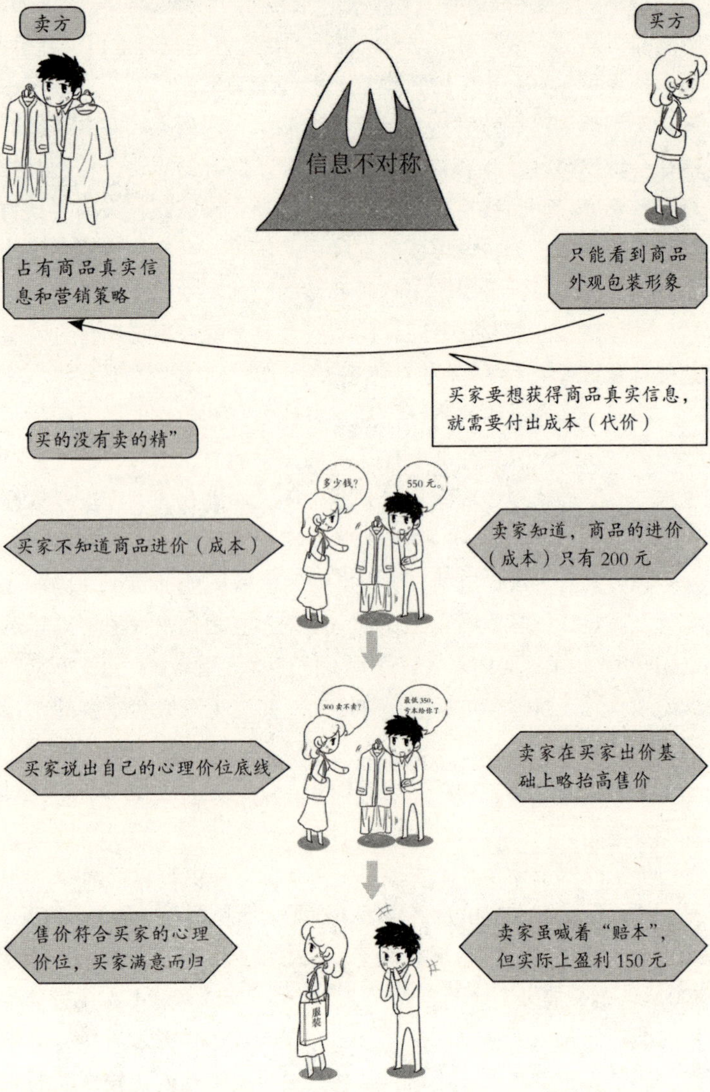

卖方 / **买方**

信息不对称

- 占有商品真实信息和营销策略
- 只能看到商品外观包装形象

买家要想获得商品真实信息，就需要付出成本（代价）

"买的没有卖的精"

买家	卖家
买家不知道商品进价（成本）	卖家知道，商品的进价（成本）只有200元
买家说出自己的心理价位底线	卖家在买家出价基础上略抬高售价
售价符合买家的心理价位，买家满意而归	卖家虽喊着"赔本"，但实际上盈利150元

息。这样，商家可以赢得更多的客户。

像上面这些情况，消费者并没有吃多大的亏，更多的情况是消费者无论如何都算计不过商家，被骗、被宰的情况多，只是被宰的程度不同而已。柠檬原产于印度，虽然清香宜人，但没有多大的水果味，而且涩、腥味浓。英国人以柠檬比喻性能和品质均很差的商品或服务，甚至将交易低等商品和服务的市场称为"柠檬市场"，柠檬市场就是商家和消费者信息完全不对称的市场。比如，在旧车市场上，购买二手车的人事先要做好承受风险的准备，虽然二手车的销售人员知道该车的光彩和不光彩的底细，但他为了卖个好价钱，不可能全盘托出其过去的运行状况，这样，买二手车的人很容易花高价买一辆次品车。我们假设出售的车有一半是好车，即"桃子"，另一半是次品，即"柠檬"，如果"桃子"的价格为40000元，"柠檬"的价格是20000元，买主认为，好坏的概率均为50%，因此，花25000元买辆旧车损失的可能性并不大。但销售人员知道该车的实际情况，他不会把好车卖个25000元，当买主愿意出25000元买"柠檬"时，二手车的销售人员才会出手，因为他面对的并不是各50%的概率。这样，买主肯定是买辆"柠檬"，而不是"桃子"。所以，在"柠檬市场"里，"良货囤积，恶货畅销"。这种情况在我们的现实生活中很多，如二手手机、二手家用电器等。我们也常常看到，街边的餐馆、小酒吧、面食店、服装店等都存在多收费，或"柠檬"充斥、"桃子"囤积的现象。

消费维权

1. 售楼广告

有一则售楼广告说："本楼盘离城仅一步之遥，人气极旺，绿化率60%，一片山水景色。"一位准备买房的准顾客看到这则广告后即按地址找到了该地，当他费尽了九牛二虎之力到达目的地后才发现："离城一步之遥"是指乘坐某路公共汽车从起点坐到终点；"人气极旺"是指那里的老鼠很多，到处出没；绿化率60%是指楼房周围有60%的地区长满杂草;"一片山水景色"是指其外围被农田包围。

2. 美容广告

采用国际一流的美学标准,国际最先进的专业美容技术,一流的美容大师,使你的脸形自然、逼真,一点都不假,店内有真人实例,完美美容仅需880元。

类似这样的广告满街都是,并非房地产行业和美容行业独有,很多行业都有。但是,当你掏了钱以后,才发现广告的虚假性有80%。虚假广告让许多消费者上当受骗,可是当消费者要找商家理论或投诉商家时,商家却说广告不是依据,让消费者投诉无门。

之所以会发生这样的情形,根源还在于在市场上,消费者与商家的地位是天然不平等的。一方面是因为,商家都是财大气粗,实力颇大;而消费者是分散的,即使是消费者协会也不一定能够为消费者讨个公道,所以,消费者根本无法与商家抗衡。另一方面,在信息不对称的市场上,消费者是缺乏信息的一方,而且无法以高价获得信息。与消费者相比,商家往往容易相互勾结,达成一致,所以,虽然商家数量不多,但真正的力量还是在他们那里。

保护消费者权益是任何一个市场经济的政府的基本职责,这种保护不仅要有立法,而且需要政府和执法部门严格执法。但是,我国的执法力度却不得不让人怀疑,在部门利益的驱动下,消费者权益受到了损害却不了了之,纵容了商家的侵权行为,导致一些商家竟然使用霸王条款来对付消费者。作为消费者应当拿起法律武器来保护自己,这种成功的例子还是不少,前些年,有个叫王海的人曾专门抓商家的把柄,运用法律武器保护消费者权益。消费者协会作为消费者自己的组织应当代表消费者的利益与商家抗衡。

作为消费者,也需要有法律意识和维权意识,知道一些《消费者权益保障法》的内容，购买商品尤其是大件商品，必须手续齐全，索取正规的税务发票和商品的维修承诺书。消费者有了商品销售的正规发票，就可以在自己的权益被商家侵犯时，及时向消费者协会或其他监管部门举报、投诉，损失重大的应当通过法律渠道要求商家赔偿所造成的损失。北京市规定，消费者购买商品应当向商家索取正规的税务发票，对于不给正规发票的商家，消费者可以举报。不给正规发票的商家不仅容易欺骗顾客，也是一种逃税行为。

> **经济学课堂**
>
> **消费者权益**
>
> 消费者权益指消费者在有偿获得商品或接受服务时，以及在以后的一定时期内依法享有的权益。消费者权益，是在一定社会经济关系下，适应经济运行的客观需要赋给商品最终使用者享有的权利。在现代市场经济中，国家依照社会经济运行的需要和市场上消费者的主体地位，制定明确的立法，这就使消费者权益不仅是一种公共约定和公认的规范，还得到了国家法律的确认和保护。

从市场的角度来看，之所以存在一些商家欺骗和垄断的行为，主要还是因为其垄断地位的存在。因此，不管是人为的垄断、历史形成的垄断还是自然形成的垄断，都会侵害消费者的权益。要从根本上保护消费者权益，还需要促进竞争，在法律上要制定反垄断法。美国的微软都被美国商务部以垄断为名一分为二。我国的一些行业也应当放宽中小企业进入的门槛，把一些人为和历史造成的垄断打破，唯有竞争才是市场经济产生效率的唯一途径，也是消费者的福音。

另外，信息不对称不仅损害消费者权益，对商家也没有好处。在信息不对称的情况下，消费者只会产生逆向选择，即消费者认为他所购买的产品或服务不值更高的价，只有在低价格的情况下，消费者才会购买，这样一来，商品的品质和服务就难以提高，商家只能赚比较低的利润。甚至于一些消费者不愿在国内大量购买商品和服务，宁愿到国外去旅游、购物，商家因此损失了不少。

所以，商家通过掌握对自己有益的信息赚取超额利润完全是一种短视的行为，最终损害的是自己的利益。

欺骗或许是一些人的本性，从普通的推销人员到精明的商家都会利用自己所掌握的信息优势进行欺骗，这是由人类的趋利动机决定的。蚊子感觉到人的存在就会吸血，要防止蚊子对人的伤害只能靠纱窗、蚊香、灭蚊器等。一些人的趋利本性不可能通过道德的约束而改变，要克服欺骗、店大欺客、信息不对称等对消费者权益的损害和造成消费不畅的情况，需要大力规范市场经济秩序和微观规制，需要政府主管部门花大力气，需要居民和企业的共同努力，形成社会性的防范网络和惩罚机制。

是租房还是买房

住房问题是城市居民最大的问题，更是广大城市居民的梦想，自古以来，芸芸众生，安居才能乐业。住房制度改革以来，福利分房已成为过去式，城市居民要有一套自己的房子就需要自己花钱购买，在一些市场经济国家，有的城市居民到了快退休的时候才最终拿到了房子的产权，可见，买房对于城市居民来说既是头等大事，也是一件不容易的事情。

现在，一些年轻人对是否买房举棋不定，是租房还是买房呢？租房的话，房租太高，买房又遇到首期付款多少和分期付款怎样还款等问题。是租房还是买房也要进行成本收益分析，对于刚刚大学毕业的年轻人来说，其工作还不太稳定，收入也不太稳定，储蓄余额不会很多。那么，他（她）要买房就只能选择首期付款不高的购买方式，如果首期付款不多，则分期付款就占比较大的比例，还贷压力就很大。

按照国际的通行说法，住房按揭贷款每月供款超过个人月收入的 1/3，将会出现较大的还贷风险。在我国，银监会把这个标准放宽到 50%，但从按揭者实际的每月供款与收入比来看，我国的按揭者普遍超过了 50%这一警戒线。根据"新浪网"的调查，我国目前每月供款占月收入20%~50%的有54.1%，占月收入50%以上的有31.8%，占月收入20%以下的只有14.1%，有31.8%的都是风险级"房奴"。根据银监会的数据显示，目前中国有600万~650万人申请了按揭贷款，"重度房奴"有190万人。而北京、上海等大城市的"房奴"比例更高。

一项针对贷款购房者的调查显示，高达98.09%的人或多或少都存在一些负面的情绪，其中有19.53%的人经常失眠或郁闷，有18.47%的人感到焦虑，有19.32%的人脾气暴躁，因为住房贷款而产生心理问题的人占所有心理疾病人数的25%。2004年，上海住房贷款不良比率是1%左右，到2006年9月末，这一比率上升到8.6%，即不还贷的人群上升了7倍多。2006年，北京强行"收房"的案件是2002年的3倍。根据国际经验，个人住房贷款风险暴露期是3~5年，可以预见，未来我国住房贷款不良比率还将上升。

近年来，我国"房奴"普遍具有以下特点：背上了沉重的还款包袱；大多数属于工薪阶层，除了工资收入外没有其他的收入，积蓄很少；大多数是年轻人，22~35岁的人居多；心理上承受着巨大的压力，不敢换工作，不敢娱乐和旅游，担心生病、失业，害怕银行提高贷款利息率，生活质量显著下降。"房奴"们成为房子的奴隶，为房子而挣扎。

那么，为什么会有这么多人成为"房奴"呢？那是因为他们在贷款买房的时候没有估计到自己对未来的抗风险能力。货币的即期价值远远大于其远期价值，也就是说，货币是一种流动的东西，正是因为货币会流动，货币就要流到利润高的地方，货币具有时间价值，贷款者支付给银行的利息就是货币的时间价值，也被称为贴水。一般来说，银行的贷款利息率比居民人均收入的增长速度略微低一些，因为，国民收入的初次分配基本上是分成劳动者的工资所得、土地所得、货币的利息所得，我国的土地属于国家所有，所以，土地的所得只有很少部分可以计入国民收入，那么银行得到的利息率就不会比居民收入的增长幅度低很多。买房虽然可以迅速实现安居之梦，但买房时不能按当时自己对未来的还贷潜力来估计，应当加入日常生活费、服务费、家庭负担系数增长等因素。而且还要估计自己的抗风险能力，还要考虑银行贷款复利的因素，复利就是利息滚利息，利上加利，像滚雪球一样越滚越大，如果贷款数额少，复利滚动的幅度小，反之，复利滚动的幅度就很大。

> **经济学课堂**
>
> **租金**
>
> 租金是要素收入（或价格）的一个部分，该部分并非为获得该要素于当前使用中所必须，它代表着要素收入中超过其在其他场所所可能得到的收入部分。简而言之，租金等于要素收入与其机会成本之差。无论在发展中国家还是在发达国家，寻租行为是普遍存在的，因为只要政府对市场进行干预从而影响资源配置，都会产生租金。

所以，年轻人贷款买房更加需要充分估计未来的风险，最好准备充足的首期付款，才能增强自己抗风险的能力。基于以上考虑，年轻人如果收入不是很高，还是租房划算。现在，北京、上海等大城市郊区的两居室，月租金从2000元到5000多元不等，一个人或夫妻二人租一套两居室可能不太划算，要交很多租金。如果与朋友、同事或其他人合租一套两居室就比较经济了。而且，现在的住房租金比较稳定，年上涨幅度很小，支付租金的风险也十分小。作为年轻人，未来的人生之路还很长，工作后，多增加自己的积蓄对于结婚、交朋友、生养小孩、支付孩子教育经费、孝敬父母、买房等都有利，可以应付未来的不测，大大增强自己的抗风险能力。即使对于年纪比较大的人，如果没有足够的首期付款准备金，也还是租房更为划算。当然，对于有足够首期付款的年轻人来说，尽早买房也是一种选择，毕竟年轻的时候承担买房贷款的压力比年纪大时承担这种压力更好。

售房陷阱与买房理性

一项针对房地产广告语的分析表明,房地产商所选择的广告语与房屋的最终成交价格之间有着密切的联系。当然,这并不是说把一套房子标榜为"性价比很高,周边环境好"就会大大抬高房屋的最终卖价,但专家的研究表明,当房地产商使用"性价比很高,周边环境好"之类语句时,他们确实是在鼓励购房者以更高的价格买房。事实上,房地产商掌握了所有的信息,包括房屋的市场存量、最近的销售趋势、商品房的空置率、按揭贷款风险、银行复利的滚动幅度、房屋面积的水分、房屋周边的绿化率等情况。但是,作为精明的商家,他们会牢牢掌握这些信息,因为他们掌握了这些信息才能为自己牟利。

一处楼盘的诞生,开发商追求利益最大化永远是其最终目的,因而其房价中的隐性因素往往很多。换句话说,开发商盖房子只是手段,其眼睛永远盯着的是购房者的钱。这里有两个前提条件:其一,商品房预售制度;其二,开发商掌握定价权。作为世界范围内罕见的商品房预售制度,我国的开发商至少已经利用此种特殊优势,可能制造了几种问题:地盘上还一片空地,开发商就开始堂而皇之收买房人的钱;口惠而不实,盖出牛头不对马嘴的房

房屋销售陷阱很多,买房时一定要保持理性,以免上当。

子，从而引发林林总总的纠纷，如面积缩水、绿化地侵占等；开发商以土地作抵押从银行获得贷款，而利用预售制度集资建房，等于从中获利的同时，却将风险转嫁给了金融系统和消费者个人；如果开发商经营不善乃至破产，买房人预付了房款却拿不到产权。

那么，开发商是如何定价的呢？其定价原则是"就高不就低，追涨不追跌"。如果同等品质的两个楼盘都在售，那么后者的起价肯定会比前者略高。比如，某块楼盘目前销售价位是每平方米1.3万元，那么，紧邻某楼盘尽管刚开始打地基，其开盘价至少为每平方米1.4万元。如果是同一楼盘的不同项目，则二期销售价肯定高于一期销售价，三期高于二期，以此类推，越往后价格越高。

楼盘销售策略也颇有玄机，为抬升房价而兴风作浪，负责接待的销售人员首先告知顾客每平方米7000元的两居室已售罄，仅有3居室大户型少量在旺销，随后指着墙上的销售情况示意图给顾客看，果然"全线飘红"。原来，开发商明明手中有房，偏偏限量销售，人为制造稀缺性，并利用信息不对称，诱惑购房者进入消费陷阱。处于弱势地位的购房人在购房时常常面临两难：人人都想买房，地段、户型、配套、价位相对合理的房子摆在那里，经过销售人员的操作，看上去十分紧俏，稍纵即逝；一次错过，当下一次机会再次来临时，就意味着要付出比原先高出不少的代价。于是，不理智消费出现了，这正中开发商下怀。北京房价尽管上升快，实际上有大量的商品房闲置。这种违反市场供求关系的反常状况，非常尖锐地体现了开发商"死扛"，而购房者处于弱势地位的真实市场供需矛盾。

开发商的降低成本行为就是变相涨价。中国建筑科学研究院一位不愿意透露姓名、长期从事建筑监理工作的总工程师说，现在许多人抱怨买不到小户型，原因就在于开发商不愿意建小户型，因为建"大户"型比建小户型节省建材，且资金更密集，卖出一套"大户"型就相当于卖出了几套小户型。另外，一些人的过度消费、炫耀性消费以及媒体渲染的名人的"豪宅"效应，也在一定程度上对房价起到了推波助澜的作用。

对于大部分城市居民来说，一生只能买一次或两次房，买房牵涉到房子的总供给与总需求、房地产开发商有意抬高价格、信息不对称、居民负担风险、利息风险和还贷风险等一系列问题。只有在充分估计这些因素、增强了自己的抗风险能力后，适时买房才是理性的行为。一个存在大量需求缺陷的市场肯定是个不正常的市场，一个有着很高空置率，而开发商隐瞒这种信息的市场也是不正常的市场，这种市场的坚挺是有一定时间限度的。如果盲目跟风、从众，缺少理性的判断，作为处于弱势地位的购房者肯定吃亏。

> **经济学课堂**
>
> **经济适用房**
>
> 指国家为解决中低收入家庭住房问题而建的普通住房，其开发用地以行政划拨方式取得，实行定向供应，以现阶段社会中低收入的家庭为供应对象，其销售价实行政府指导价或政府定价，价格主要以建设成本加3%的政府限定的利润为基准。在户型及设计理念上，经济适用房以二居和三居户型为主，设计理念主要以经济适用为出发点，突出"实惠"二字。

楼房的使用价值

一般城市居民买房主要是为了自己一家人住，安居才能乐业，住的问题是仅次于吃的人生大事。那么，住的质量如何就要看房屋的使用价值了。楼房到底有哪些使用价值呢？过去，避风、挡雨是住房起码的使用价值。随着时代的发展、进步，人们对住的要求也越来越高了，不仅要求避风挡雨，还要求宽敞、明亮、干净、舒服、安静、安全，甚至要求冬天可以晒太阳，夏天能够通风，所以，冬暖夏凉的房子是最符合人们的要求的。有的人还要求房子周边有一定的绿化面积；离好学校和文化区近些，周围的文化氛围比较好，对孩子的成长有利；靠近公园、商场，生活方便些；离单位或市中心近一些，上班和生活更方便些等。

避开房地产开发商控制稀缺性、楼房的供给和需求等影响楼房价格的因素不谈,楼房的使用价值一般与楼房的价格成正比。也就是说,楼房的使用价值越大,其价格也越高。一般大城市市中心的楼房价格比近郊要高出 1/3,比远郊高出近一倍,当然,土地的稀缺性是主要因素,但可以节省交通费和工作生活方便也是重要的因素。靠近主要公园的楼房,由于空气好、生活舒适,其价格也比同等位置条件下的楼房要高出很多,例如北京颐和园附近的楼房价格,就比同样位于五环附近的石景山八角路的楼房价格高出很多,就是一般公园附近的楼房,其价格也普遍比没有靠近公园的楼房高出许多。

靠近大学校区的楼房,其价格也比较高,比如北京海淀区北大、清华附近的楼房价格基本与市中心一样高,这里是中国知识最为密集的地方,现在的家庭都很重视孩子的教育,文化氛围好的地方,其楼房价格自然高。北京房山区的良乡是新建的大学区,其附近楼房的价格也随着大学区的建设而迅速上涨。交通便捷的地方,出行十分方便,其楼房价格也比较高,例如,北京苹果园附近的楼房,虽然位于五环外,却比丰台区的大成路南面的楼房价格还要高,主要是因为乘地铁方便;奥运村和亚运村附近的楼房,由于环境幽雅,绿化率相当高,又有奥运会和亚运会的影响,其价格比同样位于四环外五环内的其他地方也高出许多,这也是因为其使用价值更高。

在同样位置条件下,楼房的使用价值也各不相同。同一个楼房,其顶层由于夏天十分炎热,水泥楼房又不容易散热,需要多开空调,加上上楼梯和电梯不方便,其使用价值比处于中间层的房子要低很多,所以,价格也一般要低些;一层的房子,比较潮湿,特别是在南方,一层的房子在春季和夏季回潮十分严重,身体不太好的人容易得风湿病,特别是高层楼房,下面几层一年四季都缺少阳光,而且更缺乏安全感,因此,其价格比中间层的房子也要低。楼房的建筑位置也很重要,北京的楼房大多数是坐北朝南的,那么,窗户朝南的房子,光线充足,其使用价值也比较高，而窗户朝北的房子，光线不太好，每天开灯的时间更多，其使用价值自然不如窗户朝南的房子。有的房地产商把这两种房子定为不同的价格，窗户朝南的房子一般价格要高一些，有的地方没有分开价格，那么，早买的人肯定选择光线更好的房子。其实从使用价值的角度来讲，楼房的位置是东西向的更好，因为，东西向的房子，一方面光线比较好，另一方面，夏天有利于通风，冬天也不太冷，不过，由于北方冬季和春季风沙大，西风多，东西向的楼房比较少，而在南方，东西向的楼房更多些。

不过，在同样的条件下，楼房的使用价值并非完全与价格成正比。比如，上个世纪建的老式楼房，一般每层的高度比新建的楼房要高些，房子的空间大，其使用价值也更大，但新楼房的价格还是高很多，当然，这与成本上升也有关系。由于商品房都是按平方米来计算价格的，而建小户型的房子比建大户型的房子要多耗材料，相对于成本的差别来说，小户型和大户型的使用价值与其价格并不是对称的或成比例的。

楼房的使用价值与楼房的质量也有关系。毫无疑问，质量高的楼房，其使用价值自然比较高，价格也高。但是，对于购房者来说，楼房的质量很难鉴别。有些房地产开发商偷工减料，虽然新建的楼房外观很漂亮，但其质量却比较差。一些购房者在购买的时候看不出楼房的毛病，等使用了一段时间后，问题就逐渐增多：有的隔音不好，夫妻俩说悄悄话都会被邻居听到；有的使用一段时间后，卫生间漏水，影响居住者的正常生活；严重一些的甚至导致墙皮脱落；有的水管和下水道建设质量差，住在高层的住户经常断水，或下水道经常堵塞，严重影响住户的日常生活，增加了住户的居住成本；有的购房者在买了房子后，才发现住房面积缩水、绿化地被侵占。

由于存在信息不对称和房地产商的欺骗行为，因住房质量而产生的纠纷近年来呈逐渐增多的趋势，而开发商又处于优势地位，住户联合的力量也难以对付开发商的力量，这类纠纷的解决往往需要住户付出很大的成本，有的官司打了好几年也难以解决问题。购房者总希望买到使用价值比较大而价格又适中的房子，要做到这一点，就需要购房者在购房时多走走，多看看，多向懂行的人了解一些情况。

房产经纪人赚钱的猫腻

信息是十分重要的，特别是当我们没有自己所需要的东西时，利益总是偏向于了解信息更多的一方，而信息的不平衡或不对称变得太大时，市场可能会崩溃。

信息是一个信号灯、一根指挥棒、一根橄榄枝、一道保护线，它的作用完全取决于人们掌握和利用这些信息的方式，在市场上，交易的一方总是比另一方拥有更多的信息优势，这种现象被称为信息不对称。商家往往容易利用信息的优势赚取顾客更多的钱，如果是中介人或中间商，他就会利用自己所掌握的信息优势，既欺骗卖者又欺骗买者，从中赚取超额的利润。甚至于一些商家或公司利用信息不对称进行违法犯罪的勾当，前些年，美国安然公司暗箱操作，操纵能源市场，而美林证券的一些专家们非常清楚这家公司的实际情况，但他们在所做的报告中却对其大加吹捧，欺骗股民，多家基金公司也共同参与欺骗。

那么，在房屋的买卖当中，房产经纪人又是如何利用手中的信息资源优势欺骗顾客，赚取超额利润的呢？对于一般的城市居民来说，买卖房屋是自己一生中最大的一笔金融交易，多数人在不动产交易方面没有什么经验，而且对自己的房屋充满着感情，所以，卖房子的人至少存在两个层次的心理恐惧，或者价格太低，或者他的房子根本卖不掉。在第一种情况下，卖房者担心把价格定得太低了；在第二种情况下卖房者又担心自己的价格定得太高了。当然，卖房者的经纪人可以设法为他在高价和低价之间找到一个黄金平衡点。通常的情况是房地产经纪人掌握了所有的信息，包括房屋的市场存量、房地产最近的销售趋势、房地产抵押市场的变化情况等。也许他会把小部分对卖房者有利的信息透露给他的委托人，而卖房者也觉得自己非常幸运，能够遇到这么一位知识丰富、通情达理的专家来处理这么复杂的事情。

问题是任何房地产经纪人都不会把自己的委托人看成是盟友，房地产经纪人会利用自己的信息优势来牟取更多的利益。经纪人会为他的委托人很卖力地收集相关数据，确定房子的价格，与客户讨价还价，最终与客户达成交易，成功后他将得到5%以上的提成或中介费。经纪人虽然是专家，但他们也是人，有他们自己的利益动机，有的时候，经纪人的动机对委托人有利，有的时候又对委托人不利。虽然5%以上的提成有一定的激励作用，但对于几十万元的房屋来说，少卖几万元，他也只是少一两千块钱，他不会为了这区区的小数目而付出更多的时间和精力，他完全可以省下这些时间从事更多的交易。所以，即使经纪人清楚地知道一套房子能够卖到73万元的价格，但他不会在这个价格上成交，而是在70万元的价格上成交。

那么，房地产经纪人是怎样达到他的目的的呢？经纪人不会直接说他的委托人是个傻瓜，但他会给委托人以种种暗示，他可能会说，就在同一个街区，有一套房子也在出卖，那套房子比他现在的委托人的还要大，还要新，还要漂亮，可它闲置了半年还没有卖出去，也就是说，经纪人很善于利用委托人的心理，将他所掌握的信息转化为其委托人的恐惧，这样，就达到了降低房屋价格的目的，卖方损失几万元，而经纪人只损失区区几百元。

经济学课堂

中介费

是指各类中介机构收取的服务费，其实，中介收取中介费，并不是简简单单为双方提供房子的交易场所而已，更多的是提供一种信誉保证和监督，如果交易中有欺诈行为，中介要行使一定的权利制止，并承担一部分责任。而且，搜取房源、测量数据、制图、带客户看房、商谈价格、过户等繁琐的过程必定加大成本。

房地产经纪人还会利用广告来欺骗他的客户。前些年，我们经常看到，许多媒体上都刊登有售楼广告，比如，某杂志上刊登的广告是这样的："××中介公司，中国地产经纪金牌企业，北京房地产中介行业协会会员单位，2005年中国房地产百强企业，全国市场诚信商贸联盟企业。服务宗旨：一次服务，一生朋友；到了××就等于到了自己的家！"看了这样的广告词句，买卖房屋的人肯定会增加对这样一个中介公司的信任度。在具体的售楼广告中，房地产经纪人特别善于利用广告词句，下面我们可以看看那些广告词句的作用。

会对房屋成交价格产生积极影响的广告词	不对房屋成交价格产生积极影响的广告词
1 花岗石结构	1 棒极了
2 建筑工艺先进	2 宽敞明亮
3 人工大理石装饰	3 设计美妙
4 枫木装饰	4 无可挑剔
5 档次高	5 高档社区

我们仔细研究一下房地产经纪人使用的广告词句就知道，他们总是尽量使用一些描述性的词语，比如说"新建""花岗石""大理石""欧式风格""即可入住""枫木装饰"等，而避免使用一些空洞的形容词，比如说"棒极了""宽敞明亮""无可挑剔"等。

通过这些广告，房地产经纪人会耐心地等待最好的报价，他可能会告诉某个打算买房的人说，附近一所房子的最终售价比预期高出3万元，而另一所房子正被几位买家争得火热。总之，房产经纪人会利用自己手中所掌握的信息，并使信息不对称的力量发挥到最大的程度，他们会蓄意传达一些客户们喜欢听到的信息，或者隐瞒一些真实的、对客户有利的信息。人有一个致命的弱点，就是喜欢听好话，聪明的房产经纪人充分了解人的这个弱点，并善于适时、准确地利用人们的这个弱点，为自己牟利。

房屋装修中的信息不对称

虽然现代社会，信息非常容易获得，从大街上的各种广告到汗牛充栋的书籍，每天都在给我们传递着让人目不暇接的信息资源，互联网的发展使人们获取信息更快捷、方便。但是，即使在这样的条件下，信息不对称依然是一个客观的存在，特别是当涉及到人们的利益时，"近水楼台先得月"就是经济人的理性选择。

1992年克林顿竞选总统时，产生了创立希望奖学金的想法，克林顿的计划是高尚的：学生可以从大学借钱，然后在他们毕业后，以其年收入的一定比例偿还贷款。这种计划可以达到比较好的效率，即有大量负债的大学生被迫在毕业后把自己的工作做得更好，而且在理论上，该计划可以做到自我融资。但是，这样一个良好的计划却无法运转，其问题的关键就是信息不对称，起码大学生比贷款管理者更了解自己未来的职业计划，而华尔街的金融大亨们会尽量回避这个计划。其结果就是逆向选择。

事实上，这种信息不对称存在于许多现实生活之中，从病人看病、买保险、买房到日常的购物都存在许多信息不对称的现象，作为理性的消费者当然知道信息对自己的重要性，而商家或服务提供者更会牢牢地掌握有利的关键信息，其他次要的信息才会公开。毕竟市场就是固定的份额，商家和服务提供者总是要争取更多的顾客，市场竞争除了价格竞争外，还有广告竞争、优惠竞争等。在交易中，为潜在的顾客提供一些对方需要的信息也是争取顾客的主要手段。如果在一个竞争对手比较多的市场上，为顾客提供信息优惠的商家能够得到更多的顾客，谁不提高信息就会失去许多顾客，那么不提供就是劣势策略。

我们假定有一位牛先生，为人精明能干。旧的房子已经不能显示他优越的经济身份，宽敞的住房是其生活水平迅速提高的体现，买了新房，当然需要高档的装修了。牛先生以前也干过装修之类的活，对于装修材料的使用和选择装修模式懂得一些，牛先生向装修行要求要用石膏造型进行装修，装修行说这种装修需要50000元，牛先生问为什么这么贵，装修行说是他们从来没有做过这样的尺寸，双方经过讨价还价，价钱还是降不下来，最后，牛先生提出要看有关装修的档案材料。面对这样一个有钱的客户，装修行想想，觉得失去他还是比较可惜，于是拿出装修的档案材料给牛先生看，又一起商讨改进装修的计划，最后，又经过讨价还价，价钱被压低了很多，35000元，这样，装修行只能赚12000元。而如果装修行不给牛先生看材料，装修行可以赚到20000元，但是，不给牛先生看又很可能失去这样一个大客户，这对装修行来说是划不来的，而给他看了，就得少赚8000元。

在这里，两个对局的人是牛先生和装修行，牛先生的策略有两个，要求看档案和材料；装修行的对局策略也有两个，一个是给看，一个是不给看。这样，双方的对局就可以列成下面的矩阵。

牛先生要求看材料，装修行也给看资料，则牛先生省下了15000元，装修行只能赚取12000元；如果牛先生不要求看材料，装修行可以赚20000元；如果装修行不给牛先生看，谁也得不到好处。从这里可以看出，不看材料，是牛先生的劣势策略，所以，他必须看材料。而从装修行方面来看，由于牛先生是比较精

装修行

	给看	不给看
牛先生 要看	12000 / 15000	0 / 0
不看	20000 / 0	20000 / 0

明的人，他有装修方面的一些经验，不给看材料肯定要失去这个客户，与其什么也赚不到，不如少赚些，这也是次优的选择。这里，不仅双方的得利不对称，对于双方的信息也是不对称的，就是遇到牛先生这么牛的人，装修行还是赚了 12000 元。如果是遇到一个完全的外行，那情况又会是怎么样呢？恐怕 20000 元是装修行必须赚取的数目。可见，房屋装修中的信息不对称对于消费者来说影响是多么大。

也许有人会说，难道不能从互联网上获得有关装修的信息吗？信息是互联网世界的流通货币，作为一种媒介形式，互联网可以把信息从那些拥有它的人手上传递给那些需要它的人手上，即使这样，拥有房屋装修档案和材料信息的人也不可能把最主要的信息传递出去，从互联网上得到的信息只是一些基本的信息。更主要的是装修行在装修过程中的变数更多地决定着装修的价格，那么这种变数只有行业内的人才知道，行业内的人总不至于断自己的财路。特别是随着装修花样的迅速发展，行业内的能手会利用自己所掌握的信息优势，让自以为是的客户感觉到自己是非常愚蠢、低级的，这样，装修行依然可以利用自己的优势信息资源赚取利润。

第十章
投资中的经济学

股市里的"更大笨蛋"理论

沃伦·巴菲特曾经这样说:千万不要把钱用来储存,钱是用来生钱的,股市只相信钱,即使是傻子,只要他肯投资,也可以赚到钱!

"墨菲定律"中有这样一条:让那些冤大头守住他们的钱财,是不义的举动。从澳门到拉斯维加斯,全世界开赌场的人无不以此为座右铭。1920年,远在该条"墨菲定律"发明之前,纽约的一位老板娘就有一句响亮一时的口号:"不要劝傻瓜停止花钱。"

在经济学里有个著名的悖论叫"节俭悖论",就是告诉人们钱是用来花的,不消费而把钱存起来,是不利于经济增长的。只有你不断地花钱,不断地消费,产品卖出去了,利润回收了,员工才有工资发,才能够进一步去消费,这样经济才能不断地增长。花钱是每个人必须的,消费的另一面可以看成是投资,投资与消费是一个事物的两个方面。你去饭店吃饭不妨看成是给自己的身体投资;你去买花送女朋友也不妨看成是给爱情投资;你买回来刀子、钳子等工具也不妨看成是给自己工作节省时间的投资。反正有消费的地方就有投资,每个人都希望消费,每个人也都希望投资。

1908～1914年,经济学家凯恩斯拼命赚钱。他什么课都讲,经济学原理、货币理论、证券投资等。当时的凯恩斯获得的评价是"一架按小时出售经济学的机器"。

凯恩斯之所以如此玩命,是为了日后能自由并专心地从事学术研究而免受金钱的困扰。然而,仅靠讲课又能积攒几个钱呢?

终于,凯恩斯开始醒悟了。1919年8月,凯恩斯借了几千英镑进行远期外汇投资。4个月后,净赚了1万多英镑,这相当于他讲10年课的收入。

投资生意赚钱容易,赔钱也容易。投资者往往有这样的经历:开始那一跳往往有惊无险,钱就这样莫名其妙进了自己的腰包,然而不久在飘飘然之际又倏忽掉进了万丈深渊。又过了3个月,凯恩斯把赚到的利和借来的本金亏了个精光。同赌博一样,投资者往往有这样的心理:一定要把输掉的再赢回来。半年之后,凯恩斯又涉足棉花期货交易,狂赌一通大获成功,从此一发不可收拾,几乎把期货品种做了个遍。他还嫌不够刺激,又去炒股票。到1937年凯恩斯因病金盆洗手之际,他已经积攒起一生享用不完的巨额财富。与一般赌徒不同,他给后人留下了极富说服力的"赔经"——更大笨蛋理论。

凯恩斯曾举例说:从100张照片中选择你认为最漂亮的脸蛋,选中有奖,当然最终是由最高票数来决定哪张脸蛋最漂亮。你应该怎样投票呢?正确的做法不是选自己认为最漂亮的那张脸蛋,而是猜多数人会选谁就投她一票,哪怕她丑得不堪入目。

投机行为建立在对大众心理的猜测之上。房地产也是这个道理。比如说,你不知道某套房的真实价值,但为什么你会以5万元每平方米的价格去买呢?因为你预期有人会花更高的价钱从你那儿把它买走。

凯恩斯的更大笨蛋理论,又叫博傻理论:你之所以完全不管某个东西的真实价值,即使它一文不值,你也愿意花高价买下它,是因为你预期有一个更大的笨蛋,会花更高的价格,从你那儿把它买走。投资行为关键是判断有无比自己更大的笨蛋,只要自己不是最大的笨蛋,就是赢多赢少的问题。如果再也找不到愿出更高价格的更大笨蛋把它从你那儿买走,那你就是最大的笨蛋。

所以我们只要有钱在手,就要拿它消费,不要害怕风险。在投资时不要有任何顾虑,也许你的钱投进去了,你就赚了,但你要是总在犹豫里徘徊,把钱攥得紧紧的,那你将永远赚不到钱。只有你把钱投进去了,才可能会有更大的笨蛋出现,要是你不投钱的话,那么发财的机会就永远是别人的,你就是最大的傻瓜了。

彩票、赌博与投资

对于股市或者是投资而言,更大笨蛋理论只是告诉人们勇于投资,要有投资的勇气。但是在投资的时候还是不能盲目,需要有聪明、冷静的头脑和过人的技巧,把博弈论的一些理论和方法应用于自己的投资行为过程中。如果盲目投资,一哄而上,你有多少钱都会成为更大的笨蛋。

美国加州一名华裔妇女买彩票中了头奖,赢得 8900 万美元奖金,创下加州彩票历史上个人得奖金额最高纪录。当消息传开之后,一时之间很多人跃跃欲试,纷纷去买彩票,彩票公司因此大赚了一笔。

然而,从数学的角度来看,在买彩票的路上被汽车撞死的概率远高于中大奖的概率。每年全世界死于车祸的人数以万计,中了上亿美元大奖的却没几个。死于车祸的人中,有多少是死在去买彩票的路上呢?这恐怕难以统计,因而"死于车祸的概率多于中奖"也成了无法从当事人中调查取证的猜想。

既然赚钱的几率这样渺茫,为什么还有这么多人趋之若鹜呢?就是因为人们对渴望中彩票的愿望实在太强烈了,这种愿望甚至超出了理智的范畴。盲目投资,则无论投资什么都不可能达到预期的目标。

但买彩票的人却比参与赌场赌博的人还多,不能不说是因为很多人缺乏理性的思考。通常,赌场的赔率是 80% 甚至更高,而彩票的赔率还到不了 50%,也就是说买彩票还不如去赌博。但很多人却热衷于彩票,渴望一夜暴富,一夜改变命运。精通消费者心理学的商家,不在每件商品上打折,而是推出购物中大奖之类的活动,这和彩票异曲同工,既节约了成本,又满足了顾客的"侥幸"心理。

实际上,彩票中奖的概率远比掷硬币连续出现10个正面的"可能性"小得多。如果你有充裕的空闲时间,不妨试试,拿一个硬币,看你用多长时间能幸运地掷出连续10个正面。实际上,每次抛掷时,你都"幸运"地得到正面的可能性是1/2,连续10次下来都是正面的概率是10个1/2相乘的乘积,也就是$(1/2)^{10}=1/1024$。想想吧,千分之一的概率让你碰上了,难道不需要有上千次的辛勤抛掷做后盾?以概率的观点考虑,就不会对赌博里的输输赢赢感兴趣了,因为无论每一次下注是输是赢,都是随机事件,赌场靠一个大的赌客群,从中抽头赚钱,而赌客如果不停地赌下去,构成了一个赌博行为的基数会非常大,每一次随机得到的输赢就没有了任何意义。在赌场电脑设计好的赔率面前,赌客每次下注都没意义了。

从某种意义上来说,赌博和投资并没有严格的分界线,这两者收益都是不确定的。同样的投资工具,比如期货,你可以按照投资的方式来做,也可以按照赌博的方式来做——不做任何分析,孤注一掷;同样的赌博工具,比如赌马,你可以像通常人们所做的那样去碰运气,也可以像投资高科技产业那样去投资——基于细致的分析,要按恰当的比例下注。

但是赌博和投资也有显著不同的地方:投资要求期望收益一定大于0,而赌博不要求,比如买彩票、赌马、赌大小等的期望收益就小于0;支撑投资的是关于未来收益的分析和预测,而支撑赌博的是侥幸获胜心理;投资要求回避风险,而赌博是寻找风险;一种投资工具可能使每个投资者都获益,而赌博工具却不可能使所有赌客都获益。

投资也是一种博弈——对手是"市场先生"。但是,评价投资和评价通常的博弈比如下围棋是不同的。下围棋赢对手一目和赢一百目结果是相同的,而投资赚钱是越多越好。由于评价标准不同,策略也不同。

对于赌大小或赌红黑那样的赌博,很多人推荐这样一种策略:首先下一块钱(或1%),如果输了,赌注加倍;如果赢了,从头开始再下一块钱。理由是只要有一次赢了,你就可以扳回前面的全部损失,反过来成为赢家——赢1元,有人还认为它是一种不错的期货投资策略。实际上,这是一种糟透了的策略。因为这样做虽然胜率很高,但是赢时赢得少,输时输得多——可能倾家荡产,期望收益为0不变,而风险无限大。不过,这种策略对于下围棋等博弈倒是很合适,因为下围棋重要的是输赢,而不在于输赢多少目。

许多赌博方式都有庄家占先的特例。比如掷3只骰子赌大小,只要庄家掷出3个"1"或3个一样的,则不管下注者掷出什么,庄家通吃,这使得庄家的期望收益大于0,而下注者的期望收益小于0。从统计学的角度来看,赌得越久,庄家胜率越大。

因而,赌场老板赢钱的一个重要原因便是:参赌者没有足够的耐心,或赌注下得太高,使得参赌者很容易输光自己的资金,失去扳本的机会;而赌场老板的"战斗寿命"则要长得多,因为资金实力更雄厚,也因为面对不同的参赌者,老板分散了投资,因而不容易输光。

美国有部电影叫《赌场风云》,其中讲到如果谁赢了大钱,老板就会想方设法缠住他再赌,使用的办法小到让人去挽留,大到让飞机晚点,没有耐心的赢家往往很快会变为输家。

上面讲的还是比较规范的赌场,有的赌场在赌具上搞花样(出老千),或者使用暴力挽回损失,那么赌徒就更没有赢钱的希望。想通过赌博赚钱往往是"偷鸡不成,反蚀一把米"。

人并不是都可以理性地去进行决策。比如从心理学的角度来看,大多数情况下,人们对所损失的东西的价值估计高出得到相同东西的价值的两倍。人们的视角不同，其决策与判断是存在"偏差"的。因为，人在不确定条件下的决策，不是取决于结果本身，而是取决于结果与设想的差距。也就是说，人们在决策时，总是会以自己的视角或参考标准来衡量，以此来决定决策的取舍。

一个赌徒去赌场赌博，随身带了3000美元，赢了100元，这时要求他离开赌场可能没什么问题。但如果是他输了100元，这时要求他离开赌场可能就很难，虽然赢100元时他身上的现金为3100元，输100元时他身上的现金为2900元，3100元和2900元相差并不多，但这两种情况下赌客的感觉和3100元、2900元并没有多大关系，而是和它们与本金3000元之差100、-100，也即赢100还是输100有关，即人们对财富的变化十分敏感。

而且一旦超过某个"参照点"，对同样数量的损失和赢利，人们的感受是相当不同的。在这个"参照点"附近，一定数量的损失所引起的价值损害（负效用）要大于同样数量的赢利所带来的价值满足。简单地说，就是输了100元所带来的不愉快感受要比赢了100元所带来的愉悦感受强烈得多。

当然，由于人的冒险本性和总希望有意外收获的心理，使得赌博可以作为一种娱乐。如果把赌博作为一种事业，嗜赌成瘾，带着一夜暴富的贪心导致赌博过度，那就不是小赌怡情了，而是从娱乐变成痛苦。因为，"贪"字是由"今"和"贝"两个字构成，"今"是现在的意思，"贝"是金钱的意思，指的是急功近利。

赌博的心态在投资中经常出现，有时候人们觉得投资本身就是赌博，有的人投资就能赚钱，有的人投资却总是赔钱，认为是运气的因素。其实不然，除了运气外，还有一个因素就是理智的分析能力，很多人投资赔钱就是因为被赚钱的欲望冲昏头脑，失去理智造成的。

什么是投资理性

巴菲特和索罗斯的投资哲学解释了投资的现实、市场如何运转、如何判断价值以及价格为什么变化,这是他们的行动纲领。

他们的投资哲学使他们的投资标准明确清晰,允许他们以合理的确定性找出"高概率事件"。

投资在很大程度上是一种理智的行为,如果说投资大师有什么与众不同之处的话,那么这个与众不同之处就是他们的思维与别人一样。

他们的每一次行动都是他们的事前思考的广度和深度的表达。在他们深刻思考每一项投资策略没有做出行动之前,他们不会投入1分钱。

投资大师的投资哲学使他们能保持一种强大的精神优势,能让他们在其身边的每一个人都失去理智的时候继续保持清醒的头脑。

从下面的事例中我们可以看到投资的理性一面,这也就是投资与赌博的区别:投资是经过"审慎计算"的赌博。

美国著名经济学家、麻省理工学院教授萨缪尔森有一次和同事打赌扔硬币,如果出现他希望的一面,他就赢1000美元;如果不是他希望的那一面,则他付给同事2000美元。

听起来,这是一个对同事有利的打赌安排。因为,如果同事出资1000美元,就有50%的可能赢得2000美元,当然也有50%的可能将1000美元输掉,但其预期收益是500美元,即 $50\% \times 2000 + 50\% \times (-1000) = 500$。

但同事拒绝了:"我不会和你打赌,因为我觉得1000美元的损失比2000美元的收益对我来说重要得多。但是如果说赌100次的话,我愿意。"换句话说,他的同事的观点可以更准确地表达为:"1次不足以出现我所需要的平均定律的结果,但100次就可以了。"

在一个标准的扔硬币实验中,扔10次、100次和1000次得到正面的比例都是约50%，但扔1000次得到正面的比例比扔10次更接近50%，这就是平均定律。也就是说，重复多次这种相互独立且互不相关（下一次的结果与上一次结果无关）的打赌，同事的风险就被控制住了，他将能稳定地获得这种"制度安排"的好处。

其实，同事更聪明的回答应该是："让我们赌1000次，每次你用2美元赌我的1美元。"这时他的资产组合风险就被固定了，而且他的初始资金需要不多，最多只要500美元（假定他在前500次都不走运，显然这是不可能的）。这样，他等于是将500美元分散到1000个相同且相互独立的赌次中了，这个资产组合的风险将接近于零。

对于风险厌恶型的投资者来说，收益的取得和风险的控制对于自身效用来说是同样重要的。而边际效用递减规律对金钱这一物品似乎并不适用——钱通常是越多越好。

那么，什么是理性投资呢？在经济学中，理性是指人们具有最大化自身效用的特性。在投资领域，投资者通常被分为3种类型，即风险厌恶者、风险中性者和风险爱好者。对第一种人来说，投资理性表现为：如果不存在超额收益和风险溢价，他是不愿意投资于有风险的证券的；第二种人则只是按期望收益率来决定是否进行风险投资，风险的高低与风险中性者无关；而第三种人则把风险的"乐趣"考虑在了自身效用中，即所谓"玩的就是心跳"。

经验数据表明，大部分投资者是风险厌恶者，尽管他们的风险厌恶程度各不相同。因此，对于大部分投资者来说，理性投资就表现为：收益增加自身效用，而风险会减少效用，多承担一分风险，就需要多一分收益来补偿，风险和收益要保持一定的平衡关系。

作为一位投资者，要想在股市上获得真正的成功，其实并不需要将所有的理论和分析技术都弄通弄透，投资股票并不需要那么多繁文缛节的东西。越是简单实用的东西,越能够直截了当实现自己的盈利目标。

因此,在股市上投资,往往只需要一种简单实用的投资原则、一些最简单的常识、一套坚决执行的纪律和属于自己的投资风格就已经足够了。

美国林克斯投资顾问公司总裁彼德·泰纳斯曾经对全美投资基金做过调查,他得出的结论是:大多数投资大师之所以成为大师,并不是因为他们具有过人之处或有什么"独门暗器",而仅仅是因为他们具有一个相对固定的投资风格、一套简单有效的投资原则。这是绝好的佐证。

实际上也正是如此,中外众多的股票投资成功人士的投资方法各不相同,但有一条是相同的,那就是,他们都具有自己独特的投资风格。这是他们成功的根本保障。天生我材必有用,你为什么不将自己的聪明才智发挥到极致呢?一旦形成自己的投资风格,你便会明白,股票投资其实真的很简单。

投资需要数学头脑

看着自己的钱一点一点增多是一件非常有趣的事情。同样是人,有的人投资很成功,有的人却很糟糕,是哪些个人因素在影响着人的投资行为,并进而决定着人在投资领域的不同表现呢?这是一个人们普遍关心的问题,也是一个令人困惑的问题。

巴菲特和索罗斯的投资智慧中有一种独特的东西,那就是数学头脑。成功的投资者自然少不了命运的眷顾,但是这不足以解释投资领域中众多成功人士取得辉煌业绩的原因。就像不同的人会有不同的人生一样,除了运气的因素之外,人善于把握自己理性分析问题也是很重要的,市场自有它自己的规律,有些人更能够洞悉这种规律,做出最佳的判断。

理性能让人避开直觉的误区,更好地看到事情发展的趋势。数学是人用来理性分析问题的最好工具,将数学思维成功运用于投资的一个重要人物,是美国的数学家兼投资大师詹姆斯·西蒙斯。他的第一个职业是数学教授,在麻省理工学院和哈佛大学任教。他曾和别人一起发现了称之为 Chern-Simons 的几何定律,这条定律成为理论物理学的重要工具。他还管理着 50 亿美元的对冲基金,该基金自 1988 年成立以来年均回报率高达 34%,在业内傲视群雄。这个回报率已经扣除了 5% 的资产管理费以及 44% 的投资收益分成。他聘请的人包括数学、物理等方面的专家,西蒙斯等人正是应用数学和计算机作为数据分析手段来建立他们的交易模型的。当然这也不是特殊现象,很多投资机构和个人投资者都在借助于能够帮助分析市场走向的软件和数学模型。

人们在生活中的很多判断是靠直觉的,但是直觉也常常犯错误,在复杂的事物面前尤其如此。当自己的直觉判断失误用的时候,人们每每还要借助于理性的分析,最后,一个决策的思维过程常常是既有直觉的因素,又有理性的因素。

有些成功的投资者把自己的成功主要归因于一种神奇的直觉,比如被华尔街誉为神童的罗杰斯就坦率地说:"我从不相信金融工程和数学分析,甚至不看研究报告,我凭借的就是自己的直觉。"但是相信自己的第六感的投资大师们,恐怕也不得不常常乞援于账簿或电脑中的数字。我们再来看看他们的这种直觉到底是什么。一个交易商如果较长时间观察、分析市场,在他的大脑中可能就会养成一些思维习惯。在面对具体情况时,眼前的市场走势可能激发了他们大脑中的习惯化的思维,使他们快速做出决策,而这种决策可能是在潜意识中发生的,他自己不一定意识得到。所以他们的决策看似靠直觉产生,实则仍以理性分析为依据。

投资买卖中的数学思维

近年来,投资领域逐渐繁荣起来,很多人将自己手里的闲置资金拿到投资上来。同样进行股票投资,有些人尝到了甜头,有些人则受到了损失,原因是什么?我们不妨用数学思维来分析一下。

对于美国证券业的业内人士来说，1987年10月19日是个特殊的日子，这一天结束了美国股市长达5年的好光景，一些经验丰富的交易员都难逃劫难，从此离开了股市。一位年轻交易员塔勒波却成功地渡过了那场股灾，他认为他能逃脱很大的原因在于他的运气。塔勒波有数学特长，十几岁就对概率问题产生了浓厚的兴趣。他后来成为纽约大学库朗数学研究所的兼职教授，还创办了一家对冲基金管理公司，成为美国证券业的知名人士。这次股市风暴的经验，启示他对人的运气做更深入的思考，他后来写了一本和数学有关的谈运气的书，在书中他揭示了人在认识上容易产生的"幸存者认识偏差"。

人类在认识上的局限性使人常常不能理解概率现象，或者总是低估随机性的作用，这使人不能很好地适应随机现象。幸存者认识偏差来源于人们对概率事件的不正确认识，有时候能否成功是一种概率事件，成功了则是一种运气，但是生活中的人们往往错把运气当成必然，并因此对成功的原因形成一种歪曲的看法。运气在证券市场中起着重要的作用，但是人们总是过低地估计了运气的随机性的一面，想对运气做出必然性的解释。由于证券市场的复杂性，要想对所有影响市场走势的因素都进行精确的了解，并找出一个万能的公式来精确地估计市场的走势是不可能的。各种各样的分析方法，都是一种在假设基础上的对市场的预测，预测能否变成现实则是随机性的，如果事实符合了人的预测，则带有一定的运气因素，但是人们的看法总是倾向于认为是自己掌握了一种好的预测方法，这就产生了幸存者认识偏差。一种方法不管多频繁地获得成功，但如果失败一次的代价太沉重，它最终就是有害的了，这是由人执着地相信它造成的。这可以解释有些活跃的证券业人士在有连续多年的优异表现以后为什么突然破产。

当事后诸葛亮容易，预测未来就难了。股市的特点是投机性强，利用技术分析手段进行短线操作的人比较多，技术分析主要包括形态分析、K线理论、趋势理论、道氏理论、波浪理论、江恩理论、指标分析等，其数量之多如过江之鲫。大部分技术分析理论在作为预测方法时都曾经有成功的时候，但对它们过于相信则是一种"幸存者认识偏差"，错把运气当成了理论的力量。当然随着经验的积累，很多股民也对这些技术分析的手段有较客观的认识了，在研究股票时开始较多地关注影响上市公司发展的各种指标，对股票进行基础分析，但是一些人忽略了一个事实：基础分析也存在着不确定性，一样是概率性推论，一样是基于不可靠的假设。所以对任何过去赖以成功的分析方法，都要意识到其风险性，在具体的操作中要理性对待。

巴菲特投资定律

美国投资家巴菲特认为，要投资一个企业，那么这个企业必须简单且易于了解；企业过去的经营状况必须稳定；企业长期前景必须看好。也就是说，只有自己了解的企业才值得投资。

华伦·巴菲特可能是历史上最成功的投资家。他在 11 岁时就以 38 美元开始投资股票，今天他的资产规模已经累积到了 360 亿美元。

你可能会想，巴菲特一定是知道一些我们一般人所不知道的事情，但是华伦·巴菲特的投资哲学却是既简单又传统。他坚定不移地推行自己的投资策略，完全不受华尔街股市的流行观点所干扰。他投资可口可乐、美国运通银行、吉列刮胡刀等股票，投资组合里连一支网络股都没有。他只做长期投资，一旦充分了解了一家公司的本质、远景与真正合理的价值之后，他就会在买进之后长期持有，并且很有耐性地忍受一段时期内股价的涨跌。

华伦·巴菲特以他特有的美国中西部口音娓娓说出他的投资信念："要成为一个成功的长期投资者，并不需要高超的智商、锐利的眼光或是内线消息。投资人真正需要的是一个扎实严谨的投资决策架构，以及有足够的能力不让自己的情绪干扰这个决策架构。"

华伦·巴菲特喜欢实际的东西。他相信："一个十分确定的好

常见投资观的弊端

"没有最好的理财观,只有最适合自己的理财观"。现阶段我国常见的投资观存在很多明显弊端。

一.中国家庭缺乏投资观念: 中国家庭都将自己收入的绝大部分用于储蓄和消费,仅很少一部分收入用于投资理财。而且投资也很少有真正风险低、收益高的项目;而美国家庭则将收入的一半用于投资。

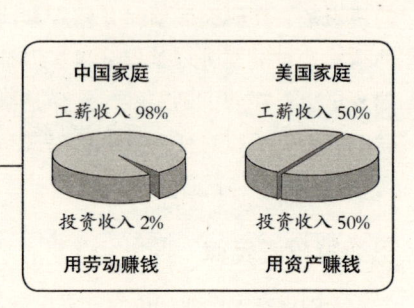

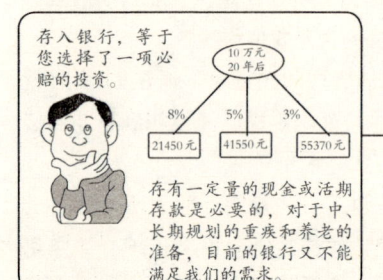

中国家庭
工薪收入 98%
投资收入 2%
用劳动赚钱

美国家庭
工薪收入 50%
投资收入 50%
用资产赚钱

存入银行,等于您选择了一项必赔的投资。

10万元 20年后
8% → 21450元
5% → 41550元
3% → 55370元

存有一定量的现金或活期存款是必要的,对于中、长期规划的重疾和养老的准备,目前的银行又不能满足我们的需求。

二.最常用的银行储蓄并不好: 假设银行年名义利率2.25%,但实际利率=名义利率-通涨率,最终利率可能为负数,就是说,我们的钱放在银行会缩水!左图是通涨率在8%、5%、3%时10万存20年后现金的实际购买力情况。

三.内地富豪的投资呈哑铃型: 所谓哑铃型,是指把投资放在市场的两头,投资布局的搭配形同哑铃,同步以"增长"与"价值"双重量化指标进行选择,构造出相对均衡的不同风格类资产组合。

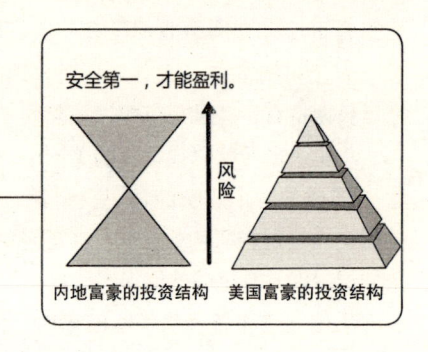

安全第一,才能盈利。

风险

内地富豪的投资结构　　美国富豪的投资结构

结果远胜过一个无穷的希望。"他的这种观点听起来似乎相当的平淡无奇。但是大家不妨参考下面的事实：如果你在1965年投资1万美元在华伦·巴菲特先生投资的公司股票上的话，35年后的今天你的财富已经累积到5千万美金，正好是美国标准普耳500指数同期投资报酬率的100倍。

对投资对象不了解的人，不会知道投资对象的价值，即使你侥幸抓住了它，也会很快失去的。

风险投资人如何选择创业者

风险投资是近年来非常走俏的行业，但任何一桩风险投资，都可以看作投资人与投资企业等复杂因素之间的一场多人博弈。

在这场博弈中，对于投资人来讲，掌握确实、充分的投资企业信息是至关重要的，否则，盲目的风投行为只会使你招致惨败。以风投最为青睐的互联网行业为例，不少人投资成功，大量淘金，当然更多的人最终被市场无情地淘汰。那么如何才能趋利避害呢？

我们先看百度融资的一段故事：

1999年10～12月，本来不爱开车的李彦宏整天开车在旧金山沙山路（美国西部的风险投资集中地）走门串户，寻找合适的投资人。当李彦宏、徐勇把创办中文搜索引擎的想法抛出以后，引来了好几家风投公司追着投钱。在当时的环境下，"中国、网络"无疑是一个强有力的卖点。但在送上门的美元面前，李彦宏明确地要求投资者对搜索引擎的前景持乐观态度，在中国内地，因为投资方不能持续支持而垮掉的项目并不少，其中有些项目的确有着不错的前景，关键就是没坚持到最后。千挑万选之后，李彦宏和徐勇最终和Peninsu La Capltal（半岛基金）和Integrlty Partners两家投资商达成了协议，而据说协议的达成完全是因为李彦宏的一句话。

一位投资人问李彦宏，你多长时间能够把这个搜索引擎做出来？李彦宏想了想，说需要6个月。"多给你钱，你能不能做得更快些？"对一般人来说，只要能拿到投资，对于投资人的要求，往往想都不想就答应，何况是增加投资。但李彦宏却迅速地拒绝了对方的提议，表示自己必须要进行认真的思考。这对于风险投资商而言，无疑是吃了一粒定心丸，使他们相信自己面前的这个中国年轻人是值得信赖的，因为他不会说大话。事实上，李彦宏承诺6个月的工作量，4个月就做出来了。

"李彦宏从来不说大话"，后来百度上市后，员工谈到老板李彦宏时，评价最多的也是他对承诺的极为认真的态度。

同时，投资人在亲耳听到Infoseek的威廉·张证实李彦宏的技术水平的确能够排进世界前三时，一切问题都迎刃而解。

本来李彦宏想融资100万美元，而充满信心的风投商们却又追加了20万美元的投资，执意给了120万，占百度25%的股份。

随着后来百度的盈利与上市的骄人战绩，这一笔风险投资可以说是这两家投资机构有史以来最成功的一次投资。

1999年圣诞节，怀揣着资金签约支票的李彦宏回到北大开始创业，也许是巧合，8年前他动身去美国的时候，也正是圣诞节。

李彦宏的融资经历让我们看到投资者在选择合作伙伴时诚信和技术是最重要的。百度创办于第一代互联网热潮的末期，而与李彦宏一起成功的互联网精英们还有很多，这些财富精英们经历了第一次互联网的热潮，又开始用赚到的钱自己做投资者，准备向第二代互联网进军。在这样一个新兴的投资人群体中，许多都曾是上一轮互联网创业大潮中涌现出的成功创业人士，如携程网的创始人沈南鹏、e龙的创始人唐越、金融界的原CEO宁君、新浪前CEO林欣禾等。

作为创业者，内心涌荡的冲动和热情是无形之手，推动着他们希望立刻去开创自己的事业。然而，渴望创业的你却一贫如洗，缺少一笔可观而丰厚的启动资金。这是一个经典的囚徒困境：在无限的创业欲望和有限的现实条件之间，有一道深深的鸿沟。然而，这却是每一个创业者都要经历的深刻考验。

在如何解决这个囚徒困境的问题上，美国 Double Clink（目前全球最大的互联网广告商）创始人所提到的创业融资次序具有很大的参考意义：第一，用自己的钱，花光自己的积蓄；第二，用自己老婆的钱；第三，向朋友借钱；第四，动用父母的养老金，当然要说服他们同意；第五，把自己的房子抵押出去；第六，向银行透支。如果你真的相信自己的商业模式，坚信自己能够成功，那么就先别急着找投资，用自己的能力先把它做出个样子来。周磊说，最好的融资建议是"先花自己的钱，把东西做好"。

因为不管创业者如何，投资人如何，金钱从来都是冷静的，狂热的只是人们失去理智的大脑。在 Web2.0、Business2.0 这些流行名词背后，其实可以把这一轮新技术创业大潮背后的推动力量定义为"投资2.0"。可以这样说，投资 2.0 时代是在投资 1.0 时代巨大的资本泡沫破灭之后，经过几年的沉淀和积蓄后，才逐渐发育并缓慢成熟起来的。现在，我们还不能清晰地描述它所推动的技术和产业进步将最终呈现何种样式，但至少可以推断，它将最大限度地吸取投资 1.0 时代的教训，尽量避免因盲目所导致的恶果。

在创业者们和风险投资家之间，永远存在着一种既相互依存又彼此博弈的微妙关系。而我们强调的领悟"投资 2.0 时代的金钱运作之道"，是一门需要不断学习并投入实践的艺术。

储蓄定律

储蓄和投资是完全不同的两种理财理念，储蓄仅仅能获得平均的无风险的时间价值的报酬，而投资可以获得超过时间价值的风险报酬，可以获得更多的超过平均收益水平的价值。当然，可能为此要承担风险，但是，从总体上来说，把钱存入银行不如通过投资更能赚钱。

有些人认为理财是富人、高收入家庭的专利，要先有足够的钱，才有资格谈投资理财。事实上，影响未来财富的关键因素，是投资报酬率的高低与时间的长短，而不是资金的多寡。美国人查理斯·卡尔森在调查了美国170位百万富翁的发家史后写了一本名叫《成为百万富翁的8条真理》的书。卡尔森所总结的、成为百万富翁的8个真理是：

（1）现在就开始投资。他在书中说，在美国，六成以上的人连百万富翁的第一步都还未迈出。每个人在迈出第一步时都有一堆理由，但其实这些理由都只是自己在找无关紧要的借口。有人也许会说："没时间投资。"卡尔森说："那你为什么不减少看电视的时间，把精力花在学习投资理财上？"

（2）制定目标。这个目标不论是准备好小孩子的学费、买新房子或50岁以前舒服地退休，不论任何目标，一定要订个计划，并且为了这个计划全心全意地去努力。

（3）把钱花在买股票或基金上。"买股票能致富，买政府公债只能保住财富。"百万富翁的共同经验是：别相信那些黄金、珍奇收藏品等玩意儿，把心放在股票上，这是建立财富的开始。

（4）百万富翁并不是因为投资高风险的股票而致富的，他们大多数只投资一般的绩优股，步伐虽慢，但是能低风险地敛财。

（5）每月固定投资。使投资成为自己的习惯。不论投资金额多少，只要做到每月固定投资，就足以使你超越2/3以上的人。

（6）坚持就是胜利。调查显示，3/4的百万富翁买一种股票至少持有5年以上，将近四成的百万富翁买一种股票至少持有8年以上。股票买进卖出资本频繁，不仅冒险，还得付高额资本税、交易费、券商佣金等，"交易次数多，不会使你致富，只会使代理商致富"。

（7）把税务局当投资伙伴，善用之。厌恶税务局并不是建设性的思维，而应该把税务局当成自己的投资伙伴，注意新税务规定，善于利用免税的投资理财工具，使税务局成为你致富的助手。

（8）限制财务风险。百万富翁大多过着很乏味的生活，他们不爱换工作，只结一次婚，不生一堆孩子，通常不搬家，生活没有太多意外或新鲜，稳定性是他们的共同特色。

理财致富是"马拉松竞赛"而非"百米冲刺",比的是耐力而不是爆发力。对于短期无法预测,长期具有高报酬率的投资,最安全的投资策略是:先投资,等待机会再投资。

储蓄是一种以"积少成多"的方式来增加人们的财富的,而复利则是具有"几何级数、加速成长"的效果的投资。人们90%的新增加的财富都是依靠投资和复利获得的。当然这并不是说储蓄不重要,只是要提醒你,投资在累计财富的过程中具有举足轻重的地位。

对于多数人而言,要改善自己未来的财务状况,首先不是加强储蓄,而是从现在开始迈出投资的步伐!

通常穷人认为富人之所以能够致富,较负面的想法是认为他们运气好或从事不正当的行业,较正面的想法是认为他们更努力或克勤克俭。但这些穷人万万没想到,富人致富的真正原因在于他们的理财习惯不同于常人。

投资致富的先决条件是将资产投资于高报酬率的投资标的上,例如股票或房地产,而存放在银行中无异于虚耗光阴、浪费资源。

如何储蓄

据巴菲特的投资经验来看,储蓄应该注意以下几点:

首先要弄清该不该储蓄,不要让可以增值的资本闲置。但财商开发还有一个观点:银行是最安全的保险箱,那么到底该不该存钱呢?其实这并不矛盾。从资金时间价值即机会成本的角度来看,应该让金钱流动起来,运转起来,最大可能地让你的钱增值。有多少钱都放在家里,但求心中踏实,那肯定是错误的;为求安全完全把钱存入银行保值而不敢把它投入市场盈利,今天看来也不可取。

但是究竟我们还要不要储蓄呢?或者说在什么情况下应该储蓄呢?这完全应根据自身情况来决定该不该储蓄。片面地反对储蓄,同样是不明智的。

其次,储蓄可以增加成功的机会。香港某企业青年雇员陈先

储蓄最大化的几种方式

压缩现款
尽量压缩身边的现款,将暂时不需要用的钱作为活期储蓄

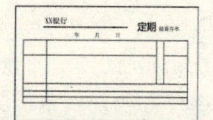

尽量不要存活期
除了把作为日常生活开支的钱存活期外,其他的都存为定期

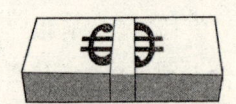

不提前支取定期存款
若存单即将到期又急需用钱,可拿存单做抵押,贷一笔金额较存面额小的钱款以解燃眉之急

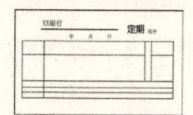

及时办理续存或转存
当定期存款到期后要及时取款或办理转存手续

组合存储
将现金存入存本取息储蓄户,一个月后取出利息,再开设一个零存整取储蓄户,将每月的利息存入零存整取储蓄,以获取双份利息

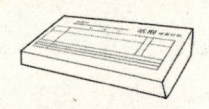

月月存储
开一张一年期存单,到期时取出到期本金与利息,和第二期所存的现金相加再存成一年期定期存单

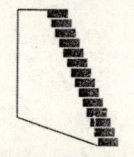

阶梯存储
若持有3万元,可分别开设1～3年期的定期储蓄存单各一份;1年后到期的1万元再开设一个3年期的存单

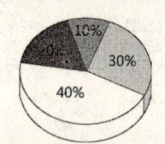

四分存储
若持有1万元,可分存4张定期存单,存成1000～4000元的4张1年期定期存单,以减少不必要的利息损失

预支利息
假如有1000元,想存5年期,又想预支利息,可根据现行利率计算存多少钱加上5年利息正好为1000元,那么余下的钱就可以立即使用

生，他从进公司时起，就养成了良好的储蓄习惯，几年下来，已有几万元的存款。随着经济的发展，信息的交流越来越重要。陈先生看准市场，毅然辞去外企工作，租了两间房屋，购置两台电脑，搞起了小型信息服务中心。两年下来，他竟获利几十万元，公司也由当初的两个人增加到十几个人。

储蓄越早开始越好。如果你现在18或20岁，还住在家里，那么现在就是储蓄的最好时机。只有这个时候，你的支出最少。即使你必须有所"支出"，但这和你搬出去住以后的开销相比，算很少了。这种机会不会再来，所以要尽可能地储蓄。

要养成储蓄的习惯。一个人或一个家庭能坚持养成储蓄的习惯也不是一件容易的事情。这里讲的储蓄方式不是先花钱，再储蓄，而是一种"强迫储蓄"的方式，也就是每月固定拨出一部分钱存起来。只有这样才能做到真正意义上的储蓄。

为了保证每个月存一定量的钱，就要做个计划支出，强迫储蓄的规划。至于每个月该拨出收入的多少钱来作为储蓄，要根据每个人或家庭情况而定。一个人或家庭每月需要花费多少生活费，可从通过3~6个月记账支出的结果来做出决定，然后用每月的收入扣除这些支出，剩下的就是每月可以先拨出来储蓄的余额。

储蓄的目的是为了积累财富，所以最好不要轻易动用存款，基于这种考虑，以存定期为最好，活期存款是为了家庭应急用的，存上大约3~6个月的生活费用就行了，其余存定期。

另外，到银行去存钱，存得是否得当，这里面也大有学问。例如存定期与买国债每年有一个百分点的存款利率差价，有些人就不太动脑子去考虑这个问题。如果每个月以复利计算之下，10万元的存款，4年后就会相差6000元左右的利息，当然存款金额愈大，差额也就愈大。

当国家存款利息浮动时，如我国自1996年以来，存款利息一直呈现下降的趋势，5年定期存款利息从12%多降到当前的2%多，在这期间如果你办一个5年期零存整取的存折，到现在还可以享受高额利息的存款呢。

养成储蓄的习惯，并不表示将会限制你的赚钱能力。正好相反，当你应用这项法则后，不仅将把你所赚的钱有系统地保存下来并让钱生子，而且还会使你获得自信心，使你步上更大机会之途。

在股市要顺应"马太效应"

"马太效应"在股市中也发挥着神奇的作用，在历次的牛市行情中，个股之间都会出现两极分化现象。其中的强势个股，始终保持着强者恒强，当强势股股价涨高时，投资者越是不敢追涨，强势股越是能继续上涨。而弱势股却常常弱者恒弱，投资者越是认为弱势股调整到位该涨了，弱势股越是没有像样的表现。等到弱势股终于开始补涨，强势股也出现回调时，牛市往往已经告一段落，投资者这时再进入股市，无异于羊入虎口。

很多对股市"马太效应"还不了解的投资者，往往不能清楚地鉴别个股的优劣，他们常常认为：今天，这只股票涨了，明天一定会轮到另一只股票涨；或者看到龙头股上涨了，就简单地认为与它同一板块的个股都会跟风上涨。可是实际上，总是事与愿违。在强势行情中，涨过的个股往往还能继续上涨，而不涨的股票则仍然不涨；在同一板块中，即使领头羊上涨了，也并不表示该板块的所有个股都能联动上涨。个股是否能联动上涨取决于：板块容量的大小、板块热点持续性的强弱、题材的想象空间、同一板块的个股联动性等因素的影响。而且，即使投资者选的跟风股联动上涨了，但是，由于领头羊具有先板块启动而起、后板块

即使再小的钱财，只要认真积累，精心管理，也会有令人惊讶的效果，这就是投资学中的"马太效应"。

回落而落的特性，所以，跟风股的安全系数和收益都远远小于领头羊个股。因此，投资者与其追买跟风股，不如追涨领头羊，这就叫作："擒贼先擒王。"

强势行情中，证券公司为了营造局部热点，并且维护热点的凝聚力，常常会用重磅资金对热点进行反复"轰炸"，使个股之间的比价差距越拉越大，许多投资者贪图冷门股的便宜，于是纷纷在冷门股上抄底，结果，冷门股在大势走好时，不能跟随着上涨，在大势回调时，反而与大势一起下跌。民间有句俗话说："便宜没好货，好货不便宜。"针对市场中的"马太效应"，投资者有必要树立正确的投资理念。在强势市场中投资者要注意克服这种"贪小便宜吃大亏"的操作方法。

顺势而为是股市中成功投资的根本法则，在强势行情中投资者不仅要顺应市场整体的趋势，还要顺应个股的趋势，尽早地转变不合时宜的投资思路，及时参与到对市场主流品种的炒作中来，重点选择强势股、龙头股、热门股；坚决回避弱势股、冷门股、非主流个股。顺应股市中的"马太效应"，踏准市场前进的节拍，才能取得理想的收益。

如何做好投资准备

常见的投资方式包括买股票、基金、债券、房地产、黄金及外汇炒作，等等。它们的回报高低、风险大小各有不同。一般而言，报酬越高的投资工具，其风险也就愈高。

一位著名的银行家，曾经算过这样一笔账：如果每年把1万块钱存在银行里，那么几十年后，所积累的数目不过数十万而已，而如果将这些钱投入风险很大的行业中去，通过这样的累加，几十年后就能达到数亿之多。这个浅显的道理告诉人们：风险越大，越容易成功。

首先，认识到风险与利润的关系。一般来说，商业投资者应敢于承担较大的企业风险，这是取得投资成功的重要途径。因此，作为商业投资者,应克服因吝啬财产而缺少经营的勇气的弱点。只有克服这种常人都有的弱点,才有可能获得成功。

假设有两种情况——其一:给你 30 元钱,然后给你一个机会掷硬币,如果硬币正面朝上,你就赢 9 元,否则,你就输 9 元,你掷不掷?其二:你只能得到 30 元,还用掷硬币来决定,正面朝上你可得 39 元,反面朝上你可得 21 元,你掷不掷?

事实上,两种情况的机会都是一样的:或者不掷,拿到 30 元,或者是赌运气,获得 39 元与获得 21 元各有 50% 的机会。但有关研究发现,第一种情况下,有 70% 的人愿意赌一赌,而在第二种情况下则只有 43% 的人愿意。简而言之,当人们认为他们是在用"飞来之财"——资金或补助之类赌博时,他们更愿意冒风险。因此,人们在面对少量财富时往往愿意冒险,而一旦财富过多则趋向于不愿冒险。事实上正是这种冒险的惰性心理阻止了许多人冒险经营更大的事业。

其次,投资风险大,抉择更要谨慎一些。

(1)投资本身是一种商业行为,和其他商业行为一样有可能赚,有可能赔,希望投资的人们要慎重选择,考虑清楚再投资。

(2)一般来说,投资是一种有钱人的经济活动。"有钱找钱容易,无钱找钱太难"这句话形象地说明,在流通领域中,市场经济不可能为每个人提供均等的机会,特别是在商贸活动中,市场经济为人们提供的机会要以人们的资金与财产量为转移,拥有资金与财产多的人,就可能获得更多的机会,赚到更多的金钱与财富。

(3)人们在投资中往往容易犯随大流的错误。例如投资者通常忽视在价值投资领域所存在的潜在机会:一些摆脱了破产命运的公司;一些有吸引力的资产担保的失宠债券;那些股票市场价格并未反映其良好的购并前景的公司股票;投资者经常经营购并套利、通货紧缩时的可转换债券等。这是因为对那些能在其中得心应手运作的人来说,这是最安全又最能稳步盈利的领域。

(4)制订投资计划时,应考虑通货膨胀因素。通货膨胀可以使你的钱贬值,减小其原有的购买力。所以你在做理财规划,计算各种所需要的金额时，最好能针对这个因素，从宽估计。

最后，把握目标，做到准确投资。投资的目标与商人的意图是密切相关的。当投资目标与经营的意图完全一致时，投资的选择基本上就是正确的。举例来说，如果有28元一份的套餐和32元的无限制的自助餐，你认为哪个更划算？在这里花钱吃饭与解决饥饿感的目的是完全一致的，如果这是一种投资，那么它的大方向就没有错。

当然，投资的方式也取决于你饥饿的程度，但总有许多人盲目地选择可以任意吃的自助餐，却不考虑自己的真正需要。他们把饱餐一顿与美食混为一谈。

所以对于投资者来说，一定要保证你买的都是你所想要的，甚至更进一步，要确保你没有买下你不需要的东西。一旦掌握了这一投资理财的原则，那么你的投资就不会白白浪费了。

最安全的投资策略

巴菲特认为最安全的投资策略是：先投资，再等待机会，而不是等待机会再投资。

抱着"船到桥头自然直"、得过且过之心态来投资，是个人投资最普遍的障碍，也是导致大多数人不能致富的主因。许多人对于投资抱着得过且过的态度，总认为船到桥头自然直，随着年纪的增长，眼见别人的财富逐渐快速成长，终于警觉到投资的重要性，此时才开始想投资。但因为时间不够，复利无法发挥功能，为时已晚！

很多年轻人总认为投资是中年人的事，或是有钱人的事，到了中年再来投资还不迟。但投资能否致富，与金钱的多寡关联性很小，而投资和时间长短之关联性却相当大。人到了中年面临退休，手中有点闲钱，才想到要为自己退休后的经济来源作准备，此时却为时已晚。原因是，时间不够长，无法使复利发挥作用。要让小钱变大钱，至少需要二三十年以上的时间，才有显著的效果。

既然知道投资可以致富，需要投资在高报酬率的资产，需要经过漫长时间的复利作用才有效果，那么我们应该知道，除了充实投资知识及技能外，更重要的就是即时的投资行动，投资活动应越早开始越好，并培养持之以恒、长期等待的耐心。

今天大多数人不能致富的原因，是不知如何运用资金，不能达到以钱赚钱、以投资致富的目标。这是我们教育上的缺失，我们的学校教育花大量的时间教导学生学会谋生技能，以便将来能够赚钱，但是从不教导学生在赚钱之后如何管钱。大学生训练理财的途径——投资股票，往往被校方视为投机、贪婪的行为。面对未来财务主导的时代，缺乏以钱赚钱的正确投资知识，不但侵蚀人们致富的梦想，而且对企业的财务运作与国家的经济繁荣亦有所伤害。

不要以未来价格走势不明确为借口，而延后你的投资计划，又有谁能事前知道房地产何时升温、股市何时上涨呢？每次股票价格巨幅上涨，事后总是有许多人悔恨不迭。股票价格上涨前是没有任何征兆的，更没有人会敲锣打鼓来通知你。对于这种短期无法预测、长期具有高预期报酬率的投资，最安全的投资策略是："先投资，再等待机会，而不是等待机会再投资。"

巴菲特投资 10 戒

巴菲特给出了投资的 10 条戒律，它们将有助于你保持清醒的头脑，更多地做出正确的投资判断：

（1）投资不是多人游戏，而是一个人的游戏。你必须自己做出判断。想投资，那就自己好好地研究你将要进行的交易。

（2）不要期望过高。当然，期望你的投资每 5 分钟能翻一倍，作为梦想是无可厚非的。但你要清醒地认识到，这是一个非常不现实的梦想。记住：如果年平均回报率能达到 10%，就非常幸运了。

（3）不要被虚涨的股票所迷惑。记住，公司的股票同公司是有区别的，有时候股票只是一家公司不真实的影子而已，所以应该多向经纪人询问股票的安全性。

（4）不要低估风险。"风险"不仅仅是两个字而已，它值得每一个投资者引起足够的重视。所以，一个重要的原则就是：在购买股票之前，不要先问"我能赚多少"，而要先问"我最多会亏多少"。这就是为什么大家都去购买思科的股票时，华伦·巴菲特却购买Dairy Queen 的股票。这条小心翼翼的戒律在最近几年好像已经不流行了，但坚信这条戒律的投资者们至少还是保住了自己的钱。

（5）在不知道该买哪一支股票或者为什么要买某支股票的时候，坚决不要买。这一点尤其重要，先把事情搞清楚再说。这印证了投资大师彼德·林奇的一句名言：一个公司如果你不能用一句话把它描述出来的话，它的股票就不要去买。

（6）资金才是硬道理。当你把目光投向一些现在正在衰败的公司的时候，这点尤其重要。

（7）不要轻信债务大于公司资金的公司。一些公司通过发行股票或借贷来支付股东红利，但是他们总有一天会陷入困境。

（8）不要把鸡蛋放在一个篮子里。除非你有亏不完的钱，否则就应该听取一句话：不要把所有的投资都放在一家或两家公司上，也不要相信那种只关注一个行业的投资公司。虽然把宝押在一个地方可能会带来巨大的收入，但也会带来同样巨大的亏损。

（9）不要忘记，除了盈利以外，没有任何一个其他标准可以用来衡量一个公司的好坏。无论分析家和公司怎样吹嘘，记住这条规则，盈利就是盈利，这是唯一的标准。

（10）如果对一支股票产生了怀疑，不要再坚持，及早放弃吧。

投资的回报

无论参加什么类型的投资，投资者最关心的一件事就是投资利润，也就是投资的回报。投资回报的多少要用回报率做评估。但一些对投资还不太了解的人，往往对投资的回报率认识有误区。例如，有人说，他在股市投资赚了100万元，听起来是非常令人满意的回报。但关键还要看是以什么为基础来作评价的。如果他

消费、储蓄与投资的循环

消费：收入的增加会使消费增加；物价的提高会使消费减少

储蓄：收入的增加会使储蓄增加；利率的提高会使储蓄增多

收入扣除支出后的剩余

获得的报酬投入到消费中来

将闲置资金投入各种金融商品

大盘区间板块涨速排名 05—06 14：37-15：00					
名称	涨幅%↓	现价	开盘	涨跌	振幅%
汽配	日分		687.99		
网络游戏	日分		637.18		
建材	日分		644.10		
低市净率	日分		549.51		
计算机	日分		697.67		
纺织服装	日分		526.03		
新能源	日分		698.89		
仪电仪表	日分		814.36		
电力设备	日分		836.37		
大订单	日分		620.78		
送转	日分		512.24		
预亏预减	日分		594.64		

享受钱滚钱带来的好处

投资：收入的增加会使投资增加；利率的提高会使投资减少

只有让钱充分滚动起来，才能带来更多的利润，才能让手里的钱越来越多，更具价值

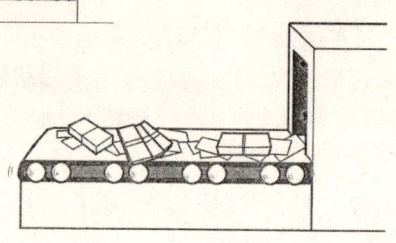

投资100万元两年内赚回100万元，就比投资200万元在一年内赚回100万元要差得多。因为前者的回报率是两年10%，而后者却已达到一年50%。怎么正确评估投资回报率呢？巴菲特有以下几个原则：

（1）要以百分比表示，而不是绝对金额数。

（2）相同期间来衡量，通常都以年为基础来换算回报率。同样获利20%时，如果甲是6个月投资的回报率，而乙是两年的投资回报率，显然甲要大大好于乙，因为甲的年回报率是40%，而乙方只有10%。

（3）以投资净值来计算，而非投资总值。以房地产投资为例，如果以30%的第一期付款买得一栋20万元的房子，你的投资总值是20万，但净值只是6万。如果房子涨到30万，你实际获利是167%而非50%。

在进行投资时，另一个重要的问题是能够正确看待投资赚赔之间的关系，这样才能将可能发生的亏损所造成的伤害减至最小。

必须指出的是，赔钱后再将亏损赚回，并不如想象的那么容易。你可能会想，如果投资股票赔了20%，只要等股票回涨20%就又打平了。其实不然，由于你的资金赔掉了20%，剩下的只是80%，以本钱的80%想赚钱打平，所要赚回的是剩下的80%的1/4，即25%。因为80%的25%只有16%，因此必须要涨25%才能捞回已损失掉的那20%。

这样的涨跌关系可能很多人都没太注意，总感觉赔掉几个百分比，再赚回几个百分比就行了。你应充分认识这种赔赚上的"玄机"。万一你赔去投资额的一半，要做到回本就要以所剩资金再赚回1倍（而不足50%）方可，如果赔掉了75%，就必须赚回所剩资金的3倍。如果赔钱后再想捞回来，要比想象的难得多。

由于仅靠赔剩的资金捞回来，确实非常困难。但如果再加上手边的资金，就能比较容易一些，这就是"摊平法"。

最后要强调的是，当股价处于高价位时，有必要减量经营，手边留点钱以备不时之需，千万不能倾你之所有再加借贷死命加码，因为，低进高出才是投资获利的不二法门。

让钱生钱

你可以种下一粒种子，不断施肥浇水，培育它长大，这个办法可以套用在金钱上。主动地拿钱去投资，让钱生钱，这也是善于投资的高财商的人更容易创富的原因。

因为他们懂得怎样运用自己的资金进行投资和赚钱。

金钱是包装起来了的能源，这种能源是独一无二的。你可以将它送到遥远的地方，为你办事，同时你可以待在家里做你最喜欢的事。可以说，金钱是一种伸缩性很大的能源，你只要给它插上翅膀，并将它送到该送的地方，它就可能为你带来更多的财富。

詹姆斯和恩里克是关系很好的同学，他们毕业后相偕到同一家公司上班，由于他们所学的专业都是一样的，所以他们在公司里担任的职位也类似。他们领取相同的薪水，两人节俭的程度也差不多，因此每年都能存下一样数额的钱。所不同的是两人的理财方式，詹姆斯将每年存下来的钱存入银行，恩里克把存下来的钱分散投资于股票，两人共同的特点是不太去管钱，钱放到银行或股市就再也不去管它们了。

40年后，恩里克成为拥有数百万的富翁；詹姆斯却依然只有几万元的存款。数百万元的财富在当今的社会中，可以称得上是富翁，但是几万元的存款，几乎每个人都可以做到。

詹姆斯眼见旧时的同学兼同事，40年来与自己薪水收入相同，节俭程度也相同，最后竟然成为百万富翁，反观自己，在同样条件下，赚相同的钱，省相同的钱，最后与恩里克竟然有天壤之别。他直接的反应是："恩里克一定贪污过！""他一定是中过什么奖！"否则一样赚钱、一样省钱，最后的财富怎可能差那么多！差到一个变成富人，一个变成穷人。

穷人万万没想到，真正造成他们贫穷的原因，是他们的投资

家庭理财打响金钱保卫战

家庭理财就是利用企业理财和金融方法对家庭经济进行计划和管理,增强家庭经济实力,提高抗风险能力,增大家庭效用。

家庭理财三项措施

注重家庭资产的流动性。

按比例配置金融资产,根据家庭中低风险的投资偏好,建议适度提高风险资产比例,重点持有中低风险产品。

五种保险化解风险,特殊期保险、专用型保险、呵护类保险、储蓄型保险和投资理财型保险。

领域不同。因为穷人和富人的投资领域不同,富人多数的财产是投资在房地产和股票上,而穷人多数的财产是存放在银行,这主要由一个因素所决定的,那就是——财商。

同时,要想跻身于富人之列,便要在思维模式上跳出传统思维的框框。例如有一个成年人不会骑自行车,他看到一位小孩子正在骑,就羡慕地对小孩抱怨说:"小孩子身手敏捷,所以才会骑车。"于是小孩子教这位成年人骑车,而成年人也很快就学会了。当成年人愉快地与小孩道别回家时,却又习惯性地推着车走路回家,他仍然无法跳出惯性的框框。

所以我们应跳出习惯性思维的条框,及早地进行投资,用钱来帮你赚钱,因为多一分投资就多一分收入。

经营财富就等于经营家庭幸福

人都有一个生命周期,从青少年时期到上大学,完全是消费者,靠父母供养。好不容易大学毕业后有了自己的收入,赚取的工资完全可以自己自由调动,但是,又要准备结婚的资金。等结婚了,有了自己的家庭,又有了家庭负担,虽然收入在逐渐增长,但负担也在增加。而"熬"到五六十岁,又快要退休了,退休后虽然没有了子女的负担,但若是自己没有另外找到赚取收入的渠道,靠退休工资生活,就基本上等于吃老本了,而生活水平在上升,物价在逐渐上涨,退休工资的调整总是赶不上物价的上涨幅度。如果自己没有经营以前创造的财富,那些财富也会在物价的上涨的过程中逐渐贬值,那么,退休后的生活水平要保证不下降就比较难了。

如下图所示,我们假定一个人大学毕业参加工作的年龄是22岁,由于现代人医疗水平提高了,寿命延长了,有活到将近100岁的潜力,所以,我们将其生命终点定在100岁。而其赚取工资收入的顶峰是60岁到60多岁,少数可以达到70岁,有的人60岁退休

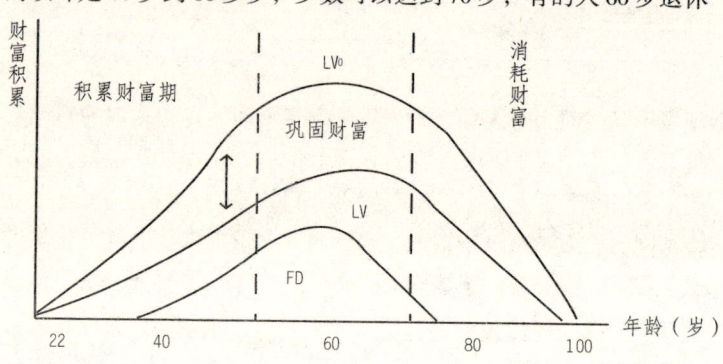

了还可以返聘，或者继续干一些工作，赚取收入。年轻人刚刚参加工作时好像没有什么负担，自己的收入完全可以自己自由支配，但是，年轻人面临谈恋爱和结婚的问题，所以，为自己将来成家积累一定的收入也是必需的。年轻人一旦结婚成家了，就有了自己的家庭负担。图中，纵轴表示个人财富的积累，横轴表示年龄或时间。LV 表示一个人参加工作后的长期收入线，从 22 岁开始参加工作，到生命终点仍然有退休工资。FD 表示个人或家庭的负担水平，从成家开始就有了家庭负担和其他负担，虽然个人的收入水平会随着年龄的增长、职位的提升、能力的提升而增长，但在孩子成家之前，夫妻的负担比其收入增长的幅度还要快些，如果夫妻不会让积累的财富增值，不去进行家庭投资，那么，夫妻俩的生活水平并不会比没有结婚的时候更好。如上页图，50 岁以前是积累财富的时期，50～70 岁是巩固财富的时期，到了 70 岁以后就只能吃老本了。

　　如果夫妻俩从一开始参加工作或结婚后就善于经营自己的财富，把积累的资金投入到不同的领域增值，包括买国债、基金、股票、收藏邮票、艺术品、字画等，假定夫妻从 22 岁开始进行投资，其投资的平均回报率是 10%，结婚前各自每月投资 901 元，结婚后夫妻俩每月共投资 1802 元，那么，连续投资 40 年，等到他们 60 岁的时候，他们就可以拥有庞大的积累，其晚年生活不是相当富裕吗？当然，夫妻俩不一定要将这些钱全部积累到退休后来用，也可以在自己需要提升家庭生活水平和质量时使用这些积累资金，这样就使其生活满意度提高。其长期收入线从 LV 上升到 LV_0，这样，尽管他们结婚后家庭负担系数增大了，但由于善于投资经营原有的财富，使其不断增值，其生活水平和满意度仍然大幅度提高了。要进行个人和家庭投资，就需要长期坚持进行，分散投资项目，降低投资风险，提高投资的总体收益率。只要长期坚持投资，钱生钱，越滚越大，不断积累，家庭收入就会像滚雪球一样，到最后数额十分庞大。

　　如果夫妻俩投资的回报率达到了 15%，那么夫妻俩年轻时

(25岁)每月只要投入439元,40年后,即等他们退休时(65岁),就可以积累到1000万元。这个投资回报率是比较高的,要几十年不间断地拥有这么高的投资回报率是比较难的。我们把投资回报率定得低一些,比如5%,这种投资回报率完全可以做到。我们也假定夫妻俩从22岁还没有结婚就开始投资,结婚后继续投资,那么,只要他们夫妻俩每月投入6745元资金,回报率5%,经过40年的连续投资,到62岁即退休后,夫妻俩就拥有1000万。

经营财富就是让自己积累的钱不断增值。有时,投资股票收益比较高,但股票风险比较大。如果能够购买十年、十五年期的国债,则收益稳定,也比较高,比定期存款高出一倍以上。还可以购买基金,基金的收益也比较稳定、可靠,风险比较低。购买分红保险的收益率比较高,也是积累和经营财富的重要途径。如果能够学习、积累一些与艺术品、收藏品、古玩、玉器、书画等有关的知识,在收藏方面进行投资,收益率一般是比较大的,也比较稳定,当然,投资越早开始越好。

如果一个家庭从现在开始要通过投资积累目前家庭年薪的十倍数目的财富,每月要将多少比例的收入进行投资才能达到这个数目呢?可以看下表。

每年的投资实质回报率(%)

离退休时的年数	3	4	5	6	7
40年(25岁)	14%	11%	9%	7%	5%
35年(30岁)	17%	14%	12%	10%	8%
30年(35岁)	22%	18%	16%	13%	11%
25年(40岁)	28%	25%	22%	19%	17%
20年(45岁)	38%	34%	31%	28%	25%
15年(50岁)	54%	51%	47%	44%	41%
10年(55岁)	88%	84%	80%	77%	74%

这里，我们假定男人是65岁退休，女人60岁退休。表中的百分比是指家庭收入中用于投资增值的比例。从表中可以看出，越是年轻时期开始将家庭收入中的一部分用于投资，用于投资的比例就越低。等年纪大了再进行投资，要想在退休的时候积累现在家庭年收入10倍的家当，就要将很大的比例用于投资。投资回报率3%~7%都是很低的投资回报率，一般的家庭完全可以达到这样的投资回报率。如果能够从年轻时就开始进行投资，每月或每年只要拿出家庭收入中10%左右的比例用于投资，到退休时就可以轻轻松松地赚取家庭年收入10倍的家当。所以，对于一个家庭来说，越早开始投资越好，既轻松，又不会影响家庭的生活水平。

为什么大多数散户没有赚

虽然在成熟的市场经济国家，股票是经济的晴雨表，但我国从1991年股票诞生以来，股票指数尤其是深证指数高低十分悬殊，完全像过山车一样的走势，并没有真正反映国民经济的走势。为什么会这样呢？其实，股市要真正成为国民经济的晴雨表必须满足一些基本前提条件：一是股市的规模必须足够大，股市规模太小不足以反映国民经济的全貌，1993年我国股市市值与GDP的比是10.2%，到2002年上升到37.43%，而发达国家这一比值都接近或超过100%；二是股市的结构必须与国民经济结构相对称，而我国国有股占市值的70%以上，实际上60%以上的GDP增加值来源于非国有企业；三是必须是价值型投资成为投资的主体，但我国股市从诞生以来就是投机性投资占主导地位，表现在换手率高、概念炒作多；四是股票市场的运行受股票内在机制影响，少有外在影响，而我国股票在市场准入、定价、市场调控和推出机制上都带有强烈的行政色彩；五是股市的资本流动少受壁垒的限制，但我国资本市场并没有开放。

2002年，我国沪深股市的市盈率达到了40倍以上，而同期韩国的市盈率为7.5倍，香港为15倍，新加坡24倍，法国18

倍。显然，我国的市盈率明显偏高，但这种市盈率高并不是因为上市公司的业绩高而推动的，实际上很多上市公司是亏损的，但市盈率却完全背离了实体经济的发展。从中可以看出，我国股市作为一个新兴的市场，完全是一个很不规范的市场，股市基本上是炒作，并且是重概念、轻业绩的炒作，即使是机构投资，也往往不是崇尚价值投资，而是庄家和上市公司利用资本集中、信息灵通、融资渠道多样、抗风险能力强等方面的优势，制造着一个个的"庄家神话"，或是投资陷阱，以获取高额的投资回报。而一般的散户只是热衷于利用技术分析手段，来追踪庄家，通过"与庄共舞""搭便车"来获得投资收益，无论是庄家还是散户都高估了上市公司的发展潜力和增值空间，造成股价大起大落，像过山车。

经济学课堂

股票期权

是指未来可以买卖的一种优惠权利，最初是赋予给公司管理人员的一种特权，并引入了一种未来概念，从20世纪90年代开始，它作为一种金融创新在美国大多数公司被推广。事实上，这是一种会计制度，在期权第一次给出的时候，不具备任何价值，甚至可以说是"免费"的，正是因为它具有"免费"的性质，几乎所有的科技公司都依赖股票期权制度来吸引、保留核心人才。

在这里，庄家和散户就像是"智猪博弈"。我们假定，猪圈里有两只猪，一只大猪，一只小猪，猪吃食物（共10个单位）需要按按钮，按按钮的猪后到食槽。如果大猪先到食槽，大猪迅速吃到9个单位，小猪只能吃到1个单位；如果同时到达，大猪吃7个单位，小猪吃3个单位；如果小猪先到，小猪可以吃到4个单位，而大猪只能吃到6个单位。但按按钮的猪要消耗2个单位，见下页图。

从图中可以看出，如果同时按按钮，大猪可以吃7个单位，消耗2个单位，得5个单位，小猪只能得1个单位；如果大猪不按按钮，小猪按按钮，大猪可以吃到9个单位，小猪吃1个单位，还要消耗2个单位，得—1个单位；如果小猪等待，大猪按按钮，大猪吃6个单位，消耗2个单位，得4个单位，小猪得4个单位；如果双方都等待，双方都得 0。很显然，等待是小猪的优势策略。

	小猪	
大猪	按	等
按	1 / 5	4 / 4
等	−1 / 9	0 / 0

不管是买进还是卖出，都是庄家先动，散户跟进。实际上，庄家在股市的力量对比散户的力量，完全是控制和被控制的关系，庄家比大猪占尽更多的优势。即庄家完全控制着稀缺性的资源，包括庞大的资本、灵通的信息、融资渠道的多样性、抗风险能力强等，而且庄家即机构投资者，往往有很多方法，能够通过各种渠道获得散户得不到的信息资源，庄家还可以操纵股市，使股市行情与其真实的收益状况完全背离，甚至于庄家和公司联手制造虚假信息。实际上庄家炒股完全是与大多数散户选择趋势相反。庄家进货秘诀：人气悲观到了极点；股价在低位盘旋；大势急跌；突发性的"大利空"；配合上市公司炒作；上市公司中长期看好；觊觎上市公司主权。庄家出货的秘诀是：人气"乐观畅旺"到极点；高于庄家成本 30% 以上的价；在散户认为差不多该出货的前夕；公布利好前夕或当时；与上市公司条件谈不拢时；配合政府的要求"作空"；政策面发生变化前夕。在这种情况下，大部分股市的收益流进了庄家的腰包，极少部分嗅觉敏感、反应极快的散户跟进庄家也能赚些钱，而大部分散户还没有明白股市的波动是怎么回事，其买进的股票就被套牢了。一些金融投机家更善于买卖股票期权，从中牟取暴利。

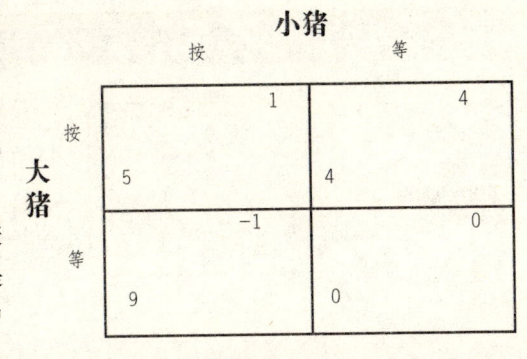

很多人说，股票基本是零和游戏。其实不然，赌场才基本是零和的游戏，而股市与赌场的区别正在于其真实的投资价值的一面。在赌场中，赚钱和亏损之和基本上为零，而股市中，赚钱和

股票

开户流程

到证券公司开户,办理股东账户卡、资金账户、网上交易业务、电话交易业务等有关手续,下载证券公司指定的网上交易软件 → 到银行开活期账户,并开通银证转账业务,把钱存入银行

在网上交易系统里或电话交易系统中买卖股票 ← 通过网上交易系统或电话交易系统把钱从银行转入证券公司资金账户

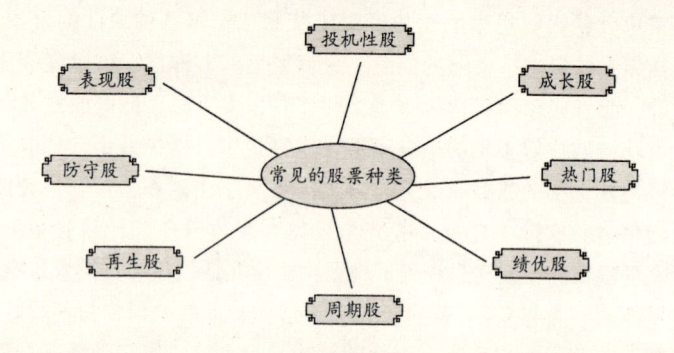

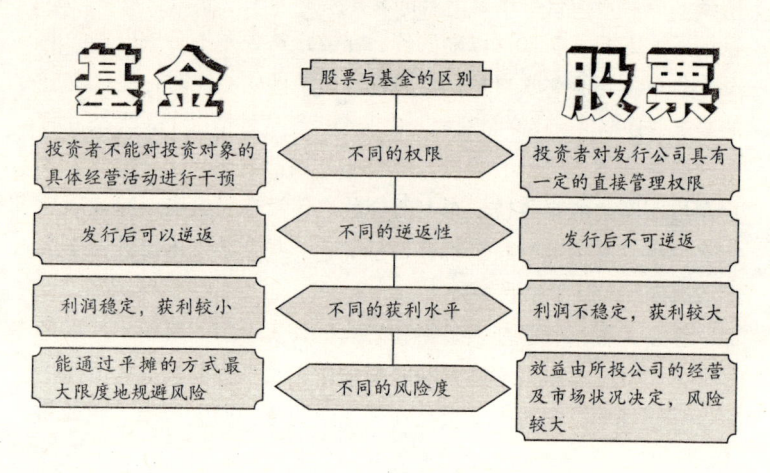

常见的股票种类

- 投机性股
- 表现股
- 成长股
- 防守股
- 热门股
- 再生股
- 绩优股
- 周期股

股票与基金的区别

基金
- 不同的权限:投资者不能对投资对象的具体经营活动进行干预
- 不同的逆返性:发行后可以逆返
- 不同的获利水平:利润稳定,获利较小
- 不同的风险度:能通过平摊的方式最大限度地规避风险

股票
- 不同的权限:投资者对发行公司具有一定的直接管理权限
- 不同的逆返性:发行后不可逆返
- 不同的获利水平:利润不稳定,获利较大
- 不同的风险度:效益由所投公司的经营及市场状况决定,风险较大

亏损之和最终是上市公司增长的价值。因此，很像"赌市"的股市在其新兴阶段，尤其在没有赌业的中国，必然被投资者肆意利用，从而导致一阵阵的骚动和阵痛。但是，历史的规律不可抗拒，随着时间，随着自身的逐渐成熟，股市必然会踏上价值回归之路。特别是由于这几年来，我国基金投资发展迅速，购买基金者看重投资的长期收益。股票市场也一定会有大部分股民向长期投资者转变，而不是像赌徒那样碰运气。当然，上市公司也必将走向规范，当大多数上市公司不再把圈钱作为上市的唯一目的，而是把股民的监督作为改善经营机制的手段时，大多数散户没有赚，公司就会成为历史。

> **经济学课堂**
>
> **绩优股**
>
> 在我国，投资者衡量绩优股的主要指标是每股税后利润和净资产收益率。一般而言，每股税后利润在全体上市公司中处于中上地位，公司上市后净资产收益率连续三年显著超过10%的股票当属绩优股之列。在国外，绩优股主要指的是业绩优良且比较稳定的大公司股票。这些大公司经过长时间的努力，在行业内达到了较高的市场占有率，形成了经营规模优势，利润稳步增长，市场知名度很高，绩优股具有较高的投资回报和投资价值。
>
> **垃圾股**
>
> 垃圾股指的是业绩较差的公司的股票，与绩优股相对应。就是那些业绩较差，问题多多的个股。一般每股收益在0.1元以下的个股均可称作垃圾股。上市公司拥有在市场直接融资的便利，又有各种优惠政策的关照，按理经营业绩应相当理想，但由于上市公司的经营领导层、市场环境的变化及机制等原因，导致上市公司的业绩一年不如一年。并不能说垃圾股没有一点价值，垃圾股同样具有一定的投资价值。

投资股市不是赌博，不应当靠炒作，前些年以炒作为主的股市是我国股市发展不规范的暂时现象，随着股市的逐渐规范化发展，作为个人投资者，应当是价值投资，也就是看公司的长远发展前景，找出那些最具发展潜力的顶尖级上市公司，并购买其股票，而不是只看暂时的上涨幅度，跟风炒作。从一些发达国家的长期股市行情来看，只要个人投资者长期持有那些最具发展潜力的公司股票，时间越长，其增值的幅度越大。

怎样做一个精明的投资家

一个人可以把赚的钱存起来，也可以花掉。因此，在人的一生中，赚到的钱应该等于储蓄的钱加上花掉的钱。人之所以储蓄，其动机有二：一是为了防老、防意外、防失业；二是为了盈利，使原有的钱不断增值，或至少不会贬值。由于通货膨胀和人们收入上升的因素，人们赚到的钱，如果不使其增值，就会无形中贬值，所以，要想让自己的钱不至于贬值，就需要进行投资。其实，在现实的经济生活中，存钱生利和存钱防老、防范风险并不矛盾，最理想的方法是存钱既能增值，又能防老和防范未来的风险。

在实际经济生活中，获利最大、风险也比较大的投资活动就是金融投资或投机活动。由于金融领域的投资风险比较大，很多人会靠存钱于金融投机事业来防老。金融投机包括买卖黄金、外汇、股票、债券，金融投机家买卖金融工具的目的就是为了赚取买卖之间的差价。金融投机需要高超的技巧、灵活的信息、正确和果断的判断，它并不是一般人能够胜任的，但具有这方面特长的人又不一定具备投机所需要的资本。于是，金融代理商应运而生，如美国的老虎基金等机构投资者就是利用他人的钱进行金融投机的。

那么，作为个人如何做一个精明的投资家呢？我们先来测试一下自己的投资能力。如果我们要投资于不同的证券（或债券），我们的目的是：A，增加投资回报，在每支证券高位时卖出；B，"跑赢"大市；C，降低投资亏损的机会；D，跟风，人做我做。作为理智的个人投资者，正确的答案是C，即投资要尽量降低投资风险，这就需要分散投资，"不要把所有的鸡蛋都放在同一个篮子里"是个人投资的至理名言，这个现代投资的组合理论是1957年诞生的，它要求投资者按部就班、有系统地设计投资的组合，把风险降到最低，它还要求我们掌握分散投资的秘诀。

几种不同的投资组合

冒险速进型

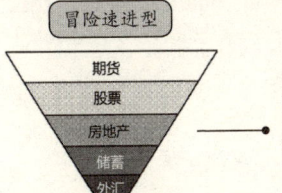

期货
股票
房地产
储蓄
外汇

组合模式呈现出一个倒金字塔形结构，房产、股票甚至期货这些高风险的投资方式在投资资金比例分配上所占份额较大，而储蓄、外汇所占份额较低

风险和收益水平都很高，投机的成分比较重。适用于收入颇丰、资金实力雄厚、没有后顾之忧的个人投资者

稳中求进型

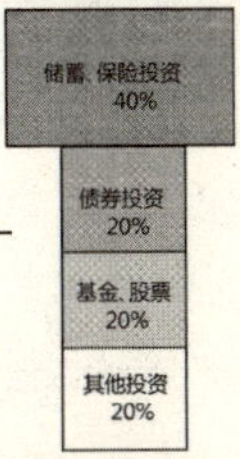

储蓄、保险投资 40%
债券投资 20%
基金、股票 20%
其他投资 20%

组合模式呈现出一种锤形组织结构。各种投资的资金分配比例大约为：储蓄、保险投资为40%左右，债券投资为20%左右，基金、股票为20%左右，其他投资为20%左右

适用于中等以上收入、有较大风险承受能力、不满足于只是获取平均收益的投资者

保守安全型

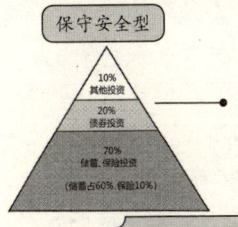

10% 其他投资
20% 债券投资
70% 储蓄、保险投资（储蓄占60%，保险10%）

组合模式呈现出一个正金字塔形结构。各种投资的资金分配比例关系大约为：储蓄、保险投资为70%（储蓄占60%，保险10%）左右，债券投资为20%左右，其他投资为10%左右

适用于收入不高、追求资金安全的投资者

我们在投资的时候要稳扎稳打，选择合适的投资策略和组合，而不能抱着赌徒的心态去冲动地冒险

如果我们有10万元资金，假定投资者只有甲乙两种产品可以选择，那么，如何分配资金呢？A，全部投资于甲产品；B，全部投资在乙产品；C，大部分投资在甲产品，另外的小部分投资在乙产品；D，小部分投资在甲产品，大部分投资在乙产品。对于冒险、进取性的投资者来说，选择A或B，孤注一掷，虽然波动比较大，但其回报也大。作为一个比较保守的投资者，又如何分配资金呢？如果甲产品与乙产品是不同的投资产品，其价格的波动并不是同步，甲上升时，乙不一定上升，甲下跌时，乙可能上升。如果刚好甲乙两种产品的价格方向相反，那就需要搭配好两种产品的投资组合。从这里可以看出，要有效地分散投资，降低投资风险，选择投资产品时，最好是选择价格波动完全相反的产品。这样，一种投资产品的亏损可以由另一种投资产品的盈利来补偿。

如果我们有多种科技基金同时选择，那么，是不是选择不同的科技基金就可以分散投资风险呢？并非如此。其实每支科技基金都已足够分散了风险，但科技行业本身的风险是投资科技基金必须承担的，这种行业风险，不会因为多买几支科技基金就可以减少的，也就是说，买一支科技基金与买多支科技基金的风险是一样的。所以，要分散投资风险，必须使所投资的产品尽量互不关联。有的人可能会认为，投资于一个低风险的产品，又投资于一个高风险的产品，这样相互抵消就可以实现中等风险了。这其实也是错误的，因为存在一个高风险产品就不会降低另一个低风险产品。但是反过来，如果一个比较保守的投资者买了很多低风险的政府债券（国债），那么，他加进一些高风险的投资，不但不会增加整体的投资风险，反而更可以适度减少投资风险，增加整体的投资回报，因为少量的高风险投资也意味着其潜在的高收益，如果这支投资收益高，可以迅速抽调部分资金获取更高的收益，而如果其收益亏损，可以迅速出手，不会被"套牢"。

总之，分散投资的目的，就是在不影响投资的预期回报的情况下，通过分散投资来降低风险，其秘诀就是所选择的投资产品必须是相互关系不大、互不影响的产品。但并不是说只买绩优股，不买垃圾股。分散投资的第一步就是决定股票/债券（国债）的比重，这两种投资产品在关键的时刻，表现互异。例如，当大家预期中央银行将提高利率时，股市会受此影响而下跌，资金转入债券市场。在经济复苏时期，股票和债券都上升；在经济从峰顶回落时，二者都会下跌。分散投资的第二步就是把资金分散在不同的市场、地区，比如香港、深圳、上海三个不同的地方，股价的上涨和下跌是不同步的，分散投资可以降低风险。另一种分散投资的方法就是把资金分散在不同的行业，工业、运输业、公用事业、金融业、高科技产业等不同的行业，其股价的上涨和下跌是不同步的，分散投资也有利于降低风险。在投资中，分散公司风险尤其重要，比如，我们知道，一些高科技行业，前景十分好，但淘汰率也很高，如果我们将自己的资金分散在10多家很有前途的公司，即使只有几家公司成功，这几家公司带来的利润也足以补偿投资失败。

降低投资风险的另一个方法就是分散资产投资，除了股票外，还可以加入国债、艺术品、收藏品、贵金属、房产等。但这些资产投资也有一个缺点就是不能"套现"，其流动性比较差。此外，还可以通过增减现金来调节投资风险，即在股票或债券市场上涨时，大量投入现金，当市场逆转时，增加现金持有量。当损失来临时，还可以通过股票期货或股票期权等金融衍生产品，把投资组合部分或全部"锁定"，这样有利于把风险降到最低。

买彩票与赌博有何类似

美国的拉斯维加斯、我国的澳门都是世界著名的赌城，在那里，赌场的老板靠精确地计算胜负的概率来赚钱，即通过计算赔率来赚钱，换言之，赌客赢钱的机会略低于输钱的机会，这个差数的平均值就成为赌场的收入，用以支付赌场的各种开支并赚得利润。这两个世界著名的赌城每年都要吸引上千万的人，由于来来往往的人很多,经济也跟着兴旺发达起来。到赌场来玩的人中,大多数人不是来"赢"钱的,相反他们是来输钱的。怀里揣上一些钱,到宽敞舒适的赌场大厅里换换环境,再经历一下"赢"钱时的兴奋和输钱时的沮丧,等钱输光了,娱乐的目的也达到了,高高兴兴地回家去。

虽然如此,还是有一小部分走向极端的人。因为赌博鼓励不劳而获的非分幻想,怂恿侥幸心理,默许对别人利益的侵犯,从而降低了家庭和社会的稳定性。赌博从总体上看会降低社会的总效用值,赢钱就大手大脚地花掉,而输了则需要省吃俭用才能还债。

> **经济学课堂**
>
> **赔率**
>
> 是博彩公司给下注者的赔付金与下注金额的比值,赔付金由两个部分构成,一部分是下注金额,一部分是利润,赔率的计算公式是:赔率=(利润+下注金额)/下注金额,一般来说,赔率在1.1以上。另一种体育比赛的赌博是按胜、平、负三种结果来计算概率的,概率得出后,博彩公司通过特定的公式计算胜、平、负各自应当开出的赔率值,其计算公式是:赔率=(100/百分比概率)×赔付率。

我国政府禁止赌博,但政府允许合法的博彩业的发展,足球彩票和福利彩票就是政府允许的博彩业。我国内地的彩票与国外和澳门、香港赌博有很大差别,就是政府允许发行彩票主要是为了筹集社会福利基金和体育发展基金,筹集的资金有一部分用于颁发不同数额的奖项。不可否认,一些人买彩票,对赢钱的希望不是很大,认为没有中奖也等于对社会作点贡献。有的人把买彩票当成是自己的一项业余爱好,是一种心理的寄托,可以调节身心,每周买一两次彩票,每次买几十元,或者每次就买十元。

对于另外一些彩票购买者来说,他们也把购买彩票看成是一种类似购买股票的投资行为,有相当一部分人认为只要自己像购买股票一样坚持不懈,就会得大奖,至少可以得个小奖。特别是当媒体大肆吹捧个别得奖的人如何如何从贫穷的打工者摇身一变成为百万富翁时,得奖的人对买彩票者起到了极大的示范效应。

有的人以买彩票为副业，买彩票成瘾，有点类似于赌徒，甚至于买了几万元没有中奖依然乐此不疲。还有的人不断买彩票，不断做着一夜暴富的美梦。对于普通民众来说，有梦想总比没有梦想好，起码，有梦想就有希望。在美国，赌博的穷人总是说："一个美元，一个梦想。"从这点来说，买彩票的人，也有相当一部分带有赌博的心理，希望一旦自己好运来临，能够赢得一个天文数字。其实，买彩票根本不是投资，应当把它当作一种娱乐形式，特别是在我国不允许赌博合法存在的情况下，彩票是一些人的心理寄托。

不管是嗜赌成性的赌徒还是偶尔以赌为乐的人，没有几个人会以赌为荣，最多以"小赌怡情，大赌伤身"辩解。购买彩票的人也总是自嘲说："某一次，我的双色球就差一个号码，我有预感，继续买下去肯定能够中奖。"很多人，特别是年轻人多数都带有一种赌徒的心理。

为什么很多人会带有一种赌徒的心理呢？经济学总是把理性作为分析的出发点，而赌徒的心理就不是经济学倡导的理性。本来，理性的人应该是风险厌恶者。但是，对于赌徒和一部分购买彩票的人来说，他们更看重的是以最小的成本获得最大的收益，或者以最小的付出一夜暴富。那些赢钱的赌徒和那些获奖的彩票购买者，就对那些众多的趋之若鹜的观众起到了示范效应。人人都追求自己利益的最大化，但达到最大化的途径各不相同，有的人善于理性分析，理智地行动，有的人就会想到走捷径。事实上，很多赌徒和彩票购买者总是对自己的幸运做出过高的估计，对得到的机会做出过高的评价，对自己损失的机会做出过低的估计，认为自己就是那 1/100 的幸运儿。这是人们追求自己利益最大化和自身人性的弱点的双重作用所造成的。亚当·斯密对此早就做出了论述，他说："大多数人对于自己的才能总是过于自负，这是历代哲学家和道德家所说的一种由来已久的人类通病。但世人对于自己幸运的不合理猜测，却不大为人所注意。要是这样的话，对于自己的幸运妄加猜测,比对自己的才能过于自负更加普遍一些。"

基金与债券投资

对于大多数风险厌恶者来说,买股票要承受心理上的巨大压力,"股市有风险,投资要谨慎"的警告语让很多人对股市望而却步。特别是由于我国股市还很不规范,股市还不容易成为大多数人的投资天堂。但是否这样就意味着自己的钱不能增值了呢?其实,对于一般人来说,投资的渠道还是很多的,基金和国债就很值得风险厌恶者投资,因为基金和国债基本上没有任何风险。即使在美国等发达国家,居民投资于基金和债券的比例还是比较高的,美国有很多种基金,像老虎基金、长寿基金等都是有名的基金,居民把钱存入基金组织,就等于把自己的钱交给那些金融投机家去打理,金融投机家瞄准世界各国的股票市场、期货市场、外汇市场,买空卖空,在世界市场上进行套利。而居民只是稳定地获得固定的投资回报。

如今,我国由于股市很像赌场,散户大多数亏损。于是,普通的投资者将目光转向基金投资。较高的投资回报和大量资金的持续入场使得投资基金的赚钱效应在不断放大。越来越多的个人投资者逐步接触到基金,并通过报纸、广播、电视中的介绍了解其中一二,还有的投资者已经从投资基金中尝到了甜头。

投资基金首先面临的一个问题是如何选择基金。面对当前市场上的基金热,由于缺乏专业知识,普通大众往往容易随大流,"别人都买,我也要买"的这种"羊群效应"心理非常普遍,越是限购的基金产品越容易遭到抢购。在这种情况下,投资者在购买基金前,应该保持清醒的头脑,对准备购买的基金以及管理该基金的基金公司进行谨慎和全面的了解,切忌盲目冲动或者一窝蜂似的抢购基金。在国外成熟市场上,对选择基金和基金公司有个通行而有效的"4P"标准。第一个 P 指理念,就是投资理念,这是指导一家基金公司投资管理的纲领性因素,投资者首先要看其理念是否成熟而有效,其次看自己是否认可这一理念,进而认可该基金公司的投资管理模式;第二个P是团队,任何投资理念和投资管理的执行都靠人,团队专业能力的强弱是基金业绩一项重要的决定因素,通常来说,投资能力一般的团队难以做出中长期优异的投资业绩;第三个P是流程,是指单纯靠人做投资难免会产生因主观因素造成的失误,这时严密科学的投资流程就显得十分必要,投资依靠流程的约束和执行可以规范基金管理人的投资行为,使基金管理人具备复制优秀基金的能力,其业绩具备持续性;第四个P是绩效,即所投资公司的绩效,这也是最简单、最直观的一个评价指标。用4P标准来考察基金,投资者就可以基本把握住优质的基金公司和基金产品。

投资者需要认识到,基金投资是一项长期的投资活动,投资的本质实际上是对市场中那些中长期的战略投资品种的布局把握,借助专业优势,挖掘优质上市公司,坚定、持久、持续的跟踪,

---

经济学课堂

基金

基金有广义和狭义之分,从广义上说,基金是机构投资者的统称,包括信托投资基金、单位信托基金、公积金、保险基金、退休基金,各种基金会的基金。在现有的证券市场上的基金,包括封闭式基金和开放式基金,具有收益性功能和增值潜能的特点。从会计角度透析,基金是指具有特定目的和用途的资金。因为政府和事业单位的出资者不要求投资回报和投资收回,但要求按法律规定或出资者的意愿把资金用在指定的用途上,而形成了基金。

债券

债券是一种有价证券,是社会各类经济主体为筹措资金而向债券投资者出具的,并且承诺按一定利率定期支付利息和到期偿还本金的债券债务凭证。由于债券的利息通常是事先确定的,所以,债券又被称为固定利息证券。债券通常包括以下几个基本要素:票面价值、价格和偿还期限。债券作为一种债券债务凭证,与其他有价证券一样,也是一种虚拟资本,而非真实资本,它是经济运行中实际运用的真实资本的证书。

并根据行业或者公司实际情况的变化，对所持有的证券品种进行调整优化，这样才能实现比较稳健的投资业绩，不会太大的波动。频繁的买入卖出基金，即使是一个专业投资者，也难以成功把握住每一个波段，更不要说普通的个人投资者。

要注意的是，基金投资同样存在一定的风险，越高的预期收益也意味着越高的投资风险。尽管，基金作为证券的组合，已经有分散投资风险的作用，但投资者必须意识到的是，基金仍然包含着投资风险。基金提供给大众的是理财服务，可以说，投资基金是一种生活方式而绝不是一夜暴富的捷径。收益和风险是形影不离的兄弟，投资者万万不能在获取高回报时，就把风险全然抛在脑后。对投资的生搬硬套，对预期投资收益进行不切实际的高估，或者用投机股票的思维来进行基金投资，这些行为是非常不可取的。

基金投资者要获取理想回报，拥有一个中长期的投资规划才是上策。投资者在投资基金前，一定要对自己的资金状况、投资期限、收益要求和风险承受能力做一个客观合理的评估，之后再购买与自身状况匹配的基金产品。人云亦云、盲目跟风的投资行为是不可能在长期中取得较好回报的。目前中国证券市场上涨较快，投资者往往有急于获利的急躁情绪，这种情绪也体现在投资基金中。实际上，基金作为一种理财手段，投资者首先要学会的是如何有效的规避风险，而不是如何去赚大钱，急功近利将是基金理财的天敌。

购买国债也就是国库券是最稳定、没有任何风险的投资。10年或15年期国库券的年投资回报率大约有5%，如果能够长期购买，就有持久的升值效应。下表是以投资10000元为本，年回报率5%计算，表中，时间单位是指投资的年数，经过若干年后的总投资回报情况。可以看出，随着时间的延长，本金增值还是比较明显的。

期货、债券、保险与黄金

期货 —— 以套利的方式盈利

- 跨月套利：在同一市场利用同一种商品不同交割期之间的价格差距的变化套利
- 跨商品套利：利用两种不同但相互关联的商品之间的期货价格差异套利
- 跨市套利：在不同交易所之间利用商品价格差异套利

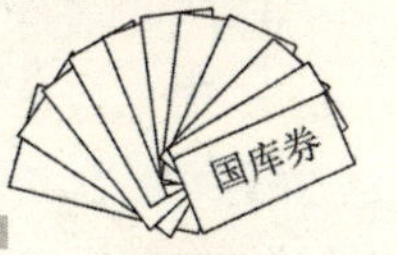

债券 —— 以收益率衡量收益（国库券）

债券收益率 =（到期本息和 − 发行价格）/（发行价格 × 偿还期限）× 100%

- 债券出售者的受益率 =（卖出价格 − 发行价格 + 持有期间的利息）/（发行价格 × 持有年限）× 100%
- 债券购买者的收益率 =（到期本息和 − 买入价格）/（买入价格 × 剩余期限）× 100%
- 债券持有期间的收益率 =（卖出价格 − 买入价格 + 持有期间的利息）/（买入价格 × 持有年限）× 100%

保险

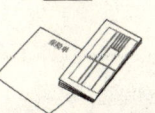

投保人因为保险标的的损害或者丧失遭受经济上的损失而获得保险标的的保全收益

一般来说，财产保险的保险利益在保险事故发生时才能补偿损失；人身保险的保险利益必须在订立保险合同时存在，用来防止道德风险

黄金

目前市场上的黄金品种主要有：纸黄金、交易所金条、金币、黄金期货四种

投资黄金可以保值增值，抵御通货膨胀；黄金的产权转移十分便利，是最好的抵押品种

时间	1	2	3	4	9	14
本利合计	10000	10500	11025	11576	14775	18856
时间	19	24	29	34	39	49
本利合计	24066	30715	39201	50032	63855	104013

收藏也是经营财富

在2005年的瀚海秋拍中,徐悲鸿的一张《巴山汲水》拍出了1650万元的天价,而它在1999年只拍到120万元,5年之间增值十几倍,什么股票、房地产都没有这么高的利润和升值潜力。所以,收藏艺术品也将等于让自己的财富迅速增值。不仅艺术品可以收藏,人民币、邮票、名酒、名表、玉器、钻石等都很有收藏的价值。

一般来说,随着经济的发展和社会的进步,人们对艺术品和收藏品的需求会加速增长,根据马斯洛的欲望和需求理论,人们在满足了比较低的需求后,会逐渐转向更高的需求。在经济发展后,一部分富人吃穿住用等生活需求不用愁,他们就要转向精神方面的需求了,因此,随着经济的发展和富人阶层的增加,富人对艺术品和收藏品的需求快速增加。

不过,搞收藏需要更高的文化修养和艺术鉴赏水平,以及充分了解相关的信息。不懂艺术品、收藏品的价值,导致投资赔本的事情也时有发生。据说,有位富人花了3000万买了一堆文物,专家看过后,发现没有一件是真品,3万元给他都不要。

搞收藏,关键的不仅是辨别真伪,还需要眼光,不同的艺术品和收藏品,其增值的空间也不一样,而培养这种眼光就需要学习,需要学习许多相关的知识。收藏艺术品需要分析供给和需求,一般来说,物以稀为贵,发行的纪念币、邮票、纪念册、艺术品等,越是发行量少,越具有纪念意义,也就越有收藏价值。如果某位知名的画家或书法家,其作品价值比较大,社会上对其书画的认可程度比较高,而且他年纪比较大了,那么,购买这样一位

古字画收藏的技巧

艺术品都是集精神价值与商业价值于一体的。由于其中的精神含量和文化含量难以量化，所以，投资者在为艺术品定价时，往往会走入一种误区。主要表现为以下几个方面：

> 这是××先生的作品，肯定价值很大值得收藏。

1. 依据艺术家知名度的高低定价位
2. 依据字画作品的规格定价位
3. 依据作画所用时间长短定价位
4. 依据艺术品的构图疏密、用笔繁简或色彩多寡定价位
5. 依据艺术家存世作品多少定价位

画家或书法家的字画就很有收藏价值，一旦这位画家或书法家逝世后，画家的画或书法家的字就十分值钱了，因为供给减少了，而对其作品的需求并没有降低，甚至于很多人都知道画家或书法家已经不在了，对其作品的需求会迅速增加，从而导致其作品价格迅速上升。要使自己的收藏品大幅度增值，必须长期收藏，即使暂时跌价也不为所动，或暂时升值也不出手，坚持长期持有，收藏的时间越长久，收藏品的价值就越大。

现在很多年纪比较大的人，大概都使用过第二套、第三套、第四套、第五套人民币，当时我们使用那些人民币的时候，绝大多数人都没有想到，一些以前根本不值钱的人民币竟然会身价狂涨。人民币并不是所有的品种都有收藏的价值，主要是那些退出或即将退出流通领域，而且发行量很少的品种，才具有巨大的增值空间，即物以稀为贵。

2006年以来，邮票市场也逐渐复苏。一般来说，邮票价值的

高低受到题材、发行量、存世量、群众的喜爱程度等多种因素的影响，因此，邮票的价格更是一种随机游走的态势，和亚洲小姐、世界小姐、香港小姐的选美大赛一样，可能某一时间的价格并不代表其真实的价值，其中的泡沫成分也不少，但最终的价值是其得到社会认可的价值。在投资时，挑选好的邮票品种是一门学问，一般来说，1991年以前的老纪特邮票存量少，基本上都沉淀在社会，所以，其保值增值的价值比较高，是收藏的首选。1992年至2003年的编年邮票，由于发行量大，国家历次销毁的品种不少，现在有不少正处于打折的行列，而邮票商则热衷于炒作新邮票，所以，其收藏也具有一定的潜在升值空间。金银邮票则是邮票市场中最优秀、最具潜力的板块之一。收藏邮票一样具有风险，可以将资金分配在不同风险水平上的邮票，可以分散投资风险。

在局势动荡时期，名贵钻石的保值避险功能比黄金还高得多。目前，价值100万的黄金有10公斤重，而名贵钻石每克钻石的价值在9～16万元人民币，钻石是否具有保值、增值的功能主要取决于4C。第1个C是色泽，以无色和略带黄色最常见，最高组的是纯白色；第2个C是净度，大部分钻石都内含细小的"胎记"，称为内含物，一颗钻石的内含物数目越少，体积越细微，它的形态就越完美，其收藏价值越高，完全没有内含物的钻石，其价值相当高；第3个C是车工，切割好的钻石光芒闪烁、美丽无比，切割太浅和太厚都会降低钻石的美丽度，降低其价值；第4个C是指克拉，即钻石的重量，一般地，钻石价值的大小与克拉成正比。

此外，很多工艺品、玉器等都有收藏的价值，主要还是要看它的稀少程度，越是稀少的艺术品、工艺品、玉器、名贵手表、名贵酒等，就越有收藏的价值，但从事收藏关键的还是要有一种眼光，看到一般人没有看到的潜在升值能力。而培养这种眼光既需要学习相关的知识，更需要有这方面的天赋，善于捉摸和理性的分析，而不是盲目炒作。

第十一章
管理中的经济学

激励更能有效地管理

我们经常看到绿地、花园边上树立着牌子："践踏花草罚款"。但依然不时有人践踏和偷盗花木。曾经有一个研究机构调查表明：在一个植物园写着"凡举报偷盗花木者，奖励若干"，令所有规则制定者和研究者诧异的是，这个植物园艺花木却保护得很好。

爱美之心人皆有之，顺手牵羊地偷几束公园的花就难以避免。挂上"爱护花草，人人有责"或者"请君勿折花木"之类的警示牌几乎没什么用。一个罚款，一个激励。从这个例子中可以看出，激励比惩罚有效。

其实这样的例子过去和现在都不少见。让老师非常头疼的一件事，便是经常出现一些调皮捣蛋的学生，让老师无计可施。老师拿班长监督那些调皮捣蛋的学生，发现一次即受严重的批评，甚至开除。但作用并不大，因为调皮捣蛋的学生太多，即使班长再敬业，也监督不过来。后来，老师采取了另一项措施，不守纪律的学生，如果规规矩矩，不违反纪律，就给予那个学生以奖励，这样，那些学生的纪律竟然好了起来。

公园的情况与此类似。尽管偷盗花木被惩罚，但被管理者发现的风险并不大，毕竟不是公园的每个地方都站着管理者。当对举报者进行奖励时，公园的游人受此激励都成了管理者，偷盗花木被发现的可能性变大了，成了一件风险极大的事，居心不良者

激励机制的运用

激励的效用 = 期望值 × 效价

- 员工对实现目标的可能性大小，以及实现目标后个人好处被兑现的可能性大小的主观估计
- 员工对企业或团队达到目标后个人收到好处的主观评估

期望理论 —— 期望值和效价在实际工作过程中会不断修正和变化，管理者的任务就是要使这种调整有利于达到最大的激发力量，推动人们的工作热情和工作动力

激励的运用原则

恰当运用激励程度
激励程度是激励量的大小，即奖赏或惩罚标准的高低。过量激励和不足量激励都起不到激励的作用，只有程度适中的激励才能发挥其真正的作用

准确地把握激励时机
激励时机的选择是随机制宜的，管理者应根据具体客观条件，灵活地选择激励的时机或采用综合激励的形式，以有效地发挥激励的作用

正确确定激励方向
激励方向是指激励的针对性，即针对什么样的内容来实施激励。管理者在工作中要努力发现不同阶段的优势需要，正确区分个体优势需要与群体优势需要，以提高激励的效果

相应采取激励频率
激励频率是指在一定时间进行激励的次数，一般对于性质复杂、任务繁重、目标明确、短期见效的工作应采取高频率激励

激励要体现公开性和公平性

要让员工清楚知道作出什么贡献应该得到什么报酬，即激励要透明化

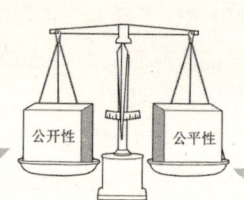

公开性 | 公平性

对作出同样贡献的员工给予同样的报酬，不能以管理者本人的好恶为转移，不能存在歧视

当然不敢有所作为了。在这种情况下，对公众监督的激励当然比对偷盗花木者的惩罚要有效得多。

激励与惩罚要达到的目的是相同的，比如上面说到的保护花木或消除违反纪律，或者说它们的收益是相同的。但这两种机制发生作用的方式不同，成本也不同。采用激励机制时，其作用是自发的，行为者按激励所要达到的目的去行事，简单而有效。给举报者奖励，就自发地把千百万游人变成了不领工资的管理者，实行激励措施，就无须用管理者来监督。采用惩罚机制时，其作用是消极的，还需要更多支出，例如，用专门监督人员及必要的设施等。这又引出了两个问题。一是监督者也是人，他们也有个人利益，可能收取被监督者的贿赂，实现鼠猫联盟，共同作案，这类事情现实中也不少见。即使用机器监督，操纵者还是人。二是只要收益大于成本，被监督者就会用各种方式来逃避监督，被监督者的智慧往往令监督者防不胜防。

激励优于惩罚的道理并不复杂，在众多企业管理方式中应用也比较普遍。但实施起来并不那么容易。直至现在，一些民营企业（尤其是中小企业）的老板仍然改变不了对惩罚的崇拜，他们制定制度，设立专门岗位，对员工规定各种惩罚条款，但却舍不得给员工增加工资。

就整个社会的制度而言，激励优于惩罚却是重要的。当前社会关注的热点之一是腐败问题，每年都要抓捕、甚至枪毙一批腐败干部，惩罚是相当严重的。但为什么腐败仍有加剧的趋势——由个人腐败变为集体腐败，由几十万变为若干亿呢？其实惩罚对制止腐败的作用往往是暂时的、有限的，秘密就在于此。

谨防破窗的诱导作用

在日常生活和工作中，我们经常会发现这样一些类似的情况：

一个人带头摘取商店门口摆放的鲜花，其他人就群起而效仿，将数个花篮中的鲜花一抢而空。

桌上的财物，敞开的大门，可能使本无贪念的人心生贪念。

有些人犯了错误，通常都是这样为自己辩解："××都是这样干的！"或者"上次就是这样做的！"

这些生活中常见的情况向我们道出了一个著名的理论：破窗理论。而破窗理论的产生基于一项有趣的实验。

美国斯坦福大学心理学家詹巴斗曾做过这样一项实验：他找来两辆一模一样的汽车，一辆停在比较杂乱的街区，一辆停在中产阶级社区。他把停在杂乱街区的那辆车的车牌摘掉，顶棚打开，结果一天之内就被人偷走了，而停在中产阶级社区的那一辆过了一个星期仍安然无恙。后来，詹巴斗用锤子把这辆车的玻璃敲了个大洞，结果，仅仅过了几个小时，它就不见了。

以这项实验为基础，政治学家威尔逊和犯罪学家凯瑟琳提出了破窗理论：如果有人打破了一个建筑物的窗户玻璃，而这扇窗户又得不到及时的维修，别人就可能受到某些暗示性的纵容去打烂更多的窗户玻璃。久而久之，这些破窗户就给人造成一种无序的感觉。结果在这种公众麻木不仁的氛围中，犯罪就会滋生、增长。破窗理论给我们的启示是：必须及时修好"第一个被打碎的窗户玻璃"。防微杜渐，说的就是这个道理。

中国有句古话："人无远虑，必有近忧"，作为企业的管理者更应如此。既然有些"破窗"不可避免，管理者就应时时绷紧"破窗"这根弦。只有防范"破窗"于未雨绸缪，才能修补"破窗"于旦夕之间。平时多一些"破窗"意识，多制定几套对付各种可能出现的"破窗"的策略，"破窗"来临时就会镇定从容得多，相对于没有"破窗"意识和未制定"破窗"策略的企业而言，本身就已经赢得了时间差。

随着市场竞争的加剧，管理中的每一个漏洞都可能会成为别人攻击的目标，也会成为自己前进的"瓶颈"，这意味着企业一旦遇到"破窗"，就必须争取在第一时间进行修补，不然连锁反应带来的危害可以令企业元气大伤。

别以为企业的规模大、实力强平时就可以不进行"破窗"预防了,从某种意义上说大企业和著名企业更易遭受"破窗"风险。美国管理学家 Jffrey R.Caponigro 在其最新的企业管理著作中指出,处于市场"第一品牌"的企业、迅速成长的企业和连锁企业等10类企业,是当今社会最容易发生意外的企业。可见,越是知名度高的企业越要有"破窗"意识,"破窗"出现时能够掌握主动,抓住机遇,及时修补。

在企业管理过程中,一旦出现"破窗",如不及时处理,不但会引发"砸窗"的连锁反应,对企业的经营产生危害,还会引起公众和社会舆论的各种评论,一些言过其词的评论对企业的声誉可能造成极大的威胁。因此出现"破窗"后,最好以快刀斩乱麻的凌厉手段尽快将矛盾解决,别让公众热辣的目光聚焦在你的痛处,再把手中的石头扔过来,砸得你遍体鳞伤,甚至达到无法修补的地步。

特别是对于那些资产数以亿计的大企业,宁可"蚀小财"也不能耽误处理"破窗"的时间,因为"破窗"带来的损失远远不是几个小钱所能弥补的。而且"破窗"久拖不决,无形中也给竞争者提供了乘虚而入的机会。

即便"破窗"的危害不是很大,遭遇"破窗"的企业也会频频成为媒体热炒的目标,不管是客观评论还是歪批反说,终归是揭短者居多,企业信誉受损在所难免,市场份额失不再来。

所以,一旦"破窗"出现了,最明智的管理者就是做一个第一时间赶到"破窗"现场的修理工,然后再在第一时间将"破窗"修理好!

有所选择,挑出轻重

80/20法则是一项关于选择性的法则。借由专注于你最擅长的1/5,你能达到最大效能。这项原则不仅适用于个人,也适用于公司。

最成功的专业公司或企业,只留下自己的主力技能自己做,其他的事全部外包。如果精于行销，那么就不制造；如果长于研发，那么不但找别人制造产品，也把行销与销售发包出去做；如果擅长大量生产标准化的商品，就不制造特殊规格或市场顶层的商品；如果在高边际利润的特殊商品上最强，就不进入大众市场。

总之，你的公司应尽可能简化，全神贯注在强过对手数倍的领域。

这时候杠杆原理就有了用武之地。所谓以杠杆原理善用资本，是用钱来获取剩余价值。在最基本的层面上，若是机器比人有效益，便购买机器以取代人力。今日最有效的方法之一，乃是用钱"大量生产"，这已有在特定环境中成功的例子——事实上，这是用钱来复制某些诀窍，例如电脑软件的行销，速食店如麦当劳，以及清凉饮料的全球行销。

再举一个例子，说明如何运用 80/20 法则转变公司的财富，而且改变了整个公司。

乔治亚装饰公司是一家年营业额数百万美元的地毯供应商。这家公司过去只卖地毯，现在它也出租地毯，是一块块接合在一起的地毯，而非整块地毯。装饰公司意识到，在一块地毯上，80%的磨损出现在 20%的地方。通常，地毯到了要替换时，大部分地方仍然完好。在装饰公司的出租计划中，地毯只要一检查出有任何的磨损或毁坏就更换。

这种做法同时降低了装饰公司顾客的成本。一个小小的 80/20 法则，改变了一家公司，并且可能导致这个产业广泛的改变。

根据 80/20 法则来看，如果你所赚的钱中，大部分来自于一小部分活动，你就应该完全转变你的公司，并且集中精力来增加这一小部分的活动，然而这只是解答的一小部分，在企业需求的背后，还潜藏着更有力的真相，接着我们将探讨这个主题。

找出最有潜力能降低成本的地方（也许是整个公司全部业务的 20%），然后把你 80%的力气放在这里。

80/20 法则认为，在一些高产值的部分之外，总有许多低产值的部分。这样的情况，在过去30年里，出现在所有能成功降低成本的方法中（通常也用到了80/20法则），来比较各产品或服务的表现。这些方法都力求改进大多数无甚进展的表现，追求能达到最好的部分（有的追求90%，有的75%，而通常在90%~70%之间），若做不到，就去掉。

我们被训练成以因果、以正常关系、以一般水准的收益、以完美竞争方式和可预期的结果等角度去思考事情，但真实世界不是这样的。真实世界里有许多影响力，因果关系不明确，复杂的反馈扭曲了投入；有昙花一现的平衡，而且通常相当迷惑人；某些表现在重复但不规则的模式；各公司从来没有在公平的基础上竞争，也不可能全都业务兴隆，在真实的世界里，只有少数蒙老天厚爱的人，可以占领市场得到利润。

以此观点看来，大公司复杂的程度难以想象，并且经常是以不同的力量来行事；有的力量顺势而行，获利甚丰；有的却逆势而为，损失颇重。这都是因为不能拨开纠结复杂的现实见到真相，也因为会计系统有着安慰作用，它以平均（且大大扭曲）的方式解释一切事情。

80/20法则早已盛行，只是还未受注意。我们经常只能看到公司的"净"结果，但这绝非全貌！在表象之下，正面与负面的产出力量互相拉扯，加起来共同产生了我们在表面所见的效果。一旦我们辨识出台面下所有的力量时，80/20法则最能发挥效力，我们就能去除负面的影响，将所有精力花在最有效的生产力上。

如何让企业成本最小化

在市场经济中，利润最大化与成本最小化是企业永恒的主题。一个企业要达到利润最大化，就必须对投入要素进行最优组成以使成本最小。因此，我们要想取得最大利润，就要遵循成本最小化原则。

守株待兔的故事对我们每个人来说都是耳熟能详的，这在经

企业的成本

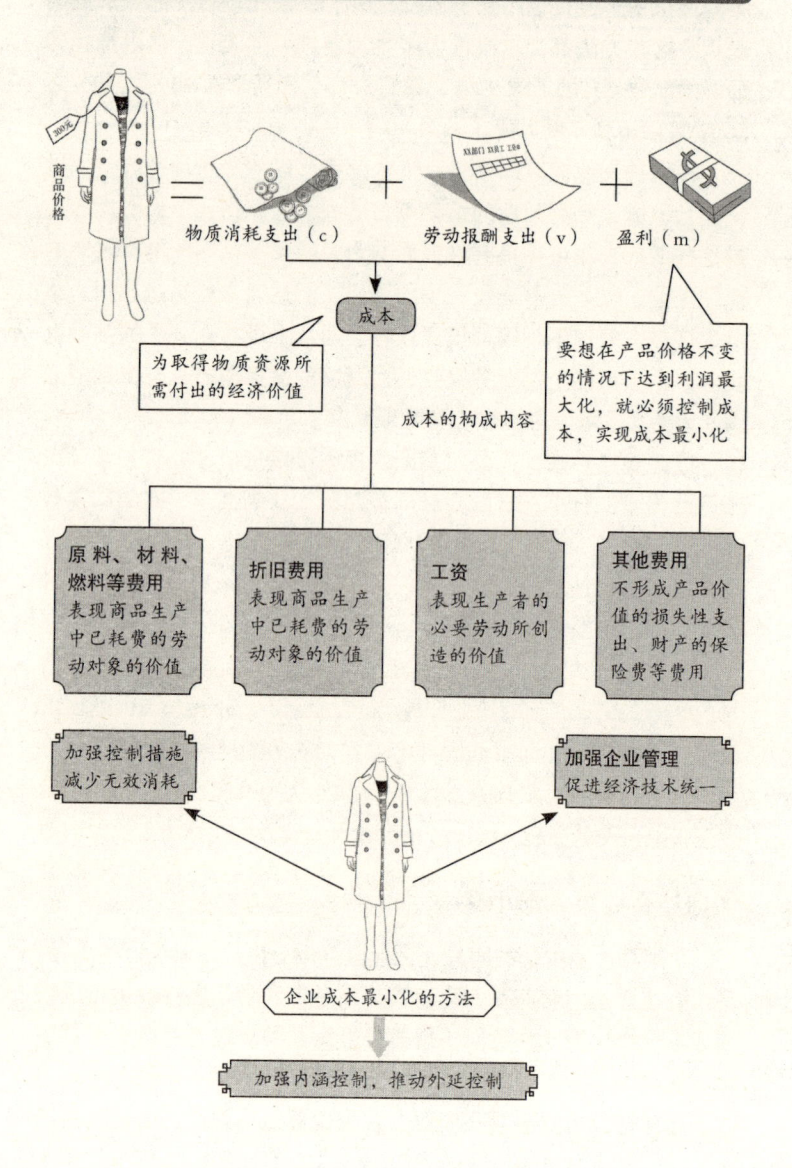

商品价格 = 物质消耗支出（c） + 劳动报酬支出（v） + 盈利（m）

成本：为取得物质资源所需付出的经济价值

要想在产品价格不变的情况下达到利润最大化，就必须控制成本，实现成本最小化

成本的构成内容

- **原料、材料、燃料等费用**：表现商品生产中已耗费的劳动对象的价值
- **折旧费用**：表现商品生产中已耗费的劳动对象的价值
- **工资**：表现生产者的必要劳动所创造的价值
- **其他费用**：不形成产品价值的损失性支出、财产的保险费等费用

企业成本最小化的方法

- 加强控制措施，减少无效消耗
- 加强企业管理，促进经济技术统一
- 加强内涵控制，推动外延控制

济学家的眼里可以用来阐述成本最小化原则——即付出最小的成本来获取更多的"兔子"。

其实,这个故事最初是用来讽刺那些懒惰的人,自己不付出劳动,却希望不劳而获。不过我们可以从经济学的角度来考虑寓意。故事里的农夫其实并不傻,他知道比较自己的收益和成本,而且知道在树下等撞死的兔子,比一年年地种地要来得轻松,付出的成本也小很多,他觉得这是他成本最小化的一个途径。不过,他混淆了成本最小化与不付出成本的界线了,成本最小化不是不付出成本。

这里谈的成本,其实是会计学中的一个概念,在经济学的分析中也广泛应用。成本是指为了得到一定的预期结果所付出的代价。成本有不同的分类,包括生产成本、管理成本、交易成本等。企业是市场中的微观主体,是以盈利为目的的,所以,在研究企业问题时,考虑最多的就是成本问题。

企业如何控制成本,使之达到成本最小化呢?

第一,加强控制措施,减少无效消耗。

从获得产品而发生消耗的关系来看,在企业的全部消耗上,有一部分是有效消耗,它是获得社会产品(即合格品)的必要消耗;另一部分是无效消耗,是获得产品不应发生的消耗,如废品消耗、管理不善造成的浪费等。

对于获得一定产品而发生的有效消耗,在一定生产条件下是一定的,是相对固定不变的;对于获得一定产品而发生的无效消耗,是相对变化的,是普遍存在的。后者是控制的对象,要通过一系列措施对这一消耗进行控制,使其降低到最低点。

第二,加强企业管理,促进经济技术统一。

企业需要的不是单纯的技术而是经济技术,从技术与经济相互影响、相互制约的关系出发,重视技术进步,对降低成本有着重要作用。一方面,技术上的新成果只有在经济上需要且有采用它的条件时,才能在生产中得到广泛地应用;另一方面技术的进步也推动着经济的发展。

成本控制工程在很多方面是从企业经济方面对技术工作提出的要求，如新产品开发、质量的提高等，因而能够促进科学技术转化为生产力。同时又通过技术进步对经营管理水平提出更高的要求，从而达到了经济和技术的统一。

第三，加强内涵控制，推动外延控制。

一般来讲，企业的成本控制工作，是按由低到高、循序渐进的步骤展开的。归纳起来可以分为两大阶段：

第一阶段，内涵成本控制阶段。这是初步成本控制阶段，主要是打好基础。第二阶段，外延成本控制阶段。这一阶段是完善发展阶段，主要是系统控制。这一阶段的控制措施由经济管理型转向了技术管理型，发生了质的飞跃。这是因为随着企业外部原材料价格的大幅度上涨、企业增支减利因素不断增加，单纯靠内涵控制已不能适应经济形势发展的要求。

因此，企业必须由以内涵控制为主转向以外延控制为主，并逐步形成外延控制体系，从而极大地提高企业的应变能力、消化能力和发展能力，逐步使成本达到最小化。

分槽喂马的用人方略

战国野史记载：当时北方有两种马特别有名，一种是蒙古马，力大无穷，能负重千余斤；另一种是大宛马，驰骋如飞，一日千里。

邯郸有一商人家里同时豢养了一匹蒙古马和一匹大宛马，用蒙古马来运输货物，用大宛马来传递信息。两匹马圈在一个马厩里，在一个槽里吃料，经常因为争夺草料而相互踢咬，每每两败俱伤，要请兽医调治，使得主人不胜其烦，当时恰巧伯乐来到邯郸，商人于是请他来帮助解决这个难题。伯乐来到马厩看了看，微微一笑，说了两个字：分槽。主人依计而行，从此轻松驾驭二马，生意越来越红火。能者要想才尽其用，不但要分而治之，还必须善用之。因为不同的贤能，各有其能，有的适合彼工作，有的适合此工作，把各种能力放在适合它们的土壤里才能生存成长。养可分、用必合方能各自协调，发挥合力的效果。

去过庙里的人都知道，一进庙门首先是弥勒佛，笑脸相迎，而在他的北面，则是黑口黑脸的韦陀。但相传在很久以前，他们并不在同一个庙里，而是分别掌管不同的庙。

弥勒佛热情快乐，所以来的人非常多，但他什么都不在乎，丢三落四，没有好好管理账务，所以依然入不敷出。而韦陀管账是一把好手，但成天阴着个脸，太过严肃，搞得人越来越少，最后香火断绝。

佛祖在查看香火的时候发现了这个问题，就将他们俩放在同一个庙里，由弥勒佛负责公关，笑迎八方客，于是香火大旺。而韦陀铁面无私、锱铢必较，则让他负责财务，严格把关。在两人的分工合作下，庙里呈现出一派欣欣向荣的景象。

分槽喂马和佛祖派工说的都是一个问题，就是如何把最合适的人放到最合适的岗位上去。

而这个问题也是一个曾经长期困扰中国企业的难题，特别在同时崛起两个候选人的情况下。

法国著名企业家皮尔·卡丹曾经说："用人上一加一不等于二，搞不好等于零。"如果在用人中组合失当，常会失去整体优势；安排得宜，才成最佳配置。在这方面，李嘉诚与柳传志以其洞明世事的眼光，成功地用"分槽喂马"的策略，不仅化解了这个难题，而且将企业的发展推向一个新的高度。

凡是做大的企业都有"分槽喂马"的用人方略。2001年3月，联想集团宣布"联想电脑""神州数码"分拆进入资本市场，同年6月，神州数码在香港上市。分拆之后，联想电脑由杨元庆接过帅旗，继承自有品牌，主攻PC、硬件生产销售；神州数码则由郭为领军，另创品牌，主营系统集成、代理产品分销、网络产品制造。

至此，联想接班人问题以喜剧方式尘埃落定，不孚众望的"双少帅"一个握有联想现在，一个开创联想未来。

但是在实行"分槽喂马"的过程中，还有一个如何进行搭配，使每个人才相得益彰而不是相互妨碍的问题。这就需要管理者对你的"千里马"有深刻的洞察力，最好使他们彼此所负责的事务具有互补性。

老板与经理的良性互动

在企业领域，老板自然希望少出钱，少操心，多拿利润，而职业经理人则希望多拿年薪少干活。老板与经理人之间是一个博弈关系，那么两者如何博弈？也就是说，如何建立一个良好的老板与经理人合作机制对于企业来讲是必要的。

一般情况下，在研究老板与经理人合作机制时，理论上比较偏重于关注如何保护老板的利益，但如果从我国的现实来看，就存在着经理人利益得不到保证的情况。对于一个市场经济发展初期的国家来说，相对于老板，经理人是弱势群体。由于这个群体还没有形成统一的社会机制，所以其集团利益经常难以得到保证。

由于市场机制是一种均衡机制，所以只有双方的利益达到均衡点，才能实现交易。因此，在一个经理人处于弱势的市场环境中，合作机制的取向应当偏重于经理人。

从以上的结论可以看出，老板与经理人博弈问题的核心，实际上是一种经济利益的规范，即老板与经理的权责分担和利益分配的规范。

在老板与经理人的利益分配规范下，当主要面临3个问题。

合约的规则问题是所面临的第一个核心问题。由于交易容易产生纠纷，所以交易的双方要事先签订合约，合约是交易的法律基础。但是合同是对将来可能发生的事情的规定，它无法防止意外。因此在老板与经理人的交易中既要有合约，又不能完全依赖合约。交易的双方要有合作精神。但是在现实中，由于合同的不完善与合作精神的缺乏，经理人往往会吃亏。

比如说一个大型私营企业的老板，他和总经理之间有了矛盾，他对总经理产生了不信任感。而合约中规定的是将总经理的业绩与收益挂钩，于是老板采取明升暗降的办法想使总经理达不到业绩而无法拿到报酬，总经理一怒之下愤然辞职并带走了企业的关键岗位员工。另一个企业登广告以年薪100万元聘请一个经理，但是试用期一满，就立即辞退了他。由这两个案例得出，经理人在签订合约时，不仅要规定合约的结果，还要规定执行的过程。只有通过合约建立一个公平、合理的机制，最终才会达到所要的目的。

企业核心资源的垄断性与替代性是第二个核心问题。企业发展的关键是企业的核心资源，谁掌握了它，谁就把握了企业发展的命脉。经理人的普遍想法是努力做大自己的一块，使自己所掌握的部门成为企业的核心资源。这样就具有与老板谈判的资本，从而获得企业决策权。所以营销经理成为总经理以后，往往会加大对营销部门的投入，而研发部门的经理上台后，也会加强对研发部门的投入。老板要想消除经理人对企业核心资源的垄断，就必须寻找一个替代品。比如说在每个关键部门安插几个副手，以便降低经理人讨价还价的能力。

短期与长期的问题是第三个核心问题。对于一个注重长期行为的企业来说，股权的激励是不重要的，更重要的是以人际关系为代表的非正式制度规则对个人所带来的意义。例如，日本的企业一般是不流动的，经理人轻易不会退出，因为成本是很高的，如果一个经理离职后，不可能很快就去另一个公司做经理，而且经理与工人之间的工资比是很低的。之所以有这种情况出现，因为有着高额的退休金，这样短期行为就不容易发生，因为长期行为的收益是很大的，足以制约短期行为。而与此相反的是，在一个注重短期行为的企业中，更多正式的契约，更少非正式的规则。所以美国企业中，经理人频繁的跳槽不但不会降低他们的身价，反而会被视为具有丰富经验的表现。因为美国更注重的是短期的契约。

从以上两种企业的对比来看，短期博弈的关键是合约，而长期博弈的关键是非合约的非正式制度规则。

企业与员工的共赢之道

现今，许多员工对企业的"人身依附"心理已经大大减弱。在联想公司，许多员工喊出"公司不是我的家"，其实这已经深入人心，为广大的打工一族所普遍接受。付出就要求回报，并不过分。而从公司的角度出发，付出薪酬的前提，是要求员工为公司作出相应的贡献。在公司和员工既"相互依赖"又"相互争斗"的博弈中，最直接的表现形式就是薪酬。

其实，薪酬是员工与企业之间博弈的对象，这一博弈的过程与"囚徒困境"很相似。由于员工和企业很难有真正的相互认同，双方始终在考察对方而后决定自己的行为。员工考虑：拿这样的薪酬，是否值得付出额外的努力？企业又不是自己的，老板会了解、认同自己的努力吗？公司会用回报来承认自己的努力付出吗？公司方面考虑：员工的能力，是否能胜任现在的工作？给员工的薪酬待遇，是否物有所值？员工是否会对公司保持持续的忠诚？

有一个这样的管理故事：一个企业经营者某次跟朋友闲聊时抱怨说："我的秘书李丽来两个月了，什么活都不干，还整天跟我抱怨工资太低，吵着要走，烦死人了。我得给她点颜色瞧瞧。"朋友说："那就如她所愿——炒了她呗！"企业经营者说："好，那我明天就让她走。""不！"朋友说，"那太便宜她了，应该明天就给她涨工资，翻倍，过一个月之后再炒了她。"企业经营者问："既然要她走，为什么还要多给她一个月的薪水，而且是双倍的薪水？"朋友解释说："如果现在让她走，她只不过是失去了一份普通的工作，她马上可以在就业市场上再找一份同样薪水的工作。一个月之后让她走,她丢掉的可是一份她这辈子也找不到的高薪工作。你不是想报复她吗?那就先给她加薪吧。"

一个月之后,该企业经营者开始欣赏李丽的工作,尽管她拿了双倍的工资,因为她的工作态度和工作效果和一个月之前已是天壤之别。但这个经营者并没有像当初说的那样炒掉她,而是开始重用她。

从这个企业经营者角度看,他可以说是运用博弈的理论,通过增加薪酬使员工发挥出实力。如果当初他就把李丽炒掉,这势必给双方都带来一定的不利,而经过这样的博弈,双方都实现了共赢。

但如果从公司的管理角度看,这个故事说明了一个现象:许多员工在工作中,经常不断地在衡量自己的得失,如果认为企业能够提供满足或超过他个人付出的收益,他才会安心、努力地工作,充分发挥个人的主观能动性,把自己当作企业的主人。但是,很难判断、衡量一个人是否有能力完成工作,是否能够在得到高薪酬之后,实现老板期待的工作成绩。老板经常会面临决策的风险。

由于员工和企业都无法完全地信任对方,因此就出现了"囚徒困境"一样的博弈过程。企业只有制定一个合理、完善、相对科学的管理机制,使员工能够获取应得报酬,或让员工相信他能够获得应得报酬,这样员工就能心甘情愿地努力工作,从而实现企业和员工的双赢结局。

在博弈的过程中,员工在衡量个人的收益与付出是否相符合时,会有3个衡量标准:个人公平、内部公平和外部公平。

所谓的个人公平就是员工个人对自己能力发挥和对公司所作贡献的评价。是否满足于自己的收入标准,取决于自己对个人能力的评价。如果他认为自己是高级工程师的水平,承担着高级工程师的工作任务和责任,而公司给予的却是普通工程师的薪酬待遇,员工自然就会产生怨气,就会出现两种结果:或是消极怠工,或是选择离开。

企业要想保证个人公平，最重要的就是量才而用，并为有才能者创造脱颖而出的机会。一味地说教强调奉献不但无济于事，更是对员工的欺骗和不尊重。海尔的人才观是"赛马不相马"，说的并不是不需要量才而用，而是说不应以领导对个人的评价作为竞争评价标准，而应以一套公正透明的人才选拔机制，用个人在工作中的实际绩效作为评价机制和评价标准。要保证个人公平，还应该事先说明规则，保证让双方明白相互间的权利和义务。

员工相互之间的比较衡量就是所谓的内部公平。对于企业的分工来说，一个人无法完成工作的各个工序，需要团队间的相互协调、配合完成。很难判断一个员工对企业做出的贡献，也很难在岗位相近的员工之间，进行横向比较。而过多人工干预、领导主观对员工的评价，进而反应在薪酬待遇上，常起不到激励员工的积极作用，而多是消极作用。公司只有统一的薪酬体系、科学的岗位评价和公正的考核体系，才能保障内部公平。

外部公平主要是员工个人的收入相对于劳动力市场的水平。科学管理之父泰勒对此有深刻的认识，他认为，企业必须在能够招到适合岗位要求的员工的薪酬水平上增加一份激励薪酬，以保证这份工作是该员工所能找到的最好工作，这样，一旦员工失去这份工作，将很难在社会上找到相似收入的工作。因此，一旦员工失去工作，就承担了很大的机会成本。只有这样，员工才会珍惜这份工作，努力完成工作要求。

很多公司在招聘人才时，都强调公司实行的是同行业有竞争力的薪酬标准。什么叫有竞争力的薪酬待遇？就是在同业之间的薪酬比较。比如说，一个软件架构设计师，在外企的薪酬是每月3万元人民币，而同一行业、同一产品的国内公司，要想聘请到同档次的软件架构师，你的薪酬水平就不能低于外企的薪酬水平。

以上3方面也是员工对企业不满的主要原因，其中薪酬设计的关键考虑因素是内部公平与外部公平，个人公平虽然难以从外部表现来衡量，但对于员工积极性的影响也是实实在在的，企业需要通过与员工的沟通，缩小双方的认识差距。让员工认识到自己劳动的价值、自己在市场上的真正价值，珍惜自己的工作岗位，满意于企业给予自己的待遇。只有双方实现互信，才能保障共赢。

在员工与企业的博弈中，员工要满足于企业给予的薪酬水平，企业也要对优秀的员工给以薪酬上的回报。这样，双方的博弈就能达到阶段性的力量均衡，从而实现共赢。

这样考核最公正

细心的人不难发现，在一个团队中，有的人能力突出而且工作积极努力，相反，有的人工作消极从不尽心尽力，或者因能力差即使尽力了也未能把工作效率提高，这在无形中便建立起了"智猪博弈"的模型：一方面，大猪在为团队的总体绩效也包括自己的个体利益来回奔波拼命工作，另一方面，小猪守株待兔、坐享其成。长此以往，大猪的积极性必定会慢慢消退，逐渐被同化成"小猪"，届时，团队业务处于瘫痪状态，受害的不仅是其单个团队，而且会伤及整个公司的总体利益。

那么，如何使用好绩效考核这把钥匙，恰当地避免考核误区，既能做到按绩分配，又能做到奖罚分明？从"智猪博弈"中可以得到以下几种改善方案。

方案一：减量。仅投原来的一半分量的食物，就会出现小猪、大猪都不去踩踏板的结果。因为小猪去踩，大猪将会把食物吃完；同样，大猪去踩，小猪也将会把食物吃完。谁去踩踏板，就意味着替对方贡献食物，所以谁也不会有踩踏板的动力。其效果就相当于对整个团队不采取任何考核措施，因此，团队成员也不会有工作的动力。

方案二：增量。投比原来多一倍的食物。就会出现小猪、大猪谁想吃，谁就会去踩踏板的结果。因为无论哪一方去踩，对方都不会把食物吃完。小猪和大猪相当于生活在物质相对丰富的高福利社会里，所以竞争意识不会很强。就像在营销团队建设中，

企业的绩效考核

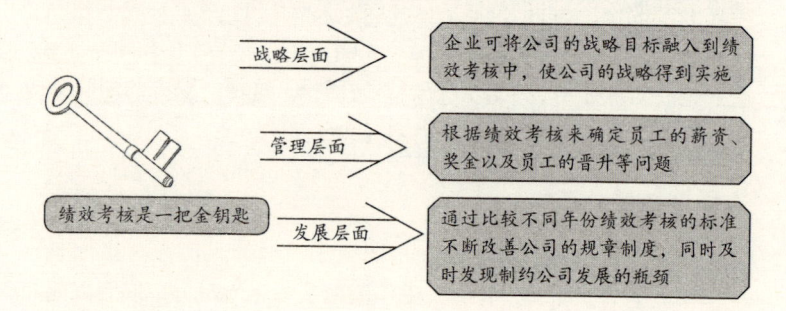

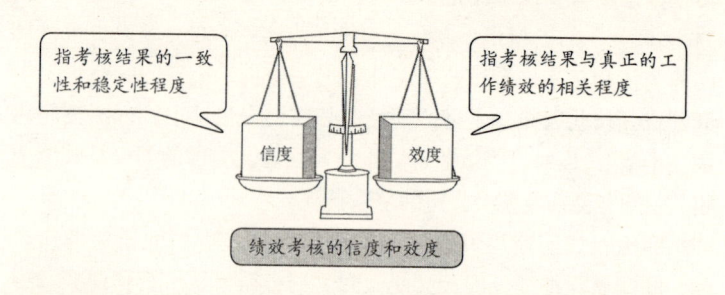

绩效考核是一把金钥匙

- 战略层面 → 企业可将公司的战略目标融入到绩效考核中,使公司的战略得到实施
- 管理层面 → 根据绩效考核来确定员工的薪资、奖金以及员工的晋升等问题
- 发展层面 → 通过比较不同年份绩效考核的标准不断改善公司的规章制度,同时及时发现制约公司发展的瓶颈

信度:指考核结果的一致性和稳定性程度

效度:指考核结果与真正的工作绩效的相关程度

绩效考核的信度和效度

企业初创期	投入多产出少,以人治为主,对企业经营业绩评价的必要性未能体现
企业成长期	扩张速度快,绩效考核应得到应用并处于不断完善状态,以促进企业发展
企业成熟期	企业进入最佳发展时期,绩效考核进入成熟状态,有效促进企业发展
企业衰退期	业务发展阻滞,组织需要变革,绩效考核处于次要位置,其对企业的促进作用减弱,甚至停止
企业更生期	通过产品技术、人力资源整合,企业进入新一轮的成长期,绩效考核也要随着企业变更及成长进入一个新的创新发展期

每个人无论工作努力与否都有很好的报酬，大家都没有竞争意识了，而且这个规则的成本相当高，因此也不会有一个好效果。

方案三：移位。如果投食口移到踏板附近，那么就会有小猪和大猪都拼命地抢着踩踏板的结果。等待者不得食，而多劳者多得。每次踩踏板的收获刚好消费完。相对来说，这是一个最佳方案，成本不高，但能得到最大的收获。

当然，这种考核方法也存在它的缺陷性，但没有哪一种考核方法能真正让人人都觉得公平。

在绩效考核运作中，实际是对员工考核时期内工作内容及绩效的衡量与测度，即博弈方为参与考核的决策方；博弈对象为员工的工作绩效；博弈方收益为考核结果的实施效果，如薪酬调整、培训调整等。

由于考核方与被考核方都希望自己的决策收益最大化，因此双方最终选择合作决策。对于每个企业来说，这将有利于员工、主管及公司的发展。

但是从长期角度看，只能是双方中有一方离职后博弈才结束，因此理论上考核为有限次重复博弈。但实际工作中，由于考核次数较多，员工平均从业时间较长，而且离职的不可完全预知性，因此可将考核近似看作无限次重复博弈。

随着考核博弈的不断重复及在一起工作时间的增长，主管与员工双方都有一定程度的了解。在实际工作中，由于主管在考核结果中通常占有较高的比重，所以主管个人倾向往往对考核结果有较强的影响力。而且考核为无限次重复博弈，因此员工为了追求效益最大化有可能根据主管的个性倾向调整自己的对策。因此，从长期角度分析，要求人力资源部做出相应判断与调整，如采用强制分布法、个人倾向测试等加以修正。

总而言之，在公司内部形成合理的工作及权力分工。一方面可以通过降低主管的绩效考核压力，使部门主管有更多精力投入到部门日常管理及专业发展；一方面通过员工能对自己的工作绩效考核拥有一定的权力,从而调动其工作积极性,协调劳资关系,从而激发员工的工作积极性,因此将极大程度地推动公司人力资源管理状况及企业文化建设。

考核与被考核存在着一种博弈关系,无论对于哪一方来说,建立一个合理的、公平的考核制度是非常重要的,尤其是分工制度,可以避免出现评估中的"智猪模型",提高员工的工作积极性,把企业做大、做强。

管理中的利益关系

管理场是生意场,在管理当中人和人之间最终只有一种关系:生意伙伴关系,以利益交换为基础的生意伙伴关系。

组织内部、外部的人际关系状态经常会发生变化,唯一不变的是生意伙伴关系,永恒的生意伙伴。搞不清这一点,你就难免会有这样那样的心理落差或行为不当。

小红觉得自己是天下最冤的人,比窦娥还冤。

小红曾经是某电视台的美女加才女,她被一位著名媒体投资人看中,请去筹备办一份都市期刊。小红非常投入,把自己的很多朋友也拉来一起做。期刊上市了,经营慢慢步入正轨,然而小红有一天突然发现,她的一位好朋友——被她请来做编辑部主任的小T,竟然背着她和老板(投资人)密切接触,而且说了很多她的坏话。老板则表示出一副公平竞争的态度:小红很能干,小T也很能干,至于小T能否替代小红,要看她们各自的表现。

小红非常郁闷,找朋友聊天。朋友问她:"小T和你是什么关系?"

小红:"朋友啊。"

朋友:"现在呢?"

小红:"同事啊。"

朋友:"如果以前不是朋友,是单纯的同事,她想往上升职以取代你,正常吗?"

小红:"呃……正常。"

朋友:"同事关系,即工作关系,更准确地讲,就是为了利益在一起做事的关系。并且,每个人其实都希望通过工作获得更多利益,对吧?"

小红:"我明白了。"

道理其实非常简单,职场是生意场,在职场这个大"game"当中,人和人之间最终只有一种关系:生意伙伴关系,以利益交换为基础的生意伙伴关系。

另外一个例子是创维集团的老板黄宏生。黄宏生给人的感觉相当厚道,听他讲述创业的故事,就是带着一帮弟兄打江山的感觉。结果,黄宏生第一次遭遇的重大挫折,是他非常倚重的陆强华带领整个销售团队集体跳槽;第二次,也是因为身边人举报,在香港惹上官司。其实,如果黄宏生不是用对待家里人的方式对待这些人,利益、规则都讲得清清楚楚,大家有什么期望的变化和问题随时摆到桌面上来谈,可能也就不会遭遇这些突然性的"背叛"。

职场人际关系,也是按照价值链的方式串联起来的,包括供应商、客户、合作者、竞争者、可能的替代者、潜在的对手和同盟者,等等,这些人都是你的职场生意伙伴。因为期望和人际关系会发生变化,你今天的平级同事可能是你明天的上司,今天的竞争对手可能是明天的客户。所以,在职场人际经营中,对各种人都要保持平和、理性的心态。

第十二章
贫富背后的经济学

坚信,财富接踵而来

杜伽尔说:"我力量的真正源泉,是一种暗中的、永不变更的对未来的信心。甚至不只是信心,而是一种确信。"

确信是一种肯定,坚信是一种信念。坚信定律是指当你对某件事情抱着百分之百的信念时,它最后就会变成事实。一个人要想成功,首先要有坚定的信念,坚定信念是走向成功的保障。信念一旦建立,就要坚持下去,并且能够经得起失败的考验。在现实生活当中,很多人因为失败而降低成功的标准,不是抱怨这个世界的不公平,就是怀疑自己的能力,他们的潜意识里的信念已经动摇了,成功也就变得不可能了。

坚定的信念是一种重要的心理"营养素"。在人生的旅途中,人们常常会遭遇各种挫折和失败,会陷入某些意想不到的困境。这时,信念便犹如心理的平衡器,它能帮助人们保持平稳的心态,并能防止人们因坎坷与挫折而偏离了正确的轨道,误入心理的盲区。

有坚定信念的人相信自己无论决定做什么事,都会实现。人如果有了信念,就有了奔赴成功的动力。美国《信念的魔力》一书中提到:"信念是原动力,能够产生把你引向成功的无穷力量,它往往驱使一个人创造出难以想象的奇迹。"也因此有人说:信念是人生成功的第一要素。

财富,是人人都渴望的,但是坚持不达目标决不罢休的信念,以及为到达成功彼岸而付出一系列的努力，却不是人人都能做到的。要想获得财富就要有创富的信念，即使遇到挫折，也要坚持不懈。

实业家路德维希·蒙德学生时代曾在海德堡大学发现了一种从废碱中提炼硫黄的方法。后来他移居英国，将这一方法带到英国，几经周折，才找到一家愿意同他合作开发的公司。结果证明他的这个专利是有经济价值的，蒙德由此萌发了自己开办化工企业的念头。

随后他买下了一种利用氨水的作用使盐转化为碳酸氢钠的方法，这种方法是他参与发明的，当时还不很成熟。蒙德在柴郡的温宁顿买下一块地，建造厂房。同时，他继续实验，以完善这种方法。实验失败之后，蒙德干脆住进了实验室，昼夜不停地工作。经过反复的实验，他终于解决了技术上的难题。

1874年厂房建成，起初生产情况并不理想，成本居高不下，连续几年企业完全亏损。

然而蒙德毫不气馁，面对逆境他没有退缩，而是继续前进，终于在建厂6年后的1880年取得了重大突破，产量增加了3倍，成本也降了下来，产品由原先每吨亏损5英镑，转为获利1英镑。

后来，蒙德建立的这家企业成了全世界最大的生产纯碱的化工企业。

没有在逆境中坚持不懈、默默奋斗的信念，蒙德也就不会取得后来的非凡成就。

日本水泥大王、浅野水泥公司的创建者浅野宗一郎，23岁时穿着破旧不堪的衣服，从故乡富士山来到东京。因身无分文，又找不到工作，有一段时间他每天都处在半饥饿状态之中。正当他走投无路时，东京的炎热天气启发了他。"干脆卖水算了。"他灵机一动，便在路旁摆起了卖水的摊子，生财工具大部分都是捡来的。"来，来，来，清凉的甜水，每杯1分钱。"浅野大声叫喊。水里加一点糖就变成钱了。头一天所卖的钱共有6角7分。简单的卖水生意使这位吃尽千辛万苦的青年不必再挨饿了。

杰出的人物之所以能创富，一个重要的原因就是他们均能自强不息，并且具有必胜的信念。即使面对种种逆境、重重困难时，他们也从未放弃过信念。生活中总有许多人抱怨自己没本事，从而消极处世，但实际上每个人都有成功的潜质。正如拿破仑所言："世上没有废物，只是放错了地方。"只要选准一条适合自己的路，坚持下去，自强不息，积极进取，就一定能成功。

一个人不怕不能创富，就怕不相信自己，只要坚信，一切皆有可能。正如《圣经》上所说："坚定不移的信心能够移山。"一个人光有希望是不够的，还必须把希望和信心结合起来。谁都希望享受成功果实，但如果不具备信心，永远无法成功。如果每个人都能高呼："我是最棒的，我一定会成功。"那么他就一定会成功。一个人一旦有成功的强烈欲望，就一定能找到成功的方法。在很多时候，失败者不是因为能力不够，而是因为他不相信自己的能力，一遇到困难，就选择了放弃。

相信自己，坚定自己的信念，每个人都会发现，那个叫"成功"的终点站，已离自己越来越近了。

情绪是创富的力量

情绪如同载船的水，它能带来财富，也能将到手的财富吓跑。

大学毕业后，李明应聘到一家公司做助理。刚开始他很难受，特别是老张、小李什么的动不动就唤他去打杂时，他就会发无名火，觉得很没尊严。他觉得他们在把他当奴才使唤。不过，事后他冷静一想，又觉得他们并没有错，他的工作就是这些。刚进来时，王经理也这么事先对他说过，可一旦涉及具体事情，他的情绪就有点失控。有时咬牙切齿地干完某事，又要笑容可掬地向有关人员汇报说："已经做好了！"如此矛盾的角色，他自己都感到恶心。有几次，他还与同事争吵起来。此后，他的日子更不好过了，同事们都不理他，李明在公司里感到空前的孤独。

一天,女秘书小吴不在,王经理便点名叫李明到他办公室去整理一下办公桌并为他煮一杯咖啡。他硬着头皮去了。王经理一眼就看出了李明的不满,便一针见血地指出:"你觉得委屈是不是?你有才华,这点我信,但你必须从这个做起。"

他叫李明先坐下来,聊聊近况。可李明身旁没有椅子,他不知道自己该坐到哪里,总不能与王经理并排在长条双人沙发上坐下吧?

这时,王经理意有所指地说:"心怀不满的人,永远找不到一把舒适的椅子。"难得见到他如此亲切和慈祥的面孔,李明放松了很多。

管理好自己的情绪,才能管理好自己。李明这样任意放纵情绪对个人发展是没有任何好处的,因为王经理实质上是在考察他,而且准备委以重任。

关乎职业发展,情绪的重要在于此,谈判宴上更是如此。意气用事,被别人一激就上套的人,只能看着合同上白花花的银子流到别人腰包里。

人百分之百都是情绪化的,任何时候的行为都是情绪化的结果。即使有人说某人很理性,其实当这个人很有"理性"地思考问题的时候,也受到了他当时情绪状态的影响,"理性地思考"本身也是一种情绪状态。成功创富的人士有一个共同的优点,就是无论遇到什么情况,都能很好地调节自己的情绪。

情绪是人对事物的一种最浮浅、最直观、最不理性的情感反应。它往往只从维护情感主体的自尊和利益出发,不对事物做复杂、深远和有智谋的考虑,这样的结果,常使自己处在很不利的位置上或为他人所利用。本来,情感离智谋就已距离很远了(人常常以情害事,为情役使,情令智昏),情绪更是情感的最表面、最浮躁的部分,以情绪做事,焉有理智?不理智,能有胜算吗?

但是我们在工作、学习、待人接物中,却常常依从情绪的摆布,头脑一发热,情绪就上来了,做出令人难以置信的事情,造成无法换回的后果。比如,因一句无甚利害的话,我们便可能与人打斗,甚至拼命——诗人莱蒙托夫、诗人普希金与人决斗死亡,便是此类情绪所为;又如,我们因别人给我们的一点假仁假义,而心肠顿软,大犯根本性的错误——西楚霸王项羽在鸿门宴上耳软、心软,以致放走死敌刘邦,最终痛失天下,便是这种柔弱心肠的情绪所为。还有很多因情绪的浮躁、简单、不理智等而犯的过错,大则失国失天下,小则误人误己误事。事后冷静下来,自己也会感到其实可以不必那样。这都是因为情绪的躁动和亢奋蒙蔽了人的心智所为。

关于如何控制不良情绪,成功人士总结出了一些法则。首先要学会情绪转移。当自己的火气上涌时,要有意识地通过其他事情分散自己的注意力,例如看电影、听音乐、下棋、散步等有意义的轻松活动,能使紧张的情绪松弛下来。其次,要学会自我安慰。当自己面临失败时,可以为自己找一个恰当的理由安慰自己,从而可以减少内心的失望情绪,使自己的内心得到平衡。再次,要学会宣泄。在某些时候,当人产生不良情绪时,要以恰当的方式加以宣泄,这样可以释放积于内心的郁闷,有利于人的身心健康。

每个人都要充分利用积极情绪的正面作用,做自己情绪的主人,让自己的心理世界更多地呈现出一片晴空。

期望富裕,才能创富

在生活中,我们常常可以听到这样的一句话:"说你行,你就行;说你不行,你就不行。"这样简单的一句话体现了心理学研究的一个现象——皮格马利翁效应。

皮格马利翁效应又称期望效应,关于它,有一段美丽的故事。古时候,有一位很出名的雕塑家皮格马利翁,花了很长时间,费了很多心血,精心雕塑了一尊少女石像。由于他倾注了太多的心血,在不知不觉中,他发现自己爱上了这个石像少女,并且期望她能够复活。为了使少女早一天复活,雕塑家每天都要亲吻石像少女，向她倾诉自己的全部爱恋。雕塑家真挚的期望感动了上苍，若干天后，少女真的复活了，并成了他的妻子，两个人过上了幸福的生活。

心理学家罗森塔尔曾做过一个这样的实验：他们提供给实验学校一些学生名单，并告诉校方，他们通过一项测试发现，这几名学生是天才，只不过尚未在学习中表现出来。事实上，这些学生只不过是从学生的名单中随意抽取出来的几个人。有趣的是，在学年末的测试中，这些学生的学习成绩真的比其他学生高出了很多。研究者认为，这是教师的期望发生作用的结果。由于有了心理学家的"鉴定"，教师就真的认为这几个学生是天才，因而寄予他们更大的期望，在上课时给予他们更多的关注，通过各种方式向他们传达"你很优秀"的信息。学生感受到教师的关注，受到激励，学习时就加倍地努力，因而取得了好成绩。这便是所谓的皮格马利翁效应。

与上面的实验相反，心理学家对少年犯罪也进行了研究。结果发现：许多沦为少年犯的孩子都曾受过不良期望的影响。他们因为小时候偶尔犯过的错误而被贴上了"不良少年"的标签，这使得家长和老师们往往用一种异样的眼光来看孩子，认为孩子是"无可救药"的，于是慢慢地就对他们失去了信心。同时，孩子们也会因为这种消极的期望，越来越相信自己就是"不良少年"，于是破罐子破摔，最终走向犯罪的深渊。

由此可见，期望会对人的行为产生影响。积极的期望对人的行为产生正面的影响，消极的期望能对人的行为产生负面的影响。

期望定律告诉人们，只要对某件事情怀着非常强烈的期望，所期望的事物就会出现。

期望，是人类一种普遍的心理现象。按照普遍意义的心理学规律，在人们走向成功的过程中，"期望效应"常常可以发挥强大而神奇的威力。

美国人约翰·富勒的故事流传深远，富勒家中有7个兄弟姐妹，他从5岁开始工作，9岁时学会赶骡子。他有一位了不起的母亲，她经常和儿子谈到自己的梦想："我们不应该这么穷，不要说贫穷是上帝的旨意，我们很穷，但不能怨天尤人，那是因为你爸爸从未有过改变贫穷的期望，家中每一个人都胸无大志。"这句话深植富勒的心，他一心想跻身富人之列，开始努力追求财富。12年后，富勒接手一家被拍卖的公司，并陆续收购了7家公司。他谈及成功的秘诀，还是用多年前母亲的话回答："我们很穷，但不能怨天尤人，那是因为爸爸从未有过改变贫穷的期望，家中每一个人都胸无大志。"富勒在多次受邀演讲中说道："虽然我不能成为富人的后代，但我可以成为富人的祖先。"

富勒的话使人们产生了强烈的共鸣和震撼，鼓舞了想创富的每一个人。我们每个人都曾有美好的愿望，但为什么很多的愿望像肥皂泡一样一个个地破灭了？举个例子你即会明白，如果你是家具公司的营销员，有一把椅子市场价100元，如果让你600元卖掉它，那么你闪跃脑际的想法是什么？肯定是"不可能"。但如果现在有一伙绑匪，将你生命中最珍爱的人，将你看得比自己生命还重要的人绑架了，让你在两小时之内把椅子以600元卖掉，如果卖不掉，这些绑匪就要撕票，你会怎么想？相信你的心头会滋生出一种强烈的期望，去卖掉椅子。往往在我们的学习、生活和工作中，事情并没有卖椅子那样困难，为什么离成功总是那么的遥远？这取决于你是否有火一样的激情投身于你最热望的事业中去，是否有强烈的期望填充你的心灵深处；你的期望有多么强烈，就能爆发出多大的力量；当你有足够强烈的期望去改变自己命运的时候，所有的困难、挫折、阻挠都会为你让路。你完全可以挖掘生命中巨大的能量，激发成功的期望，因为期望即力量。

所以说，期望对人的行为有巨大的影响，只要对成功满怀期望，带着期望去奋斗，成功就会如期到来。

每个人都期望自己能够成功，苏霍姆林斯基说过："在人的心灵深处，都有一种根深蒂固的需要，这就是期望自己是一个发现者、研究者、探索者、成功者。"这种心理品质虽然很可贵,却埋藏得很深,有些人一遇到挫折就会畏缩,期望成功的心理之门就会被锁上,所以,一定要培养自己"期望成功"的心理品质。

首先,要增强"期望成功"的自我意识。要唤醒自己的求胜心理,当自己取得暂时的成功时,不要满足于现实,而要向新的目标迈进,从而使自己的求胜心理不断增强,取得更大的成功。

其次,要增强自信心。在走向成功的道路上,你肯定会遇到磨难,一定要树立起自信心,"期望成功"的欲望才会持久。

一个人的心中一旦有了期望,就会产生动力。期望越高,动力也越大。

专注,创富的资本

专注是指一个人的注意力高度集中于某一事物的能力。注意力的集中与否直接关系到一个人的某项工作或事业是否能够取得成功。专注做事是所有成功者的共同特征。

牛顿一生中的绝大部分时间是在实验室里度过的。每次做实验时,牛顿总是通宵达旦,注意力非常集中,有时一连几个星期都在实验室工作,不分白天和黑夜,直到把实验做完为止。

有一天,他请一个朋友吃饭。朋友来了,牛顿还在实验室里工作。朋友等了很长时间,肚子很饿,还不见牛顿从实验室里出来,于是就自己到餐厅里把煮好的鸡吃了。

过了一会儿,牛顿出来了,他看到碗里有很多鸡骨头,不觉惊奇地说:"原来我已经吃过饭了。"于是,牛顿又回到了实验室里工作。牛顿注意力高度集中到了做实验上,竟然忘记自己有没有吃过饭。正是这种高度集中的注意力,使牛顿在科学领域取得了丰硕的成果。

一个人只有专注于目标,才能取得成功。

法国著名作家巴尔扎克年轻的时候,曾经营出版、印刷业,但由于经营不善,他的企业破产了,并欠下了巨额债务。债权人经常半夜来敲他的家门,警察局发出通缉令,要立即拘禁他。那时的巴尔扎克居无定所,后来实在没有办法,在一个晚上,他偷偷地搬进了巴黎贫民区卜西尼亚街的一间小屋里。

他隐姓埋名,躲进这间不为外人所知的小屋子里。周围的难民根本没有注意到这位有些落魄却踌躇满志的年轻人,他终于从原先浮躁不安的心境中平静下来。他坐在书桌前,认真地反思着,多年以来,自己一直游移不定,今天想做做这个,明天又想改行做别的,始终没有集中精力来从事自己最喜欢的文学创作。想着想着他顿悟了,蓦地站起来,从储物柜里找出拿破仑的小雕像,放在书架上,并贴了一张纸条:"彼以剑锋创其始者,我将以笔锋竞其业。"果然,巴尔扎克在文学上取得了巨大的成就。

因此,一个人做事一定要专注。今天想当银行家,明天又想做贸易家,后天又想成为艺术家的人,注定是一生无所适从,一事无成。

只有专注在一个领域,才能在这个领域有所成就。从心理学上讲,专心是指把意识集中在某个特定的欲望上的行为,自始至终都把心思保持在那儿。无论做什么事情,都需要专心,它是善始善终之父,是尽善尽美之母。

做到专心致志,其实并不是一件很难的事,只要遵循一个原则:脚踏实地去做。为了能够做好一件事情,你必须一直坚持下去,直到完成为止。

要做到专心致志,就不要在意别人的看法,生活中的很多人都做不到这一点。很多人常常以为自己是被注意的中心,其实,事实并非如此,这只不过是自己的一种主观感受。如果你十分专心于一件事,你就会全神贯注地投入,别人并不能使你感到不安,你甚至不会觉察到别人在你身边。假如你会因为别人看你而不安,说明你的事情还没有做好,解决的办法就是更加专心致志地去做,而不是如何克制自己的不安。

不能做到专注,除了有自身认识上的原因,也有环境的原因。

从心理学上来说，整洁紧凑的室内环境，有助于集中精力，专心做事。从中国传统哲学来讲，什么样的环境，相对应就有什么样的员工、什么样的做事效率。

创富源于专注，一个人即使能力平平，一旦把全部精力集中到一个目标上也会有所成就，而一个能力很强的人如果把精力分散开来，最后也将一事无成。专注，是创富成功的资本，每个想创富的人都必须培养自己专注的能力。

自制，创富的腰带

据外国心理学家研究，不少犯罪人物（尤其是青少年）最显著的心理特征就表现在自制力的缺乏。相反，一个人如果有高度的自制力，就很容易取得一定的成就。

心理学家们曾经做过这样一个实验，让一群儿童分别独自走进一间屋子，在屋子的最显著的位置放了一块糖。心理学家对每一个将要走进去的孩子说："如果你能坚持到我来叫你出去的时候还没有把这块糖吃掉，我将再奖励你一块糖。如果你等不到我来就把糖吃掉，那么你只能得到这一块。"实验开始，所有的儿童依次进入大厅。结果发现，有些儿童不能控制自己，受不了糖的诱惑，就把糖吃掉了。还有一些儿童牢记心理学家的话，尽量控制自己，为了不受糖的诱惑，转移注意力，一直等到老师到来，结果得到两块糖。

后来，心理学家将得到两块糖的儿童和得到一块糖的儿童分为两组，对他们进行了长期的跟踪调查。调查结果发现，在他们以后的人生道路上，得到两块糖的孩子社会适应能力较佳，人际关系较好，在面对挫折和困难时，从不轻言放弃。他们要比得到一块糖的孩子更成功。

自制力是指能够抑制住妨碍达到目标的心理因素和生理因素的个性意志。这是一种积极的心态，是一种难得的美德。这种积极心态的关键就是一种控制的感觉，它让你觉得能掌控所有发生在你身上的事情。培养自制力，对你取得成功是非常重要的。

　　罗伊·L.史密斯说过："自制力宛若受到控制的火焰，正是它造就了天才。"14世纪，有个名叫罗纳德三世的贵族，是祖传封地的正统公爵，他弟弟反对他，把他推翻了。弟弟需要摆脱这位公爵，但又不想杀死他，便想了个办法。罗纳德三世被关进牢房后，弟弟命人把牢房的门改得比以前窄一些。罗纳德三世身高体胖，胖得出不了牢门。弟弟许诺，只要罗纳德能减肥并自己走出牢门，就不仅能获得自由，连爵位也能恢复。可惜罗纳德不是那种有自制力的人，他无法抵挡弟弟每天派人送来的美食的诱惑，结果不但没有减肥，反而更胖了。

　　任何一个想创富的人都应该明白：创富道路上要遭受精神上和肉体上的磨炼，如果没有自制力，就永远不可能成功。自制力决定了人们在关键时候的所作所为。传记作家兼教育家托马斯·赫克斯利说："教育最有价值的成果，就是培养了自制力，不管是否喜欢，只要需要就去做。"

　　自制力是指引行动方向的平衡轮，能帮助你始终行走在正确的道路上。当面对引诱的时候，自制就像一个腰带，勒紧一下以提醒你，给你增添坚持下去的强大力量。倘若你想征服财富，你就得先征服你自己。

心态决定创富

　　凡事都有积极的一面和消极的一面。成功的关键不在于事物本身的积极和消极，而在于人们心态的积极和消极。积极的心态看到的永远是事物好的一面，而消极的心态只是看到事物不好的一面。积极的心态能把坏的事情变好，消极的态能把好的事情变坏。

　　在推销员中广泛流传着这样一个故事：美国的一家皮鞋工厂派一名推销员到非洲去推销皮鞋，他刚下飞机，发现所有的非洲人都光着脚，立刻失望起来："非洲这么热，这些人都不穿鞋，怎么会要我的鞋呢?"于是放弃努力,沮丧而回。后来,公司又派了另一名推销员到非洲,他看到非洲人没有一个穿鞋的,心里非常高兴,他想道:"这些人都没有皮鞋穿,市场肯定很大,我将驻在此地大力推销。"于是他留了下来,想方设法引导非洲人购买皮鞋,最后发大财而回。

这就是积极心态所产生的力量,积极心态是迈向成功不可缺少的要素,人一旦用积极心态做事情,就会出现意想不到的结果。一个具有积极心态的人并不否认消极因素的存在,他只是学会了不让自己沉溺其中;一个积极心态者常能心存光明远景,即使身陷困境,也能以愉悦和创造性的态度走出困境,走向光明。积极心态能使一个懦夫成为英雄,由意志柔弱者变成意志坚强者。

1883年,拿破仑·希尔出生在一个贫寒之家,他的父母从小就教育他去做好每一件事情,并激励他去获得成功的方法。他在18岁上大学时,为一家杂志社工作,有幸采访了钢铁大王、人际关系学家卡内基,从此,他应卡内基之邀,配合这位可敬的导师从事对美国成功人士的研究工作。希尔访问了包括福特、罗斯福、洛克菲勒、爱迪生在内的500多位成功者,并对他们进行了深入研究。20年间,他获得了博士学位,并完成了具有划时代意义的8卷本的《成功规律》一书。

希尔经过数十年研究,归纳出了相当有价值的17条黄金定律,该定律涵盖了人类取得成功的所有主观因素,使成功学这门看似神秘的学问变成了具体的、可操作的法则。轮船大亨罗伯特·达拉认为:"我如果50年前就学到这17条黄金定律,可能只需要一半的时间就能取得目前的成就。"

希尔17条黄金定律中最关键的一条就是积极的心态。

人与人之间只有很小的差别,但这种很小的差别却往往造成巨大的差异,很小的差别就是所具备的心态是积极的还是消极的,巨大的差异就是成功与失败。也就是说,心态是命运的控制闸,心态决定我们人生的成败。我们生存的外部环境也许不能选择,但另一个环境,即心理的、感情的、精神的内在环境,是可以由自己去改造的。成功,是指方方面面取得的成功,积极的心态也是成功中的重要一环。一个人如果不具有积极的心态,一生就可能深陷泥淖,不能醒悟,不能自拔。当你发现身处困境时,机会已经失去。这种败局,不仅限于创富的失败,还包括人生中为人处世的失败、心理情绪的失败、婚恋家庭的失败、人的感受的失败等。总之,凡人生感受不如意、不幸福,都可视为你人生的失败,这些失败多半源于我们与生俱来的弱者的消极心态。如果我们能够调整心态,改变处事方法,就可以避免或扭转败局,甚至可以成为推动事业成功的伟人和把握幸福人生的智者。

积极的心态是成功的催化剂,它使人格变得开朗活泼、富有弹性,使人充满进取精神,充满闯劲和抱负,即使遭遇困难,也能从容应对。相反,消极的心态则会使人格变得消沉、阴郁、懒惰,使人觉得周围处处都是障碍,都是不友好的眼光,最终使自己遭遇失败。

生活在这个杂乱纷扰的世界上,每个人都会遇到事业上和生活上的困境,有时只需你转变一下心态,换一个角度看问题,就会有不同的收获。就如同上非洲考察鞋子市场,非洲人从未穿过鞋子,悲观的人觉得那里没有市场,乐观的人却发现那里应该是一个大市场。

心态积极的人绝不会看低自己,心态消极的人经常否定自我。如果你总认为自己弱小、无能、会失败、低人一等,那么你注定要成为平庸之辈。

心态是创富态度的具体化,是人生态度的现实反映。积极乐观的人生态度注定会拥有一个成功的创富经历。

懂得需求定律,创富的加速器

需求定律是指任何人做任何事情都带有一种需求。尊重并满足对方的需求,别人才会尊重你的需求。成功的人往往善于经营人际关系，善于体察别人的真正需要，捕捉对方的观点，能设身处地为他人着想，了解对方心里想些什么。英国前首相劳埃德·乔治说过："要想钓到鱼，得问鱼儿想吃什么。"人际交往实际上是需求的互补，应该常常想到"给予"而不是"索取"。相反，如果取而不予，交往关系是很难维持的。

无论在生活中，还是在工作中、创富过程中，人是离不开社会的，是与社会紧密联系着的。一个人要想在这个复杂的社会中更好地生活，必须加强人际交往。一个人的成功，只有15%是由于他的专业技术，而85%则要靠人际关系和他的做人处世能力。在各方面都很成功的人士，总是先考虑到他人的需求，练就经营融洽人际关系的能力，为自己创富之路加速。

有一家报社，调来一位新总编，他从来没有担任过报社的职务，甚至没从事过一天最基层的采访工作。他通过侧面了解，知道大家不服气。上任第一天，他在会上做的自我介绍中说："我来到报社，有一种小材大用的感觉，别说是做总编，就是当资料室的职员恐怕也不够格。我来这儿的目的之一是体验一下做记者的艰辛，顺便坐一下新闻记者的大车，同时也希望得到各位外勤同事的帮助，将来去某银行请求他们合作时，替本报同事们办一下郊区购房分期付款。"他的话未讲完，席上已是掌声一片，大家都开始支持他了。

新来的总编能够设身处地为同事们着想，并且愿意和他们一同体验生活，这在无形中拉近了他与同事们之间的距离，更重要的是他降低了自己的地位，满足了同事们的私心，让同事们的心理得到了心理平衡。

心理学家研究表明，每个人在人际反应方面都有其特质。这些特质归纳起来有5种类型：A类，帮助的需求，每个人都希望得到别人的帮助；B类，倾听的需求，每个人都希望别人倾听自己讲话；C类，兴趣的需求，希望别人迎合自己的兴趣；D类，赞赏的需求，希望随时能得到别人的赞赏；E类，尊重的需求，每个人都有受到别人尊重的需求。

所以，在与他人交往时，不但要了解对方的个性品质，而且要了解对方人际反应的特质。不要只想别人对你如何，只想影响别人，让别人适应你的需要，而要善于站在别人的立场上，多替别人着想。在你想让他人为你做什么的时候，先问问自己为他人做了什么。了解别人的需求，恰当地给予满足，在满足别人需求的过程中，自己也能得到回报。

现实生活中有些人之所以会出现交际的障碍，就是因为他们不懂得或者忘记了一个重要原则——满足别人的需求。人们常说："欲取之，必先予之。"你要与别人结为好朋友，就要主动满足别人的心理需求，让别人满意。有些人做事往往单方面强调自己的要求，而忽略或不顾及他人的需求，这样到头来反而无法满足自己的需求。

掌握并运用需求定律，经营良好的人际关系，会加快你的创富过程，早日实现财富目标。

斗鸡博弈的应用

某一天，在斗鸡场上有两只好战的公鸡发生遭遇战。这时，公鸡有两个行动选择：一是退下来，一是进攻。

如果一方退下来，而对方没有退下来，对方获得胜利，这只公鸡则很丢面子；如果对方也退下来，双方则打个平手；如果自己没退下来，而对方退下来，自己则胜利，对方则失败；如果两只公鸡都前进，则两败俱伤。

不妨假设两只公鸡如果均选择"前进"，结果是两败俱伤，两者的收益是 -2 个单位，也就是损失为 2 个单位；如果一方"前进"，另外一方"后退"，前进的公鸡获得 1 个单位的收益，赢得了面子，而后退的公鸡获得 -1 收益或损失 1 个单位，输掉了面子，但没有两者均"前进"受到的损失大；两者均"后退"，两者均输掉了面子，获得 -1 的收益或 1 个单位的损失。当然这些数字只是相对的值。

如果博弈有唯一的纳什均衡点,那么这个博弈是可预测的,即这个纳什均衡点就是事先知道的唯一的博弈结果。但是如果博弈有两个或两个以上的纳什均衡点,则无法预测出一个结果来。斗鸡博弈则有两个纳什均衡:一方进另一方退。因此,我们无法预测斗鸡博弈的结果,即不能知道谁进谁退,谁输谁赢。

由此看来,斗鸡博弈描述的是两个强者在对抗冲突的时候,如何能让自己占据优势,力争得到最大收益,确保损失降到最小。斗鸡博弈中的参与者都是处于势均力敌、剑拔弩张的紧张局势。这就像武侠小说中描写的一样,两个武林顶尖高手在华山之上比拼内力,斗得难分难解,一旦一方稍有分心,内力衰竭,就要被对方一举击溃。

夫妻吵架中常见的就是,吵架吵得厉害了,不是妻子回娘家,就是丈夫去外面抽支烟,反正就是走不到一块儿。那怎么办呢?

斗鸡博弈的一个关键问题是,究竟哪一方退下来,因为退下来虽然比两败俱伤要好,但总是一件丢面子的事情。总是寄希望于对方先做出让步,谁都不愿意首先做出让步,最后也可能出现两败俱伤的悲剧。事实上在混合策略的斗鸡博弈中,两败俱伤的结局甚至可能还会是一个纳什均衡。所谓混合策略就是要估计对方进攻或者退守的各种概率,然后自己估算出一个综合效用收益的比较,如果自己选择进攻的效用收益高于退守,那么就会进攻,反之亦然。

事实上,很多情人之间怄气也是这样的,各自都是估计对方可能先做出让步的可能性有多大,然后判断自己是做出让步呢,还是继续保持强硬姿态,最后不凑巧,擦枪走火,大家都选择了保持强硬姿态而两败俱伤。

家务问题也是一个典型的斗鸡博弈,如果夫妻双方对于干净卫生的容忍度都一样的话,那么只要一方去做了家务,另一方就不会去做。所以双方都在心里盘算着对方会去做家务的概率,概

斗鸡博弈

两只实力相当的斗鸡狭路相逢,每只斗鸡都有两个行动选择:一是退下来,一是进攻。那么它们应该如何做选择呢?

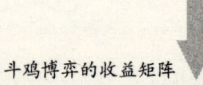

斗鸡博弈的收益矩阵

甲/乙	前进	后退
前进	-2/-2	-1/1
后退	1/-1	-1/-1

两者如果均选择前进,结果是两败俱伤,两者均获得-2的支付;如果一方前进,另外一方后退,前进者获得1的支付,赢得了面子,而后退者获得-1的支付,输掉了面子,但没有两者均前进受到的损失大;两者均后退,两者均输掉了面子,获得-1的支付

如果人们有一种以退求进的智慧,提供给对方回旋的余地,就会给自己带来胜利,并且双方都会成为利益的获得者

有的时候,双方都明白二者相争必有损伤,但往往又过于自负,觉得自己会取得胜利。所以,只要把形势说明,等双方都明白自己并没有稳操胜券的能力,僵持不下的斗鸡博弈就会得到化解

率要是算得准,倒也没什么,怕就怕没算准,要么弄得大家都不做家务,要么都去做家务;一个看到了另一个去做家务了自己就不做,自己刚打算做了突然又不做了,另一方看到了,就觉得自己做了家务亏大了,于是就要对方来做。

其实,做家务也不是一次的事情,是一种连续重复博弈,要做很多次的,大家协商着也好办。当然,如果双方对于干净卫生的忍耐程度不一样的话,就回到"智猪博弈"中了,作为"大猪"的一方可能需要多做些事情了,但是在连续博弈中,作为"小猪"的你也可以适当地承担些家务劳动以抚慰对方受伤的心灵。毕竟在不同的事情上,"大猪""小猪"的角色可是轮流转的,真正聪明的人眼光是要放得远点的!

斗鸡博弈在生活中比比皆是,比如一幢大楼里的某些公共设施,一家出钱装了,另一家可能就不会去装,反之亦然。总之,大家都认为这个公共设施是重要的,但大家都不愿意自己掏钱,斗鸡叨斗鸡!

在冷战时期,美苏两个超级大国之间的军事斗争也是一种斗鸡博弈,一个强硬了,另一个就要退缩,反之亦然,因为谁都不想两败俱伤。为了能精确地知道对方是真的强硬还是外强中干、虚张声势,相互间就要大量派出间谍,为的就是能精确估算对方强硬立场的尽可能准确的概率,以免擦枪走火,大打出手,两败俱伤。在没有足够的情报作基础时,双方都会选择纯策略的斗鸡博弈,就是对方强硬,咱就让步,你让步了,我就强硬。

这个博弈告诉我们一个道理,面子有时是很要命的,从纯策略的斗鸡博弈中是不会出现两败俱伤的最差结果的。但很多人就是死要面子,非要带着侥幸心理,自己心里瞎算对方会做出让步的可能性,最后没有算准,弄巧成拙,结果两败俱伤。这种估算必须要有足够的信息依据,一个人拍脑袋出来的估算是不可信的。而事实上,很多博弈的双方所知道的信息是不完备的、不对称的,所以这种估算的风险是很大的。而且搜集这些信息也是需要成本的——机会成本和财务成本,而且往往十分高昂。所以,为了朋友、恋人、夫妻、同学间的怄气吵架而去花费如此高昂的信息搜集费用是不值得的。博弈的信息是一个十分诡异的东西,在你没有完全真正地掌握它前,万万不可胡乱猜想,匆忙决断,否则结果是难以控制的,这可是聪明人行为选择的大忌啊!

旅途中的困境选择

经济学的博弈论告诉人们怎样变得更"聪明",如何判断人与人之间的利益关系和做出对自己最有利的选择,但恰恰是这个教人"聪明"的学问却告诫大家,做人不能太"精明"了,否则得不偿失,聪明反被聪明误,弄巧成拙。

经常乘飞机的朋友会发现,由于托运的行李会不翼而飞或者里面有些易损的物品遭到损坏,就要向航空公司进行索赔,这是一个很麻烦的事情,航空公司一般是根据实际价格给予赔付的,但有时某些物品的价值不容易估算,但物件又不大,一个小东西,那怎么办呢?

比如,有两个出去旅行的女孩,A和B,她们互不认识,各自在景德镇同一个瓷器店购买了一个一模一样的瓷器,当她们在上海浦东国际机场下来后,发现她们托运的行李中的瓷器可能由于运输途中的意外而遭到损坏,于是她们随即向航空公司提出索赔。因为物品没有发票等证明价格的凭证,于是航空公司内部评估人员约摸估算了价值应该在1000元以内。但是航空公司并无法确切地知道该瓷器的价格,于是,航空公司分别告诉这两位漂亮的小姐,让她们把该瓷器当时购买的价格分别写下来,然后告诉航空公司。

航空公司认为,如果这两个小姐都是诚实可信的话,那么她们写下来的价格应该是一样,如果不一样的话,则必然有人说谎。而说谎的人总是为了能获得更多的赔偿,所以可以认为申报的瓷器价格较低的那个小姐应该相对更加可信,并会采用两个中较低的那个价格作为赔偿金额，同时会给予那个给出更低价格的诚实小姐以价值 200 元的奖励。

  这时，两个小姐各自心里就要打起小算盘了，航空公司认为这个瓷器价值在 1000 元以内，而且如果自己给出的损失价格比另一个人低的话，就可以额外再得到 200 元，而自己的实际损失是 888 元。

  A 想，航空公司不知道具体价格，那么 B 肯定会认为多报损失多得益，只要不超过 1000 元即可，那么那个最有可能报的价格是 900 元到 1000 元之间的某一个价格。A 心想就报 890 元，这样航空公司肯定认为我是诚实的好姑娘，奖励我 200 元，这样我实际上就可以获得 1090 元。

  而 B 也想了，有句话说得好，"人不犯我，我不犯人；人若犯我，我必犯人"，她既然要写 890 元，我也要"回敬"，所以，我就填 888 元原价。

  而 A 也会估计 B 会算到自己要写 890 元，她可能就填真实价格了，我要来个更绝的，我来个以退为攻的战略，我填 880 元，低于真实价格，这下她肯定想不到了吧！

  我们都知道，下棋取胜的关键是要能算得比对手更准、更远。于是这两个极其精明的人相互计算，最后，她们可能都会填 689 元，她们都认为，原价是 888 元，而自己填 689 元肯定是最低了，加上奖励的 200 元，就是 889 元，还能赚 1 元。

  这两个人计算别人的本事是旗鼓相当的，她们都暗自为自己最终填了 689 元而感到兴奋不已。最后，航空公司收到她们的申报损失，发现两个人都填了 689 元，料想这两个人都是诚实守信的好姑娘，航空公司本来预算的 2198 元的赔偿金现在只要赔偿 1378 元了。

  A、B 两个人各自只能拿到 689 元，还不足以弥补瓷器本来的损失呢！本来她们俩可以商量好都填 1000 元，这样她们各自都可以拿到 1000 元的赔偿金，而就是因为互相都要计算对方，要拿的

旅行者的困境

航空公司在飞机托运过程中将两个互不相识的女孩各自购买的一样的瓷器损坏，决定以1000元左右的价格予以赔偿，并要求两个女孩分别把瓷器的价格写下来。

瓷器的真实价格是888元。航空公司认为，如果这两个女孩都诚实可信的话，提供的价格应该一样，如果不一样则有人说谎。在至少一人说谎的情况下，写下价格较低的那个女孩应该更加可信。此时航空公司将采用较低的价格作为赔偿金额，同时对给出更低价格的女孩奖励200元的奖励。

理性经济人

A想，对方最有可能报的价格是900元到1000元之间的某一个价格，那我就报890元，还得到奖励200元，这样实际就可获得1090元

B想，既然A可能写890元，我就填888元原价，这样我就能得到200元奖励，那么实际可得就是1088元

二人在计算时都会判断对方可能做出的选择，于是会根据这个判断为自己选择一个不至于损失的底线

两个人经过一番算计，最后会认为在原价888元的情况下，填689元是最后的底线，这样加上奖励的200元就是889元，还能赚1元

当两个人都报上689元后，航空公司会认为她们是诚实的，分别赔偿两人各689元。很明显，经过一番算计，两人非但没有得益，反而较原价的888元基础上白白损失了199元

尽管每个人都是自利的，都会做能使自己收益达到最大化的选择，但有时做人也不能太精明，太过算计和计较得失，否则就会像这两个女孩一样得不偿失，使自己最终得到的收益不增反减

比对方多，最后搞得大家都得不到好处。这就是著名的"旅行者困境"博弈模型。

这个模型告诉我们一个博弈思想，做人不能够过于"精明"，太精明的人未必是真的聪明，有时精明过头了往往会变得更糟糕。

人有时候需要一种合作的大度，一个真正聪明的人的策略是应该具有前瞻性的、远见的，能看到事物发展趋势后果的。在这个"旅行者困境"中，尽管各自自利的选择都是去预判对方，但一个聪明的人应该能够预计到互相预判的后果只能使她们共同的博弈对象—航空公司渔翁得利。所以这种无谓的内耗是不值得的，一个聪明的人应该懂得去寻求合作，尽管合作总是要让自己预期的利益受到一部分的损失。但博弈论告诉我们，合作的最终结果往往比完全各自自利的结果能使各自都获得更好的收益。如果我们能从更高的角度去看待这种合作的行为，那么，它往往可以实现更大的"自利"收益。

当今经济学之所以可以在整个社会科学中处于统治地位，就是凭借了这种客观的分析方法，而不是主观地拍脑袋去感觉。但是，我们所说的客观理性并不是说就不要伦理道德了，恰恰相反，我们认为伦理道德的形成本身就是一种演进博弈的过程，它的存在本身就是一个博弈的均衡解，它是一种惯例、习惯、规范，它本身就是制度的一种形式，它的重要性在于可以降低交易成本。

就像在"旅行者困境"博弈中，如果双方都遵循"诚信"这个道德规范的制度，那么 A、B 双方都会选择 888 元，这样也就不至于导致她们都落到拿 689 元的更大损失的境地。所以从这个角度看，诚信合作很重要，也就不会有主观的意识形态之争了，因为它的形成是一种必然，是一种规律，是不以人的意志改变而改变的。

男怕入错行，女怕嫁错郎

生活中不乏博弈思维的警语。"男怕入错行，女怕嫁错郎"便是这样的警语。它告诫人们在人生的关键点选择上要慎之又慎，避免做出错误的决策。择业、婚姻便是人生的关键点。

对于男士来说,选择职业对于一生的发展至关重要。对于"男主外,女主内"的传统社会来说确实如此;而到了今天,女人和男人以同样的身份进入社会、选择职业,因此,无论是男人,还是女人,在步入社会、选择从事工作时,要谨慎选择行业。因为,抛弃原有职业的成本太高。

抛弃原来的职业重新选择职业的成本来自于多方面。一方面,一旦你从事了某种职业,如果半途而废,重新择业,以前所花的时间等于白费。当然如果你所做的工作具有继承性,能够对新的选择有所帮助,抛弃旧的职业,并不是一个完全的浪费。但人们从事新的职业,毕竟有一个适应过程,尤其是分工高度专业化的今天,竞争异常激烈,任何时间上的浪费都将使你处于不利的境况。

另外一方面,成本来自于他人对你的判断。你的经历构成了别人对你的判断。你从事过某种行业,"意味着"你可以做某种工作,同时也"意味着"你不适合从事其他工作。对于你要从事的新的行业,除非你花了时间和精力去学习证明了自己的资格,否则其他人对你在新的行业的能力就不会认同。

这是人们的常规思维。我们不能责怪这种常规思维,我们自己也是这么思维的。

"女怕嫁错郎"反映了传统社会中的婚嫁对女人一生的重要性。女人嫁给某个男人,她的命运就与他连在一起,所谓"夫贵妻荣"也说明了一点。离婚对于女人来说成本很高,再结婚的难度也较大。其实,离婚对于男人也一样,成本也很高。离婚无论对男人还是对女人,不仅要承受舆论的压力,同时要耗费大量的精力。人们常说,结婚前眼睛睁大些,结婚后则睁一只眼、闭一只眼,均说明婚嫁时选择的重要性。

我们这里对行业与婚姻的思考,不是说人们不应当换行业,也不是说人们不应当离婚。如果人们选择的某个行业没有出路,或者他不适合该行业,在某个新的行业里发展可能更有前途,那么他应当选择改行；如果某人感觉婚姻不幸福，离婚是比较好的出路，那就应该选择离婚。我们要表达的是，在人生的关键时刻——择业、择偶，我们要谨慎为之，因为此时的选择，虽然不会构成"一失足成千古恨"，但覆水难收——如果所做的选择是错的，要消除这种选择的成本往往比较高。

大学生爱情——一场情感的博弈

爱情是一场博弈，一般对局者往往多于两人，这场博弈的结果很少没有失败者的。爱情博弈除非只有两个对局者才有可能实现纳什均衡，更多情况下爱情博弈往往是两败俱伤或是多方损失，几乎不能出现共赢局面，大学生的爱情在这方面表现得更为突出。

一个大学生一旦决定谈恋爱，就意味着选择的开始。一项关于大学生为什么谈恋爱的非官方正式调查结果显示，大多数谈恋爱者并非真正是对神圣爱情的向往，而是包含了各种各样的既现实又复杂的因素，其中两个最重要的影响因素是大学生活的空虚和对生理性欲的需求，或许这也可以解释为什么同居现象在当今社会如此流行。供求双方的对等地位又因为供方资源的稀缺，这就存在需求方和供需方之间的共同博弈局面。男女比例失调是一个潜在的市场前提，预示着"再优秀的男性也有可能单身"，所以男女对局一般是男生处于相对劣势地位，男男对局结果往往相当残酷（这里不考虑部分男生因诸如球打得好等因而引起诸小女生一齐爱慕的情形，不过这种事情正变得越来越少，因为人们的行为越来越趋于理性）。尽管供方是稀缺资源，但由于个人偏好的不同，女生仍有可能变为需求方。"男追女如追花，女追男如钓虾"，女生在局中仍然有一定的优势。

爱情博弈原来往往具有先行者优势，即先入为主，现在情形正随着人们观念的改变慢慢改变，先入者虽具有一定优势但优势不再那么明显，也起不到任何决定性作用。我们假定 Y、X 为一对男女恋人，正在准备或已经开始谈恋爱，此时他们两个之间并不存在任何强行约束条件，恋爱遵循自由自愿原则。X、Y两人构成一个市场，双方互为供需方，市场博弈是一比一对局。Y与X同时面对的不止一个博弈局，不过他们首先要做的是阻止市场进入者（假设二人真心相恋），这就需要二人的相互的承诺和对市场潜在进入者进行威胁阻止。接着二人博弈一般会呈现纳什均衡局面，由于有市场潜在进入者的威胁，纳什均衡在一定程度下很不稳定。

爱情博弈有可能永远达不到一个均衡状态，大多数学生只是出于现实的需要，也不打算拼得一个均衡点，无任何经济基础的他们只是在进行着一场爱情游戏，除了打发无聊的时光和消除所谓的空虚郁闷，并不能有任何显著或潜在收益，只能是更大的空虚或将来的后悔，理性人假设还不如经济人假设在此适用。

对于研究生而言，他们的年龄已经不再是"豆蔻年华"，一个似乎不太公平但却客观的事实是，对于女研究生而言，她们的生育风险在上升，所以每接近下一个时点，她们的选择成本都要更高一点，她们比男研究生需要更为现实的选择。

而对于男研究生而言，他们面临的人生曲线是上升的，因为年龄对于男生相对不如女生那么重要，而伴随学历的上升和能力的增强，每接近下一个时点，他们的前途都更为锦绣，他们的选择成本相对要低。

所以女研究生嫁给人生贴现率比自己低的男研究生的概率不是很大，而嫁给社会上有经济实力的男人的概率则相对要大。

男研究生们岂非要失望透顶？不。根据迭代模型，理性的结果是男研究生可以追求女本科生，正是利用时间差和代际成本转移，爱情在两个阶段的学生之间成为现实。

猎人博弈的帕累托优势

从前，有个村庄里有两个猎户，他们为了生存不得不去打猎，但在他们附近的森林里，猎物只有两种：鹿和兔子。在那个时候，人类的狩猎水平都是比较低的，弓箭的力量也不是很强。在这样的情况下,我们可以这样认为,如果两个人一起去打鹿,可以打到1只鹿。如果一个猎人自己去打,他只能打到4只兔子。从填饱肚子的角度来说,4只兔子可以吃上4天,1只鹿却差不多能够解决一个月的问题。这样,两个人的行为决策就可以写成以下的博弈形式:要么分别打兔子,每人得4;要么合作,每人得10(平分鹿之后的所得)。

两个纳什均衡,就是两个可能的结局。那么,究竟哪一个会发生呢?是一起去猎鹿,还是各自去打兔子呢?这就和情侣博弈一样,不能完全由纳什均衡本身来确定。

比较(10,10)和(4,4)两个纳什均衡,明显的事实是,两人一起去猎鹿的赢利比各自去打兔子的赢利要大得多。按照长期合作研究的两位博弈论大师——美国的哈萨尼教授和德国的泽尔腾教授的说法,甲乙一起去猎鹿得(10,10)的纳什均衡,比两人各自去打兔子得(4,4)的纳什均衡,具有帕累托优势。猎人博弈的结局,最大可能是具有帕累托优势的那个纳什均衡:甲乙一起去猎鹿,得(10,10)。

比起(4,4)来,(10,10)不仅是总额的改善,而且每个人都得到很大改善,这就是(10,10)对于(4,4)具有帕累托优势的意思。关键是每个人都得到改善。

这里要解释一下帕累托效率和帕累托优势。帕累托效率是意大利经济学家帕累托提出来的,其内容是:社会资源如何配置才能改变人们的境况,只有当资源配置已经达到这样一种状态,也就是在不使其中一个变得更坏的情况下,另一个也不能变得更好的时候。这个定义读起来有点艰涩,其实主要是看资源是否已经被充分利用。如果资源已经被充分利用,达到这样一种程度:要想再改善我,就必须损害你自己或别的什么人,或要想再改善你,就必须损害另外某个人。一句话,要想再改善任何人,都必须损害别的人了,这时候就说一个经济已经实现了帕累托效率。相反,如果还可以在不损害别人的情况下改善任何人,就认为经济资源尚未充分利用，就不能说已经达到帕累托效率。

在"猎人博弈"中，两人合作猎鹿的收益（10，10），对于分别猎兔（4，4）具有帕累托优势。这是因为如果比较原来的境况（4，4），现在的（10，10）可以说两个猎人的境况得到了帕累托改善。作为定义，帕累托改善是各方的境况都不受损害的改善。

可是上面的情况是假设双方平均分配猎物，也就是说，两个猎人的能力和贡献差不多，但是实际上并不一定如此。

如果一个猎人各方面都非常优秀，他就会要求得到较大的一份，这样分配的结果就可能是（14，6）或（15，5），但有一点是确定的，如果合作的话就要保证一点，那就是能力较差的猎人的所得，至少要多于他独自打猎的收益，否则他就没有合作的动机。如果合作的结果是（17，3），相对于分别猎兔（4，4）就没有帕累托优势，这是因为3比4小，乙受到损害。这样，我们就不能说两人的境况得到了帕累托改善。虽然17比4多，改善了很多，17+3也比4+4大很多，改善了很多，但是3比4小，乙的处境没有改善反而恶化，所以站在乙的立场，（17，3）没有原来的（4，4）那么好（第一个数代表甲的满意程度或者得益，第二个数代表乙的满意程度或者得益）。如果合作的结果变成这样，那么，乙一定不愿合作。可见，帕累托改善是一种各方都认同的改善，不是要求任何一方做出牺牲的改善。

邻里之间的争执

零和游戏，就是零和博弈，是博弈论的一个基本概念，意思是双方博弈，一方得益必然意味着另一方吃亏，一方得益多少，另一方就吃亏多少。之所以称为"零和"，是因为将胜负双方的"得"与"失"相加，总数为零。

一个游戏无论几个人来玩，总会有输家和赢家，赢家所赢的都是输家所输的，所以无论输赢多少，正负相抵，最后游戏的总和都为零，这就是零和游戏。

零和博弈属于非合作博弈。在零和博弈中，双方是没有合作机会的。各博弈方决策时都以自己的最大利益为目标，结果是既无法实现集体的最大利益，也无法实现个体的最大利益。零和博弈是利益对抗程度最高的博弈，甚至可以说是双方都易受损的博弈。

在社会生活的各个方面都能发现与"零和游戏"类似的局面，胜利者的光荣后面往往隐藏着失败者的辛酸和苦涩。从个人到国家，从政治到经济，到处都有"零和游戏"的影子。

一群年轻人在一家火锅城为朋友过生日，其中有一个年轻人拿着自己已吃过的蛋饺要求更换。由于火锅城有规定，吃过的东西是不能换的，所以年轻人的要求遭到拒绝，双方因此发生冲突，打了起来。

最后，火锅城以人多势众的优势打败了那几个青年人，可以说博弈的结果是火锅城的一方赢了，而实质上，他们真的赢了吗？从长远来看，他们并没有赢。这就是人际博弈中的"零和博弈"，这种赢方的所得与输方的所失相同，两者相加正负相抵，和数刚好为零。也就是说，他们的胜利是建立在失败方的辛酸和苦涩上的，那么，他们也将为此付出代价。还以此事为例，虽然火锅城一方的人赢了，但从实际角度去分析，从实际情况出发，我们不难发现，火锅城的生意也会因此造成影响，传出去就会变成"这家店的服务真是太差劲了，店员竟敢打顾客，以后再也不来这里了""听说没有，这家店的人把顾客打得可不轻啊，以后

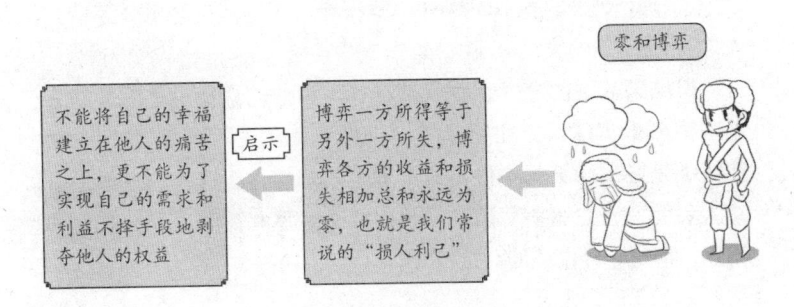

零和博弈

启示：不能将自己的幸福建立在他人的痛苦之上，更不能为了实现自己的需求和利益不择手段地剥夺他人的权益 ← 博弈一方所得等于另外一方所失，博弈各方的收益和损失相加总和永远为零，也就是我们常说的"损人利己"

还是少来这里""什么店,竟然动手打人,做得肯定不怎么样",等等。

其实,邻里之间也是一种博弈,而博弈的结果,往往让人难以接受,因为它也是一种一方吃掉另一方的零和博弈。

在一个院里住着四五家人,由于平时太忙,邻里之间就如同陌生人一样,各家都关着门过着平静的生活。但不久前,这个院子变得热闹了,原因是有一家的大人为家里的女儿买了一把小提琴,由于小女孩没有学过小提琴,但又喜欢每天去拉,而且拉得难听极了,更要命的是小女孩还总挑人们午休的时候拉,弄得整个院子的人都有意见。于是矛盾便产生了,有性格直率的人直接找上门去提意见,结果闹了个不欢而散,小女孩依然我行我素。大家私下里议论纷纷,有年轻人发了狠说,干脆一家买一个铜锣,到午休的时候一齐敲,看谁更厉害。几家人一合计,还真那样做了,结果终于让那个小女孩不再拉小提琴了。而后的几天,小女孩见了邻居,更是如同见了仇敌一样。小女孩一直认为,是这些人使她不能再拉小提琴的。邻里关系更是极度恶化。

可以说,这个典型的一方吃掉另一方的零和博弈是完全可以避免的。对于这件事,其实双方都有好几种选择。对于小女孩这一家来说,其一,他们可以让女儿去培训班参加培训;其二,在被邻居告知后,完全可以改变女儿拉提琴的时间;其三,也就是在被邻居告知后,不去理会。而其邻居也有如下选择:其一,建议这家的家长让小女孩学习一些有关音乐方面的知识;其二,建议他们让小女孩不要午间休息拉琴;其三,以其人之道,还治其人之身。

但结果双方的选择很令人遗憾,因为他们选择了最糟糕的方案。很多事实证明,在很多时候,参与者在人际博弈的过程中,往往都是在不知不觉中做出最不理智的选择,而这些选择都是由于人们为一己之利所得出的结果,要么是零和博弈,要么是负和博弈,都是非合作性的对抗博弈。

何必两败俱伤

负和博弈是博弈时局中人都得不到好处,彼此受到损害的博弈。可以说,负和博弈是当事人最不明智的选择。

比如在生活中,兄弟姐妹之间相互争东西,其结果就很容易形成这种两败俱伤的负和博弈。一对双胞胎姐妹,妈妈给她们两人买了两个玩具,一个是金发碧眼、穿着民族服装的捷克娃娃,一个是会自动跑的玩具越野车。看到那个捷克娃娃,姐妹俩同时都喜欢上了,而都讨厌那个越野车玩具,她们一致认为,越野车这类玩具是男孩子玩的,所以,她们两个人都想独自占有那个可爱的娃娃,于是矛盾便出现了。姐姐想要这个娃娃,妹妹偏不让,妹妹也想独占,姐姐偏不同意,于是,干脆把玩具扔掉,谁都别想要。

姐妹俩互不让步,最后,干脆扔掉玩具,谁都别想得到,这样造成的后果是:其中一方的心理不能得到满足,另一方的感情也有疙瘩,可以说,对双方而言都受到了损失,双方的愿望都没有实现,剩下的也只能是姐妹关系的不和或冷战,从而对姐妹间的感情造成不良的影响。

由此我们不难看出,交际中的"负和博弈"使双方交锋的结果都没有所得,或者所得到的小于所失去的,其结果还是两败俱伤。双方受挫交际中的"负和博弈",只能加大双方的矛盾和抵触,使双方失和。如果交际中发生"负和博弈",那么,一般情况下都会因为两败俱伤而不再交往或反目成仇。

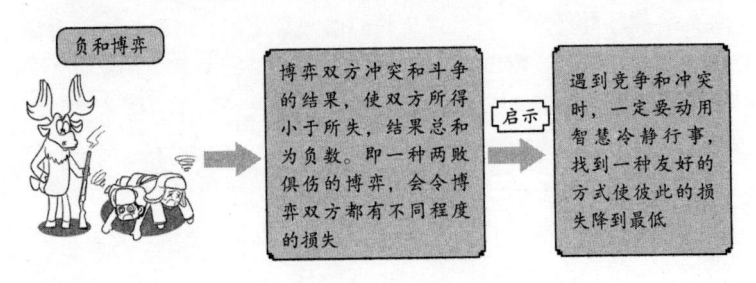

负和博弈	博弈双方冲突和斗争的结果,使双方所得小于所失,结果总和为负数。即一种两败俱伤的博弈,会令博弈双方都有不同程度的损失	启示	遇到竞争和冲突时,一定要动用智慧冷静行事,找到一种友好的方式使彼此的损失降到最低

有这样两个人，一个人很有钱，却不善于交际，而另一个人缺少资金，但在人际关系方面很善于疏通，是个交际家。有一天，这两个人碰到了一起，并聊得相当投机，有一种相见恨晚的感觉。于是，两人决定合伙做生意。有钱的人出资金，善于交际的人疏通关系。经过两人的共同努力，他们的生意很是红火，事业也越做越大。此时，那个善于交际的人起了歹心，想自己独吞生意。于是，他便向那个出资金的人提出，还了合伙时的那些资金，这份生意算他一个人的了。当然，那个出资金的人肯定不会愿意，因此，双方开始了长时间的僵持，矛盾也越来越尖锐，最后，这件事也只有让法院来解决。不过，那个善于交际的人在两人开始做生意的时候，便已经给对方下了套，在登记注册姓名时，他只注册了他一个人的名字。虽然那个出资金的人是原告，但却因为那个善于交际的人早就下好了套，使得出资金的人最终输了官司，眼睁睁地让那个善于交际的人独吞了生意而无能为力。那个不善于交际的人一怒之下把善于交际的人的货物全烧了，结果两个人谁也没捞到好处。

事实上，由于人类所过的是一种群体生活，人只要生活在这个社会里，就离不开与他人的交往，而这就形成了一种特定的关系——人际关系。其实，它也是一种利益关系，因为人要追求物质和精神两方面的满足，也因此，在追逐利益满足的时候，就会产生相互间的矛盾和冲突，而冲突的结果就是一种博弈关系，"负和博弈"就是其中的一种。

从总体上来看，所谓的负和博弈，就是指双方冲突和斗争的结果，是所得小于所失，就是我们通常所说的其结果的总和为负数，也是一种两败俱伤的博弈，结果双方都有不同程度的损失。

上面的事例是典型的"负和博弈"，因此，对于人际关系，我们一定要本着为人利就是为己利的态度去做，不能见利忘义。

苏泊尔与金龙鱼的正和博弈

正和博弈，与负和博弈不同，顾名思义，是一种双方都得到好处的博弈。正和博弈通俗地说，就是指双赢的结果，比如我们的贸易谈判基本上都是正和博弈，也就是要达到双赢。双赢的结果是通过合作来达到的，必须是建立在彼此信任基础上的一种合作，是一种非对抗性博弈。双赢的博弈可以体现在各个方面，商场上双赢的合作博弈是用得最充分的一种。

合作并不是不要竞争，正相反，合作正是为了更好地竞争。世界范围内的激烈竞争，使企业逐步从纯粹竞争走向合作竞争，竞争的结果由"零和博弈"演变为"正和博弈"，实现各方"双赢"。在大多数情况下，合作可以为企业带来真正意义上的竞争优势。传统竞争强调的是战胜对手，随着经济的融合度增强，现代竞争更强调竞争对手之间的合作。

在当今的市场条件下，企业能否取得成功，取决于其拥有资源的多少，或者说整合资源的能力。任何一个企业都不可能具备其发展所需要的所有资源，但是可以通过联盟、合作、参与等方式使他人的资源变为自己的资源，增加竞争实力。

金龙鱼是嘉里粮油旗下的著名食用油品牌，最先将小包装食用油引入中国市场。多年来，金龙鱼一直致力于改变中国人的食用油健康条件，并进一步研发了更健康、营养的二代调和油和色拉油。

苏泊尔是中国炊具第一品牌，金龙鱼是中国食用油第一品牌，两者都倡导新的健康烹调观念。如果两者结合在一起，岂不是能

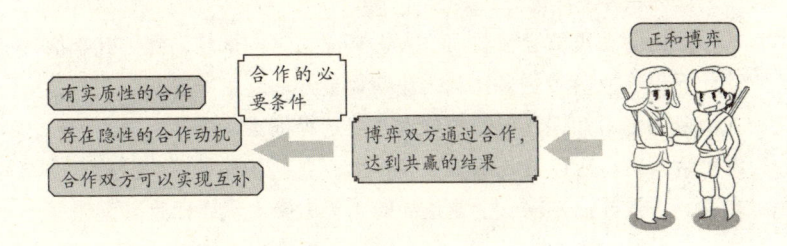

将"健康"做得更大？

就这样，两家企业策划了苏泊尔和金龙鱼两个行业领导品牌"好油好锅，引领健康食尚"的联合推广活动，在全国800家卖场掀起了一场红色风暴……

我们首先对两大品牌做了详细的分析，发现彼此品牌的内涵有着惊人的相似。

"健康与烹饪的乐趣"是双方共同的主张，也是双方合作的基础，围绕着这个主题，双方共同推出联合品牌，在同一品牌下各自进行投入，这样双方既可避免行业差异，更好地为消费者所接受，又可以在合作时透过该品牌进行关联。由于双方都是行业领袖，强强联合使得品牌的冲击力更加强大，双方都能从投入联合品牌中获益。经过磋商双方决定将联合品牌合作分为两个阶段：第一阶段通过春节档的促销活动将双方联合的信息告之消费者；第二阶段为品牌升华期，在第一阶段的基础上共同操作联合品牌。

"好油好锅，引领健康食尚"活动在全国36个城市同步举行。活动期间（2003年12月25日～2004年1月25日），顾客凡是购买一瓶金龙鱼二代调和油或色拉油，即可领取红运双联刮卡一张，刮开即有机会赢得新年大奖，包括丰富多样的苏泊尔高档套锅（价值600元）、小巧动人的苏泊尔14厘米奶锅、一见倾心的苏泊尔"一口煎"。同时，凭红运双联刮卡购买108元以下苏泊尔炊具，可折抵现金5元；购买108元以上苏泊尔炊具，还可获赠900毫升金龙鱼第二代调和油一瓶。同时，苏泊尔和金龙鱼还联合开发了"新健康食谱"，编纂成册送给顾客，并举办健康烹调讲座，告诉顾客怎样选择健康的油和锅。

推销活动正值春节前后，人们买油买锅的欲望高涨。此次活动，不仅给消费者更多让利，让购物更开心，更重要的是，教给了消费者健康知识，帮助消费者明确选择标准，提升了国人的健康生活素质。所以这一活动一经推出，立刻获得了广大消费者的欢迎，不仅苏泊尔锅、金龙鱼油的销售大幅上涨，而且其健康品牌的形象也深入人心。

在这次合作中，苏泊尔、金龙鱼两大品牌在成本降低的同时，品牌和市场占有率得到了又一次提升：金龙鱼扩大了自己的市场份额，品牌美誉度得到进一步加强；而苏泊尔则进一步强化了中国厨具第一品牌的市场地位。这正是正和博弈带来的双赢局面。

从以上的案例可以看出，合作营销，更多的是一种策略的思考，强调双方的优势互补，强强联合。通过大家的共同推动，获得更大的品牌效益。

从合作到共赢

如果博弈的结果是"零和"或"负和"，那么，对方得益就意味着自己受损或双方都受损，这样做的结果也只能是两败俱伤。因此，为了生存，人与人之间必须学会与对方共赢，把人际关系变成是一场双方得益的"正和博弈"，与对方共赢，而这样也是使人际关系向着更健康方向发展的唯一做法。

如何才能做到这一点呢？要借助合作的力量。

有这样一个关于人与人之间合作的例子。有一个人跟着一个魔法师来到了一间二层楼的屋子里，在进第一层楼的时候，他发现一张长长的大桌子，并且桌子旁都坐着人，而桌子上摆满了丰盛的佳肴，虽然，他们不停地试着让自己的嘴巴能够吃到食物但每次都失败了，没有一个人能吃到。因为大家的手臂都受到魔法师诅咒，全都变成直的，手肘不能弯曲，而桌上的美食，夹不到口中，所以个个愁苦满面。但是，他听到楼上却充满了愉快的笑声，他好奇地上了楼，想看个究竟。但结果让他大吃一惊，同样的也有一群人，手肘也是不能弯曲，但是，大家却吃得兴高采烈，原来他们每个人的手臂虽然不能弯曲，但是因为对面人的彼此协助，互相帮助夹菜喂食，结果每个人都吃得很尽兴。

从上面博弈的结果来看，同样是一群人，却存在着天壤之别。在这场博弈中，他们都有如下的选择：其一，双方之间互相合作、达到各自利益；其二，互相不合作，各顾各的，自己努力来获得利益。我们可以看出，在这场博弈中，只有那些互相合作、相互帮助的人，才能够真正达到双赢，走向正和博弈。事实上，正和博弈正是一种相互合作、非对抗性博弈。而对于人际交往来说，要想取得良好的效果，就应该采取这种非对抗性的博弈。

可以说，在这个世界上，没有一个人可以不依靠他人而独立生活的，这本来就是一个需要互相扶持的社会，先主动伸出友谊的手，你会发现原来四周有这么多的朋友，在人生的道路上，我们更需要和其他人互相扶持，共同成长。

因此，在发生矛盾和冲突时，如果能从对方的利益出发，能从良好的愿望出发，便能使人际交往达到互利互惠的"正和博弈"状态。就是说，在人际交往中，要达到效益最大化，就不能以自己的意志作为和别人交往的准则，而应该在取长补短、相互谅解中达成统一，达到双赢的效果。

例如，夫妻之间的互利互惠，可以使彼此间的感情更亲密。有这样一对夫妻，妻子是个瘫子，丈夫是聋哑人，外人看来他们应该很不幸，但他们却生活得很幸福。譬如他们要去镇上买一些日用品，由于丈夫不会说话，当然不好交际，所以，在去镇上卖东西的时候，这个聋哑丈夫一定会骑着三轮车，让妻子坐上，到了要买东西的地方，妻子便坐在三轮车上谈价钱购货物。更可贵的是，他们从来没有因为某件事情而发生过争吵，为什么呢？这倒不是因为他们有多大本领，而是因为他们能互相补充彼此之间的缺陷：妻子走路不方便，丈夫却有强健的身体；丈夫不会说话，妻子却有很好的口才。由于他们能取长补短，所以他们在一起仍生活得十分美满。这种在交际中能互利互惠的情况，便是"正和博弈"。

再比如，有这样一对夫妇，他们一生都没激烈地争论过，更不用说吵架了，在生活中他们更是默契、和谐。他们有一个共同的习惯，就是每天都要煮鸡蛋吃。不过，奇怪的是妻子在煮鸡蛋

学会与人合作，达成共赢

魔法师对坐在放有诸多美食佳肴的桌子旁的人施下诅咒，让他们的胳膊都无法弯曲……

人们的手臂受到了魔法师诅咒不能弯曲，如果他们只是各自尝试让自己的嘴巴能够吃到食物，桌上的美食自然也就夹不到口中，只好望洋兴叹，个个愁苦苦脸，以失败告终

假若这些人抛弃独自行事的作风，忘掉独吞美食的个人利益，学会互助合作，互相把食物喂到对方的嘴里，那么大家就能吃到食物，尽情地享受盛宴

人们在被施下魔咒的情况下，只有两种选择

选择一：双方之间互相合作、达到各自利益

选择二：互相不合作，各顾各的，自己努力来获得利益

可以看出，只有那些互相合作、相互帮助的人，才能够真正达到双赢，使合作的每一方都能获益，从而使总体的收益达到最大

零和博弈是一种总体收益为零的博弈，即一方所得要用另外一方所失来换得，而这样的结果往往最终只能是两败俱伤

要避免这种"损人不利己"的零和博弈出现，在人际交往中就不能以自己的意志作为和别人交往的准则，而应该在取长补短、相互谅解与相互合作中达成统一，达到双赢的效果

时,每次都是自己先吃了蛋白,而把蛋黄留给丈夫;而其丈夫每次煮鸡蛋时,便吃了蛋黄,把蛋白留给妻子。这似乎成了习惯,直到丈夫去世前,说自己想吃鸡蛋时,妻子便煮好了鸡蛋,首先剥掉了蛋白,将蛋黄给了丈夫。丈夫说,他想吃一次蛋白。妻子说,你不是喜欢吃蛋黄吗?丈夫摇摇头说,其实他并不喜欢吃蛋黄,只是看妻子爱吃蛋白,所以才每次都吃蛋黄的。这时,妻子也告诉了丈夫,其实,她本来爱吃的是蛋黄,只是因为见丈夫每次都愿意吃蛋黄,所以她每次才吃蛋白的。这个故事的确很美丽,读后让人为夫妻间的相敬如宾动容。其实,在交际中,如果遇到与交际对象发生冲突的时候,互相之间若能为对方着想,采取一种双方合作的态度,那么,就一定能避免交际中的对抗性博弈发生。

所以,为了短期胜利,建立共同利益,为了长远成功,建立良好关系,也就是拥有博弈中的双赢思维,拥有平等、互惠的思想,采取合作的态度,这样才能使人际关系呈现"正和"状态,并向着健康的方向发展,从而收到良好的交际效果。

超市里的面包为何难找

超市,作为一种外来的销售模式,正以舒适的购物环境、琳琅满目的商品、低廉的价格而赢得顾客的青睐,成为市民购物的首选之地,而且正在从大城市向中小城市席卷,从城市向周边地区渗透。逛超市,已经成为众多小资休闲生活中的一项重要内容。有商界人士预测,不远的将来,超市和类似超市的便利店将占据国家零售业的绝对"主力"。

真正的大型超市,不同于一般的商店,它基本上已经从过去纯销售物资的百货商店演变为包括衣食住行、购物和精神娱乐在内的一切围绕人服务的一个综合性的场所,超市,似乎已经成为一种形象,一种品牌,成为人们日常生活不可缺少的一部分。但围绕超市发生的光怪陆离的故事,又赋予了超市更多的内涵。

小吴夫妻都是城市的高级白领，丈夫在一家保险公司工作，业务做得顺手，事业红红火火，月薪上万元。小吴在一家专门为城市中产阶级妇女服务的杂志社工作，月薪也有 5000 多元。两人组合在一起，买房买车后，开始月月向银行"纳税"，感觉没有以前那么"潇洒"了。

夫妻俩在单身贵族时，都是典型的"月光族"，身边都没有什么积蓄，组合成家庭后，认为家里没有一笔积蓄难以承担风险，而且要为日后要小孩做一些准备。于是夫妻达成了储蓄协议。可惜夫妻都会挣钱，也更会花钱，两人在繁华地段买了住房，周围超市林立，一有空闲，小吴就拉着丈夫，夫妻双双逛超市，看见时尚、新潮的东西，追求标新立异的夫妇总要欣赏半天，在伶牙俐齿的助销小姐的花言巧语下，往往就毫不吝啬地刷卡买下。当夫妻发现买的东西并不是紧要东西，白白打乱了自己的"储蓄计划"，于是相互反复叮嘱，不能再被人唆使而轻易掏腰包。为了说到做到，夫妻决定，以后购物，只有家里缺少什么东西，写上清单，然后才去购物，不是清单"计划内"的物品坚决不买。

但每当夫妻去购买自己"最需要"的食品时，总要穿过各种服装、装饰、化妆品、家居用品等长廊。日常生活需要的食品、瓜果总放在比较偏僻、不起眼的地方。在经过琳琅满目的各类货物长廊的时候，夫妻总是不自觉地停留下来，对那些时尚物品把玩半天，不时"慷慨"地刷卡，收为自己的囊中之物。而列入清单的必需品却成为购物高潮之后的搭头，匆匆捎上，几乎次次如此。

一年下来，夫妻工资涨了不少，但家里面除堆积了一大堆看似时尚而一时又用不上的东西以外，存折上并没有多添一位数。夫妻很郁闷，为什么就忍不住上了超市的当呢？为什么就存不上钱呢？

2006 年 2 月，武汉中百仓储珞狮路购物广场的商家为了招揽顾客，别出心裁，特地请来"猪乐队"表演歌舞让观众欣赏。"猪乐队"由 9 只木偶猪组成，两只唱歌，两只跳舞，两只弹电吉他，一只吹萨克斯,一只打鼓,还有一只弹电子琴。"猪乐队"着装优雅,表情各异,有穿牛仔裤的,有穿裙子的;有的戴着墨镜,有的戴着耳环。有一只皮肤深褐色的快乐猪,爆炸式长发上别着漂亮的发卡,随着音乐娴熟地扭着身体。

商家将猪乐队放在不同商品区域"巡回演出",无论到哪,都吸引了众多的男女老少,大家看得笑逐颜开。围着"猪乐队"迟迟不肯离开超市,超市人气激增。

据悉,木偶猪个个身价不菲,差不多"一只万金",其中,外形设计由木偶厂完成,机械设计由武汉大学相关专家负责,化妆另请专业人士,耗时3个月,才有了现在的精彩表演。

两则看似毫不相干的故事却反映了超市的匠心独具,反映了一种经营策略的成功。我们说,故事一中,小吴夫妇收入不低,为什么却存不上钱,而大部分收入都送给超市了。这其中夫妻俩做惯了"月光族"固然是一个因素,超市经营所用的经营策略也未尝不是一个重要的原因。

我们知道,超市的目标就是要让顾客尽可能地多花钱,只有钱从"上帝"口袋里转入超市的账户上,超市才有利润,才能盈利。而一般来说,顾客进入超市就存在花钱的动机,所以,我们可以说超市和进入超市的顾客存在"合作性博弈"的基础,可谓是一个愿打,一个愿挨。然而,超市对顾客消费的需求是无限的,而很多顾客,都是缺少物品时才会进入超市,可见顾客自身的消费却是有限和有针对性的,所以,这里就存在无限需求和计划有限消费的矛盾,按照人和集体都是理性和自私的,作为超市,它自然就想着如何让顾客在自己的"地盘"尽可能地多消费,所以它就必须采取措施使博弈的天平向自己倾斜。

对众多顾客来说,生活消费品,特别是食品是消费的一项重要内容,很多消费者进入超市的主要内容就是直接购买自己需要的物品。对于超市来说,如果把顾客消费频率最高,需求量最大的物品摆在超市最前面、最抢眼、最容易找到的地方,那么大部分消费者买上自己需要的东西就会直接离去，对那些可买可不买，甚至根本没有购买欲望的消费品可能看都没有看，更加谈不上买的可能。如果这样的话，显然对超市是不利的，因为让顾客看到、欣赏、产生购买的欲望和动机是买卖得以成功的前提条件。如果对超市试图推销的众多商品都没有让潜在的顾客看到，超市就成为买卖消费博弈中的"弱者"。因此，精明的超市总是把众多中高档商品，消费者并不急需的商品摆在显眼的地方，让顾客有更多发现、欣赏的机会。而把普通人家日日需要的食品和生活小用品放在超市里面，甚至让顾客历经艰辛，让他们在找到自己必须购买的物品之前，把超市琳琅满目的物品都"检阅"一遍。这样，超市众多的商品就得到更多的销售机会。

故事一中的小吴夫妇显然陷入超市和顾客的这场博弈陷阱。由于夫妻俩都有"月光族"的经历，都对新奇、时髦的中高档消费品有渴望拥有的欲望。因此，他们在为了购买自己的"必需品"时，就必须经过超市设立的"陷阱"，必须与各种高档时髦商品进行一场没有硝烟的战斗，可惜在这种欲望与诱惑的博弈中，夫妻失败了，他们的钱被掏空了。他们的钱变成了一大堆耗费大量钱财却正在迅速落伍的时髦物品，而这正是超市所希望的，所以说，他们在与超市的博弈中失败了，他们一次次挨上超市的"温柔一刀"，可这"一刀"的起因却往往是因为要买填饱肚皮的一块难以"搜寻"的面包。

至于故事二中，超市为什么要"一猪万金"来让顾客产生"快感"，让顾客在超市看免费的娱乐节目。所谓再精明，精明不过商家，世界上没有免费的午餐，超市不会无缘无故让顾客在超市娱乐的，这同样是一种手段。我们知道，很多人逛超市，逛商场，本来是没有购物欲望的，但在超市待了一段时间，走走看看，总忍不住买点东西，而有人统计过，在超市待的时间越长，购买的东西也就越多，购买的欲望也就越大。商家之所以请"猪乐队"来给顾客助兴，其目的就是让顾客在超市多走走，多看看，让顾客忘记自己是来买"面包"的,让更多的商品进入顾客的"法眼",让顾客不知不觉产生购物欲望,让顾客不知不觉掏空了自己的腰包,让超市赢得金银满钵。所以说,故事二中的"猪乐队"同样是商家的"陷阱",同样是商家的博弈策略,只是众多的顾客自觉自愿地掉入了这个陷阱而不自察。

超市和顾客之间的关系既是合作的,但在某种意义上又是对抗的。对于超市来说,它采取种种措施让顾客在自己的"地盘"上留下"买路钱",本身是无可厚非的。只要它出售的商品在出售那一刹那价格和价值"相符",就可以放心大胆地实行它的策略。对于顾客来说,超市如果将自己最需要的物品放在最不起眼的地方,超市如果营造尽善尽美的购物环境,消费者就要警惕,这些都是超市的"温柔陷阱",都是超市的博弈策略。

在这样的博弈中,如果消费者你有足够的钱,安心享受超市的一切,大把大把地消费,也无可厚非,毕竟"牡丹花下死,做鬼也风流",会花钱才会挣钱。如果你钱不够多,甚至需要一分钱掰成两分钱用,那就单刀直入,直奔主题,买上自己的必需品,然后"非急需之物勿视,非急需之物勿听,非急需之物勿闻,非急需之物勿言",把花钱的机会"慷慨"地让给别人吧。

会员卡,蜜糖还是毒药

会员制度、会员卡,当前在中国可谓也算是一种新事物。在各大商场,经常可以看见穿着时髦、举止优雅的红男绿女买了一大堆商品,潇洒地甩出会员卡和银行卡结账走人;也可以看见颤巍巍的老两口出示会员卡,用现金结算以后,一项一项地盘算着又省了几块钱。用会员卡能节省钱,似乎成为消费者的共识;用会员卡能吸引顾客,似乎让众多的商家恍然大悟,哦,还有这种营销手段。会员卡似乎成为商场、酒店、美容等一切服务行业吸引回头客的亮点;用会员卡消费,似乎成为一种时尚;您办了会员卡了吗?成为一种时尚的问候语。

然而，是不是所有的人都从会员卡受益了呢？会员卡到底是商家一项长期的战略性营销策略，还是暂时获取利益的手段，是不是所有的人都赞成或者使用会员卡呢？会员卡仅仅是一种盈利和省钱的博弈策略吗？

钱先生一家住在北京某城乡超市附近。超市物品丰富，种类齐全，基本上能够满足一家老小的基本需要，于是在超市办了张会员卡。虽然说每一件商品优惠不了多少，但算笔细账，一年下来，不仅少了奔波购物的劳累，也节省了近千元的开支，而且商场每到一定时期都推出打折、或者积分赠送物品，虽然东西价值不大，但感觉很亲切。钱先生一家都认为会员制度很好。

上海浦东金茂大厦的某知名酒店小有名气。张先生久慕其名，2004 年 8 月花了 2888 元购买了一张该酒店美食会的会员卡，根据有关规定，凭该卡可以免费入住酒店标准间一天。自购卡以来，张先生曾多次去电话预订房间，酒店方面都称客满。2005 年 4 月，张先生再次去电话预订 3 天后的客房，起初未说自己是会员时，该酒店称有客房，当张先生提及自己持有会员卡时，酒店就声称没房间了。张先生忍不住责问，会员何时才能免费入住一天客房时，一位王小姐说 2 个月后才能有客房，而另一位胡小姐则称 1 个月后会有客房，给人一种上了贼船的感觉，张先生郁闷得不行。

超市实行会员制度，已经在众多城市遍地开花。家住北京丰台某小区的董洁女士看到居住区附近新开了一家超市，实行会员制，声称消费 20 元积累一分，积累到一定分数就能够换取电饭煲、洗衣机、冰箱等不同物品。董洁女士盘算一下，自己家里一年的消费少说也有几万，半年就可以积累到一台冰箱的分数。于是家中大到家用电器，小到一袋味精都在该超市买。一年下来，积累了上万分，等董洁女士带着家人兴匆匆去换冰箱却只拿到了一袋 420 克洗衣粉。原来，按照超市的解释，积累的分数 3 个月结算一次，不主动结算，自动作废。董女士发现像自己一样情况的人员不少，一起提出抗议。超市经理拿出会员规章制度，指出商场具有最终解释权,会员询问,商场具有告知的义务,会员不询问,商场不会主动解释。董洁女士顿时傻了眼,她觉得会员制简直就是"骗子制度"。

从理论上讲,会员制度是商家和消费者的一种合作性博弈。商家通过会员卡制度培养一批稳定的消费者,使自己有了固定的客源,尽管各种物品价格降低,利润减少,但薄利多销,仍然可以增大利润总额,获得理想的经济效益。对于会员来说,在这个商店是消费,在那个商店也是消费,成为一家有较高品位、价格合理的商家的会员,每件商品都比非会员减少那么一点点价钱,则不仅仅是直接经济上的节省,还省去了货比三家,来回奔波的购物成本,同样是间接上的节省。因此,对商家和消费者来说,会员制理论上是一种双赢的博弈。

但从上述各个会员的遭遇来看,现实生活中的会员卡制度并不是事先设想的那么美好。故事一中的钱先生显然成为一家比较规范的商家的忠实消费者,的确,商家和消费者双双盈利,这可能是当前最好的一种会员制度。故事二中的张先生显然就没有这么好的遭遇了,花了2888元成为会员,就是为了享受一下高级酒店的贵族享受,但为了这"免费的一天",等了大半年还没有看见希望,尤其让人郁闷的是,会员不仅没有享受到承诺的权利,反而受到了歧视——以非会员的名义可以轻而易举地订上房间,而以会员的名义却被人家踢了皮球。无怪乎张先生感觉上了贼船,郁闷得很。与故事三中董洁女士一家的境遇相比,钱先生显然又幸运多了。董女士不仔细考察,让一家老小成为超市最忠实的客户,但一年的忠诚换来的却是一袋洗衣粉,不让董女士气破肚皮才怪。

如果说故事一中钱先生是一种比较理想的结局,那么故事二、三就暗示着会员制度存在着危机,从表面上看,酒店和超市是赢家,因为他们一点雕虫小技就让消费者大掏腰包,而自己却以种种理由"义正词严"地拒绝了应该返还给消费者的利益,可以说商家和消费者实行了一场一边倒的"零和博弈"。但从长远观点来看,商家显然是输了。在竞争日益激烈的今天,面对琳琅满目的商品和多如过江之鲫的商家,供求关系的主动权已经转到顾客手中,顾客成为真正的上帝,保持一批忠诚的顾客比发展一批新顾客要困难得多,而张先生和董女士慕名而来,成为回头客,显然是潜在的长期顾客,但商家为了眼前的九牛一毛之利,就把顾客推出了自己的服务队伍,这是一种短视的做法。

其实,故事二、三中的商家不是推走了一位顾客,而是一个顾客团队。中国有句俗语:好事不出门,坏事传千里。美国最伟大的推销员曾经说过一句话:让一位顾客满意,他可以带来8位顾客。这句话反过了也是一样。我们可以想象,张先生和董女士必然会反复告诫自己的亲戚朋友,不要到那些"黑店"消费,因为这样的会员制度,可以说像裹着毒药的蜜糖,起初尝试感觉很好,最终是坑了消费者,不过反过来也坑了商家自己,从长期来看,最终的受害者还是商家自己,所以这种短视博弈是不可取的。

其实,即使是像案例一中钱先生和商家的双赢博弈,很多顾客也不以为然。因为从心理学上来说,会员习惯了享受优惠,长此以往,对价格牌上的两个数字,会员们就不再有拣到便宜的感觉,而人都有猎奇求新的心理,在商品、商家、消费策略和方式不断推陈出新的今天,任何商家都不可能真正使顾客保持长期的忠诚。事实上,很多商家除了购物优惠外,还对会员卡都作出不少返利承诺,如有的商家规定会员购满1000元则可得到10元返利,还有一些专门针对会员推出的特价商品,还有的商家将会员购物进行积点排行,每年对排行前几名的消费者馈赠大礼、以及定期举行抽奖等。这些使会员卡"看起来很美"。但实际上可以在规定期限内享受到返利的会员是极少数的,随着时间的推移,会员的热情只会降低。而非会员们的"委屈"却会依然存在:我一样是商场的消费者,可是却要受到不平等的待遇,难道超市也要搞"身份歧视"?也就是说,会员制度在稳定一批客户的同时,很可能又会丧失一批客户，一进一出，是否让商家真正盈利，也的确难以说了。至于像故事二、三中那种借会员卡而剥削顾客的事件，不但会损害自己的利益，而且会使受害者对整个会员卡制度产生怀疑，从而使这种制度最终难以实施。

当前的会员制度是一种"进口"商品，尽管中国古代商业界有过类似的方式，但现在的会员卡制度的确是从西方的营销方式中学来的，只是照猫画虎，形似而非神似。美国的普尔斯马特号称"会员店"的鼻祖，其创始人菲利普·科特勒曾指出：对未来的市场来说，首要的问题是通过帮助顾客解决实际问题，了解顾客的心理，降低管理费用并做好销售服务等措施赢得他们的信任，建立起本店的信誉。可见会员制的内涵应是服务关系、感情链接，而不是价格优势。商家仅仅依靠价格培养不了客户的真正忠诚，而应该是建立一套完整的顾客档案资料，其中包括他的全部历史资料、简历，甚至个人爱好，随时加强与客户的联系，为客户提供全方位的服务，使商家与消费者建立一种情感关系而不是简单的货币商品的消费关系。从这点来看，中国的会员制度还有很长的路要走。

会员制度本身是一种值得尝试和推广的制度，但如果鼠目寸光，只注重短期利益的话，很可能让会员制成为裹着毒药的蜜糖，他很可能会掏空顾客的腰包，也很可能会让商家风光一时之后一蹶不振。所以，把握会员制的精髓，扎扎实实地与顾客合作，也许路才会越走越宽。